杨宽著作集

杨宽史学拾遗

杨宽 著 贾鹏涛 整理

上海人民出版社

出版说明

杨宽(1914—2005),字宽正,上海青浦人。1936 年毕业于光华大学国文学系,师从吕思勉、蒋维乔、钱基博等。1936 年参与上海市立博物馆筹建工作,1946 年任上海市立博物馆馆长兼光华大学历史系教授,1953 年任复旦大学历史系教授,1959 年调任上海社会科学院历史所副所长,1970 年又调回复旦大学历史系工作。1984 年赴美国迈阿密定居至逝世。历任上海市文物保管委员会主任秘书、古物整理处处长,上海博物馆副馆长,中国先秦史学会第一至第三届副理事长。

杨宽先生是我国著名的历史学家,治学涉及墨子、古史传说、西周史、战国史、科技史和制度史等诸多领域。先生少年时有志于学,高中时代已发表多篇有分量的论文,专注于墨学研究及先秦史料考辨。在"古史辨"运动后期,发表《中国上古史导论》,提出神话分化说,补充发展了顾颉刚的"层累造成说",被顾颉刚、童书业誉为"古史辨派"的生力军和集"疑古"的古史学大成之人。日本著名历史学家贝冢茂树评价“从疑古派中出现了像杨宽先生这样的人物，在充分摄取释古派的方法和成果的同时，正积极开拓一个可以推动现代古史研究前进途径，可以称为‘新释古派’的新境地”。稍后其学术兴趣由上古史转向战国史，潜居故乡青浦撰写《战国史料编年辑证》，为日后铸就《战国史》这一断代史经典奠定了基础。20世纪50年代，开始探索中国古代冶铁技术发展史、西周的社会结构和礼制，著有《西周史》、《古史新探》；80年代应日本学界邀请讲学，完成《中国古代陵寝制度史研究》、《中国古代都城制度史研究》姊妹篇。杨宽先生生平出版专著十余部，发表论文360余篇，取得了卓越的学术成果。

杨宽先生也是中国博物馆事业的先驱。他参与筹建了上海市博物馆，并长期担任上海市博物馆馆长，为上海博物馆的筹建、发展作出了不可磨灭的贡献；对保护国宝毛公鼎与阻止著名的山西浑源李峪村出土铜器盗运出口作出了巨大贡献。另外，杨宽先生还参与了修订《辞海》古代史条目、编绘《中国历史地图集》先秦部分、标点《宋史》等工作。

杨宽先生与上海人民出版社结缘始于1955年版《战国史》，自此以后，主要著作几乎皆由我社出版。先生生前已有计划，集中各种著述在我社出版《杨宽著作集》。如今，《杨宽著作集》由我社分批出版，不仅完成了先生遗愿，也可以使读者更为全面地认识杨宽先生的学术成就。

上海人民出版社

2016年7月

整理说明

本书为杨宽先生未整理零散史学文章的选编，内容包括古史研究、战国史研究、《逸周书》研究、墨子研究、古器物学研究、农民战争史研究等。

1932年，杨宽先生以一篇《墨经考》拉开了他一生学术研究的序幕。1942年，由重庆正中书局出版《墨经哲学》。杨宽先生的老师蒋维乔在序中称是书："莫不穷原竟委，观其会通，无割裂破碎之病，无立奇炫异之弊，《墨经哲学》之真义，乃得大显于天下，哲学史将为之改观矣！诚空前之杰构也！"此外，仍有一些同时期与胡怀琛等学者论辩的文章未被收录。

1933年起，可能受老师吕思勉先生的影响，杨宽先生的学术研究慢慢转向古史领域。1940年，收入《古史辨》第七册的《中国上古史导论》是杨宽先生的成名作，借此，他被学界称为是"古史辨"派的生力军。杨宽先生用神话学治上古史的方法和观点已基本体现在此书上，但仍然有些讨论古史及与李季等学者论辩的零散文章未被收录。

1937年10月，杨宽先生与老师蒋维乔，同学沈延国、赵善诒曾合著《吕氏春秋汇校》，作为“光华大学丛书”之一由中华书局出版。此外，杨宽先生与沈延国先生还合作编撰了《吕氏春秋集解》，但此稿现未知去向。幸运的是，杨宽先生与沈延国先生合作的《逸周书》研究相关文章尚能找到。

1939年9月起，顾颉刚担任齐鲁大学国学研究所主任，邀请上海孤岛吕思勉、杨宽、童书业等人以名誉研究员的方式承担该所部分研究工作，其中吕思勉撰写中国断代史，童书业写《春秋史》，杨宽编辑战国史料。1941年太平洋战争爆发，日军占领上海租界，杨宽先生返回家乡青浦隐居。在隐居家乡的两年九个月中，杨宽先生着力编辑战国二百四十年的史料，考订每年发生的历史事件及相关的人物活动。从抗战胜利后的1946年至1949年，杨宽先生根据隐居期间积累的材料，先后在《益世报·史苑》(上海)、《东南日报·文史周刊》(上海)、《民国日报·史与地》(天津)、《正言报·学林》(上海)上发表有关战国史事和人物的考证文章20余篇。

1946年10月起，在上海市立博物馆馆长杨宽先生的领导下，上海市立博物馆用“上海市博物馆研究室”的名义，借用《中央日报》版面，每星期编辑一期《文物周刊》，这是中国第一个以“文物”为主的期刊，也是当时惟一一份探讨文物的期刊，前后共出版112期。依靠上海市立博物馆的藏品，杨宽先生发表多篇古器物学方面的文章。此外，杨宽先生还在《大美晚报·历史周刊》上发表不少相关文章。

1949年后，受中国学术界“五朵金花”热烈讨论的影响，农民战争史研究也成为杨宽先生的一个重要治学领域，用力颇多，获得学界认可，如所写《论〈太平经〉——我国第一部农民革命的理论著作》一文曾获明史专家吴晗先生的赞赏。

众所周知，杨宽先生的著作大都是建立在一篇篇坚实专题论文的基础上，因此上述未经整理文章的论点，可能部分观点在杨宽先生已出版的专著中有所反映。在编选过程中，编者尽可能将此类文章剔除。毋庸讳言的是，所选文章中可能依然会有论点的重复，敬请读者朋友包涵。所选文章，均为首次整理出版，有一定的史料价值。借此，对于系统了解杨宽先生的学术经历和毕生研究成果有着重要的意义。

贾鹏涛

2020 年 8 月

目　录

中国古史建设初论

历史的记载，只是凭当时或后世的传说，其间辗转传述，又因历史家态度的不客观，往往记载得不能确实，尤其是古史。建设古史的工作，是近代史学界一件大事，这工作不但是史学家一面的工作，还须考古学家、人类学家、地质学家共同努力。近来西方学者，努力的结果已很可观；可是我们中国的史学界还没有走上建设的大道，有的只是在歧路上徘徊而已。

十口相传的古史传说，早已不为近代史学家所深信，近代史学家有史学上新的途径，搜集地下的证物，重新估量古书的记载，把整个的古史，系统地建设起来。这百年来，西方学者的对于旧城古墓的发掘，不遗余力，到处找寻古人残留的遗迹遗物，费尽心血去替它考证，像埃及的古史，自从古城古墓发掘以来，经 Champollion 的认明了象形文字，古埃及的文化，就一一陈列在眼前了。自从 Ranlinsen 的阐发了楔形文字，巴比仑的文化，也就在活于今世了。自从 Cres 的发掘，地中海里又添上了一个爱琴文化。西方的学者，把实物传说一件一件的研究明辨，早已走上了科学的途径，探得了古人动态的一部分，将来不难一部一部的继续发现，来建设一个完美的古史。在现在，我们当然不敢再全然相信《荷马史诗》和希罗多德（Herodotus）的著作了。

不幸我国的考古学、人类学等，都只是在萌芽的时候，地下的实物，都没有正式大规模的发掘，而做这类发掘工作、考证工作的人还不多，所得的成绩，粗看已洋洋大观，实在对于整个古史的建设，还是粗陋得可怜。虽然近三十年来甲骨出土很不多，研究的人也比较的多，可是对于商代整个社会文化情况，还是模糊不清，其余更不必说。而一部分的人，仍然只是做破坏的工作，一承晚清今文学的积弊，怀疑过了客观的限度，我们固然应该重新估量传说，更应该冲出了传说古书的范围，凭地下的实物，来重新建设我们的古史，不过我们要客观，要审慎，信其所当信，疑其所当疑。

建设古史的大道，我们相信不是"信古"，也不是"疑古"，也决不是"释古"，而是"考古"。信古的人们，以古史书所记，皆为实录，这是书呆子。疑古的人们，以古书所记，全是伪造，以为这是谁造，那是谁造，都别有作用，这是"神经过敏"。释古的人们，用社会学的眼光，来解释真误参半的古史传说，以为这是古代制度的史影，那是古人的怎样一回事，这也不是完善的方法。有的传说，不免有误传，假使不管它的是否有误，便武断地解释它、说明它，这是"自作解人"。我们建设古史，当然不做书呆子，去将误就误，当然也要不得"神经过敏""自作解人"。我们要考证地下的实物，订正自古相传的传说，取它可信的"史实素地"，排弃它不可信的增饰和误传。

崔述《考信录提要》说："人之言不可信乎？天下之大，吾非能事事而亲见也，况千古以上，吾安从而知之！”当然，古书的记载，是不可尽信的。孟子也早已说过：“尽信《书》则不如无《书》”。孟子对于当时的传说也不尽信，因为里面有“好事者为之”，也有“齐东野人之语”。古书的记载，我们不可尽信，也不可尽不信。千古之上，吾固安从而知其可信，吾亦安从而知其必不可尽信？

王国维《古史新证》说：“传说与史实混而不分。史实之中固不免有所缘饰，与传说无异，而传说之中亦往往有史实为之素地。”又说：“吾辈生于今日，幸得于纸上之材料外，更得地下之新材料。由此种材料，我辈固得据以补正纸上之材料，亦得证明古书之某部分全为实录，即百家不雅驯之言，亦不无表示一面之事实。”

王氏治史的态度，极为客观，极为审慎。王氏在《殷人辞中所见先公先王考》，从《山海经》《竹书纪年》里钩引出殷先公王亥，他说：“夫《山海经》一书，其文不雅驯，其中人物，世亦以子虚乌有视之。《纪年》一书，亦非可尽信者，而王亥之名竟于卜辞见之，其事虽未必尽然，而其人则确非虚构。可知古代传说存于周秦之间者，非绝无根据也。”我们从这里便可知道古书的记载，不可全部抹杀的。

我们对于古史传说，要考而后信，也要考而后疑，信而去考。疑而去考，多少不免有成见。我们要详搜博讨，去观它的竟究，然后再定取舍。自从孟子以来，一般学者对于古史，很有人把它选择的，可是只是一家的主张，一人的私见。孟子因《武成》有“血流漂杵”的说法，以为“以至仁伐不仁”，决不会有这回事。于是说：“尽信《书》则不如无《书》，吾于《武成》取二三策而已矣”。考《逸周书・克殷》《世俘》诸篇，也描写周克殷的残忍，《四库全书提要》因此说：“所云文王受命称王，武王、周公私计东伐，俘馘殷遗，暴殄原兽，辇括宝玉，动至亿万，三发下车，悬纣首太白，又用之南郊，皆古人必无之事。陈振孙以为战国后人所写，似非无见。”

这些话都是戴了儒家眼镜说的，任公先生在《历史研究法》里，便这样加以反驳。

> 《孟子》因《武成》“血流漂杵”之文，乃叹尽信尽《书》则不如无《书》，谓以至仁伐至不仁，不应如此。推孟子之意，则《逸周书》中《克殷》《世俘》诸篇，盖为伪作无疑。其实孟子理想中的“仁义之师”，本为历史上不能发生之事实，而《逸周书》叙周武王残暴之状或反为真相。

孟子取舍古史传说的标准，只是拿了儒家一己的主张。他所谓“好事者为之”的，“齐东野人之语”的，其实也不必全是野人的野话，即使是野人的野话，倒反可以看出未经润色的本是面目。近蒙文通氏著《古史甄微》，例证邹鲁、三晋、楚三方传说之各成系统各不相同。他说：“今以《孟子》书证《孟子》书，见儒家言外，显有异家之史存于其间。孟子所称述者若可疑，而孟子所斥责者翻若可信。”

他列举十四个例证，第一个例证说：

> 万章问曰：“人有言，伊尹以割烹要汤，有诸?”孟子曰：“否，不然。伊尹耕于有莘之野，而乐尧、舜之道焉，……汤三使，往聘之，……故就汤而说之以伐夏救民。”《孟子》所陈与万章所问各异。而《韩非·难言》谓：“汤，至圣也；伊尹，至智也。夫以至智说至圣，然且七十说而不受，身执鼎俎为庖宰，昵近习亲。而汤乃仅知其贤而用之。”则韩非之说，足证万章之作诬。固别一说也。……《孟子》又言“伊尹五就汤，五就桀。”则非耕于莘野之人也。“治亦进，乱亦进”，“圣人之任者也”。《墨子·尚贤》亦言

“成汤举伊尹于庖厨之中”，则割烹之说反若可信。以《孟子》证《孟子》，则韩非之说有征，而孟子之说可疑也。

蒙氏此说，很有理由。《墨子·尚贤上》说：“汤举伊尹于庖厨之中，授之政，其谋得。”《尚贤中》说：“伊挚，有莘氏女之私臣，亲为庖人。汤得之，举以为己相，与接天下之政，治天下之民。”《尚贤下》又说：“昔伊尹为莘氏女师仆，使为庖人。汤得而举之。”

据此可见伊尹确是庖，不过是有莘氏女家里的庖人，万章和韩非以为伊尹以割烹要汤，这疑由于传说的误传和推演。墨子的说汤举伊尹于庖厨之中，也等于说“尧举舜于服泽之阳”，“文王举闳夭、泰颠于置罔之中”“傅说被褐带索，庸筑于傅岩，武丁得之，举以为三公。”孟子也说“百里奚举于市”。这类圣贤起于贫贱的故事，本是古代流行的传说。孟子承认百里奚传说起于商人工人，独对于伊尹不肯承认是庖人，因为给人解释得太卑鄙了。其实孟子说汤三使去聘伊尹，也不是绝无根据的，《墨子·贵义》篇说：“昔者汤将往见伊尹，令彭氏之子御。彭氏之子半道而问，曰：‘君将何之?’汤曰：‘将往见伊尹。’彭氏之子曰：‘伊尹，天下之贱人也。若君欲见之，亦令召问焉，彼受赐矣’!”

从这里又可见汤确曾往聘伊尹而伊尹不是在他家里的。二种的说法，都不是绝无来源的，从此也可见传说的应加适当的比较和整理，不可一概去抹杀它。

前人对于古史传说的取舍，全是凭着儒家的见解，他的怀疑也全是根据儒家的观点，一直到崔述《考信录》，都是如此这般，崔述以为圣人之道在六经而已矣。只有经传所记载的是真的，其余都是杨墨的假托，处士说客的横义，钱穆氏《崔东壁遗书序》对于崔述有个很好的批评：

> 崔氏之于古史，有信之太深者，亦有疑之太勇者。崔氏因不信文丁杀季历，文王囚羑里，而遂谓周之立国与商无涉。又谓："今日修贡，明日扰边，弱则受封，强则为寇，曾谓圣人而有是？盖所以如是说者有二，一则误以汉、唐之情形例商、周之时势，一则惑于诸子百家之言而不求之经传。"彼不知三代之与汉、唐固不如天壤之悬绝，百家之与经传亦并非即是非之分限。以"曾谓圣人而有是"之见治史，此所以终不免于信之深而疑之勇也。

崔述这类尊经卫道的态度，是时代使然，我们不能十分的责备他，这种有成见的疑和信，我们当然再要不得。

自从晚清今文家的崛起，在古史传说的整理上，渐渐起了一个大的变动，康有为著《孔子改制考》以为先秦诸子的话，都是托古改制，先秦诸子的谈辨史传说，固然不站在史学上的，他们的引用古史，只是在证明他们的主张。他们的任意取舍而加以修饰和推演，这是不免的，若说全是凭空的虚构，那又未必，《韩非子·显学》篇说："孔子、墨子俱道尧舜禹，而取舍不同，皆自谓真尧舜。尧舜不复生，将谁使定儒、墨之诚乎？"这是韩非看清了各家对于古史传说的取舍不同，故而慨乎言之，其实儒、墨□所道的尧舜，相差并不远，决没有像韩非那样的厉害。儒、墨和韩非相差得厉害，只是因为两方传说的本来不同。这类传说决不是两家的凭空杜撰，有意说得不同的。韩非已很明了当时传说的分歧，故作此言，我们决不能拿来作为诸子托古改制的证据，《淮南子·修务》篇说："世俗之人多尊古而贱今。故为道者，必托之于神农、黄帝而后能入说。乱世暗主，高远其所从来，因而贵之。为学者蔽于论而尊其所闻，相与危坐而称之，正领而诵之。"

近人都把这算是托古改制的证据。其实这段话只是说当时学者把自己的学说，"高远其所从来"戴上神农、黄帝的帽子。也等于后世的道家，托始于黄老一样。并不是在伪造古史来证明自己的学说。伪造古史的勾当，或许有，不会很多，传说的演变，我们终以为由于无意的传误多，出于个人的虚构更改的少。

近人还有一个错误的观念，以为伪书上的事实，也是全伪。其实伪书尽管为伪书，作伪的人，他要取信于人，他对于史实的搜录，不必尽无根据的。自从晚清今文家提出了《左传》的真伪问题，一时聚讼不决，今文家非但说《左传》是伪书，并且以为《左传》所记的古史是伪史，高本汉既明证《左传》和《国语》文法的相近，而二书所记的古史，也最相似。康有为《新学伪经考》，以少昊是刘歆所伪造的，少皞见于《左传・昭公十七年》《十九年》《定・四年》，再见《国语・楚语》。康氏既以《左传》的少昊是刘歆所窜入，于是连《楚语》也是刘歆所窜入，《左传・哀元年》有少康中兴的故事，康氏也以为刘歆所窜入，但是《离骚》也有这段故事，于是康氏以为"并《离骚》亦歆所窜入"，这样疑古勇敢的精神我们不能不佩服，不过似乎太审慎了。《左传・昭公二十九年》传说："共工有子曰勾龙，……为后土。"《国语・鲁语上》说："共工氏之伯九有也，其子曰后土，能平九土，故祀以为社。"《礼记・祭法》同。康氏《新学伪经考》说："歆务翻今文之说……以《列子・汤问》有女娲氏炼石、共工触不周山事，因于《祭法》《国语》《鲁语》缘饰共工为九州之伯。"

其实共工只是鲧的分化，他们传说前后如同一辙，他们都曾湮障洪水，都有平九土的儿子，禹和勾龙之义又同。近顾颉刚、童书业两氏，又以少康为启之分化，那末分化毕竟是分化，这是无意辗转相传而成的，和有意的作伪大殊。一切传说的分化和误传，只是无意的。我们疑古的着眼点应当注意在传说的误传和分化方面。传说的误传和分化愈明晰，在新古史的建设上也有极大的帮助。

我们对于古史只是去怀疑，是不曾有收获的。从前人，把中国古代的文化，□到了三十三天，这当然不合进化的历程。近来许多人，在这疑古的狂潮中，便拼命地把古文化压低，把一切文化移后了几百年，于是中国的文化好像是突然产生的了，这也绝对不合进化历程，甚至有人说殷商还在石器时代，还有亚血族群婚制，其实殷商既有文字，必有较高的文化。

以社会学来解释古史传说，我们认为尚非其时。现在古史传说的演变和分化，尚未明辨，孰为初起，孰为后起润色推演之说，还没有确切的整理研究，当然还谈不到什么定论。在这样神话怪说和许多润色的话错综的古史传说，要用社会学把原始时代的社会来解释它、弥缝它，非但徒劳无功，还妨碍了传说的整理工作。舜娶尧之二女是多妻制呢还是群婚制？尧舜禅让，是选举制还是群酋推长制呢？拿了唯物史观，去一件一件假设它，虽然许多说话，新颖可喜，它的成功不会大，在新古史的建设上，不是十分中用的。

新古史的建设，自然有待于考古学家的努力，金文和甲骨文的考释都未完。成各种系统的发掘，也得按部就班的分头进行，直接的材料能多多出现，研究的人们分工合作向建设的大道上走去，它的成功当然是很快的。我们旧日的金石学，只是靠了偶然的发现和古董商的交易，于是出土的地点，往往模糊，而伪造的东西也层出不穷的出现，这在考古学的研究上，最为致命之伤。我们希望此后再不走金石学的途径而真的走上考古学的途径。治古史传说的，我们希望此后再不走经学家的老路而利用近代神话学者科学的整理方法，我们希望史学家、考古学家、人类学家，都向建设的路走去，只是怀疑，而且是有成见的怀疑，这非但不能有所收获，而且会障碍建设的人们的进展的。

我们史前文化的真面目，尚未认清，这也是我们应做的工作。我国的地质学家，也努力帮助史前学者的忙吧！建设古史的工作，能由许多学者分头的干，放弃自己的成见，只是跟着真理走。

我们的古史传说，有许多是全部公式似的，许多古圣贤人，都起于贫贱，都有一样美德，许多坏人恶人，都一样的坏。《论语·子张》篇说："纣之不善，不如是之甚也！是以君子恶居下流，天下之恶皆归焉。"《荀子·非相》篇、《正论》篇又说："古者桀纣，……身死国亡，为天下大戮，后世言恶，则必稽焉。"《淮南·缪称》篇又说："三代之称，千岁之积誉也；桀纣之谤，千岁之积毁也。"

尧舜桀纣的故事，许多是由后人增饰的，《论衡》也辨证过。增饰本是人类的天性，好的说得特别好，坏的说得特别坏。听的人乃皆大欢喜。古人还有一种比拟的习惯，喜欢把许多古人的事实比拟起来，于是许多古人的传，渐次变成公式化了，尤其是桀和纣，两人的行动，古人把他们比拟得丝毫不爽，天下决没这样的巧事。

这类公式似的古史传说，这是出于古人的有意作伪了。古史传说公式似的很多，其间终不免某部分是增饰的。至于禅让传说，尧以天下与舜，舜以天下与禹，其行动很划一不二，这类划一的工作，大概都是儒家、墨家所做。

在古史传说里，因为古人文化程度的不一，所以儒家、墨家的古史已很理智化的，而民间的传说，还是大部夹着神话，《山海经》便是这类民间传说的记录。儒家、墨家的古史，其间都不免有把神话润色的部分，这也是有意修饰了。譬如“黄帝四面”的神话，这是说黄帝有四个脸，这话和《山海经》里描写的古人一样。可是儒者以为这不近人情，于是把它修饰了。《吕氏春秋·本味》篇说：“黄帝立四面。”加上一个“立”字，意义绝然两样。《尸子》更费了一套的话，替他解释，《太平御览》七十九引《尸子》说：“子贡问于孔子曰：‘古者黄帝四面，信乎？’孔子曰：‘黄帝取合己者四人，使治四方，不谋而亲，不约而成，大有成功，此之谓四面也。’”

这把黄帝的神话润色成黄帝很好的政绩了，《管子》里正有黄帝命少昊等四人治四方的传说。

《山海经·大荒东经》说夔是一种兽，状如牛，苍身而无角，一足，黄帝得之，以其皮为鼓，撅以雷兽之鼓，声闻五百里。而《吕氏春秋·察传》篇就有这样的解释：“鲁哀公问于孔子曰：‘乐正夔一足，信乎？’孔子曰：‘……舜……夔能和之，以平天下，若夔者一而足矣。’故曰夔一足，非一足也。”这把夔的神话，又润色成夔的功绩了。这些孔子的话，当然不是真的出于孔子之口，只是借他来解释，比较容易使人取信，也是“高远其所从来”的勾当。

这类于古史传说，有意的增饰，有意的润色，我们当然要探本穷源，不让他骗过，不过这与有意的作伪还是有分别的，他们虽是说诳，但不是凭空的说诳。新古史的建设，这些古人主观的解释，有成见的润色，和无疑的误传，都在排斥之列。

（原刊上海《大美晚报·历史周刊》1936年9月14日第3版，与郑师许合撰）

略论研究古史的方法

上古史的研究，是史学中最繁重的部门，不但要依据一般的史学方法，对于史料作分析批判和综合的工作，还得要借重其他学科作进一步的探讨。地下的史料，必须凭藉地质学、人类学、考古学、社会学……去探讨，纸上的史料，也必须凭藉校勘学、训诂学、考证学、比较语言学、比较神话学、社会学……去探究。这种种的工作当然要有许多人来分工合作，再加以融会贯通，然后才能求得古史的真相，如果一个人靠他有限的学识，想用一举手之劳来解决整个古史的话，结果会如同瞎子摸象一般，得到悲惨的结论。

中国上古史的研究，在目前我们觉得尤其困难，锄头考古学还是在萌芽时代，所发掘出来的材料既不多，研究的工作也刚刚开始，因此我们要就考古学的成绩来解决上古史上的问题，还不可能。即就各地所发掘的史前遗址而论，我国各地文化落后的民族如此之多，目前所发掘出来的石器是否殷商以前的史料也还是问题，即如安特生在甘肃一带所发掘的史前遗址，至今还有人怀疑是羌族所遗留的。

较可信据的，便是中央研究院在河南一带陶器文化层的发现，我们仅能从这里得到一些中国史前期文化演进的消息。这方面的工作还有待于我们以后的努力。

其次，我们觉得对于中国史前文化的探究，除了发掘实物以外，也还有其他的途径可走，“语源学”的方法也未始不可应用。例如郭宝钧的《戈戟余论》（见《中央研究院历史语言研究所集刊》第五本第三分），因为戈、角同声，戈形如角，铜戈的用角来做装饰，推定戈的起源，由于原始人用兽角来做武器。又如郭宝钧的《古器释名》（见《庆祝蔡元培先生六十五岁论文集》），因顾炎武说角、斝双声，角、爵叠韵，铜饮器中的“角”“觚”“觶”“兕觵”都从角，推定这些饮器的来源，由于原始用兽角来做饮器。这些推论当然是可信的，至今文化落后的部族，角器的应用还是非常普遍。《说文》说“觵，兕牛角，可以饮食者也”，段玉裁注说：“其他不以角为而字从角者，盖上古食鸟兽之肉，取其角以饮，饮之始也，故四升曰角，犹仍角名，而觚、觶字从角与?”这一点，段玉裁也已发现了。此又如唐兰的《古乐器小记》（《燕京学报》第十四期），因为古“钟”“□”“筒”通用，推定铜钟的前身是竹木器，此外如铜器中“簋”“簠”的，字都从“竹”，很明显的，它原始是一种竹器，关于这个问题，我有专文讨论，这里只是略举几个例，证明“语源学”在史前文化的探究上，一定能给予我们很大的帮助。

至于用社会学的来探讨史前社会，当然也是个好方法，可是决不能像现在那些所谓“新史学家”那样专用古史传说来穿凿附会，我们不妨利用可靠史料，根据后来所保留下来的风俗，来推溯史前社会。例如我国四裔的部族往往有吃人和用骷髅来作饮器的风俗（见《墨子》、《后汉书·南蛮传》及注），同时我国战国时代赵襄子有杀知伯头来作饮器的事实，而且殷人用人祭，宋襄公也曾用过人祭，古人本来把鬼神看得同人一样有情欲要饮食，祭祀就是供给鬼神的饮食，用人来祭祀，当然是把人来当作食品了，因此我们可以推定我国的原始人一定也曾有过吃人的习俗。此外我国四裔部族大都有文身的习惯，《韩诗外传》说越俗劗墨，劗墨就是文身。而我国古代的刑法，也还有劗墨黥，《后汉书·朱穆传》注："黥首，谓凿额涅墨也。"《秦策》注："刻其额，以墨实其中，曰黥。"《国语》内史过说："犹有散、迁、懈慢而著在刑辟，留在裔土，于是乎有蛮夷之国，有斧钺、刀墨之民"，《周礼·司刑》郑注也说："今东西夷或以墨劓为俗，古刑人亡逃者之世类欤？"他们因为见到当时中国有劗墨之刑而四裔以劗墨为俗，就说四裔是古刑人流亡过去的。这样说法当然太不近情了。我们推想起来，大概我国原始时代也有文身之俗，后来文化进步，就渐次取消，便拿来当作刑法了。或许因为最初奴隶的来源是异族的俘虏，他们都用劗墨之俗，后来兼用罪人做奴隶，也就用劗墨之刑，使与异族的俘虏同类。这些虽只是个推测，比较是有理由的。或许古人称人民为"黎民"或"黔首"也有相当关系呢。

最近一般从事考古的人们，高唱着"纸上史料无用论"，其实只要好为应用，哪里会无用呢？一般西洋的历史家研究印度史，证明印度雅利安人种在入印度以前，曾经印度欧罗巴共住时代和印度伊兰共住时代，他们除用人类学、考古学证明外，比较语言学和比较神话学的研究，对此尤有贡献。马翁(Max Muller)的证明印度天父"特尤西彼尔"(Dyauspitar)和希腊的"照夜斯巴的儿"(Zeuspater)和罗马的"第尤彼的儿"(Jupiter)，同出一语源，被称为"十九世纪人文学上最大的发现"，从此我们也可知比较语言学和比较神话学在古史研究上的重要了。我所做的《中国上古史导论》一书(见《古史辨》第七册),就是想从这方面加以试探,把我国古代各部族的古史神话加以比较研究罢了,这是一个初步的试探,我决不敢以为这种工作已达到了完美的境地,所以我很希望人家能加以批判和校正。最近有许多人把"正统派"和"形而上学的方法"等名词套到我头上来,我对于这些名词现在不想加以多辩,此后也不想加以多辩,因为只有事实是胜于雄辩的。

我很感谢何天行氏对我的批评(见本刊三十五期),只是其间不免有许多误解的地方,现在略为说明如下:(一)何氏用姬姒通婚的证据,来反证姬姒不是一姓的分化。古代固然有同姓不婚的说法,可是事实上并不如此,《周语中》说:"昔鄢之亡也由仲任,密须由伯姞,郐由叔嫚,聃由郑姬,息由陈妫……"其中密须姞姓而娶伯姞,郐嫚姓而娶叔嫚,聃姬姓而娶郑姬,都是同姓相婚,《左传》上同姓相婚的例子更多。何况到文王时,姬姒当然已分化为二姓了。(二)何氏说冀方并不在西北,历代史地家已有确证,不知有何根据?后世的所谓冀州当然不偏在西北,可是《左传》上的冀方,明明是一个方国,周代的冀国,当然在西北。《左传》上是有明证的(《僖公二年传》)。(三)何氏说"夏"本作东方平原,"在居于潼关以西,海拔五百至一千五百公尺以上关中盆地的周人看来,当然要说'东夏''下'和'下土'了。"何氏既承认"夏"即"下"和"下土","下土"一辞,在《诗》《书》上确是对天而言的,明证昭昭,也不烦举例(《古史辨》第一册不论正反两方的辩论,也是这样说法),何氏说因夏地势低下而称"东夏""下""下土",怕任何人不会相信吧!

(原刊《正言报·史地》1941年10月22日第8版)

略论古帝王之瑞应传说

余尝于本刊论列汤祷传说，疑汤祷之传说，由于宋景公以人祷传说之误传与牵合，两者传说既绝类而“商汤”之与“宋景”古音又皆近。此说骤观之若新奇，实则古史传说之误传与牵合，其例正多，不足异也。例如桀与纣之传说，前后如出一辙，其相合牵合之迹显然，此固不用深论。即以商与宋之传说论，其间相互误传与牵合，不仅汤与宋景公。例如纣之与宋康王（即宋王偃），两者之传说，更惟妙惟肖。此但以瑞应一端论之，如《说苑·敬慎》篇云：“昔者殷王帝辛之时，爵生乌于城之隅，工人占之曰：‘凡小以生巨，国家必祉，王名必倍’。帝辛喜爵之德，不治国家，亢暴无极。”而《新序·杂事四》则云：“宋康王时，有雀生鹯于城之陬，使史占之，曰：‘小儿生巨，必霸天下’。康王大喜，于是灭滕代薛，取淮北之地，乃愈自信，欲霸之亟成，故射天笞地，斩社稷而焚灭之，……剖伛之背，锲朝涉之胫。”

帝辛为殷之亡君，而康王为宋之亡王，其所处地位既似，而瑞应乃全通。陈逢衡《竹书纪年集证》尝疑之，云：“刘向《新序·杂事》篇云:‘宋康王时……’此直与纣相符合,真不可解,然《说文·敬慎》篇又云:‘昔者殷王帝辛之时’,不几与《新序》两相矛盾与?然自是《新序》之误,余按《吕氏春秋》载射天事,亦谓宋王不引武乙,岂真记载之误欤?抑事适相类而纪事者,因各举其说欤?何前殷后宋之适相诬也?噫,异矣!”顾颉刚氏著《宋王偃的绍述先德》一文(《语丝》六期及《古史辨》第二册),亦以此二事相比拟,亦云:“宋王偃所绍述之祖德,不但他的二十六世从祖纣而已,更有他的二十九世祖武乙。”

亡国之君王,瑞应既同,行动相类,结果又甚似,天下事有若是巧乎?顾氏疑宋王偃之绍述先德,乃齐王之宣传,余意与其谓出于一人之宣传,不若谓其出于误传与牵合为得也。何则?一人有意宣传之力有限,众人无意之误传与牵合,固往往而有也。

不特亡国之君王,瑞应相同,与国之君王,瑞应亦然,如《吴越春秋·越王无余外传》云:“禹三十未娶,行到涂山,恐时之暮,失其度制,乃辞云:‘吾娶必有应矣。’乃有白狐九尾造于禹,禹曰:‘白者,吾服之也,其九尾者,王之证也。’涂山之歌曰:‘绥绥白狐,九尾痝痝。我家嘉夷,来宾为王。成家成室,我造彼昌’。天人之际,于兹则行明矣哉!禹因娶涂山,谓之女娇。”

相传禹以涂山氏兴,而涂山氏又因九尾狐之瑞应而娶,《稽瑞》引《田俅子》又云:“殷汤为天子,白狐九尾。”是殷汤亦有九尾狐瑞应之传说也。而《瑞应图》又云:“九尾狐者,六合一同则见。文王时,东夷归之。”是三代之兴,莫有九尾狐之瑞应。按《山海经·南山经》云:“(基山)又东三百里,曰青丘之山,其阳多玉,其阴多青雘。有兽焉,其状如狐而九尾,其音如婴儿,能食人,食者不蛊。”《海外东经》又云:

“青丘国在东北，其狐四足九尾。一曰在朝阳北。”《大荒东经》又云：“有青丘之国，有狐，九尾。”《逸周书·王会》篇亦云：“青丘狐九尾。”是相传九尾狐在青丘，而《吕氏春秋·求人》篇云：“禹东至鸟谷青丘之乡……”《知度》篇又云：“禹曰：‘若何而治青丘……’”

据此，似禹确与九尾狐有相关之传说。又按《白虎通》《孝经援神契》皆云：“德至禽兽，则狐九尾。”而汤又确有德至禽兽之传说。《治要》引《尸子·绰子》篇云：“汤武及禽兽。”《文选·贤良诏》注引作“汤之德及鸟兽矣。”《吕氏春秋·异用》篇云：“汤见祝网者，置四面，其祝曰：‘从天坠则，从地处者，从四方来者，皆离(同罹)吾网。’汤曰：‘嘻！尽之矣！非桀孰其为此也?’汤收其三面，置其一面，而教其祝曰：‘昔蛛蝥作网罟，今之人学纾，欲左者左，欲右者右，欲高者高，欲下者下，吾取其犯命者！’汉南之国闻之，曰：‘汤之德及禽兽矣！’四十国归之。”

贾谊《新书》《史记·殷本纪》及《新序》《说苑》，皆有此记载，然则汤之与九尾狐，似确有相关之传说。

《瑞应图》称文王因九尾狐见而东夷归之，《海外经》《大荒经》亦记青丘国于《东经》中，服虔亦称青丘国在海东三百里，《岳渎名山记》云：“瀛洲，在东海，一名青丘。”而今本《竹书纪年》又称夏帝杼：“八年，征于东海及三寿，得一狐九尾。”《海外东经》郭注引《古本竹书》作“伯杼子征于东海，及王寿，得一狐九尾。”禹、汤、文王，皆为兴国之主，皆有九尾狐之瑞应，“杼”之与“禹”音相近，疑其亦不免有误传与牵合也。

古帝王之瑞应传说，疑起源甚早，疑本春秋战国时之民间传说。如《论语·子罕》篇云：“子曰：‘凤鸟不至，河不出图，吾已矣夫！’”《墨子·非攻下》篇云："天命文王，伐殷有国，泰颠来宾，河出绿图，地出乘黄。"《北堂书抄》一五八引《随巢子》亦云："姬氏之兴，河出绿图。"《随巢子》《田俅子》等书久佚，惟搜考诸书所征引，已破多瑞应之记载，其全书必盛言瑞应无疑。

于古帝王之瑞应传说，作有系统之提出，似起于战国末年，即五德始终说是也。

《史记·封禅书》："邹子之徒论著终始五德之运。及秦帝而齐人奏之，故始皇采用之。""秦始皇既并天下而帝，或曰：'黄帝得土德，黄龙、地螾见。夏得木德，青龙止于郊，草木畅茂。殷得金德，银自山溢。周得火德，有赤乌之符。今秦变周，水德之时。昔秦文公出猎，获黑龙，此其水德之瑞。'"一则曰"终始五德之运""齐人奏之"，再则曰"或曰"，则此"或曰"云云，必为邹衍行之说明甚。

《吕氏春秋·应同》篇云："凡帝王者之将兴也，天必先见祥乎下民。黄帝之时，天先见大螾大蝼，黄帝曰：'土气胜！'土气胜，故其色尚黄，其事则土。及禹之时，天先见草木秋冬不杀，禹曰：'木气胜！'木气胜，故其色尚青，其事则木。及汤之时，天先见金刃生于水，汤曰：'金气胜！'金气胜，故其色尚白，其事则金。及文王之时，天先见火赤乌衔丹书，集于周社，文王曰：'火气胜！'火气胜，故其色尚赤，其事则火。"

此与《封禅书》绝类。当亦邹衍之说也。然《墨子·非攻下》篇已云："赤鸟衔珪，降周之岐社。"《艺文类聚》九九及《太平御览》九二二引《随巢子》①又云："少昊之时，赤燕一双，而飞集少昊氏之户，遗其

① 二书均引《田俅子》。——编者注

丹书。”然则赤鸟丹书之说，不始于邹衍之徒矣。疑邹衍瑞应之说，非邹氏所创，盖据民间之传说，加以缀合而已。若全出一人之臆造，其说必不能为人所信，必不能若是具盛也。

（原刊上海《大美晚报·历史周刊》1936 年 3 月 23 日第 3 版）

禹治水传说之推测

禹治水的传说，我们从实地考究，“江河都是天然水道，没有丝毫人工疏导的痕迹”。我们从进化过程看来，禹那时也决没有平“荡荡怀山襄陵”的洪水之本领。无疑的，这由传说渐渐地演变而成。怎样的演变，我们都有研究一番的必要。

禹是怎样的人，我们没有实物来证明他。在没有实物证明以前，至少可说他和契（同禼）、龙夔，同样是各族众的有威权者。禹禼与龙夔大概是当时的大爬虫，是兽中有权威者，假借来命人中的威权者，在文化幼稚的时候是件极普通的事。就是现在文化较幼的乡人，还假借动植物以命名的。禹的治水，虽非事实，但禹没有其人，我们没有实物的证明。那么，这传说是怎样发生而演变的呢？

一、《山海经》中传说的演变

欲考究古代民间传说的演变，首推《山海经》一书，因为《山海经》的成书，不是出于同一时期，而由四次或五次的结集而成。

（一）《五藏山经》——《南山经》《西山经》《北山经》《东山经》《中山经》

（二）《海外南经》《海外西经》《海外北经》《海外东经》

（三）《海内南经》《海内西经》《海内北经》《海内东经》

（四）《大荒东经》《大荒南经》《大荒西经》《大荒北经》

（五）《海内经》

《史记·大宛列传》（司马贞谓为褚少孙所补）曾说："至《禹本纪》《山经》所有怪物，余不敢言之矣。"这只称《山经》而不称《山海经》，大概《五藏山经》这篇成书最早，而其他较迟。拉克拉里（Terrien de Lacuperie）的《古代中国文明西源论》以《五藏山经》比较纯古经文，这一点确不错。最后《海内经》仅有一篇，日本版《山海经》其卷首目录下注云："此《海内经》及《大荒经》本皆逸在外。"

这《海内经》及《大荒经》当然成得最晚。《大荒经》虽有四篇，但其排列次序与前不同。《五藏山经》等的排列是由"南"而至"东"，而这《大荒经》是由"东"而至"北"，和后世习俗相同，也足为后出之证。前的《海内经》四篇，其成书期也较《山经》《海外经》要晚，《海内南经》的桂林、《海内北经》的倭列阳、《海内东经》的象郡，都是秦汉以后的地名，在《山经》《海外经》中是找不到的。但《山经》和《海外经》也不是同一时期的作品，其中所记的，也有相关的演变。颛顼之墓，《海外北经》说在海外的务隅山，《海内东经》说在海内的鲋鱼山，《大荒北经》说在附禺山，"务隅""鲋鱼""附禺"，都不过一音之转，"海外""海内""大荒"也是传说的演变。大概文化愈高，见闻愈广，这传说已不容说在附近能见的地方，于是不得不搬至"海外"，而成这"海外奇谈"的传说。又像《南山经》中有九尾狐的青丘山，恐怕后来也实际上没有九尾狐，于是也搬到海外，在《大荒东经》便成了有九尾狐的青丘国。最可笑！那希勒格（G.Schlegel）为这青丘国等，作了一本《中国史乘中未详诸国考证》，东找西寻，考出它的位置，用力虽多，决非其实。

不多举例了，总之在《山海经》古代民间传说演变的线索，是很清楚的。我们治古传说，总得先把线索弄清，免得盲目的瞎考。

二、禹治水传说的起源及其演变

关于禹治水，我们在《山海经》中也可找到前后相关的记载。

> 共工之臣曰相柳氏，九首，以食于九山。相柳之所抵，厥为泽溪。禹杀相柳，其血腥，不可以树五谷种。禹厥之，三仞三沮，乃以为众帝之台。在昆仑之北，柔利之东。（《海外北经》）
>
> 共工之臣名曰相繇，九首蛇身，自环，食于九山（土）。其所歍所尼，即为源泽，不辛乃苦，百兽莫能处。禹湮洪水，杀相繇，其血腥臭，不可生谷；其地多水，不可居也。禹湮之，三仞三沮，乃以为池，群帝因是以为台。在昆仑之北。（《大荒北经》）
>
> 帝尧台、帝喾台、帝丹朱台、帝舜台，各二台，台四方，在昆仑东北。（《海内北经》）
>
> 洪水滔天。鲧窃帝之息壤，以堙洪水，不待帝命。帝令祝融杀鲧于羽郊。鲧复生禹。帝乃命禹卒布土，以定九州。（《海内经》）

其演变之线索，很是清楚。《海外北经》的相柳就是《大荒北经》的相繇，都说是共工之臣。都说这洪水由他弄成的。相柳是条九头毒蛇，他到哪里，哪里就变泽溪，大概古以大蛇出来时随处便生水，和后世以虎出来时，随处便生风一样。在《海外北经》只说“泽溪”，在

《大荒北经》便变"源泽"而积成"洪水"。《海外北经》说相柳食于九山,因为它是九头。就是表示多数,古人用惯的。禹平九土,分九州,疏九河等传说,大概也是推演而成。语治水不是事实,禹攻共工,较为逼近事实,治水的传说大概即由攻共工的传说推演而成。知识阶级,觉得共工弄成水灾的话,毕竟不近人情,于是算作天灾。也有仍把这不近情的话,设法弥补的。像《国语·周语》说:"古之长民者,不堕山,不崇薮,不防川,不窦泽。昔共工废此道也,……欲壅防百川,堕高堙庳,以害天下,……"

在古代的民众,以为最厉害的,莫如山水,所以形容剧烈的事,免不了要拿水火出来。古代的水火战争,和后世形容剧战,用什么法宝一样。像《吕氏春秋·荡兵》篇说:"兵所自来者久矣。黄、炎故用水火矣,共工氏故次作难矣,五帝故相与争矣。"又像《大荒北经》形容蚩尤和黄帝的战争:"蚩尤作兵伐黄帝,黄帝乃令应龙,攻之冀州之野。应龙畜水,蚩尤请风伯雨师,纵大风雨。黄帝乃下天女曰魃,雨止,遂杀蚩尤。"

禹与共工战争,也是这样。禹是古人崇拜的,禹尝伐共工(《荀子·议兵》篇也说:"禹伐共工"),于是便把共工形容得特别坏,把九头毒蛇算是他的臣子。说共工曾闹成洪水(《淮南子·本经训》也曾说:"舜之时,共工振滔洪水")。所以禹要伐他,又把禹说得特别好,说禹曾掘了一个池,把水治平。到后来水愈说愈洪,治的本领也愈说愈大(《淮南子·地形训》也只说:"禹乃以息土,填洪水,以为名山,据昆仑墟以下池")。

读者读到这里,一定有人怀疑。《山海经》既成书很晚,那么这洪水的传说成得也很晚了,为什么在《山海经》以前的书上,早就说禹治水呢？这也不足疑的，民间传说往往能保留几百年不息，成书虽晚，而传说确有很早的。《山海经》是民间传说的总集，没有经知识阶级的修饰，所以不雅驯而多怪异。当时知识阶级虽把这些传说修饰成事实了，而民间还是依旧传说着。我们可从《山海经》中见到民间代代相传的真传说，而辨别出经修饰的伪事实。

三、洪水传说起于北方

顾颉刚先生以为这传说，起于南方。因为南方多积水泛滥，有平水土的需要(《古史辨》第一册一二七页)。丁文江先生说："杨子江的水患绝对不能如黄河下游的利害"，而认为"南方洪水"假设不能成立。我们以为这传说不起于南方而起于北方，《山海经》把禹与共工战争，记在西北。《大荒西经》说："西北海之外，大荒之隅，有山而不合，名曰不周负子，有两黄兽守之。有水曰寒暑之水。水西有湿山，水东有幕山。有禹攻共工国山。"

共工因为牵上了九头蛇的关系，发生了"九山""九土""九川""九河""九泽""九薮""九原""九隩""九州"的传说，于是把他所霸之地，也叫作"九"。

《礼记·祭法》说："共工之霸九州也。"

《左传·昭公四年》说："四岳、三涂、阳城、大室、荆山、中南，九州之险也，是不一姓。"

《左传·昭公二十二年》说："晋籍谈、荀跞率九州之戎，……以纳王于王城。"

《国语·郑语》说："谢西之九州。"

这九州决不是《禹贡》所谓九州。《逸周书·度邑》篇说："自洛汭延于伊汭，居易毋固，其有夏之居。我南望过于三涂，我北望过于岳鄙，顾瞻过于有河，宛瞻延于伊洛，无远天室。”这和《左传》所载相同，岳即四岳，大室即天室，足见夏和共工相距极近，很有冲突的可能。也许共工和夏都住在九州，所以《左传》说“是不一姓”。

二二，五，一六。

（原刊《民俗周刊》1933 年第 116、117、118 合刊）

伊尹考

一、伊尹之名号

《史记·殷本纪》云:“伊尹名阿衡”,而《索隐》引《孙子兵法》则曰:“伊尹名挚”,《正义》引《帝王世纪》又曰:“伊尹名挚,为汤相,号阿衡。”案《墨子·尚贤中》云:“伊挚有莘氏女之私臣,亲为庖人,汤得之,举以为己相。与接天下之政,治天下之民。”

《墨子》于《尚贤上》《尚贤下》,均称伊尹,而《尚贤中》独称伊挚,似挚固伊尹之名也。阿衡见于《书·太甲上》《诗·商颂·长发》。《书·太甲上》云:“惟嗣王不惠于阿衡。”注曰:“阿衡,商之官名。言之天下所倚平也。亦曰保衡,或曰伊尹之号。”《诗·商颂·长发》云:“实维阿衡,实左右商王。”传曰:“阿衡,伊尹也。”

保衡见于《书·说命》《君奭》及今本《竹书纪年》。《说命》云:“昔先正保衡,作我先王。”《君奭》云:“在太甲,时则有若保衡。”今本《竹书纪年》沃丁八年云:“祠保衡。”《汉外黄令高彪碑》又作“猗衡”。“猗衡”“阿衡”与“伊尹”盖皆一声之转耳,当非号也。《书》注释“阿衡”为“倚平”,乃附会之说,不足据信。“猗”“伊”声同通用,“阿”“伊”亦双声,“衡”“尹”则声之清浊。至于称“保衡”,疑“保”字为“伊”字之形误。《尚贤中》称“伊尹”为“伊挚”,“挚”字疑亦非名,“尹”“挚”亦声之转。考卜辞及齐侯镈钟,亦有伊尹,亦单称“伊”:

“祭巳卜,来□伊尹。前八卷一页。”

“癸丑子卜来丁彭伊尹。一一页。”

“丙寅贞,又㞢盱于伊尹,二牢,后上二二页。”

“癸巳卜又㞢伐于伊,其□大乙彤,同上。”

“癸酉卜贞:大乙,伊其,同上。”

“其射三牢,叀伊,《戬》九叶。”

“巳未王□贞:贞伊□羊罘牛□曰。同上”

“癸酉卜,右伊五示。罗氏拓本。”

“虩虩号成唐,有严在帝所,敷受天命,刻伐頣司,败厥灵师。伊少臣惟楠,咸有九州,处禹之堵。”

王国维曰:“卜辞有伊尹,亦单称伊。齐侯镈钟,述成汤事,而‘伊小臣惟楠’,孙氏诒让曰:‘古书多称伊尹为小臣。’《墨子·尚贤下》:‘汤有小臣。’《楚辞·天问》:‘成汤东巡,有莘爰极,何乞彼小臣而吉妃是得?’王逸注:‘小臣谓伊尹也。’《吕氏春秋·尊师》篇:‘汤师小臣。’高诱注:‘小臣谓伊尹。’齐镈称伊小臣,其为伊尹无疑。是伊尹可单称伊也。又卜辞人名屡见‘寅尹’,古读‘寅’亦如‘伊’,故陆法言《切韵》‘寅’兼‘脂’、‘真’二韵,而《唐韵》以降仍之,疑亦谓伊尹也。”其说甚是。

董作宾又曰:“小臣对于大臣而言,伊尹为有莘氏媵臣,出身微贱，战国时有以‘割烹要汤’的传说，所以也称他为小臣。《楚辞·天问》：‘成汤东巡，有莘爰极，何乞彼小臣而吉妃是得？’王逸注：‘小臣谓伊尹也。’卜辞中小臣，有掌车马者，有奉祭祀者。”惟李慈铭《越缦堂日记》以《墨子》“小臣”，未必指伊尹，《吕览》“小臣”，“小”乃“卞”字之误，“卞臣”即“卞随”，其言曰：“予谓以伊尹为小臣，已甚不辞，而吕氏此处所举十圣六贤之师(指《尊师》篇)皆人名，何伊尹独以小臣称？疑小当是卞字之误。卞臣即卞随耳，臣有随义，音亦通转。汤师卞随，正与上文尧师子州支父、舜师许由一例。《墨子·尚贤下》篇有‘汤有小臣’语，然中篇曰‘伊挚有莘氏女之私臣’，下篇又曰：‘伊尹为莘氏女师仆’，皆以伊尹与舜及传说并言，此处‘汤有小臣’则与‘禹有皋陶’‘文王有太颠、闳夭、南宫括、散宜生’并言，则‘小臣’亦是误字，未必指伊尹也。《楚辞·天问》：‘成汤东巡，有莘爰极，何乞被小臣而告吉妃是得？’王逸注：‘小臣谓伊尹。’此言伊尹本为有莘氏之小臣耳。高诱盖因此而附会。”其说殊非。小臣卜辞屡见，本为通名，惟《墨子》《吕览》所称，其为“伊尹”之专名明甚，由通名而成为专名，亦常有之事，不足深怪。齐镈之称“伊尹”为“小臣”最为明证。罗振玉氏曰：“《周礼·夏官》有‘小臣掌王之小命，谓相王之小法仪，及王之燕出入，及大祭祀，小祭祀’，以其职掌观之，殆与卜辞之小臣略同矣。”王国维氏又曰：“小臣义为近臣，《吕氏春秋》注：‘伊尹，汤之小臣’，金文中亦多言小臣，知不尽为卑属也。”疑“尹”与“小臣”之义相近，称“伊小臣”犹称“伊尹”也。“伊尹”仅名伊，尹为尊称，故卜辞或单称伊。董作宾谓伊尹因有出身微贱传说而称大臣，则非是也。

卜辞中又屡见寅尹，王国维谓即伊尹，古寅读如伊。其说疑是。但疑“寅”为正字，“伊”为假字。殷人命名，多以日辰及时，如壬亥申辰，上甲微用日，昭明昌若冥用时，含朝莫明晦之意。至《吕氏春秋·本味》篇云："有侁氏氏女子采桑，得婴儿于空桑之中，献之其君，其君令烰人养之。察其所以然，曰：其母居伊水之上，孕梦有神告之曰'臼出水而东走，毋顾'，明日，视臼出水，告其邻，东走十里，而顾其邑，尽为水，因身化为空桑，故命之曰伊尹。此伊尹生空桑之故也。"

以伊尹因母孕于伊水之上故名，则又附会之谈，此传说中名称"推原论之故事耳。"

二、伊尹之出身传说

伊尹之传说屡见《墨子》，《尚贤上》云："汤举伊尹于庖厨之中，授之政其谋得。"《尚贤中》云："伊挚有莘氏女之私臣，亲为庖人。汤得之，举以为己相。与接天下之政，治天下之民。"《尚贤下》云："昔伊尹为莘氏女师仆，使为庖人，汤得而举之。"据此，伊尹乃有莘氏女之臣仆，使为庖人者，《楚辞·天问》篇亦以伊尹为有莘妇之媵。

《天问》曰："成汤东巡，有莘爰极，何乞彼小臣而吉妃是得？水滨之木，得彼小子，夫何恶之？媵有莘之妇。"《天问》此说，及《吕氏春秋·本味》篇之所本，惟不言尝为庖厨。据《天问》伊尹似为成汤所乞得者。《吕氏春秋·本味》篇亦曰："长而贤。汤闻伊尹，使人请之有侁氏，有侁氏不可。伊尹亦欲归汤，汤于是请取妇为婚。有侁氏喜，以伊尹媵送女。"是伊尹之至汤处，汤固设法得之也。《墨子》虽谓伊尹"亲为庖人"，但其于何处为庖人，未明言之处。据《墨子·尚贤中》《尚贤下》，似伊尹为有莘氏之臣仆，又并为庖人。惟《孟子·万章上》记万章之问曰："人有言伊尹以割烹要汤，有诸？"《韩非子·难言》篇亦云："上古有汤，至圣也；伊尹，至智也。夫至智说至圣，然且七十说而不受，身执鼎俎为庖宰，昵近习亲，而汤乃知其贤而用之。”《韩非·难一》篇曰：“伊尹以中国为乱，道为宰干汤。”《难二》曰：“伊尹自为宰干汤。”《庄子·庚桑楚》篇曰：“是故汤以庖人笼伊尹。”据此则伊尹之为庖人，盖即在汤处，且藉割烹而昵近习亲也。

《孟子·万章上》记孟子为此说辨之曰：“伊尹耕于有莘之野，而乐尧舜之道焉。……汤使人以币聘之，嚣嚣然曰：‘我何以汤之聘币为哉？我岂若处畎亩之中，由是以乐尧、舜之道哉？’汤三使往聘之，既而幡然改曰，‘与我处畎亩之中，由是以乐尧、舜之道，吾岂若使是君为尧、舜之君哉？’……故就汤而说之，以伐夏救民，……吾闻其以尧舜之道要汤，未则以割烹也。”然则伊尹之出身，固庖人乎？固隐士乎？汤聘之者，即以烹割要之者，《史记·殷本纪》亦两存其说：“阿衡欲奸汤而无由，乃为有莘氏媵臣，负俎鼎，以滋味说汤，致于王道。或曰，伊尹处士，汤使人聘迎之，五反然后肯往从汤，言素王及九主之事。”

近蒙文通氏著《古史甄微》，判为三晋邹鲁与楚三方传说之不同，并云：“《孟子》言：‘伊尹五就汤，五就桀’，则非耕于莘野之人也。治亦进，乱亦尽，圣之任者。《墨子》亦言：‘成汤举伊尹于庖厨’，则割烹之说，反若可信。以《孟子》证《孟子》，则韩非之说有征，而孟子之说可疑也。”其说近是。惟疑《万章》《韩非》所云，最为近古。《墨子·贵义》篇云：“昔者汤将往见伊尹，令彭氏之子御，彭氏之子半道而问，曰：‘君将何之？’汤曰：‘将往见伊尹。’伊氏之子曰：‘伊尹，天下之贱人也。若君欲见之，亦令召问焉，彼受赐矣。’汤曰：‘非女所知也。’”是伊尹故贱人，乃为汤往聘迎者本非汤之庖厨，亦非以烹割要之者也。伊尹举于庖厨之中，亦犹相传谓“傅说举于版筑之间，胶鬲举于鱼盐之中”耳。《万章》《韩非》之谓以烹割要汤，则又传说之推演而已。非其实也。至《天问》《吕览》所记，固由于传闻异辞。

此等贫贱出身之传说，近人疑其出于时人之心理表现。如杨筠如氏《姜姓的民族和姜太公的故事》(《中山大学历史语言周刊》及《古史辨》第二册)云：“战国时候的风气，人人都可以奋其才智，一旦由微贱就登显贵；于是一班人有野心的人，便假借古人，造出种种由微贱致贵的故事，来耸动时君的听闻。就是《孟子》所说：‘傅说举于版筑之间，胶鬲举于鱼盐之中’一类的话，都不出这种心理的表现。”顾颉刚氏《战国秦汉间人的造伪与辨伪》一文(《史学年报》二卷二期)更以之为墨家尚贤主义之下产物，与“禅让说”盖同一系统。其言曰：

> 学术界中第一个起来顺应时势的，是墨子。他有坚定的主义，有具体的政治主张。他的第一个主张是“尚贤”……这等坚决的主张，当然会博得民众的多数同情……
>
> 但当时人最没有时代的自觉，他们不肯说“现在的社会这样，所以我们要这样的。”只肯说“古时的社会本来是这样的，所以我们要恢复古代的原样。”……他们说：舜是从畎亩之中举起来的，伊尹是从庖厨之中拔出来的，傅说是从版筑之间解放出来的，胶鬲是从鱼盐的商场中挑选出来的，所以农夫可做天子，厨子、囚徒、鱼贩们也可做大臣。他们又说：尧把天子让与舜，舜又把天子传与禹，所以天子之位不是世袭的，一个天子老了，就应当在他的臣民中选择一个最有本领的人，把天子交给他管。这就是所谓“禅让说”，一定要先有了墨子的尚贤主义，然后会发生尧舜的禅让古史，这些故事，也都从墨家中流传到儒家。

此皆臆说。伊尹等起于贫贱之故事，吾人无从证其为凭空造成者。即为凭空所造成，亦必酝酿甚久，不必起于墨子此时，更不必全出于墨家之尚贤主义。

三、其他传说

《吕氏春秋·慎大览》有伊尹与汤谋桀之传说，较《史记》为详尽，其言曰：

> 桀愈自贤，矜过善非，主道重塞，国人大崩。汤乃惕惧，忧天下之不宁，欲令伊尹往视旷夏，恐其不信，汤由亲自射伊尹。伊尹奔夏三年，反报于亳，曰："桀迷惑于末嬉，好彼琬、琰，不恤其众，众志不堪，上下相疾，民心积怨，皆曰：'上天弗恤，夏命其卒。'"汤谓伊尹曰："若告我夏旷尽如诗。"汤与伊尹盟，以示必灭夏。伊尹又复往视旷夏，听于末嬉，末嬉言曰："今昔(通夕)天子梦西方有日，东方有日，两日相与斗，西方日胜，东方日不胜。"伊尹以告汤。商涸旱，汤犹发师，以信伊尹之盟，故令师以东方出于国西已进。夫接刃而桀走，逐之至大沙，身体离散，为天下戮。不可正谏，虽后悔之，将可奈何？汤立为太子，夏民大悦，如得慈亲，……尽行伊尹之盟，不避旱殃，祖伊尹，世世享商。

《万章》尚有伊尹放太甲之传说，《万章上》云："伊尹相汤，以王于天下，汤崩，大丁未立，外丙二年，仲壬四年，太甲颠覆汤之典刑，伊尹放之于桐。三年，太甲悔过，自怨自艾，于桐处仁迁义。三年以听伊尹之训己也，复归于亳。"《公孙丑》又云："伊尹曰：'予不狎不顺，放太甲于桐，民大悦。太甲贤，又反之，民大悦。'"《荀子·臣道》篇亦曰："伊尹箕子可谓谏矣。"惟《竹书纪年》则谓太甲杀伊尹，今本《竹书纪年》商太甲七年云："王潜出自桐，杀伊尹，天大雾三日，乃立其子伊陟、伊奋，命复其父之田宅而中分之。”案《国语·楚语上》云：“尧有丹朱，舜有商均，启有五观，汤有太甲，文王有管、蔡，是五王者，皆元德也，而有奸子。”《韩非子·说疑》篇又云：“其在记曰：尧有丹朱，而舜有商均，启有五观，汤有太甲，文王有管、蔡，五王之所诛者，皆父兄子弟之亲也，而所杀亡其身、残破其家者。”则太甲固为人所杀亡也。《荀子·非相》篇云：“伊尹之状，面无须麋。”此等传说，不知所据，无从究诘矣。

（原刊上海《大美晚报·历史周刊》1936年7月27日第3版）

巫咸考

殷之名臣，见于卜辞者不过三四人，如伊尹、巫咸、甘般是也，余已作《伊尹考》，见本刊二十六期，兹继之再作此考。

《周书·君奭》篇云："在大戊时，则有若伊陟、臣扈，格于上帝，巫咸乂王家。"是巫咸固大戊之臣也，《书序》"伊陟赞于巫咸"，马注云："巫，男巫也；名咸，殷之巫也。"据此是巫咸，以职业为氏，咸则名也。惟《白虎通·姓名》篇云："殷家于臣名，亦得以甲乙生日名字子何？不使亦不止也。以《尚书》道殷臣有巫戊，有祖已也。"王引之氏据此，遂以"今文《尚书》巫咸，当作巫戊。"考卜辞又有咸戊，或简称咸。

贞巫㞢于咸戊（前一卷四三叶）

咸戊（同上）

癸酉卜㞢于咸，六月（上四四叶）

乙亥卜[illegible]贞：求于咸十牛（同上）

庚辰卜，令□于咸（同上）

贞㞢久自咸牢（后上九叶）

王国维据此，则曰："令卜辞中无巫咸，有咸戊，疑今文当作咸戊。《书序》'作咸乂四篇'亦或当作'咸戊作《咸戊》四篇'，犹序言'臣扈作伊陟'也。"

王氏以咸戊即巫咸疑是。盖初名"咸戊"，后以职为巫，冠以"巫"字，辗转相传，又省其"戊"字耳。卜辞中已多简称为"咸"，此其明证。

《史记·封禅书》云："伊陟赞巫咸，巫咸之兴自此始。"《索隐》云："巫咸，臣名。今此云巫咸之兴自此始，则以巫为巫觋。"《辞通》谓巫觋作巫咸，音之清浊，是巫咸又转而通名□。巫咸之职为巫，自来传说，颇一致。按阮元尚有巫咸、巫贤世职为巫之说，《世本·作》篇，《吕氏春秋·务躬》篇皆云："巫彭作医，巫咸作筮。"《说文》"巫"字下亦云："古者巫咸初作巫。"《史记·天官书》云："昔之传天数者，殷商巫咸。"而《山海经·大荒西经》又云："大荒之中，有山名曰丰沮玉门，日月所入。有灵山，巫咸、巫即、巫朌、巫彭、巫姑、巫真、巫礼、巫抵、巫谢、巫罗十巫，从此升降，百药爰在。"《海内西经》亦云："昆仑开明东，有巫彭、巫抵、巫阳、巫履、巫凡、巫相、夹窫窳之尸，皆操不死之药以距之。"巫凡疑亦巫咸，准此则巫咸为神巫之一而已。《离骚》云："巫咸将夕降兮。"王注："巫咸，古神巫也，当殷中宗之世降下也。"《秦诅楚文》云："不显大神巫咸。"《汉书·杨雄传》云："选巫咸兮叫帝阍。"《后汉书·张衡传》有云："抨巫咸以占梦兮。"是巫咸固又有为神巫之神话也。

惟崔述《商考信录》则斥之曰："余按：巫者氏也，其先世或尝为巫祝之官，或其采邑在巫，子孙因以为氏，皆未可知。要之，咸乃商之大臣，安社稷者，非巫也。屈宋生长蛮方，沿讹踵谬固宜。后世文人何为而皆效之乎？"此说殊非。崔氏盖尚未明古代社会政治之情况。贞卜之事，上古至为重视，巫之地位至高，固商之大臣，未必安社稷者。以职业或特长冠于名而为姓氏，周代尚然。如《孟子》有善弈之弈秋是也。疑巫咸本巫，《楚辞》《山海经》以为神者，是则南方之传说之又一转变耳。古者史官近于卜祝之间，史即巫，巫即史也。

《后汉书》云："巫咸，实守王家"，其或守史之官也。《山海经·海外西经》又有巫咸国云："巫咸国在女丑北，右手操青蛇，左手操赤蛇。在登葆山，群巫所从上下也。"《淮南子·地形》篇又云："夸父弃其策，是为邓林。昆吾丘在南方，轩辕丘在西方，巫咸在其北方，立登保之山，旸谷、榑桑在东方。"注曰："旸谷日之所出也；榑桑在山东北方也。"《淮南》此节，盖即据《山海经》。是巫咸又为一国名地名矣，此亦传说之一转变耳。《山海经》中颇有由人名演变而成之国名，如驩兜之成为驩头国是也。

巫咸本为商之大臣，惟传说中转变亦多，顾炎武曰："或以巫咸为黄帝时人，《归藏》言：'黄神将战，筮于巫咸'是也。以为尧时人，郭璞《巫咸山赋序》言：'巫咸以鸿渐术为帝尧医'是也。以为春秋时人，《庄子》言'郑有神巫曰季咸'，《列子》言'神巫季咸自齐来，处于郑'是也。"

殷臣又有名巫贤者，《书·君奭》曰："在祖乙时，则有若巫贤。"今本《竹书纪年》商祖乙三年："命卿士巫贤。"朱起凤氏《辞通》以巫咸、巫贤为一人，云："咸字作贤，同音借用也。"其说或是。《书》云："成汤既受命，时则有若伊尹，格于皇天。在太甲，时则有若保衡。"一人而两举之，一则属成汤，一则属太甲，疑皆传说之分化也。传说既分化为伊尹、保衡，作《书》者不察其为同名异称误以为二人，遂两举之耳。

相传巫咸墓在常熟，《史记·殷本纪·正义》云："按巫咸及子贤冢,皆在苏州常熟县西海虞山上,盖二子本吴人也。”惟此等古墓,可信之程度甚低。往往一人之墓,各书记载各异。《山海经·海外南经》郭注云:“按帝王冢墓皆有定处,而《山海经》往往复见者,盖以圣人久于其位,仁化广及,恩恰鸟兽,至于殂亡,四海若丧考妣,无思不衰。故绝域殊俗之人闻天子崩,各自立坐而祭醊哭泣,起土为冢,是以所在有焉。亦犹汉氏诸远郡国皆有天子庙,此其遗象也。”瞿凤翥《涑水编·姜嫄墓记》引李汝宽亦曰:“墓者,慕也。圣人殂亡,四海若丧考妣,殊俗之人各起土坟,是以所在有焉。”此言甚得,常熟之巫咸墓,疑亦由于邑人仰慕而起,非实有其墓也。

总以上所考论,巫咸本名咸戊,或简称咸,本大戊之臣,盖掌巫史之职,故亦或称为巫咸。而南方之传说辗转相传,又以巫咸为巫神。蒙文通氏《古史甄微》自序谓:“楚人宿好鬼神,故称虞夏极其灵怪。”其说疑是。《大荒西经》称灵山有巫咸,《海外西经》又有巫咸国,皆记在西方。或西方本古人神话传之中心耳,山西夏县之有巫咸山,疑即据此等神话。南方本重鬼神,故巫咸山之传说于南方甚盛,常熟之有巫咸墓,此亦起故欤?此等巫咸山、巫咸墓之传说,必出于好事者之附会,当与巫咸无涉也。民间自古相传之说,虽不必尽非,亦或寓若干史影于其间,惟此等三代以上之古墓,古书本无确切记载,其可靠性终不多也。

(原刊上海《大美晚报·历史周刊》1936年8月28日第3版)

略论汤祷传说

汤祷以身为牺牲的传说，以今日的理智判之，固然荒唐不经。故俞正燮《癸巳存稿》说“此游士食客，劫君鼓乱，所谓妖言惑众，加以悖逆者也。”祁骏佳《遁翁随笔》亦说“恐秦火后好事者为之也。”但历史是历史，吾人苟以社会学、民俗学的观点察之，此人祷之事，不足怪也。近郑振铎氏著《汤祷篇》(《东方杂志》三卷一号)，说曰中国古代社会曾有这幕活剧的出现。曹松叶氏的《读汤祷篇》(《东方杂志》三十卷十三号)，更说此汤祷古史，含有古代社会里进物和呪二动机。其眼光皆过前人，惜其于传说的本身，皆未尝好为整理。

郑振铎氏说这故事，最早见于《荀子》《尸子》《吕氏春秋》《淮南子》及《说苑》。其实《墨子》中已载及，而且《墨子》又明明说是根据《书》的《汤说》篇。其他《论衡》等书，亦多载其事。今皆征引于下：

> 虽《汤说》即亦犹事也。汤曰：“惟予小子履，取用玄牡，告于上天后土，曰：今天大旱，即当朕身履，未知得罪于上下。有善不敢蔽，有罪不敢赦，简在帝心。万方有罪，即当朕身，朕身有罪，

无及万方。”即此言汤贵为天子，富有天下，然且不惮以身为牺牲，以祠说于上帝鬼神。（《墨子·兼爱下》）

汤旱而祷曰：“政不节与？使民疾与？何以不雨至斯极也！宫室容与？妇谒盛与？何以不雨至斯极也！苞苴行与？谗夫兴与？何以不雨至斯极也！”（《荀子·大略》篇）

汤之救旱也，乘素车白马，着布衣，婴白茅，以身为牲，祷于桑林之野。当此时也，弦歌鼓舞者禁之。（《太平御览》八三引《尸子》）

汤曰：“朕身有罪，不及万方。万方有罪，朕身受之。”（《群书治要》引《尸子·绰子》篇）

昔者汤克夏而正天下，天大旱，五年不收。汤乃以身祷于桑林，曰：“一人有罪，无及万夫。万夫有罪，在余一人。无以一人之不敏，使上帝鬼神伤民之命。”于是剪其发，枥其手，以身为牺牲，用祈福于上帝。民乃甚说，雨乃大至。（《吕氏春秋·顾民》篇）

汤之时，七年旱，以身祷于桑林之际，而四海之云凑，千里之雨至。（《淮南子·主术》篇）

汤时大旱七年，卜，用人祀天，汤曰：“我本卜祭为民，岂乎自当之。”乃使人积薪，剪发及爪，自洁，居柴上，将自焚以祭天，火将然，即降大雨。（《文选·思玄赋》注引《淮南子》）

汤伐桀之后，大旱七年，史卜曰：“当以人为祷。”汤乃剪发断爪，自以为牲，而祝祷于桑林之社。（《尚书大传》）

汤时大旱，使人祷于山川。（《公羊·僖三十一年传》注引《韩诗传》。）

> 汤之时，大旱七年，雒坼用竭，煎沙烂石，于是使持三足鼎，祝山川，教之祝曰："政不节耶？使人疾耶？苞苴行耶？谗夫昌耶？宫室营耶？女谒盛耶？何不雨之极也？"盖言未已而天大雨。……诗云："上下奠瘗，靡神不宗。"言疾旱也。（《说苑·君道》篇）

综上所引史料，可见汤祷传说，实有二个不同的系统，《墨子》《尸子》《吕氏春秋》《淮南子》《尚书大传》，是一系统；而《荀子》《韩诗传》《说苑》，则又一系统。《说苑》所据，疑是《韩诗》说，亦引了二句诗。《公羊·桓公五年传》注，亦载有六事自责事，疏云："皆《韩诗》注文"，于此，我亦可判为邹鲁传说与三晋传说之相殊。到了《帝王世纪》，才把此二说牵合为一。

《墨子》所载《汤说》，与《论语·尧曰》篇所引略同，《论语》曰："予小子履，敢用玄牡，敢昭告于皇皇后帝：有罪不敢赦，帝臣不蔽，简在帝心。朕躬有罪，无以万方。万方有罪，罪在朕躬。"又与《周语》引《汤誓》相同。《周语》曰："余一人有辜，无以万夫，万夫有辜，在余一人。"或作万方，或作万夫，方、夫盖双声通转。大抵《尚书》旧本有《汤说》一篇。《周语》之作《汤誓》，疑亦后人妄改。惠栋《九经古义》亦云："汲郡古书云：'成汤二十年大旱，禁弦歌舞。二十四年大旱，王祷于桑林，雨。'《墨子》《吕子》皆见百篇《尚书》，故所载与《论语》同。"

《墨子》《吕子》，"一人有罪"云云，此明是汤祷旱之辞，而《论语》孔注、《白虎通·三正》篇、《国语》韦注都说是伐桀告天之文，此因《汤说》篇既佚而误解也。至于伪《汤诰》中，亦有此类似之辞，因作伪者亦同样误解。总之，《墨子》《尸子》《吕子》所载，确有远古的来源。曹松叶氏说:“《汤誓》的出世,实较汤祷故事早,因载汤祷故事的书,最早不过在战国写成。”此言恐未必是。

惟考《墨子》所引《汤说》,有云:“敢用玄牡,告于上天后。”《论语》亦云:“敢用玄牡,敢告于皇皇后帝。”是汤祷所用,明是玄牡,非汤自为牺牲也。而《墨子》后又忽云:“以身为牺牲,以祠说于上帝鬼神。”岂不自相抵牾乎?而《尸子》《吕子》,又去此“敢用玄牡”一句,则汤以祷事亦多疑。但此人祷之说,或出于当时书说,亦未可知。《淮南子》云:“卜,用人祀天”,《尚书大传》云:“史卜曰:‘当以人为祷。’”此恐后人见人祷之不合理,因而说此润饰之。

至于《荀子》六事自责之辞,其来源恐不甚古,《公羊·桓五年传》注云:“君亲之南郊,以六事谢过自责,曰:‘政不一与?民失职与?宫室崇与?妇谒盛与?苞苴行与?雩夫倡与?使童男童女各八人,舞而呼雩,故谓之雩。’”崔述《考信录》据此,云:“然则,以六事自责,乃古雩祭常礼,非以为汤事也。”其说疑是。《荀子·大略》篇,杨倞说是弟子杂录之语,则著作年代较晚,此六事自责之辞,疑战国末年或秦汉雩祭时所用,托之汤耳。虽亦可说后人沿用汤辞,但《荀子》:“苞苴行与?谄夫兴与?”以行兴为韵。古庚蒸二韵,区别甚严,《诗经》《楚辞》中皆不相混,此以足证此辞出于后人,非有远源。《韩诗传》云:“祷于山川”,《说苑》云:“祝山川”,崔述因谓:“然则,汤但使人祷于山川,初未尝自祷而以六事自责也。”其说殊非。祷山川,亦是后人雩祭之礼。《月令·仲夏》云:“命有司为民祀祈山川百源,大雩帝。”《正义》引《考异邮》说云:“‘天子祷九州山川,诸侯祷封内,大夫祷所食邑。’又僖公三时不雨,帅群臣祷山川,以过自让。凡雩必先祷。”是则三晋之汤祷传说,但凭时事推测附会而已。

要之，汤祷传说，邹鲁之说，似较三晋之说为有据。《墨子》等书，都说汤祷于桑林，桑林，《吕览》《淮南》高注都云："桑山之林"。我疑是丛社之类，故《尚书大传》《帝王世纪》，皆为称"桑林之社。古者立神祠，必于丛林。"《急就》篇颜注云："丛谓草木岑蔚之所，因立神祠。"《墨子·明鬼下》云："必择木之修茂者，立以为丛社。"《秦策》亦云："恒思有神丛。"高注云："丛祠，神祠也。"

（原刊上海《大美晚报·历史周刊》1935年12月2日第3版）

再论汤祷传说

吾于本刊第四期，尝《略论汤祷传说》，兹意有未尽，敢再论之。

前论《墨子》《尸子》《淮南》所载汤祷传说，似较《荀子》《说苑》为有据，今细究之，《墨子》《淮南》所载，亦有从其他类似传说，转变而来之痕迹，《艺文类聚》二引《庄子》云："宋景公时，大旱三年。卜之，必以人祠乃雨。公下堂顿首曰：'吾所以求雨，将自当之。'言未卒，天下大雨，方千里。"又六十六亦引《庄子》云："昔宋景公时，大旱。卜之，必以人祠，乃雨。景公下堂顿首曰：'吾所以求雨，为民也，今必使吾以人祠乃雨，将自当之。'言未卒而大雨。"

今本《庄子》无此节，《太平御览》十及八百三十二，皆引此节，当是佚文无疑，此宋景公人祷之传说，与汤祷传说绝类，如《文选·思玄》注引《淮南子》云："汤时，大旱七年，卜，用人祀天。汤曰：'我本卜祭为民，岂乎自当之。'……火将燃，即降大雨。"《太平御览》八十三引《帝王世纪》云："殷史卜曰：'当以人祷。'汤曰：'吾所为请雨者民也，若必以人祷，吾请自当。'……言未已而大雨至，方数千里。"不特两传说之内容绝类，而“商汤”之与“宋景”，古音又相近。王国维《说商篇》云：“余疑宋与商声相近，初本名商，后人以别于天下之商，故谓之宋耳。”其说甚是。宋古从木声而古木有桑音。孙志祖《读书脞录》卷七“木有桑音”条云：“古木字有桑音，《列子·汤问》篇‘越之东有辄木之国。’《注》音木字为又康反。《山海经·东山经》‘南望幼海，东望榑木。’《注》‘扶桑二音’是也。字书木字失载桑音，人多如字读之，误矣。”其论至确，实足为王说之证。“汤”与“景”，古亦声同唐部。

《墨子》等书，皆称汤祷于桑林，桑林大概是丛社之类，前已论之。孙诒让《墨子间诂》云：“桑林盖大林之名，汤祷旱于彼，故宋亦立其祀。……因汤以盛乐祷旱于桑林，后世沿袭，遂有《桑林》之乐矣。”其说近是。但亦或桑林本宋之社与乐，及宋景公人祷传说，转而为汤祷传说，遂桑林亦讹传为商之社与乐也，此亦颇可能。《墨子·明鬼》篇云：“燕之有祖，当齐之有社稷，宋之有桑林，楚之有云梦也。此男女之所属而观也。”《左·襄公十年传》云：“宋公享晋侯于楚丘，请于《桑林》。”《左·昭公二十一年传》云：“宋城旧都及桑林之门。”此皆宋有桑林之证。称为“桑林之门”，当其门颇近桑林也。《庄子·养生主》篇云：“庖丁为文惠君解牛，手之所触，肩之所倚，足之所履，膝之所踦，砉然响然，奏刀騞然，莫不中音，合于《桑林》之舞。”《释文》引司马云：“汤乐名”，崔云：“宋舞乐名”，此亦以宋乐释之为是。《吕氏春秋·精通》篇云：“宋之庖丁”，《御览》八十二引《淮南》高注亦云：“庖丁宋人”，是其证。《吕氏春秋》《淮南》高注，皆释“桑林”为桑山之林，甚是。《淮南·修务》篇正云：“汤旱，以身祷于桑山之林。”又考《左·昭公十六年传》云：“郑大旱，使屠击、祝款、竖柎有事于桑山。斩其木，不雨。”是则桑木不仅宋国有之，郑国亦有也，不过宋国较著而已。

疑古代祷雨皆在桑林，盖古人以桑为神木，日与日有相关之说。《说文》云："叒，日初出东方汤谷所登榑桑，叒木也。"又云："榑桑，神木，日所出也。"王逸《楚辞注》亦云："木有扶桑、梧桐、松柏，皆受气淳矣，异于群类者也。"《山海经·海外东经》云："黑齿国下有汤谷，汤谷上有扶桑，十日所浴，在黑齿北。居水中，有大木，九日居下枝，一日居上枝。"《大荒东经》又云："汤谷上有扶木，一日方至，一日方出，皆载于乌。"《淮南·天文》篇亦云："日出于旸谷，浴于咸池，拂于扶桑，是为晨明；登于扶桑，爰始将行。是谓朏明。"

桑之与日，究如何生相关之传说，颇足讨论。李祖望《答陈穆堂先生桑木说》云："《说文》'东'字引官溥说，'从日在木中'，木部'杲'字解曰：'从日在木上'，'杳'字解曰：'从日在木下'，木虽凡木之统称，而此木字，定属榑木。"其说疑是。或桑木多产东方，当日出之际，远视之，颇似"拂于扶桑""登于扶桑"也。

古人于旱之原因，大体归于日之猛烈，因生十日传说。《庄子》云："尧时十日并出，草木焦枯……"《淮南·本经》篇云："逮至尧之时，十日并出，焦禾稼，杀草木，而民无所食。猰貐、凿齿、九婴、大风、封豨、修蛇皆为民害，尧乃使……上射十日而下杀猰貐，断修蛇于洞庭，禽封豨于桑林。"据此，亦足见古传说之十日与桑林有关，古人所以必祷旱于桑林，此其故与？

（原刊上海《大美晚报·历史周刊》1935年12月17日第3版）

二女传说之演变和分化

古史传说中，关于二女之事屡见，虽所属不一，名号相殊，时代又远隔，然而一脉相通之处，尚可得而窥见，大抵皆一事之演变分化，一名之音转通假而已，久而辗转流变，习焉不察，遂至传说纷错耳。

二女之事，传说至繁，转变最烈，郭沫若氏《甲骨文字研究》，尝云："据余所见，传说转变之最烈者，无过于二女之事。"惜郭氏于《中国古代社会研究》及《甲骨文字研究》二书中，皆仅约略论之，未尝详为探究也，二女传说，虽于古史中不甚重要，然其流变殊繁，牵涉至大，亦治史所当从事整理者，兹略就窥管所及，粗为论列如次：

二女最著者，为尧之二女，即舜所娶者，《孟子·万章上》云："帝使其子九男二女，为官牛羊仓廪备，以事舜于畎亩之中。"《万章下》又云："尧之于舜也，使其子九男事之，二女女焉，百官牛羊仓廪备，以养舜于畎之中。"《史记·五帝本纪》纪舜曰："四岳咸荐虞舜，曰可。于是二女妻舜，以观其内，……舜居妫汭，内行弥谨。尧二女不敢以贵骄事舜亲戚，甚有妇道。"纪尧又曰："尧曰：'吾其试哉！'于是尧妻之二女，观其德于二女。舜饬下二女于妫汭，如妇礼。”案《淮南子·泰族》篇亦云：“乃妻以二女”，注云：“二女：娥皇，女英。”《列女传·母仪传》亦云：“有虞二妃者，帝尧之二女也。长娥皇，次女英。”《太平御览》八十一引《帝王世纪》又云：“元妃娥皇无子。次妃女英生商均。”案《史记索隐》云：“《列女传》云：二女长曰娥皇，次曰女英。《系本》作‘女莹’，《大戴礼》作‘女匽’。”稽《大戴礼·帝系》篇云：“帝舜娶于帝尧之子，谓之女匽氏。”《五帝德》又云：“依于倪皇。”盖娥皇又作倪皇，女英又作女莹、女匽，皆同音通用也。

然《大荒南经》又以帝俊之妻曰娥皇，《大荒南经》曰：“大荒之中，有不庭之山，荣水穷焉。有人三身，帝俊妻娥皇，生此三人身之国，姚姓。”郭璞注《大荒东经》“帝俊生中容”下注云：“俊亦舜字，假借音也。”于《大荒东经》“帝俊生后稷”下则注云：“俊宜为喾，喾之第二妃生后稷也。”王国维氏以帝俊即帝喾，而郭沫若氏以帝俊、帝喾、帝舜皆人之分化，郭说甚是。郭氏云：“其在《山海经》，则云：‘帝俊妻娥皇’，又云：‘有女子名曰羲和，方日浴于甘渊。羲和者帝俊之妻，生十日。’（《大荒南经》）又云：‘有女子方浴日，帝俊妻常羲，生月十有二，’（《大荒西经》）帝俊与帝舜，羲和与娥皇、倪皇，常羲与女匽、女英、女莹，均当为一人”（《甲骨文字研究》）。王国维氏《卜辞中所见先公先王考》，证帝俊之即帝喾曰：“《帝王世纪》所云：帝喾次妃诹訾氏女，曰‘常仪’，生帝挚者也。曰羲和，曰娥皇，皆常羲一语之变。”郭氏又曰：“古说喾有四妃：上妃有邰氏女曰姜嫄，生后稷，次妃有娀氏女曰简狄，生契，次妃陈丰氏女曰庆都，生帝尧，次妃诹訾氏女曰常仪，生帝挚。常仪即常羲，亦即女英、女匽，余疑与简狄是一非二，挚契古音同部，亦当为一人。姜嫄实即娥皇，亦即羲和，娥嫄歌元对转也。

尧母庆都，殆后人所附益耳。‘……又《山海经》之帝俊，实即天帝，日月均为其子息。故《诗·生民》言姜嫄之孕，乃‘履帝武敏歆’，《商颂》言简狄生契，乃‘天命玄鸟’，可知所谓帝喾或帝舜，实如希腊神话中之至上神‘瑳宇司’Zeus，并非人王也。”郭氏以常羲、羲义和为二人，常羲即女匽、女英、女莹，羲和即娥皇、倪皇。至王氏则以羲和亦帝羲一语之变。疑王说是也。常与匽英、女莹音近，疑常羲辗转相传，分而为二，一从“常”字化为“女匽”等名，一从羲字化为“羲和”“娥皇”等名，亦犹羲和之化为羲氏和氏也。

考有娀氏亦有二女之传说，《吕氏春秋·音初》篇云：“有娀氏有二佚女，为之九成之台，饮食必以鼓。帝令燕往视之，鸣若谥隘，……遗二卵，北飞，遂不反。二女作歌一终，曰：‘燕燕往飞。’实始作为北音。”《诗·商颂》亦曰：“有娀方将，帝立生子商。”又曰：“天命玄鸟，降而生商。”帝喾、帝舜，既为一人，帝喾之妻与帝舜之妻又相同，惟帝舜之妻为尧之二女，而帝喾则又有娀氏之二女，然其必为一事之分化无疑。

关于羲和之传说，《山海经》称羲和浴日，生十日，常羲浴月，生十二月，疑本为古时日神、月神之神话也。而羲和在《尧典》则分而为羲氏、和氏，为职司星之二官，《吕氏春秋·务躬》篇又云：“羲和作占月，尚仪作占日。”更辗转演变遂又有奔月之故事，且为羿之妻矣。《淮南子·览冥》篇云：“羿请不死之药于西王母，姮娥窃以奔月。”考《山海经·海内北经》，舜亦有二女之传说，《海内北经》云：“舜妻登比氏生宵明、烛光，处河大泽，二女之灵能照此所方百里，一曰登北氏。”舜之二女，名宵明名烛光，正“月”子之义，疑与常娥之传说，亦有关也。

《左·哀元年传》又有少康娶有虞二女之故事，《左·哀元年传》

云:“昔有过浇杀斟灌以伐斟鄩,灭夏后相。后缗方娠,逃出自窦,归于有仍,生少康焉。为仍牧正,惎浇,能戒之。浇使椒求之,逃奔有虞,为之庖正,以除其害。虑思于是妻之以二姚,而邑诸纶。”《离骚》又云:“夏康娱以自纵。不顾难以图后兮,五子用失乎家巷。……及少康之未家兮,留有虞之二姚。”疑此与舜之二女之传说有关。而杨雄《宗正卿箴》(《初学记》)又以少康所娶为有仍二女,云:“昔在夏时,少康不恭,有仍二女,五子家降。”

顾颉刚氏近著《有仍国考》(《禹贡半月刊》第五卷第十期),以有仍即有戎亦即有娀,甚是。《左·昭四年传》云:“夏桀为仍之会,有缗叛之。”而《韩非子·十过》篇又云:“桀为有戎之会,而有缗叛之。”《史记·殷本纪》又云:“桀败于有戎之虚。”“戎”“仍”盖双声相通也。案有仍、有戎亦即有缗,《左·哀公元年》传谓:“后缗方娠……归于有仍”可证。《史记·吴世家·集解》引贾逵曰:“缗,有仍之姓也。”又《昭四年传》云:“夏桀为仍之会,有缗叛之。”盖仍为戎之假,乃总名,有缗乃戎之一耳。《楚世家·集解》引贾逵云:“仍、缗国名也。”杜预云:“仍、缗皆国名。”顾颉刚谓:“读此文,又知有缗与仍为二国。”又曰:“仍、缗本二国名也,而哀元年《左传》则以缗为有仍之姓。……吾人以为不如直断哀元年《左传》之文为伪造之为宜。”其说甚非。

有仍即有娀,有仍女亦即有娀女,《左·昭二十八年传》云:“昔有仍氏生女,湛黑而甚美,光可以鉴,名曰玄妻。”其云光可以鉴,则与长娥之传说相关,又云玄妻,疑与玄鸟之故事,亦相涉。《太平御览》一百三十五引《古本竹书纪年》又有桀取岷山二女之传说,《竹书纪年》云:“后桀伐岷山,进女于桀二人,曰琬,曰琰。桀受二女……而弃其元妃于洛，曰末喜氏。末喜氏以与伊尹交，遂以间夏。”岷山作缗山，《韩非子·难四》篇云：“是以桀索缗山之女……而天下离。”岷山又即蒙山，岷蒙双声，《天问》云：“桀伐蒙山，何所得焉？”岷山亦即有缗，《昭十一年传》云：“桀克有缗，以丧其身。”盖同指一事。

案有娀氏女有居瑶台之说，《离骚》曰：“望瑶台之偃蹇兮，见有娀之佚女。”《淮南子》云：“有娀在不周之北，长安简翟，少女建疵。”注曰：“姊妹二人在瑶台也。”而《淮南·本经》篇又云：“桀、纣为琁室、瑶台。”《列女传·孽嬖·末喜传》云：“造琼室、瑶台，以临云雨。”顾颉刚氏据此，谓：“岷山之二女，亦即有娀二佚女之张本”甚是。《楚辞·天问》篇又云：“舜闵在家，父何鳏？尧不姚告，二女何亲？厥萌在初，何所忆焉？璜台十成，谁所极焉？”此于尧二女之下，复言璜台，是尧二女亦有登璜台之说也。璜台亦即瑶台，“璜台十成”亦即《吕氏春秋》所称有娀氏二佚女之九成之台。凡此一脉相承之处，灼然可见。

《山海经·中山经》云：“又（夫夫之山）东南一百二十里，曰洞庭之山。帝之二女居之，是常游于江渊，澧沅之风，交渊湘之渊，是在九江之间，出入必以飘风暴雨。”《九歌》有二妃曰湘君、湘夫人，《烈女传》云：“舜陟方死于苍梧，二妃死于江、湘之间，俗谓之湘君。”据此则《山海经》洞庭之二女，又即舜之二妃也。惟郭璜则以为“帝之二女”，“天帝之二女”，谓：“二女帝者之后，配灵神祇，无缘复下降小水，而为夫人也。……原其致谬之由，由于俱以帝女为名。”而郭沫若氏则云：“其在《九歌》，则二妃为湘君与湘夫人，湘君云：‘女婵媛分为余叹息。’‘余’即湘君自谓，‘女婵媛’乃指湘夫人。‘女婵媛’即常羲、女匽、女英、女莹之异辞也。婵常双声，羲媛乃歌元阴阳对转。离骚：‘女须之婵媛兮，申申其詈予。’前人以为屈原之姊或妹，……案其实即以常羲为女侍，犹言，‘吾令羲和弥节’也。……常娥亦称婵娟，是犹《楚辞》之‘婵媛’也。”郭说甚是。《山海经》帝之二女，其帝固不必帝尧，然其与尧之二女有相关之传说，则可断言。

郭沫若氏又于卜辞得所祭之妣“娥”与“羲”二人，谓亦即娥皇、常羲，其言曰：帝俊、王亥、王恒、上甲微等，胥于卜辞有征，余意娥皇常羲之名亦所应有。卜辞有祭之妣名娥者，辞曰：

贞子渔有哲于娥，酒。（《铁》二六四页）

贞有犬于娥，卯彘。（《前》四卷五二页）

×卯卜×贞求娥于河。（《林》一卷二一页）

娥，许书云：“娥、帝尧之女，舜妻，娥皇字也。”字于人名之外，古无他义，则此妣名之娥，非娥皇设属矣。

又有人名“[illegible]”，辞曰：

己未宜于[illegible]，艻三，卯十牛，中。（《前》六卷二页）

己未宜[于][illegible]，艻（缺）人，卯十牛，左。（同上）

此人名奇字，王国维疑峨，罗振玉谓从義京，余谓此实“義京”二字之合书，乃卜辞习见之通例。当即常羲若常仪之初字，義、羲、儀古同歌部，京常古同阳部。□之读常为京義，犹□之读五千，□读五十也。

此说吾人仅能认为假设，卜辞中娥□二女未见有相连之关系，亦未有其他足证为娥皇常羲者，仅凭音之相近，遽谓即是，未为允审。况“義京”之与“常羲”，虽“義”“常”音近，相颠倒也。

郭沫若氏于《中国古代社会研究》，尝定其二女传说演变系统如下：

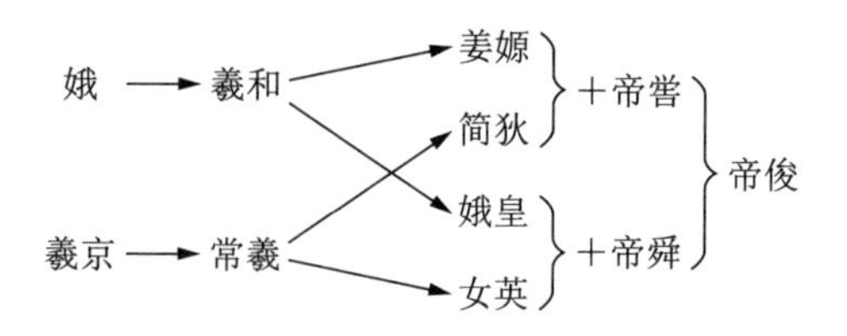

余疑二女传说之演变与分化有如下之系统：

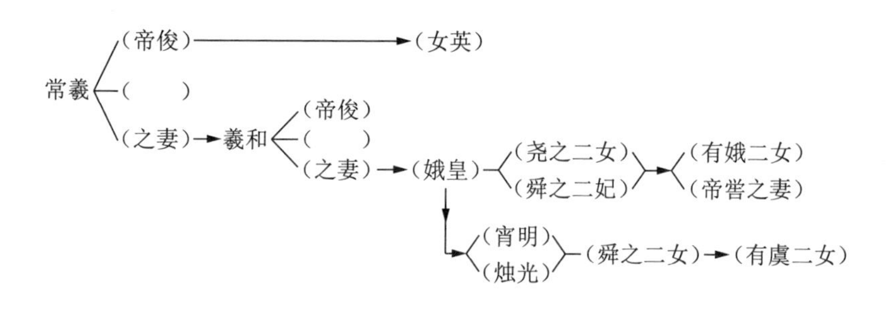

郭氏又谓："他如精卫衔石之女娃，始制笙簧之女娲，无夫九子之女岐，与此均有一脉相通之处。"（《甲骨文字研究》）其说甚有见地。

《山海经·北山经》云："又北三百里，曰发鸠之山，其上多柘木，有鸟焉：其状如乌，文首，白喙，赤足。名曰精卫，其鸣自詨。是炎帝之少女，名曰女娃。女娃游于东海，溺而不返，故为精卫，常衔西山之木石，以堙于东海。漳水出焉，东流注于河。"相传尧之二女溺于江湖，而女娃亦溺于东海，又为炎帝之女，娥、娃，亦声之转，郭说或是也。

郭以女娲由此演化，盖以《天问》："言简狄之下复言女娲，而均系于舜事，盖传闻异乱，混淆不分，有时为二人"（《中国古代社会研究》）。然女娲之传说，似无与二女说相类，则郭说或非是。

郭沫若氏以"二女传说之真相，则亚血族群婚制之例证。"古史传说固有若干之影，不尽为后人所能伪托也。惟此等二女之传说，则不必为史前遗下之史影。近人多好释古，往往喜以古史传说证实古代社会。恐失多而得少。前刘师培、梁任公诸氏以为姓字从女，即系母系制度之遗迹。实则古姓并不从女，观乎金甲文可知也，近梁园东氏尝斥之（见《大夏周报》第十卷第五期"史地专号"，《古姓考原》）。郭氏以为"舜妻二女而弟象与之'并淫'，则是殷代先人犹行亚血族群婚之古习。"并云："舜娶禹之二女，而舜弟象与之'并淫'，《孟子》亦有象'二嫂使治朕栖之'语，《孟子》所云虽为未遂之事，然乃传说人后之转变耳。"《孟子》记象强占二嫂，状象之行为丑恶而已，何以知其必为"传说入后之转变。"

郭氏不特以为殷代先人犹行亚血族群婚，并谓："多父多母之事于卜辞犹有明文。"以为卜辞之多父多妣，"其实即亚血族群婚之遗习也。在此制度下，犹以母性为中心，男子须连翩出嫁，女子承家，故父子不能相承，而兄弟转可以相及。殷代帝王多兄终弟者，正职此固。"此说虽辨，然须知母系时代亚血族之群婚，均在史前，恐非有文字历史之殷代所宜有乎？"父"本长者之尊称，固不必指生父言也。当群婚制度时，生父与子女之关系，甚为淡薄，恐未必于群父有深刻之印象也。

予疑古人于此"姊妹花"连翩出嫁之故事，一时引为美谈，故辗转流变演化至繁。且或本不必与帝俊、帝舜、帝喾、少康及桀有关。常羲本帝俊之妻，后又分化一成羲和，更由"常"之音变而化为"女英"，由"羲"之音变而化为"娥皇"，于是所谓尧之二女之传说矣。

（原刊上海《大美晚报·历史周刊》1936年8月3、14日第3版）

中国群婚制的有无问题

中国群婚制的有无问题，近来很有人把它检讨。当郭沫若做《中国古代社会研究》的时候，一唱百和，人人以为中国有过群婚制，而且殷商犹有亚血族群婚制的存在，近年已有提出加以否认，如《清华学报》唐兰《卜辞时代的文学和卜辞文学》一文，就根本否认殷商为母系社会。最近《食货》半月刊四卷十期有陈伟旋《中国古代社会果有群婚制度吗》一文，驳论更为详尽，都是我们值得注意的。

《孟子》称象"二嫂使治朕栖"，本来是描写象的心恶，所以说象与其父瞽瞍"纵火焚廪"和"下土实井"来谋杀舜，谋死了还占有二嫂叫"二嫂使治朕栖"。可是郭沫若说这是儒家后来的润色，真的是儒家后来的润色吗？恐怕这不是儒家的润色和修正，反而是儒家的增饰而变本加厉，象也好像桀、纣一样，后来给儒家说得特别坏，所谓"天下之恶皆归焉"！舜娶尧之二女，真是多妻制的证据，这类二女传说，辗转演变，无非是多妻制下的产物，绝不是群婚制的史影。

根本群婚制之是否普遍存在，还有问题。西洋学者还没有成定

论,郭沫若这样鲁莽地把它搬进中国,自然更成问题。郭沫若氏举了卜辞中的多父多母来证明殷代群婚制的存在,例如:

(1) 多母:

(a) 祖乙之配曰妣己又曰妣庚。

(b) 祖丁之配曰己,又曰妣癸。

(c) 武丁之配曰妣辛,又曰妣癸,又曰妣戊。

(2) 多父:

(a) 戊子庚卜于多父旬。

(b) 贞帝多父

(c) 庚午卜□贞,告于三父。

(d) 父甲一牡,父庚一牡,父辛一牡。

(e) 贞之于父庚,贞之于父辛。

(f) 近年保定南乡有三商它刀出土,其一刀列铭祖名为"大祖日已,祖日丁,祖日乙,祖日庚,祖日丁,祖日已。"一刀则列铭兄名曰"大兄日乙,兄日戊,兄日壬,兄日癸,兄日丙,"一刀则列铭父名曰"祖日乙,太父日癸,大父日癸,仲父日癸,父日癸,父日辛,父日已。"

唐兰氏以为多父之父是父老的意思,也就前辈的意思,《诗·小雅》"既有肥羜,以速诸父",《诗传》说:"天子谓同姓诸侯,诸侯谓同姓大夫,皆曰诸父"。是后世同姓而年尊的都叫诸父,陈伟旋氏说这是年龄级的组织的现象,并且说:"三商勾兵之分别鐫诸祖名于一刀,鐫诸父名于一刀,及鐫诸兄名于一刀者,正是商代有此种年龄级的组织的明证。"

至于商代是否有年龄级的组织,此点还得商讨。不过我们以为群婚制度在中国的确还没有十分的证据。不知主张有群婚制的能提供其他的证据,把这问题再加精密的考察吗?

关于“多父”,陈伟旋又以为在初民社会里,人们不晓得交媾和怀孕二者有因果关系,他们不知道自己和父亲有生理关系,他们最信抑是以为妇女如接触太阳光植物,或在森林中遇见图腾兽的痕迹,便都会怀孕而生育。所以他们使用父亲一词,也没有兼示实际的血缘关系。这点我们不能加以承认。殷商有相当的文化,有文字,有艺术,绝不是初民社会“知其母不知其父”的时代。

至于郭沫若氏所讲得最起劲的母系氏族,我们很希望大家加以考量,陈伟旋氏以为“帝王称毓”是产翁或装产的风俗的反映,是母系和父系交替时期的产物。从前一般人讲母系时代,总拿“姓”来做证据,以为姓从女生,梁园东氏作《古姓考原》,又加以否定,姓本来都无女旁,姓的有女旁是在后来“女用姓男用氏”之后。中国母系时代,在什么时候,怎样形态,都是未解决的问题。中国古代社会的研究,只因地下材料的太少,一切都不能迎刃而解,虽是满城风雨,还谈不到什么成绩。

（原刊上海《大美晚报·历史周刊》1936年11月16日第3版）

中国图腾文化的探讨

图腾制度原是旧石器时代的一种宗教信仰，在那时，每一个图腾集团里，都认定一种动植物是他们这一集团的祖先，在这一集团中的成员，都必须对这种动植物的崇拜，决不能加以伤害。这样的制度，我们在澳洲、非洲、美洲各地未开化的部族里还能找得到，就是比较进步的氏族社会里也有保留着图腾制的。此外各民族的神话传说里，我们往往也可以发现图腾制的痕迹。

近年来我国那些公式主义的"史学家"(?)，为了要把我国的社会史套上他们预定的公式起见，就不惜歪曲史实，做种种穿凿附会的说法。又为了证实我国古代原始社会起见，更随便把我国的神话传说解释为图腾(其实他们对图腾制根本没有弄明白)。因此我国神话传说中只要有些和动植物名称相关的，就一律把他们拉进图腾制里去。甚至有些神话传说中的人物，和动植物名称绝无关系的，也要强派他为图腾制。"尧"这个人物(或神物)，本来和动植物名称丝毫无关的，可是那公式主义者，因为"尧"又号"陶唐氏"，就断定这是崇拜陶器的图腾部族了，全世界的图腾部族本来只崇拜某种动植物（尤其动物居多），而我国古代的图腾部族，竟然崇拜起陶器来，这是我国公式主义者的大发现吧！

我国古代当然也曾经历原始社会的阶段，我们也不否认我国古代曾有过图腾制度，只因我国考古发掘工作的幼稚，旧石器时代的遗址遗物至今还没有大量发现，我国古代的图腾制度究竟怎样，我们不敢肯定的讲。当然，由我国的古神话传说推究，也是个办法，可是在我国古代神话传说没有整理出个系统以前，我们也不敢像公式主义者那样的信口乱说。何况我们在古书上所看到的古神话传说，早已变了原形，而且距离旧石器时代的图腾制时期又是那么的遥远，谁敢担保这些神话传说那一部分是由图腾的信仰转变而来？

最可以庆幸的，近年来从事古史传说的研究者，已经把我国的古史传说和神话，整理出了相当的系统（这些成绩，都已收入了《古史辨》第七册，即日可出版）。古史传说里的鸟兽神话，大部分也分析出来（可参看拙作《古史辨》第七册序）。我们拿这些研究来作根据，进一步和其他各部族的图腾制做一比较，或许从中还能看到些我国古代图腾制的痕迹。

在典型的图腾制度里，所崇拜的图腾动物，是现实的对象。等到社会进步，在氏族社会里，原有的图腾动物，往往会变成幻想的动物或半人半兽的动物，例如澳洲中部所崇拜的图腾动物就有幻想的“华拉孟加人”所崇拜的“伏龙魁”，据说是一条大蛇，尾巴竖立时，头可升到云霄里，这分明是一种幻想的动物。古埃及的神话传说里大都是半人半动物的神，犹祸斯曾说：“古代埃及神像常表现半动物半人的姿态的，是从动物崇拜到人类神的过渡形”（见其《宗教史序论》）。到了民族社会，族长是一部族的首领，有着很大的威权，原有的图腾信仰也就转而连接到族长身上。格拉勒曾说："澳美两洲的图腾部落，刚到初期农业生活，便发生两种社会生活的发达：一个是女系制的变成男系制，一个是地方中有了首领地位，而图腾神力的威权，转移于首领个人"（见其《古中国的跳舞与神秘故事》）。例如阿拉斯加一带的部族，就以为他们的酋长是乌鸦的化身，有着超人的能力。

在图腾制时期，各部族各有崇拜的图腾动物或植物，等到互相吞并，形成图腾国家的组织，战胜部族的图腾就成为最高最上的神。例如埃及原本各部族各有各的图腾，后来就为上埃及和下埃及二王国，上埃及把神鹰"荷鲁斯"当作保护神，下埃及把大蛇当作保护神。等到上埃及吞并下埃及，神国神鹰也统治了蛇神，神鹰就成为最高最上的神，国王也自称为神鹰的子孙。

我国古神话的造成，我疑心也曾经上述的许多步骤。据我们分析我国古神话的结果，禹就是社神的句龙，或许原本就由战胜部族——周的图腾演变而来。尧舜的部族属益朱虎熊罴夔龙之类（益即燕，朱即赤鸟，证详拙作《伯益考》，刊《齐鲁学报》第一期），黄帝的部属熊罴貔貅虎之类，其中有些或是被征服部族的图腾。夔是一只脚的野兽，当然是幻想的动物。此外如舜的祖先句芒，是人面鸟身的怪物（见《墨子·明鬼》篇），蓐收是人面白毛虎爪的怪物（见《国语·晋语》），这种半人半动物的神正和埃及的神相类，在图腾制的时期，往往把图腾动物当作祖先，商氏族也自称是玄鸟所降生（见《诗经·玄鸟》篇），秦国也自称他们的祖先是玄鸟以及"鸟身人言"的怪物。楚国自称他们的祖先是祝融，祝融即"朱明"，也就是"朱"，便是一头赤鸟（见拙作《伯益考》）。郯夷自称他们的祖先是少昊，而少昊的部属有凤鸟、玄鸟、伯劳、青鸟、丹鸟、祝鸠、雎鸠、鳲鸠爽鸠、鶻鸠（见《左传·昭公十六年》），无非是些鸟。这些或许是我国图腾制的遗迹了。

如果上面推断正确的话，我又疑心我国古史传说里的那些人物，并非没有这个人，或许禹夔之类本来是氏族社会里一个族长，因为图腾神力的威权，转移在这些族长的身上，在神话传说里就成为动物或半人半鸟兽的怪物。至于古史传说里种种的故事，当然是完全不可信的。

近人论我国图腾制，比较可信的，要算郭沫若的《殷彝中图形文字之一解》（见《殷周青铜器研究》），他认为商代和周初铜器铭文里的图形文字"乃古代国族之名号，盖所谓图腾之孑遗或转变也"，在商代铜器的铭文里，作鸟兽形的图形文字，大都是作器者的人名或族名，到周初，文字已相当的进步，而周初铜器的铭文里，作者的签名还是用图形文字，这显然是图腾制遗留的痕迹。我国古代族姓的起源，大概就是由于这些图形文字的族名演变而来。在图腾制的时期，把自己崇拜动物作为自己这一集团的名称，到了氏族社会，就沿袭用作自己一氏族的族姓。我国古代东夷原是崇拜鸟的图腾部族（详童书业《鸟夷》一文，见《齐鲁学报》第一期），东夷的風姓，即是鳳姓（風鳳在甲骨文本是一字）。当然是由沿袭鳳的图腾制而来。此外，凤鸟氏，玄鸟氏，伯赵氏（即伯劳氏），青鸟氏，丹鸟氏，祝鸠氏，雎鸠氏，鳲鸠氏，爽鸠氏、鶻鸠氏（见《左传·昭公十七年》），蒲姑氏（见《左传·昭公二十年》）等等名称，恐怕也都是沿袭图腾制而得的氏姓。姜姓的氏族本来就是鬼，姜、羌都从羊，《说文》："羌，西戎羊种也。"这当是沿袭羊的图腾制而来。妫姓的氏族，或许也是沿袭象的图腾而来，"为"在甲骨文里本来像一手牵象的样子。至于姒姓从"以"，"以"徐中舒认为就是“耜”字(见《耒耜考》),因此有些人便以为姒姓的氏族是把农具作图腾的。把农具作图腾和把陶器作图腾,一样是笑话!

总之,我国旧石器时代典型的图腾制,我们还没有实物的发现来证明它。我们现在所讲的只是一种推测,还有待于精细的探讨。我在《中国上古史导论》一书里,曾把古史传说的来源作了一次总检讨,知道我国及以前的古史传说无非是由神话分化演变而来,并且曾进一步替我国古神话作了个初步的系统整理(收《古史辨》第七册)。本来就打算再进步写一本《中国古代神话探源》的。只因没有空暇的时间,至今还没有动笔。这里所说的,只是偶然想到的一些管见罢了。

(原刊《正言报·史地》1941 年 6 月 20 日)

从康有为说到顾颉刚——史学方法的错误

"甚矣！说之贵于怪也！怪则人信之，不怪则人不信之矣！"在崔述的《丰镐考信录》里有这样的几句话。这真的把学术界的一般心理，一语道破了，现在一般流俗的学者，也真因为他们看到了这一点，这所以怪不得怪说奇论，层出不穷，渐次"层累地造成"了！

我们回头看一看晚清的今文学家，尤其是康有为，他们能一口咬定《左传》是刘歆的作伪，非但《左传》，一切古文，也全是王莽、刘歆窃篡的勾当。不但一切古文，只要与古文有一点的相同，也无非是刘歆所窜入，这样刘歆的本质，真要比夏禹治水的本领要大得多呢？不禁使我疑心，恐怕刘歆是神而不是人了！我们不能不佩服他胆量的大，能这样的"发奸露覆"，二千年来，真是第一人了。他这种偏激的主张，在当时，虽然碰了个大大的钉子，他《新学伪经考》这书，三次给朝廷降旨毁板，但是社会一般的心理是这样的，愈是查禁的书，愈有人搜求，也愈有人看，康有为就因此成了学术界的巨子了！甚矣！说之贵于怪也！

康有为把一切古文都说是刘歆作伪，连与古文相同的也说刘歆窜入，凡是遇到古文说相异之处，矛盾之处，说这是刘歆作伪的痕迹和证据；凡是遇到古书和古文说相同之处，暗合之处说是刘歆改窜的，又说这是刘歆作伪的周密和巧妙。这全是成见的作怪！拿这种考证方法来考证，真是把两面锋的剑了，重心向东，就向东劈，重心向西，就向西劈，什么书，什么事，无有不可说它是伪的。做学问的人，尤其做历史考证作辨伪工夫的人，最不可有什么偏见，有什么门户，方法要客观，论断有审慎，更千万要不得“立异求胜”“沽名钓誉”的勾当！

康有为在《新学伪经考》的叙录，自叙他的史学方法是：“以《史记》为主，遍考《汉书》而辩之。以今文为主，遍考古文而辩之。遍考周、秦、西汉群书，无不合者。虽间有窜乱，或儒家以外杂史有之，则刘歆采撷之所自出也。”他把今文为主，遍考古文而辩之，这显然不是科学的方法，全是成见的作用而已！他把群书和今文合者，拿来做今文“货真价实”的证据，也算是刘歆作伪的铁案，很欣然的说是：“遍考周、秦、西汉群书，无不合者！”至于群书和古文合的，他就轻轻地一笔，说是“间有窜乱”，或则“刘歆采撷之所自出也”，他在卷三上又说：“歆既多见故书雅记，以故规模弥密，证据深通。”刘歆这样一个“规模弥密，证据深通”的大骗局，到康有为才能破案，我们非但要惊叹刘歆这个骗子的本领高强，还得深深地发叹这康有为侦探的神通广大了，正是二千年来第一人了！非但二千年来第一人，“孔子大矣！孰知万世之后，复有大于孔子哉！”(康氏礼部试文结语)，怪不得他在《考信录》末了，很负气地说：“刘歆之伪不黜，孔子之道不著，吾虽孤微，乌可以已！窃怪二千年来，通人大儒，肩背相望，而咸为瞀惑，无一人焉发奸露覆，雪先圣之沈冤，出诸儒于云雾者，岂圣制赫暗，有所待邪？不量绵薄，摧廓伪说，犁庭扫穴，魑魅奔逸，雺散阴豁，日燨星呀，冀以起亡经、翼圣制，其于孔氏之道，庶几御侮云尔！”他这样一番苦心，我们不能不感佩，他恨不得把《左传》等书，全部烧毁，也可见他主见的强了。

顾颉刚氏在《古史辨》第一册序里说章太炎氏，是纯粹的古文家。是从经师改装的学者，其实康氏何尝不是经师，他何尝不是站在纯粹今文家的地位说话？而且是晚清今文家的地位呢？康氏这种偏激的态度，除了崔述曾替他和调外，连他一同做书的弟子梁启超，后来也不敢多谈了。梁氏曾在他的《清代学术概论》里声明过，可是现在又在死灰复燃了，最近几十年又闹得乌烟瘴气了，这不是别人，就是说“夏禹是虫”的顾颉刚！顾氏拾了康氏的余沫，挂上了新的旗子，说是“超今文家”，惜夫，未见其“超”也！

从前顾氏忘却了假物命名的例，据《说文》：“禹，虫也”的通训武断的说：“禹是动物，出于九鼎。”后来学术界舆论哗然，弄到不得不放弃这主张，只得割爱了，但顾氏也因此竟成了名，甚矣！说之贵于怪也！顾氏张起了“超今文家”“历史学家”的旗子，做了《五德终始下的政治和历史》一文，也说《左传》里的古史是刘歆伪造的，五帝的少昊是刘歆插入的，甚至说《国语》里的古史，也有窜入的部分，他的说法，和康有为一般无二，何尝有一点“超”呢？所走的路，仍然是晚清今文家的老路，决不是历史家的途径，更不是考古家的新途径！还是再割爱了吧！

顾颉刚最初主张的是层累地造成古史，以为“时代越后，知道的古史越前；文籍越无征，知道的古史愈多。”这说有许多人誉为“卓识”，其实这是完全根据崔述的，崔述的《考信录》说：“夫《尚书》但始于唐虞，及司马迁作《史记》，乃起始于黄帝，谯周、皇甫谧又推之于伏羲氏，而徐整以后诸家，遂上溯于开辟之初，岂非以其识愈下则其称引愈远，其世愈后则其传闻愈繁乎？”

这和顾氏之说，如出一口，其实古史传说的演变，固自有其事实，不但今文家认识之，就是章太炎也是认识的。章氏论许由传说，以为许由即皋陶，尧让许由传说是禹让皋陶的辗转误迁。其实不但是古史传说，本来一切传说，都是有演变的，有因地而变异的，有因时而变异的，至于因人而变异的，这成分很少，因为一人之力，毕竟有限。崔述之说，是只能说明因时而变异的。最近蒙文通氏主张古代邹鲁、晋、楚三方传说相殊之说，是只能说明因地而异的。在古代交通比较不便，所以因地因时而异的，成分确较多。顾氏从崔述之说，虽然是偏了一面去，还没有上人的大当，现在顾氏又全从康氏新学伪经之说，以为古史皆刘歆一人所编造，这未免上了大当了！

我们研究古史，“疑古”是应有态度，怀疑本来是为学应有的方法，不过这是第一步的工夫，同时应该切实从事整理，渐次踏上“考古”的道路上才是。一味照着自己的偏见，“信口雌黄”“任情臆说”，闹得满城风雨，是会障碍学术的进展的。

在《列子·杨朱》篇里，有这样一个故事：“人有亡鈇者，意其邻之子。视其行步，窃鈇也。言语，窃鈇也。动作态度，无为而不窃鈇也。俄而掘其沟而得其鈇。他日复见其邻之子，其行动、颜色、动作皆无似窃鈇者。”假使康、顾二氏做了“亡鈇者”，即使后来掘谷得鈇，必定仍旧要疑心，所得的鈇就是贼赃，是邻之子藏在谷里，贼赃不藏在别处，仍旧放在失主家里，这是邻之子的巧妙！总之怀疑应得有一定的分寸才是!

在今日而研究历史,我们要认清史学家的大道,千万不能再走上经学家的老路。我们应该指出,从康有为一直到顾颉刚的这条歪曲的路,“此路不通”。

(原刊上海《大美晚报·历史周刊》1936年6月1日第3版)

关于《古史辨》

读本月十二日南京《朝报》，有正躬君《关于古史辨——“为顾颉刚解说”》一文，这文纯粹是为“顾颉刚解说”的，不是客观的批评和介绍，我们本可不必加以讨论。但文中又称“前天本刊(指《朝报》)碧波君说……”，是《朝报》前尚有碧波君关于《古史辨》一文，可惜我没有看到。这两文的讨论《古史辨》，正当在我们前次批判《古史辨》之后，[本刊二十九期为“古史辨批判号”(一)]，至少与我们有相当关系的。那末，我们当然不能轻轻把它放过了。

正躬君说：“有许多人不了解顾先生所研究的范围与目的，硬说他‘一厢情愿地改造古史标新立异’。这一种误解，误解他是在那里著‘真实的古史’，其实他只做建设‘真实古史’的预备工作，只‘仅仅在破坏伪古史的系统上致力罢了’”。这说顾氏在做建设“真实古史”的预备工作，我们不信，虽说有破坏然后有建设，破坏旧的，固然是建设新的预备工作，但是破坏要得有清楚的目标，明确的辨别力，不然，不管真的假的，不管好的坏的，不管可靠的不可靠的，任情把它破坏，其结果将使建设的工作，竟不知如何做起。

古史只是传说，我们固然不能说它全真，也不可随便说它是伪。传说中演变和润色，本来是不可避免的。顾氏主张用整理传说的方法来考察古史，考察它怎样的来源和怎样的演变。这本来也是应有的方法。本来整理古史有二条途径，最可靠的，当然是以实物来证明传说，其次就要算以传说来整理传说了。用传说来整理传说，最要的当然是在考察它的演变，但演变的程度和途径，也有大小曲折之别，我们固然不能把古史看作正正确确丝毫不爽的，我们也不可神经过敏，随便的说古史传说是这样变那样变，甚至说禹本是虫，明虫而演变为人王的了。

正躬君又说："另一部分人在保存国粹的观点上非难他。我们晓得他在致力辨证的是秦汉以前的经籍，这正与曾经复古派趋相反的道路。在这里我们必须说明国粹的保存，不在盲目的提倡而在加以科学的整理。顾先生虽说在'破坏辨古史的系统'，但他方面也发挥了所谓国粹的真实价值"。我们的批评，万万不是站在保存国粹的观点的，更万万不是尊经复古派。国粹的保存，当然要待科学的整理，但如顾氏的《古史辨》，那里够上科学的整理。科学的整理，必须要客观的，材料要搜罗得丰富，结论要审慎，根据了一二点理想的推测，就武断地下一个大结论，就决不是科学的方法，只是主观的见解，有许多真的是一厢情愿的，胡说罢了。

顾氏的《古史辨》共五册，第一二册所讨论的中心问题，只是尧舜禹的传说，见解最浅薄、最幼稚，顾氏只是读了崔述的《考信录》，没有作深刻的研究，便妄想作崔述更进一步的工作。崔述说："夫《尚书》但始于唐虞，及司马迁作《史记》，乃起始于黄帝，谯周、皇甫谧又推之于伏羲氏，而徐整以后诸家，遂上溯于开辟之初，岂非以其识愈下则其称引愈远，其世愈后则其传闻愈繁乎？”崔述只说唐虞以上古史是层累地造成的，顾氏要妄想比崔述更进一步，便要说禹是层累地造成的了。可是，不幸得很，没有充分的证据，不得已翻了翻《说文》，一看《说文》说：“禹，虫也”，于是就算是证据，大胆的发表了。既经许多人的驳难，于是又东找西寻的寻了几种后起来的传说来辩护。到后来到究无法辩护，只得把这怪说割爱了，而这比崔述更进一步的妄想也不想了。

《古史辨》的第三册是讨论《易》《诗经》的，第四册是讨论诸子的，我们且不论。他的第五册，是讨论今古文问题的，主要的是五帝的传说。关于五帝传说的见解，顾氏是全部承受康有为而来的。顾氏妄想比崔述更进一步，是失败了，于是又在那里妄想比康有为超一层了，也说《左传》是《国语》改造的，古文是刘歆伪造的，五帝中的少昊，是刘歆怎样加进去的。他们方法的错误，我们前次已经指斥过了。顾氏五帝见解的不能自圆其说，怕比禹的见解更厉害，我们希望他，比康有为超一层的妄想也不要想了，我们希望他，真的能用科学的方法来整理古史传说，真的能辨别古史传说的来源和演变。这样一味蛮干，是有损无益的，我们所应走的途径，我们已经郑重声明过，是考古家、历史家的大道，再不能走上经学的老路了。一切胡思妄想，更要不得。疑古是应有的态度，总得要有充分的证据才是。

（原刊上海《大美晚报·历史周刊》1936年7月13日第3版）

《古史辨的解毒剂》的解毒剂

一

疑古与信古，纷纷起争论，李君好雄辩，欲招古史魂。

谈史持成见，余复欲何言？将解玄学蔽，先去其病根。

我在抗战以前，读了李季先生的《中国社会史论战批判》以后，就想写篇《批判的批判》，对于公式主义者的玄学方法，做个彻底的清算，后来感到八股式的理论和顽固派的成见，明眼人自能辨别，也就搁置了。最近偶尔在《求真杂志》的创刊号里又读到李先生的大文《古史辨的解毒剂》，李先生不自知自己“企图将这种毒汁输入年轻学子们的纯洁脑袋中”，反而认为《古史辨》里有毒汁，毅然出任医师，配起什么解毒剂来，我们认为《古史辨》本没有什么毒汁，而这服解毒剂里却反而配有毒汁在内，因此不能不出来做一番清毒的工作，做成了这篇《解毒剂的解毒剂》，来除去他的病根。

二

《古史辨》上胡适、顾颉刚先生们的治史方法，我们认为只是一种批判史料的方法，是治史所必经的初步方法，因为研究历史，必须要依据史料，搜集好了史料，对于史料的价值自当有所批判。任何史料都可应用，不过在应用以前，先得要探索其来源和真相，等到来源和真相辨明以后，应用起来才不致有误。所谓辨伪的工作，就是在探索这些史料的来源和真相，把那些冒名的书籍和那些传误或杜撰出来的故事加以辨证，使这些史料显露出本来面目，他们一方面是“辨伪”，一方面就是“求真”。所谓“伪书”只要考出他的来源和真相，也就可以在某方面的研究上应用，因为有些“伪书”并不全出凭空杜撰，其中有些部分也是有所依据的。就拿《尧典》来说，这篇东西当是出于战国以后人的著作，如果我们把它统作尧舜时的实录，根据这来说明尧舜时代的史实那就要不得，但在神话和传说的研究上，却未尝没有可以取材的地方。又如《山海经》一书当它是禹益时的著作，固然不可，但在研究古代的宗教民俗以及神话传说上，真是最可宝贵的资料。

李季先生在他的大著《中国社会史论战批判》中，认为：“锄头考古学所夸示的卜辞，把《史记・殷本纪》所记载的帝王名称完全批准了，即他们世系也相差甚微，……因此可以证明《史记》确是一部信史，并非层累地造成的中国史。”这是种最危险的演绎推论法，因为《史记・殷本纪》所载的帝王名称和世系的可靠是一事，《史记》是否全部信史又是一事，决不能因为《殷本纪》和卜辞相差甚微，就武断《殷本纪》《五帝本纪》都可信，因一疑百，固属不该，因一信百，更是胡闹了。

李先生又说："《史记》是中国古代史一部很可靠的书，而太史公叙述《五帝本纪》的事虽本诸传说，但实在经过一番探访的苦功，……因此我现在要大胆根据《史记》来谈古史。"这又是种危险的演绎推论法，因为曾经过一番探访的苦功是一事，所探得是否可靠又是一事。目前的事，新闻记者下了探访的苦功，还不免有误，在太史公时代要探访五帝的事，当然本诸传说了，传说相传了这么久远的年代会一点无误么？如何可以大胆根据呢？这是科学的求真方法啊？如果李先生根据了《史记》，认为黄帝时代已达到野蛮的高级，已有田野的农业，铜器也已发明，我们便可根据《史记》说黄帝已有国家组织，已有封建制度，决不止野蛮的高级。最离奇的，李先生认为唐虞时代已有铁器，认为"我们在中国的古籍和古物中虽找不到这种证据，但从外国的著作中却可寻出一点材料。"他便根据德国经济学者"西摩勒耳"的说法，说制铁术在纪元前二三〇〇年已传入中国来了，如果这个洋大人的著作是纪元前二三〇〇年所作，那确是可靠的证据，不幸这书是一九二〇年出版的，用这样的玄学方法来治史，那有不一团糟之理？

李先生批评顾先生，既认为《山海经》是战国时代的著作（除了《五藏山经》以外，还是秦汉时代的呢），不能用以证明"三代之初已知用铁"，为什么可以用《山海经》来证明禹为神呢？要知道禹本为神的说法，《尚书》的《吕刑》就很显见，《墨子》《大戴礼》《山海经》《淮南子》等只是旁证罢了。《楚辞》《山海经》《淮南子》等书虽然都是战国和汉代的著作，只因他的著作地在南方，那时南方的文化比较上落后，同时楚民族等又是殷民族的一支，宗教的色彩比较中原一带浓厚，所以许多神话在中原早已演变为人话，而南方也还保留着神话的样子，因此《楚辞》《山海经》《淮南子》等书虽著作时代不早，却可用以探索古代的神话呢！

三

李先生批评杨宽先生的《中国上古史导论》道："我国在三四千年以前没有人的传说或历史，只有神和兽的传说，试问人都那里去了？他总不能否认当时人的存在吧！既有人，他们的历史舞台何以被神和兽垄断，自己毫无表现。""他只知道'尧、舜、禹、鲧之事初为神话，不为人话，'而不知道关于尧、舜、禹、鲧的神话，原是由人话转变来的。""可惜他们对于这些科学，不独未曾深入，连浅尝都没有，因此把图腾的遗迹如朱、虎、熊、罴等，看做真正的兽。""不过专就杨先生所说的上帝和神话，是可以用历史学派的方法来解释的，即一切神原来都是酋长帝王大战士圣贤或造福人类的人，他们在生前，既已出类拔萃，所以死后逐渐被视为神明了。"可以知道李先生并没有读懂杨先生的大著，杨先生的论证，是在证明后世尧、舜、禹、鲧的传说是由于古代的神话分化演变出来的，神话的产生，当然有其历史、背景，读了《中国上古史导论》的末节《古代神话与历史背景》，就可知道杨先生并没有认为"我国在三四千年以前没有人的传说或历史，只有神和兽的传说"，如果没有人，试问神话怎样会产生的呢？杨先生明白地说："古史传说起于神话之演变，神话为宗教观念所产生，而宗教观念则又为当时社会生活环境中之产物。"（《古史辨》第七册上编一二〇页）又曾说："吾人证夏以上古史传说之出于神话，非谓古帝王尽为神而非人也。盖古史传说因多出于神话，而神话之来源有纯出幻想者，亦有真实历史为之背景者。”“由于原始神话分化演变而成者，固不免有原始社会之史影存乎其间”（同书七〇）。杨先生只是否认三皇五帝唐虞夏等朝代的古史系统，而认为这些神话仅是殷周东西二民族原始社会的史影，何尝认为我国三四千年前没有人的历史呢？杨先生也认为这等神话有出于图腾遗迹的可能，只因“吾人以史料不足征，犹未敢断然判定也”（同书四〇四页）。他又说：“古代神话之原形如何及其历史背景如何，尚有待于吾人之深考。”这种审慎的态度是科学的历史家所应有的，李先生不能因为他自己的大胆妄为，一定强迫旁人也用武断的玄学方法来治史吧！

顾颉刚先生和杨宽先生认为后世出尧、舜、禹、鲧的传说，是由古代的神话演变而来，而那些神话决不是由于后世尧、舜、禹、鲧传说的神话而来，是有着充分的理由和证据的，最重要的是有许多明显的证据摆在眼前：

（一）这类传说在时代较早的书籍上是神话，较后的书籍上才演变为人话的。

（二）这类传说在文化较高的中原地带已为人话，而在文化较为落后的地方还是保持着神话的状态。

（三）这类传说在儒士的嘴里是人话，而在民间传说里还是保存着神话的色彩。

（四）儒士们把神话润色为人话的痕迹，尚多可寻。

关于第一点，杨先生曾说：“《虞夏书》既非尧、舜时实录，《尚书》除《虞书》外又无及尧、舜者，《诗经》中亦绝无尧、舜之踪迹；后世以伯夷、禹、稷为尧、舜之属臣，而《吕刑》乃以为上帝之属神，为上帝所命；则尧、舜、伯夷、虞、稷非皆出神话而何？《吕刑》称皇帝遏绝苗民蚩尤，而后世传说乃以为黄帝伐蚩尤，尧、舜窜三苗，《洪范》称鲧、禹为天帝所殛所兴，则黄帝、尧、舜、禹又非出于天帝之神话而何？《诗·玄鸟》称'天命玄鸟，降而生商。'《长发》又称'帝立子生商。'是商人为天帝所降生，而后世传说乃以为帝喾生商契，而帝喾又非出于天帝之神话而何？……《墨子·非攻下》篇则称禹受天帝高阳命而征有苗，后世传说乃以禹为尧、舜所命；《墨子·尚贤中》篇称鲧为天帝之元子，为天帝所刑，而后世传说乃以鲧为颛顼之子，为尧、舜所殛；则颛顼、尧、舜、鲧、禹又非出神话而何？"（《古史辨》第七册上编一一七至一一八页。）这类证据顾、杨二先生曾提出很多，我们怎样倒果为因，便说前出的神话是由于后出的传说演变的呢？

关于第二点，杨先生曾说："古者南方文化较低，又宿好鬼神，神话怪说在中原已润色为人话史说者，而南方犹能保存其原样。淮楚本与殷人同族，殷民族固有之神话多保存于南方，前已论之。《楚辞·天问》与《山海经》《淮南子》等所述昔人视为荒诞不经者，今日始知其为探索古史传说之瑰宝也。"

我们为什么可以相信《楚辞》《山海经》《淮南子》等书的记载比较儒家的传说较为初相，这是有充分理由的，第一，就是淮楚和殷人本是同族，近来史学家已有定论，胡厚宣先生的《楚民族源于东方考》（北京大学潜社《史学论丛》第一册）考证尤详。第二，就是《楚辞·天问》和《山海经》《淮南子》中的神话传说，和殷人东夷的传说相合最明显的，《山海经》上帝俊和王亥等神话和殷墟的卜辞相合。第三，就是《楚辞》《山海经》中善良的天神在中原传说里都成为淫佚荒唐的帝王，例如羿启等都是，分明是楚淮地带的作品，也还保存着殷人东夷神话的初相，而中原的传说不免出于民族间歧视的心理所造成。（详见《古史辨》第七册上编一五一页)第四,由于淮楚地带的楚民族一直到战国汉初,还保持着浓厚的宗教色彩,所以神话的原形还都保持,我们根据上述四种理由,相信《楚辞》《山海经》《淮南子》等书可以作为探索我国古代神话的枢纽。还有像《史记·秦本纪》所载的祖先神话,当是根据秦国的史记——《秦记》的,它说伯夷是玄鸟的后裔,而其后裔又有鸟俗氏而鸟身人言,《吕氏春秋·古乐》篇上又有颛顼令鱓为乐倡"以其尾鼓其腹"的神话,因为《吕氏春秋》也是秦国的作品,秦国是文化上比较落后的。又如《左传·昭公十七年》载郯子的一席话,就有一大套的鸟神神话,少皞手下的官都是一群鸟,也因为郯子是东夷,文化比较落后,也还保持着神话初相的缘故。

关于第三点,例子也很多,《楚辞》《山海经》所记的古史传说所以与儒家的典籍不同,因为《楚辞》《山海经》等书所载是本诸民间的传说的,这也是个原因,墨家的古史传说所以还保持者神话的初相,也因墨家本是个平民团体,他们《天志》《明鬼》的主张就是当时民间流行的宗教,因此他们所谈的古史传说也还保持着民间传说的样子。儒家本是传统的知识分子,等到春秋以后,人本主义兴起,这些神话便不为儒士所深信,孔子不语怪力乱神,便是个代表,这些神话因此在儒士的口中渐次润色为人话了。太史公说:"百家言黄帝,其文不雅驯,荐绅先生难言之。"(《史记·五帝本纪》)又说:"至《禹本纪》《山海经》所有怪物,余不敢言之也。"(《大宛列传》)从这里也可考见这类古史传说在儒士嘴里已为人话的,而在民间传说里还保持着神话的色彩,我们读了《史记·秦本纪》所载的祖先神话,《秦本纪》是根据秦国的国史《秦记》的,便可以知道太史公所以不敢言的《禹本纪》《山海经》之类,倒确是比较原始的传说,就是《尧典》里益让朱虎熊罴的记载也可信其为原始的传说了(今本《尧典》当然已经战国秦汉人的改造,但也还保存着这类神话的残影)。

关于第四点,例子更多,最显著的便是夔一足的神话,儒士们曲解为“非一足也,一而足也”,不是一只脚,是因夔独通于音乐一个人就够了。黄帝四面的神话,儒士们曲解为“四人治四方”,并非真有四个面孔,黄帝活三百年的神话,儒士们又曲解为生前和死后共影响三百年,儒士们这些润色神话的惯技,一直到后世也还应用,例如王充《论衡》就有不少地方把神怪传说曲解为人事的。

这么许多的理由,或许李季先生因为顽固成性,还不信服,认为文化较为落后地带的神话是由人话转变来的,但是后世的古史传说里的帝王为什么会和后世的帝王一模一样呢?是不是我国从三皇五帝一直到战国秦汉,历史的形态是一模一样的呢?如果我们相信这些后世的古史传说的话,那么我国的历史至少从五帝以来,就和战国秦汉时代相同了。这可信么?如果许多古史的神话反由人话演变而来,为什么早出的书籍是神话而晚出的书籍反是人话?为什么中原古史传说中的恶人在文化落后的地带都变成了最良善的天神呢?为什么民间传说中神话儒士们一定要曲解润色呢?顾先生说:“试看《左传》,神降于莘,赐虢公土田(庄三十二年)。太子申生缢死之后,狐突白日见他(僖十年)。河神向楚子玉强索琼弁玉缨(僖二十八年)。夏后相夺卫康叔之享(僖三十一年)。真可谓‘民神杂糅’,历史传说是社会情状的反应,所以那时的古史可以断定一半是神话,我们可以说:在战国以前古史的性质是宗教的,其主要的论题是奇迹说……”(见《古史辨》上编七一八页),这些话真是道破了古史传说的真相的。

四

李先生批评顾颉刚先生“层累地造成的中国古史”的学说，所用证据都是“默证”，完全建立在“不言＝不知＝没有”的公式上，这一点张荫麟先生在二十年前早已提出，在史学方法上完全利用默证来作考据，当然是件最危险的事。但是顾先生的学说，事实上并不完全建立在“默证”上，他是有着充分的理由的：

（一）从“后”“帝”“皇帝”“皇”等神号渐次的产生，与“后”“帝”“皇帝”“皇”等古史传说的变化出现，完全相合上，可以见到古史传说中“后”“帝”“皇帝”“皇”等名称是由神话中演化得来，而“夏后”“五帝”“黄帝”“三皇”等古史传说正同神话中“后”“帝”“皇帝”“皇”等神号的渐次出现相同，而后世的古史系统三皇五帝及夏恰与相反，分明是层累地造成的了。

（二）人间尊号的由“王”而“帝”而“皇帝”，正与古史传说中古帝称号之“后”而“帝”而“皇帝”而“皇”相合，分明人间尊号是受古史传说的影响，而古史传说之层累造成，也可证明。

（三）从唐虞夏等朝代系统的层累出现，也可证明古史传说之由层累造成。

或许李先生认为这些理由还是建立在默证上，但是“后”和“帝”“皇帝”“皇”本为神号，是有客观的证据的。《诗》《书》和金文的“帝”“皇帝”，本指上帝，卜辞中的帝和后，本是庙号，是无可疑的，人间尊号的由“王”而“帝”“皇帝”观乎战国时列国的王号运动，秦齐之帝号运动，也很明显。古史传说中的帝王，由神话中逐渐演变而出，转相层累的痕迹是很明显的，而人间尊号之因古史传说中帝王称号层累地出现而一再增高，也是显然的。朝代的层累出现，《墨子》中最可见，《墨子》一方面说“禹夏商周三代之圣王”，一方面又说“三代圣王尧舜禹汤文武”，《墨子》固然不是历史书，不一定会把朝代系统都写上，但是把“尧舜”也包括在“三代圣王”里，禹夏商周明为四代而又称三代，虽增出了虞代，一时不便改口，还是混称三代。如果说“三”字是“四”字之误，可是照后世的古史传说尧也不在四代之中，无论如何是没法曲解的。

五

最后我们还得指明，《古史辨》并没有腰斩中国历史，只是想把虚伪的古史传说恢复他本来的神话面目，准备进一步从神话中再探索远古的历史背景的，如果认为《古史辨》只干着破坏历史的工作，殊不知他们的破坏伪古史，是要把古史传说还其本来面目，恢复其史料上的原有价值，也就在建设真的古史呵！

这里还得附带替郭沫若先生叫屈，郭先生的《古代社会研究》三版跋文作于民国十九年，不在二十九年，今《古史辨》第七册在文中和目录上都误作了二十九年，这点是编校这册《古史辨》的先生们该向郭先生道歉的，郭先生决不会到二十九年还会相信殷代是金石并用时代，同时李季先生也不想想，郭先生多少年来正埋头研究金文和卜辞，连殷墟卜辞发掘的成绩还会不知道吗？

（原刊上海《东南日报·文史周刊》1946 年 7 月 4 日第 6 版，署名刘平）

向《为〈古史辨的解毒剂的解毒剂〉进一解》展开攻毒的歼灭战

李季先生在《求真杂志》创刊号上发表了一篇《古史辨的解毒剂》,事实上《古史辨》本没有什么毒剂,倒是李先生在那里大放毒汁,我因此作成了一篇《〈古史辨的解毒剂〉的解毒剂》,刊在本刊的创刊号上,做了番清毒工作,那知"余毒未净,复肆披猖",李先生又在《求真杂志》一卷五期来了篇《为〈古史辨的解毒剂的解毒剂〉进一解》,只是这不是"进"什么"一解",又是在施放毒气,想掩护他的"老毒"的"最后巢穴",而作"困兽之斗"的。我既清了他的毒汁,对于这再度施放毒气,自然也得清除一番了。李先生说我是《古史辨》某君的化名,因为"批评了他的大作",于是"愤怒填膺,立图报复",又说我在代表古史辨派在反攻,他把这些大帽子戴到我头上,又无非掩饰他的败绩罢了!闲话且不说,就来展开攻毒的歼灭战吧!

一、“两种胡说法”变不出把戏

以前王国维先生研究古史,用纸上的史料和地下的史料相互参证,做出了很好的成绩,称为“两重证据法”。如今李先生也来东施效颦,也口口声声称“取得纸上材料和地下材料两重证”。看呀!李先生的“两重证来了”:他要证明黄帝是青铜时代,除了根据“蚩尤作兵”“黄帝采首山铜”的传说以外,又把安特森在甘肃考古所得辛店期的铜器,归之黄帝时代,他认为“开始发现铜器的辛店期不应如安氏所假定的公元前二六〇〇——二三〇〇年,而应为公元前三六〇〇年左右,这与黄帝、蚩尤的时代相差无几。”李先生的两重证原来是这样证法的!传说中的黄帝,究竟在什么时代,到汉朝,才有人胡乱地推测,张寿王、李信治说黄帝到元凤三年(汉昭帝年号)已六千余岁,宝长安、单安国、栖育治说黄帝以来三千六百二十九岁(都见《汉书·律历志》),就这二说已相差得那么远,李先生有什么地方可以确定黄帝的年代呢?黄帝的年代既不能确定,无论辛店期在公元前二六〇〇年或是三六〇〇年,怎能知道“与黄帝、蚩尤的时代相差无几”?这分明是“玄学方法的胡说八道”!如果“蚩尤作兵”“黄帝采首山铜”的传说可作为黄帝已是青铜器时代的证据,那我们还可把青铜器时代更提早,例如《古史考》不是曾说燧人氏“铸金作刃”吗?(《太平御览·皇王部》引)李先生的“两重证”,其实只是两重胡说!这样论证的方法,我无以名之,只能称作“两重胡说法”!

看呀!李先生的“两重证”又来了:李先生引《韩非子·五蠹》篇:“共工之战,铁铦短者及乎敌,铠甲不坚者伤乎体”,又引《石雅》:“三代时中国已有用铁者,如《刀剑录》云:‘孔甲九年,岁次甲辰,采牛首山铁铸一剑，铭曰夹’。《博古图》云：‘三代之斧，在夏执玄钺’，《古今注》正谓‘铁斧，玄钺也’。”接着就说：“虞、夏的铁器除上面所举铁铦、铁剑、铁斧外，它无所考。然‘夏后氏上匠’（《周礼·东官》《考工记》）必有不少的铁器工具，证以‘丰水东注，维禹之绩’（《诗·大雅·文王有声》），‘信彼南山，维禹甸之’（《诗·小雅·南山》），这种伟大的工作，非有铁制工具是绝对办不到的。”这算是李先生的纸上证据，李先生一面认为“禹黄”荆扬二州之贡“惟金三品”中有铁，又说：“何况荆扬二州古本产铁，至今犹如此。”李先生更说：“至于禹所都的山西，一直到现在，铁犹为无尽藏。”“自古及今中国北部和中部产锡少，惟南部产锡较多。所以殷墟出土的铜器属于明器一类的，不用锡而改用铁（并加砒素）为合金，……在铜少锡缺而铁独多，又容易采取，容易制造的条件下，唐、虞、夏有不急速进入铁器时代的理由么？”这算是李先生的地下证据。李先生找到了这些证据，接着便得意洋洋道：“他们对于唐、虞、夏纸上甚至于地下（如铁产，如出土的铜器）的材料盲目不见，妄肆讥评，这是科学的态度么？”本来王国维先生的地下证据，是指地下出土的史料上的证据，如今李先生进一步把山西的产铁都算作了地下证据！不错！铁产不是蕴藏在地下的么？原来那些开铁矿的也兼作了锄头考古学的工作！用后世的铁产来证明唐虞夏进入铁器时代，已够“一团糟”了！又用殷代的铜器中的含铁来证明殷以前已入铁器时代，还不是“玄学方法”吗？（我国铜少铁多，容易采取是一件事，唐虞夏有没有铁器是另一件事，如果这都可成为理由，那么我们也可说三皇时代已是铁器时代了。）要知道，殷墟经过中央研究院多少年来十多次大规模的发掘，地下还没有找到用铁的证据哩！事实上，李先生的“两重胡说法”是变不出什么把戏来的！

二、一团糟的玄学方法

李先生的证明唐虞为铁器时代，曾征引西摩勒耳的《国民经济学纲要》为证。固然“材料是否正确，应先从材料本身去考察，不能专以记录它的书出版的迟早为标准。”可是，如果是叙述事实而材料不明来源的，自以当时的实录为最可信，后世孳生的传说在史料上的价值自然较低，李先生真是“连这一点常识都没有，还谈什么材料的鉴别啊！”西摩勒耳说：“铁的制造在蒙古条顿诸氏族……中似乎首先有一种更重大的意义，由他们传入中国（在公元前二三〇〇年）是可以证明的。”李先生说：“他的材料的来源现虽无从查考，然米勒尔对于这一点，可以给我们一个旁证。……亚洲、非洲的自然民在半开化的阶段即已有了铁器。……见蚩尤的‘铁额’不是无稽之谈，而唐虞的铁器更不是问题。”西摩勒耳这现代的记载，材料的来源所无从查考，只能用推想来作旁证，是不是如李先生所说“现代的记载以新的发现和科学的证据反十分真实”呢？这是一团糟的玄学方法！

咱们现在还来看一看李先生重新提出“唐虞夏进入铁器时代的五大理由”，他的第一理由是：“摩尔根的《古代社会》证明氏族社会末期（即野蛮高级）有铁器和文字的发明，唐虞的公天下和夏禹的家天下（夏禹成立国家，比巴比伦和米索不达美压迟一千八百年，比埃及也迟八百年），是氏族社会末期和阶级制社会初期的分水岭，也应有铁器和文字的发明。”这真是公式主义在作祟！各民族的社会进化程序，并不完全一致，许多民族进入铜器时代，因生产工具的进步，生产力不断地扩大，便和民族制的社会关系发生矛盾，民族制就逐渐崩溃，等不到铁器发明，国家已构成了。何况传说中的公天下和家天下，本来是不可信的。尧舜禅让的传说，顾颉刚先生在《禅让传说起于墨家考》一文中，已曾有明白的剖析。

他的第二个理由："共工之战既有铁铦，可见唐虞时代是有铁器了。又《禹贡》的梁州'贡璆铁银镂砮磬'，……其实何止梁州，《禹贡》荆扬二州之贡，都有'惟金三品'一语，孔安国《传》：'金银铜也'，然当时产铁之山比产铜之山多八九倍，铁又多浮在地面，断无不贡铁之理。……究心古代铜铁矿产的江淹便懂得这一点，对于'惟金三品'的解释，独具只眼：'……金品上则黄，中则赤，下则黑。黑金是铁，'……这和《越绝书》所谓'禹穴之时，以铜为兵'相印证。"这些纸上证据实在都算不得证据的。《韩非子》所说的共工之战，本非共工传说的初相，《禹贡》决非禹时的著作，已成定论，《越绝书》著作年代既晚，其中的传说大多荒诞无稽，怎能引以为证？

他的第三个理由："唐虞夏均建都于产铁独多的山西（现在闻喜、垣曲和绛县虽有少数铜矿，然含量甚微，如储量最丰篦子沟铜矿含铜仅百分之一、之三），则那时铁器的出现独早于其他地带，也是丝毫没有疑义的"。"在铜少锡缺而铁独多，又容易获取，容易制造的条件下，唐虞夏有不急速进入铁器时代的理由么？"要知道，地下产铁独多容易采取是一件事，唐虞夏有没有进入铁器时代又是一件事，须得有直接史料可以证明，结论才可成立。种种推想，没有确证，依然是个幻想！

李先生的第四个理由来得更巧妙了："九黎原居江南一带，后更北进，三苗据说是它的后裔，居洞庭彭蠡之间，为大冶铁矿所在之地，铁苗至今仍浮在地面，《说文》黍部：'黎，……从黍，犁省声。'艸部：'苗，艸生于田者，从艸田。'这可表现黎苗是农、耕的氏族，而蚩尤相传为九黎之君，'铜头铁额'之说若真实不虚，则黎族当首先发明制铁术，而苗族也保有此术。"李先生从"黎""苗"二字的形声上，就断定黎苗是农耕氏族，又从蚩尤"铜头铁额"的神话来证明黎已发明铁制术，全是些附会之谈，不是玄学方法是什么？

李先生的第五个理由，是根据《石雅》的，我们已在前面指出是胡说了。这所谓五大理由，不是公式主义作祟，便是幻想和附会，全是一团糟的玄学方法！我国青铜器时代的下界是很明了，绝对的年代是在周秦之际，春秋战国间是个过渡时代，郭沫若先生在《青铜时代》里已说得够明白了。

三、毕竟守不住最后巢穴了！

李先生毕竟守不住他的"最后巢穴"了，可是依然想为"八股式的理论和顽固派的成见"来作"困兽之斗"。李先生说："我们并不否认古史传说中杂有若干神话的材料，但绝不以神话为惟一无二的来源。"李先生又说："中国古史虽被后人加上'皇'（三皇）'帝'（五帝）一类的尊号，亦编入不少的神话，然而非全伪，真的因素仍占一大部分。"所谓大部分真的因素，是不是就是李先生"两重胡说法"里所引用的呢？未免太不真了吧！

看呀！李先生所谓真的因素来了："黄帝本称有熊氏，熊即那个氏族的图腾，所谓黄帝是后人妄加的尊号。""任何人推翻了三皇五帝的名目，推不翻考古学所指证的铜器时代和铁器时代，因此也推不翻我以考古学为根据的说法，至多不过将黄帝尧舜禹的名称另换成甲乙丙丁罢了。"李先生毕竟守不住"最后巢穴"，只得承认三皇五帝的名号是后人妄加的，但是李先生还想使他们摇身一变或是脱胎换骨，黄帝既站不住，就把传说中“黄帝为有熊氏”的有熊氏请出来，熊是氏族的图腾，证据在哪里呢？黄帝为有熊氏的说法，初见于《史记·五帝本纪》，《大戴礼》的《五帝德》就不见，黄帝是不是有熊氏也还是个问题呢！这一点，崔述《考信录》已说过。李先生曾总括起来说：“古史传说的来源是多元的：一部分来自人话，一部分也许来自神话，两者的比例，因人（古人与作古史的人）而异，原无一定，不过在一部够得上信史资格的史书里（如《史记》之类），大概是人话多而神话少。”李先生对于古史传说里有神话的来源，不免要“也许一下了”！李先生又不得不承认古史传说里人话和神话的比例是因人而异，原无一定。可是李先生得要明白：古史传说里人话和神话的比例所以因人而异，就是因为一方面是民间传说，一面是到了荐绅先生嘴里“难言之”而把“不雅驯”神话刊削的刊削，润色的润色，李先生不是也已承认有儒士将神话润色为人话的事实了吗？所以像《史记·五帝本纪》《夏本纪》之类，表面看来已大多是人话，其来源还是从不雅驯的神话中摘取出来润色出来的，怎能认作信史呢？咱们再来看一看谁的证据坚强。

最离奇的，李先生居然也施用起校勘学来了。他说《吕刑》里的“皇帝”，“《经典释文》原作‘君帝’（指尧），‘皇帝’系后人所改。”但《墨子·尚贤》篇中说：“然则天之所使能者谁也？曰：若昔者禹、稷、皋陶是也。何以知其然也？先王之书《吕刑》道之曰：‘皇帝清问下民，鳏寡有辞于苗，……乃命三后，恤于民……’”《墨子》把“皇帝清问”的三后，谓即‘天之所使能者’，可知《墨子》已把《吕刑》上的“皇帝”认是天帝，这难道“皇帝”也是后人所改的么？还有《孟子·尽心下》：“尽信《书》则不如无《书》。”赵岐注：“若康诰曰：‘冒闻于上帝。’《甫刑》曰：

'皇帝清问下民。'人不能闻于天,天不能问于民,……岂可案文而皆信之?"这也是把《吕刑》的"皇帝"认为天帝。证据不多提了,总之《吕刑》在战国到汉的本子都作"皇帝",作"君帝"的当然出于后人的臆改妄说,"君帝"连文在古书上也罕有其例。《诗》《书》中的"帝"本指上帝,《吕刑》中的"皇帝"也指上帝,金文中也是如此,李先生口口声声说注重地下的证据,其实只是胡说八道,对于金文上有明证,为什么还强词夺理去否认呢?

接着李先生又请出殷墟卜辞作证,用来否定《山海经》的王亥传说。他说:"幸有殷墟卜辞来做铁而无私的裁判官:它宣布王亥不是大荒之中困民国的生食人,而是中国熟食之人,系殷民族季冥之子,上甲微之父,即殷人的祖先,故称之为'高祖亥','高祖王亥',而以亥日祭,用牲之数,有时多至三百牛,这不是对古史辨派的死教条的一次讽刺画么?"事实上,《山海经》神话中的那些怪国,当然不是原始的神话(谁也知道《山海经》一书时多次结集而成,在这一书中就可以看出它传说演变的痕迹)。但《山海经》中包含着许多原始神话,确是实情!卜辞中的"夋"和"王亥",能在《山海经》中找到,就是一例。就卜辞来研究,王亥并不以亥日祭,有以"乙未""己巳""甲辰""壬午""庚申""庚午""癸卯"祭的,殷人的祖先,"上甲"以下都以祭日为庙号,而"王亥"以上就不这样,因为殷人祖先传说中王亥以上的这些祖先,在当时已是神话中的人物,从卜辞的祭祀上有差别,已很显见。这一点郭沫若先生在《卜辞通纂》里已经道过,所以卜辞确实批准了王亥是神的说法,这使李先生的"困兽之斗"不得不宣告破产了!真是"变成当面说谎,未免有点难为情罢!"

李先生又以"后"像产子之形。"帝"为蒂之初字,像花萼全形。

“皇”原训冕，说：“它们最初都代表人类社会的事物而不代表神号，可见神号不是初相，也不是古史传说所由演出的。”大家何尝不知道后、帝、皇三字的本义不是神话，只是后、帝、皇三字用作神号在前，用作古史传说里的人号在后，是铁定的，而且古史传说里的人□是由神话中的神号化出，也是铁定的，何能由后、帝、皇三字本不代表神话，来证明古史传说不是由神话演出的呢？

四、五点“强词夺理”的反问

我在前文中曾就“后”“帝”“皇”等神号和古史传说里的“后”“帝”“皇”等名称以及人间尊号由“王”而“帝”而“皇帝”的次第出现，来证明古史传说之由于层累地造成。李先生的一面凭空说顾颉刚先生的说法已完全塌台，一面又对我胡乱地提出五点质问。《周本纪》说：“封神农之后于焦，黄帝之后于祝，帝尧之后于蓟，帝舜之后于陈，大禹之后于杞。”这些本只是战国以后的一种传说，太史公是根据《吕氏春秋》(见《慎大览》)《礼记》(《乐记》)等书的，怎能作为当初已有神农、黄帝、尧、舜、禹等传说的证据呢？“后”“帝”等称号的次第产生，我们是由卜辞金文古书来通观大体比较而得的，李先生因《吕刑》中有上帝，有□后和三后，就说：“试问怎能分出后帝的渐渐产生”？本来在一篇中怎能比较得出？《左传》和陈侯因咨敦铭文上的“黄帝”，当然是“皇帝”的神号和“帝”的庙号出现以后才有的，本来“黄帝”的传说是出于“皇帝”的神话，“帝”和“皇帝”本是上帝的尊号，殷末已因神视祖先，把“帝”或作为祖先的庙号。杨宽先生说“后之庙号盛行于前，帝之庙号盛行于后”，是通观大体的，杨先生只说帝的庙号到周末始盛，并没有说到战国末年才有(杨先生曾明白说：“及春秋战国之世，先王又多称帝，与上帝之称帝相混同，此所以上帝神话又混淆而为先王也”）。至于五帝的传说，黄帝自然包括在内，我所以说“夏后”“五帝”“黄帝”“三皇”等古史传说由神话中渐渐演变而出，特别把五帝分说，因为五帝中的帝尧、帝舜等首先出现，而黄帝较后出现，这和神话中的“帝”号先见和“皇帝”后见，正相符合，怎能说我有什么矛盾呢？李先生又说：“人间称号既全是模仿古史而来，何以要改后为王呢？还不是开始就不相合吗？”殊不知道人间称号本以“王”为最尊，其后改称“帝”“皇帝”，正是逐渐模仿古史传说而来的明证。人间尊号由“王”而“帝”而“皇帝”，神话“后”“帝”“皇帝”“皇”的渐渐产生，都和故事传说“夏后”“五帝”“皇帝”“三皇”的渐渐出现相符合，这还不够证明古史传说是层累地造成么？自从秦始皇称皇帝以后，王莽即曾有称皇的企图，李先生说：“秦始皇称皇帝以后，汉也称皇，白居易有名的《长恨歌》批头一句，不是‘汉皇重色思倾国’吗”？李先生的常识太不够了，原来白居易在歌颂汉代的皇呢！

五、关于图腾的解说

《古史辨》真是有派，我也没有资格来修改他们的计划，李先生所谓“腰斩中国历史的翻供”，他所指出的五点，不过是翻云覆雨地把他的申辩重新胡说一下，我上面已经加以驳斥了。最后，我还得将他对于图腾的解说大加检讨，因为他实在太“玄学”太“糊涂”了！“‘夋’或亦为鸟首人身之混合图腾乎”，该是杨宽先生的一种推测，吴其昌先生是没有说过这话的，李先生说杨先生连吴其昌先生的夋“或亦鸟首人身之混合图腾”的话也不承认，真是“卖弄小巧小智的捣鬼方法”，李先生说“那对于夔为混合图腾之说，即无纸上和地下的证据，应当称为一种合于科学的假设，比他的朱虎熊罴‘是鸟兽中的佼佼者，……是替上帝服役的’瞎说，不直截了当的合理得多么?”本来古史传说中鸟兽神话有出于图腾遗迹的可能，像益句芒驩兜都等半人半兽的神话，更有出于混合图腾的可能。可是李先生认定唐虞已进入铁器时代是不是还有图腾制的存在呢?

写到这里，李先生的两重胡说法和一团糟的玄学方法以及种种毒素，业已“犁庭扫穴，予以廓清。”总之，李先生的史学常识太欠缺了！方法太玄学了！科学的素养太没有了！只是穿凿附会地想维护他“八股式的理论和顽固派的成见”，因此制造出这许多笑话来。李先生说:“不独他们看见要笑，即使对我满怀好意，也不能不叹道:李季落伍了，难怪刘平骂他‘八股式的理论和顽固派的成见’，真是罪有应得！但是论敌们且慢笑，朋友们也不要慨叹，虽则耶稣自有道理，反对耶稣的人也并不是没有道理的。”李先生的道理我们领教过了，竟是愈来愈一团糟！李先生不仅是落伍呢！

（原刊上海《东南日报·文史周刊》1946年9月19日第6版，署名刘平）

一篇多余的辨论

今天在《求真杂志》第七期上，又读到了李季先生《为古史辨派的第二次反攻再进一解》，算是答辨我在本刊第七期上所发表向《〈为古史辨的解毒剂的解毒剂进一解〉展开的歼灭战》的。李先生的这篇大文，岂但"一蟹不如一蟹"，简直是愈来愈糊涂了。"古史辨派"，层累地造成的古史说以及神话传说演变分化说，他们是根据许多例证据归纳出来的结论，并不是像李先生那样先有了个"公式"或"死教条"，东挪西扯来替"公式"或"死教条"牵强附会的。层累地造成的古史说并不完全建立在默证上，神话演变分化说自有许多明显的确证，决不是李先生的那些"两重胡说法"和"一团糟的玄学方法"，所能损其毫发的。

李先生的所有论证，经我一次"解毒"，再次"攻毒的歼灭战"，业已全部崩溃，这次的辨论，只可说是个余波。李先生对于我在前文中指斥的"两重胡说法"和"一团糟的玄学方法"，这次已不能"再进一解"，咱们现在只就他所论到的，再略指斥。此后李先生如再有余波兴起，我就不再理会了。因为李先生愈来愈糊涂，一切的辨论将是多余的。

李先生现在要根据《命历序》等书来推论黄帝时代，又要拿现在一般大事年表的计算来作讨论古史的依据，那我们再有什么话可说？一切的辨论不已是多余的么？

李先生的证明唐虞是铁时代，他根据了摩尔根的《古代社会》，说："他的野蛮高级有铁器的发明一点，对于建都于铜少铁多的山西的唐虞夏自可适用。"李先生认为唐虞夏是野蛮高级，本是一种胡说，而野蛮高级之有铁器，既然是"近代野蛮人的生活"，何以见得古代的野蛮人一定如此？又何以见得中国的古代一定也如此？这不是"公式主义作祟"是什么？李先生要强调《越绝书》的可信，甚至说"《越绝书》也不过是汉初的书"，真是常识太不够了，《越绝书》已是后汉的书了。《禹贡》不是禹时的书，证据太多了，请一读近人关于《禹贡》的考证便知。《韩非子》里共工之战的传说，本不是初相，也极显然，只要把《韩非子》以前关于共工的传说一比较就得了。此外李先生用山西的产铁和五六千年的中华与东欧巴比伦已有交通以及制铁术的传入，来证明唐虞夏已为铁器时代，都只是开玩笑。山西在后世产铁，如何能推论到唐虞夏时代呢？五六千年前中西交通史料在哪里呢？把这些毫无证据的幻想，用作为证据，我们还有什么话可说？一切的辨论不是多余的么？

看呀！李先生的妙论来了！这可和他前次的"两重胡说法"和"一团糟的玄学方法"是相映成趣的。李先生说得妙："许慎告诉我们说：'郡国亦往往于山川得鼎彝，其铭即前代之古文。'往往两字表见不止一次二次。如汉武帝元狩六年夏，得鼎汾水上，……这种钟鼎文自是史料来源之一。所以《大戴礼》没有提及有熊氏,《史记》忽然提及,……”

原来汉代史学界已在用地下史料来补订纸上史料了,有熊氏这名称还是从钟鼎文里考出来的呢！我以为李先生的大文如果编进专讲幽默的《论语半月刊》里,确不失为一篇妙文。但用这样的方法来论史,我们又何话可说？一切的辨论不是多余的呢？

李先生的妙文多着呢！李先生说:“近代易洛魁种族中的六个部族都有熊的民族,这不是我们的远祖的典型吗？刘先生问我要证据,我指得出科学的证据来。”李先生所谓科学的证据原来如此这般。近代野蛮人的生活,只能作为我们研究古代社会的参考,怎能就据此来证明“黄帝为有熊氏”的“有熊氏”一定也是熊的部族呢？李先生又说:“我以为有熊或熊就是黄帝原来的姓”,又是凭空的胡说法。

李先生的考证,是凭空的,李先生的校勘,也是凭空的。这该叫作“两重凭空法”,又是和他的“两种胡说法”相映成趣的。李先生前文说:《吕刑》上的“皇帝”原本应从《经典释文》作“君帝”,想用这来证明《吕刑》中的“皇帝”不是指上帝而言的,我提出了《墨子》等书引《吕刑》已作“皇帝”,来打击他的胡闹的校勘学。如今他还是强词夺理地写出了许多妙论来。李先生说得妙:“刘先生引《墨子·尚贤中》和《孟子·尽心下》:‘尽信《书》则不如无《书》’,赵岐注所引《吕刑》作皇帝……也不能证明《吕刑》在战国到汉的本子都作皇帝,因为特称肯定是不容变为全称肯定的。即退一步,承认确是如此,然周初到春秋的本谁能证明也同样作皇帝呢?”

李先生用如此方法来论校勘,岂不妙哉！他说《墨子》等书引的《吕刑》作皇帝,不可信,因为春秋以前的本子难保同样作皇帝。那么《经典释文》之类的本子如何反可依据呢？这样，校勘学还那里谈起？一切辨论不是多余的么？

在《墨子》书中，固然已承认《吕刑》中的“三后”是圣人，可是《吕刑》中的皇帝本义是“上帝”，而《墨子》也还认为是“上帝”，是可证明的。《墨子·尚贤中》说：“然则天之所使能者谁也？曰：若昔者禹稷皋陶是也。何以知其然也？先王之书《吕刑》道之曰：皇帝清问下民，……乃名（命）三后，恤功于民，……”这里说的还不够明显么？同篇又说：“虽天亦不辨贫富贵贱，远迩亲疏，贤者举而尚之，不肖者抑而废之，……曰若昔者伯鲧，帝之元子，……帝亦不爱，则此亲而不善以得其罚者也。”这里又把“天”“帝”互用，更是明显了。这等例子，在《墨子》中多着呢！李先生说：“所谓天之所使能者，也是经过人王的，观乎‘故古圣王的书以尚贤使能为政，而取法于天’一语，就可以知道。”这分明是曲说。天鬼能直接赏罚和命令，本是古代的宗教思维，《墨子》还保存有这种原始思想，请一读《墨子》的《天志》《明鬼》就可知道。李先生一面曲解《墨子》，一面说《孟子》赵注是勉强凑成，他只凭一己的玄想，我们又何话可说？一切的辨论不是多余的么（郑康成说以及伪孔传早已失去原义，我们不能信后疑前）？

李先生前文，只知王亥以亥日祭（案此从王国维旧说），想用这来证明王亥确有其人。要知道殷人的庙号只有记“日”而没有记“辰”的，祭日也是如此，岂有王亥独用“辰”的道理？在殷人的世系传说中，王亥以上已是神话中的人物。卜辞中从高祖夋到壬亥王恒，只有分别□祭之占，不见列于“殷祀”之典，其祭祀只从上甲开始，郭沫若先生曾这样说“殷之先世，大抵自上甲以下入于有史时代，自上甲以上则为神话时代，此在殷代已然，观其祀典之有差异，即可判知”（见

《卜辞通纂》等书)。在卜辞面前宣告破产的是李先生,是很明显的。李先生对于卜辞研究的现阶段的常识毫无,还谈什么卜辞。一切的辨论真是多余的!

关于“后”“帝”“皇帝”“皇”等神号的渐次产生,李先生提不出坚强的反证,只是掉花枪,甚至说我“自家反而火拼起来,岂非苦不讨好。”他胡乱的推论,正和他治史的玄学方法完全相同(“后”本是神号,后来演变为人号。在原始时代,本没有“上帝”的观念,后来社会进步了,有了“上帝”的观念,于是“后”为下土之神,“帝”为上天之神,成为对立的称号了。杨先生与我的结论并不冲突。欲知其详,可看杨先生的原文)。李先生真妙,前文引了白居易《长恨歌》“汉皇重色思倾国”来证明汉代称“皇”,已够笑话,如今强辨说:“白居易是用汉代的皇的典故,去歌颂唐明皇,同时也就是歌颂汉代的皇”,这成什么话?一切的辨论真是多余的!

就此带住吧!我不能再对常识问题做种种无益的辨论了。

(原刊上海《东南日报·文史周刊》1946年12月5日第10版,署名刘平)

吴起伐魏考

吴起是中国历史上一个伟大的人物，他虽是“儒家”出身，却和“李悝”同样是个“法家”的开山祖，也就是战国时代从民间跃起的大政治家，同时又是著名的“兵家”，他不仅会带兵打仗，也还是一位战略家呢！他的政治家的声望，和商君齐名，他的战略家的声誉，又和孙子并称，不幸他的著述早已散佚，我们只能从遗闻逸事中去讨消息了！关于他的事迹，钱宾四（穆）先生在《先秦诸子系年》中，郭沫若先生在《述吴起》一文里（收入《青铜时代》一书），都已研究出很好的成绩，这里特别要提出的，就是吴起在楚国的战绩，因为这是前人都忽略了的。

《史记·吴起列传》上说：“楚悼王素闻起贤，至则相楚。明法审令，损不急之官，废公族疏远，以抚养战门之士，要在强兵，破驰说之言纵横者。于是南平百越，北并陈、蔡，却三晋，西伐秦，诸侯患楚之强。故楚之贵戚尽欲害吴起。及悼王死，宗室大臣作乱而攻吴起……”宾四先生对这一段记载曾作这样的批判：“陈灭在惠王十一年，蔡灭在四十二年，何待悼王？……赵灭在威王世，亦与悼王无涉，则却三晋而伐秦者，其语殆问为无稽也。”似乎太史公所述吴起在楚国的战绩，都是出于太史公的夸大，完全是无稽之谈！其实太史公这段记载大部分是抄《国策》的，《战国策·秦策三》载蔡泽的话：“吴起为楚悼罢无能，废无用，损不急之官，塞私门之请，壹楚国之俗，南收扬越，北并陈蔡，破横散从，使驰说之士无所开其口。功已成矣，卒支解（《史记》的《蔡泽列传》也转录）”。太史公的《吴起列传》大体就根据这些话，只是添出了“却三晋，西伐秦”等语。《国策》上的话固然有策士夸张的部分，为什么太史公又添出这“却三晋，西伐秦”的话来？是不是太史公是凭空杜撰出来的呢？这段记载，太史公大部既根据《国策》，其所添出的“却三晋，伐西秦”的事迹，我们相信也必另有依据的呵！

据我们比较研究的结果，战国初年的史迹，《史记》的《赵世家》是比较可靠的，它和《古本竹书纪年》往往有暗合的地方。关于楚悼王末年楚伐魏的史事，《赵世家》上这样记载着：“赵敬侯四年，魏败我兔台。筑刚平，以侵卫。五年，齐魏为卫攻赵，取我刚平。六年，借兵于楚，伐魏，取棘蒲。八年，拔魏黄城。”《六国表》又说：赵敬侯八年“袭卫不克。”这一役是战国初年国际间的一场混战，最初由于赵的袭卫，后来卫求救于魏，魏就救卫攻赵，卫便得夺刚平，进攻中牟，反而得了赵的河东一部分的地方，接着赵又求救于楚，楚又救赵攻魏，楚兵一直冲到黄河，赵因此袭击魏的河北，取得了棘蒲等地，这一场混战，牵涉了卫、赵、魏、楚四国，连战数年，真是战国初年的大战，而楚曾一直冲到黄河边，确是一个大胜利。关于这事，《战国策》里曾有比较详细的述说：“赵氏袭卫，东不舍，人不休，傅卫国，城刚平，卫八门土而二门堕矣，此亡国之形也。卫君跣行告遡于魏，魏王身被甲砥剑，挑赵索战，邯郸之中骛，河、山之间乱。卫得是籍也，亦收余甲而北面残刚平，堕中牟之郭，卫非强于赵也……藉力于魏而有河东地。赵氏惧，楚人救赵而伐魏，战于州西，出梁门，军舍林中，马饮于大河。赵得是籍也，亦袭魏之河北，烧棘蒲，堕黄城”（《齐策五》）。

这些话虽然也出于策士造作故事的时候随便称引的，可是我们可以相信是真实的，因为策士们造作故事时虽不免有虚饰夸张的地方，但他们称引往事，随口说出，决无有意作伪的必要，同时这称引的话和《赵世家》的记载又完全符合，真是一段确切的史料。

考赵敬侯六年正是楚悼王二十一年，这年楚悼王就死，闹出内乱来，宗室大臣合攻吴起，事后“坐射起而夷宗死者，七十余家”（见《吴起列传》），阳城君也因此出走（见《吕氏春秋·上德》篇），可知这次内乱闹得非常厉害。如果说这年楚的救赵伐魏在楚悼王死后，楚国在大乱之余，新君刚即位，许多作乱的宗族刚打平，怎能浩浩荡荡的派出大军，“战于州西，出梁门，军舍林中，马饮于大河”呢？那楚的救赵伐魏一定是楚悼王未死以前的事了，当楚悼王未死以前，吴起正作楚的“令尹”，楚的“令尹”本是全国政治上、军事上的领袖，是兼有将相职权的一个最高官职，那末这时主持救赵伐魏的一定就是吴起无疑了，所以《史记》的《吴起列传》说他曾“却三晋”了，怎能说他完全无稽呢？

还有《吴起列传》说他“南平百越”，《秦策三》作“南收扬越”，可知吴起所平的“越”不是“于越”，宾四先生以为“灭越在威王世，亦与悼王无涉”，又误以为指“于越”了（案楚灭于越，在楚怀王末年，余别有考）。《南越传》说：“秦已并天下，略定扬、越，置桂林、南海、象郡。”贾谊《过秦论》说："南取百粤之地，以为桂林、象郡。"扬越该是百越中较大较著的，这是楚谋向南开拓，攻伐扬越，也不是不可能的。

据《韩非子·和氏》篇，吴起之法"悼王行之期年而薨矣。"似乎吴起作楚令尹只一年光景，《说苑·指武》篇又曾说他先前曾做"苑"守一年（今本"宛"误作"苑"），可是我们看他的治迹，不像仅仅二三年所能成效的。当吴起为魏守西河的时候，很有声威，但考魏武侯七年秦侵阴晋，九年伐秦败于武下，十一年筑城安邑王垣，以巩固河东的防御，在魏武侯七年以后河西的声势已秦高于魏，或许这时吴起已离魏入楚了，那么，吴起在楚就该有十年的历史。《吕氏春秋·义赏》篇说："郢人之以两版垣也，吴起变之而见恶。"如果吴起在楚仅仅二三年的光景，如果能在政治上雷厉风行的改革之外，注意到这些小节目上去呢？更何能在内政改革之外，在对外大大的用兵呢？这也是值得我们研究的。

（原刊上海《东南日报·文史周刊》1946年7月4日第6版创刊号）

乐毅仕进考——《乐毅报燕惠王书》辨伪上篇

乐毅的《报燕惠王书》，被收辑在《战国策》的《燕策》和《史记》的《乐毅列传》里，因为这篇文章写得非常生动，为一般人所传诵，因此世人对于乐毅的故事，比战国时代任何英豪来得熟悉。到今日书局中所出版中学语文教科书里，几乎都还有这篇文章，一般中学生、大学生都曾对此吟诵，只要你一提到战国史，许多学生的脑海中，便浮起这篇文章的主角——乐毅——的印象来。拿史料价值来论，这种当时的书信笔录当然是第一等的原始史料，该是最可靠的，所以太史公作《乐毅列传》，记述许多事实的经过，都是参酌这封书信的，那知这封《乐毅报燕惠王书》本是一篇伪作，从这篇伪作出世到现在，一直蒙蔽着读者，至今还没人把它揭发呢！

我在抗战时期，费了几年的功夫在探索战国史的真相，对于这篇《乐毅报燕惠王书》终觉得有许多不合史实的地方。我们只要把乐毅一生的事迹，细细地去探索，便会发现他一身的经历，并不是如这篇《报燕惠王书》所说的，因此我敢大胆的论定，这篇书信一定是出于后人的伪作，因为除此以外，我们有种种证据足以证明乐毅的事迹，并不如这封信里所说那么煊赫。他是乐羊的后裔，本是中山的贵族，他遭逢时会，由中山而转仕于赵，由赵而转仕于燕，并不是一个游说之士由游说起家的，他的大破齐国，为燕报仇，也是适逢诸侯合从攻齐的良机，一切也并不是由于他个人的策划，诸位不信，让我慢慢道来：

《乐毅报燕惠王书》自述他出仕的经历道："臣以所学者观之，先王之举错，有高世之心，故假节于魏王，而以身得察于燕。先王过举，擢之乎宾客之中，而立之乎群臣之上，不谋于父兄，而使臣为亚卿。"这是说，他的出仕最初是由于取得魏王使者的地位来到燕国，然后被燕昭王所赏识，而大加提拔，才居显要。《史记·乐毅列传》上说："乐毅者，其先祖曰乐羊。乐羊为魏文侯将，伐取中山，魏文侯封乐羊以灵寿。乐羊死，葬于灵寿，其后子孙因家焉，……乐毅贤，好兵，赵人举之。乃武灵王有沙丘之乱，乃去赵适魏。闻燕昭王以子之乱而大败燕，燕昭王怨齐，未尝一日而忘报齐也。燕国小、地远，力不能制，于是屈身下士，先礼郭隗，以招贤者。乐毅于是为魏昭王使于燕，燕王以客礼待之，乐毅辞让。遂委质为臣，燕昭王以为亚卿。"这里乐毅"为魏昭王使于燕""燕昭王以为亚卿"的说法，当是根据《报燕惠王书》的，乐毅为乐羊之后和仕赵之说，当别有所据。至于燕昭王下士和先礼郭隗的说法，那又是根据《战国策》这类纵横家言的。

《战国策·燕策一》说："燕昭王收破燕后即位，卑身厚币，以招贤者，欲将以报仇。故往见郭隗先生，……郭隗先生曰：'今王诚欲致士，先从隗始。隗且见事，况贤于隗者乎？岂远千里哉？'于是昭王为隗筑宫而师之。乐毅自魏往，邹衍自齐往，剧辛自赵往，士争凑燕。燕王吊死问生，与百姓同其甘苦，二十八年，燕国殷富，士卒乐佚轻战。于是遂以乐毅为上将军，与秦、楚、三晋合谋以伐齐。”

《史记·燕世家》大概根据这故事，其文略同。这个故事，事实上全不足信，《韩非子·饰邪》篇说：“剧辛之事燕，无功而社稷危；邹衍之事燕，无功而国道绝。赵代先得意于燕，后得意于齐，国乱节高，自以为与秦提衡，……赵又尝……北伐燕，将劫燕以逆秦，……始攻大梁，而秦出上党矣，兵至釐，而六城拔矣；至阳城，秦拔邺矣；庞煖揄兵而南，则鄣尽矣。……地削兵辱，主不得意而死。”所记都是赵悼襄王的事，剧辛在赵悼襄王三年败死，时为燕王喜十三年，离燕昭王伐齐已是四十三年，梁玉绳《史记志疑》也为此而发出疑问：“剧辛自赵来，其年当非幼少，乃至后燕王喜十三年将兵伐赵，为赵将庞煖所杀，计去昭王即位时已七十年，恐未必如是之寿，则其来似不在此时。”这个辨证，很有见解。其实不但剧辛不是燕昭王时臣，邹衍也不是燕昭王时的人。《史记·孟子荀卿列传》说邹衍“至燕，燕昭王筑碣石宫师事之”，也同样是错误，邹衍和公孙龙同时，其往赵见平原君，在信陵君破秦存赵之后，那时燕昭王已死二十二年了。据《韩非子》，邹衍和剧辛固是同僚，怎能和乐毅也成为同僚呢？

如此说来，燕昭王招贤的事，根本不可信，可是《燕策》说：“乐毅自魏而往”，却和《乐毅报燕惠王书》所说的“假节于魏”完全相合。是不是可信呢？据《史记·乐毅列传》：“及武灵王有沙丘之乱，乃去赵适魏。”沙丘之乱，事在燕昭王十六年时，如果此说可靠，那乐毅的入燕，已在燕昭王十六年后，与《燕策》昭王即位招贤，乐毅自魏往，二十八年燕国殷富而伐齐的说法，年代上不相符合。我们将何所适从呢？

《战国策·赵策三》说：“齐破燕，赵欲存之。乐毅谓赵王曰：‘今无约而攻齐，齐必仇赵，不如请以河东易燕地于齐。赵有河北，齐有河东，燕、赵必不争矣，是二国亲也。以河东地强齐，以燕、以赵辅之。天下憎之，必皆事王以伐齐，是因天下以破齐也。'王曰：'善'。乃以河东易齐，楚、魏憎之，令淖滑、惠施之赵，请伐齐而存燕。"考《孟子·梁惠王下》，有"齐人伐燕，取之，诸侯将谋救燕"一节，《赵策四》有"赵使赵庄合从，欲伐齐。齐请效地"一章，《魏策一》有"楚许魏六城，与之伐齐存燕。张仪欲败之"一章，可知伐齐存燕的谋划，当时确有其事，而赵为主谋，楚、魏为附从。从《赵策三》看来，齐破燕后，赵谋合从伐齐存燕，乐毅本是主谋。

《史记·赵世家》说："赵武灵王十一年（当作十二年），王召公子职于韩，立以为燕王，使乐池送之。"《集解》引徐广说："《纪年》亦云尔。"《索隐》又说："《纪年》之说，其说又同。"《六国表》魏哀王五年下《集解》徐广引《古本竹书纪年》说："赵立燕公子职。"考《燕策一》说："子之三年……将军市被及百姓乃反攻太子平，将军市被死已（以）殉。……齐宣王……伐燕……燕王哙死。齐大胜燕，子之亡。二年燕人立公子平，是为燕昭王。"《燕世家》同。《索隐》说："《年表》又云：'君哙及太子相子之皆死。'《纪年》又云：'子之杀公子平。'今此文云：'立太子平是为燕昭王。'则《年表》《纪年》为谬也。"《赵世家·集解》又说："燕世家子之死后，燕人共立太子平，是为燕昭王。无赵送公子职为燕王事，当是赵闻燕乱，遥立职为燕王，虽使乐池送之，竟不能就。"事实上燕昭王当然是公子职，不是太子平，太子平早已死了，旧本《六国表》说："君哙及太子相子之皆死"并没有谬，今本《燕策》《燕世家》文都有误，《燕策》"公子平是为燕昭王"，"平"字当是"职"字之误，大概"公子职"先误为"公子平"，后人见平是太子，又改《史记》为"太子平是为燕昭王"，今本《六国表》又被人把太子死的话削去了。

据《赵世家》和《竹本纪年》，公子职确曾为燕王，即是燕昭王。往年齐地所出土的燕兵器，多有郾王职名，周金文存有燕昭王戈，铭作“郾王戠作五牧锯”，都是明证。据《赵策》，伐齐存燕时，为赵主谋的，是乐毅。据《赵世家》，存燕时为赵送立燕昭王的，又是乐池，我以为这个乐池就是乐毅，因“池”“毅”音同（案“池”从“也”，“也”声古读若“匜”），“乐毅”的或作“乐池”，犹如《荀子・议兵》篇“乐毅”之作“缪虮”，亦犹“田忌”之或作“田期”“田臣思”“田居思”。

考《秦本纪》载：“（秦惠文王）七年，乐池相秦。”梁玉绳《史记志疑》说：“后此五年赵武灵王使乐池送燕公子职为燕王，则池是赵人，与乐毅为一族，何缘为相于秦乎?”其实乐毅和乐池岂但是一族，竟是一人。那年张仪离魏，又回秦为相，这时秦相当是张仪，本非乐池，那么，《秦本纪》为什么会误谓这年乐池相秦呢？乐池既即是《乐毅列传》称乐毅入赵，号望诸君，《索隐》说“《战国策》望作蓝也”，是望诸君或又作蓝诸君，“望”“蓝”形近而易误。考《战国策・中山策》，五国相王时，中山主事的是蓝诸君，《中山策》说：“中山与燕、赵为王，齐闭关不通中山之使，……欲割平邑以赂燕、赵，出兵以攻中山，蓝诸君患之，张登谓蓝诸君曰：‘公何患于齐?’……遣张登往，果以是辞来。中山因告燕、赵而不往，燕、赵果俱辅中山而使其王，事遂定。”

五国相王在秦惠文王后元二年，那时蓝诸君已是中山重臣，《燕策二》载奉阳君又曾说：“望诸相中山也使赵，赵劫之求也，望诸攻关而出逃。”《韩非子・内储篇上》又载：“中山之相乐池，以车百乘使赵，选其客之有智能者，以为将行，中道而乱。……”

乐池亦即乐毅，也即望诸君，又即蓝诸君，由《中山策》和《燕策》奉阳君语及《韩非子》比证，可知乐毅未入赵前，确是中山重臣，且曾为相。《乐毅列传》称他是乐羊后裔，本是中山贵族，其为中山重臣，本合情理之事。《秦本纪》载秦惠文王后元七年乐池相秦，一定是乐池相中山之误，大概太史公见《秦记》，这一年有“乐池相中山”的记载，一时糊涂，写《秦本纪》就误为秦相了。如同逢泽之会本是魏国主盟，大概《秦记》有此记载，也就糊里糊涂误记为秦主盟的了。

根据上面的考论，乐毅为中山贵族，本仕中山，在秦惠文王后元二年（西元前三二三年）已是中山重臣，后五年（西元前三一八年）便为中山相，在秦惠文王后元七年至十一年间，（西元前三一八——三一四年）已离中山而仕赵，到秦惠文王十一年（西元前三一四年）为赵送之燕子职，便是燕昭王，他所以始终得为燕昭王的重臣，正因为燕昭王便是由他送立的缘故。从《乐毅报燕惠王书》说他“假节于魏王，而以身得察于燕”，《燕策》第一说他因燕昭王招贤而自魏往，分明都是后人杜撰出来的。《乐毅列传》一面采取了《燕策》的说法，一面又凑合了《乐毅报燕惠王书》的说法，一面又根据了其他史料，认为他本是乐羊之后，曾先仕赵，勉强去弥缝凑合。在凑合之中，又杜撰出“及武灵王有沙丘之乱，乃去赵适魏”的说法，把真史料和伪史料以及自己杜撰的史料，纠缠得一团糟，使后人对于乐毅的身世和经历，直到现在还弄不清楚哩！

（原刊上海《东南日报·文史周刊》1946年8月29日第6版）

乐毅破齐考——《乐毅报燕惠王书》辨伪下篇

《乐毅报燕惠王书》自述他破齐的经过道："先王命之曰：'我有积怨深怒于齐，不量轻弱，而欲以齐为事。'臣对曰：'夫齐，霸国之余教也，而骤胜之遗事也，闲于兵甲，习于战攻。王若欲攻之，则必举天下而图之。举天下而图，莫径于结赵矣。且淮北、宋地，楚、魏之所同愿也。赵若许，约楚、魏、宋（"宋"字衍文）尽力，四国攻之，齐可大破也。'先王曰：'善'。臣乃口受令，具符节，南使臣于赵。顾反命，起兵随而攻齐。以天之道，先王之灵，河北之地，随先王举而有之于济上。济上之军，奉令击齐，大胜之。轻卒锐兵，长驱至国。齐王遁逃走莒，仅以身免。"

《史记·乐毅列传》也说："燕王问伐齐之事，……使乐毅约赵惠文王，别使连楚、魏，令赵啖秦以伐齐之利，诸侯害齐湣王之骄暴，皆争合从与燕伐齐。乐毅还报，燕昭王悉起兵，使乐毅为上将军，赵惠文王以相国印授乐毅，乐毅于是并护赵、楚、韩、魏、燕之兵伐齐，破之济西。诸侯兵罢归，而燕军乐毅独追。至于临淄，齐湣王之败济西，亡走保于莒。”

都认为破齐之役，由于乐毅的合从和主谋。考《赵世家》说：“（赵惠文王）十四年，相国乐毅将赵、秦、韩、魏、燕攻齐，取灵丘。”《吕氏春秋·权勋》篇又说：“昌国君将五国之兵攻齐，齐使触子将，以迎天下之兵于济上，……齐王走莒。”看来乐毅真像是当时诸侯的联合统帅了，好像破齐之役，确是乐毅一人的主动。但是《赵世家》这年的纪事，实不足信，梁玉绳《史记志疑》已加驳斥，梁氏说：“六国伐齐在明年，是岁惟秦击齐。无赵、魏、韩、燕攻齐及取灵邱之事，盖误。”《吕氏春秋》的故事，认为乐毅曾将五国之兵，也出于后来的传说，并不足信。

《史记·孟尝君列传》载：“其后秦亡将吕礼相齐，欲困苏代，代乃谓孟尝君……于是孟尝君从其计，而吕礼嫉害于孟尝君。孟尝君惧，乃遗秦相穰侯魏冉书曰：‘吾闻秦欲以吕礼收齐，齐，天下之强国也，子必轻矣。齐、秦相取以临三晋，吕礼必并相矣，是子通齐以重吕礼也。若齐免于天下之兵，其仇子必深矣。子不如劝秦王伐齐，齐破，吾请以所得封子。齐破，秦畏晋之强，秦必重子以取晋。晋国弊于齐而畏秦，晋必重子以取秦。是子破齐以为功，挟晋以为重。是子破齐定封，秦晋交重子。若齐不破，吕礼复用，子必大穷。’于是穰侯言于秦昭王伐齐，而吕礼亡。后齐湣王灭宋，益骄，欲去孟尝君，孟尝君恐，乃如魏。魏昭王以为相，西合于秦、赵，与燕共伐破齐，齐湣王亡在莒，遂死焉。”

这里又认为破齐之役，出于孟尝君的主谋，和其他各篇以为出于乐毅主谋的不同。梁玉绳《史记志疑》对此曾作这样的驳议：“案：孟尝君奔魏有之，故《魏策》载孟尝君为魏借燕、赵兵退秦师一章，若相魏是妄也。知者,《年表》《世家》皆不书其事,即《国策》亦无明文。……至齐之破,乃燕昭复仇,与孟尝君何涉?如传所说,竟似孟尝为之,岂不冤哉?《荀子·王霸》篇言:'(齐闵薛公)权谋日行,而国不免危削。'《臣道》篇言:'孟尝篡臣。'殆当时恶孟尝者造伪斯语而传之欤?”

实则孟尝君固曾为魏昭王相,明证很多,《韩非子·外储说右上》篇有“薛公之相魏昭侯也……”,《赵策四》说:“齐欲伐宋,……谓齐王曰:'臣为足下为魏王曰:……今王又挟故薛公以为相。'”最为明证。只是孟尝君在齐灭宋前已为魏昭王相,《孟尝君列传》误记在齐灭宋后罢了。考齐湣王于秦昭王十三年听祝弗的计谋,改取离魏连秦的外交政策,把亲魏反秦的大臣周最驱逐,把亲魏的宗室孟尝君免去相职,改用秦臣吕礼为相(参阅《东周策》“齐听祝弗”与“谓薛公”两章,《秦策三》“薛公为魏谓魏冉曰”一章。《秦本纪》误谓是年吕礼奔齐,盖误)。同年田氏宗室就起兵劫王,孟尝君也就出走(见同年《六国表》),孟尝君的到魏为魏昭王相,当在这年或稍后。

《秦策三》说:“薛公为魏谓魏冉曰:'文闻秦王欲以吕礼收齐,以济天下,君必轻矣。齐秦相聚以临三晋,礼必并相之,是君收齐以重吕礼也。齐免于天下之兵,其仇必深。君不如劝秦王令弊邑卒攻齐之事。齐破,文请以所得封君。齐破晋强,秦王畏晋之强也,必重君以取晋。齐予晋敝邑,而不能支秦,晋必重君以事秦。是君破齐以为功,操晋以为重也。破齐定封,而秦晋皆重君。若齐不破,吕礼复用,子必大穷矣。'”从这里可知合从攻齐,确出孟尝主谋,只是《孟尝君列传》误把这事系在齐灭宋前罢了。事实上,这次合从攻齐,初由于孟尝君的想报被逐的私仇,不惜奉秦为天下盟主而秦想借此而夺独霸的地位。

《燕策二》载苏代约燕王语:“秦……已得安邑,塞女戟,因以破宋为齐罪。秦欲攻齐,恐天下救之,则以齐委于天下,曰:‘齐王四与寡人约,四欺寡人,必率天下以攻寡人者三。有齐无秦,无齐有秦。必伐之,必亡之。’”从这里也可知这次合从攻齐,秦确居盟主地位。《魏策四》载:“周最入齐,秦王怒,令姚贾让魏王。魏王为之谓秦王曰:‘魏之所以为王通天下者,以周最也。今周最遁寡人入齐,齐无通于天下矣。敝邑之事王,亦无齐累矣。大国欲急兵,则趣赵而已。’”《东周策》又载:“为周最谓魏王曰:‘秦知赵之难与齐战也,将恐齐赵之合也,必阴劲之;赵不败战,恐秦不已收也,先合于齐。秦、赵争齐,而往无人焉,不可。王不去周最,合而收齐,而以兵之急,则伐齐无因事也。’谓周最曰:‘魏王以国与先生,贵合于秦以伐齐。薛公故主,轻忘其薛,不顾其先君之丘墓。而公独修虚信,为茂行,明群臣,据故主,不与伐齐者产,以忿强秦,不可。公不如谓魏王薛公曰:请为王入齐,天下不能伤齐。而有变,臣请为救之。无变,王遂伐之。且臣为齐奴也,如累王之交于天下,不可。王为臣赐厚矣,臣入齐,则王亦无齐之累也。’或为周最谓金投曰:‘秦以周最之齐疑天下,而又知赵之难予齐人战,恐齐、韩之合,必先合于齐,(‘齐’旧讹‘秦’)秦齐合,则公之国虚矣。公不如救(疑当作‘收’)齐,因佐秦而伐韩、魏,上党、长子,赵之有已。公东收宝于秦,(疑当作‘齐’)南取地韩、魏,因以困,徐为之东,则有合矣。’周最谓金投曰:‘公负令秦与强齐战,战胜,秦且收齐而封之,使无多割而听天下之战。不胜,国大伤,不得不听秦。秦尽之韩、魏之上党,太原西土,秦之有已。秦地,天下之半也,齐、楚、三晋之命。复国且危身,是何计之道也!’”

本来在破齐之前，秦、齐两大强国成对峙之局。齐本欲灭宋，而秦阻挠之，赵臣李兑本想合三晋攻秦，就利用秦、齐的新仇，合齐、魏、赵、韩、楚五国攻秦，只因齐意在灭宋，齐、魏间又复猜疑，以致五国之兵罢于成皋（说详拙作《战国史编年》）。后来秦又谋合齐，立齐、秦为东西帝，相约伐赵。当秦正谋合五国伐赵的时候，齐忽而放弃帝号来取欢于各国，并且出兵向秦示威，秦也不得不废弃帝号，把一部分赵、魏的失地归还（见《赵策一》赵收天下且以伐齐、苏秦上书说赵王章），齐便趁机灭宋，侵楚淮北，这时三晋和楚都受齐的威胁，于是秦合从攻齐的机会来到。恰巧这时魏相孟尝君对齐滑王有私仇，便首先发动。结果秦是盟主，魏、赵等国是附从，魏国的主其事者当然是孟尝君，赵国主其事的是金投，至于那个被齐滑王驱逐到魏的亲魏大臣周最，这时忽而眷念故国，又由魏逃奔到齐去，不愿参加这个合从攻齐之举，而盟主秦国确又因此怀疑魏国的态度。经过解释了事。上面所引的《东周策》，或人对周最说的话，以及或人替周最游说的话，虽然都出策士的拟造，但从这里却很可看出，周最由魏逃齐后和天下合从攻齐前的国际形势。

《秦本纪》载："（秦昭襄王）二十二年，……与楚王会宛，与赵王会中阳。"《赵世家》亦谓赵惠文王十四年"与秦会中阳"，《楚世家》也说楚顷襄王十四年"与秦昭王好会于宛，结和亲。"考天下合从攻齐在次年，这一年秦和赵、楚相会，也可见天下攻齐前，秦确是从主，所以由秦为主，和楚、赵先后相会。《秦本纪》又说："（秦昭襄王）二十二年，蒙武（当作蒙骜）伐齐，河东为九县。"《田敬仲完世家》和《六国表》也说这年"秦来伐，拔我列城九。"考齐、秦两国本非接壤，其间隔有三晋，这年秦能越三晋而攻齐，也可见那时三晋已合从于秦，秦是从主，所以对齐的首先发动攻势。

至于合从攻齐之役，《史记》上《秦本纪》及各国《世家》有这样的记载：

> (秦昭襄王)二十三年，尉斯离与三晋、燕伐齐，破之济西。王与魏王会宜阳，与韩王会新城。(《秦本纪》)
>
> (魏昭王)十二年，与秦、赵、韩、燕共伐齐，败之济西。湣王出亡，燕独入临淄，与秦王会西周。(《魏世家》)
>
> (韩釐王)十二年，与秦击齐济西，与秦王会西周。(《六国表》《韩世家》略同)
>
> (赵惠文王)十五年，燕昭王来见。赵与韩、魏、秦击齐，齐王败走，燕独深入，取临淄。(《赵世家》)
>
> (楚顷襄王)十五年，楚王与秦、三晋、燕共伐齐，取淮北。(《楚世家》)
>
> (燕昭王)二十八年，燕国殷富，士卒乐佚轻战。于是遂以乐毅为上将军，与秦、楚、三晋合谋以伐齐，齐兵败，闵王出走于外，燕兵独追北，入至临淄。(《燕世家》)
>
> (齐湣王)四十年(当作十七年)，燕、秦、楚、三晋合谋，各出锐师以伐，败我济西，王解而却。燕将乐毅遂入临淄。(《田敬仲完世家》)

上年秦、韩、赵、楚相会，这一年，秦王又与楚王会宜阳，与韩王会新城，赵、楚、魏、韩先后和秦相会，正可见合从伐齐之役秦是盟主了。上引《魏策四》载当时魏王为周最入齐，对秦王说："敝邑之事王，亦无齐累矣"。《东周策》载周最回齐，或人谓周最曰："公独修虚信，为茂行，明群臣，据故主，不与伐齐者产(产字疑讹)，以忿强秦，不可。"又载周最谓金投曰:“公负令秦与强齐战”,也都可以明证秦是这一役的从主。还有《赵策一》载:“赵收天下,且以伐齐。苏秦为齐王上书说赵王曰:‘……今足下功力,非数痛加于秦国,而怨毒积怨,非曾深凌于齐也。臣窃外闻大臣及下吏之议,皆言主前专据,以秦为爱赵而憎齐。臣窃以事观之,秦岂得爱赵而憎齐哉?欲亡韩吞两国之地,故以齐为饵。先出声于天下,欲邻国闻而观之也。恐其事不成,故出兵佯以示赵、魏。恐天下之惊觉,故微韩以贰之。恐天下疑已,故出质以为信。声德于与国,而实伐空韩,臣窃观其图之也。……合从于强秦之伐齐,臣恐其祸出于是矣。……夫齐事赵,宜正为上交。今以抵罪取伐,臣恐其后事王者之不敢自必也。今王收齐,天下必以王为得。齐抱社稷以事王,天下必重王。然则齐义,王以天下就之,秦暴。王以天下攻之,是一世之命,制于王已。臣愿大王深与左右群臣卒计而重谋,先事成虑而熟图之也。’”(《赵世家》系于赵惠文王十六年下,“苏秦”作“苏厉”,《国策》与《赵世家》文俱略有误此参酌校正)这封书虽未必可靠,但内容所述,却很合情,那时合从攻齐,秦确是盟主。

最值得注意的,秦既是从主,为什么《秦本纪》和诸《世家》只说秦先后和赵、楚、魏、韩相会,不曾和燕相会呢?而《赵世家》只载那合从攻齐的一年,“燕昭王来见”,原来燕是弱国,本不为秦所重,燕的参战,恐怕还是出于赵的拉拢呢!《燕策二》载苏代自齐献书于燕王曰:“……臣受命以任齐,及五年,齐数出兵未尝谋燕,齐、赵之交,一合一离,燕王不与齐谋赵,则与韩谋齐。齐之信燕也,至于虚北地行其兵。今王信田伐与参去疾之言,且攻齐,使齐犬马駿而不信燕,今王又使庆令臣曰:‘吾欲用所善’,王苟欲用之,则臣请为王事之……”

这封书虽也未必可信,但所述也很合当时情势,燕的与天下合从攻齐，本出于赵的牵合啊！燕的伐秦，原来因为燕王信了田伐和参去疾的话，不是出于乐毅主谋的。

考《吕氏春秋·行论》篇说："齐攻宋，燕王使张魁将，燕兵以从焉，齐王杀之。燕王闻之，泣数行而下，召有司而告之，……凡繇对曰：'请王缟素，辟舍于郊，遣使于齐，客而谢焉，曰：此尽寡人之罪也，大王，贤主也，岂尽杀诸侯之使者哉？然而燕之使者独死，此弊邑之择人不谨也，愿得变更请罪。'使者行至齐。齐王方大饮，左右官实，御者甚众，因令使者进报，使者报言燕王之甚恐惧而请罪也，毕，又复之以矜左右官实。因乃发小使以反令燕王复舍。此济上之所以败，齐国以虚也。"案齐伐宋灭宋，在天下谋合从攻齐前一年，那时燕正事齐，所以助齐伐宋(《宋史家》说齐与魏、楚伐宋，大误，吴师道已加以辨证)，苏代书所谓"齐之信燕也，至于虚北地行其兵。"当指那时事。《楚策一》载："凡天下所信约从亲坚者苏秦，封为武安君而相燕，即阴与燕王谋破齐，共分其地，仍佯为有罪，出走入齐，齐王因受而相之。居二年而觉，齐王大怒，车裂苏秦于市。"《齐策一》也载："苏秦之计，荧惑诸侯，以是为非，以非为是，欲反覆齐国而不能，自令车裂于齐之市。"

考苏秦本是齐滑王末年的相，《吕氏春秋·知度》篇说："宋用唐鞅，齐用苏秦，而天下知其亡，"最为明证(苏秦事迹，余别有详考)。恐怕苏秦本主联合齐、燕的，所以齐伐宋时，燕也遣将助战，等到秦合天下攻齐，燕亦参与其间，苏秦便被诬为反间，因被车裂死了。苏秦于天下合从前相齐，到燕攻齐见杀，首尾正是二年，《楚策》苏秦相齐二年之说，似可信据。至于《燕策》所载苏代谓燕反间之说，疑与苏秦事本出一事的两传。《燕策一》称苏代遗燕昭王书，燕昭王善其书，

"乃召苏代复善待之,与谋伐齐。竟破齐,闵王出走。"又《燕策二》载:"苏代为燕说赵以伐齐,奉阳君不听。乃入齐恶赵,令齐绝于赵。……卒绝齐于赵,赵合于燕以攻齐,败之。"《燕策二》又载:"苏代自齐使人谓燕昭王,……令人谓闵王,……苏子遂将,而与燕人战于晋下,齐军败,燕得甲首二万人。苏子收其余兵以守阳城,……明日又使燕攻阳城及狸,……将以与燕战于阳城,燕人大胜,……燕因使乐毅大起兵伐齐,破之。"这又把燕破齐,说为出于苏代的策划和反间,这与伐策等书把破齐事说成全出乐毅的主谋,同样出于策士的夸饰。事实上这次燕的破齐,全出于机缘,因为秦先和赵、楚、韩、魏攻齐,齐派大军抵御,而燕本是齐的与国,"济之信燕也,至于虚北地行其兵,"而齐的北地又是一片平原,并无险要,不如它的西南有长城等防御工程,所以乐毅的兵可以乘虚而长驱直入了。

根据上面的考论,可知合从攻齐,最初是出于魏相孟尝君的发动,事实上那时秦、齐争强,秦能合从攻齐,是秦国外交上的大成就,齐所以会遭遇这样的大失败,是由于齐灭宋后,声势太盛,使魏、楚、赵等国都感到了威胁。《田敬仲完世家》说:"齐湣王……伐宋,……宋王出亡,死于温。齐南割楚之淮北,西侵三晋,欲并周室,为天子。泗上诸侯邹鲁之君皆称臣,诸侯恐惧。"诸侯因为恐惧,便不惜奉秦为盟主而合从攻齐了。由于秦与魏、赵、韩、楚等国的攻齐,秦得了河东九城,陶也在内(后来成为穰侯封地),楚夺回了淮北,魏得了宋的旧地(《荀子·议兵》篇所谓"齐能并宋,而不能凝也,故魏夺之"),鲁也取得了徐州(《吕氏春秋·首时》篇所谓"齐以东帝困于天下,而鲁所取徐州"),燕将乐毅便得长驱直入,攻取七十多城,连齐都临淄也在其内,差不多齐国大半江山都陆续被燕所占(余疑齐本有五都,《燕策一》所谓"章子将五都之兵,以因北地之众以伐燕。"《孟子》所谓,"王之为都者,臣知五人焉,知其罪者,惟孔距心。"除临淄外,平陆、即墨、莒在四方,各为五都之一。《史策》称"燕攻齐,取七十余城,惟莒、即墨不下。"盖其他三都均失,而莒为齐王所退保,即墨为田单所固守,莒和即墨二都未下,不是说齐只存下莒和即墨二城罢了。据《国策》,邹忌已谓齐地方千里,百二十城,齐称到齐湣王时决不止七十多个,因为齐尚有小半江山保留,所以田单能够凭此复国,余于此别有详考)。结果齐破后,秦便得成为当时惟一强国,渐次达到统一中国的目的,所以这一役是战国史中非常重要的关键,而乐毅也因此功业煊赫,为后世所称道。后世策士为此大加夸张,把乐毅也说成了个由游仕起家的人物,并且把破齐之役的谋划和功绩,都写在他一人的身上,这篇《乐毅报燕王书》也是这个情势之下出现的伪作,所以它的内容,完全和史实不相合了。

《史记·乐毅列传》有太史公曰:"始齐之蒯通及主父偃读乐毅之《报燕王书》,未尝不废书而泣也。"那么,这书的著作年代至少在蒯通和主父偃以前。考《汉书·艺文志》纵横家十二家中有《蒯子》(班自注:"名通")和《主父偃》,《史记·田儋列传》说:"蒯通者,善为长短说,论战国权变,为八十一首。"《汉书·蒯通传》说:"通论战国时说士权变,亦自序其说,凡八十一首,号曰《隽永》"。《史记》说蒯通"善为长短说",《汉书》称其署名"《隽永》",永也训长,刘向《战国策叙录》言:"所校《战国策》书,……中书本号曰国策,或曰国事,或曰短长,或曰事语,或曰长书,或曰修书。"所谓"长短说"和"隽永"之名,和"短长""长书""修书"意义相同,可知刘向编《战国策》时,就是根据通这等人著作而结集的。今本《战国策》上《乐毅报燕王书》,恐怕就是从蒯通的著作中转录出来，或许《蒯子》和《主父偃》这二书中都收有这书，并且对此都曾有所感慨，所以太史公说他们“未尝不废书而泣”了。蒯通是楚汉时人，《史记·淮阴侯列传》载韩信下井陉，破赵，蒯通说其击齐，又载韩信既诛，高祖捕蒯通而复释之。蒯通既说曾收编过这篇《乐毅报燕王书》，那这封书信的著作年代当在战国末年或秦时了。

（原刊上海《东南日报·文史周刊》1946年12月26日第10版）

樊於期即桓齮考——战国人物丛考之一

《战国策》的《燕策》和《史记·刺客列传》中有一段荆轲刺秦王的故事，其间述及："秦将樊於期得罪于秦王，亡之燕，太子受而舍之。"这位秦将樊於期，不见于其他记载，历代注家也没有考证，最奇怪，太史公做《史记》，因有《秦记》做根据，对于战国后期秦事记载特详，所有将相的升迁都有记述，却也没有述及这位樊於期。据《燕策》和《刺客列传》，樊於期因得罪秦王，父母宗族都被戮杀，且悬赏格，购樊将军之头，金千斤，邑万家，看来决不是个小将，何以《秦记》竟一字不提呢？

据我的推断，樊於期便是桓齮，桓齮在秦始皇十年为将军，十一年即将兵攻赵，《始皇本纪》说："始皇十四年，攻赵军于平阳，取宜安，破之，杀其将军，桓齮定平阳、武城。"似乎始皇十四年桓齮攻赵一仗是胜利的，可是《赵世家》记这年的事是："秦攻赤丽、宜安，李牧率师与战肥下，却之"，《李牧列传》也说："牧为大将军，击秦军于宜安，大破秦军，走秦将桓齮"（《赵策四》误作"杀秦将桓齮"），分明这役是吃了大败仗，此后《始皇本纪》也不见桓齮将兵事。一定史公做《始皇本纪》时，根据《秦记》，《秦记》讳败为胜，史公也没有改订，桓齮便是那年大败之后由秦出走的，“桓”和“樊”，“齮”和“期”，都音同通假，本来秦国的军法是很严的，吃大败仗便要坐法诛戮，例如秦昭王时的河东守王稽，在秦昭王五十一年因军败坐法诛。武安君白起他在秦的功绩真不少，可是在邯郸之役大败后，也免不了论罪赐死。又如秦昭王时的郑安平和秦始皇时的长安君成蟜在攻赵败后，都宁愿降赵，不敢回秦，这样看来，樊於期就因大败于赵，而出亡到燕很是可能的。桓齮败于始皇十四年，燕太子丹质秦逃归在始皇十五年，时代也正相当。

（原刊《正言报·学林》1945年11月15日第4版）

答李君嘉龄:《关于樊於期即桓齮考》

拿史料价值来论,《国策》和《史记》里同样的叙事,自当以《国策》为据,因为太史公那些列传,就是根据《国策》之类的短书杂记的,而太史公却不免有许多润色的地方。樊於期的亡燕,《国策》只是说在燕太子丹归燕后,"居之有间,樊将军亡秦之燕",而《刺客列传》却作"居有间,秦将樊於期得罪于秦王,亡之燕",多出了"得罪于秦王"的说法,好像樊於期的得罪于秦王和亡之燕同在燕太子丹归燕后。可是《国策》和《刺客列传》下文太子丹的话,都有"樊将军困穷于天下,归身于丹",可知得罪于秦王和亡之燕,不是同时事,樊於期得罪了秦王,早就奔亡到他国,辗转流亡,无处容身,才投奔到燕的。何况秦和燕之间有相当的距离,其间有别国夹着,决不会直接奔亡到燕。桓齮在始皇十四年大败于赵而出亡,其辗转流亡到燕,在始皇十五年燕太子丹质秦逃归后,是很可能的。所以拙作说:"桓齮败于始皇十四年,燕太子丹质秦逃归在始皇十五年,时代也正相当"(李君所引拙作,并非拙作原文,附此声明)。读过《国策》《史记》荆轲刺秦王故事的,谁都知道樊於期的亡入燕，在燕太子丹归燕之后，我前文没有详加剖析，因为认这是无庸多说的，所以只是把论据写了出来。同时这些故事，大多出于后人编造，其中各段情节，可信的程度也不一，作这等考证，必须要活用，切不可呆看。

桓齮的大败，断在始皇十四年，不在十三年。始皇十三年赵与秦战，扈辄大败被杀，《始皇本纪》《六国表》《赵世家》都同，并无赵转败为胜之说，《通鉴》和《通鉴纪事本末》，那可作为考证战国史的依据？在史料上是毫无价值可言，监本考证之说更不可信，请一读梁玉绳《史记志疑》。

另有一文，以小说《东周列国志》来辨难，恕不作书。

附录：

李嘉龄：《关于樊於期即桓齮考》

读本报学林第四期杨宽先生《战国人物丛考》云："樊於期即桓齮，盖因桓齮于始皇十四年大败于赵而出亡到燕，燕太子丹质秦逃归在始皇十五年，时代相当"，但战国《燕策》述及："燕太子丹质于秦亡归，……居之有间，樊将军亡秦之燕，太子容之。"《史记·刺客列传》荆轲刺秦王事中亦云"燕太子丹质秦亡归燕……居有间，秦将樊於期得罪于秦王，亡之燕，太子受而舍之。"依这一段的记载，显见樊於期的亡入秦，在燕太子丹归燕之后。由此，樊於期即桓齮，或有不符。

又谓："桓齮于始皇十四年大败于赵而奔燕，《秦记》之桓齮于是年定平阳武城，系讳败为胜"，然按《史记·六国表》赵王迁三年谓秦拔我宜安，《考证》云："《世家》：'秦攻宜安，李牧帅师却之'，与《表》

异。《通鉴》:‘秦伐赵,取宜安、平阳、武城’,与《表》同,据此则李牧却之者,二年事也。拔平阳拔宜安,俱三年事,《世家》误其年,故《表》前后参差耳。”又《通鉴纪事本末》云:“始皇十三年,桓齮伐赵,败赵将扈辄于平阳,斩首十万,杀扈辄。赵王以李牧为大将军,复战于宜安、肥下,秦师败绩,桓齮奔还。十四年,桓齮伐赵,取宜安、平阳、武城。”这样看来,分明桓齮大败于赵,在始皇十三年。定平阳、武城,在十四年,故无用奔燕。

（原刊《正言报·学林》1945 年 12 月 8 日第 4 版）

戴氏篡宋考——战国兴亡丛考之一

读者们看到这个题目，或许要感到茫然吧，这是战国中期宋国的一件大事，二千年来几乎没有人知道的，到今天，我们才从故纸堆里把它发掘出来。请读者们耐性地一看，看我们是怎样把它发掘出来的。

在《韩非子》上，有宋国大臣皇喜杀掉宋君的夺政的话，同时也还有宋国"司城"子罕杀宋君而夺权的话：

> 戴驩为宋太宰，皇喜重于君，二人争事而相害也，皇喜遂杀宋君而夺其政。（《内储说下》篇）
>
> 宋君失刑，而子罕用之，故宋君见劫。（《二柄》篇）
>
> 司城子罕杀宋君而夺政。（《韩非子·外储说右下》篇）
>
> 宋君失其爪牙于子罕，……故身死亡国。（《人主》篇）

还有《韩诗外传》卷七、《史记·李斯传》上二世书、《淮南子·道应》篇、《说苑·君道》篇等，都有司城子罕逐君夺政的说法，这件事以前的考据家都没有把它弄清楚，至今还没人知道这是什么时候的一回事。我们不是够遗憾的么?

这位杀君夺权的司城子罕,王应麟认为就是春秋时代的乐喜,可是乐喜的事在《左传》载得很是明白,他是一位贤臣,怎会有杀君夺政的事呢?梁履绳认为这位司城子罕就是《韩非子》所说的皇喜,因为古人名“喜”的,往往用“罕”为字,王引之的《春秋名字解诂》里曾举出不少例子。这个见解我们十分赞同,司城子罕杀宋君夺政的话,既屡见于《韩非子》,而皇喜杀宋君而夺权的话,又见于《韩非子》,那杀君夺权的司城子罕当然不是乐喜而是皇喜了。这个见解,也曾为孙诒让所采用,孙氏在《墨子传略》(见《墨子间诂》一书内)中。更进一步,考定这位司城子罕所杀的是宋君即是战国初期的宋昭公,他的理由是这样的:

(一)《史记·邹阳传·狱中上书》说:“子罕囚墨子”,墨子的年代,上不及宋景公,下不及宋辟公,和墨子同时宋君只有昭公、悼公、休公三位,《吕氏春秋·召类》篇高注说:“春秋子罕杀昭公”,宋有两个昭公,一个在鲁文公时代,和墨子相去很远。一个在鲁悼公时代,正和墨子同时,可见这位囚墨子的和夺政的子罕,该是后一个昭公的大臣了。

(二)《宋世家》虽然没有说昭公被杀,但贾谊《新书·先醒》篇和《韩诗外传》卷六都说昭公曾出亡而复国,而《说苑》又说子罕逐君夺政,或许昭公实是被逐而失国,误传为被杀的。

这二个理由都是不够坚强的,邹阳的《狱中上书》,里面所引的故事,很是离奇,多半是不可信的(例如白圭为魏取中山之类),而贾谊《新书》上所记昭公复国的故事,说宋昭公出亡后,因“革心易行,衣苴布,食鱳馂,昼学道而夕讲之。二年,美闻于宋。宋人车徒迎而复位,卒为贤君”。原来昭公本是个昏君而被逐的，后因觉悟自新而被复立，如决不是因子罕专政而被逐的。

《韩非子》的《说疑》篇，把“司城子罕取宋”和“田成子取齐”相提并论，《二柄》篇又把“宋君失刑，而子罕用之，故宋君见劫”和“简公失德，而田常用之，故简公见弑”相提并论。《人主》篇又说：“宋君失其爪牙于子罕，简公失其爪牙的田常，而不蚤（早）夺之，故身死国亡。”《外储说右下》篇又说：“子罕为出彘，田恒为圃池，故宋君、简公弑。”可见子罕的得宋，郑和田常的得齐是一模一样的。《韩非子·爱臣》篇又曾说：“燕、宋之所以弑其君”，怕也是指子罕弑君这事而言，同时在《韩非子》中，还有《忠孝》篇上的话：“……是故田氏夺吕氏于齐，戴氏夺子氏于宋。”是非常值得我们注意的。

《韩非子》一面把田常取齐和子罕取宋相提并论，一面又把田氏夺吕氏于齐和戴氏夺子氏于宋相提并论，个中的消息不是很明白了么？原来司城子罕就是戴氏，自从司城子罕劫君夺政，从此宋国也就成了戴氏的天下了，《吕氏春秋·壅塞》篇有一段论宋被齐攻灭，结论说“此戴氏之所以灭绝也”。分明宋国到后来确已为戴氏，亡国之君宋王偃就是戴氏，并非子氏了。照《史记·宋世家》来看，子氏的世系是一脉相承的，并没有篡夺这回事，高诱的《吕氏春秋注》，也弄不清楚这一点，见到《吕氏春秋》论宋之灭亡说“戴氏之所以灭绝”，于是便来一个这样的曲解：“戴氏，子罕，戴公子孙也，别为乐氏。传曰：‘宋国之乐，其与宋升降乎？’宋国衰，子罕后子孙亦衰，赏罚失中，故曰：此戴氏之所以绝也。”可是宋亡国的时候，如果还是子氏而不是戴氏，《吕氏春秋》论宋之亡，该说：“此子氏之所以绝也”，为什么要说：“此戴氏之所以绝也”呢？如果照高诱的曲解，因为戴氏是宋的大族，宋的子氏亡国，戴氏也要因此亡家，因而《吕氏春秋》论宋之亡，说："此戴氏之所以绝也"，天下有这样曲折的文章么？

据上说来司城子罕的劫君夺权，就是戴氏篡夺子氏的宋国，当然是宋国的政上的一件大事了。这件事既不发生在宋昭公时代，那么在什么时候呢？这里我们从《古本竹书纪年》里又探得了个消息。《宋世家·索隐》引《竹书纪年》说："宋剔成肝废弃君璧而自立。"所谓璧是《竹书纪年》的"桓侯璧兵"，《史记·宋世家》误作"辟公辟兵"，《宋世家·索隐》举庄子"桓侯行，未出城门，其前驱呼辟，蒙人止之，后为狂也。"(《太平御览》卷七三九引作"宋桓侯行，未出城门，其前驱呼辟，至于家，家人正之，以为狂也。"今本佚)，和司马彪注："呼辟，使人辟道。蒙人以桓侯名辟，而前驱呼辟，故为狂也。"来证明《竹书纪年》的正确。剔成肝，《宋世家》误作"剔成"，梁玉绳《人表考》说："剔成者易城之误，而肝是其名，肝封于易城之地，因以为号"。雷学淇《竹书纪年义证》说："剔成肝乃易成侯之误，《周书·谥法》曰'好更改旧曰易'。"都只是一种臆测。事实上，《竹书纪年》称"宋赐成肝废弃君璧而自立"，也就是《韩非子》等书所说司城子罕劫君夺政，"司""剔"是一声之转，犹如"施"字或读如"易"，或读如"司"，"城"和"成"，"罕"和"肝"，都声同通假，"司城"的音变而作"剔成"，正同"司徒"的或作"信都""申徒""胜屠"一样，司城子罕既即是剔成肝，那他劫逐的宋君是桓侯无疑了。《太平御览》卷四八八引《庄子》说："宋桓侯筑苏宫，使蔡讴，观者数百倍，去之无有悲色。君乃赏蔡。"而《韩非子·外储说左上》篇说："宋王与仇齐也，筑武宫。讴癸倡，行者止观，筑者不倦，王闻，召而赐之。……"二个传说简直是一模一样，讴唱的人，一作"蔡"，一作"癸"，字形又相近，分明是一事的两传，为什么宋桓侯的事和宋王偃的事会一事两传呢？本来亡国之君，在古史传说中没有个不被诋毁为“淫佚康乐”的，宋桓侯会和宋王偃同样有“淫佚康乐”的传说，宋王偃固然是亡国之君，宋桓侯同样是亡国之君呵！不过一个是宋戴氏之亡君，一个是宋子氏之亡君而已。这一点，也足为宋桓侯曾失国的佐证。

据《韩非子·内储说下》篇，和皇喜（即子罕）相互争权的，是“太宰”戴驩，顾广圻在《韩非子·内储说下》篇“商太宰使少庶子之市”节：“上文戴驩宋太宰，《六微》篇同，《说林下》‘宋太宰贵而主断’，与此皆一人。商，宋也。”这话说得很对。《韩非子·说林下》篇说：“宋太宰贵而主断。季子将见宋君，梁子闻之曰：‘语必可与太宰三坐乎？不然，将不免’，季子因说以贵主而轻国。”这位讲贵主的季子，当是季梁，季梁和梁惠王、梁襄王同时，当魏惠王要攻邯郸的时候，季梁曾往谏魏惠王，当魏襄王时，公孙衍做魏将，和相田需不友善，季梁曾替公孙衍向魏襄王进说，都见《战国策》的《魏策》。足见季梁也正和宋桓侯同时。那么这位主断的宋太宰戴驩，也定是宋桓侯的大臣，和我们上面的考证，也正相吻合。《韩非子·内储说下》篇说：“成驩谓齐王曰：‘王太仁于薛公而太不忍于诸田，……政乱于内，此亡国之本也。’”《荀子·解蔽篇》杨注引这文“成驩”作“戴驩”，“成”“戴”形近而误。戴驩对齐王说这些话，应该在齐滑王说这些话，应该在齐滑王七年田甲劫滑王，薛公（即孟尝君）出走以前。那时戴驩已经因司城子罕的逐君夺政，逃到了齐国来，他所以对齐滑王说这些话，或许是有鉴于宋的篡夺而发的吧！

这件戴氏篡宋的大事，太史公已不知道，所以在《宋世家》上说：“辟兵三年卒，子剔成立。”（剔成即剔成肝）竟把被司城子罕逐杀的宋桓侯辟兵，说成了司城子罕的父亲，在宋桓侯和司城子罕之间，不但没有篡夺的事，也还是父子相传呢！太史公对于宋君的世系，既弄得一团糟，对于宋君年代也很多是弄错了。《宋世家》把宋桓侯辟兵之卒记在周烈王六年，即梁惠王元年（《史记》梁惠王纪元误上一年，余别有《梁惠王的年世》一文考证，这年实为魏武侯二十六年）。可是《魏世家·索隐》引《竹书纪年》说："惠王十四年，鲁恭侯、宋桓侯、卫成侯、郑釐侯来朝"，可知宋桓侯到梁惠王十四年还在哩！司城子罕的逐杀宋桓侯而篡夺自立，该是梁惠王十四年（即西元前三五六年）以后的事，究竟在何年，那就没法确定了。

这位篡夺而自立的司城子罕无论在《史记》上、《竹书纪年》上、诸子上，都没有说到过他的谥法，始终把他的名字和官名"司城"连称着，是不是子罕逐君自立以后没有自称为君呢？还是文献上失载了呢？这也已没法得到真相了。等到司城子罕传位给宋君偃，偃不但称君，后来也还称王，最后给齐湣王所灭亡。那戴氏篡宋以后，也只有子罕和偃二代罢了。

（原刊上海《益世报·史苑》1946 年 9 月 30 日第 9 版）

魏安釐王灭卫考——战国兴亡丛考之一

我们过去读《史记》，对于卫到秦二世才灭亡，终觉得有些奇怪，为什么秦始皇灭了六国，统一天下，留了一个小小的卫国不灭掉呢？到今天，经我们细密的推求才知道卫国因为和秦连横，早就被魏安釐王灭掉过，等到秦攻取魏的东部，设置东郡，连带地又把卫故土占有，秦国因为卫过去由于连横被灭，于是"兴亡继绝"，把卫徙到野王县，从此卫已成为秦的附庸，所以秦并天下，卫还能独存。

我们说魏安釐王曾灭魏，是有着确切的证据的。《韩非子·五蠹》篇说："周去秦为从，期年而举；卫离魏为衡，半岁而亡。"本来周是因为离去秦国，和六国合从，才被秦灭亡的，《秦本纪》也曾说："西周君背秦，与诸侯约从，将天下锐兵，出伊阙攻秦……秦使将军摎攻西周。西周君走来自归，顿首受罪，尽献其邑三十六城"（《周本纪》同）。至于卫因离去魏国，和秦连横而被魏灭掉，这一点在《史记》虽无可考，在《韩非子》《吕氏春秋》里却有很明确的证据。

在《韩非子》上，《饰邪》篇说："初时者，魏数年东乡，攻尽陶、卫,……”《有度》篇又说:“魏安釐王攻赵救燕,取地河东,攻尽陶、卫之地(‘卫’旧作‘魏’,此从顾广圻校正)……兵四布于天下,威行于冠带之国。”这里“攻赵救燕”,当作“攻秦救赵”,所谓“取地河东”,正是这时事,魏安釐王的攻取秦的属地陶以及卫国,当在魏合从救赵,大败秦兵之后,乘这余威而攻取的。《吕氏春秋·应言》篇又曾这样的说:“秦虽大胜于长平,三年然后决,士民倦,粮食乏(此字原缺,今以意补,)当此时也,两周全,其北存,魏举陶削卫,地方六百。”

从这里也可以考见魏的攻取陶、卫,在长平之役以后。秦自从大胜长平之后,便全部占有上党,并且向北进取太原,接着就越过魏的河内,围攻赵都邯郸,谁知秦围攻邯郸,攻了十七个月没攻下,魏国信陵君便设计兴师攻秦救赵,楚国春申君也派兵救赵,结果秦兵的归路被魏楚绝断,秦将郑安平也带着二万人降了赵国,秦将王龁回奔突击,在“河东”又是大败,秦的“河东守”王稽也因通敌的罪名而被处死刑,这是秦国空前的惨败。《战国策·秦策三》说:“军吏穷,果恶王稽、杜挚以反。”《范雎列传》又说:“王稽为河东守,与诸侯通,坐法诛。”这一役秦在河东大败是很显然的,也正和《韩非子·有度》篇魏安釐王“取地河东”之说相合。

考秦于魏安釐王十八年遣五大夫王陵围赵邯郸,次年秦就派郑安平、王龁代替王陵围攻邯郸,这年魏、楚已出兵救赵,再次年,郑安平因北夹击包围,带了二万人降赵,封为武阳君,魏的取地河东,也当在这年。据《韩非子·有度》篇,魏的“攻尽陶、卫之地”,在“取地河东”之后,《史记·卫史家》说:“怀君卅一年,朝魏,魏囚杀怀君。魏更立嗣君弟,是为元君。元君为魏婿,故魏立之。”这时正当魏安釐王廿五年,那魏的灭卫,必在这年无疑,卫怀君的被杀,当是因魏攻灭其国而杀掉的，绝不是朝魏被囚而杀，怕是太史公已不知卫曾被魏攻灭，所以才这样说的。

《史记·卫世家》说："元君十四年（当从《六国表》作十一年），秦拔魏东地，秦初置东郡，更徙卫野王县，而并濮阳为东郡。"据《卫世家》，秦把卫元君迁到了野王，其后又十四年而卒，于是子角立，可是《刺客列传》上说："荆卿……以术说卫元君，卫元君不用。其后秦伐魏，置东郡，徙卫元君之支属于野王。"恐怕迁到野王的，只是元君的支属罢了，前此卫被魏灭，因为元君是魏的女婿，所以魏立之以为附庸，现在卫地既为秦得，那肯再立元君？这时秦相正是吕不韦，秦把卫的支属徙野王，立以为附庸，就是所谓"兴亡继绝"之义，所以秦并天下，卫还能独存呵！

（原刊上海《益世报·史苑》1946年10月11日第8版）

孟尝君合从破楚考——战国兴亡丛考之一

《荀子·议兵篇》说："楚人鲛革犀兕以为甲，鞈如金石。宛钜铁釶，惨如蜂虿，轻利僄遬，卒如飘风，然而兵殆于垂沙，唐蔑死。"《淮南子·兵略》篇、《韩诗外传》卷四、《商君书·弱民》篇、《史记·礼书》都与此略同。《国策·楚策三》载苏子对楚王说："大臣……垂沙之事，死者以千数。"这样说来，垂沙一仗，楚国确是一个最大的惨败，从此元气便大伤了。垂沙之役，究竟是怎样一回事呢？《史记》"唐蔑"作"唐眛"，"蔑""眛"古音通用。《史记》上，楚、齐、魏、韩等世家及《六国表》有这样的记载：

> 楚怀王二十八年，秦乃与齐、韩、魏共攻楚，杀楚将唐眛，取我重丘而去。(《楚世家》《六国表》略同)
>
> 齐湣王二十二年，与秦败楚于重丘。(《田齐世家》《六国表》作"与秦击楚，使公子将，大有功。")
>
> 魏哀王(当作襄王)十八年，与秦伐楚。(《魏世家》)
>
> 韩襄王十一年，与秦伐楚，败楚将唐眛。(《韩世家》)

如此说来，楚国在垂沙打得惨败，唐蔑战死，是由于秦联合齐、魏、韩三国共同攻楚的缘故。可是《吕氏春秋·处方》篇说：

> 齐令章子将而与韩、魏攻荆，荆令唐蔑将而应之。军相当，六月不战。齐令周最趣章子急战，其辞甚刻。章子对周最曰："杀之免之，残其家，王能得此于臣。不可战而战，王不能得此于臣。"与荆夹泚水而军，章子令人视水可绝者，荆人射之，水不可得近。有刍水旁者，告齐候曰："水浅深易知。荆人所盛守，尽其浅者也；所简守，皆其深者也。"候者载刍者，与见章子，章子甚喜，因练卒以夜奄荆人之所盛守，果杀唐蔑。

这里又说杀唐蔑这役，完全由于齐的主动，韩、魏是附从的，齐却不在内。考这时齐君是湣王，齐相是薛公，即孟尝君，《荀子·王霸篇》说："……如是则敌国轻之，与国疑之，权谋日行，而国不免危削，綦之而亡，齐闵、薛公是也。……故强，南足以破楚，西足以诎秦，北足以败燕，中足以举宋。……"也正以"破楚"作为闵王薛公的事。《燕策一》载苏代说燕昭王（今本误作王哙）："今夫齐王，长主也，而自用也。南攻楚五年，畜积散。西困秦三年，民憔瘁，士罢弊。北与燕战，覆三军，获二将。而又以其余兵南面而举五千乘之劲宋，而包十二诸侯。"《秦策一》又说："齐南破荆，中破宋，西服秦，北破燕，中使韩、魏之君，地广而兵强，战胜攻取，诏令天下，……"《燕策二》载苏子说齐王："齐南破楚，西屈秦，用韩、魏之兵，燕、赵之众，犹鞭策也。……"都可和《荀子·王霸》篇相印证，那破楚杀唐蔑这一役，定是齐的主动，《史记》弄错了。

《赵策二》苏子说："湣王（旧作宣王）用之，后逼韩威魏，以南伐楚，西攻秦。"《西周策》说："薛公以齐为韩、魏攻楚，……取宛、叶以北，以强韩、魏。”也都可证明这时秦的攻楚，只联合韩魏。《秦策四》载：“三国谋攻楚，恐秦之救也，或说薛公：‘可发使告楚曰：今三国之兵且去楚，楚能应而攻秦，虽蓝田岂难得哉？况于楚之故地？’楚疑于秦之未必救己也，而今三国之辞去，则楚之应之也必劝，是楚与三国谋出秦兵矣。秦为知之，必不救也。三国疾攻楚，楚必走秦以告急。秦愈不敢出，则是我离秦而攻楚也，兵必有功。薛公曰：‘善’。遂发重使之楚，楚之应之果劝。于是三国并力攻楚，楚果告急于秦，秦遂不敢出兵，大胜有功。”《秦策三》载：“谓魏冉曰：‘楚破，秦不能与齐县衡矣。秦三世积节于韩、魏，而齐之德新加与，齐、秦交争，韩、魏东听则秦伐矣。齐有东国之地方千里。楚苞九夷，又方千里，……秦焉能与齐县衡？韩、魏支分城膏腴之地以薄郑，兵休复起，足以伤秦，不必待齐。’”

这些虽不一定是当时的实录，可是这齐、韩、魏三国攻楚之役，秦不在内，是很显然的。《孟尝君列传》说：“……孟尝君至，则以为齐相，任政。孟尝君怨秦，将以齐为韩、魏攻楚，因与韩、魏攻秦。”虽误谓攻楚之役在孟尝君由秦归齐后与攻秦同时，可是也还认为攻楚之役，由于孟尝君主动，合齐、韩、魏三国而攻的，并有秦的份儿。

《楚世家》说这一役是：“秦乃与齐、韩、魏共攻楚，杀楚将唐眜，取我重丘而去。”考《楚策二》说：“术视伐楚，楚令昭鼠以十万军汉中。昭雎胜秦于重丘。”又说：“四国伐楚，楚令昭雎将以距秦。”重丘之役，固然是有秦在内，可是和垂沙这役不是一时的事，太史公混为一谈了。《秦本纪》昭王十八年：“使将军芈戎攻楚，取新市。齐使章子，魏使公孙喜，韩使暴鸢共攻楚方城，取唐眜。”这里虽然把唐眜这一役误后二年，把秦攻楚和齐、韩、魏攻楚误合为一年的事，可是“取唐眜”这役还只说是齐、魏、韩共攻楚方城的结果；太史公既在《秦本纪》误合了，又误在楚、魏、韩等世家说是出于秦的主动了。《乐毅列传》说："齐湣王强，南败楚相唐昧于重丘"，也还认为打败楚将唐昧是齐湣王的事，记载得很多错误，也还可以比较出个真相来的。

这时齐湣王正好承继齐威王、宣王之后，国力很是充实，湣王好大喜功，孟尝君又是个纵横家，便联合中原韩、魏二国，来向楚进攻。这次齐的主将是匡章，或称章子，《六国表》称"使公子将"，"公子"当是"章子"之误；魏将是公孙喜；韩将是暴鸢。《韩非子·说林下》篇说："公孙弘断发而为越王骑。公孙喜使人绝之曰：'吾不与子为昆弟矣，'公孙弘曰：'我断发，子断颈而为人用兵，我将谓子？'周南之役，公孙喜死焉。"

查魏将公孙喜在此后八年便给秦在伊阙大败，被虏杀死，伊阙正在周南，《韩非子》所谓周南之役当即指伊阙之役。《吕氏春秋·不侵》篇和《齐策四》都说孟尝君合从，曾派公孙弘前去看秦昭王的为人，原来公孙弘本来是跟从孟尝的，后来才到越国去，这次攻楚，本是孟尝合从的结果。这时公孙弘正为孟尝合从而奔走，恰巧公孙弘的昆仲公孙喜又是魏将，参与攻楚这一役，或许齐所以能与韩、魏相合，公孙弘的昆仲也曾奔走其间的。还有替孟尝君催促匡章急战的周最，也是个纵横家，而且还是个亲魏份子，后来孟尝君合韩、魏败秦，也出于周最的主谋，《赵策三》所谓"周最以天下辱秦者也"，这一役想来周最也是策动者之一，《赵策四》说："魏败楚于陉山，禽唐明。楚王惧，令昭应奉太子以委和于薛公。主父欲败之，乃结秦连楚、宋之交，令仇郝相宋，楼缓相秦。"

"唐明"即是"唐昧"，"明""昧"乃声之转。这一役，齐合韩、魏，惨败楚国，逼得楚国把太子质在齐国求和，楚在宛、叶以北的土地又给韩、魏所得。这正是震动国际间的一件大事，赵在这时便利用时机，连合秦、宋二国，把重臣送到秦、宋二国做相国，俨然成为秦、宋的盟主，因为这时秦、宋在担忧齐国的侵略。《东周策》载："谓周最曰：'仇赫之相宋，将以观秦之应赵、宋，败三国。三国不败，将与赵、宋合东方以孤秦。亦将观韩、魏之于齐也，不固，则将与宋败三国，则卖赵、宋于三国。公何不令人谓韩、魏之王曰：欲秦、赵之相卖乎？何不合周最兼相，视之不可离，秦、赵必相卖以合于王也。'"在这一役后，赵利用时机，把赵、秦、宋三国组合成联盟，以便和齐、韩、魏三国来对抗。那这一役秦没有参加齐、韩、魏的集团，是很显然的。

这一役的战场，《荀子》等书作"垂沙"，《商君书》《史记·礼书》作"垂涉"，王念孙说："字古读若垂陀（说见《唐韵正》），垂沙盖地名之叠韵者，《韩诗外传》及《淮南·兵略》篇亦作'兵殆于垂沙'，《楚策》云：'垂涉之事，死者以千数'，则垂沙者是。"考《楚策四》："长沙之难，楚太子横为质于齐"，和《赵策四》"禽唐明。楚王惧，令昭应奉太子以委和于薛公"，是一事。"长沙"当是"垂沙"之误。这役战场，还有《赵策四》说在陉山，《秦本纪》说在方城，《吕氏春秋》说在沘水、方城。陉山、沘水，都在南阳郡，垂沙疑即是沘水旁的地名。陈梦家先生《长沙古物闻见记序》说："《楚策四》'长沙之难，楚太子丹为质于齐'，案《楚世家》'怀王二十九年，秦复攻楚，大破楚，楚军死者二万，杀我将景缺。怀王恐，乃使太子为质于齐以求平。'是长沙之难，在怀王二十九年（纪元前一二〇〇）。《闻见记》所述长沙小吴门东南楚墓出漆奁二，棺中尸失其元，髀间有断矛，其殉于长沙之难之楚将乎?"这个说法，实在是个空想。楚质太子于齐，实在是由于被齐打得惨败，不能不向齐屈服求和，这年秦也派泾阳君质齐，以表忠信，齐在这时却是威震天下了。《楚世家》说因秦破楚而楚使太子质齐是错误的。这时无论齐与楚，或是秦与楚，战事决不会在长沙发生，齐、楚相战在方城，怎会战到长沙来呢？《越世家》载楚怀王灭越前（今误作楚威王），齐使对越王说："复雠、庞、长沙，楚之粟也；竟泽陵，楚之材也。"这时楚地固已开拓到长沙，但齐军、秦军如何可能一攻就攻到长沙呢？就地理和情势来轮，不可能有"长沙之难"，是"长沙"该是"垂沙"之误。

在这一战以前，秦用张仪连横的外交政策，联合韩、魏，先打败楚将屈丐，得到了汉中，又大败齐于濮上，把赘子打死，把匡章打跑（即上引《秦策三》所谓"秦三世积节于韩、魏"），秦的威势大震，秦武王立时，韩、魏、齐、楚、越都曾附从于秦，自从孟尝君合从成功（即《秦策三》所谓"齐之德新加与"），这次由齐合韩、魏把楚打得惨败，国际的形势又来了大转变，《秦策三》所谓"齐、秦交争，韩、魏东听，则秦伐矣。"从此齐联合韩、魏打败秦国，打败燕国，齐又灭掉宋国，真是齐势□盛的时候。因为齐的声势太逼人，结果替秦造成了合从攻齐的机会，终于齐被攻破，几乎亡国。如果齐的外交政策办得好，不太逼人，后来战国的局势或者另有一番面目，秦要吞并六国，就不很容易了。

（原刊上海《益世报·史苑》1946年11月1日第9版）

齐湣王、秦昭王称东、西帝考
——战国兴亡丛考之一

在齐湣王、秦昭王称东帝、西帝以前，人间最尊的称号是“王”。“帝”原是上帝的称号，后来也兼作了人王的祖先的庙号，古史传说中五帝的传说，也都是由神话中的上帝分化演变而成的（见拙作《中国上古史导论》，刊《古史辨》第七册上篇）。本来，在封建制度之下，天子称王，诸侯是不能称王的，到梁惠王以后，列国都相继称起“王”来，到齐湣王、秦昭王那时，列国都早已称“王”，已不够显出来比其他各国的地位高贵，于是就称起“帝”来。这样天上天神的尊号竟被应用为地上人君的尊号了。

据《史记》，这事发生于周王赧二十七年（即秦昭王十九年、齐湣王二十六年——当作十三年）的十月到十二月间。《六国表》说：“秦昭王十九年，十月，为帝。十二月，复为王。”“齐湣王三十六年，为东帝。二月，复为王。”此外，《秦本纪》说：“秦昭襄王十九年，王为西帝，齐为东帝，皆复去之。”《魏世家》也说：“秦昭王为西帝，齐湣王为东帝。月余，皆复称王归帝。”《楚世家》也说：“齐、秦各自称为帝，月余，复归帝为王。”《穰侯列传》又说：“昭王十九年，秦称西帝，齐称东帝。月余，吕礼来，而齐、秦各复归帝为王。”从这里，可知秦昭王、齐湣王的称西、东帝，不到二个月就取消了。

为什么秦、齐在这时会并称西帝、东帝呢？据《韩非子·内储说下》篇说：“穰侯相秦，而齐强。穰侯欲立秦为帝，而齐不听，因请立齐为东帝，而不能成也。”这里说是：因为秦相穰侯魏冉想要立秦昭王为帝，遭齐国反对，于是请齐湣王为东帝而由秦昭王称西帝，就两帝并称了。这个说法是不是正确呢？我们认为只有一半对，秦要想自称为帝是事实，齐称东帝是由于秦的请立，也是事实，至于说秦因齐反对他称帝而请并称为帝，是不合当时情势的。在这事之前，齐因要攻宋，遭秦的阻止，赵的奉阳君李兑利用这机会，联合赵、齐、楚、卫、韩五国攻秦，只因五国意见不能一致，齐的目的只是想乘机攻宋，结果进兵到成皋，大家就不前进，暗中都想和秦讲和。《赵策四》说：“五国伐秦无功，罢于成皋，赵欲构于秦，楚与魏、韩将应之，秦弗欲。苏代谓齐王曰：臣以为足下见奉阳君矣。臣谓奉阳君曰：‘……今韩魏与齐相疑也，若复不坚约而讲，臣恐与国之大乱也。齐、秦非复合也，必有踦重者矣。后合于踦重者，皆非赵之利也。且天下散而事秦，……秦王受负海内之国，合负亲之交，以据中国，而求利于三晋，是秦之一举也。……’”结果，齐、秦果而又相合踦重，秦相魏冉请齐湣王称东帝，而立秦昭王为西帝，正同魏惠王时“齐魏相王”一样，一方面相互承认尊号，一方面无非用这方式来联盟修好。

《齐策四》说：“苏秦自燕之齐，见于华章南门。齐王曰：‘嘻！子之来也。秦使魏冉致帝，以为如何？’对曰：‘王之问臣也卒，而患之所生者微。今不听，是恨秦也；听之，是恨天下也。不如听之以卒秦，勿庸称也以为天下。秦称之，天下听之，王亦称之，先后之事，帝名为无伤也。秦称之，而天下不听，王因勿称，于以收天下，此大资也。'苏秦谓齐王曰：'齐、秦立为两帝，王以天下为尊秦乎？且尊齐乎？'王曰：'尊秦'。'释帝则天下爱齐乎？且爱秦乎？'王曰：'爱齐而憎秦'。'两帝立，约伐赵，孰与伐宋之利乎？'王曰：'不如伐宋。'对曰：'夫约与秦为帝，而天下独尊秦而轻齐。齐释帝，则天下爱齐而憎秦。伐赵不如伐宋之利，故臣愿王明释帝以就天下，倍约摈秦，勿使争重。而王以其间举宋。夫有宋，则卫之阳城危。有淮北，则楚之东国危。有济西，则赵之河东危。有阴、平陆，则梁门不启。故释帝而贰之以伐宋之事，则国重而名尊，燕、楚以形服，天下不敢不听，此汤、武之举也。敬秦以为名，而后使天下憎之，此所谓以卑易尊者也！愿王之熟虑也。'"(《田齐世家》"苏秦"作"苏代"，"南门"作"东门"。)

这些苏秦与齐滑王的对话，虽然未必是当时的实录，或是后人所编造，可是这些对话的内容确是依据当时的实情的。《田齐世家》说："王为东帝，秦昭王为西帝，……齐去帝复为王，秦亦去帝位。"《乐毅列传》也说："齐滑王……与秦昭王争重为帝，已而复归之。诸侯皆欲背秦而服于齐。"足证齐在接受秦的请说，称东帝以后，不久就先除去，果然使得"天下爱齐而憎秦。"

根据《齐策四》苏秦说："齐、秦立为两帝"，又说："两帝立，约伐赵"，原来秦的"致帝"于齐，"齐、秦立为两帝"的目的是"约伐赵"。《赵策一》说："赵收天下，且以伐齐，苏秦谓齐上书说赵王曰：……昔者，五国之王，尝合横而谋伐赵，参分赵国壤地，著之盘盂，属之仇柞。五国之兵有日矣，齐乃西师以禁秦国，使秦废帝素服而听，反温、枳、高平于魏，反三公、先俞于赵。此王之明知也。”（“齐乃”误作“韩乃”，“废帝请服”旧误作“发令素服而听”，“先俞”旧误作“什清”，此从《赵世家》校正。）

《赵世家》作苏厉“为齐王遗赵王书”，而作“天下属行，以谋王也，燕（当作齐）、秦之约成，而兵出有日矣。五国三分王之地，齐倍五国之约，而殉王之患，西兵以禁强秦，奉废帝请服，反高平、根柔于魏，反巠分、先俞于赵。”《集解》引徐广曰：“根柔一作簾柔，一作平柔”，“巠分一作王公”。《正义》说：“言秦欲令齐称帝，与约五国共灭赵，三分赵地。”可知秦尊齐为东帝，自称西帝，是相约合楚、魏、韩等国共攻赵国，约定三分赵地。本来五国攻秦是出于赵李兑的主动，等到五国伐秦不成功，各国都想先和秦讲和，以免吃亏，秦既选定和齐重新联合，并立为东、西帝。自然要想报赵的仇，便结合五国攻赵的盟约，并且“著之盘盂，属之仇柞”，那之齐又背约，取消帝号来取欢于天下，又出兵西向以制秦，使秦不得不又废除帝号求和。这就是《齐策四》苏秦所谓“伐赵不如伐宋之利，故臣愿王明释帝以就天下，倍约摈秦，勿使争重，而王以其间举宋。”所以此后二年宋就为齐所灭了。

还有，《吕氏春秋·应言》篇说：“秦王立帝宜阳，许绾诞魏王，魏王将入秦。魏敬谓王曰：‘以河内孰与梁重？’王曰：‘梁重。’又曰：‘梁孰与身重？’王曰：‘身重。’又曰：‘若使秦求河内，则王将与之乎？’王曰：‘弗与也。’魏敬曰：‘河内，三论之下也。身，三论之上也，秦索其下而王弗听，索其上而王听之，臣窃不取也。’王曰：‘甚然。’乃辍行。”从这里，可以知道秦昭王是在宜阳称帝的，称帝的时候还有诱魏王入朝的事。《赵策三》载：“秦围赵之邯郸，魏安釐王使将军晋鄙救赵。畏秦，止于荡阴不进。魏王使客将军辛垣衍间入邯郸，因平原君谓赵王曰:'秦所以急围赵者,前与齐湣王争强称帝,已而复归帝,以齐故。今齐……已益弱,方今惟秦雄天下,此非必贪邯郸,其意欲求为帝,赵诚发使益秦昭王为帝,秦必喜,罢兵去。'……鲁连曰:'……彼则肆然而为帝,过而遂正于天下,则连有赴东海而死耳。……今秦万乘之国,梁亦万乘之国。俱据万乘之国,交有称王之名,睹其一战而胜,欲从而帝之,是使三晋之大臣不如邹、鲁之仆妾也。且秦无已而帝,则且变易诸侯之大臣。彼将夺其所谓不肖,而予其所谓贤。夺其所憎,而与其所爱。彼又将使其子女谗妾为诸侯妃姬,处梁之宫,梁王安得晏然而已乎?……'"

从此可知当时人认为承认其帝号,就是承认他是天下的共主,他便有"变易诸侯之大臣""使其子女谗妾为诸侯妃姬"等权力。据说后来韩的事秦,曾经"称东藩,筑帝宫,受冠带,祠春秋"(《韩策一》)。所以当秦、齐并称两帝之后,齐先释去帝号,就能得天下的欢心,结果秦也被齐逼得非废除帝号不可了。

(原刊上海《益世报·史苑》1946年12月6日第8版)

齐湣王灭宋考——战国兴亡从考之一

在战国时，宋虽是小国，地方只有五百里（见《宋卫策》），可是到宋王偃那时，一面开拓领土，一面和秦、赵等大国结交，已俨然有大国的规模，所以齐湣王的灭宋，会引起列国的恐慌，造成秦合从攻齐的机会，这是一件值得我们细加检讨的事。

宋的灭亡，古书上往往说是由于宋王偃的无道昏庸。例如《史记·宋世家》说："君偃……盛血以韦囊，悬而射之，命曰'射天'。淫于酒、妇人，群臣谏者辄射之。于是诸侯皆曰'桀宋'，'宋其复为纣所为，不可不诛。'告齐伐宋。"《战国策·宋策》也说："宋康王之时，……灭滕伐薛，取淮北之地，乃愈自信，欲霸之亟成，故射天笞地，断社稷而焚灭之，曰：'威服天下鬼神。'骂国老谏臣，为无颜之冠，以示勇。剖伛之背，锲朝涉之胫，而国人大骇，齐闻而伐之。"（《新书·春秋》篇和《新序·杂事四》略同）《吕氏春秋·过理》篇又说："宋王筑为蘖帝（台），鸱夷血，高悬之，射，著甲胄从下，血坠流地，左右皆贺，……宋王大说，……"《燕策二》载苏子对齐王说："今宋王射天笞地，铸诸侯之象，使侍屏匽，展其臂，弹其鼻。”《燕策二》又载苏代约燕王说：“秦欲攻安邑，恐齐救之，则以宋委于齐，曰：‘宋王无道，为木人以写寡人，射其面。寡人地绝兵远，不能攻也。王苟能破宋有之，寡人如自得之。’”这种荒唐的故事，都在描写宋王的昏庸无道，算是宋国被灭亡的主要原因。可是我们又看到《说苑·敬慎》篇等，所说商纣无道的故事，竟和上述各书所说宋王无道的故事一模一样，天下会有这等巧合的事吗？这一点，陈逢衡在《竹书纪年集证》上便这样说：“《新序·杂事》篇云：‘宋康王时，……’此直与纣相符合，直不可解。然《说苑·敬慎》篇又说：‘昔者殷王卒之时，……’不几与《新序》两相矛盾欤？然自是《新序》之误。余案：《吕氏春秋》载射天事，亦谓宋王，不引武乙，岂真纪载之误欤？抑事适相类，而纪事者因各举其说欤？何前殷后宋之适相符也？噫，异哉！”

顾颉刚先生《宋王偃的绍述先德》，对于这等故事的巧合，论证得尤其详尽。在古史传说里，亡国的国君没一个不是被诬为“淫佚康乐”的，宋王偃古书盛称为“宋康王”，这个说法也是后人诬加的。“宋”是“商”的后裔，“商”“宋”又是一声之转，商王纣和宋王偃同样是个亡国之君，所以在传说里又往往混传而牵合了。

古书上，也或说宋王偃的亡国是由于用臣的不当。例如《墨子·所染》篇说：“宋康染于唐鞅、佃不礼，……故国惨亡”（《吕氏春秋·常染》篇同，惟作“田不礼”）。《吕氏春秋·知度》篇又说：“宋用唐鞅……而知天下亡。”可是我们再看看《荀子·解蔽篇》说：“唐鞅蔽于欲权而逐载子，……唐鞅戮于宋。”《吕氏春秋·淫辞》篇说：“宋王谓其相唐鞅曰：‘寡人所杀戮者众矣，而群臣愈不畏，其何故也？’唐鞅对曰：‘王之所罪，尽不善者也。罪不善，善者故为不畏。王欲群臣之畏也，不若无辨其善与不善而时罪之，若此则群臣畏矣。'居无几何，宋君杀唐鞅。"可知唐鞅固是一个权臣，而结果是给宋王杀掉的，那末宋王也还是个有为的国君。关于田不礼，孙诒让《墨子间诂》曾这样的推断："《赵世家》载：赵主父使田不礼相太子章，后为李兑所杀，当宋康王之末年，或即一人先仕赵欤？"这个推断很是准确。考赵主父使田不礼为公子章的相，在赵惠文王三年，即宋亡国前的十年。那么，至少任用唐鞅、田不礼是宋灭亡的一个直接的原因。

宋的灭亡，既不由于宋王的无道昏庸，又不由于宋王用臣的不当，那末，宋究竟为何会不堪齐的一击而灭亡呢？《赵策一》载："客谓奉阳君曰：'……宋罪重，齐怒深。残伐乱送，定身封，德强齐，比百代之一时也。'"《秦策三》载或人说穰侯相同。《赵策四》又说："臣为足下使公孙衍（疑作公孙昧）说奉阳君曰：……为君虑封，莫若于宋，他国莫可。夫秦人贪，韩、魏危，燕、楚辟，中山之地薄，莫如于陶（旧误作'阴'）。失今之时，不可复得已。宋之罪重，齐之怒深，残乱宋，得大齐，定身封，此百代之一时也。"从这里，我们可以知道齐对宋深怒的时候，宋正有内乱，大家一致称之为"乱宋"，所以不堪齐的一击了。究竟那时"宋"有些什么"乱"呢？我们从《赵策四》里，便可以探得个消息。《赵策四说》："齐将攻宋，而秦阴禁之。齐因欲与赵，赵不听，齐乃令公孙衍（当作公孙昧）说李兑以攻宋而定封焉。李兑乃谓齐王曰：'臣之所以坚三晋以攻秦者，非以齐的利秦之毁也，欲以使攻宋也。而宋置太子以为王，下亲其上而守坚，臣是以欲足下之速归休士民也。今太子走，诸善太子者，皆有死心。若复攻之，其国必有乱，而太子在外，此亦举宋之时也。'"

原来宋先前有"置太子以为王"的事，这时太子出走，而太子的同党都有发难的计谋呢。钱宾四(穆)先生《先秦诸子系年》对于这事曾这样断言:“是宋置太子为王,正三晋攻秦之际。其时齐已攻宋而无利。其后太子去国,齐乃承隙而残之耳。齐滑王二年楚怀王入秦不返。其明年,齐滑王三年,陈轸说魏、韩、赵、燕、齐五国合从而戍魏韩之西边以摈秦(详据《绎史》卷百十三、《周季编略》卷八上),此即李兑所谓‘臣之坚三晋以攻秦’之事也。然是时孟尝新自秦归,方怨秦,故率韩、魏以攻秦,而赵、宋则持两端。……考楚怀入秦之年,赵武灵王传国少子,自称主父,宋置太子为王,正与赵同时,特不能定其孰后尔。”钱先生认为“宋置太子为王”,和赵武灵王传国少子同时,是很对的。他又把李兑合五国攻秦和齐滑王三年薛公合齐、韩、魏攻秦,算作一件事,那就不合事实了。当齐设计联合韩、魏攻秦的时候,赵武灵王已把国传给了少子,自己带了兵专主开拓土地。正好那时秦、宋都感受齐的威胁,赵便利用时机,和秦、宋二国联络,一面派楼缓到秦去做相国,俨然成为秦、宋二国的盟主。事实上,这时赵、宋都和秦没有真诚合作,想用秦来牵制齐国而以便自己吞并小国开拓领土的。

考《赵策四》又载:“五国伐秦无攻,罢于成皋,……苏代谓齐王曰:‘臣以(已)为足下见奉阳君矣,臣谓奉阳君曰,……天下争秦,秦按为义,存亡继绝,固危扶弱,定无罪之君,必起中山与滕焉。秦起中山与滕(‘滕’旧误作‘胜’,从金正炜《国策补释》),而赵、宋同命,何暇定阴?……”

钱宾四先生《先秦诸子系年》对这事曾作这样的判断:“苏代之说,在五国攻秦之后,当赵惠文王三年,其时中山新灭,与滕俱举,则滕灭亦不甚久。……司马贞《索隐》不谓《竹书》有宋灭滕之说,知宋康灭滕在魏襄王二十年后,故《竹书》不及载。然则滕灭于宋,正赵惠文王元年至三年间。”钱先生认为宋灭滕和赵灭中山同时,是可信的,可是说宋灭滕在五国攻秦之后,和事实不符。李兑合五国攻秦,罢于成皋,已是赵惠文王十一年的事,这里钱先生又误以三国攻秦之役为五国攻秦了。《魏策四》说:“齐、魏伐楚,而赵亡中山。”《赵策四》说:“三国攻秦,赵攻中山。”《齐策五》又说:“齐、燕战,而赵氏兼中山,秦、楚战韩、魏不休而,宋越专用其兵。”可知赵、宋最初用兵,还在齐合韩、魏攻楚之际,等到三国攻秦,赵、宋表面上与秦合作,暗地里乘这中原多故的时候,尽力开拓领土,赵灭中山,又服林胡、楼烦,宋也灭滕伐薛,取淮北之地。上文所引《赵策四》李兑言:“臣之所以坚三晋以攻秦者,非以齐得利秦之毁也,欲以使攻宋也。而宋置太子以为王,下亲其上而守坚,臣是以欲足下之速归休士民也。”很显然的,是指三国攻秦之役而言。那时齐合韩、魏攻秦,无非想除去秦的牵制而以便攻宋的。但攻秦的结果,用兵在二千里之外,历时三年,而宋正坚强,反而给宋用兵略地的机会,这对于齐是不利的。《赵策四》李兑又说:“今太子走,诸善太子者,皆有死心。若复攻之,其国必有乱,而太子在外,此亦举宋之时也。”据这节话的上文,知当“齐攻宋,而秦阴禁之,齐因欲与赵”之时。

考《赵策四》又说:“齐欲攻宋,奉令起贾禁之。齐乃救赵以伐宋。秦王怒,属怨于赵。李兑约五国以伐秦,无功,留天下之兵于成皋。”又可知齐欲与赵伐宋,正当李兑约五国伐秦之前。李兑约五国伐秦,《大事记》系于周王赧二十九年,即赵惠文王十三年,黄式三《周季编略》、顾观光《国策编年》都从这说。顾观光《七国地理考》说:“《赵世家》惠文王十一年得河阳于魏,《赵策四》谓魏王曰:‘今又以河阳姑密封其子’,《魏策》作‘间阳姑衣’,盖传写误也。《赵策》言李兑约六国攻秦，当赵惠文王三十三年，则《赵世家》所云得河阳者，即魏封李兑子之事矣。"考《魏策三》说："奉阳君约魏，魏王将封其子。谓魏王曰：'……王能又封其子河阳姑密乎？……'"《赵策四》说："李兑约五国以伐秦，无功，……谓齐王曰：'臣为足下谓魏王曰：……今又以河阳姑密封其子……'"足证李兑约五国攻秦，正和魏封李兑子于河阳姑密同时，那李兑约五国攻秦也必在周王赧二十七年，即赵惠文王十一年了（关于这事，我别有详考）。宋的太子出走，既在李兑约五国攻秦之前，那么宋国内部发生不稳现象，也该在周王赧二十七年稍前了。

本来宋王偃的为人，怕也和赵武灵王相仿佛。《吕氏春秋·顺说》篇说："惠盎见宋康王，康王蹀足謦咳，疾言曰：'寡人之所说，勇者有力也，不说为仁义者，客将何以教寡人？'惠盎对曰：'臣有道于此，使人虽勇，刺之不入。虽有力，击之不中。大王独无意邪？'……"宋王偃的好勇，怕和赵武灵王很相似。最初宋和赵一样，利用国际间的矛盾，表面上宋和秦、赵称为同盟，使齐奈何他不得，如果齐要伐宋，秦就要出来阻止，同时宋又乘齐合韩、魏攻楚攻秦的时候，不断开拓领土，成为中原一个强有力的小国，所以《燕策一》称之为"五千乘之劲宋"。这时除了齐以外，最足以牵制齐的强国要算秦、楚了。齐的要联合韩、魏来攻楚和秦，无非要争取独霸的地位。等到齐合韩、魏，一战破楚，再战困秦，三战破燕，齐的声势真够浩大了。可是齐国这种近交远攻的办法，虽然打败了秦、楚二强国，本身得不到什么土地，只是便宜了韩、魏二国。齐大败了楚、秦，独霸的地位既得到，进一步便要着眼于领土的扩张了。

到周王赧二十一年，齐的外交政策便开始转变用了祝弗的外交路线，驱逐了亲魏的大臣周最，起用秦的大臣吕礼为相，以便和秦相交（见《东周策》），改用远交近攻的策略了。过去主持联合韩、魏的相薛公（即孟尝君田文），这时便用“田甲劫王”（见《六国表》），失败后出走到魏，做了魏昭王的相。于是国际情势大变。韩、魏既失去了齐的靠山，秦又得了齐的谅解，便大举向韩、魏侵略，韩、魏在伊阙大吃败仗，秦的声势又是大震，韩、魏不得不割地求和，魏王这时唯有投入赵的怀抱了，他“身济漳，朝邯郸，抱葛、薛、阴、成以为赵养邑”（《魏策三》）。又封奉阳君李兑之子于河阳姑密，等到齐要攻宋，秦又不坐视出来阻止，李兑就利用齐、秦的矛盾，联合赵、齐、楚、魏、韩五国共同攻秦，那知道兵到成皋，大家就不能合作，按兵不再前进。本来齐的目的在灭宋，而魏和齐又很猜疑，结果秦、齐又合了起来。秦相魏冉请齐湣王称东帝，秦昭王自称西帝，准备伐赵，来报复李兑合五国伐秦之役。正拟起兵，齐忽又取消帝号，和秦背约，用这来取欢于天下，并且出师西向制秦，秦也不得已废除帝号，把过去从赵、魏那里侵得来的一部分侵地归还，向五国求和（关于此时事，余别有考证），在这种情势之下，秦便没有力量来阻止齐的灭宋，宋因此就给灭亡了。

当李兑合五国攻秦时候，有一位韩国的宗族韩珉，正为秦、齐两国的合作而奔走着，《赵策四》载：“李兑约五国以伐秦，无功，留天下之兵于成皋，而阴构于秦，……之齐谓齐王曰：‘臣为足下谓魏王曰……韩珉处于赵，去齐三千里，王以此疑齐，曰有秦阴。……以天下劫楚，使珉也甘之。……’”《赵策四》又载：“五国伐秦无功，罢于成皋，……苏代谓齐王曰：‘……臣谓奉阳君曰：天下散而事秦，秦必据宋，……君无构，齐必攻宋，……若不得已而必构，则愿五国复坚约。与韩氏大吏东免，齐王必无召珉也。……天下争秦，秦王内韩珉于齐，内成阳君于韩，相魏怀于魏，……秦行是计也，不利于赵。……’”结果，果然韩珉到齐国出任相国，到齐伐宋的时候，这是由韩珉来主持这事。所以《韩策三》说：“韩珉攻宋，秦王大怒，曰：‘吾爱宋，与新城、阳晋同也。韩珉与我交，而攻我甚所爱，何也？’苏秦为齐说秦王曰：‘韩珉之攻宋，所以为王也。以齐之强，辅之以宋，楚、魏必恐。恐，必西面事秦。王不折一兵，不杀一人，无事而割安邑，此韩珉之所以祷于秦也。’秦王曰：‘吾固患齐之难知，一从一横，此其说何也？’对曰：‘天下固令齐可知也，齐故已攻宋矣，其西面事秦，以万乘自辅。不西面事秦，则宋地不安矣。中国白头游敖之士，皆积智欲离齐、秦之交。伏轼结靷西驰者，未有一人言善秦者也。伏轼结靷东驰者，未有一人言善秦者也，皆不欲齐、秦之合者何也？则晋、楚智而齐、秦愚也。晋、楚合必伺齐、秦。齐、秦合必图晋、楚，请以决事。’秦王曰：‘善’”(《韩策三》“齐”旧误“韩”，今从《田齐世家》校正。首“韩珉”旧误作“韩人”，今据下文校正)。

《宋世家》说：“君偃十一年，自立为王，东败齐，取五城。南败楚，取地三百里。西败魏军，乃与齐、魏为敌国。”宋败齐败楚败魏的事，他书不见，恐是夸大之此。《宋世家》又说：“王偃立四十七年，齐湣王与魏、楚伐宋，杀王偃，遂灭宋而三分其地。”更是胡说，吴师道的《国策校注》对此已有辨证。《荀子・议兵篇》说“齐能并宋，而不能凝，故魏夺之。”可知魏夺得宋地是在齐灭宋以后，当在天下合从攻齐时。《燕策一》载：“齐伐宋，宋急。苏代乃遗燕王书曰：‘夫列在万乘，而寄质于齐，名卑而权轻。秦、齐助之伐宋，民劳而实费。破宋，残楚淮北，肥大齐，仇强而国弱也。’……”这里说燕会助齐伐宋，证以《吕氏春秋・行论》篇，“齐伐宋，燕王使张魁将燕兵以从焉，……”足见齐伐宋，燕确曾助战。

《宋世家》说："杀王偃，遂灭宋。"《宋策》也说："王乃逃倪侯之馆，遂得而死。"可是《秦本纪》《六国表》《田齐世家》都说宋王偃出亡死于温，而温是魏地。梁玉绳《史记志疑》说："《策》云逃倪侯之馆，盖馆在温地也。"又说"杀王偃，误。而温为魏地，若魏果同伐，何以反走于温，此又魏不与齐伐宋之一验。"这话也有相当的理由。

根据以上的论证，我们可以断定：（一）本来宋王偃已传国于太子，立以为王，这时，父子不和，太子出走，国内政情很不稳，给予齐国一个可乘的机会。（二）齐本有攻取宋的企图，而宋国又和秦、赵联盟，乘中原多故，开拓领土，灭滕伐薛，取淮北之地，对齐更是一种威胁，更使齐竭力要设法攻宋。（三）那时国际形势，亦是齐、魏、韩联合，赵、秦、宋同盟，后来齐一度和秦修好，使魏投入赵的怀抱，又因秦的阻止攻宋，赵便发动联合五国攻秦，等到攻秦不成，齐、秦又相约称帝，不久齐又和秦背约，忽而联合五国去制秦，在这种一从一横的局面之下，弄得秦无法应付，而齐在国际间得到了主动的地位，齐便利用这时秦不能顾及宋的当儿，把宋灭了。（四）齐灭宋的时候，只有燕国曾出兵协助齐作战。

（原刊上海《益世报·史苑》1946 年 12 月 13 日第 8、9 版）

梁惠王逢泽之会考——战国兴亡丛考之一

在战国初期，梁惠王的逢泽之会，可算是一件大事。梁惠王不但在逢泽集合了诸侯会盟，还率领诸侯朝天子于孟津，确乎是当时唯一的霸主。梁惠王还不以此为满足。还“乘夏车”，“称夏王”，“广公宫，制丹衣柱，建九斿，从七星之旟。”俨然摆出天子的场面来。本来，在封建制度之下，“王”是天下最尊的称呼，只有天子可称，如今梁惠王居然也自称“夏王”，用着天子的威仪和服饰，真是煊赫一时了。可是古书上对于这件事交代的不够清楚，还得要我们一考呢。

《战国策》载或人为六国说秦王：“魏伐邯郸，因退为逢泽之遇，乘夏车，称夏王，朝为天子，天下皆从。”很明显的，在梁惠王伐邯郸之后，便有逢泽之会。可是《秦本纪》又说：“孝公十九年，天子致伯。二十年，诸侯毕贺。秦使公子少官率师会诸侯逢泽，朝天子。”《六国表》也说“秦孝公二十年，诸侯毕贺，会诸侯于泽，朝天子。”《集解》引徐广曰：“《纪年》作逢泽。”是《史记》认为逢泽之会是由秦主盟，事在秦孝公二十年，即周显王二十七年。而《吕氏春秋·报更》篇又说：“张仪……至于秦，留有间，惠王说而相之，……逢泽之会，魏王尝为御，韩王为右，名号至今不忘。此张仪之力也。”这又把逢泽之会认是秦惠王主盟，全是张仪的力量。这逢泽之会，三种书竟说得完全不同，我们将何所适从呢？

雷学淇在《竹书纪年义证》上，这么判断：“案《战国策》《秦策》……《齐策》……《韩策》……，据此诸说，是惠王于胜韩、赵之后，即率十二诸侯朝天子孟津，因郑君弗听，秦又说之，使行王服，于是秦与齐始起而败之，核以《纪年》之文，《年表》之‘显王二十五年，会诸侯’，实即惠王之事。……策以败于齐、秦二事紧接朝天子之文，此尤可征信。”又说：“《秦本纪》‘孝公十九年，天子致伯。二十年，诸侯毕贺，秦使公子少官率师会诸侯逢泽，朝天子。’徐广曰：‘开封东北有逢泽。’盖此因魏败于奉，献洛西之地，故显王致伯于秦，诸侯毕贺，秦乃使少师会诸侯于魏郊，朝王于逢泽之薮也。《史记》误将马陵即公子卯之事移后二年，谓‘惠王此时尚未败于齐、秦’甚误。《年表》曰：‘显王廿五年，诸侯会周’，《周本纪》亦谓‘秦会之’，尤误。”

据雷氏的见解，认为逢泽之会有二次，第一次由梁王主盟，在周显王廿五年，第二次由秦主盟，在周显王廿七年，对于《国策》和《史记》两说都认为不误，只是《周本纪》说：“周显王廿五年，秦会诸侯于周”是错的。这个弥缝的说法，我们实在不敢赞同。

钱宾四(穆)先生的《先秦诸子系年》，是支持《国策》之说而驳正《史记》的。他是采取了雷氏的前一说，认为逢泽之会在周显王廿五年，同时又驳正了雷氏的后一说，认为秦根本没有什么逢泽之会。他说：“会逢泽者，乃梁惠成王，与秦孝公无涉。其事在梁惠王之廿七年，今《史表》误系之周显王之廿七年，而又误属之于秦孝公耳。何以言之？据《齐策》'魏王从十二诸侯朝天子，以西谋秦，卫鞅劝以先行王服，而齐人伐魏，败于马陵。'齐伐魏在廿七年之十二月，魏败在廿八年。故知逢泽之遇，实为梁惠王之廿七年也。秦自孝公以前，中国诸侯夷、狄遇之，摈不得与朝盟。孝公用商鞅，变法图治，稍侵魏疆，犹不得为中国诸侯所重，何来有会诸侯而朝天子之事？魏既败于马陵，其后二年商鞅虏公子卬，以功得封邑，若其前已能会诸侯，朝天子，鞅之功烈大矣，不待至此始封。且马陵一役以前，魏尚为中国霸王，奈何得远涉其地，而会诸侯于其邦畿之内？《国策》之言魏会诸侯而不及秦，知此会乃魏惠王，非秦孝公矣。余读《秦纪》，……然后知秦特应魏之征而赴会者，故使一公子往。若秦自会诸侯而朝天子，此何等事，孝公、商鞅皆不莅会，而使一公子主之耶？史公仅见《秦记》，未能详考，遂谓秦自谓诸侯而朝天子焉。"

钱先生辨逢泽之会主盟的是梁惠王而不是秦孝公，很是正确，定这会在周显王二十五年也很对，只是周显王十五年该是梁惠王的二十六年，不是二十七年(《史记》于梁惠王改元后之年世误多，余别有考)。

《秦策四》说："魏伐邯郸，因退为逢泽之遇，乘夏车，称夏王，朝为天子，天下皆从。齐太公(当作齐威公)闻之，举兵伐魏，壤地两分，国家大危。梁王身报执壁，请为陈侯臣。"这可证逢泽之会在魏败马陵和齐、魏相王之前。

《秦策五》又说："梁君……驱十二诸侯以朝天子于孟津，后子死，身布冠而拘于秦(当作徐)。"这又可证梁率诸侯朝天子在马陵之役太子申死以前。

《齐策五》载苏秦说齐湣王："魏王拥土千里，带甲三十六万，其强而拔邯郸，西围定阳，又从十二诸侯朝天子，以西谋秦。秦王恐之，寝不安席，食不甘味，令于境内，尽堞中为战具，竟为守备，为死士置将，以待魏氏。卫鞅谋于秦王曰：'夫魏氏其功大，而令行于天下，有十二诸侯而朝天子，其与必众，故以一秦而敌大魏，恐不如，王何不使臣见魏王，则臣请必北魏矣。'秦王许诺，卫鞅见魏王曰：'大王之功大矣，令行于天下矣。今大王从十二诸侯，非宋卫、也，则邹、曾、陈、蔡，此固大王之所鞭棰使也，不足以王天下。大王不若北取燕，东伐齐，则赵必从矣。西取秦，南伐楚，则韩必从矣。大王有伐齐、楚心，而从天下之志，则王业见矣。大王不如先行王服，然后图齐、楚。'魏王说于卫鞅之言，故甚广公公，制丹衣，柱建九斿，从七星之旟，此天子之位也，而魏王处之。于是齐、楚怒，诸侯奔齐，齐人伐魏，杀其太子，覆其十万之军。魏王大恐，跣行按兵于国而东次于齐。"这又可证魏惠王的称王在马陵之役前了。马陵之役起于梁惠王二十七年十二月，即周显王二十六年，逢泽之会该是在周显王二十五年，《周本纪》《六国表》都说周显王二十五年诸侯会于周，这是绝好的明证。只因太史公见《秦记》上这年载有"使公子少官会诸侯于逢泽，朝天子"的话，一时糊涂，就在《周本纪》上说"周显王二十五年，秦会诸侯于周"，《六国表》作"诸侯会"，这虽误认逢泽之会由秦主盟，年代却没有错误。在《秦本纪》又误把"逢泽之会"与"诸侯毕贺"混为一谈，误以为同时的事，于是连年代又误后二年了。至于《吕氏春秋 · 报更》篇，更误把"梁惠"的事算作了"秦惠"的事，因此认为逢泽之会全是"张仪之力"，那就错得更远了。

写到这里，我觉得《六国表》上有一节是值得注意的。《六国表》载魏惠王二十七年（当作二十六年）："丹封名会。丹，魏大臣也。"梁玉绳《史记志疑》说："丹封名会，四字难晓，注家皆阙，疑'名会'乃'于浍'之讹，浍为魏地，丹封于浍，犹齐封田婴于薛耳。"

这完全臆说，不足凭信的。所谓"名会"，该即是逢泽之会，逢泽之会本是战国初期的大会，《吕氏春秋·报更》篇说："逢泽之会，……名号至今不忘"，也可作证。这年恰有逢泽之会，而这恰恰是魏所主持，这位魏大臣名"丹"的，该即是白圭。《孟子·告子下》篇载："白圭曰：'吾欲二十而取一，何如？'"又载："白圭曰：'丹之治水也愈于禹'。"想来白圭在魏是很有权力，很有功绩的。《韩非子·内储》篇下说："白圭相魏"，那么，白圭还曾做的相呢。白圭在魏作相，当在惠施做魏相以前，《吕氏春秋·听言》篇有"白圭之非惠子"的话，《不屈》篇又说："白圭新与惠子相见也，惠子说之以强，白圭无以应。惠子出。白圭告人曰：'……今惠子之遇我尚新，其说我有大甚者。'"可知白圭该先在魏当权，惠施到魏的时候，正是白圭当权的时候，所以惠施要向白圭"说之以强"，白圭却因其"遇我尚新"嫌"其说我有大甚者了"。《吕氏春秋·应言》篇又说："白圭谓魏王曰：'市丘之鼎以烹鸡，多洎之则淡而不可食，少洎之则焦而不熟，然而视之蝺焉美，无所可用。惠子之言，有似于此。'"白圭这样的在魏王面前批评惠施，很显然的，惠施到魏以后，在魏王面前进说，想夺去白圭的权势，于是白圭也在魏面前抨击惠施了。到魏在马陵被齐打得大败以后，惠施便"欲以魏合于齐、楚以按兵"（见《韩非子·内储说上》及《魏策》），结果魏王在这种情势之下，便起用惠施采用惠施的外交路线"身布冠"（《秦策五》），"报质执壁，请为陈侯臣"（《秦策四》），"朝齐侯再三"（《魏策二》，案陈侯、齐侯都指齐威王），这便是所谓"齐魏相王"。齐、魏相王的时候，惠施已在魏得到权势，主持一切，当已"为惠王相"（用《吕氏春秋·淫辞》篇注语)，在这以前，魏相该是白圭，逢泽之会想来就是白圭主持的，所以这年的《六国表》上有“丹封名会。丹，魏大臣也”的话。同时也可证明逢泽之会确是魏主盟，确是周显王二十五年的事。

梁惠王的所以能做逢泽之会，当然的由于“功大而令行于天下”的缘故，魏在战国初期，魏文侯时已是三晋的领袖，能“南胜荆于连隄，东胜齐于长城，……天子赏文侯以上闻。”(《吕氏春秋·下贤》篇)也就是驫氏编钟所谓“征秦迮齐，入长城，……敓夺楚×。”魏武侯时也很强盛，到魏惠王九年徙都大梁以后，大梁是天下的中心，土地平坦，交通便利，它强大的兵力确足以控制四周的小国，到十四年鲁恭侯、宋桓侯、卫成侯、韩昭侯便都来朝。等到赵伐魏，魏救卫攻赵，进围邯郸，于是大国间的混战便开始。赵求救于齐，齐便伐魏的东边，魏虽攻克邯郸，却给齐在桂陵打败，同时楚也攻取魏的睢秽间地，接着齐威胁宋、卫，强迫宋、卫合了齐师围攻魏的襄陵，秦又攻魏西部，先攻克安邑，再攻克固阳，魏在齐、楚、秦三大国夹击之下，一面迫赵订城下之盟，从邯郸撤退，一面用韩师把齐、宋、卫的联军在襄陵打败，齐侯不得已请楚将景舍前来求和，结果魏在东方和赵、齐、楚的战事，可算全盘胜利，只有在西部是吃了秦的亏。等到魏在东方的局面控制好，便专力西向，和秦算账了。《魏世家》《六国表》说“魏襄王二十一年(当作二十年)，与秦会彤，”这时秦也已不能不和魏修好。《赵世家》说：“赵侯二年，与魏惠王遇于阴晋，”这是周显王二十一年，即魏惠王二十二年，阴晋地在河西，这年赵肃侯到此地来会魏惠王，可见这时魏不得已收复河东的安邑，而且竟得到了阴晋，恢复魏的河西旧地。《齐策五》说：“魏王……其强而拔邯郸，西围定阳，又从十二诸侯朝天子，以西谋秦，秦王恐之……”弄得秦也感到难以招架，所以逢泽之会，秦也不得不“使公子少官率师会诸侯逢泽，朝天子”了。最初逢泽之会，所会的只是宋、卫、邹、鲁等小国，后来参加，怕韩、齐、楚、赵也都参加的。

《韩非子·说林上》篇说：“魏惠王为臼里之盟，将复立于天子。彭喜谓郑君曰：‘君勿听。大国恶有天子，小国利之。若君与大不听，魏焉能与小立之？’”《韩策三》同，（只“臼里”作“九里”，“彭喜”作“方喜”，都声同通假。）这怕也就是指逢泽之会，据此说来，最初韩对这会的参加也还犹豫。《赵世家》说：“肃侯四年，朝天子”，钱宾四先生认为“朝天子者，即魏会诸侯逢泽朝天子，而赵亦应魏召附会也。其事应在肃侯六年。”该是可能的。商鞅量说：“十八年，齐率卿大夫众来聘。冬十二月乙酉，大良造鞅，爰积十六尊（寸）五分尊（寸）壹为升。”这十八年当然是秦孝公十八年，恰即周显王二十五年，齐的率卿大夫来聘秦，或许即是乘“逢泽之会”之便，乘朝周天子之便来到秦国的。

（原刊上海《益世报·史苑》1946 年 12 月 27 日第 8、9 版）

公孙衍、张仪从横考——战国兴亡从考之一

公孙衍，魏的阴晋人，在秦惠文君五年（西元前三三三年）入秦做大良造，《张仪列传》说："首者，魏之阴晋人也，名衍，姓公孙氏。"《秦本纪》说："秦惠文君五年，阴晋人犀首为大良造。"《集解》："犀首，官名。"《索隐》："若虎牙之类。"我疑心"犀首"本是个封号，如同赵奢的封为"马服君"一样，《赵策三》有"驾犀首而骖马服"一语，足以明证的。公孙衍在秦做大良造，本和魏很亲善，《魏策一》载："徐州之役，犀首谓梁王：'何不阳与齐而阴结楚？'……"齐、楚相战，正当秦惠文君五年，犀首在秦做大良造的当儿。《秦本纪》又说："惠文君六年，魏纳阴晋，阴晋更名宁秦。"《六国表》也说这年"魏以阴晋为和"，阴晋是犀首出身之地，魏把阴晋给秦，很显然的是和犀首结好。《苏秦列传》说："惠王使犀首攻魏，禽将龙贾，取魏之雕阴。"考秦虏魏将龙贾在秦惠文君七年，见《秦本纪》，此后更不见犀首在秦当权，不久就来到魏国做将了。

《秦策一》载："楚攻魏，张仪谓秦王曰：'不如与魏以劲之。魏战

胜，复听于秦，必入西河之外。不胜，魏不能守，王必取之。'王用仪言，取皮氏卒万人，车百乘，以与魏。犀首战胜魏王，魏兵罢弊，恐畏秦，果献西河之外。”

《秦策四》有：“楚、魏战于陉山。魏许秦以上洛，以绝秦于楚”一节，《韩策三》也载：“楚威王攻梁，张仪谓秦王，……于是攻（当作取）皮氏，（下有脱文）魏氏劲，魏王怒，楚与魏大战，秦取西河之外以归。”考秦取魏皮氏，魏败楚陉山，在秦惠文君九年（见《秦本纪》《魏世家》《楚世家》，即西元前三二九年），魏纳河西上郡十五县在次年。这时犀首已入魏为将，张仪也已在秦当权，《苏秦列传》称张仪入秦在雕阴之役后，年代还不误，原来张仪的入秦，就是夺取了犀首在秦的地位，所以后来犀首在魏，始终和张仪是个政敌。

张仪在秦，取得了魏的河西上郡，在秦惠文君十年便做起“相”来，本来秦官最高的是“大良造”，这时也仿效魏制，设立相职了。到秦惠文君十三年四月戊午秦惠文君就称起“王”来。《韩世家·索隐》引《纪年》说：“韩威侯八年五月，梁惠王会威侯于巫沙。十月，郑宣王朝梁。”韩威侯八年正当秦惠文君十三年，《秦本纪》说：这年“韩亦为王”。魏在这年秦称王之后，和韩相会，尊韩为王，无非是要广结与国，以便和秦相抗。

《赵世家》说：“赵武灵王元年，阳文君赵豹相。梁惠王（旧误作襄王）与太子嗣，韩宣王与太子仓来朝信宫。”赵武灵王元年也即秦惠文君十三年，这年魏、韩两王相率带领太子往朝赵，目的又是在广结与国。

《水经·河水注》引《纪年》：“（梁惠成王后元）十年，齐田盼及邯郸韩举战于平邑，邯郸之师败逋，获韩举，取平邑新城。”梁惠王后元十年也即赵武灵王元年，《韩世家》误谓这年“魏败我将韩举”，把韩举误为韩将，《赵世家》又把“韩举与齐、魏战死于桑邱”，误系在赵肃侯二十三年下。

《魏策二》载：“犀首、田盼欲得齐、魏之兵以伐赵，梁君与田侯不欲。犀首曰：‘请国出五万人，不过五月而赵破。’田盼曰：‘善’，遂劝两君听犀首。犀首田盼遂得齐、魏之兵。兵未出境，梁君、田侯恐其至而战败也，悉起兵从之，大败赵氏。”当即指齐、魏联兵败赵、韩举之役。《六国表》也说：“赵武灵王元年，魏败我赵护。”这时魏忽又用犀首的计谋，联合齐兵败赵，此后魏又投入齐的怀抱了。

《孟尝君列传·索隐》引《纪年》：“梁惠王后元十一年，(会齐威王于)平阿。”《孟尝君列传》误把“田婴与韩昭侯、魏惠王会齐宣王(当作威王)东阿南”，误在魏惠王三十五年，齐宣王七年，《田齐世家》《魏世家》也同误。

《魏策二》载：“惠施为韩、魏交，令太子鸣为质于齐。王欲见之，朱仓谓王曰：‘何不称病？臣请说婴子曰：魏王之年长矣。今有疾，公不如归太子以德之。不然，公子高在楚，楚将内而立之，是齐抱空质而行不义也。’”这该即齐、魏会平阿以后事，“太子鸣”即“太子嗣”之误。《孟尝君列传·索隐》引《纪年》又说：“梁惠王之后元……十二年，会齐威王于甄(‘十二’旧作‘十三’)。”《田齐世家》《孟尝君列传》《魏世家》误系这事在齐宣王八年，魏惠王三十六年。《吕氏春秋·不屈》篇说：“惠王布冠而拘于鄄，齐威王几弗受；惠子易衣变冠，乘舆而走，几不出乎魏境。”记的就是这事。这时魏的处境困苦；对于齐不能这样委屈奉承的。

魏惠王后元十二年(西元前三二三年)，各国都纷纷在拉拢与国，争取外交上主动的地位。魏能和齐在甄相合，秦相张仪有和齐、楚大臣在齧桑相会。《秦本纪》《六国表》和《张仪列传》都说：“秦惠文王元更二年，张仪与齐、楚大臣会齧桑。”而《楚世家》也说：“楚怀王六年，齐使张仪与楚、齐、魏相会，盟齧桑。”《魏世家》也说，这年“诸侯执政与秦相张仪会齧桑。”《田齐世家》也说，这年“秦使张仪与诸侯执政会于齧桑。”秦在这是拉拢齐、楚二大国，对于魏、韩采取了包围的形势，魏便不得不广结小国，来和秦、齐、楚等大国等相抗衡，便有所谓“五国相王”之举。

考《中山策》既说：“犀首立五王，而中山后持。”又说：“赵、魏许诺，果与中山王而亲之。”既说：“中山与赵惠王”，又说：“燕、赵果俱辅中山使其王，事遂定。”那五国相王，所谓五国，在《策》中可考的有魏、赵、燕、中山四国。《大事记》定五国相王在周显王四十六年，即梁惠王后元十二年，是很正确的。《楚世家》说，这年“燕、韩初称王”，《六国表》同，《燕世家》也说：“易王十年，燕君为王”，考这时赵、燕、中山都尚未称王，便是因五国相王而称王的；韩固已先二年称王，只因韩也参加在五国相王之内，太史公在《六国表》《楚世家》便误认韩在这年才称王，致与《秦本纪》发生抵牾。可是，从这里，也可证五国相王，除了魏、赵、燕、中山四国外，还有韩在内，而五国相王却是这年的事了。《鲁世家》说：“平公立，是时六国皆称王”，鲁平公之立，也正在这年。这又是个佐证（别详拙作《魏、赵、韩、燕、中山五国相王考》）。这五个相王之举，既出犀首主持，那时犀首正做魏将，可知是由魏所发动。魏为什么要广结小国，来这五国相王之举呢？无非是想借此和秦、齐、楚等大国集团相抗衡，这是战国时合从连横的开始。

公孙衍的发动五国相王，想用这来抗衡秦、齐、楚等大国，其失败是必然的,《楚世家》说:“楚怀王六年,楚使柱国昭阳将兵而攻魏,破之于襄陵,得八邑。”《魏世家》也说,这年“楚败我襄陵。”《韩策二》载:“襄陵之役,毕长谓公叔曰:‘请毋用兵,而楚、魏皆德公之国矣。夫楚欲置公子高,必以兵临魏。公何不令人说昭子曰:战未必胜,请为子起兵以之魏,子有辞以毋战’。于是太子扁(当作嗣)、昭扬、梁王皆德公矣。”原来楚的攻魏想胁迫魏废立太子嗣而立公子高,使魏投入楚的怀抱的。

《齐策二》载:“犀首以梁为齐战于承匡而不胜。张仪谓梁王:‘不用臣言以危国!’梁王因相张仪。”魏既被楚在襄陵打得大败,公孙衍又和齐在承匡作战不胜,在这种情势之下,魏只得投入秦的怀抱,起用张仪,于是张仪连横的策略实现。

《魏策一》载:“张仪欲并相秦、魏,故谓魏王曰:‘仪请以秦攻三川,王以其间约南阳,韩氏亡。’史厌谓昭献曰:‘公何不以楚佐仪求相于魏,韩恐亡,必南走楚。仪兼相秦、魏,则公亦必并相楚、韩也。’”这些话虽未必是事实,可是张仪想挟秦势来相魏,确是计谋已久了。魏自从“齐魏相王”以后,便起用惠施为相,惠施的外交政策是想和齐、楚结好的,到这时,魏给齐、楚所攻败,逼得魏惠王不得不改变外交政策,起用秦相张仪为相,想联合秦、韩来和齐、楚抗衡。《韩非子·内储说上》篇说:“张仪欲以秦、韩与魏之势伐齐、荆,而惠施欲以齐、荆偃兵。二人争之,群臣左右皆为张子言,而以攻齐、荆为利,而莫为惠子言。王果听张子,而以惠子言为不可。”《魏策一》与此略同。魏惠王既信从张仪,起用张仪,惠施就被逐出走。《楚策三》载:“张仪逐惠施于魏。惠子之楚,楚王受之。冯郝谓楚王曰:‘逐惠子者,张仪也。而王亲与约,是欺仪也,臣为王弗取也。……且宋王之贤惠子也,天下莫不闻也。今不善张仪也,天下莫不知也,……王不如举惠子而纳之于宋……'乃奉惠子而纳之宋。"惠施在魏站不住,出奔到楚,到楚又不能留,投奔到宋。公孙衍在魏自然也不能得势,何况公孙衍和张仪本来是政敌。

《齐策三》载:"梁王因相张仪,仪以秦、梁之齐合横亲。犀首欲败,谓卫君曰:'衍非有怨于仪也,值所以为国者不同耳。君必解衍。'卫君为告仪,仪许诺,因与之参坐卫君之前。犀首跪行,为仪千秋之祝。明日张子行,犀首送之,至于齐疆。齐王闻之,怒于仪曰:'衍也吾仇,而仪与之俱,是必与衍鬻吾国矣。'遂不听。""张子仪以秦相魏,齐、楚怒而欲攻魏。雍沮谓张子,……雍沮谓齐、楚之君,……乃遽解攻于魏。"《秦策一》又载:"张仪欲假秦兵以救魏,左成谓甘茂曰:'子不如予之。魏本不反秦兵,张子不反秦。魏若反秦兵,张子得志于魏,不反于秦矣。张子不去秦,张子必高子。'"本来魏的用张仪为相,想合秦、韩之兵来报齐、楚的仇,这时张仪并不曾假用秦兵来为魏作战,反而秦兵伐取了魏的曲沃、平周。

《张仪列传》说:"张仪……使与齐、楚之相会齧桑东。东还而免相,相魏以为秦,欲令魏先事秦,而诸侯效之。魏王不肯听仪,秦王怒,伐取魏之曲沃、平周,复阴厚张仪益甚。张仪惭,无以归报。"《秦本纪》说:"秦惠文王三年,韩、魏太子来朝,张仪相魏。"《魏世家》也说这年"张仪相魏……秦取我曲沃、平周。"可知惠施的由魏出走,张仪的由秦入魏为相,都是魏惠王后元十三年的事。《六国表》说:"秦惠文王三年,张仪免相,相魏。"和《张仪列传》相同,可是从《魏策》"张仪欲并相秦、魏""张仪以秦相魏"等话看来,似乎张仪入魏为相时,依然是兼秦相的。否则秦既免掉张仪的相,这时秦相是谁呢?这时张仪挟着秦相的威势，兼为魏相，在秦代张仪主持一切的是甘茂（甘茂本来是由张仪一手提拔的），从《秦策一》左成对甘茂说的话中可以看出。

张仪在魏惠王后元十三年入魏为相，到十六年就被免职，《韩策一》载："（或谓）张仪：（使人）谓齐王曰：'王不如资韩朋，与之逐张仪于魏。魏因相犀首，因以齐、魏废韩朋，而相公叔以伐秦。公仲闻之，必不入于齐，据公于魏，是公无患。'"从这里，可知张仪相魏时，齐早有意思把张仪从魏逐出而改由公孙衍相魏。《魏策一》载魏太子谓楼子语："以张子之强，有秦、韩之重，齐王恶之，而魏王不敢据也。"是魏的不敢留张仪，确实由于齐的反对。《魏策一》载："陈轸为秦使于齐，过魏，求见犀首，……曰：'公恶事乎？何为饮食而无事？无事必来'犀首曰：'衍不肖，不能得事焉，何敢恶事？'陈轸曰：'请移天下之事于公。'……犀首曰：'诺，谒魏王，王许之，即明言使燕、赵。诸侯客闻之，皆使人告其王曰：李从以车百乘使楚，犀首又以车三十乘使燕、赵。'齐王闻之，恐后天下得魏，以事属犀首。犀首受齐事，魏王止其行。燕、赵闻之，亦以事属犀首。楚王闻之，……乃倍李从而以事因犀首，……魏王曰：'所以不使犀首者，以为不可。令四国属以事，寡人亦以是因焉。'犀首遂主天下之事，复相魏。"《张仪列传》同，惟"李从"作"田需"。从这里，又可知公孙衍的再度在魏当权为相，固由于齐的推重，同时还有燕、赵、楚三国的附从。

《魏策一》载："魏王相张仪，犀首弗利，故令人谓韩公叔曰：'张仪以（已）合秦、魏矣，其言曰：魏攻南阳，秦攻三川，韩氏必亡。且魏王所以贵张子者，欲得地，则韩之南阳举焉。子盍少委焉，以为衍功，则齐、魏之交废矣。如此，则魏必图秦而弃仪，收韩而相衍。'公叔以为信，因而委之，犀首以为公，果相魏。”《张仪列传》同，并云：“果相魏，张仪去。”从这里，可知公孙衍的魏相，张仪的被魏王所弃，韩的公叔也曾从中为力。

《魏策三》又载：“楚王逐张仪于魏。陈轸曰：‘王何逐张子。’曰：‘为臣不忠不信。’曰：‘……且魏臣不忠不信，于王何伤？……逐而听则可，若不听，是王令困也。且使万乘之国免其相，是城下之事。’”如此说来，张仪在魏的免相被逐，楚王也曾从中为力。上面所列举的许多关于张仪免魏相和犀首相魏的故事，虽不一定全是事实，可是，张仪的所以免魏相被逐，犀首的所以能再度当权为魏相，由于齐、楚、燕、赵、韩五国的一致对魏使用压力，当时事实。

《魏世家》说：“哀王立，张仪复归秦。”《张仪列传》又说：“哀王立。张仪复说哀王，哀王不听。于是张仪阴令秦伐魏，魏与秦战败。明年，齐又来，败魏于观津。秦复欲攻魏，先败韩申差军。……因仪以请成于秦。张仪归，复相秦。”都以为张仪的离魏在哀王（即襄王）合五国攻秦以后。《大事记》也说：“传称衍相魏，张仪去，则不然。以仪传考之，仪惭无以报归，留魏四岁，而魏王卒。复说其嗣君，久之始去魏相秦耳。”事实上都是错误。《吕氏春秋·开春论》及《魏策一》说：“魏惠王死，葬有日矣。天大雨雪，至于牛目，坏城郭，且谓栈道而葬。群臣多谏于太子者。……群臣皆莫敢言，而告以犀首。犀首曰：‘吾未有以言之也，是其唯惠公乎！请告惠公。’惠公曰：‘诺。’驾而见太子。……太子曰：‘甚善，敬弛期更择葬日。’”足证魏惠王死时，魏廷的领袖已是犀首，而惠施也已回魏。张仪和犀首惠施都是政敌，犀首惠施当时又在魏当权，那张仪必已先去魏回秦。犀首在魏惠王死前必已为山东诸国拥立为魏相，所以次年便有五国攻秦之举，主其事的正是犀首，为魏在外交上奔走的也正是惠施。

《魏世家》说："魏哀王（当做魏襄王）元年，五国共攻秦，不胜而去。"《六国表》同。《燕策一》《燕世家》也说："燕哙三年，与楚、三晋攻秦，不胜而还。"案《楚世家》说："楚怀王十一年，苏秦约从山东六国兵共攻秦，楚怀王为从长。至函谷关，秦兵出击六国，六国兵皆引而归，齐独后。"梁玉绳《史记志疑》说："是时苏秦已死四年，约六国以伐秦者李兑也，《国策》甚明，此误，《古史》及《西溪丛话》已纠之。"考苏秦这时年事实尚幼（别详拙作《苏秦合从摒秦考》），李兑这时也没有在赵当权，李兑的合五国攻秦，在齐攻灭宋的时候（别详《李兑合五国攻秦考》），这年合五国攻秦的实是公孙衍。公孙衍在上年得齐、楚、燕、赵、韩五国的拥戴，把张仪从魏逐走，出任魏相，所以这年能有合五国攻秦之事。《张仪列传》说：齐、燕、赵、楚都以事委犀首，"三国相事，皆断于犀首。"又说："张仪已卒之后，犀首入相秦。尝佩五国之相印，为约长。"《吕氏春秋・开春论》高诱注也说："犀首，魏人公孙衍也。佩五国相印，能合从连横。"《史记志疑》批判道："继张仪而为秦相者，樗里疾、甘茂、薛文、楼缓、魏冉，不闻公孙衍相秦之事，……至所谓相五国者，即陈轸传相三国事而夸大也。"说公孙衍曾佩五国相印，则也是夸大之辞，而公孙衍曾约从五国攻秦，确是事实。

《秦策二》载："义渠君之魏，公孙衍谓渠君曰：'道远臣不得复矣，请谒事情。'义渠君曰：'愿闻之。'对曰：'中国无事于秦，则秦且烧焫获君之国；中国为有事于秦，则秦且轻使重币，而事君之国也。'义渠君曰：'谨闻令。'居无几何，五国伐秦，……秦王……以文绣千匹，好女百人，遗义渠君。义渠君致群臣而谋曰：'此公孙衍之所谓也。'因起兵袭秦，大败秦人于李帛之下。"《张仪列传》同，惟"李帛"

作“李伯”。

如此所来，五国伐秦时，义渠的参战，也是出于公孙衍的计谋，那么，五国伐秦之举，出于公孙衍的主动，是可以无疑的了。公孙衍和张仪始终是个政敌，公孙衍本为秦的大良造，等到张仪入秦当权，公孙衍就去秦入魏为将；张仪以秦相的地位和齐、楚大臣曾盟于齧桑，公孙衍也约魏、赵、韩、燕、中山五国相王，来相抗衡；张仪挟秦的威势来相魏，公孙衍又合齐、楚、燕、赵、韩的威势来驱逐张仪，离魏回秦，出任魏相，这年公孙衍又有和五国攻秦之举，公孙衍、张仪两人，一从一横，其势顷动整个天下，所以孟子载景春的话：“公孙衍、张仪岂不诚大丈夫哉！一怒而诸侯惧，安居而天下熄。”后世策士把公孙衍的事附在苏秦身上，说什么苏秦合从张仪连横，又说苏秦曾佩六国相印，为从长，并且杜撰许多苏秦、张仪的新说辞，说得娓娓动听，其实竟全不是那么一回事。

《楚世家》说这年六国攻秦，楚怀王为从长，六国引兵归，齐独后。《秦本纪》又说：“（秦惠文王）七年，韩、赵、魏、燕、齐帅匈奴共攻秦。秦使庶长疾与战修鱼，虏其将申差，败赵公子渴，韩太子奂（疑当作公子奂），斩首八万二千。”所谓匈奴即疑指义渠，《樗里子传·索隐》此作“八年”，疑今本“八年”二字错下（《正义》引这年《六国表》，不说年份有差，知今本固误）。《赵世家》也说：“赵武灵王九年，与韩、魏共击秦，秦败我，斩首八万级。”《韩世家》也说：“韩宣惠王十六年，秦败我修鱼，虏得韩将鲠、申差。”《六国表》同。

《赵策三》载：“五国伐秦，魏欲和，使惠施之楚。楚将入之秦而使行和。杜赫谓昭阳曰：‘凡为伐秦者楚也。今施以魏来，而公入之秦，是明楚之伐而信魏之和也。公不如无听惠施，而阴使人以请听秦。’

昭子曰：'善'。因谓惠施曰：'凡为攻秦者魏也，今子从楚为和，楚得其利，魏受其怨。子归，吾将使人因魏而和。'惠子反，魏王不说。杜赫谓昭阳曰：'魏为子先战，折兵之半，谒病不听，请和不得，魏折而入齐、秦，子何以救之？东有越累，北无晋，而交定于齐、秦，是楚也。不如速和。昭子曰：'善。'因令人谒和魏。'"大概魏、赵、韩、燕、楚五国相约攻秦，共推楚为从长，后来齐也举兵参加，所以《六国表》作"魏、韩、赵、燕共击秦"，而《秦本纪》又说是："韩、赵、魏、燕、齐帅匈奴共攻秦"，而《楚世家》又说："六国兵攻秦"。事实上，真正与秦作战的只有三晋，而齐的态度忽而又变。《田齐世家》说："齐湣王七年（当作齐宣王三年），与宋攻魏，败之观泽。"《六国表》作"败魏、赵观泽"，《赵世家》也说："齐败我观泽"，《魏世家》又误作："观津"。这年三晋和秦既战得大败，齐又转变态度，反而和宋联合进攻魏、赵，三晋在秦、齐二大国夹击之下，楚又观望不救，只得向秦求和了，于是公孙衍的合从又宣告失败了。《楚世家》记这年说："齐湣王伐败赵、魏军，秦亦伐败韩，与齐争长。"这一役，三晋不免是上了齐的当。

《楚策一》载："五国约以伐秦，昭阳谓楚王曰：'五国已破秦，齐必南图。'楚王曰：'善'。乃命大公事之韩，见公仲曰：'夫牛阑之事，马陵之难，亲王之所见也。王苟无以五国用兵，请效列城五，请悉楚国之众也，以图于齐。'齐之反赵、魏之后，楚国弗与地，则五国之事困也（'五国已破秦，齐必南图。'旧误作'五国已破齐，秦必南图'）"。这里所述的五国伐秦事，昭阳正为楚谋，疑也一时事。所谓"齐之反魏、赵之后"，也正指观泽之役。《张仪列传》说："张仪阴令秦伐魏，魏与秦战，败。明年，齐又来败魏于观泽。秦复欲攻魏，先败韩申差军，斩首八万，……王于是乃倍从约而因仪请成于秦。张仪归，复相秦。"把秦的败魏和魏的向秦求和，都算作张仪一手所包办，显然是错误的。

总之，公孙衍的合从，虽然曾烜赫一时，并没有什么成就。张仪的连横，在相魏时虽不曾有什么成就，结果确曾替秦建立不可一世的功业。秦在惠文王十一年(西元前三一四年)伐取魏焦，又打败韩、魏，于岸门，把犀首打跑，于是韩把太子仓入质于秦求和，魏、秦在临晋相会，秦又为魏立公子政为太子，从此魏、韩只得又投入秦的掌握之中。这时秦、魏、韩和楚、齐、宋又形成了两大壁垒。在秦惠文王十二年齐、楚、宋和秦、魏、韩便开始混战，齐先助楚进攻秦、魏，取得了曲沃，次年楚将景翠围攻韩的雍氏，秦助韩反攻，大败楚将屈丐，得了汉中。而齐、宋又围攻魏的煮枣，来和楚策应，于是秦、韩又移兵助魏进击齐，大败齐军于濮上，把赘子打死，把匡章打跑(见《齐策六》,《六国表》“赘子”作“声子”,《秦本纪》“濮”误作“满”)，又进攻燕国。这时楚又举兵再度攻秦，乘虚而入，攻到蓝田，而魏也进袭楚国到邓，使楚不得不退兵，这一役秦、魏、韩得到了大胜，所以秦惠文王卒，武王立时，“韩、魏、齐、楚、越皆实从。”张仪的连横，把齐、楚二大国都击败，秦的声威之大，可说是空前的了。关于这役的经过，别详《张仪连横破齐、楚考》。

(原刊上海《益世报·史苑》1947 年 2 月 14、21、28 日第 7 版)

中山武公初立考——战国兴亡丛考之一

《史记·赵世家》有一条特殊的记载："赵献侯十年，中山武公初立。"《六国表》同。中山武公是什么人呢？《汉书人表》"中山武公"注："周桓公子"，《史记集解》引徐广也说："西周桓公之子"，这显然是个错误。周自分东、西周后，国势更衰，西周在河南，领土也小，怎能远封子孙到中山国去呢？

沈钦韩《汉书疏证》说："《魏世家》：'文侯伐中山，使子击守之'，《说苑》：'文侯出少子挚封中山而复太子击'，又《魏世家》'中山君相魏'。此是魏所封，赵灭之。盖姬姓之中山，灭于魏文侯，魏所封之中山，又灭于赵主父，而《赵世家》及《年表》皆倒置中山武公之文于文侯伐中山之前，故迷惑难考。何以明之？若中山武公尚是旧时之君，而彼不数年而亡，史取之何义？若以为中山本未尝亡，则魏克其地而守之者又何处？是中山武公为魏所始封，以其大事，故记之耳。"沈氏认中山武公是魏的始封，以为《赵世家》误将年代错前，很有见地。《赵世家·索隐》引《世本》："中山武公居顾，桓公徙灵寿，为赵武灵王所灭。”《世本》说中山武公的后裔为赵武灵王所灭，很显然的，中山武公是魏所始封之君。如果是旧时之君，早给魏所灭，怎能说“为赵武灵王所灭”呢？钱宾四先生《先秦诸子系年》也从沈说，只是在《通表》中，把“中山武公初立”依然填在赵献子十年，没有把年代校正。究竟中山武公是谁？是哪一年立的呢？

《赵世家》说：“烈侯……九年，烈侯卒，弟武公立。武公十三年卒，赵复立烈侯太子章，是为敬侯。”《赵世家》说赵烈侯、赵敬侯之间，有个武公和《世本》《竹书纪年》都不合，实在是不足信的。《索隐》引谯周说：“《世本》及说赵语者，并无其事”，这是个明证。《魏世家·索隐》引《竹书纪年》说：“魏武侯元年当赵烈侯十四年”，足见赵烈侯并非九年便死，又是个明证。武公前为烈侯，后为敬侯，为何独独中间夹个武公称公？这是说不通的。《赵世家》记历世赵君，都明言其名，何独仅仅武公说不出名来？这又是个使人怀疑的。梁玉绳《史记志疑》说：“大纪称武侯，是也。”可是大纪称武侯，实在是以意为之，并无所据。钱宾四先生《先秦诸子系年》于此曾做这样的推论：“《赵世家》又云：‘烈侯太子章立，是为敬侯。其元年，武公子朝作乱，不克，出奔魏。赵始都邯郸。’谅史公亦非尽无据。或其时赵烈侯实自有其弟武公，如魏之别封中山武公之例，而特非为赵君也。……然则今史表赵武公元或即烈侯封其弟武公之年，而非烈侯卒而武公为赵君之年也。”

钱先生便根据推论，在《通表》赵烈侯十年填上“封其弟武公”，这个弥缝的说法，我们认为还是不能成立的。因为同年《魏世家》所载，“武公子朝”作“公子朔”，没有“武”字，分明《赵世家》的“武”是涉上而衍，“朝”“朔”又是形近而误，赵国未必另有武公其人的。当太史公编著《史记》的时候，关于战国史事，除《秦记》以外，赵国的史料想来也还有保存的，所以《史记》除《秦本纪》以外，《赵世家》也比较正确，《赵世家》往往与《史记》他篇有不同的地方，和《竹书纪年》却有相合之处（别详拙作《〈赵世家〉足征说》一文）。关于中山的事，常或附记在《赵世家》中（例如赵成侯六年，中山筑长城之类），当是史公所见有关赵国的史料有附记中山的事。中山武公初立，我以为在赵烈侯十年，太史公误在赵献侯十年，因说："赵献侯十年，中山武公初立"，犹如廪丘之役本在赵烈侯三年，误到了赵敬侯三年去。太史公一面误记年代，一面又误把武公算作赵君，因又说："烈侯九年卒，弟武公立"，在赵国世系中误多了一个武公。考烈侯十年即魏文侯称侯更元之二十六年，上距魏灭中山七年，所谓中山武公疑即《说苑》之所谓"少子击"，《韩诗外传》之所谓"少子诉"。《说苑・奉使》篇所说："出少子挚封中山，而复太子击"的故事，虽未必可信，可是太子击的回魏和别封少子于中山，当是事实。

案《魏世家》《赵世家》都说："魏文侯伐中山，使子击守之，赵仓唐傅之"，《魏世家》又载翟璜谓李兑："中山已拔，无使守之，臣进先生。君之子无傅，臣进屈侯鲋。"《韩非子・外储说左下》载翟黄曰："得中山，忧欲治之，臣荐李兑而中山治。"《韩非子・难二》篇又说："李兑治中山，苦陉令上计而入多，……"大概魏文侯派太子击前往中山做的"守"，还派李兑前往协助治理，并没有把中山之地封给太子击。《魏世家》《六国表》都说："文侯十三年，使子击围繁、庞，出其民"，太子击本来能将兵出战的，太子击的做中山"守"，便在其后六年，正同吴起的做西河"守"一样，所以不久便可把太子击调回。《吕氏春秋・自知》篇载任座对魏文侯说："得中山不以封君之弟而封君之子，是以知君之不肖也。"《说苑·奉使》篇载仓唐对文侯说:"君出太子而封之国",好像太子击真曾出封中山,疑都是出于后人编造故事时之误说。赵烈侯十年当即魏文侯正式封少子于中山之年,从此中山便俨然为一小国,因是大事,所以特记"中山武公初立。"只因太史公一误再误,便弄得迷惑难考了。可是细究一下,其所以误之故既可寻得,而真相也就显露了。

《乐毅列传》说:"乐羊为魏文侯将,伐取中山,……中山复国,至赵武灵王时复灭中山。"《中山策》说:"魏文侯欲残中山。常庄谈谓赵襄子曰:'魏并中山,必无赵矣。公何不请公子倾以为正妻,因封之中山,是中山复立也。'"这里"赵襄子"当有误。公子倾未知即《韩诗外传》之少子䜣否?所谓"中山复国""中山复立",疑指中山武公初立事。

(原刊上海《益世报·史苑》1947年2月28日第7版)

李兑合五国伐秦考

李兑合五国伐秦的事，在《赵策》《魏策》上，都有长篇的叙述。在《史记》里却没有踪迹可寻，因此历来学者，对于这事的年代，就争论不决了。大概这事在当时虽曾轰动一时，因时间短促，毫无成就。《秦纪》没有把它载上，太史公未曾细考，也就略而不提了。

《魏策三》载："奉阳君约魏，魏王将封其子，谓魏王曰：'王尝身济漳，朝邯郸，抱葛、薛、阴、成，以为赵养邑，而赵无为王有也。王能又封其子河阳、姑密乎？臣为王不取也。'魏王乃止"（奉阳君旧误作叶阳君，今从吴师道校正）。《赵策四》又载："齐欲攻宋，秦令起贾禁之。齐乃救赵以伐宋。秦王怒，属怨于赵。李兑约五国以伐秦，无功，留天下之兵于成皋，而阴构于秦。又欲与秦攻魏，以解其怨而取封焉。魏王不说。之齐，谓齐王曰：'臣为足下谓魏王曰……王之事赵也何得矣？且王尝济于漳，而身朝于邯郸，抱阴成，负蒿、葛、薛，以为赵蔽，而赵无为王行也。今又以何阳、姑密封其子，而乃令秦攻王，以便取阴。'"从这里，可知在李兑合五国伐秦之前，魏已投入了赵的怀抱，魏王曾朝见赵王，把葛、薛、阴成割让于赵。到李兑合五国伐秦的光景，魏又把河阳、姑密封给了赵臣李兑的儿子。

考《赵世家》:“赵惠文王十一年，董叔与魏氏伐宋，得河阳于魏。索取梗阳”(《六国表》“梗阳”误作“桂阳”)。顾观光《七国地理考》据此论道:“《赵世家》惠文王十一年的河阳于魏，《赵策》谓魏王曰:‘今又以河阳、姑密封其子’。《魏策》作‘问阳、姑衣’，盖传写误也。《赵策》言李兑约六国(当作五国)伐秦，当赵惠文王十三年，则《赵世家》所云得河阳者，即魏封李兑子之事矣。……徐广曰:‘魏襄王四年，改河阳曰河雍’也。秦本于昭王十八年攻垣河雍，决桥取之(当赵惠文王十年)，盖秦取之而不守，故魏以其地入于赵也。”顾观光虽据《赵世家》定魏封李兑子在赵惠文王十一年，即周王赧二十七年、秦昭王十九年，可是把李兑合五国伐秦依然随着《大事记》，定在赵惠文王十三年，即周王赧二十九年、秦昭王二十一年(顾观光《战国策编年》、黄式三《周季编略》说皆同)。我们认为是不能信从的。据《赵策四》李兑约五国伐秦，很明显地和魏封李兑子于河阳、姑密同时，如果魏封李兑子在李兑约五国伐秦之前二年，当五国伐秦时，或人对魏王怎能说:“今又以河阳、姑密封其子?”所以我们断然敢断定李兑约五国伐秦，也是在赵惠文王十一年，在“董叔与魏氏伐宋，得河阳于魏，秦取梗阳”事稍后。

《赵策四》说李兑合五国伐秦的起因，是由于“齐欲攻宋，秦令起贾禁之。齐乃救赵以伐宋，秦王怒，属怨于赵”，我们拿这来和《赵世家》对比，“得河阳于魏”，既则是魏地封李兑子于河阳、姑密，那么“董叔与魏氏伐宋”“秦王怒，属怨于赵”也就是指“秦取梗阳”了。魏在战国中期以后，国势大衰，又因地处中原，一旦战事发生必先卷入旋涡，因此不得不依赖强国来维护。

当孟尝君在齐主政的时候，魏是齐的与国，齐合魏、韩，一战破楚，再战屈秦。后来齐、魏猜疑，齐又驱逐亲魏的大臣周最，听信祝弗的计谋，用秦臣吕礼为相，逼得孟尝君出走到魏，秦便乘机侵略魏、韩，魏、韩在伊阙被秦打的大败，韩给武遂地二百里于秦，魏河东四百里也为秦所得，魏在这种情势之下，东不能和齐修好，西又遭秦的侵略，自然只得投入赵的怀抱了。宋的定陶，本是富庶之地，恰巧那时宋的内部不稳，齐、赵、秦三大国都想得到这块肥肉。齐固然近在咫尺，屡想攻宋，秦、赵也正想得到（参阅拙作《齐滑王灭宋考》）。《秦策三》载："谓穰侯曰：'为君虑封，若于除。宋罪重，齐怒深，残伐乱宋，德强齐，定身封。此亦百世之时也已。'"《赵策一》又载："齐攻宋，奉阳君不欲。客请谓奉阳君曰：'……宋罪重，齐怒深，残伐乱宋，定身封，德强齐，此百代之一时也。'"《赵策四》又载："齐将攻宋，而秦阴禁之。齐因欲与赵，赵不听。齐乃令公孙衍（疑当作公子小日未）说李兑以攻宋而定封焉。"此后一从一横的局势，便是由于夺宋而兴起的。

关于当时的国际情势，从《赵策》所载或人对齐王的说辞中可以见到："……李兑约五国以伐秦，无功。……之齐，谓齐王曰：'臣为足下谓魏王曰：三晋皆有秦患。今之攻秦也，为赵也。五国伐赵，赵必亡矣。秦逐李兑，李兑必死。今之伐秦也，以救李子之死也。今赵留天下之甲于成皋，而阴鬻之于秦，已讲，则令秦攻魏以成其私封，王之事赵也何得矣？……魏珉处于赵，去齐三千里，王以此疑齐，曰有秦阴。今王又挟故薛公以为相，善韩徐以为上交，尊虞商以为大客，王固可以反疑齐乎？魏王听此言也甚诎，其欲事王也甚循。其怨于赵。臣愿王之曰：闻魏而无庸见恶也，臣请为王推其怨于赵，愿王之阴重赵,而无使秦之见王之重赵也。秦见亡且亦重赵。……五国事赵,赵从亲以合于秦,必为王高矣。臣故欲王之偏劫天下,而皆私甘之也。王使臣以韩、魏与燕劫赵,使丹也甘之;以赵劫韩、魏,使臣也甘之;以三晋劫秦,使顺也甘之;以天下劫楚,使珉也甘之。则天下皆逼秦以事王,而不敢相私也。交定,然后王择焉'"(《赵策四》)。又可从苏代对齐王的说辞中见到:"五国伐秦无功,罢于成皋。赵欲搆于秦,楚与魏、韩将应之,齐弗欲。苏代谓齐王曰:'臣以为足下见奉阳君矣。臣谓奉阳君曰:天下散而事秦,秦必据宋。魏冉必妒君之有陶也。秦王贪,魏冉妒,则陶不可得已矣。君无搆,齐必攻宋。齐攻宋,则楚必攻宋,魏必攻宋,燕、赵助之。五国据宋,不至一二月,陶必得矣。得陶而搆,秦虽有变,则君无患矣。若不得已而必搆,则愿五国复坚约,愿得赵,足下雄飞,与韩氏大吏东免,齐王必无召珉也。使臣守约,若与有倍约者,以四国攻之;无倍约者,而秦侵约,五国复坚而宾(摈)之。今韩、魏与齐相疑也,若复不坚约而讲,臣恐与国之大乱也。齐、秦非复合也,必有踦重者矣。后合与踦重者,皆非赵之利也。且天下散而事秦,是秦制天下也。……天下争秦,秦有六举,皆不利赵矣。天下争秦,秦王受负海之国,合负亲之交,以据中国,而求利于三晋,是秦之一举也。……天下争秦,秦王内韩珉于齐,内成阳君于韩,相魏怀于魏,复合衡交两王,王贲,韩他之曹皆起而行事,是秦之一举也。……天下争秦,秦按为义,存亡继绝,固危扶弱,定无罪之君,必起中山与胜焉。秦起中山与胜,而赵、宋同命,何暇言陶?六矣。故曰君必无讲,则陶必得矣。'奉阳君曰:'善'。乃绝和于秦而收齐、魏以成取陶"(《赵策四》)。

从这里可以知道,李兑合赵、楚、魏、韩、齐五国伐秦(按《大事记》

以五国为齐、楚、三晋，甚是，《策》有明文可证，鲍彪、吴师道谓有燕无楚，殊不可信）。所以罢于成皋的原因是由于齐的不能切实合作。五国攻秦原由于赵的发动，齐虽也附从，可是并没有真诚合作，目的在想乘这混乱的局势中夺得宋国，还想靠他举足轻重的地位，来取得国际间领导的地位和主动的地位。本来齐和韩、魏之间，很相猜疑，魏既已用齐的流亡大臣孟尝君为相，又已投入了赵的怀抱，尊赵将韩徐以为上交，当然不能和齐合得来，在这样不能合作的情况之下，赵就把兵留在成皋，想和秦讲和了。可是齐不愿由赵领导去讲和，因为由赵领导去讲和，齐依然要失去主动的地位。至于秦国，自然希望五国相互猜疑，从散约解，这时齐既不能和赵、魏等国合作，如果秦能把齐拉拢，齐是这时山东最强的国家，那整个国际局势便可改观了。

《魏策二》载："五国伐秦，无功而还。其后，齐欲伐宋，而秦禁之。齐令宋郭之秦，请合而以伐宋，秦王许之。魏王畏齐、秦之合也，欲讲于秦。谓魏王曰：'……为王计，太上伐秦，其次宾（摈）秦，其次坚约而详讲，与国无相离也。秦、齐合，国不可为也已。……欲使五国约闭秦关者，臣也。奉阳君、韩余（当作徐）为既和矣，苏修、朱婴既皆阴在邯郸，臣又说齐王而往败之。天下共讲，因使苏修游天下之语，而以齐为上交，兵请伐魏，臣又争之以死。……'"

可知李兑合五国伐秦之后，齐、秦又相联合。这年十月齐湣王和秦昭王称东、西帝，该就是联合的结果（参阅拙作《齐湣王、秦昭王称东西帝考》）。齐的联络秦国，目的在得宋，秦的约齐称帝，即是《赵策一》苏秦为齐上书说赵王"昔者，五国之王，尝合横而谋伐赵"的事。

总之，李兑合五国伐秦，事在赵惠文王十一年，即秦昭王十九年、周王赧二十七年，当"董叔与魏氏伐宋"之后，是在齐、秦称东西帝之前。决不是在周王赧二十九年与齐灭宋同年。《秦策三》载须贾说："宋中山数伐数割，而随以亡"，《燕策三》说："三覆宋，宋遂举。"齐的开始伐宋，一直到把宋灭亡，怕不是一年内的事，齐在李兑合五国伐秦前，固然已想攻宋，只因秦的阻挡，没有伐得成。齐的伐宋，由韩珉主其事，《田齐世家》和《韩策三》都有明证，可是据《赵策四》，李兑合五国伐秦时，或人谓齐王："臣为足下谓魏王曰：'……韩珉处于赵，去齐三千里，王以此疑齐，曰有秦阴'"。《魏策三》又载五国伐秦后，或人谓魏曰："臣又偏事三晋之吏，奉阳君、孟尝君、韩珉、周最……"，《赵策四》又载五国秦后，苏代说齐王："臣谓奉阳君曰：'……天下争秦，秦王必内韩珉于齐，内成阳君于韩。……'"可知五国伐秦后，韩珉还在赵，还没有来到齐国为相。足见李兑合五国伐秦后，齐并没有立刻伐宋。

《秦策三》载："五国罢成皋，秦王欲为成阳君求相韩、魏，韩、魏弗听。秦太后为魏冉谓秦王曰：'成阳君以王之故，穷而居于齐，今王见其达收之，亦能翕其心乎？'……"成阳君本是亲秦的韩臣，本因合从伐秦而流亡到齐，而五国伐秦罢成皋之后，秦、齐确又相合，连带成阳君在齐又显达了。《韩策三》载："韩珉相齐，令吏逐公畴竖，大怒于周之留成阳君也。"是韩珉相齐的时候，成阳君又从齐流亡到周，足见从五国伐秦罢成皋到韩珉相齐，其间也还有些时间。在五国伐秦之后，韩珉并没有立刻来到齐国主政，更没有立刻开始伐宋，从齐开始伐宋到把宋灭亡，又需要相当时间，从这里，也可想象得到五国伐秦和齐灭宋不该是同年的事了。

吴师道认为这五国伐秦之役，在周赧王二十八年，即赵惠文王十二年，可是《赵世家》说："赵惠文王十二年，赵梁将攻齐"，五国伐秦，齐也在五国之内，虽然齐、赵不能切实合作，似乎也不致发生战争，即使五国伐秦的前后，也不该有赵攻齐的事。我们从国际间的形势的演变看来，李兑合五国伐秦，该在齐、秦称东西帝和五国伐赵之前，《赵策四》载："之齐，谓齐王曰：'臣为足下谓魏王曰：……今之攻秦也，为赵也。五国伐赵，赵必亡矣。秦逐李兑，李兑必死……'"。等到五国伐秦不成，秦和齐再相倚重，结果秦自必要发动五国伐赵，等到齐释帝背约，反而出兵阻挡秦国，于是秦也只得"废帝请服"了。如果齐、秦称东西帝和五国伐赵的事，齐释帝背约逼秦废帝的事，正当在李兑合五国伐秦之前，《赵策》《魏策》所载五国伐秦后或人的长篇说辞中，不该一字不提的。

（原刊天津《民国日报·史与地副刊》1947年6月9日第6版）

韩灭郑考——战国兴亡丛考之一

韩在七国之中，实力本来不够强大，他之所以能把郑国灭掉，原因是很多的。在战国初期，韩国和郑国几次的交锋，虽然韩常胜利，得到些土地，可是郑国也曾打胜仗，韩的力量似乎还不能把郑一举灭掉的。据《史记》，在郑君乙即位以前，韩、郑间主要的战争有四次：

（一）西元前四二三年

《郑世家》说："幽公元年，韩武子伐郑，杀幽公。郑人立幽公弟骀，是为繻公。"《韩世家》也说："武子二年，伐郑，杀其君幽公。"

（二）西元前四〇八年

《郑世家》说："繻公十五年，韩景侯伐郑，取雍丘。郑城京。"（《韩世家》《六国表》同）

（三）西元前四〇七年

《郑世家》说："繻公十六年，郑伐韩，则败兵于负黍。"（《韩世家》《六国表》同）

(四)西元前四〇〇年

《韩世家》说:“景侯九年,郑围我阳翟。”(《郑世家》《六国表》同)

在这四仗中,前二仗是韩胜的,并曾得些领土,可是后二仗郑就占着上峰。《吕氏春秋·任数》篇高诱注说:“韩武子,都宜阳;生景侯处,徙阳翟。”朱右曾《竹书纪年存真》说:“韩之去平阳徙阳翟,又徙新郑,志在包汝颍以抑楚魏。”这时阳翟是韩的国都,竟被郑围,足见郑的国力还不弱,不是韩可以一举灭掉的了。

事实上郑在战国初期不但受韩的侵逼,还大受楚、魏二大国的侵蚀。《六国表》载:“楚悼王二年(西元前三九九年),归榆关于郑。三年,败郑师,围郑。”《魏世家》说:“魏文侯三十二年(当作魏武侯三年,西元前三九三年),伐郑。”郑的领土被楚、魏侵蚀的当然不在少数。《楚世家》说:“楚悼王十一年(西元前三九一年),三晋伐楚,败我大梁、榆关。楚厚赂秦,与之平。”这时楚师能一直到大梁、榆关一带,其间必曾陆续侵得许多郑地,只是《史记》的记载缺略,没有把它详细叙明罢了。郑国在楚、魏二大国交侵之下,领土自然日被削割,国力也就日渐衰弱。

郑国的所以日渐衰弱,除了那些外患之外,主要还是由于内乱。郑国自从“子阳之难”以后,国力就一蹶不振。《六国表》说:“郑繻公二十五年(西元前三九八年),郑杀其相子阳”(《郑世家》作“郑君杀其相子阳”)。关于这事,《吕氏春秋》上有三处说到!

> 郑子阳之难,猘狗溃之,……众因之以杀子阳。(《首时》篇)
>
> 子阳极也好严,有过而折弓者,恐必死,遂应猘狗而弑子阳。(《适威》篇)
>
> 子列子穷,……客有言之于郑子阳者曰:“列御寇盖有道士

也，居君之国而穷，君无乃为不好士乎?”郑子阳令官遗之粟数十秉，子列子出见使者，再拜而辞，使者去，子列子入，其妻望而拊心曰:“……君过而遗先生食，先生又弗受也，岂非命也哉!”子列子笑谓之曰:“君非自知我也，以人之言而遗我粟也……”其卒，民果作难，而杀子阳。……(《观世》篇)

《吕氏春秋·首时》篇高注说:“子阳，郑相，或曰郑君。好行严猛，人家有猘狗者诛之，人畏诛，国人皆逐猘狗也。”《适威》篇高注又说:“因国人有逐猘狗之扰而杀子阳。”颇疑子阳不但是郑相，还是个别封之君，所以《吕氏春秋·守时》篇就口口声声称他为君。《韩非子·说疑》篇又把“周威公身杀，国分为二”和“郑子阳自杀，国分为三”相提并论，子阳在郑国地位的重要，也就可见一般。《韩非子·说疑》说:“郑王孙申……思小利而忘法义，……郑子阳身杀，国分为三。”王孙申当是“子阳之党”(王先慎《集解》:“郑无王孙，王当为公之误”)，或许因为子阳原是个封君，子阳虽被杀，其党之势力也还强固，便就割据地盘和郑君相抗了。因此就不免“国分为三”，如同周威公死后，公子割据东部叛立而分裂为东西周一样。所以此后三年“子阳之党”终于“共弑缧公”。

《郑世家》说:“缧公二十七年，子阳之党共弑缧公，而立幽公弟乙为君”(《六国表》同)。这一次的大乱，前后有三年之久，郑的元气便大伤了。《墨子·鲁问》篇载晋阳文君说:“郑人三世杀其父，天加诛焉，使三年不全。我将助天诛也。”苏时学《墨子刊误》说:“父当为君”，前后郑君的被杀有哀公、缧公，至于幽公是被韩所弑，不是郑人所弑，或许鲁阳文君的话，连子阳也算在里面而没有交代清楚。这次大乱前后有三年，所以鲁阳文君要说:“三年不全”了。

郑国经此大乱，元气大伤，就变得不是韩的敌手了。《郑世家》说："郑君乙立二年（西元前三九四年），郑负黍反，归韩"（《六国表》同）。《韩世家》又说："文侯二年（西元前三八五年），伐郑，取阳城。伐宋，到彭城，执宋君"（《六国表》同，《郑世家》云："君乙十一年，韩伐郑，取阳城"）。这时韩不但得郑地，且能越郑而灭宋了。《韩世家》说："哀侯二年，灭郑，因徙都郑。"《索隐》引《竹书纪年》说："魏武侯二十一年，韩灭郑，哀侯入于郑。"魏武侯二十一年也即韩哀侯二年（说详拙作《梁惠王的年世》及《再论梁惠王的年世》）。这次韩的所以能灭郑，据《韩非子·饰邪》篇说："郑恃魏而不听韩，魏攻荆而韩灭郑。"《西周策》载宫他又说："郑恃魏而轻韩，魏攻蔡而郑亡"。"蔡"疑"荆"字之误。《魏策四》又说："郑恃魏以轻韩，伐榆关而韩氏亡郑。"这时的郑，韩已能把它灭掉，它却依附着魏国来求生存，这年魏伐楚，在榆关大战，一时无暇顾郑，郑就被韩乘机灭了。

（原刊上海《东南日报·文史周刊》1948年1月21日第7版）

魏惠王迁都大梁考——战国兴亡丛考之一

《史记·魏世家》说:“惠王三十年,秦、赵、齐共伐我,秦将商君诈我将公子卬而袭夺其军,破之。秦用商君,东地至河,而齐、赵数破我,安邑近秦,于是徙治大梁。”《商君列传》也说:“卫鞅伏甲士而袭虏魏公子卬,……魏惠王兵数破于齐、秦,国内空,日以削,恐,乃使使割河西之地,……魏遂去安邑,徙都大梁。”

《史记》说魏惠王迁都大梁确在三十一年,在齐大败魏于马陵和秦虏魏公子卬后,因受秦的逼迫而迁到大梁的。可是《魏世家·集解》《孟子正义》引《纪年》说:“梁惠成王九年四月甲寅,徙都大梁”(《水经·渠水注》引作六年,《汉书·高帝纪》注臣瓒所引及《路史·国名纪》史作“六年自安邑迁于大梁”)。《纪年》又说在惠王九年。朱右曾《竹书纪年存直》说:“惠王之徙都,非畏秦也,欲与韩、赵、齐、楚争强也。安邑迫于中条、太行之险,不如大梁平坦,四方所走集,车骑便利,易与诸侯争衡。……《东周策》:‘秦兴师临周而求九鼎,齐王大发师以救之,秦兵罢,齐将求九鼎。顾率曰:夫梁之君臣,欲得九鼎,谋之晖台之下，沙海之上久矣。鼎入梁，必不出。’晖台沙海，皆大梁地，是时为东周惠公。惠公薨于梁惠王十一年，则梁之徙都在前，彰彰明矣。”雷学淇《竹书纪年义证》也说：“魏之迁都，不必因秦虏太子东地至河近安邑始迁也。《世家》谓襄王五年始予秦河西之地，七年始尽入上郡于秦。是惠王三十一年前，秦地未尝东至河矣。若谓迁都之岁，秦实虏我太子，则《年表》有九年战少梁虏太子之说，是《史记》与《纪年》本合，特误将迁都系于三十一年耳……《孙子列传》谓齐使田忌将而直走大梁，魏将庞涓闻之，去韩而归，齐军已过而西矣。此皆惠王九年迁都之证。”钱宾四先生《先秦诸子系年》更说：“《秦纪》：‘孝公十年，卫鞅为大良造，将兵围魏安邑，降之。’《年表》《商君列传》均载此事，而独不见于《魏世家》。盖安邑魏都，其君在焉，岂得围而便降？而徙都犹在十二年后。殆史公亦自知其不可安为灭去之者。《史记志疑》觉其不可通，而谓‘安邑’乃‘固阳’字误，则亦曲为弥缝，而不悟其破绽之不止此也。又《秦策》：‘魏伐邯郸，因退为逢泽之会，’……逢泽近大梁，《秦策》所云退为逢泽之遇者，足证其时魏已都大梁也。否则渡河而南，远至逢泽，何云退？故知《史记》三十一年徙都大梁之说必误，不得据以疑《纪年》也。”三家的论证，理由都很充分。《秦策一》载：“江乙恶昭奚恤，谓楚王曰：‘邯郸之难，楚进兵大梁，取矣。昭奚恤取魏之宝器，以居魏知之。’”可知惠王十六年魏围赵邯郸而楚进兵的时候，魏确已徙都大梁，这也是魏惠王在九年徙都大梁的明证。

魏惠王的所以在这时候迁都大梁，固然是因为大梁的形势较安邑好，容易有所发展。实在也是受了秦、赵、韩三国的威胁。当魏武侯卒时，公子缓在邺和魏惠王争立，韩、赵合军助公子缓伐魏惠王，败魏于浊泽，因韩、赵意见不和，被魏先后打败。这时韩、赵相互联合，《水经·浊水注》引《纪年》："梁惠成王元年，韩共侯、赵成侯迁晋桓公于屯留。"《赵世家》又说："成侯五年……韩与我长子。"赵成侯五年也即梁惠王元年。《赵世家》又说："成侯八年(当作七年)，与韩分周以为两。"这时迁晋公，促使东西周的分裂，都是韩、赵合作的。韩、赵的合作，对于魏都安邑是个严重的威胁。因为上党地方，魏与韩、赵的领土犬牙交错，如果韩、赵合军截住上党，在河东的魏都安邑，便将和魏的河内和河南全部失去联络，无法支持下去的。如果再加上个秦来进攻，魏在河东便三面受敌了。魏惠王四年"与韩会宅阳。城武堵。为秦所败"(《魏世家》《六国表》)。《六国表》又说："秦献公十九年，败韩、魏洛阳"。五年，"公子景贾帅师伐郑，韩明战于阳，我师败逋"(《水经·济水注》引《纪年》)。六年，秦"与晋战于石门，斩首六万"(《秦本纪》)。秦献公二十一年，"秦攻魏少梁，赵救之"(《赵世家》成侯十二年)。八年，秦又伐魏少梁，韩、赵又攻魏于浍北。

《赵世家》说："成侯十三年，秦献公使庶长国伐魏少梁，虏其太子痤，魏败我浍，取皮牢，成侯与韩昭侯遇上党。"《六国表》作"秦献公二十三年，与魏战少梁，虏其太子。"《秦本纪》作"与魏晋战少梁，虏其将公孙痤。"《魏世家》作"伐败韩于浍。与秦战少梁，虏我将公孙痤，取庞。"魏取赵皮牢，《魏世家》《六国表》在次年。公孙痤，梁玉绳《史记志疑》说是公叔痤之误，可是公叔痤后有病而荐卫鞅的事，当未必被虏。《赵世家》说是太子痤，可是惠王的太子名申不名痤，总是个疑问。

《魏策一》又载："魏相公叔痤为魏将，而与韩、赵战浍北，禽乐祚。魏王说，迎郊，以赏田百万禄之。公孙痤反走，再拜，辞曰：'此吴起之余教也,……巴宁、爨襄之力也,……'于是索吴起之后,赐之田二十万。巴宁、爨襄田各十万。……"这一役,魏虽战胜韩、赵,却为秦所败。这时韩、赵相会上党,攻安邑的西边,秦又攻其东,三面受敌,真是再危急也没有了。终算国力还强,能够把韩、赵战胜(《水经·浊彰水注》引《纪年》又说:"梁惠成八年,惠成王伐邯郸,取列人,伐邯郸,取肥"),否则就将陷于绝境,所以魏惠王在次年就迁都大梁了。

(原刊上海《东南日报·文史周刊》1948年5月19日第7版)

秦失河西考——战国兴亡丛考之一

《秦本纪》载秦孝公元年下令国中说:“……会往者厉、躁、简公出子之不宁,国家内忧,未遑外事,三晋攻夺我先君河西地,诸侯卑秦,丑莫大焉。献公即位,镇抚边境,徙治栎阳,且欲东伐,复穆公之故地,修穆公之政令。寡人思念先君之意,常痛于心,……”这些话虽未必当时实录,却颇能道出战国初期秦的国势的变迁。

秦在孝公以前,连年不断的内乱,据《秦本纪》载:“(秦厉共工)三十四年……厉公卒,子躁公立,……十四年躁公卒,立其弟怀公。……怀公四年,庶长鼂与大臣围怀公,怀公自杀。怀公太子曰昭子,蚤死,大臣乃立昭子之子,是为灵公,灵公,怀公孙也。……灵公卒,子献公不得立,立灵公季父悼子,是为简公。简公,昭子之弟而怀公子也。……简公十六年卒,子惠公立。……十三年……惠公卒,出子立。出子二年,庶长改迎灵公之子献公于河西而立之。杀出子及其母,沉之渊旁。秦以往者数易君,君臣乖乱,故晋复强,夺秦河西地。”《始皇本纪》也说:“简公从晋来。享国四年。……诸臣围怀公,怀公自杀。”“肃灵公，昭子子也。居泾阳。享国十年……”①“简公从晋来，享国十五年，……生惠公。”②“惠公享国十三年，生出公。”“出公享国二年，出公自杀。”再据《吕氏春秋·当常》篇说：“秦小主夫人用奄变，群臣不说自匿，百姓郁怨非上。公子连亡在魏，闻之，欲入，因群臣与民从郑所之塞，右主然守塞，弗入，……公子连去，入翟，从焉氏塞，菌改入之，……公子连因与卒俱来，至雍，围夫人，夫人自杀。公子连立，是为献公……”（据《吕氏春秋》，献公名连，而《史记索隐》则说名师湿，“连”疑即“师湿”之合音。至于高注说“公子连一名元”，不可信，“元”本献公之谥，“献公”《索隐》引《世本》作“元献公”）。战国初年，秦的军政大权都操在庶长子之手，怀公的自杀，由于庶长鼂的围逼。献公的入立，也由于庶长的菌改（《秦本纪》省称为庶长改）的迎入，至于“怀公从晋来”“简公从晋来”，当然也是由于庶长们作主的。《吕氏春秋·当赏》篇又说：“（献公）怨右主然，而将重罪之。德菌改。而欲厚赏之。监突争之曰：‘不可！秦公子在外者众，若此则入臣争入亡公子矣。此不便主。’献公以为然，故复右主然之罪，而赐菌改官大夫，赐守塞者人米二十石。”

战国初年秦国的内乱，就是由于大权在人臣之手，“人臣争入公子”。综观《秦本纪》，子嗣不得立的很多，无非由于权臣的任意取舍。

---

① 《始皇本纪》又说：“怀公生灵公”，当误。《六国表》既说：“怀公四年，庶长鼂与大臣围怀公，怀公自杀，怀公太子曰昭子，蚤死，大臣乃立昭子之子，是为灵公。”又说：“怀公生灵公”，也自相矛盾。

② 《索隐》说：“简公，怀公弟，灵公季父也。”又说：“《本纪》简公明悼子，即刺龚公之子，怀公弟也。且《纪》及《世本》皆以为然。”《正义》说：“刘伯庄云：简公是昭子之弟，怀公之子，厉公之孙，今《史记》谓简公是厉公子者，抄写之误。”今本当已为后人校正。《始皇本纪》说：“灵公生简公”。□□。

《韩非子·奸劫弑臣》篇说:“古秦之俗,君臣废法而服私,是以国乱兵弱而主卑。商君说秦孝公以变法易俗而明公道,赏告奸,……是以国治而兵强,地广而主尊。”实质上,秦国内政的改革,并不始于孝公,献公已在那里发愤图强了。献公元年“止从死”(《秦本纪》),七年“初行为市”(《始皇本纪》),十年“为户籍相伍”(《秦本纪》),献公尽力在那里改进政治和文化,于此可见。所谓“户籍相伍”也就是商鞅“令民为什伍,而相收司连坐”之法,可见秦在商鞅未入秦前,献公早已采用李兑的网捕法了。所以秦献公时,秦的内政早已大加改革,国力也已渐强了。

《秦本纪》载:“(秦厉共公)十六年,堑河旁,以兵二万伐大荔,取其王城”(《六国表》同)。《集解》引徐广说:“今之临晋也,临晋有王城。”《正义》引《括地志》说:“同州东三十里朝邑县东三十步,故王城。大荔近王城邑。”《汉书·地理志》说:“左冯翊,临晋,故大荔,秦获之,更名。”顾栋高《春秋大事表》说:“僖二十四年,晋侯潜会秦伯于王城,……瑕甥、郤芮不获公,乃如河上。成十一年,秦、齐君会于令狐,秦伯不肯涉河,次于王城,则王城为河以西临河之地,《史记》厉共公十六年,堑河旁,攻大荔,取其王城,盖春秋末地失于戎而复取之也。”从这里可见秦在春秋战国之间怎样衰弱了,王城边地竟会给大荔之戎得去,到这年才恢复。怪不得河西一带会被魏侵占了。

《秦本纪》载:“(秦厉共公)二十一年,……晋取武成。”《正义》引《括地志》说:“故武城,一名武平城,在华州郑县东十三里。”即今华县东十三里。《秦本纪》又说:“灵公六年,晋城少梁,秦击之。”《六国表》又说:“秦灵公七年,与魏战少梁。”“魏文侯八年,复城少梁。”这一役,秦因魏在少梁筑城而进攻,结果魏仍得筑城,该又是秦失败的。《六国表》又说:"秦简公二年,与晋战,败郑下。"《韩非子·内储说上》篇有"李悝为魏文侯上地之守"一节,林春溥《战国纪年》认为李悝做上地守即在此时。《魏世家》说:"(文侯)十三年,使子击围繁、庞,出其民。"文侯十三年即秦简公三年,繁、庞,《方舆纪要》认为即是庞,在今韩城县东南。《魏世家》又说:"(文侯)十六年,伐秦,筑临晋元里。十七年,……西攻秦,至郑而还,筑雒阴、合阳。"《六国表》同。《水经·河水注》又说:"周威烈王之十七年,魏文侯伐秦至郑还,还筑汾阴、郃阳。""汾"当是"洛"之误,又误前一年。《吴起列传》又有"魏文侯以为将,击秦,拔五城。"云云,陈逢衡《竹书纪年集证》认为即此时事。钱宾四先生《先秦诸子系年》也赞同陈说,论证道:"考《韩非·外储说左上》:'吴起攻中山,军人有病疽者,起自吮其脓。'《说苑·复恩》篇:'吴起攻中山,为卒吮脓。其母泣曰:吴子吮此父之创,泾水之战,不旋踵而死;今又吮之,知何战而死?'《艺文类聚》、《太平御览》引《韩非子》亦云泾水……《史记志疑》:'洛阴、郃阳皆在同州,……推其地理亦与泾水相当。……《吴起列传》所谓拔秦五城者,殆即其事。'"说都很对。临晋、元里、雒阴、郃阳,都在河西,这时都已为魏所有了。秦河西地的大量丧失,该就在秦简公时。秦在厉共公十六年还能"堑河旁"(《秦本纪》),"补庞戏城"。到灵公八年,还能"城堑河濒,初以君主妻河"(《六国表》)。十年也还"补庞城,城籍姑"(《秦本纪》,《六国表》),《正义》引《括地志》:"籍姑故城在同州韩城县北三十五里"。到秦简公六年便只能"堑洛,城重泉"西退而守洛水了。重泉,据《正义》引《括地志》:"故城在同州蒲城县东南四十五里"。《六国表》说:"秦简公十四年,伐魏,至阳狐"(《魏世家》同)。《正义》引《括地志》说:"阳狐在魏州元城县东北二十里"。《魏世家》说:"(文侯)三十二年,败秦于注”。《正义》引《括地志》:“注城在汝州梁县西十五里”。这时秦、魏在河西交战,怎会到沧州梁县去呢?“注”字当是“汪”之误。《左传·文公二年》晋伐秦,取汪及彰卫而迁,彭卫在今郃阳西北,汪地也当在附近。

《魏世家》说:“(文侯)三十六年(当作武侯七年),秦侵我阴晋。三十八年(当作武侯八年),伐秦,败我武下,得其将识。”这时秦已能和魏相匹敌了。《魏世家》又说:“(惠王)五年(当作四年),……城武堵,为秦所败。”《秦本纪》又说:“(献公)二十一年(魏惠王六年),与晋战于石门,斩首六万,天子贺以黼黻。”(《六国表》同,惟作“章蟜与晋战石门”,)章蟜,《集解》引徐广说:“一作车骑”。《赵世家》也说:“(成侯)十一年,秦攻魏,赵救之石阿(当作石门)。十二年,秦攻魏少梁,赵救之。”此后秦的国力就一天强一天了。

(原刊上海《东南日报·文史周刊》1948年7月14日第7版)

韩文侯伐宋到彭城执宋君考

战国时代宋国的史料特别少，就是《宋世家》的纪年也有错误。据《左传》，宋景公卒于鲁哀公二十六年，在位凡四十八年，可是《宋世家》多到六十四年，显然是错误的。梁玉绳《史记志疑》因此就把以后宋君的年元一律移前十八年，因定昭公元在周定王元年，悼公元在周威烈王五年，休公元在周威烈王十三年，桓公在周安王十二年。《宋世家》载宋昭公四十七年，悼公八年，休公二十三年，辟公（当作桓侯）三年。可是《宋世家·索隐》又说："《纪年》悼公为十八年。"因此钱宾四先生的《先秦诸子系年》，又增出悼公十年，定休公在周威烈王二十三年，桓侯元在周安王二十二年。而孙诒让的《墨子年表》，也定昭公元在周定王元年，而昭公卒年仍从《六国表》定在周威烈王二十二年，把昭公的年世增多了十八年，未将此后宋君的年元递前。在这三个说法中，我们认为孙说比较准确。《宋世家》说景公六十四年，《六国表·索隐》也说："景公立六十四年卒"，而今本《六国表》则有六十六年，可知今本《六国表》已非本来面目。大概宋景公本在位四十九年，以逾年改元计则为四十八年，宋昭公本在位六十六年，以逾年改元计则为六十五年。《史记》误把宋景公的年数当作昭公年数，又把昭公的年数当作了景公年数，因此和《左传》不符了。

《韩世家》载："文侯二年，伐郑，取阳城。伐宋，到彭城，执宋君。"《六国表》同。韩文侯二年，据《史记》已是宋休公十一年，可是《史记》宋悼公的年数本少十年，这年该是宋休公元年。这年韩文侯伐宋到彭城所执的宋君，该即是悼公，因为悼公的被执以去，休公也就谓逾年改元了。悼公的所以谥"悼"，怕就是因为被捕去，被害死于韩的缘故。历来用"悼"字作谥的国君，不是短命，便是不得善终的，例如田悼子立五年便卒，"立年无几"。秦武王《始皇本纪》作悼武王，在位四年，与孟说举鼎绝膑而卒。秦悼太子在秦昭王四十年质魏而死，赵悼襄王也是为秦大败，"不得意而死"（见《韩非子·饰说》篇）。楚悼王虽非惨死，可是"击起之徒因射刺吴起，并中悼王"。从这些例证看来，也足明证这年被执去的当是悼公。事实上，《史记》悼公的纪元并没有错，只是缺少了十年。梁、钱二家这样的移改宋君年世，只此一点，也足证明其不可信了。

宋原本建都在商丘，这年韩伐宋到彭城执宋君，不是够奇怪么？钱宾四先生《先秦诸子系年》有《战国时宋都彭城证》一篇，认为战国时宋都已由商丘迁到彭城，主要的证据也就是"伐宋到彭城执宋君"这一点。钱先生说："……太子申过外黄……是外黄在齐、魏马陵之战时，固已属梁，……外黄与睢阳相近，外黄既为魏有，睢阳之西蔽已失，敌氛及于国都，宋决不安。此宋在战国时东迁，不都睢阳之证。"……《泗水注》……《竹书纪年》曰："梁惠成王二十九年，齐田肦及宋人伐我东鄙，围平阳。"朱右曾曰："平阳故城在兖州府邹县西三十里。"其时梁之东鄙，已远及邹兖，若宋都睢阳、外黄，则近在梁肘腋之里，何缘及齐同师？《韩世家·集解》引《纪年》“齐、宋围煮枣”，其事在魏哀王七年，《后汉郡图志》煮枣在济阳郡冤朐县，魏境至是犹东迁今山东之曹州，此以地势言之，又知其时宋必东迁，不都睢阳。……《淮水注》：“惠成王十七年，宋景敾、卫公孙仓会齐师，围我襄陵。十八年，王以韩师败诸侯师于襄陵。”《史记正义》：“襄陵今归德府睢州也。”时襄陵在外黄、睢阳间，距睢阳尤近，宋于其时殆已迁梁而东。……《齐策》苏秦劝齐王释帝而举宋，其书曰：“有宋，则卫之阳城危。有淮北，则楚之东国危。有济西，则赵之河东危。有阴、平陆，则梁门不启。”此言宋之之疆域甚备。……又《秦策》或人之说秦王曰：“秦、楚之兵搆而不离，魏氏将出兵而攻留、方与、铚、胡陵、砀、萧、相，故宋必尽。”程氏《地名考》：“……则所请故宋者，北及济宁，南至萧宿，中包沛砀，襟带徐彭，为之藩翼，而独不及睢阳。睢阳豁在西陲，纵列版图，未可居，……诸家言宋地，终不及归德以西，……故当时言宋，列诸泗上十二诸侯之列。……”又观于《六国表》“韩文侯伐宋到彭城，执其君。与夫鼎泗水彭城下之说，则宋都彭城，不都睢阳，断可定矣。”这些论证，都很坚强，已可算得定论。宋的迁都到彭城，是不是宋悼公才开始的呢？我们很疑心是在宋昭公末年。贾谊《新书》载：“宋昭公出亡，至于境，喟然叹曰：……于是革心易行，衣苴布，食鏻馂，昼学道而夕讲之。二年，美闻于宋，宋人车迎而复立。”这出亡的故事也许就由于国都失陷或迁都而起。《六国表》载：“魏文侯十七年，伐宋中山，”这时楚声王正初立，而《吕氏春秋·慎势》篇又说：“声王围宋十月。楚三围宋矣，而不能亡。”这时楚、魏正争夺郑、宋间地，宋的迁都到彭城，当即在此时，是避魏、楚两国的威胁的。

（原刊上海《东南日报·文史周刊》1948年12月19日第5版）

司马穰苴破燕考

《史记·司马穰苴列传》说:“司马穰苴者,田完之苗裔也,齐景公时代,晋伐阿、甄,前燕侵河上,齐师败绩。景公患之。晏婴乃荐田穰苴,……将兵扞燕、晋之师,……于是追击之,遂取所亡封内故境而引兵归。未至国,释兵旅,解约束,誓盟而后入邑……,尊为大司马。……已而大夫鲍氏、高、国之属害之,谮之景公。景公退穰苴。……自立为齐威王。用兵行威,大放穰苴之法,而诸侯朝齐。齐威王使大夫论古者《司马兵法》,而附穰苴于其中,因号曰《司马穰苴兵法》。”这里所记司马穰苴在齐景公时打败燕、晋的事,根本不见于《左传》,所以自来学者对此很怀疑。例如《习学记言》说:“《左氏》前后载齐事甚详,使有穰苴,暴起立功,不应遗落。况伐阿、甄,侵河上,皆景公时所无,大司马亦非齐官,盖作书之人夸大其词,而迁信之尔。”

而苏轼《古史》又说:“太史公为《司马穰苴传》,世皆信之,余以《春秋》《左氏》考之,未有燕、晋伐齐者也。而《战国策》称司马穰苴执政者也,湣王杀之,意者穰苴尝为湣王却燕、晋,而战国杂说遂以为景公时耶?”他根据了《战国策》,认为司马穰苴是齐滑王时的执政,曾有却燕、晋的事,战国杂说误以为齐景公时的,这话很有见地。

惠士奇也说:“《战国策》,齐闵王时司马穰苴为政,闵王杀之,大臣不亲,则穰苴乃闵王之将。以故齐南破楚,西屈秦,用韩、魏、燕、赵之众犹鞭策者,盖穰苴之力居多,及穰苴死,而闵王亡矣。”这里又认齐闵王的破楚屈秦,也出于穰苴之力,那未免过分夸张了。齐的破楚屈秦,分明主将是匡章,我们可以找到很坚强的证据的,决不能把这份功绩也记在司马穰苴身上的。

考《齐策六》说:“齐负郭之民有孤狐咺者,正议,闵王斫之檀衢,百姓不附。齐孙室子陈举直言,杀之东闾,宗族离心。司马穰苴为政者也,杀之,大臣不亲。”据此,可知司马穰苴确为闵王时人。而《赵策二》载苏子的话,又说:“夫齐威、宣,世之贤主也,德博而地广,国富而用兵,将武而兵强。宣王用之,后逼韩威魏,以南伐楚,西攻秦,为齐兵困于殽塞,十年攘地,秦人远迹不服,而齐为虚戾。……今富非有威、宣之余也,……而将非有田单、司马之虚也。……”

这里又把司马和田单算作了齐威王宣王的将,可是齐的伐楚攻秦,因秦兵于殽王,以及“齐为虚戾”,分别都是齐闵王的事,《赵策》误以为威宣王,那么司马穰苴本是闵王时将,于此又可得一明证。雷学淇《竹书纪年义证》对于此事,也曾说:“闵王之胜燕之事,可考者二:《策》以司马穰苴为闵王臣,而《穰苴列传》谓燕侵河上,苴迫击之,途取所亡封内故竞。又苏代说燕,本在昭王廿七年,故有燕谋齐及齐劲宋之说,其曰:‘齐与燕战,覆三军,获二将’,此亦闵王时事。”话都说得很对,《荀子·王霸》篇说:齐闵“南足以破楚,西足以诎秦,北足以败燕，中足以举宋。”《燕策一》载苏代说：“今夫齐王，长主也，而自用也。南攻楚五年，蓄积散。西困秦三年，民憔瘁，士罢弊。北与燕战，覆三军，获二将，而又以其余兵南而举五千乘之劲宋。”都把齐的破燕，叙述在齐困秦和举宋之间。

还有《齐策五》苏秦说：“齐、燕战，而赵氏兼中山。”赵灭中山在惠文王三年，也即秦昭王十一年，这年齐和魏、韩已战胜秦军，秦王把封陵归还了魏，又把武遂送归还了韩，和三国求和。齐的伐燕即在这年。这次齐破燕之役，当是□司马穰苴主将的。《司马穰苴传》说：“晏婴乃荐田穰苴。”怕这时薛公田婴正为齐相，田穰苴便是田婴所荐，后人换“田婴”为“晏婴”，便把司马穰苴破燕事移到了齐景公时了。大概太史公也见到《赵策》威宣王时有司马为将的说法，“齐威王用兵用威，大放穰苴之法。”用这来弥缝误说了。

《齐策二》载：“权之难，齐、燕战，秦使魏冉之赵，出兵助燕击齐。薛公使魏处之赵，谓李向曰：‘君助燕击齐，齐必急。急必以地和于燕，而身与赵战矣。然则是君自为燕东兵，为燕取地也。故为君计者，不如按兵勿出。齐必缓。缓，必复与燕战，兵罢弊，赵可取唐、曲逆。战而不胜，命悬于赵。然则吾中立而割穷齐与疲燕也。两国之权，归于君矣。’”《齐策五》载苏秦的话，又说：“齐、燕战于桓之曲，燕不胜，十万之众尽。胡人袭楼烦数县，取其牛马。”这二段话，所指的怕也是这时的事。《齐策二》“权之难”乃“桓之难”之误。《司马穰苴传》说：穰苴的伐燕晋，是由于“晋伐阿、甄，而燕侵河上。”所谓“晋”疑即指“赵”而言的。后来齐湣王听了祝弗之谋，改变外交政策，驱逐亲魏的大臣周最，用秦的大臣吕礼为相，薛公也就失去了相，《六国表》载齐湣三十年（当作七年）田甲劫王，相薛文走。怕是由于薛公的失相位,田氏亲族也就失势,因此造成“田甲劫王”的事来,等到劫王的事失败,薛公也就出走了。穰苴原也是齐湣王时诸田中当权的人了,“田甲劫王”的事该也会参加的,穰苴的被杀,怕是由于这个缘由吧。

(原刊上海《东南日报·文史周刊》1949 年 1 月 9 日第 5 版)

魏文侯灭中山考

魏伐中山，事在魏文称侯改元之十七年，即周威烈王十八年，《魏世家》说，“魏文侯十七年，伐中山。”《赵世家》系在烈侯元年，和《魏世家》相合。这役攻中山，魏的主将是乐羊，《吕氏春秋·乐成》篇说：“魏攻中山，乐羊将。”《韩非子·说林上》篇、《魏策一》《中山策》都说：“乐羊为魏将而攻中山。”但是吴起也曾参加，《韩非子·外储说左上》篇说：“吴起为魏将，而攻中山，军人有病疽者，吴起跪而吮其脓，伤者之母而泣。……”《说苑·复恩》篇《吴起列传》略同。……

魏伐中山，前后三年才把中山灭亡。《秦策二》载甘茂说：“魏文侯令乐羊将，攻中山，三年而拔之。”《说苑》载文侯的话又说：“吾以武下乐羊，三年而中山为献于我。”都可作为明证。《魏世家》认为伐取中山是一年内的事，当是错误。《乐毅列传》说：“乐羊为魏文侯将，伐取中山，魏文侯封乐羊以灵寿。乐羊死，其子孙因家焉。”可是据其他传说看来，乐羊伐取中山后，似乎很不得意。《韩非子·说林上》篇说：“乐羊为魏将而攻中山。其子在中山，中山之君烹其子而遗之羹。乐羊坐于幕下而啜之。……乐羊罢中山，文侯赏其功而疑其心。”(《淮南子·人间》《说苑·量德》篇《魏策一》《中山策》略同)《吕氏春秋·乐成》篇又说：“魏攻中山，乐羊将。已得中山，还，反报文侯，有贵功之色。文侯知之，命主书曰：‘群臣宾客所献书者，操而进之，’……书尽难攻中山之事也。将军还走，北面再拜曰：‘中山之举，非臣之力，君之功也。’”从此役魏文侯使子击往守中山看来，乐羊在中山确是不得志，此后也就不见有乐羊的事迹。

《魏世家》说文侯“伐中山，使子击守之，赵仓唐傅之。”可是《魏世家》又载翟璜谓李克说：“中山已拔，无使守之，臣进先生。君子之无傅，臣进屈侯鲋。”《韩非子·外储说左下》载翟璜对田子方说：“君谋欲伐中山，臣荐翟角而谋得果。且伐之，臣荐乐羊而中山拔。得中山，忧而治之，臣荐李兑而中山治。”那时翟璜为相，这一批人是翟璜所荐是无疑的，治理中山的李克也是无疑的，那么为什么《魏世家》说“使子击守之”，而翟璜的话又说由李克在治理呢？原来李克在中山便是子击的“相”。《水经注》佚文引李克说：“魏文侯时(李克)为中山相”。《吕氏春秋·适咸》篇说：“魏武侯之居中山也，问于李克……”都是明证。《淮南子·道应》篇也抄袭《吕氏春秋》这一节，首句改作了“魏武侯问李克。”高注：“李兑，武侯相。”钱宾四先生因此便说李克曾继相文侯、武侯，那显然是错误的。《韩非子·难二》篇有“李克治中山，苦陉令上计而入多，……”(“李克”旧误作“李兑”，从蒲阪圆据《魏都赋》刘注引《李克书》校正)这该也是李克做中山相时的事。

魏和中山之间，隔有赵地，这时魏所以能灭中山，正因为三晋能够合作，而魏是三晋领袖的缘故。赵敬侯元年公子朔（《魏世家》作“朔”，《赵世家》作“朝”）争立，失败奔魏，魏助朔攻赵，失败而退，从此魏、赵便失和，赵与中山也发生战争了。《赵世家》载赵敬侯十年，“与中山战于房子”，十一年，“伐中山，又战于中人”。

（原刊上海《东南日报·文史周刊》1949 年 1 月 23 日第 5 版）

三晋伐齐入长城考——战国兴亡丛考之一

三晋自从灭知氏以后，虽已形成为三个国家，可是上面还是虚戴晋君，对外作战也往往联合出兵，彼此间还能相当的合作。这三晋伐齐入长城一役，便是个最好的例子。

这一役，是由于齐国田氏的内讧。田氏在田悼子死后，便内讧起来。田布杀了公孙孙，而公孙会（即田会）就在廪邱反叛，投到了赵国。等到田布进围廪邱，赵国又合了韩、魏来救解，就引起了一场大战。据《水经·瓠子河注》引《竹书纪年》说："晋烈公十一年，田悼子卒。田布杀其大夫公孙孙，公孙会以廪丘叛于赵。田布围廪丘，翟角、赵孔屑、韩师救廪丘，及田布战于龙泽，田布败逋。"《田齐世家·索隐》引《竹书纪年》又说："（齐）宣王五十一年，公孙会以廪丘叛于赵。十二月，宣公薨。"《田齐世家》也说："宣公五十一年，卒。子康公贷立，田会自廪丘反。"（《齐世家》《六国表》同）可是《索隐》说："《纪年》：'宣公五十一年，公孙会以廪丘叛于赵。十二月，宣公薨。'于周正为明年二月。"如果《纪年》和《史记》的年代相同，《索隐》说这句"于周正为明年二月”似乎有些不切合。

钱宾四先生说：“窃意《索隐》此条，实因《史记》本文而误衍一‘一’字。盖《纪年》魏史，用夏正，宣公卒在十二月，以魏史言，尚为宣公之五十年，而以周正计之，则已为五十一年，《索隐》故特著‘于间周正为明年二月’之语，以见《纪年》之五十年与《史记》之五十一年虽异而实同。”这话很有见地。《赵世家》又说：“敬侯三年，救魏于廪丘，大败齐人。”徐文靖《竹书纪年统笺》说：“即败齐田布事，故廪丘者乃烈侯，《世家》云敬侯，误。”这话也很对。《纪年》晋烈公十一年正当赵烈侯三年，《赵世家》“敬侯三年”当即“烈侯三年”之误。

《吕氏春秋·不广》篇对于这一役，更有详细的记载：“齐攻廪丘，赵使孔青将死士而救之，与齐人战，大败之。齐将死，得车二千，得尸三万，以为二京。宁越谓孔青曰：‘惜矣！不如归尸以内攻之。越闻之，古善战者，莎随贲服。却舍延尸，彼得师而财费乏，车甲尽于战，府库尽于葬。此之谓内攻之。’孔青曰：‘敌齐不尸则如何？’窦越曰：‘战而不胜，其罪一；与人出而不与人入，其罪二；与之尸而弗取，其罪三。民以此三者怨上，上无以使者下，下无以事上，是之谓重攻之。’宁越可谓知文武矣。”

《孔丛子·顺势》篇与此略同，惟作“赵孔青帅师五万击之。”孔青当即《纪年》之孔屑，“屑”字疑是“青”字之误。《吕氏春秋》说这一役“齐将死，得车二千，得尸三万。”齐的惨败，于此可见一般。这一役齐的主将是田布，《吕氏春秋》说“齐将死”，怕田布就在这一役送命的。大概田悼子死后，田氏曾有内讧，田布也颇想继立，不幸因内讧而引起外患，在对外作战中死了，所以由田和继立。《吕氏春秋·顺民》篇说：“齐庄子请攻越，问于和子，和子曰：‘先君有遗令曰：无功越。越，猛虎也。’庄子曰：‘虽猛虎也，而今死矣。’和子曰：‘以告鸮子。’鸮子曰：‘已死矣，以为生。’”“鸮子”疑即“悼子”，“鸮”，“悼”声近，所以高注说：“鸮子，齐相。”怕田庄子、悼子、和子原是昆仲辈，所以庄子死后，悼子继立，不到五年也就死了，继立就发生问题，闹得内讧起来，结果还是由田和来收拾乱局。

《水经·汶水注》引《纪年》说：“晋烈公十二年，王命韩景子、赵烈子、翟员伐齐入长城。”这三晋伐齐入长城之役，当是接续上年的廪丘之役的。“翟员”当是“翟角”之误。《吕氏春秋·下贤》篇说：“魏文侯可谓好礼士矣。好礼士，故南胜荆于连隄，东胜齐于长城，虏齐侯，献诸天子，天子赏文侯以上闻。”

“虏齐侯”，雷学淇《竹书纪年义证》校作“虏齐俘”。因为“天子赏文侯以上闻”，所以魏史说是“王命”了。据《吕氏春秋》，这时除了“东胜齐于长城”，还有“南胜荆于连隄”之事。驫氏编钟铭文说：“惟廿又在祀，驫羌作戎，厥辟韩宗敽，入长城，率征进齐，先会于平阴，武侄寺力，敚(夺)楚□，赏于韩宗，令(命)子晋，邵(昭)于天子，用明则之于铭，武文□烈，永乐毋忘。”

这钟的制造年代，刘节、唐兰、徐中舒三先生都断为周灵王二十二年的事(刘著《驫氏编钟续考》，刊《北平图书馆馆刊》五卷六号，又著《答怀王教书》，刊同刊七卷一号，唐著《驫羌重考释》，刊同刊六卷一号。徐著《驫氏编钟图释》，中央研究院史语所出版)，吴其昌先生断为周厉王二十三的事(吴著《驫羌钟补考》，刊北平图书馆馆刊五卷六号)，郭沫若先生断为周安王二十二年事(郭著《驫氏编钟考释》，见《金文丛考》)，温廷敬先生又断为周威烈王二十二年事(温著《驫羌钟铭释》，刊《国立中山大学研究院文科研究所历史学部史学专刊》一卷一期)，国外有高本汉，也赞同周灵王二十二年说(所著《屭羌钟之年代》，有刘叔扬译文，刊《考古社刊》第四期)，最近唐兰先生等又否定旧说，而赞同周威烈王二十二年之说。本来周灵王二十二年之说之是不可信的，周灵王十七年虽是不可信的，周灵王十七年虽曾有平阴之役，可是此役据《左传》是："冬十月，会于鲁济。……同伐齐，齐侯御诸平阴，堑防门而守之，……十一月丁卯朔，入平阴。"并非是先会于平阴而后入长城的。而且春秋时齐并无长城之名，齐的长城是战国初期逐渐由"防"而扩展成的。这编钟的形式与纹样本都是战国式，不是春秋时的制作，出土地点也在洛阳金村韩君墓里，若在春秋时，韩墓怎能葬在洛阳附近？战国初期三晋在名义上还虚戴晋公，虚尊王室，所以铭文有"命于晋公，昭于天子"的话，若在春秋时，家臣怎能上达天子？而且"辟"之一名，古惟用于王或国君，设使三家未分晋，怎能称"辟"？至于郭先生的"周安王二十二年说"，说是三晋伐齐救燕的事，也不足信。齐、燕在桑丘相战，三晋往救，何必要说在平阴会师？郭先生引用《齐世家》"桓公五年，秦、魏攻韩，韩求救于齐……田巨思曰……桓公曰：'善。'乃阴告韩使者而遣之。韩自以为得齐之救，因与秦、魏战。楚、赵闻之，果起兵而救之。齐因起兵袭燕，取桑丘。"用这来说明周安王二十二年有秦、魏攻韩的事。却不知这是太史公误把齐宣王五年的事算作了齐桓公五年的事，田巨思即是田忌，这时邹忌、田忌都尚未用事，只因"桓""宣"二字音形俱近，而五年同有齐伐燕的事，就相互牵混了。郭先生用这来解释这钟的"征秦"二字，可说是全盘错误。这钟铭文的"伐齐入长城"，和《纪年》晋烈公十二年"伐齐入长城"正合，这篇铭文的"昭于天子"，也正和《纪年》的"王命"相合。

高本汉也曾考虑到这一点，只是认为还有二点是不容易解释的："那轻微的一点是这样，是否驫氏在三九八年还在他的铭文上用'二十二年'（晋烈公）的年号，这好像是成为问题。……那时周天子已经命韩独立了，那么，为什么还用晋的年号呢？……第二个反证就严重得多了……三晋之一的魏，在四〇九到四〇八年同秦战争，这是确实的，可是，是否韩驫羌的封主，为这次战争参与者，都只好留作一个疑问。"

温廷敬先生又说："烈公十二年，当威烈王十八年，然《纪年》久佚，《水经注》每多讹误，此十二年，必十六年之误。烈公十六年当威烈王二十二年。以此铭证之而益信。……征秦必为是年以前的事，此并言之。《六国年表》'威烈王十三年，秦简公二年，与晋战，败郑下。十六年，十七年两伐秦。'《魏世家》于十七年，亦云攻秦至郑而还。度驫羌亦必从韩与其役。否则韩自有伐秦之事，而史不记也。伐齐之事，仅见于《纪年》甚略，赖有'入长城'三字，知为是役。"

考晋烈公十二年即周威烈王二十一年，钱宾四先生已经考定。钟铭的"惟廿又再祀"当指在周威烈王二十一年，伐齐入长城，驫氏到次年才钟铭纪功，也是情理中事。温先生的校改纪年年数是多余的。高本汉认钟铭的"惟廿又再祀"是指晋烈公的二十二年，发出了二个疑问，也是多余的。这时韩尚未经天子命为诸侯，又因有"王命"的关系，所以用周天子的正朔了。钟铭"征秦"之事虽不见于《纪年》，可是钟铭"敓夺楚□"，正和《吕氏春秋・下贤》篇所谓"南胜荆于连隄，东胜齐于长城"相合。《吕氏春秋》毕沅新校正引梁曜北说："《国策》《史记》皆不见文侯胜荆齐之事"，现在我们拿《纪年》和驫氏编钟来对校，魏文侯胜荆齐的事，不是很明显了么？魏在文侯之世，尊贤重义，号为令主，在三晋中魏本最强，最先称侯，晋、秦嬴之□，文侯也用兵平定而立晋烈公。三晋有事，魏常联合韩、赵去应外敌，俨然是三晋的盟主。后来周安王二年，三晋曾伐楚到乘丘。十一年，三晋败楚于大梁、榆关，结果是厚赂了秦国，才得讲和。直到魏武侯去帮助赵公子朔去争立，三晋才失和。前此魏伐秦之役，韩也是参与的，所以这钟铭有“征秦”的话，只是《史记》缺略，没有交代清楚罢了。《秦本纪》孝公元年下令关中说：“会往者厉、躁、简公出子之不宁，……三晋攻夺我先君河西地”，这里把三晋合称，也是一证。

三晋经此大胜，也就威震天下，所以天子“赏以上闻”，魏史称为“王命”，后二年周威烈王二十三年，天子也就讨好三晋，承认既成事实，命三晋为诸侯了。

（原刊上海《东南日报·文史周刊》1949年2月13日第6版）

赵灭中山考

自从魏文侯灭中山以后，中山便属于魏，文侯初使子击往“守”，还当它一个“郡”看待，等到封少子击，就成为一个别封之国了。在战国初期，中山和魏的关系还很密切，《魏世家》说魏惠王二十八年“中山君为相”，(《六国表》在二十九年)黄式三《周季编略》据此说：“魏灭中山守之，以封其后……犹臣子魏也。”这话是很对的。只因魏与中山之间隔有赵国，关系就渐渐疏远，中山就渐渐成为独立国了。可是《乐毅列传》说：“乐羊为魏将而伐中山，……中山复国，至赵武灵王时复灭中山。”好似中山被魏灭后又曾“复国”，全祖望《经史答问》便认为中山复国在魏惠王二十八年后，而梁玉绳《史记志疑》又见《赵世家》有赵敬侯十年与中山战于房子等事，认为不应在魏惠王二十八年后，其实都是错误的。中山根本没有复国之事，赵所灭的就是魏所封的中山，这点钱宾四先生《先秦诸子系年》已有详细考证。

赵武灵王的伐灭中山，不是短时期成功的，是连年不断地进攻，逐渐把它灭亡的。据《史记·赵世家》：

(赵武灵王)十九年,……王北略中山之地,至于房子,遂之代,北至无穷,西至河,登黄华之上。

(赵武灵王)廿年,王略中山地,至宁葭;西略胡地,至榆中。林胡王献马,……代相赵固主胡,致其兵。

(赵武灵王)二十一年,攻中山,赵袑为右军,许钧为左军,公子章为中军,王亦将之。牛翦将车骑,赵希并将胡、代。赵与之径,合军曲阳,攻取甘邱,华阳,鸱之塞。王军取鄗,石邑,封龙,东桓,中山献四邑请和,王许之,罢兵。

(赵武灵王)二十二年,攻中山。

(赵武灵王)二十六年,复攻中山,攘地北至燕代,西至云中、九原。

(赵惠文王)三年,灭中山,迁其王于肤施。

案:《秦本纪》说昭王八年"赵破中山,其君亡,竟死齐。"比较《赵世家》说灭中山在赵惠文王三年,要前三年。而《六国表》说赵惠文王四年与齐、燕共灭中山,《田齐世家》说湣王二十九年齐佐赵灭中山,又后一年。梁玉绳《史记志疑》和黄式三《周季编略》又都把赵灭中山定在赵武灵王二十五年。《周季编略》说:"中山于此年已失其国都,赵武灵王二十五年也。《燕策》曰:'秦伐韩,故中山亡'。指取穰而言也。《魏策》:'中山恃齐、魏而轻赵,齐、魏伐楚而赵亡中山'。指取重丘言也。《资治通鉴》于是年书中山君奔,与《策》语正合。《史记·秦本纪》于秦昭王八年云:'赵破中山,其君亡,竟死齐'。此中山君死之年,非奔齐之年也。《赵世家》于惠文三年书与齐、燕共灭中山,必中山君死齐后,复有未降赵之邑,其子若臣复守之,而惠文三年赵与齐、燕共分其地,而中山始尽灭与?"这个说法是不可信的。

《赵策三》载司马浅对赵主父说："不然。我约三国而告之秦，以未构中山也。三国欲伐秦之果也，必听我，欲和我。中山听之，是我以王因饶中山而取地也。中山不听，三国必绝之，是中山孤也。三国不能和，虽少出兵可也。我分兵而孤乐中山，中山必亡。我已亡中山，而以余兵与三国攻秦，是我一举而两取地于秦、中山也。"《赵策》又载："三国攻秦，赵攻中山，取扶柳。五年以擅呼沲。齐人戎郭、宋突谓仇郝曰：'不如尽归中山之新地，中山案此言于齐曰：四国将假道于卫，以过章子之路。'齐闻此，必效鼓。"足证齐、魏、韩四国攻秦之役，赵正攻中山。三国攻秦在赵惠文王元年，这时，中山还未亡。《赵策一》载苏秦为齐上书说赵王："楚人久伐而中山亡。"《赵策三》载马服君说："赵以二十万之众共攻中山，五年乃归。"《秦策三》载须贾说："宋中山数伐数割，而随以亡。"《吕氏春秋·先识览》说："夫五割而与赵，……未有益也。"高注："中山五割与赵，赵卒亡之。"《齐策五》载苏秦说："齐、燕战。而赵氏兼中山。"可知赵的灭亡中山，不但历年很久，还曾几次三番的进伐与割地。

据《赵世家》，赵武灵王十九年便侵略中山，到赵惠文王三年灭中山，前后十二年。这十二年间，又巧是国际间多事的时候，在赵武灵王十九年到二十四年，秦曾拔取韩宜阳和武遂，拔取魏晋阳等地。二十五年秦伐韩取穰，齐合韩、魏攻楚，大破楚师于垂沙。二十六年楚攻韩雍氏失败，秦有破楚杀景缺。二十七年，秦又伐取楚八城。赵惠文王元年，秦又发兵取楚十五城，齐又合魏攻秦，到三年秦才求和。齐又曾合韩、魏伐燕。赵、宋在这期间，表面上和秦联合，赵曾使楼缓做秦相，仇郝做宋相，可是赵、宋却另有企图，想乘中原多事无暇兼顾的时候，开拓领土。宋在这时灭滕伐薛，取淮北之地，赵便在这时灭中山而征服林胡、楼烦了。《燕策》说："秦伐韩故中山亡。"《魏策》说："齐、魏伐楚，而赵中山亡。"《赵策》说："楚人久伐而中山亡。"《齐策》说："齐、燕战，而赵氏兼中山。"所指的都是这十二年的事，我们决不能执定一二点来论定赵灭中山的年代。至于《秦本纪》说昭王十一年"齐、韩、魏、赵、宋、中山五国共攻秦，至盐氏而还。"说三国攻秦之役，赵、宋、中山也参与，显然是错误的。据《赵世家》看来，赵的最后一次攻中山，在赵武灵王二十六年，到惠文王三年灭中山，前后正五年。所以马服君说："赵以二十万之众共攻中山，五年乃归"了。《赵世家》又说这年"北地方从，代道大通。还归，行赏，大赦，置酒酺五日。"正是因为灭中山之故。赵灭中山，齐、燕实未参加，从《齐策》"齐、燕战，而赵氏兼中山"可见。《田齐世家》《六国表》说赵和齐、燕共灭中山，分明是错误的。

《史记·苏秦列传·集解》载徐广引《竹书纪年》说："魏救中山，塞宿胥口。"（今本脱"中"字，"宿"字误作"集"，此据《燕策》"秦昭燕王"章鲍注转引徐广说校正）钱宾四先生《先秦诸子系年》说："《魏策》云：'中山恃齐魏以轻赵。'又云：'齐魏伐楚而赵亡中山。'则中山固犹恃魏宗国为其后援矣。《燕策》苏代说魏王'决宿胥之口。'鲍彪引徐广曰：'纪年魏救中山，塞宿胥口。'……然则中山固恃魏援，魏亦救中山，良以魏与中山，本出一宗故也。"这个说法是很对的，魏救中山，怕在赵初攻中山的时候，等到齐、魏、韩三国伐楚，也就无暇顾及，所以《魏策》有"齐、魏伐楚，而赵亡中山"的话。

《墨子·所染》篇说："中山尚染于魏义、偃长……所染不当，故国残身死。"《吕氏春秋·当染》篇略同，惟"偃"作"揠"。高注说："尚，魏公子牟之后，魏得中山以邑之也。"苏时学《墨子刊误》说："中山为魏之别封，非春秋时之鲜虞也。魏文侯灭中山，而封其子少子挚，至赧王二十年为赵武灵王所灭，其君有武公，桓公，见《世本》。此名尚者，当为最后之君。”孙诒让《墨子间诂》又说：“据《水经·滱水》郦道元注及《太平御览》百六十一引《十三州志》并谓中山桓公为魏所灭，则尚或即桓公，墨子犹及见之，高、苏以为魏别封，非也。”而钱宾四先生《先秦诸子系年》驳到：“不知桓公为魏灭，而尚为赵灭，不得混并为说。”又说：“《太平寰舆记》卷六十一引《史记》‘赵武灵王以惠文王三年灭中山，迁其君尚肤施，’则中山最后一君名尚，又得其证矣。”考《索隐》引《世本》说：“中山武公居顾，桓公徙灵寿，为赵武灵王所灭。”桓公是否名尚，已无从证实，但尚是赵所灭的中山君，是可无疑的。钱先生认为桓公是魏所灭的，我们看了《世本》的话，知道这说法也是不足信的。《韩非子·外储说左上说》：“赵主父使李疵视中山可攻不也。还报曰：……‘其君见好岩穴之士，所倾盖与车以见穷闾隘巷之士以十数，伉礼下布衣之士以百数矣，’……举兵而伐中山，遂灭也。”《中山策》略同，惟作“中山之君，所倾盖与车而朝穷闾隘巷之士，七十家。”可知中山君尚也很欢喜养士，《吕氏春秋·应言》篇有“司马喜难墨者师于中山王前以非攻”，而《淮南子·人间》篇说：“代君为墨而残”，钱宾四先生因此说：“其时墨子初生，墨术未定，乌有为墨而残之事？……好墨而亡于赵，岂《淮南》乃误中山为代耶?”这也许是可能的。《吕氏春秋·先识览》又说：“中山之俗，以昼为夜，以夜继日，男女切倚，固无休息，康乐，歌谣好悲。其主弗知恶，此亡国之风也。”这话如果确实，那么中山又是因淫昏而亡国的了。

（原刊上海《东南日报·文史周刊》1949年4月8日第5版）

齐魏相王考

“齐魏相王”是战国中期的大事。《史记》上说：“〔齐〕宣王九年，田婴相齐。齐宣王与魏襄王会徐州而相王也。”（《孟尝君列传》，《田齐世家》也说这年：“与魏襄王会徐州，诸侯相王也”）“〔魏〕襄王元年，与诸侯会徐州，相王也。”（《魏世家》，《六国表》同）“〔秦惠文君四年〕齐、魏相王。”（《秦本纪》）这年据《竹书纪年》，该是齐威王二十三年，魏惠王更元元年，《史记》有误。这年魏为什么要和齐会于徐州，互尊王号呢？原来马陵一役，魏被齐打得大败，太子申被杀，接着秦、赵、齐联合攻魏，魏公子卬又被秦虏去，岸门之役，魏将魏错又被秦虏。魏在秦、齐夹击之下，遭遇惨败，便不得不采用惠施的外交路线，向齐屈服，因此便产生“齐魏相王”之举。

《战国策》上有着这样的记述：“……齐因起兵击魏，大破之马陵。魏破韩弱，韩、魏之君因田婴北面而朝田侯。”（《齐策一》）“……齐太公（当作齐威公）闻之，举兵伐魏，壤地两分，国家大危。梁王身抱质执璧，请为陈侯臣，天下乃释梁。郢威王闻之，寝不寐，食不饱，帅天下百姓，以与申缚遇于泗水之上，而大败申缚，……”(《秦策四》)“齐人伐魏，杀其太子，覆其十万之军。魏王大恐，跣行按兵于国，东次于齐，然后天下乃舍之。”(《齐策五》)“梁君……后子死，身布冠而拘于秦。”(“秦”当作“徐”，□□□□□)在《魏策二》上更有详细的叙述：“齐、魏战于马陵，齐大胜魏，杀太子申，覆十万之军，魏王召惠施而告之，……对曰：‘……王若欲报齐乎？则不如因变服折节而朝齐，楚王必怒矣。王游人而合其斗，则楚必伐齐，以休楚伐罢齐，则必为楚禽矣。是王以楚毁齐也。’魏王曰：‘善’。乃使人报于齐，愿臣畜而朝。田婴许诺，张丑曰：‘不可。……’田婴不听，遂内魏王，而与之并朝齐侯再三。赵氏丑之，楚王怒，自将而伐齐，赵应之，大败齐于徐州。”

据《魏策》说，魏王的朝齐，是出于惠施的计谋，据《吕氏春秋·爱类》篇，魏尊齐为王的事也出于惠施的策划。《吕氏春秋·爱类》篇说：“匡章谓惠子曰：‘公之学去尊，今又王齐王，何其到也？’……惠施曰：‘大者可以王，其次可以霸也。今可以王齐王而寿黔首之命，免民之死，是以石代爱子头也，何为不为？’”

那么，“齐魏相王”可知是由于魏王朝齐而尊齐侯为王了。因为魏惠王作逢泽之会时先已称王，这时齐由于魏的推尊，便得和魏并称为王，相互承认王号，于是有这所谓“齐魏相王”。

雷学淇《竹书纪年义证》说：“至此年与齐会诸侯于徐州而相王，于是齐威亦称王。……《秦本纪》《六国表》及《齐》《魏世家》皆特著齐、魏称王之事，其说是也。”这个看法，是很正确的。《田世家》载：“〔齐威王〕二十六年，……齐因起兵击魏，大败之桂陵。于是齐最强于诸侯，自称为王，以令天下。”

这话是不足信的。当时齐在败魏于桂陵之后，依然给魏打败于襄陵,齐不得请楚将景舍向魏求和,“最强于诸侯”是魏而不是齐,所以魏不久便有逢泽之会,自称为王。雷学淇又说:“《史记》误齐威之年移前,故云齐先自王。”这话也很有见地。周广业《孟子四考》说:“《秦纪》上两言惠文君,下忽书曰‘王冠’,殊不可解。及观《始皇纪》后附记秦世系云:‘惠文王二年初行钱,有新生婴儿曰:秦且王’,然后知秦应识称王,即在受天子贺之年也。是时魏已寖弱,方改元与民更始,闻秦称王,欲厚结以为援。既与议婚,复远涉齐境(徐州齐境),藉其威力,以胁诸侯,名为自王,实欲王秦,史于‘会徐州相王’,《魏》《齐世家》及《年表》备书之。盖其事虽未惬众心,而魏固已名震河山以东,秦亦侈然自肆于国中矣。《秦史》特变文曰:‘齐魏相王’。意盖谓齐、魏皆奉之为王。故与天子致胙连书以为荣。而《年表》复书‘魏夫人来’,以见魏实为之谋主。”(附论梁、齐诸国称王之年)

这些见解,完全出于想象,毫不足信。秦的自称为王,在齐魏相王后九年,《周本纪》《楚世家》《田齐世家》《张仪列传》等都可明证。钱宾四先生《先秦诸子系年》说:“《魏世家》‘梁惠王二十八年,齐威王卒’,今按:是年齐败梁马陵,非威王卒年,疑乃威王始称王之年也。《田齐世家》云:‘齐击魏,大败之桂陵,于是齐最强于诸侯,自称为王,以令天下。’此史公误以桂陵为马陵,故云然。又云:‘齐击魏,大败之马陵。其后三晋之王,皆因田婴朝齐王于博望。’是则齐威胜马陵而称王之证矣。威王既以马陵胜后称王,而史公见其称侯,后称王,疑为两人,故于是年谓威王卒,宣王立。”(《梁惠王二十八年乃齐威王称王之年非齐威王卒年辨》)

这个见解,实在是不能成立的。据上面所引的《秦策四》和《魏策二》,知道魏在马陵败后采用了惠施的策略“相王”,楚的伐齐徐州就是因为不服“齐魏相王”之举。根据《田齐世家·集解》，徐广引《六国表》云：“齐宣王三年（当作齐威王十七年），与赵会博望，伐魏。”今本《六国表》“博望伐”三字误作“于”，这年正当齐败，魏马陵之役一年，秦、赵、齐三国还正联合攻魏，可知博望之会，仅齐、赵相会而共谋伐魏，《田齐世家》以为博望之会是三晋朝齐，显然大误。《田齐世家》“宣王二年”之文本来是根据《齐策一》而略加润饰的，《齐策一》仅说：“韩、魏之君因田婴北面而朝田侯”，并不说在博望，而《田齐世家》说：“三晋之王皆因田婴朝齐王于博望”，足见太史公没有辨明《齐策一》所说的是指“齐、魏会于徐州相王”，误把齐、赵博望之会附会了上去。《齐策一》称齐魏相王时，“韩、魏之君因田婴北面而朝田侯”，《秦策四》称：“梁王抱质执璧，请为陈侯臣”，《魏策二》载：“田婴不听，遂内魏王，而与之并朝齐侯再三。”或称田侯，或称陈侯，或称齐侯，分明“齐魏相王”当魏王朝见齐侯的时候，齐君还没有称王，如果齐在“齐、魏会徐州相王”前，已有魏朝齐于博望之举，那么“齐魏相王”是魏王朝齐，何必一定要惠施的劝说？如果齐在“齐、魏会徐州相王”前，齐已先称王，那么“齐魏相王”，只是齐、魏两国间追相承认王号，何致楚王大怒而明年伐徐州之举？这年《田齐世家》《魏世家》《六国表》都说诸侯会于徐州，《齐策一》又说韩、魏之君同朝齐，可知徐州之会，不仅齐、魏相会，许多弱小国家也都参加，齐在徐州之会成王，也正同魏在逢泽之会称王一样，只是魏先前已称王，齐为顾全魏的面子，于是成了“齐魏相王”。《田齐世家》说齐在桂陵胜后自称为王，这是因为太史公误把齐威王的年世移前，而所见到的史料已称齐威为王，不得其解，便以意系之于桂陵一役之后，犹如田齐在威王时马陵胜后出奔，太（后缺）

（据上海图书馆名人手稿馆藏杨宽先生剪报）

周分东西考

自从韩灭郑以后，周便给韩所包围，等到周分裂为东西两周，领土又日渐给韩所蚕食，几乎曾为韩的附庸。周的分裂为东西两周，事在周显王二年。《史记·周本纪》说："考王封其弟于河南，是为桓公，以续周公之官职。桓公卒，子威公代立。威公卒，子惠公代立，乃封其少子于巩以奉王，号东周惠公。"这里没有把年代交代明白。可是《周本纪·正义》引《述征记》说："《史记》周显王二年，西周惠公封少子班于巩，以奉王室，为东周惠公。"《赵世家·正义》引《括地志》也说："《史记》周显王二年，西周惠公封其少子班于巩，为东周。"所引《史记》，都说在周显王二年，是不是今本《史记》脱掉了年代呢？

《赵世家》说："赵成侯八年，与韩分周以为两。"根据《六国表》，赵成侯八年正是周显王二年，那么，周的分裂为两并不是如《周本纪》所说的由于西周惠公的封其少子于巩，而是由于赵、韩两国促成的。考《韩非子·内储说下》篇载："公子朝，周太子也，弟公子根甚有宠于君。君死，遂以东周叛，分为两国。"《韩非子·难三》篇与此略同，只是“公子朝”作“公子宰”。如此说来，周的分裂，是由于西周太子“公子朝”的弟弟“公子根”在东部叛变独立而起的。《韩非子·说疑》篇又说：“周滑之（顾广圻：‘藏本同，今本‘之’作‘伯’）……思小利而忘法义，进则掩蔽贤良以阴暗其主，退则挠乱百官而为祸难，……故周威公身杀，国分为二。”《吕氏春秋·先识览》也说：“周威公薨，肂九月不得葬，国乃分为二。”

原来周威公时因有滑之这权臣当权，内政不修，酿成内乱，以致周威公死后，诸子争立，九月不得葬，终于少子在东部独立，再加有赵、韩两国的帮助，终于分裂为东西两周了。当魏武侯死时，赵、韩协助公子缓和太子罃争立，只因赵、韩不和，没有成功。这时又乘周威公死时，助公子根和太子朝争立，结果分周为两，无非要削弱周以便于操纵罢了。

《韩非子》既说：“公子朝，周太子也，弟公子根甚有宠于君。君死，遂以东周叛，分为两国。”又说：“周威公身杀，国分为二。”那么，在东周叛立的东周惠公，该是周威公的少子，与西周惠公是昆仲。《史记》把东周威公认是西周惠公的少子，《索隐》说：“惠公立。长子曰西周公，又封少子于巩，仍袭父号，曰东周惠公，于是有东西二周也。”显然都是错误。《汉书·古今人表》“东周惠公”注：“威公子”，是可信的。《史记》称东周惠公由于分封，非出叛立，怕又是旧史润色之辞。据《韩非子》，西周惠公名朝或宰，东周惠公名根。《周本纪·索隐》引《世本》又说：“东周惠公名班”，《六国表·集解》徐广引《纪年》又说周显王九年“东周惠公傑薨”。而《皇极经世》又说：“东周惠公卒，子傑嗣”。或许“根”“班”声近，本是东周惠公之名，傑是东周惠公子之名，《皇极经世》之说或即据《竹书纪年》而来，而徐广所引《纪年》有错误。

据《史记》，西周在河南，东周在巩“以奉王”，而《周本纪·索隐》引《世本》说：“西周桓公名揭，居河南；东周惠公名班，居洛阳。”那么，东周究竟在巩呢？在洛阳呢？大概东周叛立确在巩，洛阳为天子所居，东周怎能据以叛立呢？只因东周借“奉王”为名，洛阳也就属于东周了。《史记·苏秦列传》说：“苏秦，东周雒阳人也。”《燕策一》载苏秦谓燕王曰：“臣东周之鄙人也”，《赵策一》又载苏秦说李兑曰：“雒阳乘轩里苏秦，……”洛阳的属于东周，这些都是明证。

《周本纪》又说：“王赧时，东西周分治，王赧徙都西周。”据《楚世家》，楚顷襄王十八年（即周王赧三十四年），周王赧使武公谓楚相昭子曰：“西周之地，绝长补短，不过百里。名为天下共主，裂其地不足以肥国。”武公即西周武公，可知周王赧确居西周。《周本纪》又说：“周王赧五十九年……秦昭王怒，使将军摎攻西周。西周君奔秦，顿首受罪，……周王赧卒（‘王’上原衍‘君’字，从《论衡·儒增》篇、《太平御览》八十五引校删），迁西周公于惮狐。”西周亡时，同时周天子也同亡，这又可证周王赧确居西周。《韩策一》说：“宜阳之役，杨达谓公孙显曰：‘请为公以五万攻西周，得之，是以九鼎抑甘茂也。’”时在周王赧七年，也足证周王赧确居西周。周王赧的由洛阳徙居西周，是不是真如《史记》所说的徙都呢？周王赧徒居西周以后，洛阳是不是仍属东周呢？这种种都是疑问。《韩策一》及《苏秦列传》载苏秦说：“韩北有巩、洛、成皋之固”，《索隐》说：“二邑本属东周，后为韩邑”。似乎巩和洛阳后来都为韩所占。可是苏秦游说六国之辞虽都出后世策士编造，或许有所依据的。《秦本纪》说：“庄襄王元年，……东周君与诸侯谋秦，秦使相国吕不韦诛之，尽入其国，……使蒙骜伐韩，韩献成皋、巩。秦界至大梁，初置三川郡。”也似乎巩先为韩有，后再入秦。

今洛阳金村东北曾有韩墓发现，中有韩臣驫羌钟出土，即使洛阳不属韩有，至少洛阳附近已属韩。《周本纪·集解》引徐广曰："周比王之时凡七县，河南、洛阳、谷城、平阴、偃师、巩、缑氏"。这话也未必可靠。《白起列传》说："（秦昭王）四十六年秦攻韩缑氏、蔺"，可知缑氏也早属韩。（《秦策一》载张仪曰："下兵三川，塞轩辕缑氏之口"，也可作证。）事实上两周的地方不到百里，据《周本纪》说，西周亡时，"尽献其邑三十六，口三万"，三十六邑（后缺）

（据上海图书馆名人手稿馆藏杨宽先生剪报）

关于长平之战的时间

《历史教学》1982年第9期发表了张景贤同志《长平之战时间考辨》札记，列举目前史学著作中述及长平之战时间的三种不同说法，经过考证，断定秦攻韩上党、上党降赵在秦昭王四十五年(公元前262年)，廉颇任赵将拒长平在秦昭王四十七年(公元前260年)四月，长平之战正式爆发就在这年四月，到九月结束，历时六月。因此“所谓双方相持三年之久，才分出胜负的说法”，是由于“把秦军攻韩上党的时间、赵军进驻长平的时间，和长平之战爆发时间混为一谈”。我认为这一考证是站不住的。

张同志所驳辩的长平之战相持三年之久的说法，是我主张的。我在1955年初版《战国史》中，就有此说(160页)，1979年《辞海》的“长平之战”条，也是我执笔的，1980年新版《战国史》仍持此说(359页)。我认为这一说法是正确的。

战国的史料，有不少地方年代混乱，因为不像春秋史料那样有一部比较详确的编年史——《左传》可以依据。

《史记》中关于每个战役的年代，《秦本纪》《六国年表》和许多世家、列传之间，所记常有出入。其所以在一书中记载有出入，有些可能是出于脱字误字，有些是由于依据史料不同；有的战役相持一年以上，不同史料或记其爆发之年，或记其结束之年，就不免有出入了。司马迁所记有关秦的史实，主要依据《秦记》，《秦记》出于秦国史官记载，往往只记每个战役战胜之年，因而不免与其他史料有出入。同时司马迁有时为了记述方便，把历时二三年的战役，合叙于战胜的一年中。云梦睡虎地秦墓出土秦简《编年记》，有关战争年代与《史记》所记有些出入，多数也是由于这个缘故。因此我们对于这些年代出入的记载，需要依据具体情况分别对待。清代学者梁玉绳《史记志疑》在这方面所作考证，常常依据《史记》中某一篇所记的年代，不作具体分析，而武断《史记》中另一篇的年代有误。这是值得我们注意的。

《秦本纪》载："（昭王）四十七年，秦攻韩上党，上党降赵。秦因攻赵，赵发兵击秦，相距。秦使武安君白起击，大破赵于长平，四十余万尽杀之。"这就是司马迁把历时三年的长平之战，为了叙述方便，都记在战胜的一年。《白起列传》也有同样情况："（昭王）四十七年，秦使左庶长王龁攻韩，取上党。上党民走赵，赵军长平，以按据上党民。四月，龁因攻赵……"这段叙述，"四月"以上，讲的是前二年发生的事，说明发生长平大战的原因，并不是说长平之战就在这年四月才开始的。《赵世家》载："（孝成王）四年……韩氏上党守冯亭使者至，……乃令赵胜受地，……赵遂发兵取上党，廉颇将军军长平。七年，廉颇免，而赵括代将。秦人围赵括，赵括以军降，卒四十余万皆坑之。"赵孝成王四年相当于秦昭王四十五年（公元前 262 年），这年赵取上党，并派廉颇率军到长平拒秦。《赵世家》的记载是正确的。《战国策·赵策一》"秦王谓公子他"章，有相同的记载，结尾说："韩告秦曰：'赵起兵取上党。'秦王怒，令公孙起（按即白起）、王齮（按即王龁），以兵遇赵于长平。"说明赵取上党，与秦发兵攻赵长平在同时。梁玉绳《史记志疑》没有以《赵世家》与《战国策》比勘，而仅与《秦本纪》等比勘，断言《赵世家》"廉颇将军军长平"上"失书'六年'二字"。这个校勘是错误的。《六国年表》于赵表中，记载赵孝成五年"使廉颇拒秦于长平"，也是正确的。说明司马迁记述赵国史事，依据的史料是可靠的。现在张同志的考证，信从梁玉绳之说，甚至谓《六国年表》"似乎有误"，就很成问题了。

特别应该注意的，《吕氏春秋·应言》篇说："秦虽大胜于长平，三年然后决，士民倦，粮食□。"高诱注："秦将白起攻赵三年，坑其卒四十万众于长平，故曰大胜也。"这是长平之战先后相持三年的明证。《吕氏春秋》成书于秦始皇八年（公元前239年），曾公布于秦都咸阳的市门，离开长平之战只有二十年。当长平大战时，秦始皇的父亲子楚（庄襄公）正为"质子"押在赵国，秦始皇即生于长平之战后一年。这时吕不韦亦正在赵为子楚设法归国争取君位。吕不韦及其宾客应该对长平之战是很清楚的，特别对秦有关的大事，写在吕不韦准备用作秦国施政纲领的著作中，不可能信口乱说的。

长平之战是战国时代杀伤人数最多的一个战役，双方参与会战的人数都到几十万人，赵卒被坑的多到四十多万人，这是长期相持而最后决战的结果。张同志的结论，认为廉颇出任赵将到长平在秦昭王四十七年四月，到七月赵王就中秦反间计，改用赵括为将，也不合情理。廉颇是赵的名将，官为上卿，赵惠文王时已屡建战功，不可能派到长平才三四个月赵孝成王就认为他指挥无能而要调换的。

（原刊《历史教学》1983年第3期）

再谈长平之战的时间

关于长平之战的时间，既然提出来了，就有必要再作说明。张景贤同志《长平之战时间考辨》中，断定长平之战只历时六月，认为持续三年之说是由于“把秦军攻韩上党的时间、赵军进驻长平的时间，和长平之战爆发的时间混为一读”而发生的误解。这一考证只是依据部分《史论》的史料而作出的论断。其实，《吕氏春秋·应言》篇早就指出：“秦虽大胜于长平，三年然后决。”我们综合《史记》和《战国策》的史料加以分析，可以证明《吕氏春秋》之说是不错的。我为此写了一篇短文《关于长平之战的时间》（载《历史教学》1983年第3期）作为说明，现在张同志坚持他的说法，继续写成《长平之战时间再辨》。这篇《再辨》是更加站不住了。

（一）《吕氏春秋》所说长平之战“三年始后决”的真实性问题

张同志宣称《吕氏春秋》“这条资料的真实程度是值得怀疑的”，但又提不出任何可靠的理由。《汉书·艺文志》把《吕氏春秋》列入杂家，只是因为它的思想体系融合各家之说，并不是因为它“内容庞杂”。即使“庞杂”,也不能就因此抹杀它的史料价值。当然,《吕氏春秋》如同其他先秦典籍一样,不可能完全正确无误,但是对具体的记载要作具体的分析,怎能凭空说《吕氏春秋》所讲长平之战的时间不可信呢,《吕氏春秋》成书的年代,不过离长平之战二十年,这是有关秦国前途的一件大事,吕不韦及其多数宾客对于这样的大事应该是清楚的,而且它讲到了秦国由于长平之战“三年然后决”而产生的后果,“士民倦,粮食□”(所缺一字当是说积储粮食因此短缺)。当时吕不韦以秦相名义主编此书,公布于咸阳市门,当然有他的政治意图,但是,决不可能对众所周知的秦国大事信口乱说的。

现在张同志提出的怀疑理由是:“它(指《吕氏春秋》)既未说明长平之战的起讫时间,也未述明该次战役的具体进程,实是一条内容含糊不清的资料,其本身的资料价值尚需证明,因而不能作为长平之战进行了三年之久的明证。”众所周知,《吕氏春秋》一书,不是战国的编年史,它讲到某一历史事件,只是用作它立论的依据,怎么可能把每个历史事件的起迄时间及其具体进程说明呢?何况,长平之战是当时最大一次战役,离著书年代又这样近,怎能因为它没有说明起迄时间及具体进程,就说“实是一条含糊不清的资料”呢?《吕氏春秋·应言》篇说长平之战“三年然后决”,并且说秦因此得到不良后果,说得十分明确,毫不含糊。

(二)上党之战和长平之战是否紧密连接问题

上党之战是爆发长平之战的起因,因而上党之战和长平之战是紧密连接的,这在史料上是有充分根据的。

张同志说我“囿于《吕览》三年之说,因而对于长平之战这一具体战役的起迄时间也产生了误解”。并且说我“把上党之战作为长平之战的开始，从而把长平之战开始的时间提前至秦昭王四十五年即公元前262年是不妥当的”。看来张同志没有看清我的那篇短文，我没有“把上党之战作为长平之战的开始”的意思。《秦本纪》说：“（昭王）四十七年，秦攻韩上党，上党降赵，秦因攻赵，赵发兵击秦，相距。秦使武安君白起击，大破赵于长平，四十余万尽杀之。”我那篇短文说：“这是司马迁把历时三年的长平之战，为了叙述方便，都记在战胜的一年。”我指的长平之战从“秦因攻赵，赵发兵击秦”开始，最初处于“相距”阶段，后来白起“大破赵于长平”，前后有三年之久，这里说：“秦攻韩上党，上党降赵，秦因攻赵”，只是说明长平之战的起因，十分明白。梁玉绳《史记志疑》说：“案事在四十五年，《赵世家》《白起传》可证，此因说长平事而并书于四十七年，非也。”严格说，秦攻韩上党，事在前二年，不应叙在这一年内，但是，《史记》文例往往如此，不能认为是司马迁的错误。

然而我们从《秦本纪》的叙述中得知长平之战与上党之战是紧密连接的。我曾举出《赵世家》孝成王四年的记载和《赵策一》“秦王谓公子他”章，证明“赵取上党，与秦发兵攻赵长平在同时”。《赵世家》孝成王四年下说：“赵遂发兵取上党，廉颇将军军长平”，接下七年下又说：“廉颇免而赵括代将。秦人围赵括，赵括以军降”。分明“廉颇将军军长平”是紧接赵“发兵取上党”之后，赵发兵取上党之后，马上引起秦对赵的进攻，因而赵要派廉颇统率大军到长平抵御。正如《秦本纪》所说：“上党降赵，秦因攻赵，赵发兵击秦，相距。”现在张同志却说：“《赵世家》‘赵遂发兵取上党，廉颇将军军长平’记述的是先后发生的两件事情，……用的恰恰是杨先生所说的把不同时间的事情合并记叙的笔法，并不能以此断定这两件事情必然前后紧相连接，同发生在秦昭王四十五年之内。”我要声明，我没有说过司马迁有把不同时间甚至不同年份的两件事情“合并记叙在一年里”的笔法，我只是说：“为了记述方便，把历时二、三年的战役合叙于战胜的一年中。”或者把发生战争的原因，叙述在爆发战争的年份中，如果把不同年份的两件事情，可以随便合叙在一年之内，那里还有什么“笔法”可言？张同志说《赵世家》有二件不同年份的事叙述在一年里的“笔法”，因而“并不能以此断定这两件事情必然前后紧相连接”，不免令人费解。

张同志还说：“就《赵世家》所记来看，于赵孝成王四年下只提到赵发兵上党，廉颇率军进驻长平事，并未言及秦进军长平与赵军相距事，下文却突然跳至孝成王七年廉颇免，而赵括代将之事，间隔了三年之久，且孝成王七年当秦昭王四十八年即公元前 259 年，与其他纪传均不合，显然此段记述脱误较多，需要考订，亦不足以作为长平之战发生于公元前 262 年的证明”。其实，《赵世家》记长平之战于孝成王七年，与《史记》其他传记都有相合之处。《赵奢传》记赵括败于长平在赵孝成王七年，亦与《赵世家》相合。《韩世家》说：桓惠王十四年“秦拔赵上党，杀马服子卒四十余万于长平”，这年也正合秦昭王四十八年。《范雎传》记赵“令马服子代廉颇将，秦大破赵于长平”，在秦昭王四十三年之“后五年”，亦是昭王四十八年。《春申君传》说：“春申君为楚相四年，秦破赵之长平军四十余万。”春申君于考烈王元年为相，考烈王四年亦正合秦昭王四十八年。有的同志根据上述资料，断定长平之战最后结束在秦昭王四十八年。我认为，最后决胜在秦昭王四十七年结尾，可能已跨进四十八年的年初，因而记载有四十七年与四十八年的出入。《白起传》载：“至九月，赵卒不得食四十六日，皆内阴相杀食，来攻秦垒，欲出”，于是展开决战。按秦昭王时，秦已采用颛顼历，云梦睡虎地秦墓出土秦简《编年记》，可资证明。颛顼历以十月为岁首，十月初一为元旦，九月已是岁末。秦简《编年记》载：“（昭王）四十七年，攻长平。”韩连琪同志《睡虎地秦简编年记考证》（《中华文史论丛》1981年第1辑）亦引用《吕氏春秋》，断定长平之战前后有三年之久，认为开始于秦昭王四十六年，终于秦昭王四十八年，亦足以备一说。

（三）赵、秦进军长平的时间问题

关于秦进军长平的时间，自当紧接在赵取上党之后。《战国策·赵策一》“秦王谓公子他”章结尾说：“韩告秦曰：‘赵起兵取上党’。秦王怒，令公孙起（即白起）、王齮（即王龁），以兵遇赵于长平。”这段记载是十分明确的。现在张同志又说：“只是一个约略概括的记述，并未明记事件发生的年月及经过，用它来证明《吕氏春秋》记载的正确，实嫌论据不足。”我认为，尽管《战国策》这段记载没有纪年，但是所说秦“以兵遇赵于长安”，紧接在“赵起兵取上党”之后，是十分清楚的，不能因为没有纪年，就否定它的史料价值，梁玉绳《史记志疑》没有以《赵世家》和《战国策》比勘，而仅与《秦本纪》比勘，就断言《赵世家》“廉颇将军军长平”上“失书‘六年’二字”，显然是武断。现在张同志为他辩护，说：梁玉绳“未引《赵策》的记载去校勘《史记》，非其不知也，当有其用意。”这个辩护是十分勉强的。

我在前一篇文章中引《白起传》后说：“四月以上，讲的是前二年发生的事，说明长平大战的原因，并不是说，长平之战就在四月才开始的。”因为二年以前“赵军长平”的时候，长平之战实际上已爆发了，不过处于“相距”的阶段。“四月”以上所讲是前二年发生的事，是很清楚的。现在张同志别出新解，说《白起传》所讲昭王四十七年“攻韩取上党”，是说出兵攻取了原属于韩而后又降于赵之上党，“上党民走赵”是说上党民为避秦军而逃到原属赵之上党地区，“赵军长平”是说赵国为了保护降民，抗拒秦军，遂派廉颇率军进驻长平。并且认为这与秦昭王四十五年秦攻上党、上党降赵的事不同，“此为前后发生的两件事，不可混为一谈”。他认为，秦攻上党，上党降赵是昭王四十五年的事，而秦“攻韩取上党，上党民走赵，赵军长平”已是昭王四十七年的事，是不符合历史实际的，而且他的解释是错误的。

长平在今山西高平县西北。《括地志》(《赵世家·正义》引)说：“长平故城在泽州高平县西二十一里，即白起败括于长平处。”韩上党，在今山西沁河以东、太行山西北一带地方，即唐代泽州、潞州等地。《韩世家·正义》说：“韩上党也，从太行山西北泽、潞等州是也。”赵上党在韩上党以北，在今山西和顺、榆社等县以南。长平不属于赵上党，而是韩上党的重镇。《白起传》所说秦“攻韩上党，上党民走赵，赵军长平”，该是紧接在“秦攻上党，上党降赵”之后的事。正因为“上党降赵”，秦、赵之间就发生争夺韩上党的战斗，一方面是赵派大军接受韩上党降赵，另一方面秦加速攻取韩上党。在双方争夺韩上党的斗争中，秦占有小都分韩上党，赵占有大部分韩上党。“上党民走赵”，就是说在秦占领区的韩上党人民往赵的占领区跑。这时赵派廉颇率大军进驻韩上党重镇长平，用来抵御秦的进攻，保护逃到赵占领区的上党人民。决不能像张同志所说那样，这时秦已“攻取了原属于韩而后又降赵之上党，上党民为避秦军而逃到原属赵之上党地区，赵国为了保护降民，抗拒秦军，遂派廉颇率军进驻长平”。试问，如果秦已完全占有韩上党，赵怎么能够再派大军进驻到韩的上党重镇长平？如果韩的上党人民已经逃到赵的上党去，为什么不派大军到赵的上党去保护，还要派大军深入韩的上党去保护呢？如果秦已完全占有韩的上党，赵再派大军深入韩上党重镇长平去，岂不是自投罗网？这样的军事行动，是不可能的。按照张同志的考证，秦昭王四十五年（公元前262年）韩上党郡守降赵，赵占有韩上党，后二年（公元前260年）秦才怒于上党降赵，再发兵攻取原属韩的上党，赵才派兵进驻长平。试问，为什么秦在当年韩上党降赵的时候不发怒，而要后二年才怒于上党降赵而发兵攻韩上党呢？既和《秦本纪》所说"上党降赵，秦因攻赵"不合，又和《赵策一》所说"韩告秦曰：'赵起兵取上党'。秦王怒，令公孙起、王齮以兵遇赵于长平刀"不合，而且当时秦、赵激烈争夺韩的上党，又不是儿戏，怎能相隔一二年再重新爆发战争呢？

当赵派廉颇率军进驻长平之际，正是秦、赵激烈争夺韩上党的关键时刻。秦攻占了小部分韩上党，赵由于韩上党郡守的降赵，又由于韩"上党民走赵"，取得了大部分韩上党，当然要使"秦王怒"了，要对赵发动进攻了。赵派大军驻守韩上党重镇长平，秦当然要调集大军向长平进攻，于是长平大战就开始了。只因为赵将廉颇采用筑垒坚守而不出击的战略，即所谓"赵军固坚不战"（《史记·赵奢传》）使得秦军无法进占，处于"相距"阶段有三年之久。等到赵改用赵括为主将，赵括改变战略，大规模出击，终于在长平大败，一旦赵在长平战败，韩的上党当然全部被秦攻占了。所以《韩世家》说桓惠王十四年"秦拔赵上党，杀马服子卒四十余万于长平"。《正义》："韩上党也。"但是必须指出，在赵坚守长平时，秦只占有部分韩上党。《白起传》记武安君（即白起）在长平大胜时说："前秦已拔上党，上党民不乐为秦而归赵"。所说"拔上党"，只是指部分占有。《战国策·秦策三》"谓应侯曰君禽马服乎"章，记有人说："秦尝攻韩邢，困于上党，上党之民皆返为赵。"《白起传》引苏代的话,同样作"困上党"而不作"拔上党"。说明当韩上党民逃奔赵占领区的时候,秦只是"困上党"或者部分占有韩上党。如果秦早就有韩的上党,赵就不可能驻进长平,长平之战就无从爆发了。

总之,《白起传》昭王四十七年"四月"以上所记,是为了说明长平大战起因,追叙了前二年韩上党降赵以后发生秦、赵争夺韩上党的事,决不可能如张同志的解释那样,昭王四十七年秦另攻占韩上党。张同志说"前人多未细辨,将此二事误为一事"。我认为,并非"前人多未细辨",而是出于张同志的误解。因为这样的解释不符合历史事件发展的进程,也不合战争的地理形势。

长平之战的起因和经过是:秦昭王四十五年(公元前 262 年)秦攻韩上党,切断韩上党与韩本国的联系,韩上党郡守降赵,赵接受韩上党之降,于是引起秦、赵争夺韩上党的斗争。秦攻占了原属韩上党的小部分地方,赵取得了原属韩上党的大部分地方,韩上党人民多从秦占领区逃到赵占领区。赵为了抗拒秦军和保护投奔韩上党的人民,派大军进驻原属韩上党的重镇长平防守,秦亦派大军进攻长平,从此长期处于"相距"阶段。到昭王四十七年(公元前 260 年)四月战斗开始激烈,到七月,赵因中秦反间计,起用赵括代替廉颇为主将,赵括改变筑垒坚持的战略,被秦将白起所包围,到九月以后(正当年底和年初)突围不成,赵括被射死,全军降秦被坑杀。

(原刊《历史教学》1983 年第 11 期)

周代封建制的崩溃

封建制度崩溃的主要原因，固然是由于产业的发达，却也有内在的原因。

封建制度本是由家族系统扩充而成的阶级政治。天子是天下宗教、政治、军事的领袖，天子把土地分封给他的亲属和姻戚，成为诸侯，诸侯便是一国宗教、政治、军事的领袖。诸侯又把土地分封给他的亲属，成为卿大夫，卿大夫也是一家宗教、政治、军事的领袖。诸侯是一国的领袖，不过诸侯即位，照例都得天子的受命，诸侯还得按期朝王述职，而天子有向诸侯征役班贡的权。卿大夫是一家的领袖，不过须听命于国君，纳贡赋。这种间接统治的制度，在天子的威权很盛的时候，当然能够维持。到后来，就渐渐地尾大不掉了。天子诸侯直接统治的土地有限，一再的封赏，使直接统治的土地愈弄愈小。卿大夫在采邑既有政权、兵权，又佐治国政，地位非常巩固，卿大夫用臣宰来治理采邑，有任用罢免诛杀的权，臣宰只知尽忠于卿大夫，对国君却绝无关系。因此，在这间接统治的制度之下，只有下层的卿大夫有直接的统治权，结果会造成尾大不掉的局面，是必然的趋势。诸侯既渐渐不能听命于天子，卿大夫也不肯受诸侯的节制了。

春秋初年，天子还有相当的地位，郑庄公是当时强者，也朝过桓王。那时天子也还能号召些小国，桓王伐郑，还能征蔡、卫、陈、虢的师旅，给郑打败。后来晋和曲沃相争，天子还命虢伐曲沃，等到曲沃武公灭晋，王就命为晋侯，这样天子的威信就丧失了！天子的威信丧失，传统的概念还保存着，所以春秋时代的霸主也还用尊王攘夷来号召，到战国时代，梁惠王、齐威王都曾会和诸侯朝天子，可是，据说当梁惠王会和诸侯去朝见天子的时候，就有人劝韩君不要听从，并且说："大国何必要有天子，天子只对于小国有利，假如君和大国都不听从，魏怎能和小国去呢?"齐威王会合诸侯去朝见天子的时候，诸侯都因周贫弱，不肯去，只有齐威王独去了。可知道战国时代仅存的传统观念也已消失，天子早就失去他的地位了。

春秋初年，诸侯在国内，还有实权。到中年以后，各国政权就落到大夫手里，弑君逐君已成为平常的事。不但天子已失去天下政治军事领袖的地位，就是宗教上领袖的地位也已丧失，郊祀上帝本是天子的事，春秋时鲁已僭行，祭山川本是诸侯的事，鲁季氏却祭泰山。天子舞用八佾，鲁季氏也用起"八佾之舞"来。在这种情势之下，贵族里原有的阶级地位，也就没法维持了。士大夫既得了政权，再下层做臣宰的"士"，也就跟着有起大权来，有时政权还会落臣宰手里。封建社会里的阶级，是一层一层倒塌下来的。

贵族阶级的上层渐渐的倒塌，下层渐渐设法爬上，我们在贵族名号的演变中，也可以看出这个现象。"王"本是有天下的称号，在春秋时代，只有化外的国君像楚吴越称王，中原的诸侯，只称公、侯之类。

到战国时代，当周显王的时候，魏、齐、秦、韩、赵、燕、宋、中山都陆续称王。到周赧王的时候，秦昭王就曾约齐湣王同称帝，“帝”原是上帝的称号，后来成了祖先神的庙号，到这时大家都已称王，王的称号已不够高，强国所以便想称起“帝”来了。春秋僖公以前，大夫都以伯仲叔季来称呼，后来执政的卿大夫便称“子”，再后那些聚徒讲学的人也称“子”，《论语》上，孔子的弟子对孔子都称“子”，《墨子》上墨子称弟子也都“子”了。孔子看见季氏“八佾舞于庭”，就说：“是可忍也，孰不可忍也？”季氏用八佾固然是僭礼，其实他的弟子称他为“子”，也是僭号呵！

阶级制度的致命伤，最主要的是由贵族的内讧，自己把宗法制度毁灭了。封建制度的继续，是靠宗法制度来维系的，宗法制度毁灭，封建制度也就跟着倒塌。这一点在晋、齐二国最是显见。

晋国的宗法制度最先毁灭，它的封建制度也最先破坏。晋国在献公时，因公族强大，怕他们作乱，献公的亲臣先建议除去富子，又谋杀游氏二子，又使群公子杀尽游氏一族，后来又筑城居留群公子，把群公子杀了。献公宠幸骊姬，为了要立骊姬的儿子奚齐，逼得太子申生自杀，公子重耳夷吾都出走。从此相沿成习惯，近支亲族就没有封为大夫的了。等到重耳回国，便擢用他随从的异性亲信，这样晋国的封建制度，便失去了宗法制度的维系。在文公、襄公的时候，虽然得了异姓卿大夫的辅佐，能称霸一时，到灵公，便给赵氏所杀，公室就渐衰。到悼公以后，政权便落在异姓卿大夫手里，卿大夫互相争夺兼并，就渐渐造成了韩、赵、魏“三家分晋”的局面。齐的公族高、国、崔、庆，因为暴虐，失掉人心，结果齐国也给田氏篡夺了。

晋、齐二国原是春秋的强国，他们为了要国家强盛，就不顾宗法制度，实行“尊贤上功”的政策，结果国家虽强大，造成瓜分篡夺的大祸。晋、郑、卫、宋的宗法制度比较相当的巩固，实行的是“亲亲上恩”的政策，所以政权还是操纵在公族手里，维持着封建制度的形式，可是封建制度的病根愈陷愈深，就弄得一蹶不振。鲁国崇尚礼教，礼教原是维护宗法制度的工具，所以宗法制度在鲁国很巩固，即使公族大夫弑君叛乱，鲁侯还为之立后，结果不但政出于大夫，而大夫的家臣也握到国政。不但大夫要叛乱，大夫的家臣也要叛乱。这些都是鲁国特有现象。鲁、郑、卫、宋束缚在宗法制度里“亲亲上恩”，结果这泥足陷在封建制度里，就愈陷愈深。晋、齐摆脱宗法制度的束缚，“尊贤上功”结果就能跳出了封建制度，走上了新的政治途径——军国政治。晋、齐摆脱宗法制度的束缚，因此原有的贵族阶级也就很容易没落。同时贵族间的内讧，使一部分贵族更快地没落下去。（《晋语九》：“窦犨侍，曰：……夫范、中行氏不恤庶难，而欲擅晋国，今其子孙将耕于齐，宗庙之牺为畎亩之勤。人之化也，何日之有。”）春秋末年，齐国的公子公孙已有无禄的，晋国的栾、郤、胥、原、狐、续、庆、伯，都降落为皂隶。同时在贵族的斗争中，有的贵族还想结好人民，来扩张自己的势力。例如齐国的田氏，收赋税用小斗，施民用大斗，用这来收买人心。结果篡夺得了齐国。贵族为了要在内讧中争取胜利，就结好人民，利用人民，为了要人民替他出死力，就不惜给人们种种权利。晋国的裴豹原是奴隶，范宣子为了要杀家臣督戎，就焚去他的奴籍（丹书），来恢复他的自由。赵简子和范氏、中行氏作战的时候，曾对他的部署宣誓说：“战胜的士大夫受县，下大夫受郡，士田十万，庶人工商都得仕进，奴隶就得解放。”这样给人民得到了抬头的机会，原有的阶级制度当然全部破坏了。

在封建时代，统治的工具，不外“礼”和“刑”，礼是用来维持贵族的社会秩序的，刑是用来统治平民的社会秩序的。贵族有制裁平民的自由，本不必预定刑律。可是在春秋时代郑国子产首先铸刑书（铸在金属上的刑律），晋国也铸刑鼎（也是铸在铎鼎上的刑律），后来郑国又改用竹刑（著在竹简上的刑律），大概到这时刑律的条文已比较详备，不便铸在金属上，所以改著竹简上了。这些刑律的制定，对于制裁平民的刑罚就有了个规定，贵族就不能随便处置平民了。这在贫民便得到了个保障，贵族却失去滥施淫威的特权，所以当子产铸刑书的时候，叔向就写信来规劝，说：“从此人民就要根据刑书起来争了。”当晋国铸刑鼎的时候，孔子也说：“人民在这鼎上有他们的地位了！贵族还怎能尊贵呢？”这些刑律的规定，当然是贵族们所不愿意的，可是当时贤明的执政者，为安定当时的秩序，不能不给予人民一个相当的保障，从此贵族的地位因此降低了些，而人民的地位也得增高些了。这当然也是阶级制度发生动摇的一个原因。

晋国在春秋时代，早就把原有的宗法制度、封建制度、阶级制度陆续的破坏了。到战国时代，魏、赵、韩三国更大规模对旧制作彻底的破坏。魏国“尊贤上功”的政策行得最有实效。魏文侯时，李克制作刑律，著《法经》，教文侯取消世禄的制度，对于官吏的任用，属下的赏罚，完全用才能功过作标准。那时吴起为西河守，也常用种种权利来赏赐人民，鼓励人民替他出死。在这种情况之下，原有的阶级制度当然没法保持，人民就怕不能抬头了。

楚国的文化虽很高，人才虽很多，国势很强势，可是封建势力是相当浓厚的，等到吴起在魏被谮出走到楚，在楚作“令尹”，便教悼王说：“大臣太重，封君太多，必定会上福主而下虐民，这样国家就要贫弱了。不如把封君的爵禄,传到三世就收回,减裁百官的俸禄,裁去不急要的官,来奉养选练出来的士。”吴起把魏国的法治移到楚国来,把楚国的封建制度、阶级制度,又作了一次大破坏。

秦国的文化本来落后,人才不多。相传秦穆公的称霸,也多用国外的人才,“东得百里奚于宛,迎蹇叔于宋,求丕豹、公孙支于晋。”可是封建势力还是存在。到秦孝公时,商鞅又把魏国的法治移到秦国。商鞅本是魏相公孙痤的家臣,因此对于魏国的法治很熟悉,他就把李克整套的法律移到秦国去实行。还规定“斩一首的进爵一级,或给俸禄五十石的官。斩二首的进爵二级,或给俸禄一百石的官。”这样秦国原有的阶级制度也倒塌了。

至于韩国,韩昭侯时,申不害也不曾劝昭侯要照法度办事,要见功给赏,因能受官,不可听从左右的请求。这样的注重人才,当然韩国的阶级制度也没法维持了。

原来三晋的“尊贤上功”,破除宗法制度、封建制度、阶级制度,都是顺着自然演变的趋势的。那些法家如李克、吴起、申不害的活跃于三晋,也是适应时代的潮流,所以在三晋都能比较顺利的发展他们的政策。吴起、商鞅用了这些政策突然的去破坏楚国、秦国的旧有制度,虽然相当的成功,结果还是要遭贵族的忌,终于不免杀身了(春秋时邓析在郑国创作竹刑,结果不免杀身,也是一样原因)。齐国法家思想的盛行,也正同晋国产生法家的原因一样,只是没有三晋那么显著罢了。

(原刊上海《益世报·史苑》1946年9月6日第8版,署名刘平)

士民阶层的兴起

在封建时代，知识是贵族所专有的，平民没有受教育的机会。自从贵族阶级渐次的没落，一部分贵族散在民间，使平民的知识程度提高了。贵族阶级的最下层是“士”，他们没有大封邑，大都靠他们的技艺来当个差使，得到些俸禄来过生活。可是历时既久“士”的人数增加，不得个个都得到相当的位置，就是得到了相当的位置，也不能保持得永久，于是有些“士”就靠卖技艺过生活，有时替贵族相礼，有时招收些生徒来教育。那时平民已抬起头来，很多人正想受了些教育而爬上去，因此新教育便开始了。首创这新教育的便是孔子。

孔子原是贵族出身，早年曾做过管仓库的“委吏”，也曾做过管牛羊的“乘田吏”，五十多岁的时候，曾一度做过鲁国的司寇，可是他大部分的时间还是用在讲学上，孔子抱着“有教无类”的宗旨，不问身家，一律都肯予以教育。孔子的弟子出身有很贫贱的，他们学成以后的出路，大都是做大夫的“家臣”。孔子曾说：子路“可使治赋”，冉有“可使为宰”，公西华“可使与宾客言”。他们所教学的功课，就是那些贵族生活中应有的知识，注重在诗、书、礼、乐。礼、乐是维持贵族宗法社会的工具，所以孔子特别注重。孔子的思想还是贵族宗法社会里的意识。他眼见贵族阶级快将倒塌，所以竭力主张恢复周代旧有的宗法社会，把贵族原有名分矫正，使贵族社会原有的秩序恢复。

等到战国时代，聚徒讲学风气更盛了，书籍的流行，似乎也较广了。那时的书，不但有写在竹简上的，也有写在帛上的，携带起来就比较方便。墨子到楚，献书楚惠王，墨子到卫，“关中载书甚多”，惠施也有“书五车”，相传苏秦发书，“陈箧数十”。书箱这样的流行，知识当然更容易普及了。同时各国的君主都急于搜求人才，对于儒士更尊敬了。孔子在世的时候，弟子们不过做些大夫的“家臣”，到这时孔子的弟子子夏，就做了魏文侯师，子贡的弟子田子方，子夏的弟子段干木，也都得魏文侯的尊敬，子贡的弟子李克做了魏文侯的相，曾子的弟子吴起也做魏的四河“守”，后来又做楚的“令尹”（如同别国的相国一样），士民阶层到这时，就由统治阶级的下层爬到上层去了。

这时的魏国，原有贵族宗法社会已渐倒塌，儒士原有的政治思想，已经不能适应现实政治，所以李克和吴起所用的政策，已经不是人治而是法治，所用统治的工具已经不是礼乐而是法律。在封建社会里，赏赐是奖励贵族的工具，刑罚是统治平民的工具，到这时，李克、吴起为适应时代的潮流，把赏罚普遍地应用到整个社会，建立了新政治的基础。这时，不但魏文侯尊重儒士，鲁缪公也非常优贤礼者。孔子的孙子子思非常受到鲁缪公的尊敬，鲁缪公选用博士公仪休来执政，吴起在入魏以前，也曾在鲁带兵。同时赵烈侯的“相国”公仲连也曾进用贤士牛畜、荀欣、徐越三人，周威公也竭力求士，得到贤士义莳、田邑、史麟、赵骈四人。据说，宁越本是个中年的农民，有一天，问他的朋友说："我怎样可以免掉吃这苦呢？"他的朋友答道："只有去上学！学了三十年，就可以高贵了。"宁越说："改为十五年吧！人家休息，吾不休息。人家睡觉，吾不睡觉。"这样经过了十五年，果然成了周威公的师傅。从这故事里便可知那时平民要爬上政治舞台。受教育就是他们的登龙术。

稍后，秦孝公想恢复秦穆公的霸业，商鞅就从魏入秦，向秦孝公游说，结果官做到"大良造"。他把魏国的治法全盘带到了秦国，秦国就因此富强起来。至于齐国也在稷下造了高门大屋，开了康庄大道，招留谈说之士，从桓公历威王、宣王、湣王、襄王五世，下及王建，没有间断过，真是盛况空前了。有名的"文学游说之士"，像淳于髡、孟轲、慎到、接予、田骈、环渊、荀况、邹衍、邹奭等辈，都曾先后来到齐国，各自发表着他们的政见，士民阶级到这时可说是再活跃也没有了。

当时这许多儒士，一部分是政治家，就是所谓"法家"，——例如李克、吴起、商鞅之类，他们都能实现富国强兵的政策。其余大都只能算是思想家，都率领弟子，游说诸侯，以求重用。墨子带了"赴汤蹈火，死不旋踵"的侠士，除了帮助人家打仗以外，也还到处游说，派许多弟子在中原各国做官。孟子更是"后车数十乘，从者数百人，以传食于诸侯"。孟子在齐国除了做一任"卿"以外，也"将中国授室，养弟子以万钟"，至于田骈在齐国，也"赀养千钟，徒百人"。许行到滕，也有"徒数十人"，此外许多辨士，也都"率其群徒，辩其谈话"，游说的风习，真是盛极一时。吴起最初"以游仕破家"，立志"不为卿相，不复入卫”,终于达到了目的。范雎“游说诸侯,欲事魏王,家贫无以自资,乃先事魏中大夫须贾”,不能得志,终于入秦封为应侯。蔡泽“游学于诸侯,终于为秦相。”甘茂最初事奉上蔡监门史举先生,后来也在秦官至丞相。苏秦兄弟三人,本是东周的鄙人,也都凭三寸不烂之舌,取得卿相的地位。事实上,苏秦这些人已算不得政治家,只是个官僚政客,他们揣摩着人主的情意,来取媚于人主,这种政客的作风,大概是申不害开其端的。在这时,无论什么人,只要能说动君上也就马上能够飞黄腾达。所以荀子也说:“我要由贱而贵,由愚而智,由贫而富,可以么?只要学就得了。从前只是个路途的人,一会儿,就能和尧舜相并。从前只是个不懂什么的人,学了就能‘图回天下于掌上’。从前只是罪人奴隶,一会儿也就能成‘治天下的大器’。”在当时,知识确乎是万能的了,求学也确乎是个唯一的登龙术。

本来只有国君礼贤养士,后来有权的大臣也纷纷养起士来。其中最著的,齐国有孟尝君,食客三千人,据说任侠之士迁到孟尝君封邑薛地的有六万多家,此外赵国的平原君,魏国的信陵君,楚国的春申君,秦国的文信侯,也都有食客三千人。大概次一等的人才,不能得到国君优礼的就投到这些大臣的门下。其中如孟尝君的冯驩、平原君的毛遂,也都能替他们的主上排解困难,都有相当的才干,这些大臣对于人才搜罗的范围很广,连会做鸡叫和装着狗做小偷的人也都收养着,人品既这样嘈杂,所以分了许多等级来招待他们了,孟尝君的食客有“鱼客”“车客”的区别,鱼客吃有鱼,住的地方叫做“幸舍”;车客进出有车坐,住的地方叫做“代舍”。此外还有“传舍”。平原君的食客,也有上下等级。大概见到了有什么才干可以就可以升级的。这又是平民登龙的途径。

在战国时代，国君大臣这样的急于搜求人才，这样的优待儒士，儒士又这样的容易登龙，所以这些士民格外看重自己，士气也格外高涨了，相传魏文侯要见段干木，段干木踰垣而避走，魏文侯经过段干木的闾是要“式”的。魏文侯见了段干木，立得疲倦了也不敢休息，可是见了相国翟璜，便踞坐在堂上和他说话，翟璜很不快意，文侯便说，“段干木不肯受官，又不肯受禄。你做官要做到相国，又要上卿的俸禄，既然收了我的实惠，还要责备我礼节，不免太难吧！”魏太子遇见了田子方，引车避开，下车进谒，田子方却不还礼。子击便问道：“富贵足以骄人呢？贫贱足以骄人呢？”方答道：“贫贱才足以骄人”。这些传说未必都可信，然而战国时士气的是高涨可以无疑的。颜斶见了齐宣王毫无礼貌，宣王说：“士贵呢？王贵呢？”颜斶答道：“士贵呀，王是不贵的。”齐国稷下的那些学上，像淳于髡、田骈之流受了国家的优礼，受了俸禄，只是高谈阔论，却以不愿做官为高尚，这都是士气高涨所造成的。士民有的以做官为他们的出路，有些高傲的士民早已瞧不起做官的人了。就是那些奔走于仕途的，像孟轲、荀况之类，态度也很骄傲。孟子说：“说大人，则藐之，忽视其巍巍然”，又说：“民为贵，社稷次之，君为轻”，见了魏襄王出来，对人家说：“望之不似人君，就之而不见有所畏焉”。荀子也说：“谈说之术，矜庄以莅之”。这种轻视人君的态度，已和孔子“君在，踧踖如也，与与如也”，完全不同的了。

话又得说回来了，战国时代各国君王的亲族贵戚做大臣的，实在还是不少，可是也有许多贵族的后裔从本国出仕到他国去的。例如陈轸本是齐国的贵族，出使到楚国以后，就辗转在楚、秦、魏三国间奔走仕途。田需也是齐国的贵族，后来到魏国做到相国。韩国的公子昧,不但在秦国做过大臣,也还到齐国做了一任相国。也有本是小国的贵族,辗转出仕到大国的。例如乐毅本是乐羊的后裔,本是中山的贵族,本是中山的相国,后来到赵国做将军,到燕国做了燕昭王的重臣。也有本是小国的官吏,辗转出仕到大国的。例如如耳本是卫嗣公的大臣,后来到魏国成为重臣。田不礼本是宋国的大臣,到赵国就做代安阳君的相国。也有挟着强国的威势而出仕到外国的。例如张仪本是秦相,却曾挟着秦的势力到魏国去做相国。田文(即孟尝君)本是齐相,也曾挟着齐的势力到秦国去做相国。昭献是楚国的大臣,也曾挟着楚的威势到韩国去做相国。楼缓是赵的大臣,又曾挟赵的势力到秦国去做相国。仇郝也是赵的大臣,也曾挟赵的势力去做中山的相。吕礼是秦的大臣,也曾挟秦的威力去做齐的相国。就是别国流亡出来的官吏,有时也有国家想要借重。例如公孙衍本是秦的"大良造",等到被张仪逐出,魏国就起用他为将军来抵抗秦国。田文从齐国流亡出来后,魏昭王就用他为"相"来抗拒齐国。赵奢是赵的将军,因有罪流亡到燕,燕就用为上谷"守"。这些都是利用国际的情势而得以仕进的。

此外,也还有借用他国的威势而得以飞黄腾达的。例如公孙衍因为合从的外交政策成就,得做魏相。翟强在魏,因为联合齐国成功而得到相位,同时楼鼻又用亲楚的外交政策来和翟强作政治斗争。因为战国中期以后,国际的情势不断在那里变迁,合从连横的局面不时的转变,许多纵横家也就利用国际情势的复杂,各自奔走其外交路线。如果你的外交路线正适合那时的情势,也就为国君所采纳,把你捧上政治舞台了。如果你的外交路线失效了,就得滚下台来,例如魏国在魏惠王那时,自从给齐国在马陵大败以后,就起用惠施做相国,采用联合齐、楚的外交路线；等到为齐、楚所逼，也就改用张仪联合秦、韩的外交路线，立刻抬举张仪来到魏国做相国。等到秦国逼魏厉害，又重用公孙衍联合齐、楚、韩等国来攻秦的策略，起用公孙衍为相国；等到公孙衍合从攻秦失败，此后又重用田文来联齐，田需来联楚。又如韩国在韩宣惠王、韩襄王那时，一会儿重用公仲来讨好秦国，服事秦国，一会儿又用公叔来参加列国间的合从，抵抗齐国。只因韩、魏二国适当中原，是齐、楚、秦等大国在形势上所必须争取的，合从连横的局面的展开，韩、魏一定首先受到波动，因此便有许多外交家在中间利用时机，甚至造作机会，利用国际路线来作登龙术了。齐、秦等大国中也未尝没有这些现象，只是没有韩、魏显著罢了。

总之，在战国前期，各国都谋富国强兵，正是“法家”最合潮流的时期，所以李克、吴起、商鞅之类，都能由此爬上卿相的地位。到战国中期以后，国际形势变迁剧烈。正是“纵横家”最合潮流的时期，所以奔走外交的人们，得遇良好的机缘，都能得到高官厚禄了。

那时士民阶级的仕进，固然可以凭藉在野的声望，用游说的方法，直接去说劝国君，使他重用，可是也免不了需要在朝的人加以援引，所谓“朝里无人莫做官”，也可应用到那时。甘茂本是上蔡“监门”史举的学生，因有张仪的提携，做到秦国的丞相。蔺相如本是“宦者令”缪贤的“舍人”，因为缪贤的推荐，渐次做到赵的上卿。李斯本是吕不韦的“舍人”，也因吕不韦的推荐而升官的。战国末年卿相大臣的食客舍人所以众多，无非想由此作为进身之阶。还有国君那里的近臣，也往往是一条攀引的门径。例如商鞅到秦国，就是由于“嬖人”景监的引进，才得游说秦孝公。范雎的到秦国，也因由“谒者”王稽的带往，才得献书给秦昭王，结果范雎官做到相国，王稽也因此做起河东“守”来了。所以《荀子》曾说：“便嬖左右者，人主之所以窥远收众之门户牖向也。”（《君道》篇）《韩非子》也说：“郎中不因，则不得近主。”（《孤愤》篇）因为这样，这些想做官的士民，不但要奔权贵之门，也还要联络联络这些小臣呢！同时，那时那些大臣往往本身也就是近臣贱臣起家的。例如申不害本是个贱臣，竟能做到相国。还有“郎中”和“宦者”等官，都是国君近臣，往往都能由此升任大官。“郎中”本只是国君的侍卫，李斯因有吕不韦的提拔，做了“郎”，就得和秦王相亲近，渐次升官。“左师”触龙曾对赵太和说：“老师贱息舒祺，最少，不肖。而臣衰，……愿补令得黑衣之数，以卫王宫。”就因为王宫里黑衣的侍卫本是个进身之阶呵！

《墨子》上说：“王公大人……亲戚则使之，无故富贵，面目佼好则使之。”（见《尚贤中》篇）那时已经有因色宠而仕进的了。后来如楚的安陵君，赵的建信君，魏的龙阳君，都是很显著的例子。《韩非子》上说：“女妹有色，大臣左右无功者，择宅而受，择田而食。……上以此为教，名安得无卑？位安得无危？”（《诡使》篇）那时也有因进献漂亮的妹子而显贵的。例如楚国的李园，就是最显著的，这些该是士民阶级中登龙术之最卑下的了。

张登对费緤说：“请令公子年对韩王说：‘费緤，……此其家万金，王何不召之，以为三川之守？’”（《国策·韩策三》）原来“家万金”也成为做官的条件了。到战国末年，卖官鬻爵的风气也已开始，《韩非子》把它列为亡国征象之一（《韩非子·亡征》篇及《五蠹》篇）。《秦始皇本纪》说：“四年……十月庚寅，蝗虫从东方来，蔽天。天下疫。百姓纳粟千石，拜爵一级。”已拿卖官鬻爵来弥补国家所受到天灾。吕不韦本是阳翟的大贾，曾把奇物玩好献给华阳夫人，替秦的“质子”子楚求立为太子，自己就做太子的傅，后来竟做到相国，封为文信侯，把商人投机取巧的手法也搬上了政治舞台去，作为一种登龙术。到战国时代，士民阶级开始兴起，渐次掌握政权，而其登龙术也是五花八门，每况愈下。此后士民阶级在历史上的地位，就是在那时所创立的，而一切病源已也在那时播种下去了。

（原刊上海《益世报·史苑》1946年10月25日第8、9版，署名刘平）

战国时代的农村

封建社会的经济，是建筑在农村上的，这时期经济唯一的特征，便是工商业的幼稚，只有土地是唯一的财产，他们的生活大多是自给自足的。农民大部都是附属于土地上的农奴，贵族对于这些农奴所征调的完全是力役，农奴们所收获的农产品，大部都要归贵族。《国语·晋语一》说："其犹隶农也，虽获沃田而勤易之，将不克飨，为人而已。"原本"隶农"（即农奴）虽则得到肥沃的田地，很勤奋地耕种，还是吃不饱肚子，只是替贵族努力罢了。

到春秋后期，列国疆域扩大，人口增多，垦地又开阔得很广，贵族们所有的土地既很广大，所属的农奴又很众多，管理上自然相当困难，为便利起见，便改用计亩课税的办法，一面可使手续简便，一面还可使农民尽力从事生产，因为采用了计亩课税的办法，如果生产得多的话，多余的便可属于农民私有了。鲁国在宣公十五年就"初税亩"，秦国文化比较落后，一直到战国初期秦简公七年才"初税禾"，这样就由"力役地租"转变到"自然地租"了。这样采用按亩课税的办法，不勤俭的农民，遇到天饥岁荒不免要弄到“嫁妻卖子”的地步，勤俭的渐渐富足起来，也就“温衣美食”了（见《韩非子·六反》篇）。等到工商业渐次发达，货币经济渐次发展，土地就开始买卖，那些富余的农民就可从破落的贵族地主的手里买到田地，成为自耕农。何况隐居在荒野里垦荒，不受贵族约束的隐士，本已存在着，在《墨子》上，鲁南有农民叫“吴虑”的，冬季作着陶器，夏天耕着田地，以自比于舜（见《鲁问》篇）。这些隐士就是逃避贵族约束而在垦荒的自耕农，自耕农的渐次普遍，土地私有制度也就确立了。秦国因文化落后，到商鞅变法，才正式确立土地私有制度。

到战国时代，新兴的地主，一部分是由农奴解放出来的，一部分是由隐士垦荒起家的，一部分是由新兴的富贵阶级所造成的。有许多士民在仕进之后，便把所得金帛来收买田宅，像赵括便是一例（见《史记·赵奢传》）。这些新兴的地主，如果自己来不及耕种的话，就不得不雇用佣客来耕作，主人对这些佣客，就不能像农奴那样对待，一方面要出工钱，一方面还要供给饮食，而且不能不讲究些，因为不这样，佣客是不肯卖力的（见《韩非子·外储说左上》篇）。

在这时，耕牛和铁制耕器已开始应用，五尺的竖子，已牵着耕牛到处在田野里奔跑，这农业技巧的进步，不仅可以“深耕”，还可以多耕。同时打水的工具“桔槔”也已发明。桔槔是木制的打水机，“前重后轻”，“引之则俯，舍之则迎”，虽然也须人力来推行，已能“挈水若抽”（见《庄子·天运》篇《天地》篇），比抱着陶瓮来提水灌溉已方便得多了，当时常用的农具，已有耒、耜、耨、铫、鉏（即锄）之类，其中以为耜、耨最重要，大概耜长六尺，耜的刃头广八寸（见《吕氏春秋·任地》篇），是用来耕田的，因为他们已知道这样的“深耕”才可使土地肥沃，大约耨柄长一尺，刃广六寸，是用来除草的。他们耨时不但除去害草，要除去小苗而保留大苗，竭力求其匀称，因为他们已知道这样的“易耨”，才可使谷类长得美好。那时农民对于肥料也已注意，大多在夏季把割来的野草用火焚烧，然后用水灌上，使之腐败，这样就成为顶好的肥料了（见《吕氏春秋·夏纪》及《礼记·月令》）。对于蝗虫螟虫也已设法扑灭（见《吕氏春秋·不屈》篇）。农业技巧这样的进步，善于耕种的，每亩可以生产几“盆”的谷，一年还可以种二熟（《荀子·富国》篇），据李悝的估计，普通每亩可以出米一石半，上熟可以四倍，出六石，中熟可以出三倍，出四石半，下熟可以一倍，出三石，小饥可以收一石，中饥可收七斗，大饥只能收三斗（见《汉书·食货志》引李悝语）。那时的一尺合今二三公分（据商鞅量新嘉量推算，并有驫钟尺可证），一亩合今一三八〇〇公分，约当今三分之一亩，一石合今二〇〇六三公撮，约当今五分之一石，可知那时农田一般的生产力，比之目前我国江南的农村，已相差不远了。

那时农民除主要的作业耕种五谷以外，农夫有种树木、蔬菜、养家畜、渔猎、伐□樵柴、织草履等副业（参见《荀子·富国》篇、《吕氏春秋·尊师》篇），所种树木以麻、桑及桃、枣、李之类居多，桑多种在宅边，用以养蚕，瓜、桃、枣、李种在场园里，这恐怕富农才会有，蔬菜除各式蔬菜外，也有辛、姜、葱、韭，每多种在宅边。那时所养的家畜，有鸡、狗、猪、牛、马、羊之类，狗不但用来守夜打猎，也还杀来吃。那时猎野兽的工具，不外乎网和弓箭，捕鱼的工具不外乎钓钩、□、筌、笱及毒药之类。农妇的工作，多着重在衣着方面，养鸡、缫丝、治麻葛、织布帛，没有一件不是农妇的事。纺织的工具如杼之类早已发明，普遍的衣服都由农妇自己裁制，染色的工作也每多农妇割了蓝青自己染的。事实上战国时代的农村社会，早已和现在中国的农村差不多了。

当时的赋税，据《孟子》说有布缕之征，粟米之征，力役之征，据《荀子》说，有田野之税，刀布之敛，举力之役。可知战国末年农民除了出力役地租、自然地租以外，已有一部分改为货币地租了。到农民不能生活的时候，不免要举债度日，债券大概是竹木制的，借债后由债权人和借债人各执一半，如同符节一般。当时农民所种的田，大概有一百亩，上等的养活九人，上次的八人，中等的七人，中次的六人，下等的五人（见《孟子·万章》篇），当时的米价每石普通为三十钱，低时只二十钱，高时要到九十钱（见《史记·货殖列传》引计然语）。当时农民的生活，据李悝的估计，一家五口，种田百亩，一年每亩收粟一石五，就有一百五十石，除了十分之一的税十五石，余下一百三十五石，每月每人吃了一石半，五人一年要吃九十石，余下四十五石，共得钱一千三百五十钱，衣服每人每年用三百钱，五人就用一千五百钱，还要短少四百五十钱，不幸而遭遇疾病而死丧以及君上重重的赋税，便不知从哪里出了。如果能勤奋些，每亩多出产三斗，就可多产出三十石，这样农民的生活就勉强可以过得去，除了日常的开支，还可以为十五石的多余作为其他的开支。如果遇到丰年，农民当可富余些，可是一到丰年，产量一多，谷价不免下降，吃亏的依然是农民，由此李悝想出丰年由政府收买粮食，到荒年把粮食卖出的办法，来平定谷价，这便是后世平粜法的起源了。

春秋战国之间，是中国社会形态转变的一个时期，经过这次大转变以后，中国的农村似乎没有怎样的大进步，如果拿社会史的眼光要把中国历史来分期的话，春秋末年和战国初年应该是一条分期的界线呢！

（原刊上海《东南日报·文史周刊》1946年7月18日第6版，署名刘平）

战国时代的郡制——战国制度丛考之一

从封建制度变为郡县制度，这是我国政治制度史上的一大步。郡县在春秋时代已开始有了，“县”本来设在边区，后来才遍及中原的。同样的，“郡”本来也是边陲的军事管理区，一直到战国时代还是如此。《史记·匈奴列传》上说：“魏有河西上郡，以与戎界边”，“赵武灵王……北破林胡、娄烦……置云中、雁门、代郡”，“燕……置上谷、渔阳、右北平、辽西、辽东郡以拒胡”，“秦昭王……起兵伐残义渠。于是秦有陇西、北地、上郡，筑长城以拒胡”，可知魏、赵、燕、秦在北边设郡，原来防胡戎的。楚的设置巫郡、黔中郡，秦灭蜀后设郡，也无非防止蛮夷的叛乱和巩固边防。《楚世家》说：“顷襄王二十三年，……复西取秦所拔我江旁十五邑以为郡拒秦”，《楚策一》载城浑说新城令：“郑、魏者，楚之耎国。而秦、楚之强敌也，郑、魏之弱，而楚以上蔡（旧误作‘上梁’）应之；宜阳之大也，楚以若新城围之。蒲反、平阳相去百里，秦人一夜而袭之，安邑不知。新城、上蔡相去五百里，秦人一夜而袭之，上梁亦不知也。今边邑之所恃者，非江南泗上也，故楚王何不以新城为主郡也?"《春申君列传》说:"黄歇言之楚王曰:'淮南地边齐,其事急,请以为郡便。'因而献淮北十二县,请封于江东。"可知战国中期以后,列国为了巩固边区,和强国交界处都已开设郡。上党是韩、赵、魏的交界,又是山地险要之区,所以魏、赵都在上党设郡;河间是魏、赵、齐的交界,离赵都邯郸又近所以赵也在河间设郡;南阳是韩、楚的交界,所以韩、楚也在南阳设郡。魏的设上郡,原是防秦的,等到秦得河西上郡,魏又在河东设郡来拒秦;韩在三川设郡,楚在汉中设郡,也无非抵挡秦国之用。楚在破齐后曾"塞厉门而郡江东",那又是用来制越的。秦的蚕食六国,每得新地,必设郡以利攻防,所以秦尽灭六国,郡县也就遍布天下了。

"郡"本是边防的军管理区,所以它的长官叫做"守",而"守"这官职都是用武官来充任的。《韩非子·亡征》篇说:"出军命将太重,边地任守太尊,专制擅命,径为而无所请者,可亡也。"这把"出军命将"和"边地守任"相提并论,可知"守"原是和"将"相类的。魏文侯的时候,吴起因善于用兵而任命为"西河守",同时西门豹做"邺令",只以治民著称,《韩非子》上还说他"不斗而死人手",可知到战国时代县令已是文职,而郡守还是武官。《秦始皇本纪》上说:十八年,"王翦将上地","杨端和将河内",上地即是上党,河内即是河间,所谓"将上地""将河内",就是率领上党郡的兵卒,率领河间的郡兵卒,他们就是上地河内的"守"。《韩非子·存韩》篇载李斯的话:"令蒙武发东郡之卒",蒙武在那里本是东郡的"守";《秦本纪》说:"昭襄王二十七年,又使司马错发陇西,因蜀攻楚黔中",司马错也就是陇西的"守"。《赵策一》载:"上党守靳黈,曰……臣请悉发守以应秦,若不能卒,则死之"。《赵策三》又载:"齐人李伯见孝成王,……以为代郡守。而居无几何,人告之反，……已乃使使者言：'齐举兵击燕，恐其以击燕为名，而以兵袭赵，故发兵自备。'”本来“郡”是军管理区，“守”是武将，有着发兵防守进攻的重要责任的。

春秋时代，郡县还不相统摄。赵简子说：“上大夫受县，下大夫受郡”，郡的地位还比县低，到战国时代，县已统属于郡，郡的地位大为增高。《秦策二》载甘茂对秦王说的话：“宜阳，大县，上党，南阳积之久矣，名为县，其实郡也。今王倍数险，行千里而攻之，难矣。”原来宜阳是上党、南阳两郡间出入的要道，是一个有郡的规模的大县，所以甘茂才这样说。在战国时，魏的上党郡部有十七县（见《秦策五》），赵的代郡有三十六县（见《秦策一》），燕的上谷郡有三十六县（见《秦策五》），秦取赵榆次等三十七城设置太原郡（见《秦本纪》），又取魏酸枣等二十城设置东郡（见《始皇本纪》），可知战国的郡，少的该有十几县，多的已有几十县了。

战国时代，各国在都邑已筑城设县。《秦策一》说：“上党十七县”，《赵世家》作“有城市之邑十七”，《赵策三》说：“使赵郝约事于秦，割六县而讲”，“六县”也或作“六城”；《秦本纪》说：“昭王三十二年，……魏入三县请和”，《魏世家》又作“秦又拔我三城”，往往把“县”和“城”互称，可知战国时代有城的地方已都设县。《齐策一》说：“齐地方千里，百二十城，”《齐策五》说：“通都小县，置社有市之邑，莫不止事而奉王。”《魏策三》说：“魏氏悉其百县胜兵，以止戍大梁，臣以为不下三十万。”《魏策三》载：“魏所亡乎秦者，山北、河外、河内，大县数百，名都数十。”可知战国时代各国在境内已普遍地设置郡县了；只是郡的设置，还是只限于四境的边区，国都附近还没有郡的设立。秦的设郡，大都沿袭六国旧郡的名称，只东郡、南郡是因为方位而得名，齐郡、楚郡是用国名，邯郸郡又采用赵都的名称，因为南郡是楚都郢之所在，东郡在魏都大梁附近，齐郡是齐都临淄所在，楚郡又是楚都滑陈之地，邯郸郡又是赵都所在地，各国在自己的京畿原来设郡，秦在那里建郡，名称上无所因袭，因此或用方位来称，或用国名，或用国都之名。秦在统一天下以后，海内遍立郡县，只京畿地方不设立郡而由“内史”来治理，也是沿袭战国的制度。

王国维在《秦郡考》中说：“今以秦四十二郡还之六国……楚得其八，赵亦如之，燕得其五，韩、魏共得七，齐得其二。夫齐地之大，虽不弱楚、赵，以视韩、魏，固将倍之。且负海饶富，非楚、赵边地之比也。今举全齐仅置二郡，其不可解一也。燕之五郡，皆缘边郡，而无腹郡。自蓟以南，古称天府之地，今虚不置郡，其不可解二也。余以为三十六郡之分，在始皇二十六年。齐之灭，近在是年之春，距燕之亡亦不过一岁。二国新定，未遑建制，故于燕，仅因其旧置之据缘边五郡。于齐，略分为齐与琅琊二郡，其于区画，固未暇也。”其实王先生所提出的二个“不可解”，有什么不可解呢？战国时代各国设郡，为了边防之用，所以都设在缘边，本来只有“边郡”，那有什么“腹郡”。蓟本燕都，燕本来没有设郡，秦灭燕后没有立即设郡，或许是由他郡管辖的，正同秦灭魏后没有在魏都大梁别设一郡一样。《水经注》说“始皇二十一年，灭燕，以为广阳郡。”这在以前的文献无可征验是有疑问的。秦在齐只分齐郡、琅琊二郡，实在是因为齐在战国时代没有设郡，无所因袭的缘故。

在战国时代，齐虽没有分明设郡，确也有类似郡的制度，《燕策一》说：“王因令章子将五都之兵，以因北地之众以伐燕，……齐大胜”（《燕世家》同）。这里把“五都之兵”和“北地之众”分开说，可见“五都之兵”和民间临时征发的民众是不同的。战国时代各国本来已有所谓“厚禄教卒”(见《吕氏春秋·简选》篇,又参见《荀子·议兵》篇),《孟子·公孙丑下》篇载孟子对平陆大夫孔距心说:“‘子之持戟之士,一日而三失伍,则去之否乎?’……见于王曰:‘王之为都者,臣知五人焉。知其罪者惟孔距心。’”那平陆一定即是五都之一。《齐策》说:“齐车之良,五家之兵,疾如锥矢,战如雷电,解如风雨”。所谓“五家之兵”当也五都大夫的兵,就是“五都之兵”。乐毅破齐这一役,史称下齐七十余城,只莒,即墨未下,林春溥《战国纪年》说:“据《国策》邹忌谓齐地方千里,百二十城,是在威王之世已然。况宣湣以来,取燕灭宋,楚割淮北,西侵三晋,拓地愈广,而谓七十余城之外,惟余莒与即墨,其他别无可取,岂其然乎?”考燕这次破齐,却有许多城市没攻下(余别有考),莒与即墨该都是“五都”之一,所以湣王奔走到莒保守,田单能根据即墨复国,《燕世家·索隐》又说:“临淄,五都之一。”似乎齐国除国都临淄之外,在四境各设别都,任命大夫带兵驻守,如同他国在边境要卫设郡置守一样。齐在战国时代只有“五都”之制,没有确立郡治,所以秦灭齐后,除笼统设一齐郡以外,只在越的旧都琅琊设郡了。

郡县制度确立以后国君对于郡守县令可以随时任免,中央集权的政体便出现。秦在战国初期,还多用裂土分封的办法来赏功臣名将,到战国晚期,相国等文官仍多封侯赐爵,而将军等武官便以其所略得之地设郡,拿郡守的官来酬劳军功。蒙骜取得魏的二十城设立东郡,便出任东郡守;等到骜死后,他的儿子蒙武便世袭东郡守,这不过是一时赏赐的权宜之计,并非常制。战国时代的郡守,除了带兵打仗外,也还有教训人民的责任。《吕氏春秋·执一》篇说:“吴起曰:

‘治四境之内，成驯教，变习俗，使君臣有义，父子有序，子与我孰贤？’商文曰：‘吾不若子’。……曰：‘士马成列，马与人敌，人在马前，援桴一鼓，使三军之士，乐死若生，子与我孰贤？’商文曰：‘吾不若子’。”那时吴起正做西河守，可见郡守是负有教训人民的责任的。在教训人民的时候，还以教练人民作战为重要任务。《韩非子·内储说上》篇载：“李悝为魏文侯上地之守，而欲人之善射也……”“吴起为魏武侯西河之守，秦有小亭临境……去之，则不足以征军兵……乃下令曰：‘明日且攻亭，有能先登者，仕之国大夫，赐之上田上宅。’”郡守既以教练人民为要务，所有又兼掌刑赏的大权。《韩非子·内储说上》又载：“董阏于为赵上地守，……曰：‘吾能治矣，使吾法之无赦，犹入涧之必死也，则人莫之敢犯也，何为不治？’”总之，那是个军管区，郡守的职务，平时对人民作军事上的管理和训练，到战时便征发人民出去作战。郡在战国时代还不是个纯粹地方政府组织，它是个直辖于中央的军管区罢了。

（原刊上海《益世报·史苑》1946年11月8日第8版）

战国时代的征兵制度——战国制度丛考之一

通观我国历史，普遍地实行征兵制度的，怕只有战国时代。当春秋之世，中原各国都用车战，车战是非熟练御射不能上阵的，所以还用贵族作战斗的主力，平民虽然也有服兵役的，所征发的还只是国都附近的人，用来充当步卒追随作战罢了。同时还因为封建制度没有破坏，原有的阶级制度也还仍在，贵族就是武士，对内统治着人民，对外就有抗战的责任，一般平民是没有份儿的。那时既只有贵族来作战斗的主力，所以战争的规模还小，动员的人数不多，少的几千人，多的几万人，胜负往往在一二天就决，不常有超过十天的，围城也没有超过一年的。

在春秋战国之间，战术逐渐改变了，步兵已逐渐代替车卒作为战斗主力。春秋时南方吴越等国本有步兵，中原戎狄也有用步兵作战，郑、晋等国为了抵御戎狄，不得不有步兵，步兵就日渐普遍。这时既用步兵作主力，平民稍经训练，就可临阵作战。同时，阶级制度渐次破坏，各国为了富国强兵，竭力搜罗民间人才，在政治上往往起用平民做官吏，在军事上也就用平民作为战斗主力了。再因为各国相互兼并，领土日大，人口日多，国力也愈强，战争的规模就愈来愈大。更因为铁兵器的应用日益普遍，“白刃”作战，杀害力强大，作战时就不能不动员更多的人来参加，《战国策·赵策二》载：“相都平君田单问赵奢曰：‘吾非不说将军之兵法也，所以不服者独将军之用众。用众者，使民不得耕种，粮食挽赁不可给也。此坐而自破之道也，非单之所为也。单闻之，帝王之用兵不过三万，而天下服矣。今将军必负十万、二十万之众乃用之，此单之所不服也。’马服曰：‘君非徒不达于兵，又不明其时势。……古者四海之内分为万国，城虽大无过三百丈者，人虽众无过三千家者，而以集兵三万距，此奚难哉！今取古之为万国者分以为战国七，能具数十万之兵，旷日持久数岁，即君之齐已。齐以二十万之众攻荆，五年乃罢。赵以二十万之众攻中山，五年乃归。今者齐、韩相方，而国围攻焉，岂有敢曰：我以三万救是者乎哉？今千丈之城、万家之邑相望也，而索以三万之众，围千丈之城，不存其一角，而野战不足也，君将以此何之？’”

马服君把战国时代所以要动员更多人作战的情势，说得很透彻。在这样的情势之下，怎能不全国征兵呢？

战国初期，车战也还盛行，《墨子·非攻下》说：“今王工大人、天下之诸侯，……皆列其舟车之卒伍，于此为坚甲利兵，以往攻伐无罪之国”。《天志下》又说：“是以差论爪牙之士，比例其舟车之卒伍”，《非攻中》又说：“又与矛、戟、戈、剑、乘车，……”所以“万乘之国”“千乘之家”在战国时还用作成语。《吕氏春秋·不广》篇说：“齐攻廪丘，赵使孔青将死士而救之，与齐人战，……得车二千，得尸三万”，考廪丘之役时在同魏烈王二十一年，齐车给赵俘得多到二千乘，必定这时齐还用车战。所以战国初期用兵之数也还不多,《吕氏春秋·用兵》篇说:"吴起之用兵也不过五万",《墨子·非攻下》也说:"若使中兴师,君子数百,庶人也必且数千,徒倍十万,然后足以师而动矣。久者数岁,速着数月"。到战国中期以后,各国兵额既众,战争中死伤也多,在策士所造张仪、苏秦等人游说辞里,列举各国兵额,都有几十万到百万,据说,秦昭王十四年到伊阙之役,韩、魏死达二十四万,三十三年华阳之役,魏又死达十五万,四十七年长平之役,赵卒被坑四十五万,虽然这些战报或许出于秦人的夸张,但伤亡数必定是惊人的。所以《古史》引《国策》说:"赵卒之死于长平者已十七八"。当秦昭王五十六年燕攻赵时,起兵六十万,秦灭楚时,王翦也带了六十万人马才得破楚。《吕氏春秋·绝胜》篇说:"善用兵者,诸边之内莫不与斗,虽厮舆白徒,方数百里皆来会战,势使之然也"。可知空国出战,在战国末年已是常事。

战国时代各国都已实行全国征兵制度:

(一)魏 《战国策·魏策二》载:"魏惠王起境内众,将太子申而攻齐"。《魏策三》载须贾说:"魏氏悉起其百县胜兵,以止戍大梁,臣以为不下三十万"。可见魏国是实行全国征兵制的。

(二)赵 《韩非子·初见秦》篇和《秦策三》都说:赵氏"悉其士民,军于长平之下,以争韩之上党"。可见赵也实行这制度。

(三)秦 《史记·白起列传》说:"秦王闻赵食道绝,王自之河内,赐民爵各一级,发年十五以上悉诣长平"。《王翦列传》载王翦带六十万人伐楚,说:"今空秦国甲士而专委于我"。可见秦也行通国征兵之制。

(四)韩 《韩策一》载张仪说韩王:"大王之卒,悉之不过三十万,而厮徒负养皆在其中矣,为除守缴亭鄣塞,见兵卒不过二十万矣”。是韩也有这制度。

（五）齐　《齐策一》载苏秦说齐宣王：“即有军役，未尝倍泰山、绝清河、涉渤海者也。临淄之中七万户，臣窃度之，……下户三男子，三七二十一万。不待发于远县，而临淄之卒，固已二十一万矣。”是齐也有这制度。

（六）楚　《楚策二》载：“立昭常为大司马，使守东地，……昭常应齐使曰：‘我典主东地，且与死生。悉五尺至六十，三十余万弊甲钝兵，愿承下尘。’”是楚也有这制度。

春秋时代各国不守关塞（顾栋高《春秋大事表》有“春秋列国不守关塞论”），到战国时各国不但在关塞设防，还设亭鄣守望（另详拙作《战国时代的战术与防御》），如遇大战，除留下守关塞亭鄣的以外，往往是起倾国之师来参战的。

战国时代虽说各国通行征兵，可是除了大战以外，并非每有战争，就征兵全国的。《燕策一》载苏代的话：“齐……异日也，济西不役，所以备赵也。河北不师，所以备燕也。今济西、河北尽已役矣，封内弊矣”。可知齐本有分区征兵之制。与敌国作战的时候，往往先征发敌国邻近边地民众来作战，如果边地不靠近作战的敌国的，就不常征发，使他们能休养生息，以备将来抵御邻近国家之用。所以齐宣王伐燕之役，《齐策二》说：“王因令章子将五都之兵，以因北地之众以伐燕”，除了用“五都之兵”以外，只也征发了靠近燕国“北地之众”，并没有通国征发。

不但齐国如此，其他各国也是如此。战国时除齐以外，各国都在边地或新得之地设郡，一方面用来镇压新得到的人民，一方面用来抵御外患的。后来各国在相互交界的地方陆续设郡，也无非用来巩固国防的。事实上,战国时代的郡还不是个地方行政区域,他的性质只可说是个军管理区,平时教练人民,战时就征发人民去作战。一郡的长官叫“守”,战国时都用将军充任,或者竟是将军的兼职(可参看拙作《战国时代的郡制》,刊《益世报·史苑》第十期,又拙作《上郡守疾戈考释》,刊《中央日报文物周刊》第三十三期),《韩非子·亡征》篇说:“出军命将太重,边地任守太尊,专制擅命,径为而无所请者,可亡也。”这里把“守”和“将”相提并论,“守”本来是武职,责任在防守边地,所以名为“守”。魏文侯时候吴起因善于用兵而做西河守,西门豹因善于治民而做邺令,韩非子且说他不斗而死人手,也足见战国时郡守是武官,县令才是主持地方行政的文官。《吕氏春秋·执一》篇载:“吴起曰:‘治四境之内,成驯教,变习俗,使君臣有义,父子有序,子与我孰贤?’商文曰:‘吾不若子’。……曰:‘士马成列,马与人敌,人在马前,援桴一鼓,使三军之士,乐死若生,子与我孰贤?’商文曰:‘吾不若子’。”吴起所谓“成驯教,变习俗”,也只是指平时的教练人民而已。《礼记·月令》篇和《吕氏春秋·十二纪》在《孟秋》说:“天子乃命将帅,选士厉兵,简练桀俊,专任有功,以征不义”。于《孟冬》又说:“天子乃命将帅讲武,习射、御、角力”。战国时郡守既和将帅的官职相类,当然在平时同样有“选士厉兵,简练桀俊”“讲武,习射、御、角力”的责任,军事选练,主要的是纪律,所以“成驯教,变习俗,使君臣有义,父子有序”,也是郡守应做的事了。《韩非子·内储说上》篇载:“李悝为魏王文侯上地之守,而欲人之善射也,……”“吴起为魏武侯西河之守,秦有小亭临境,……乃下令曰:‘明日且攻亭,有能先登者,仕之国大夫,赐之上田上宅。’”因为郡守有教练人民的要务,所以又兼有刑赏的大权,《韩非子·内储说上》又载:“董阏于为赵上地守，……曰：‘吾能治矣。使吾法之无赦，犹入涧之必死也，则人莫之敢犯也，何为不治？’”此外又如王稽为秦河东守，因军吏的反叛而坐法被诛，郡守之下有军吏，正如同将军之下有军吏一样，郡守的本为武官，是很明显的。

战国时代的郡既本是军区，所以郡守有征发一郡士卒的权。《楚策二》载楚：“立昭常为大司马，使守东地，……昭常应齐使曰：‘我典主东地，且与死生。悉五尺至六十，三十余万弊甲钝兵，愿承下尘。’”《赵策一》载：“上党守靳黈，曰：‘……臣请悉发守以应秦，若不能卒，则死之。’”《赵策三》又载：“齐人李伯见孝成王，……以为代郡守。而居无几何，人告之反，……已乃使使者言：‘齐举兵击燕，恐其以击燕为名，而以兵袭赵，故发兵自备。’”可知郡守都有征发郡兵之权。《始皇本纪》载：“十八年，大兴兵攻赵，王翦将上地，下井陉，（杨）端和将河内，……围邯郸”。上地即是上党，河内即是河间，始皇十一年，王翦拔赵关于撩阳，赵的上党郡便为秦有，同时杨端和攻取赵邺地，邺在河内，河内也为秦有，这时“王翦将上地”，“杨端和将河内”，便是征发上党和河间的士卒作战，或许秦在王翦得上党后便以为上党守，杨端和得河间后便以为河间守。《赵世家》说：“悼襄王五年……庆舍将东洋，河外师守河梁”。赵的东阳，每和河外连言，以地在太行山东得名，所谓“东洋河外师”便是在东阳征发来的士卒。《韩非子・存韩》篇载李斯说：“令蒙武发东郡之卒”，怕蒙武也即是东郡守，秦得东郡，本由蒙骜攻克，颇疑秦都东郡后便任蒙骜为郡守，蒙武是承继父职的。本来秦国往往把攻克之地设郡，就用攻克的将领来任郡守，以酬其战功。《六国表》又说：“始皇十二年，发四郡兵助魏攻楚”，大概秦、楚、赵、魏等国的征兵制度，都是拿郡作单位的。十五岁以上的人民，就有兵役的义务,《白起列传》所谓:“发年十五以上悉诣长平”。《楚策》所谓“五尺至六十,三十余万”。

《赵策四》载马服君说:“今得强赵之兵以杜燕,将旷日持久,数岁,令士大夫余子之力,尽于沟垒”。从这里,可知战国时士大夫的余子是有服兵役的义务,适长子怕就免役了。《始皇本纪》载:“十一年,……王翦……将十八日,军归斗食以下,什推二人从军”。考《汉书·百官公卿表》,万民以上为令,减万民为长,尉丞为长吏,以下有斗食佐吏,可知当时用兵紧急的当儿,小吏之中也不免要十抽其二了。《田单列传》说:“田单知士卒之可用,乃身操版插,与士卒分功,妻妾编于行伍之间,尽散饮食飨士。令甲卒皆伏,使老弱女子乘城。”《古史》引《国策》又说:“至于平原君之属,皆令妻妾补缝于行伍之间。臣人一心,上下同力,犹勾践困于会稽之时也”(《平原君列传》略同)。从此又可知战国时妇女也或编入行伍,来做补缝等工作。

战国时各国四疆普遍设郡,郡之下有属县,例如魏上郡十五县,赵上党郡二十四县,韩上党郡十七县,赵代郡三十六县,燕上谷郡三十六县,秦太原郡三十七城,东郡二十城。可是郡是军区,县才是地方政府的主要单位,郡守只是主军政和刑赏,古时兵刑本来不分的。至于各国国都附近原未设郡,征兵时怕是直接向县征发的,所以《魏策三》须贾说:“魏氏悉其百县胜兵,以止戍大梁,臣以为不下三十万”。

《吕氏春秋·简选》篇说:“世有言曰:‘驱市人而战之,可以胜人之厚禄教卒。老弱罢民,可以胜人之精士练才’,……此不通乎兵者之论”。大概在战国时余战时临时征兵以下,平时都有常备兵的训练,便是《吕氏春秋》所说的“厚禄教卒”“精士练才”。《荀子·议兵》篇说:“魏之武卒,以度取之,……中试则复其户,利其田宅。是数年而衰，而未可夺也，改造则不易周”。又说：“秦……五甲首而隶五家，是最为众强长久，多地以正，故四世有胜，非幸也，数也。”这便是魏、秦的厚禄教卒。《孟子·公孙丑下》说：“孟子之平陆，谓其大夫曰：‘子之持戟之士，一日而三失伍，则去之否户？’……他日见于王曰：‘王之为都者，臣知五人焉。知其罪者惟孔距心，为王诵之’”。战国时齐并未设郡，别有五都之制，平陆怕即是五都之一，其持戟之士或许即是《齐策二》所谓“五都之兵”，这是齐的厚禄教卒，所以《齐策》记齐宣王伐齐，把“五都之兵”和“北地之众”分开说的。《齐策一》说：“齐车之良，五家之兵，疾如锥矢，战如雷电，解如风雨”。所谓“五家之兵”也即是“五都之兵”，因为“五都之兵”原由五夫率领，所以又称为“五家之兵”了。《荀子·君道》篇说：“人主欲得善射，射远中微者，县贵爵重赏以招致之。内不可以阿子弟，外不可以隐远人，能中是者取之。……欲得善驭速连致远者，一日而千里，县贵爵重赏以招致之，……能致者取之”。吴起在楚做令尹，曾教楚悼王说：“绝灭百吏之禄秩，损不急之枝官，以奉选练之士”（《韩非子·和氏》篇）。商君之法，“禁游宦之民，而显耕战之士”（《韩非子·和氏》篇）。“官爵之迁与斩首之功相称也”（又《定法》篇）。“齐人隆技击，其技也，得一首者，则赐赎锱金”（《荀子·议兵篇》）。所以《荀子》论战国兵制，称之为“皆干赏蹈利之兵也，佣徒鬻卖之道也”。《韩非子》也说：“夫上所以陈良田大宅，设爵禄，所以易民死命也”。君上设了爵禄来易民死命，这确是个平民进身之阶，所以《韩非子》又说：“故明主之吏，宰相必起于州部，猛将必发于卒伍”（《显学》篇）。

（原刊上海《东南日报·文史周刊》1946年11月12日第7版）

战国时代社会性质的讨论

一、前言

在今天的史学界中，对于战国时代的社会性质，还没有一致的认识。主张周代是奴隶制的，认为战国时代是由奴隶制转入封建制的过渡阶段；主张周代是封建制的，认为战国时代是由领主封建制转变为地主封建制（或庄园制转变为佃耕制）的过渡阶段；还有主张汉代是奴隶制的，认为战国时代是由氏族制转入奴隶制的过渡阶段。的确，我们把战国时代和春秋时代的社会作个比较，其间有着显然的差别，如果我们能把战国时代社会性质弄清楚，这对于整个中国上古社会发展史的研究，一定是大有裨益的。

研究我国秦以前的社会史不是件容易的事，需要进行史料的搜集和批判，需要对史料加以深入的研究，然后才能引导出正确的结论来。我这篇战国时代社会性质的讨论自知理解是不够深入的，希望史学界先进能多多指教。

二、从战国时代的奴隶生产情况证明战国非奴隶社会

首先我们想讨论的，是战国时代一般奴隶的情况，只有解释了这个，才能证明战国社会决非奴隶制。

在战国时代各国在战争中还是虏掠敌人来作奴隶的。墨子书中曾描写那些大国国君进攻他国的情况，一攻入他国的边境，就割掉人家的农作物，砍掉树木，攻毁城郭，焚烧人家的祖庙，掠夺辆牲，见敌国人民中顽强的就杀了，见敌国人民中顺从的就绑着牵回来，男的作为“仆圉胥靡”，女的作为“舂酋”（《墨子·天志下》篇）。当齐宣王进攻燕国之后，孟子也曾对宣王说：“这样杀掉了人家的父兄，虏绑了人家的子弟，毁坏了人家的宗庙，搬走了人家的重器，怎样可以呢？”（《孟子·梁惠王下》篇）这些例子，都足以说明战国时代的战争，不仅是在侵略领土，还要抢掠烧毁，俘虏敌国的男女来作奴隶。

《墨子》说俘虏来的男子作为“仆圉胥靡”，“仆”是管车马的奴隶，在“人有十等”中属第九等（见《左传·昭公七年》中无子语），仅比逃走了又捉回来的末等奴隶“豪”高一等。“圉”是养马的奴隶，地位比“仆”“豪”还不如，是在十等以外而未能入等的。①至于“胥靡”，那是用绳索捆缚牵连着强制劳动工作的奴隶。因为“胥靡”这一个名称，据古人的解释是：“胥，相靡系也。……颜师古曰：‘联系使相随而服役之’”（《荀子·儒效》篇杨注）。“‘胥’借为‘接’，‘靡’借为‘縻’，‘接

---

① 《左传·昭公七年》申无宇说人有十等，“僚臣仆，仆臣豪”，“马有圉”，圉是养马的奴隶是无疑的。关于仆，俞正燮《癸巳类稿》“仆臣台义”说：“僚，劳也，入罪隶而任劳者，若今充当苦差；仆则三代奴戮，今罪人为奴矣；台，罪人为奴，又逃亡，复获之”。我以为古时御车者叫仆，管理车马的官叫大仆，这个奴隶中的仆，该也是管车马的，只是在身份上较圉高些。

縻’谓罪人相接而縻之，不械手足使役作”（《汉书·楚元王传》注引应劭说）。据此：“胥靡”不是因被用绳索捆缚相互牵连而得名的吗？所以要相互牵连，是怕他们逃走。“胥靡”被强迫做着什么工作呢？我们知道，传说是有作“胥靡”的传说的（见《史记·贾生传》等），而传说是“被褐带索，庸筑乎傅言”的（见《墨子·尚贤中》、《下》篇），“带索”就是说被用绳索牵着，“庸筑”该即是被强制的工作。可知胥靡被强制做的就是筑城等土木工事。

《墨子》说俘虏来的女子作“舂酋”，“舂”是舂米的奴隶，“酋”是造酒的奴隶[①]，她们的地位是和“胥靡”相当的。

战国时代奴隶的另一个来源是罪人，所以“胥靡”也就成了刑名或刑徒的名称[②]。到汉代，有刑罚叫“城旦”“舂”，“城旦”是“旦起行治城”，“舂”是“妇女不与外繇，但舂作米”（《汉书·惠帝纪》注引应劭说）。这和战国时代“胥靡”和“舂”的劳役是相同的，而且“城旦”“舂”等都“采衣系躬”（见《论衡·四讳》篇），“采衣”就是“赭衣”，“系躬”就是“胥靡”，也就是《汉书·楚元王传》所说：“胥靡之，衣之赭衣，使杵臼碓舂于市”。从这里我们便可以确证汉代的“城旦”和“舂”就是沿袭战国时代的“胥靡”和“舂”来的。

战国时代官家的奴隶，来源虽有不同，有的是俘虏奴隶，有的是罪犯奴隶，但是他们的身份和被强制的工作是相同的。因为《墨子·天志下》篇说：“……以攻伐无罪之国……民之格者则劲拔之，不格者则系累而归，丈夫以为仆圉、胥靡，妇人以为舂酋。”而《周礼·秋官·

① 说见孙诒让《墨子间诂》。

② 《韩非子·六反》篇说：“刑盗，非治所刑也；治所刑也者，是治胥靡也”。《解老》篇说：“胥靡有免死罪时活”。

司厉》说:“司厉掌盗贼之任器货贿,……其奴,男子入于罪隶,女子入于舂槀。”

《周礼》是战国时代的著作,《周礼》这条所说该就是根据战国时代情况而言的。刑徒中“男子入于罪隶”,等于俘虏中“丈夫以为仆圉、胥靡”,刑徒中“女子入于舂槀”,等于俘虏中“妇人以为舂酋”。在战国时代把罪犯全家没收为奴隶是很普遍的,把罪犯的妻子没入为奴,从事于舂米造酒,也是很普遍的。《吕氏春秋·精通》篇上有个钟子期的故事说:有一天夜里,钟子期听得一个打磬的奴隶所打的磬声很是悲哀,清早就招那个奴隶来问,那奴隶说:“我的父亲不幸杀了人,已被处死,我的母亲虽然活着,在替公家造酒,我虽然活着,也在替公家击磬,我不见我的母亲已经三年了。前些时到市上见到了母亲,想用钱来赎她,但是没有钱,我自身还是公家的财产呢!”从这里,我们可以看到两点:一是丈夫犯罪被判了刑,妻儿还得没入官家为奴,一是官奴隶虽已没入,如果有钱是可以赎回的。

赎回奴隶的情况,在战国时代也是很普遍的。甚至有些国家在法令里规定:本国人有在别国当奴隶的,如果能够赎回,这个赎金可以由官府负担。例如:“鲁国之法,鲁人为人臣妾于诸侯,有能赎之者,取其金于府”(见《吕氏春秋·察微》篇,又见《淮南子·齐俗》篇、《道应》篇,下文说:“子贡赎鲁人于诸侯,来而让不取其金,孔子曰:‘赐失之矣’。”似乎春秋末年已有此法)。

关于赎奴隶的故事,著名有两件:一件是春秋末年齐国宰相晏婴赎越石父的故事。据说:晏子到晋国,见有“反裘负刍息于途者”,以为是个“君子”,那知使人一问,原来是齐国人,名越石父,因被掠为奴,于是便解了左骖把他赎回(见《吕氏春秋·观世》篇,也见《史记·晏婴传》)。

一件是卫嗣君赎胥靡的故事。据说卫嗣君时，有个胥靡逃走到魏国去替襄王后治病，卫嗣君听到了，先派人请用五十金赎回，往返五次魏王都不肯，后来便用一个都邑名叫“左氏”的去更换他（见《韩非子·内储说上》篇）。

前一件是用一匹马赎回一个奴隶，而后一件是用一个城换回一个奴隶，不用说这是特殊的情况。

奴隶既然可以用金钱来赎回，自然买卖也是很普遍的。遇到“天饥岁荒”农民穷得“嫁妻卖子”的（见《韩非子·六反》篇），已成为普遍现象，于是奴隶的市场也出现了，《周礼·地官·质人》说：“质人掌成市之货贿、人民、牛马、兵器、车辇、珍异。凡卖儥者质剂焉。”这些“人民”是和牛马一样的在市上买卖，当然就是“奴隶”，《汉书·王莽传》载王莽的诏书说：“秦为无道，……坏圣制，废井田，是以兼并起，贪鄙生，强者规田以千数，弱者曾无立锥之居。又置奴婢之市，与牛马同兰，制于民臣，颛（专）断其命。奸虐之人，因缘为利，至略卖人妻子。……”把奴隶市场的出现说成由于商鞅的“坏圣制，废井田”，自然还有问题。但是战国时代有“与牛马同兰”的“奴婢之市”却是确实的，有“略卖人妻子”的现象，也是确实的。关于略卖人口，最著名的有件故事：有个叫子綦的生了八个儿子，召九方歅来看相，九方就说：“其中名捆的将与国君同食，以终其身”。不久，子綦叫捆到燕国去，在路上被强盗绑去了，强盗怕完整的不容易卖，于是砍去了脚，卖到齐国去，替齐康公看门，结果，“身食肉而终”（见《庄子·徐无鬼》篇）。本来古人对待奴隶是很残忍的，髡首、黥额、刖足、割鼻、去势是常有的事，《周礼·掌戮》说：“墨者使守门，劓者使守阙，宫者使守内，刖者使守囿，髡者使守积。”髡就是越族的断发，墨就是文身，大概最初俘虏了这些落后部族作奴隶，后来把本族罪犯罚作奴隶也就替他们髡首黥墨，以为奴隶的记号，用这来防止他们逃走。至于刖足自然更是为了防止他们逃走。这个盗卖捆的强盗，竟先砍了捆的足再出卖，当然也是特殊的例子，但是，可知当时“奸虐之人，因缘为利，至略卖人妻子”，是确有其事的。

这时，奴隶可以买卖，出现了奴隶市场，因此，除官奴隶以外，私人（一般自由民）也可以有奴隶了，尤其是财力充足的商人，更可以得到许多奴隶。例如魏惠王时有个“乐观时变”的大商人白圭就“与用事童仆同苦乐，趋时若猛兽鸷鸟之发”（《史记·货殖列传》）。足见商人有用奴隶从事经商的。

在战国时代各国中秦国的罪犯奴隶是特别多的，秦昭王时，“魏献安邑”“拔赵二城”“取楚南阳”“攻取鄢邓”都曾“赦罪人迁之”，“以魏、韩南阳与上庸地为一郡”，也用“免臣迁居之”，《史记·秦本纪》到秦始皇时，奴隶数量更多了，许多官僚都有大量的家童，例如吕不韦有家童万人，嫪毐有家童数千人。等到全国统一，奴隶更是集中了，在严酷的刑罚下，罪犯的数量也大大增加了，仅仅造阿房宫和骊山陵墓就曾集合刑徒七十万人，这是个相当大的数字。此外又曾使刑徒三千人伐湘山树，徙黔首三万户筑琅琊台，其他的土木工事所用罪犯和奴隶，数量也是不少的。

那么，是不是到战国时代奴隶制还在向前发展呢？显然不是，战国时代只有奴隶制的残余，因为我们搜集所有关于这时奴隶的材料，引导出的结论是这样的：

第一、战国时代的官奴隶虽然和奴隶制时期一样来自俘虏和罪犯，但是他们被强制的工作，只是土木工事和舂米、造酒、管车、养马等,并不从事于主要的生产。

第二、奴隶可以买卖,官僚和商人也有不少奴隶,有用来从事于经商等工作的,但用来从事于主要的农业生产是很少的。

三、从战国时代的主要生产者证明战国为地主制封建社会

战国时代主要的生产是农业,主要的生产者是被剥削的农民。我们从战国诸子的议论中可见那时的农民在法律身份上,大多是自由农民,他们所耕的田大多不满百亩(注意:战国一尺等于清代营造尺七寸二分,有商鞅量可证,古时又以百步为亩,所以战国一亩约当今三分之一亩)。

> "今一夫挟五口,治田百亩,岁收亩一石半……"(《汉书·食货志》引李悝语)。
>
> "百亩之田,勿夺其时,八口之家,可以无饥矣"(《孟子·梁惠王》篇,又《尽心》篇,略同)。
>
> "故家五亩宅,百亩田,务其业而勿夺其时,所以富之也"(《荀子·大略》篇,又《王霸》篇"百亩一守",杨注:"百亩一夫之守")。

因为是自由农民,所以如果"相忍以饥寒,相强以劳苦",那么,"虽犯军旅之难,饥馑之患,温衣美食者必是家也"。如果"相怜以衣食,相惠以佚乐",那么"天饥岁荒,嫁妻卖子者必是家也"(《韩非子·六反》篇)①。

---

① 战国时代"自耕农"很普遍的存在,《墨子·鲁问》篇说:"鲁之南鄙人有吴虑者,冬陶夏耕,自比于舜"。这个自比于舜的,显然是"自耕农"。《墨子·非乐上》篇说:"农夫蚤(早)出暮入,耕稼树艺,多聚叔(菽)粟,此其分事也"。如果是奴隶,自己怎能"多聚菽粟"?《吕氏春秋·贵当》篇说:"齐人有好猎者,……欲得良狗,则家贫无以。于是还疾耕。疾耕则家富,家富则有以求良狗,……"如果不是自耕农,疾耕也不可能家富的。

战国时代农民的生活，据魏文侯宰相李悝的估计，一家五口耕田百亩，一年每亩收粟一石半，就有一百五十石，除了“什一之税”十五石，余下一百三十五石，每月每人吃粟一石半（约当今三斗），五人一年要吃九十石，余下四五十石，每石售三十钱，共得一千三百五十钱，除了各种祭祀费用三百钱，余下一千零五十钱，衣着每人每年需用三百钱，五人就需要一千五百钱，这样已短少四百五十钱，不幸而遭遇疾病死丧，再加上君上的重重赋敛，更没有办法了（见《汉书·食货志》）。

这时农民的负担，据孟子说：“有布缕之征，粟米之征，力役之征”（《尽心》篇），统治阶级不但剥削农夫的生产，也还剥削到农妇的生产，更要直接剥削他们的劳动力。又据《荀子》说：“有田野之税，刀布之敛，举力之役”（《王霸》篇、《富国》篇），这是更进一步要向农夫征收刀布（货币）的赋税了。货币赋税的征收，就给商人更进一步取得向农夫进行剥削的机会，商人一方面靠着对农民的不等价交换，从而剥削农民，一方面又趁农民穷困，进行高利贷的剥削。而且这时不仅商人放高利贷，甚至像孟尝君，身为齐湣王的宰相，也在自己的封邑薛这地方大放高利贷，用利息来养食客，在高利贷的严重剥削下，农民自然只有弃产流亡。冯驩就曾说：“不足者，虽守而责之十年，息愈多、急，即以逃亡”（《史记·孟尝君列传》）。龙子也曾说：“……凶年粪其田而不足，则必取盈焉。为民父母使民盻盻然，将终岁勤动，不得以养父母，又称贷而益之，使老稚转乎沟壑……”（《孟子·滕文公》篇）。

除了流亡以外，就是出卖土地或“嫁妻卖子”作奴隶。这时土地宅房屋已可以自由买卖，在当时文献中有着下列明证：“王登为中牟令……中牟之人,弃其田耘、卖宅圃,而随文学者半”(《韩非子·外储说左上》篇)。“有与悍者邻,欲卖宅而避之”(《韩非子·说林下》篇)。“今括一旦为将,……主所赐金帛归藏于家,而日视便利田宅,可买者买之”(《史记·赵奢传》)。

土地既可买卖,自然会落到商人和新兴的官僚地主手中,于是佃农也出现了。《墨子·鲁问》篇载墨子说:“量腹而食,度身而衣,自比于群臣,奚能以封为哉?”这所说的“群臣”该是指奴隶而言。而《吕氏春秋·高义》篇作“翟度身而衣,量腹而食,比于宾萌,未敢求仕。”这所说的“宾萌”该是指佃农而言。高注说:“宾,客也;萌,民也。”“萌”和“氓”“甿”声同通假,原是“田民”的意义,“宾萌”也就是汉代所谓“客耕”。①

在战国时代连年不断的战争中,农民的租税力役是非常繁重的,孟子就曾说:“有布缕之征,粟米之征,力役之征。君子用其一,缓其二。用其二,而民有殍。用其三,而父子离”(《尽心》篇)。农民为了逃避繁重的赋税,有时宁愿附讬到新兴的豪强地主之下,甘作佃农。《韩非子·诡使》篇说:“悉租税,专民力,所以备难充仓府也。而士卒之逃事状(藏)匿,附讬有威之门,以避徭赋,而上不得者以万数。”

这些“有威之门”也就是秦汉时代的豪富,《后汉书·酷吏传》所谓“汉承战国余烈,多豪猾之民”。战国时代的豪富数量是在逐渐增加,秦始皇二十六年,徙天下豪富于咸阳就多到十二万户。

在这时,农民的成分,除了耕种国家土地的“自耕农”以外,不但

① “萌”“氓”“甿”古本通用,见孙诒让《墨子间诂·尚贤上》篇注。汉代称佃农为“客耕”,《后汉书·郑玄传》说:“玄自游学十余年乃归乡里,家贫客耕东莱。”

新出现了佃农，也有了雇农。《韩非子·外储说左上》篇说："夫卖庸而播耕者，主人费家而美食，调布而求易钱者，非爱庸客也，曰：如是，耕者且深，耨者熟耘也。庸客致力而疾耘耕者，尽巧而正畦陌畦畤者，非爱主人也，曰：如是，羹且美，钱布且易云也。"这里所说的"庸客"就是雇农。这时也已用"钱布"等货币作为雇农的工资了。

从上面的论证中，我们可以知道战国时代已是地主制封建社会，基本上和秦汉时代相同，这种社会具有下列两点特征：

第一，战国时代的农民有耕种国家土地的"自耕农"，有耕种一般新兴地主土地的佃农，也有没有田耕而为人帮佣的雇农，这时基本上对抗的阶级是地主和农民。

第二，由于政府大地主的横征暴敛，"自耕农"无法维持生活，更由于工商业的发达，货币经济的发展，高利贷的出现，土地的可以买卖，土地有逐渐集中到新兴的官僚、地主和商人手中的趋势，许多农民或则流亡，或则下降为佃农雇农，或则嫁妻卖子，和卖自己本身为奴隶。

但是一般说来，这时候土地兼并的情况还不十分严重，还没有发展到董仲舒所说："富者田连阡陌，贫者亡立锥之地"的情况，所以战国诸子都没有注意到这个土地不均的问题上去，只是主张减免赋税力役。汉代在文帝时土地兼并的现象也还不甚严重，后来的师丹就曾说："孝文皇帝承亡周乱秦兵革之后，天下空虚，……未有并兼之害。"所以文帝时晁错分析当时农民的生活情况，是这样说的："今农夫五口之家，其服役者不下二人，其能耕者不过百亩，百亩之收不过百石。……治官府，给徭役……又私自送往迎来，吊死问疾，养孤长幼在其中。勤苦如此，尚复被水旱之灾，急政暴赋，赋敛不时，朝令而暮。当具有者半贾而卖，亡者取倍称之息，于是有卖田宅、鬻子孙以偿责者矣”(《汉书·食货志》)。这是说土地兼并刚在开始。其实不仅是汉初如此，战国时代也是这样情况。

四、论战国时代的“变法”——表示封建社会的量的转变

战国时代的社会经济是和春秋时代有差别的。最显见的，就是战国时代土地的普遍自由买卖，因而开始引起土地兼并和一般人民间贫富悬隔，以及“自耕农”下降为佃农雇农奴隶等现象。这个转变汉代的人也早已看了出来，例如董仲舒就曾说：“……至秦则不然，用商鞅之法，改帝王之制，除井田，民得买卖，富者田连阡陌，贫者无立锥之地。……或耕豪民之田，见税什五。故贫民常衣牛马之衣，而食犬彘之食。”①《汉书·王莽传》所载王莽诏书也大体相同。这把土地兼并和农民下降为佃农的现象，归咎于商鞅的变法，因为汉代人是有着“秦为无道”的成见的。

新的法制是跟着新的社会经济而产生的。自从春秋中叶以后，社会经济已开始在转变，鲁国在宣公十五年已经“初税亩”，从“藉田以力”改为“履亩而税”，征收实物地租。民间的私有土地，已逐渐在发展，自由的工商业已逐渐在发达，在社会上普遍地出现了拥有财产的自由工商人，有了拥有私有土地的新兴地主，也有了耕种国家土地的“自耕农”。古者“刑不上大夫，礼不下庶人”，大夫以上的贵族和庶

① 汉儒这类的议论是很多的，例如《后汉书·仲长统传》引《昌言·损益》篇说：“井田之变，豪人货值，馆舍布于州郡，田亩连于方国”。《通典》一引崔寔《政论》：“昔者圣王立井田制制，分口耕耦，……始暴秦堕坏法度，制人之财，既无纲纪，而乃尊奖兼并之人，……于是巧猾以萌，遂肆其意”。

人以下的人民，是有着绝对的界限的，贵族有姓氏，庶人没有姓氏，贵族之间讲的是“礼”，对庶人的统治是用“刑”，而且没有预定的刑律颁布，贵族可以随意处置。到春秋末期，由于社会经济的变动，庶人地位提高，民间私有财产需要保障，民间争端需要解决，新的法制也就跟着陆续产生。最初是郑铸刑书，晋铸刑鼎，把新刑律成文化，铸在金属器上，尽管贵族反对，说：“民知有辟，则不忌于上”（《左传・昭公六年》叔向诒子产书）；说：“民在鼎矣，何以尊贵？贵贱无序，何以为国？”（《左传・昭公二十九年》孔丘语）但是时势所趋，不可能阻止住的。后来郑国的邓析又著作新刑律，条文更繁，不铸在金属器上而写在竹简上，郑国虽然杀了邓析，还是用了他的“竹刑”（《左传・定公九年》）。其他各国也必然有同样的新刑律公布，所以到战国初期魏文侯的宰相李悝著《法经》，就是“撰次诸国法”而成的。

商鞅是魏相公孙痤的家臣，商鞅在秦所变的法其实也就是李悝早在魏国实行的法和吴起在楚所变的法，商鞅的“令民为什伍而相收司连坐”，就是李悝《法经》中网捕之法，也就是《春秋繁露・王道》篇所说：“梁使民比地为伍，一家亡，五家杀刑”。商鞅之法：“有军功者各以率受上爵”，“宗室非有军功，论不得属籍”，也就是李悝所说：“为国之道，食有劳而禄有宫，使有能而赏必行，罚必当”（《说苑・政理》篇李克教魏文侯语，李克即李悝）。关于民俗和建设方面，商鞅曾在秦“大筑冀阙”，吴起在楚也变“两版垣”（《吕氏春秋・义赏》篇）。关于土地和赋税方面，商鞅曾实行下列的政策：“秦孝公十二年……并诸小乡聚，集为大县，县一令，四十一县。为田开阡陌”（《史记・秦本纪》）。“为田开阡陌封疆，而赋税平”（《史记・商君传》）。“夫商君为孝公……决裂阡陌，教民耕战”（《战国策・秦策三》）。商鞅的开去田的封疆阡陌[1]，为的是开辟空地，增加生产，而平赋税，也就是李悝的“尽地力之教”。这和吴起在楚“令贵人往实虚广之地”(《吕氏春秋·贵卒》篇)，目的是相同的。汉儒说商鞅“除井田，民得买卖”，大概就是指“开阡陌”而言的。《汉书·食货志》说：“及秦孝公用商君，坏井田，开阡陌，急耕战之赏”，可为明证。实际上，在商鞅之前，秦国以外，民间土地私有的制度早就存在着了。

春秋战国之间，各国社会的发展是不平衡的。三晋、鲁、卫等中原国家比较先进，秦、楚等国是比较落后的。鲁国在春秋时代鲁宣公十五年已“初税亩”，秦国到战国初期秦简公七年才“初祖禾”(《史记·六国表》)，改行实物地租。至于工商业的发展，秦也远在三晋、鲁、卫等国之后。秦在“献公立七年初行为市”，“惠文王立二年初行钱”(《史记·始皇本纪》)，它的社会经济比中原各国落后是很显然的。商鞅说：“始秦戎狄之教”(《商君传》)，魏无忌说：“秦与戎狄同俗”(《战国策·魏策三》)，《荀子》说秦“慢于礼义”(《性恶》篇)，又说：“其百姓朴……甚畏有司而顺，古之民也”(《强国》篇)。秦的文化风俗比中原各国落后也是很显然的。秦在献公以前，军政大权落在“庶长”手中，国君的废立，全由“庶长”作主，国势也很衰弱，河西地也为魏所侵占。秦的变革是从献公开始的，献公元年“止从死”(《秦本纪》)，“七年初行为市”(《始皇本纪》)，“十年为户籍相伍”。献公原是出亡在魏，为庶长菌改所迎立的(《吕氏春秋·当赏》篇)，这些改革应该就是学了魏的政策，已替商鞅的变法开辟了道路。《晋书·刑法

---

① 这所谓“封疆”是指田的封疆，《吕氏春秋·孟春纪》和《礼记·月令》说：“王布农事，命田舍东郊，皆修封疆”。封是筑的土城，在古代，封和封之间是有着空地的，即所谓疆场，所以《诗·信南山》说：“疆场有瓜”。

志》说："魏文侯师李悝，……撰次诸国法，著《法经》，商鞅受之以相秦"。事实上，商鞅也就是把先进的魏国的政策搬到了落后的秦国来，实行了大改革，结果大著成效，从此国富兵强，奠定了秦国此后胜利的基础。

在战国初期，魏是比较先进的，李悝、吴起在魏能够很顺利的推行他们的政策，国力也成为"七雄"中最强盛的。商鞅在秦，虽然由于秦孝公的信任，二十多年中变法成功，但是"宗室贵族多怨望者"，秦孝一死就被害了。吴起在楚，不幸楚悼王不久即死，"宗室大臣作乱而攻吴起"，不但自身被杀，而且前功尽弃。从这一点上也可以看出秦、楚两国阻碍进步的势力较大，是比较落后的。

在春秋战国之间，经济制度是在转变着，随着经济制度的转变，全部庞大的上层建筑也在或快或慢地发生量的变革。但是，这些转变在各大国间却是不平衡的。根据我们上面的论证，可以知道在各大国中，三晋是起着领导作用的，秦、楚的变革完全是受三晋的影响。因此我们就不能像汉儒那样把商鞅在秦的变法，作为划分时代段落的界线，如果拿三晋等中原国家来说，这些转变早在战国开始的时期已完成了，中央集权的政治组织在魏文侯时早已出现，将相制度在魏文侯时也早已具备了。

秦汉时代社会经济构造是战国时代的继续发展，同样的，秦汉时代的法制政治也是沿袭战国时代而来的。因此我们认为战国时代这二百年的历史，应该划在秦汉的同一阶段。

五、从奖励"耕战"政策证明战国为封建社会

在春秋时代，由于领主封建的榨取日趋严重，其结果必然引起人

民对贵族的阶级斗争，同时贵族间为了争夺土地和人民也不断发生斗争。在不断的斗争中，贵族是一层层的倒塌了下来，首先是天子的统治垮台了，接着是诸侯的统治垮台了，许多卿大夫的统治垮台了，只剩下少数卿大夫爬了起来，形成了“三家分晋”“田氏篡齐”的局面。在这样不断的斗争中，逼使贵族不得不采用各种优待的办法来争取人民，不得不把“亲亲尚恩”的政策改变为“尊贤尚功”的政策①，法家的政治主张，就是沿着这个时代趋势而产生的。

在“尊贤尚功”的政策推动下，一方面提拔“士”这阶层来执掌政权，开了“布衣卿相”之局，于是“士”就成了“四民”（士农工商）之首。另一方面是奖励农民的耕战。我们从这些奖励办法中也可以看出当时的社会情况的。

关于奖励农耕的办法，商鞅在“变法之令”中规定：“大小僇力本业，耕织致粟帛多者复其身。事末利及怠而贫者，举以为收孥”（《史记·商君传》）。这时的农民大多数是耕种国家土地的“自耕农”，所以用“复其身”来奖励他们耕织，用“以为收孥”来处罚他们的怠惰。“复其身”就是免除赋役，这种奖励的办法，一直到汉代还是沿用着的。汉高帝在统一全国后曾下诏道：“民以饥饿自卖为人奴婢者，皆免为庶人。……故大夫以上，赐爵各一级。其七大夫以上，皆令食

---

① 《吕氏春秋·长见》篇说：“吕太公望封于齐，周公旦封于鲁，二君者甚相善也。相谓曰：‘何以治国？’太公望曰：‘尊贤上功。’周公旦曰：‘亲亲上恩。’太公望曰：‘鲁自此削矣。’周公旦曰：‘鲁虽削，有齐者亦必非吕氏也。’其后，齐日以大，至于霸，二十四世而田成子有齐国。鲁日以削，至于觐存，三十四世而亡。”这故事当然是后人编造出来的。但是比较上鲁国采用传统政策（所谓“周礼尽在鲁矣”），而齐能采用进步的政策，是很显然的，法家的思想是代表着时代精神的，齐和三晋的所以多法家，就是因为比较先进的缘故（但齐国僻在东垂，也有落后的一面）。

邑；非七大夫以下，皆复其身及户，勿事”（《汉书・高帝纪》，注：“应劭曰：不输户赋也，如淳曰：事谓役使也。师古曰：复其身及一户之内，皆不徭赋也”）。“七大夫”就是商鞅所定二十等爵中的第七级“公大夫”（《汉书・樊哙传》注引文颖说）。这里所说“非七大夫以下”该是指第六级爵“官大夫”以下要到“五大夫”（即第五级爵“大夫”）才能“复”，武功爵要到第七级“千夫”才能“复”，足见“复”是不轻易赏赐的，商鞅对努力于耕织的农民“复其身”，该是个不小的奖励了①。

在战国时代，已由车战改为步骑作战，战争的规模愈来愈大，各国都实行着全国征兵的制度，大概十五岁到六十岁的人民都要被征发去作战②。秦、赵、魏、韩、燕、楚等国都已在边地设郡，郡是军区，郡守是武职，有征发一郡人民充士卒的权力③，主要征发的对象自然是农民，至于奴隶还是次要的。④同时各国还建立了常备兵，这些常备兵也大多是从农民中挑选出来的。

关于奖励军功的办法，商鞅在“变法之令”中规定：“有军功者，各以率受上赏；为私斗者，各以轻重被刑大小”（《史记・商君传》）。

---

① 《汉书・食货志》在晁错对文帝说：“令民入粟受爵，至五大夫以上，乃复一人耳”。到汉武帝时，募民入奴婢，入粟，得以终身复。又民多买复，及千夫五大夫，征发之士益鲜。见《史记・平准书》及《汉书・食货志》。

② 《史记・白起传》说：“王自之河内，赐民爵一级，发年十五以上，悉诣长平”。《战国策・楚策二》记昭帝说：“我典主东地，且与死生，悉五尺至六十，三十余万，弊甲钝兵，愿承下尘”。可见战国征兵年限是十五岁到六十岁。《周礼》乡大夫记应役年限：“国中自七尺以及六十，野自六尺以及六十有五皆征之”。（《疏》说：“七尺谓年二十，六尺谓年十五”。）《周礼》所说的制度该是根据战国情况而言的。

③ 例如韩上党守靳黈欲发守以应秦，秦以王龁将上地杨，端和将河内攻赵，李斯请秦令蒙武发东郡之卒，赵以庆舍率东阳河外师守河梁，秦始皇十二年发四郡兵助魏击楚。

④ 《战国策・韩策一》说：“大王之卒，悉之不过三十万，而厮徒负养在其中矣”。《吕氏春秋・决胜篇》说：“善用兵者，诸边之内，莫不与斗，虽厮舆白徒，方数百里皆来会战”。可见奴隶虽也征发，但是次要的。

怎样“以率受上赏”呢？是有着这样规定的：“斩一首爵一级，欲为官者为五十石之官，斩二首者爵二级，欲为官者为百石之官，官爵之迁与斩首之功相称也”（《韩非子·定法》篇）。这是用斩获首级多少为标准来赏赐官爵的，所以鲁仲连说秦是“上首功之国”（《史记·鲁仲连传》）。这个变法是有着缺点的，第一是有军功的不一定能做官，《韩非子》就认为“以勇力之所加而治智能致官”，是“不当其能”。第二是秦从商鞅以后，“四世有胜”，所斩获的首级可以百万计，怎有这么许多五十石以上的官爵可赏呢？《荀子·议兵》篇说：“秦人……功赏相长也，五甲首而隶五家，……”（杨注：“获得五甲首则役隶乡里之五家”。《汉书·刑法志》注引服虔也说：“能得著甲者五人，得使隶役五家也”）。这个“隶五家”的官，盖即乡里间“伍主五家”的“伍”，只是“编户一伍之长”，是个最起码的乡官，是不是到秦昭王时，由于战争的频繁，不可能常以五十石以上的官赏赐而降低了赏赐呢？

吴起在楚变法，也主张“才（裁）减百吏之禄秩，损不急之官，以奉选练之士”（《韩非子·和氏》篇）。吴起为了要攻克秦的小亭，曾下令道“明日且攻亭，有能先登者，仕之国大夫，赐之上田宅”（《韩非子·内储说上》篇）。这不但以官爵赏军功，而且用土地来赏军功了。《荀子·议兵》篇又说：“齐人隆技击，其技也得一首者赎锱金，无本赏矣”。可知齐国也“上首功”，只是赏赐的既不是官爵，也不是土地，而是金钱了。

战国时代各国都有着常备兵的设置，不仅用来防守关塞，而且已设亭鄣来守望。[①]各国对于这些挑选的常备兵，也是有着特殊待遇

---

① 《战国策·魏策一》说：“魏……卒戍四方，守亭鄣者……不过十万”。《韩策一》说：“为除守徼亭障塞，见卒不过二十万而已矣”。

的。《荀子·君道》篇说:“人主欲得善射,射远中微者,县贵爵重赏以招致之。内不可以阿子弟,外不可以隐远人,能中是者取之”。

大概这时一般国家都是悬爵禄赏赐来考试挑选常备兵将的,所以《吕氏春秋》称这些常备兵为“厚禄教卒”。《荀子·议兵》篇说:“魏氏之武卒,以度取之,衣三属之甲,操十二石之弩,负服(箙)矢五十个,置戈其上,冠胄带剑,赢三日之粮,日中而趋百里,中试则复其户,利其田宅”(杨注:“复其户,不徭役也。利其田宅,不征税也”)。

这是用装备行军考选武卒,中试的“复其户,利其田宅”,也就是免除全户的赋役和田宅的租税。这个办法站在统治阶级的立场看来也有着缺点,武卒衰老了不能取消这些优待,逐渐发展下去,政府的税收要短少的。所以荀子评论道:“是数年而衰,而未可夺也,改造则不易周也,是故地虽大,其税必寡,是危国之兵也。”

我们从上面的列举的例子,可知各国奖励耕战的办法,不外乎对农民赏赐土地、爵禄、金钱或免赋役。因为这时的农民大多数是耕种国家土地的“自耕农”,同时私有土地已很普遍,一般自由民尽可多占土地;工商业已发达,货币经济已有发展,也尽可以用金钱来赏赐,农民在政府大地主的统治剥削下,最苦的是赋役,用免除赋役来赏赐,也的确是足以鼓励农民耕战的。

根据上面的考辨:(一)战国奴隶不从事主要生产,(二)战国时代的剥削者为地主,从事主要生产而被剥削的为农民,(三)战国的“变法”表示封建社会的量的变化,(四)战国的奖励“耕战”政策是奖励农民尽力生产和当兵杀敌。我们所得的结论是:战国时代的社会为地主制封建社会。

附记：本文所说“国家土地”是指国家势力所能直接支配的土地，私人地主的土地虽然名义上也属国家，也须纳税，但其支配权大多落私人地主之手。

（原刊《文史哲》1952年第1期）

战国时代中央集权制封建国家的形成

春秋战国间是中国封建社会发展过程中的一个变革时期。这时社会经济制度正由封建制领主经济转变为地主经济。随着经济制度的转变,全部庞大的上层建筑包括政治法制在内,也在或快或慢地发生变革。到战国时代中原各国基本上已由封建领主割据的国家转变而为中央集权制的封建国家。秦汉时代的社会经济制度是战国时代社会经济的继续发展,同样的,秦汉时代的政治制度也是沿着战国时代的道路在前进的。因此,我们要探索秦汉时代中央集权制封建国家形成的原因是需要探索战国时代那些国家的变革过程的。

春秋战国间各国社会的发展,是不平衡的。不仅社会经济制度的转变有先后而且政治制度的变革也快慢不同。我们要弄清这期间中央集权制封建国家形成的过程,是需要分别来加以探索的。这里想首先谈推动这个变革的主要动力——农民起义;其次,分别谈各国政治改革的过程;最后,再综合谈这个改革的具体内容,以便有系统的说明中央集权制封建国家形成的原因及其过程。

一、春秋战国间的农民起义

当春秋战国间，由于封建领主军事上支出的浩繁，大大增加了领主财政上困难；又由于商品经济的发展，领主生活日益奢侈腐化，使得领主的财政更迅速地恶化起来。封建领主为了满足其奢侈生活和弥缝其财政上的困难，便残酷地加重对人民特别对农民的剥削，就是《墨子》所谓“厚作敛于百姓，暴夺民衣食之财”（《墨子·辞过》篇）。而且封建战争的范围也愈来愈扩大，不仅国与国之间常有战争，卿大夫间也不断的战争，使劳动人口和家畜遭受杀害，生产遭受破坏。在这样的情况下农民或者流亡为乞丐，[①]或则被迫为“寇乱盗贼”。

这时“寇乱盗贼”的情况，据说是这样的：

“民之为淫暴寇乱盗贼，以兵刃、毒药、水火，退无罪人乎道路率（术）经，夺人车马、衣裘以自利者，并作。”（《墨子·明鬼下》篇）

“聚群多之徒，以深山广泽林薮，扑击遏夺。又视名丘大墓葬之厚者，求舍便居，以微掘之，日夜不休，必得所利相与分之。……故宋未亡而东冢掘，齐未亡而庄公冢掘。”（《吕氏春秋·安死》篇。“齐未亡”该是指田氏未代齐之前）

原来在春秋后期“盗贼”已愈来愈多，弄得“小人怀璧，不可以越乡”（《左传·襄公十五年》），就是晋国的国都也“寇盗公行”，在客馆需要“高其闬闳，厚其墙垣”，才能“无忧客使”（《左传·襄公三十一年》）。当郑国子太叔执政时，有大群“寇盗”聚集在萑苻之泽，用“徒

① 《史记·范雎列传》载范雎描写伍子胥乞食于吴市的情况，“膝行蒲伏，稽首肉袒，鼓腹吹篪”。《吕氏春秋·精通》篇：“周有申喜者，亡其母，闻乞人歌于门下而悲之”，该是当时行乞的一般情况。

兵”前往“攻杀之，始少止”(《左传·昭公二十年》)(注二)[①]。到这时深山广泽林薮里更是“聚群多”(《辞过》篇)。这样，大规模的农民起义是无可避免的了。

在春秋战国间著名的“盗”的代表人物叫“跖”(或作蹠)，孟子曾把“蹠之徒”称为“孳孳为利者”，和他的理想人物“孳孳为善者舜之徒”对比(《尽心》篇)。《吕氏春秋·异用》篇说：“仁人之得饴，以养疾侍老也。跖与蹻(旧误作‘企足’二字)得饴，以开闭取楗也。”[②]这又把盗跖和庄蹻作为“盗贼”的代表，来和仁人对称了。有相传“跖之徒”曾向跖问：“盗亦有道乎”？跖把“圣”“勇”“义”“知”“仁”五者作为大盗的道，说：“夫妄意关内，中藏，圣也；入先，勇也；出后，义也；知时，智也；分均，仁也。五者不备能成大盗者，天下未知有也。”(《庄子·胠箧》篇、《吕氏春秋·当务》篇同)。盗跖这个“大盗”，该是不同于一般的“盗”的。

盗跖的事迹，已无可靠的资料来说明。传说他有“徒卒九千，横行天下，侵暴诸侯”(《庄子·盗跖》篇)，这话虽不必可信，但是他是和庄蹻齐名的，必然和庄蹻同样是一个农民起义的领袖，有过一番轰轰烈烈的暴风雨般的斗争的。

庄蹻是和楚怀王、楚顷襄王同时的，他虽然在时间上远在盗跖之后，但是他起义的地区在楚国，楚国是比较中原国家落后的，楚国自

---

① 《韩非子·内储说上》篇：“郑少年相率为盗，处于萑苻，处于萑泽，将遂以为郑祸。游吉率车骑与战，一日一夜仅能克之。”。或许是一事的两传。

② 《韩非子·说林》篇也说：“柳下惠见饴曰：‘可以养老’。盗跖见饴曰：‘可以黏牡’。”注：“牡，门户籥牡也”。毕沅《吕氏春秋新注》：“楗即牡也，黏牡使之无声又开之滑易也”。

从楚悼王时吴起变法失败后，政权始终在屈、景、昭三大领主贵族之手。庄蹻起义的斗争对象和盗跖相同的，也还是封建领主的统治。

关于庄蹻起义的史料，主要有下列三条：

“庄蹻为盗于境内，而吏不能禁，此政之乱也。”（《韩非子·喻老》篇）

“楚……兵殆于垂沙，唐蔑死，庄蹻起，楚分而为三四。”（《荀子·议兵》篇、《淮南子·兵略》篇、《韩诗外传》卷四、《商君书·弱民》篇、《史记·礼书》与此略同）

“郑人之下韈也，庄蹻之暴郢也，秦人之围长平也，韩、荆、赵，此三国者之将帅贵人皆多骄矣，其士卒众庶皆多壮矣，因相暴以相杀。”（《吕氏春秋·介立》篇）

庄蹻的起义在楚怀王二十九年齐、韩、魏三国大败楚于垂沙和杀楚将唐蔑（或作唐昧、唐明）时。这时齐由匡章主将，魏由公孙喜主将，韩由暴鸢为主将，共攻楚“方城”，而庄蹻的起义，不仅在境内“吏不能禁”，而且还曾暴动到楚都郢。这一役楚国封建贵族的失败是很惨的，所谓“大臣……垂沙之事死者以千数”（《战国策·楚策三》苏子对楚王语），它的惨败程度是可和赵在长平之役的惨败相提并论的。由于庄蹻的起义，结果把楚国的封建领主的统治打得七零八落，“分而为三四”。

虽然后来庄蹻叛变了自己的阶级投降了楚国封建贵族，成为和乐毅、田单齐名的“善用兵”的将军（《荀子·议兵》篇），“将兵循江上略巴蜀、黔中以下……至滇池，……以其众王滇”（《史记·西南夷列传》），但是楚国封建领主的统治力量被庄蹻所摧毁了，从此楚国也就逐步为代表新兴地主势力的秦国所灭亡。

春秋战国间，盗跖在中原地区的起义也正和后来庄蹻在楚国的起义一样，打垮了中原地区国家封建领主的统治力量。关于这一点虽然由于春秋战国间史料的缺乏和封建统治阶级的抹杀历史事实，今天没有足够的材料来说明，但是从这时期历史发展过程看来，是可以肯定的。

这时的农民起义震撼了封建领主的统治，而且逐渐摧毁了这个统治的基础，加速了领主封建制的解体，促进了新兴阶级政治改革，推动了社会的发展进步。

二、春秋战国间各国政治的改革

当春秋战国间，在封建领主经济组织的内部中形成和巩固起来的地主经济和原有的领主经济已发生了很大的矛盾。因为固定化的封建领主经济的各种制度，如土地的分封世袭制度、政权由卿大夫世袭的制度、领民或农奴时代被束缚于领主剥削统治的制度等，都是严重地阻碍新兴地主势力的发展的。

新兴地主阶级由于土地的买卖，所占有的土地并不是像领主那样在“封略之内”一整块的成为点面交错的占有形态，也没有像领主所有的“采邑”那样世袭的固定性，而且和原有封建领主的土地还相互交错着。因而在新兴地主阶级中，谁也不可能来单独掌握一大块土地上的政权，谁也没有特权来世袭掌握政权。但是，封建领主的政治制度并不是为他们服务的，要靠原封不动的封建领主的政权来巩固和发展他们的经济利益是不可能的。

这时，既然以买卖为手段的新兴地主的土地占有制，逐渐代替了领主家系世袭的土地占有制，新兴的地主阶级已在经济上成为有势力的阶级，他们自然会要求解除领主经济的种种制度的束缚，酝酿在政治上进行改革，废除和取消那些国内经济的情况不相适合的割据的世袭的经济制度和政治制度，从而建立一种保障地主经济的，并为它的发展服务的政治制度。这就是春秋战国间在地主经济向上发展的时期各国新兴地主阶级进行政治改革的主要内容。

新兴地主阶级所要求建立的政治经济制度，比旧有的封建领主的政治经济制度，确是有了很大的进步。因为他们在经济上主张废除经济的割据局面，要彻底开裂旧有领主的“封疆阡陌”，确认民间的土地私有制，主张土地可以自由买卖，并统一度量衡等制度；在政治上要剥夺领主的世袭特权，公布新法令，分明赏罚，选拔官吏，选练军队，建设国防，并奖励农民的生产和杀敌。但是所有这些完全是为了巩固和发展他们的经济利益，本质上，这是在维持封建的剥削统治。

在春秋战国间，各国都先后进行了这个政治改革的斗争。这个斗争的大体过程，由于各国的具体情况的不同，所表现的斗争方式也是不同的。这时，中原国家国君的政治已腐败不堪，弄得民愤很大，而少数强大的卿大夫，却很能“尊贤尚功”，要求“国家之富”“人民之众”“刑政之治”（《墨子·尚贤上》篇），因而新兴地主及其代表“法家”就团结在比较励精图治的卿大夫周围，向国君进行斗争，用夺取国家政权的方式来完成政治的改革。这些励精图治的卿大夫在斗争的过程中，也还用各种优待人民的办法来争取人民的拥护。至于边地的比较落后的国家，情况是和中原国家不同了，它并没有像中原国家那样强大的卿大夫，却有着比较数量多的世袭的封建领主贵族，同时，这些国家的国君有的受了中原国家改革的影响和中原国家对他们的压迫侵略，很想励精图治，要求改革，因而在这些国家中，新兴地主及其代表“法家”也就团结在那些励精图治的国君周围，向封建领主贵族进行斗争，用剥夺封建领主的世袭特权的方式来完成政治的改革。前一种方式最著的是“三家分晋”和“田氏代齐”。后一种方式最著的是“商鞅变法”。

在中原地区封建领主的统治，由于农民起义和相互内讧，更由于地方经济的发展，中小领主逐渐强大，贵族是一层层的倒塌了下来。首先是天子的统治垮台了，接着诸侯的统治也垮台了，卿大夫又相互在兼并。在这样不断的斗争中，最后取得胜利的便是少数符合于历史发展方向的励精图治的卿大夫。

当齐景公时，齐国社会经济情况已很腐败不堪，农民的生产三分之二要献给公室，公室所聚的粮食在腐朽虫蛀，而乡里间连乡官“三老”也还在挨饥受饿，国都的市场，也很不正常。草鞋很贱，而假足涨了价。因为被判“刖足之刑”的人多。这时齐国国君的政权正摇摇欲坠，而卿大夫陈氏（即田氏）却在用种种方法争取人民，在向人民放债的时候，用“家量”（私家造的大量器）借出去，用“公量”（公室规定的小量器）来收回，在陈氏管辖的市场上，物价很便宜，山里出产的木料和海里出产的鱼盐蜃蛤，价格都不比产地高。“民人痛疾，而或燠休之，其爱之入父母，而归之入流水”（《左传·昭公三年》晏婴语）。同时陈氏必定在上有一番新的改革，取得了新兴地主阶级的支持。当齐简公时原由陈成子和监止为左右相，等到陈成子杀了监止，又杀了简公，拥立平公，陈氏就世代为“相”专政。到齐康公十八年（公元前二八七年），齐相田和就和魏武侯相会，要求那个有名无实的周天子承认他为诸侯了。

同时，晋国的情况也差不多。“庶民罢敝而宫室滋多，道殣相望而女富溢尤。民闻公命,如逃寇仇"(《左传·昭公二年》叔向语)。国家大权已落到了知氏、范氏、中行氏、韩氏、魏氏、赵氏等六卿手里,即所谓"政出家门"。军事力量也全为六卿所掌握,六卿就有着"六将军"的称号(《墨子·非攻下》篇),弄得公室"戎马不驾","公乘无人,卒列无长"。后来六卿互相兼并,范氏、中行氏先失败,知氏也灭亡,最后剩下了韩、魏、赵三家。这三家在政治上是代表了新兴地主阶级的利益,在逐渐进行改革。例如"韩赋七邑皆成县也"(《左传·昭公五年》),魏献子曾"分祁氏之田为七县","分羊舌氏之田以为三县"(《左传·昭公二十八年》),赵简子和范氏、中行氏战时,曾宣誓:"克敌者,上大夫受县,下大夫受郡,士田十万,庶人工商遂,人臣隶圉免"(《左传·哀公二年》)。他们一方面进行着兼并的战争,一方面推行着符合于新兴地主利益的郡县制度,另一方面使立功的庶人、工、商得以仕进,把立功的奴隶解放,以争取人民为他们效力。从此三晋也就逐渐强大起来,在晋敬公六年(公元前四四六年)魏文侯已自称为侯,到晋烈公十二年(公元前四〇五年),三晋乘齐的内讧,联合伐齐,攻入了齐的长城(《水经·汶水注》引《竹书纪年》),"得车二千,得尸三万"(《吕氏春秋·不广》篇),后二年即周威烈王二十三年(公元前四〇三年),那个挂虚名的周天子也就承认三晋为诸侯了。三晋在战国初期,所以会那么强盛是有原因的,因为它首先完成了政治改革。

在"三家分晋"和"田氏代齐"之后,三晋和齐也就建立了新兴地主的国家政权,代替了封建领主国家政权。战国时代的"法家"是代表新兴地主的利益的,在历史上是起着进步的推动作用。我们看那时著名的法家如魏的李悝,由魏入楚的吴起,由魏入秦的商鞅,韩的申不害以及后来的韩非子,都是起于三晋的。至于齐国,虽没有极著名的法家，却有着一部集法家大成的《管子》。三晋和齐的所以多“法家”，是和它的先进政治经济制度相适应的。

至于宋国，也和齐国一样，发生了卿大夫夺取政权的事。韩非子曾把“司城子罕取宋”和“田成子取齐”相提并论（见《说疑》篇、《二柄》篇、《人主》篇及《外储说右下》篇），又曾把“戴氏夺子氏于宋”和“田氏夺吕氏于齐”相提并论（《忠孝》篇），到后来被齐灭亡的宋，已经不是子氏而为戴氏，所以《吕氏春秋·壅塞》篇论宋被齐灭亡说：“此戴氏之所以绝也”。《宋世家·索隐》引《竹书纪年》说：“宋剔成肝废其君璧而自立”。①

所谓“剔成肝”也即“司城子罕”，“司”“剔”是一声之转，“城”和“成”、“罕”和“肝”都声同通假。“司城”的音转为“剔成”，正同，“司徒”或作“信都”“申徒”“胜屠”（《潜夫论》）。剔成肝所废的君名璧，也就是《竹书纪年》的桓侯璧兵，“璧”也作“辟”，见《宋世家·索隐》引《庄子》所记桓侯的故事和司马彪注。②这个司城子罕备杀宋桓侯而自立的事，该在魏惠王十四年（公元前三五六年）后。③司城子罕的所以能夺取政权，据《韩非子》说是由于“宋君失刑而子罕用之”（《二柄》篇）、“宋君失其爪牙于子罕”（《人主》篇），情况是和齐差不多的。由

① 司马迁著《史记》时已弄不清楚此事，因而在《宋世家》说：“辟兵三年卒，子剔成立”，竟把废君自立的事，说成了父子相传。又《韩非子·内储说下》篇说：“戴驩为宋太宰，皇喜重于君，二人争事而相害也，皇喜遂杀宋君而夺其政”。梁履绳认为古人名“喜”的往往用“罕”为字，见王引之《春秋名字解诂》，皇喜也即司城子罕，这话是可信的，皇氏原也是戴公之后。至于孙诒让《墨子间诂》中的《墨子传略》以为司城子罕所杀的是战国初期的宋昭公，这是不可信的。昭公只有出亡而复国之说，无被杀之事。

② 这段《庄子》今本已佚，《太平御览》卷七三九所引略同。

③ 魏惠王十四年宋桓侯尚在《魏世家》，《索隐》引《竹书记年》：“惠王十四年，鲁恭侯、宋桓侯、卫成侯、郑釐侯来朝”。

于戴氏的夺取子宋国政权，进行了一系列改革，也就逐渐富强起来，到宋君偃时，也就要行“王政”(《孟子·滕文公》篇)，宋君偃十一年(公元前三一八年)便和其他各国一样“自立为王”，并曾灭掉滕薛等小国，侵取楚的淮北地。

郑国在战国初期也曾发生争夺政权的事。据《史记·郑世家》说：郑哀公是被郑人所杀的哀公之后共公，共公之有幽公，幽公又是被韩所杀的。此后繻公二十五年(公元前三九八年)“郑君杀其相子阳”，廿七年“子阳之党共弑繻公”。在战国初期，郑国三个国君被杀，从郑君杀子阳到子阳之党杀郑君前后又经过了三年的分裂内战，所以《韩非子》说：“郑子阳身杀，国分为三”(《说疑》篇)。《墨子·鲁问》篇载鲁阳文君又说：“郑人三世杀其君，[①]天加诸焉使三年不全”。这次郑国发生“子阳身杀，国分为三”的事件，据《韩非子》说其原因是和“周威公身杀，国分为二”一样的，是由于国君亲信坏人，是由于郑国的王孙申“思小利而忘法义，进则揜蔽贤良，以阴暗其主，退则扰乱百姓而为祸难”(《说疑》篇)。子阳原来是个主持“法义”很严厉行法的人，《吕氏春秋》说：“子阳极也，好严有过，而折弓者恐必死，遂应猘狗而杀子阳”(《适威》篇)。子阳也能礼贤下士，曾经派人送粟十秉给列御寇(《吕氏春秋·观世》篇)。他的被杀一定是出于旧贵族的谋害，因此，引起了新旧两派三年的分裂斗争，虽然最后，新派“子阳之党”得到了胜利。但由长期的混乱和内战，国势一时不能振作，不久便被韩所灭亡了。

至于边地比较落后的秦、楚等国，是采取自上而下的“变法”来改

① “君”字旧作“父”，此从苏时学《墨子刊误》校正。

革的。秦的“变法”收到了极大的效果，可是楚的变法就是没有多大成效，这其间是有着原因的。

居于西北边地的秦国，经济情况本来比较落后，到战国初期刚开始转变，秦简公七年（公元前四〇八年）才“初租禾”（《六国表》），改用实物地租，其后三年，即秦献公七年，才“初行为市”（《始皇本纪》）。这时秦国国势衰弱正受新兴的三晋侵逼，西河一带，已为魏所占有，因而秦孝公励精图治，要求改革，到秦孝公六年（公元前三五六年）商鞅便下“变法之令”，建立了与转变的经济基础相适应的政治制度，采取了一切的办法帮助新制度来根除和消灭旧有的领主制度，结果得到了显著的成效。虽然秦孝公死后，商鞅被贵族车裂肢解而死，毕竟奠定了秦国此后胜利的基础。

居于南方的楚国经济情况也是落后的。“楚越之地，地广人稀。……不待贾而足……以故呰窳偷生，无积聚而多贫。是故江淮以南，无冻饿之人，亦无千金之家。”（《史记·货殖列传》）。这和中原国家是完全不同的。当楚悼王时受新兴的三晋的侵逼①，曾励精图治，要求改革，用吴起为“令尹”，实行变法（约在公元前三九〇年后），剥夺了封建领主的世袭特权，裁撤了无能无用的官吏，禁止私斗的请讬，供养选练的战士，还令“贵人实虚广之地”，作了种种的改革，但是由于楚国有着牢固的领主经济的基础。吴起的变法为时不过几年，没有来得及收效，等到楚悼王死后，吴起被贵族车裂肢解而死，就几乎全功尽弃了。从此楚国一直到灭亡，国家大权始终还掌握在世袭

---

① 《史记·楚世家》：“悼王二年，三晋伐楚，至乘丘而还”。“十一年，三晋伐楚，败我大梁、榆关，楚厚赂秦，与之平”。

的贵族——封建领主的手里，历朝执政带兵的人物不出屈、景、昭三大户。在政治制度也很少改革，一直到楚灭亡，仍沿袭春秋时代的官制，以“令尹”为最高官职，没有设置“相”位，所以楚国尽管有着许多有利条件，曾经在楚怀王时灭掉越国，设郡江东①，又曾不断对南方开发，但终于爆发了以庄蹻为首的农民起义，国土逐渐为秦所吞并，虽一再迁都，仍不免为秦所灭亡。

至居于东北边地的燕国，也曾经过一番改革的。它的改革，既不同秦的采取自上而下的“变法”，也不同于中原国家的自下而上的夺取政权，却采用了禅让政权的办法。燕王哙把君位禅让给相国之子的真实情况，我们已不很清楚，《韩非子·外储说右下》篇所记的，已有三种不同的传说。大概燕王哙是非常俭朴的，曾“亲操耒耨以修畎亩”，“苦身而忧民”(《韩非子·说疑》篇)，他的甘愿把君位让给臣下，必然是为了振兴燕国。子之即位三年(公元前三五一年)，太子和将军市被就围公宫攻子之，结果，都被子之平定了，把太子平和将军军市被杀死了。我们可以推想到：子之在政治上必然有所改革，因而被以太子为首的封建领主贵族所反对，但还是战胜了封建领主族。他的失败，完全是由于齐宣王的武装干涉，燕国没有能够充分地完成它的政治改革，因而“凡天下战国七而燕处弱焉”(《战国策·燕策一》)。

三、政治改革的具体内容

在春秋战国间，凡是完成了政治改革的国家，也就出现了中央集权制的专制政体。首先是由于剥夺了封建领主的世袭特权，废除了

① 楚的灭越《史记·赵世家》说在楚威王时，不可信。应在楚怀王二十二年，说见黄以周《周季编略》。

世卿世禄制度，实行了“见功而与赏因能受官”的“法”，在中央设置了可以任免的“相”“将”等官职来统帅官吏将领，在郡县设置可以任免的“守”“令”等官职来统治人民，这样就使臣下之于国君，由私属的性质一变而为雇佣的关系，便利了国君的专制统治。

这种“相”“将”的制度，最先是萌芽于齐和三晋的“相”“将”的官名，最早见于齐和三晋，齐在景公时已立庆封崔杼为左右“相”（《左传·襄公二十五年》及《齐世家》），晋的六卿已有“六将军”之称，到战国时魏文侯就曾有选择相国的事。县的制度，在春秋时代，秦、楚、晋等国已建立，最初设在边地，后来，晋又把它推行到内地，陆续把卿大夫的采邑建设为县。秦国到战国初期尚未普遍设县，因而普遍设县也成为“商鞅变法”的内容之一，到秦孝公十二年才集小都乡邑聚为县，共建四十一县（《史记·秦本纪》，《商君列传》作三十一县）。“郡”是在内地推行“县”制以后设立的，最早见于晋，最初也设在边地。因为“郡”在荒陋的边地，地广人稀，面积远较县为大，到战国时代，边地逐渐繁荣，也就在“郡”下又划分为多少“县”，产生了郡县两级制的地方组织。这种县统于郡的制度，最初也是行于三晋的，例如：魏的上郡有十五县（《史记·秦本纪》），赵的上党郡有二十四县（《战国策·齐策二》），赵的代郡有三十六县（《战国策·秦策一》），秦攻赵，赵赂秦以河间（郡名）二十县（《战国策·秦策五》），韩的上党郡有十七县（《战国策·秦策一》）。秦、楚、燕、宋等国的郡县制度是效法三晋的，由于这种直属国君管辖的“郡”“县”地方政治机构的普遍设立，国家大权也就集中于中央了。

这时官吏的任免是以“玺”（印章）为凭的，将尉的任免是以“符”（虎符）为凭的。“玺”是用来封印公文（简牍）的封泥的。《史记·始皇本纪》记载:“始皇九年……长信侯毐作乱而觉,矫王御玺及太后玺,以发县卒及卫卒”。“符”是用来调发军队的。秦的“新郪虎符”铭文说:“甲兵之符,右才(在)王,左才(在)新郪,凡与士被甲,用兵五十人以上,必会王符,乃敢行之。燔燧事,虽毋会符,行殹(也)”。这儿规定:虎符的右半归王掌握,左半归将领掌握,凡用兵五十人以上,必然要有王符的会和,才敢行动。如果外敌侵入边塞有烽火,虽然没有王符的会合,也得行动。在政治上军事上由于有着这些严格的制度,大概也就集中于国君一人了。

这时对臣下临时的赏赐,主要用黄金货币,对于臣下经常的酬劳,采用俸禄。大体上相国等大官有“食禄千钟”,中等的有三百石左右,最小的官吏就只有“斗食”。[①]采取这样的办法是和当时的社会经济有关的,因为商品经济的发展,货币的广泛流通,土地的自由买卖,社会上已出现了雇佣劳动者,地主富农用着“庸客”(《韩非子·外储说左上》篇),商人用着“庸保”(《史记·刺客列传·荆轲传》)。于是国君用人也采用了“佣徒鬻卖之道”(《荀子·议兵》篇),出现了俸禄制度。这样臣下之于国君便成了雇佣的关系,可以随时任免,可以随时选择提拔。从此权力集中于国君了,需要的人才,也可以选拔了,《韩非子》所谓:“明主之吏,宰相必起于州部,猛将必发于卒伍”(《显学》篇)。《荀子》说:“相者,论列有官之长,要百事之听,以饰朝廷臣下百吏之分,度其功劳,论其庆赏,岁终奉其成功,以效于君。当则可,不当则废”(《王霸》篇)。

---

① 魏成子为魏文侯相国,《魏世家》说:“魏成子食禄千钟,什九在外”。当燕王哙禅让时《战国策·齐策一》说:“王因收吏玺自三百石以上皆效子之”。又“斗食”见于《秦策三》应侯对昭王语及《始皇本纪》十一年。

这时政府机构中，上级对于下级的管理，已采用了年终考绩的制度所谓“岁终奉其成功以效于君”。其中最主要的是“上计”：下级每年需要把赋税的收入预算数字写在券上送到上级那里去，上级把券分剖为二，上下级各执一半，这样上级便可操左券来责成下级，到了年终下级必须到上级去报核，叫做“上计”。如果“上计”时上级觉得不行，便可收玺免职[①]。这种用券契来责成臣下的办法，也是采用了商业资本的经营方式，便利了中央集权的实行。战国时代高利贷者放债用债券，债权者是操左券来向债务者“合券”讨债和利息的[②]。这时政治组织中采用了“合券”计数的考核方法，所以《荀子》说“官人守数”（《君道》篇），《韩非子》又说“符契之所合”便是“赏罚之所生”了（《主道》篇）。这时既要官吏“上计”采用合券计数的方法，为了明确标准和防止舞弊起见，就必须要统一度量衡制度，所以商鞅变法把“平斗桶权衡丈尺”也作为重要的政策之一，在秦孝公十八年曾积十六尊（寸）五分尊（寸）之一为井，铸造了标准量器，即今存世的“齐子禾子釜”和“齐陈纯釜”（见二釜铭文）。度量衡器和符节契券，同样是当时政府考核官吏和防止官吏舞弊的工具，所以《荀子》说：“合符节别契券者所以为信也”；“衡石称县者，所以为平也”；“斗斛敦概者，所以为啧也”（《君道》篇）。由于这时创立了这些对臣下层层考核的办法，也就便于集中统治了。

这时中央集权的封建国家还是有个重要的具体措施，就是成文的法律的公布。在封建领主的统治下，贵族之间讲的是“礼”，对人民

---

① 这种制度可以从《韩非子·难三》篇“李克治中山”，《韩非子·外储说左上》篇“西门豹为邺令”，《韩非子·外储说右上》篇“田婴相齐”等故事中见到。

② 《史记·孟尝君列传》记冯驩为孟尝君收债于薛，“召诸取钱者，能与息者皆来，不能与息者亦来，皆持取钱之券书合之”。

的统治用“刑”，而且没有成文的法律颁布，领主有随意处置的特权。由于社会经济的变动，民间有了私有土地的新兴地主，也有了拥有财产的商人和手工业者，人民的经济地位提高，民间的私有财产需要保障，民间的争端需要解决，新的法制也就陆续跟着产生。在春秋末年，郑国执政子产首先铸“刑书”（《左传·昭公六年》），接着晋国又铸“刑鼎”（《左传·昭公二十九年》），都把新刑律成文字，铸在金属器上颁布，限制了封建领主的滥用特权。后来郑国邓析又著作新刑律，条文更繁，写在竹简上，郑国虽然杀了邓析，还是用了他的“竹刑”（《左传·定公九年》）。其他各国也必然有同样的新刑律的公布，所以到战国初期，魏文侯的相国李悝著《法经》就是集各国法律的大成的。

这时的法律是保护新兴地主阶级利益的。这些法律的公布，一方面是取消了封建领主的特权，一方面是为了镇压和统治农民。所以李悝所著的《法经》以为“王者之政莫急于盗贼”，六篇《法经》中，四篇是“盗法”“贼法”“囚法”“捕法”，完全讲的是“囚捕盗贼”之法，其他两篇是“杂法”“具法”，“杂法”讲的是处罚“轻狡、越城、博戏、假借不廉、淫侈逾制”，该是对封建贵族和商人的限制。后来商鞅在秦变法所用的也就是这六篇之法（见《晋书·刑法志》《唐律疏议》）。

商鞅在秦变法，大家认为最厉害的是“令民为什伍而相收（纠）司（伺）连坐”之法，把人民五家编为一“伍”，十家编为一“什”，奖励对“奸”告密，“不告奸者腰斩，告奸者与斩敌同赏”，如果一家藏“奸”，“伍”“什”要同罪连坐，要“与降敌同罚”。旅客到客舍，一定要有凭证才能留宿。其实这个搜捕“盗贼”的办法就是出于《法经》的“捕法”的，李悝在魏早就实行了，所以《春秋繁露·王道》篇说：“梁使民比地为伍，一家亡，五家杀刑”（《公羊传·僖公十九年》解诂同）。

除了“囚捕”盗贼之法外，战国时集权国家所公布的法律，主要的精神是奖励农民生产和杀敌，剥夺封建贵族特权和压制商人势力。例如商鞅变法之令就规定：有军功的可以按所斩敌人首级多少赏官爵，如果私斗的要按轻重处刑罚。努力耕织生产多的可以免除赋役，经商及怠惰而穷的没收为奴。宗室非有军功不得编入贵族籍，爵禄要按官爵的等级，贵族占有土地奴隶和穿着衣服也要按照规定的等级，有功的才能显荣，无功的虽富贵不得铺张。又如魏国考选得中的“武卒”可以免除全户的赋役和田宅的租税，齐国的“拔举”斩得敌人一头的可得奖金（详拙作《战国时代社会性质的讨论》刊《文史哲》一卷五期）。他们所以要这样的赏罚和限制，为的是要富国强兵，为的是要巩固新建立的中央集权的封建政权，也就是说为的是巩固新兴地主阶级的利益。因为在封建社会里，农民是主要的劳动生产者，创造财富者，又是数量最多而最主要的战斗员，而商人不但不能创造财富，还要用不等价的交换和高利贷等方式来剥削农民的。这时强有力的中央集权的封建国家，既一开始就把压制商业资本作为重要的政策之一，因而商业资本虽然在统一的国家中获得有利的发展条件，但时常要遭受到统治者的严重打击的。商人为了自己的利益就往往用货币投资于土地上，把土地买卖作为经商所得利润的投资活动场所，这样就影响了商业资本的累积和发展，这也是中国封建社会发展迟滞的原因之一。

在春秋战国间，各国不仅陆续颁布了新的法律而且不断地扩充军备，建立了强大的军事组织。

这时中央集权国家的基本统治组织是郡县。县在最初创设时是带有国防的作用的。秦、楚等国在春秋时代虽然没有像晋那样普遍设县,也早在边地设县,楚每多在灭小国后设县,例如申、息等县就是。秦在武公二年“伐邽冀戎初县之”十一年“初县杜郑”(《秦本纪》),到战国时,厉共公二十一年“初县频阳”,惠公二年县陕,献公六年“初县蒲蓝田,善明氏”,十一年县栎阳(《六国表》),秦国这些县的建立多在东部边疆,其有着国防作用是显然的。

在战国时代,各国对于国防更注重了。各国先后建筑长城和关塞,考选常备兵来防守,给予特殊待遇,各国又实行了全国征兵的制度,大概十五到六十的壮丁都要被征发去作战。初期的“郡”原是设在边地的军事组织。各国在边地设郡的目的,就是为了国防,例如魏的河西上郡是防戎的,赵的云中、雁门、代郡是防林胡、楼烦的,燕的上谷、渔阳、右北平、辽西、辽东等郡是防东胡的,秦的陇西、北地等郡是防戎的(见《史记·匈奴列传》),楚怀王在灭越后要“东塞厉门而郡江东”(《史记·甘茂列传》《战国策·楚策一》)。楚的设巫郡、黔中郡,秦在灭巴蜀后设郡也无非防止南方部族的侵入。后来为了防止别国的侵略,在中原地区也陆续设郡,例如楚顷襄王二十二年“复西取所拔我江旁十五邑以为郡拒秦”(《史记·楚世家》)。又如黄歇对楚王说:“淮北地边齐,其事急,请以为郡使”(《史记·春申君列传》)。城浑说新城令说“今边邑之所恃者,非江南泗上也。则楚王何不以新城为主郡也”(《战国策·楚策一》)。各国在四边境界都陆续设郡,于是,郡县制度就普遍推行了。“郡”担任着国防的责任,所以一郡的长官叫“守”,都用将军充任,或竟是将军的兼职①,郡守是有着

---

① 《韩非子·亡征》篇说:“出军命将太重,边地任守太尊,专制擅命,径为而无所请者,可亡也”。这把“出军命将”和“边地任守”并论,可知“将”“守”是同类的,《始皇本纪》载十八年“王翦将上地”“杨端和将河内”,上地即上党郡,河内即河间郡。

征发一郡壮丁出征的权力的，例如：赵上党郡守靳黈“请悉发守以应秦”（《战国策·赵策一》）。秦昭襄王二十年“又使司马错发陇西（郡名），因蜀攻楚黔中”（《秦本纪》），秦始皇十二年“发四郡兵助魏击楚”（《六国表》）。

在战国时代，只有齐国始终没有设郡却另有“五都”的制度，除了首都临淄以外，四境都设有“都”，大概平陆、即墨（当即“技击”）、莒都是“五都”之一，“五都”的长官仍称“大夫”，带有常备的“持戟之士”，即所谓“五都之兵”或“五家之兵”，在性质上是和“郡”相类似的。①

春秋战国间，各国以郡县组织为根基的中央集权封建国家的所以能加速成立，固然是由于社会制度的变革，和新兴地主阶级的政治改革，但和当时国防利益上的需要也是非常密切的。这时，中原国家四周都有侵扰的游牧部族，在这样一个复杂的情况之下，“国防的利益是需要有能力制止侵略攻势的中央集权国家的立即形成的”（斯大林同志语）。

这时，新兴地主阶级需要建立一个强有力的中央集权政体的。另一个原因就是为了兴修水利。因为要兴修水利，开掘沟洫必然要掘掉一些土地而在封建领主的割据局面下，是要被反对的甚至可能引起内乱。如郑国“子驷为田洫，司马氏、堵氏、侯氏皆丧田焉，故五

---

① 《战国策·楚策一》说齐宣王“令章子将五都之兵，将以因北地之众以伐燕”，而《齐策一》说齐“三军之良兵，五家之兵，疾如锥矢，战如雷电”。“五家之兵”当即“五都之兵”。《孟子·公孙丑下》篇载：孟子谓平陆大夫孔距心曰：“子之持戟之士，一日而三失伍，则去之否乎”？又见于王曰：“王之为都者，臣知五人焉，知其罪者，惟孔距心”。可见平陆即五都之一，乐毅破齐史称“取七十余城，惟莒、即墨不下。”原来齐不止七十多城，共有百二十城，见《齐策一》邹忌语。这时实际上是失掉了三都，即五分之三的地方，计七十多城，而另外二都有四十多城尚未失，莒为齐王所退保，即墨为田单所固守，所以，后来田单能凭此复国。

族聚众不逞之人，因公子之徒以作乱”（《左传·襄公十年》）。后来子产使“田有封洫，庐井有伍”，起初也还遭到“国人”的反对（《左传·襄公三十年》）。到这时，在新兴地主的点面交错土地占有形态下，更没法个别的兴修水利了，就只有在中央集权的国家支配下才能通盘筹划开凿运河，便利农田的灌溉。春秋战国间，各国的所以能先后开凿运河，兴修水利，也就是由于中央集权国家的建立。其中最著的如“引漳水溉邺”的水利工程，曾经魏文侯时的邺令西门豹和魏襄王时的邺令史起两度治理，人民大得其利（见《史记·河渠水》《吕氏春秋·乐成》篇），要不是有魏这样一个中央集权的国家是不可能办到的。

（原刊《历史教学》1953年第10期）

论春秋战国间阶级斗争对于历史的推动作用

春秋战国间是中国历史上的一个转变时期。由于生产力的发展,商品经济的发展,使得封建的剥削形态由劳役地租逐渐转变而为实物地租,使得封建领主经济逐渐转变而为封建地主经济。随着社会经济制度的转变,全部庞大的上层建筑,包括政治法制在内,也在或快或慢地发生变革。封建统治的政权也逐渐由封建割剧的国家转向为专制主义的中央集权的封建国家。

这一个国家机构的改造,是经过了较长的时间的。首先是战国时代各大国在国内陆续建立了各种不同程度的集权的地主政权,即当时所谓“战国”。最后通过了封建兼并战争的过程,由秦始皇来完成了统一全中国的重大历史任务,出现了统一全国的中央集权的封建王朝。

在这个历史转变的过程中,全部转变的历史是由阶级斗争贯串着的。阶级斗争便是这时期历史转变的主要动力。

一、阶级斗争和地租形态的转变

在春秋战国间，由于生产力的发展，各国的地租形态或先或后的有了转变。在这一个转变中，阶级斗争是起着推动作用的。在拙作《论春秋战国间社会变革》(本刊本年三月号)一文中，已把这期间地租形态的转变作过简单的说明。在这里，为了进一步说明阶级斗争在这个转变中的作用，需要对这个地租形态的转变作进一步的分析。

当春秋以前，封建剥削形态是比较原始的劳役地租。这种劳役地租用当时的话来说，叫做“藉”，也或作“耤”(《说文解字》)，即所谓“藉田以力”(《国语·周语下》孔子语)。在甲骨今文中，“耤”字就像一个人双手持着“耒”用力耕作的样子，原是耕作的意思，因而当时就用这个“藉”字来称呼劳役地租。“耤”也或称为“助”，也或作“耡”(《说文解字》)，孟子所谓“助者藉也”(《孟子·滕文公》篇)。领主贵族为了掩饰其超经济剥削的本质，有所谓“躬耕”的“藉礼”，实际上是监督和强制农民劳役性质的(见《国语·周语上》和《礼记·月令》篇“孟春之月”)。到公元前五二四年鄅国的国君还曾亲自去“藉稻”(《左传·昭公十八年》)。

到春秋时代中期，新的地租形态就产生了，便是实物地租。这种实物地租用当时的话来说，叫做“征”，也叫做“税”或“租”。当齐桓公时，管仲就曾说：“相地而衰征，则民不移”(《国语·齐语》)，这样要察看土地好坏来规定征收地租多少的地租形态，该已是实物地租了。这是管仲的改革政策之一，当在齐国部分地区实行过[1]。此后，中原各国便陆续推行。公元前五九四年，鲁国就实行“初税亩”（《左传·宣公十五年》）。所谓“初税亩”，就是废除“藉”的劳役地租形态改为“履亩而税”的实物地租形态。到春秋后期，晋国也已采用了实物地租。例如《左传》说：“初周人与范氏田，公孙龙税焉”（《左传·哀公二年》）。又如《韩非子》说：“赵简主出，税吏请轻重，简主曰：‘勿轻勿重，重则利于上，若轻则利归于民’”（《外储说右下》篇），这种可以随时轻重的田税，当然是实物地租了[2]。到春秋战国间，实物地租已成为中原各国的主要地租形态。墨子说：“今农夫其税于大人”（《贵义》篇），又说：“以其常正（征），收其租税，则民费而不病”（《辞过》篇），可知当时“大人”征收“租税”，已有“常征”了。当时战国初期，魏文侯相国李悝估计农民生计时，也说有“十一之税”。一夫百亩，岁收粟一百五十石，要收“十一之税十五石”（《汉书·食货志》），这很分明的是实物地租。

这时把实物地租叫做“征”，大概是采用征商税的名称。这时把实物地租又叫做“租”，该是由劳役地租的“助”改变来的，因为是劳役地租，所以从“力”作“助”，因改为征收“禾”的实物地租，就改用从“禾”的“租”字了。这种实物地租又曾分别为“贡”“徹”两种。孟子说：“贡者校岁之中以为常”（《孟子·滕文公》篇），该是实物地租中的定租制，是不问丰年凶年一律按照定额来收租的。“徹”有关垦收取的意思，据崔述、姚文田的解释，即是实物地租中

---

① 《荀子·王制》篇曾把“相地而衰政（征）”作为王者之制，足见“相地而衰征”的地租形态，确是早已存在的。

② 《韩非子·显学》篇说：“夫吏之所税也，耕者也。……耕者重税，……而素民之疾作而少言谈，不可得也。”足见韩非子所说“赵简主出，税吏请轻重”，指的是地租。

的分租制[1]。

从劳役地租转化为实物地租，虽然在地租本质上并无变化，但是对农民的压迫来说，确是比较轻松了些。农民的劳动已不必在领主及其管理人监视驱策下进行，有着较多的自由来支配自己的劳动。如果收获多些，交租后自己也可以多得些，这样就能有较高的自动性和劳动兴趣。墨子说："今也农夫之所以蚤（早）出暮入，强乎耕稼树艺，多聚叔（菽）粟，而不敢怠倦者何也？曰：'彼以为强必富，不强必贫，强必饱，不强必饥，故不敢怠慢'"（《非命》篇）。又说：天命"庶人信之则怠于从事"，"农事缓则贫"（《非儒》篇）。墨子所说农夫"强必富""缓则贫"的情况，惟有在实物地租下才有可能。荀子也说："孝弟原悫，軥录疾力，以敦比其事业而不敢怠傲，是庶人之所以暖衣饱食，长生久视，以免于刑戮也"（《荣辱》篇）。在实物地租之下，农民由于活动的范围较大，经济地位上的差别也就逐渐增大了。韩非子说："今夫人相若也，无丰年旁入之利，而独以完给者，非力则俭也。与人相若也，无饥馑疾疚祸罪之殃，独以贫穷者，非侈则惰也"（《显学》篇）。韩非子所说的农民经济差别的情况，也惟有在实物地租下才有

---

① 《诗经》中"徹"字是动词，不是地租名称。《孟子·滕文公》篇所说："夏后氏五十而贡，殷人七十而助，周人百亩而徹"，怕是孟子随便以三种地租形态安排为三代的制度的。"徹"由于孟子未详细解释，从来异说纷纭。崔述《三代经界考》说："按徹者，民共耕此沟间之田，待粟既熟，而后以一奉君而分其九也。通其田而耕制，通其粟而折之谓徹"。姚文田《求是斋自订稿》说："《周官·司稼》云：其与贡异处。……然民自无公私缓急之异，此其与助异处。……谓之徹者，直是通盘合算，犹徹上徹下之谓"（据焦循《孟子正义》引）。按崔述、姚文田之说，"徹"即实物地租中的分租制。在前人所解释的"徹"法中，这说比较可通。孟子是主张要恢复"助"的，曾说："耕者助者不税，则天下之农，皆悦而愿耕于其野矣"（《公孙丑》篇）。这里不举"贡""徹"而仅提出"税"，足见"贡""徹"都是在"税"的范围内的。

可能。

这一个较好于劳役地租的实物地租形态，所以能够逐渐推广，使成为主要的地租形态，是由农民阶级在不断的斗争中促成的。

在春秋后期，由于生产力的发展，商品经济的发展，领主愈益扩大其欲，加重对农民的剥削。而农民对积蓄和扩大自己经营的企求，愈来愈与领主对农民的剩余的劳动的最高限度占有之企求，发生矛盾。因而广大农民对于领主阶级的斗争，已很激烈。而领主阶级已在诬蔑斗争的农民为“盗贼”，进行残酷的镇压。拿晋国来说，在公元前五九七年，已用大力在镇压农民的反抗。田于“士会将中军，且为太傅，于是晋国之盗逃奔于秦”（《左传・宣公十六年》）。到春秋后期，晋国阶级斗争愈益尖锐。晋国国君“宫室滋多”、“宫室崇侈”、“铜鞮之宫数里”，又“筑虒祁之宫”，使得“庶民罢敝”，“道殣相望”，“怨讟并作”。晋国的国都也已“盗贼充斥”，“盗贼公行”，在客馆需要“高其闬闳，厚其墙垣”，才能“无忧客使”（《左传・襄公三十一年》《昭公三年》《昭公八年》）。至于齐国的情况也差不多。齐国国君对农民的剥削已到了“民参（三）其力，二入于公而衣食其一”的严重程度，同时“逼介之关，暴政其私”，甚至“内宠之妾，肆夺于市，外宠之臣，僭令于野”。国君“宫室日更，淫乐不违”，出现了“公聚朽蠹，而三老冻馁”的严重情况，弄得“民人苦痛，夫妇皆诅”。而人民的反抗又受到了残酷的镇压，以致有“国之诸市，屦贱踊贵”的畸形现象，因为被处“刖”刑的人太多了（《左传・昭公三年》《昭公二十年》）。鲁国的阶级斗争也很尖锐，季孙曾因为“鲁多盗”，严辞责难负责镇压人民反抗的司寇臧武仲说：“我有四封而诘其盗，何故不可？子为司寇，将盗是务，若之何不能？”（《左传・襄公二十一年》）季康子（季孙肥）因为“患盗”，还曾向孔子请教(《论语·颜渊》篇)。在宋国,斗争的面已很广泛,甚至"小人怀璧,不可以越乡"(《左传·哀公十五年》)。至于楚国,也已是"积货滋多,蓄怨滋厚","民之羸馁,日已甚矣,四境盈垒,道殣相望,盗贼司目"(《国语·楚语下》)。

在这样残酷的压迫剥削下,农民有的就冲入领主贵族的专利禁地,相聚于山泽林薮中,一方面从事对山泽林薮的开发,以解决生活,一方面就根据山林泽薮的险要和封建领主的对抗。例如当郑国子太叔执政时,就有大群的"盗"在萑苻之泽,用"徒兵"前往进攻,才"少止"(《左传·昭公二十年》)。又如在公元前五〇六年吴国攻入楚都郢,楚王逃入云梦之泽,就遇到"盗攻之,以戈击王",迫使楚王不得不逃奔到郧(《左传·定公四年》)。

本来,在封建领主经济制度之下,农民是被世代束缚于土地之上的,对于领主有着人格的依赖。用当时的话来说,就是"民不迁,农不移"(《左传·昭公二十六年》晏婴语),"农之子恒为农"(《国语·齐语》管仲语),"庶人工商,各守其业,以共其上"(《国语·周语上》内史过语)。到这时,领主阶级是"视民如仇而用之"(《左传·哀公元年》),而"民闻公命,如逃寇仇"(《左传·昭公三年》),阶级间的仇恨和斗争愈来愈尖锐,农民为了解除封建领主的束缚,就开始"移"了,不"守其业"了。有的如上所说的跑到了山林泽薮去,有的就从这个领主统治的范围跑到了另一个领主统治的范围去。这个和阶级斗争的尖锐化而伴来的农民流亡的行动,对于封建领主来说也是很沉重的打击。

向来封建统治阶级是要把农民固着于土地上的。因为只有把农民固着于土地上,才有可能进行其封建剥削。《吕氏春秋·上农》篇说:“民农则其产复(複),其产复则重徙,重徙则死其处而无二虑”。封建统治阶级要农民“死其处而无二虑”,可是这时在激烈的阶级斗争中,农民大量流亡了,这就迫使领主不得不考虑改善些剥削方式。在齐桓公时,管仲已说:“相地而衰征则民不移”,“陵阜陵墐,井田畴均,则民不憾”(《国语·齐语》),就曾把改用“相地而衰征”的实物地租作为使“民不移”的重要措施。在这期间,各国封建领主所以会陆续改用实物地租,该就是由于这个原因。

到春秋后期,在中原各国,国君由于宗族的内讧,由于对外战争,由于腐化堕落,由于“国人”的叛离,更由于人民的反抗斗争,逐渐衰弱了。而某些卿大夫却在励精图治,以谋扩张势力,并夺取国君的大权。例如楚国做“蔡公”的公子弃疾是“苛慝不作,盗贼伏隐,私欲不违,民无怨心”(《左传·昭公十三年》)。又如齐国,“公厚敛焉,陈氏厚施焉”(《左传·昭公二十六年》),陈氏在放债时用“家量”(私家造的大量)借出去,用公量(公室造的小量器)来收回,在陈氏管辖的市场上,物价比较便宜,山里出产的木料和海里出产的鱼盐蜃蛤,价格都不比产地高。“民人痛疾,而或燠休止,其爱之如父母,而归之如流水”,整个齐国成为“公弃其民而归于陈氏”的现象(《左传·昭公三年》)。至于鲁国的情况是,“鲁君世从其失,季氏世修其勤,民亡君矣”(《左传·昭公三十二年》)。这些卿大夫们便是利用国内农民对国君反抗斗争的机会,采取种种比较优待农民的措施,来争取流亡的农民来归附。鲁国在公元前五九四年实行“初税亩”,改用实物地租,正当鲁君失政,季氏谋扩张势力的时候,该就是季氏“世修其勤”中的一种措施吧。

最值得我们注意的,是秦国在公元前四〇八(秦简公七年)实行

“初租禾”(《六国表》)了。由于秦国社会经济的落后,它的变革是从这一年开始的。为什么秦国会在这年改用实物地租呢?

这时,阶级斗争是和封建兼并战争交错着的。在秦国国内,农民在沉重的劳役地租下,掀起了激烈的阶级斗争。当实行“初租禾”的前一年,即公元前四〇九,这个斗争已发展到了高潮。本来军备是由各级领主保藏起来,要到出兵时才把车马武器发给战士的,叫做“授甲”,或“授兵”,而这年秦国“令吏初带剑”(《秦本纪》。《秦始皇本纪》作“令百姓初带剑”),领主贵族已需要随时随地带防身武器来防止农民的武装斗争了。同时秦国的东邻魏国,由于经济政治的改革,国力已很强大,正在向秦进攻。原来秦国有一部分疆界是靠黄河的,曾在公元前四六一、四一七年两次靠河边筑防御工事,即所谓“堑河旁”,到公元前四一二年就为魏攻取繁庞(今陕西韩城县东),到公元前四〇九就为魏攻取了临晋(今陕西大荔县)、元里(今邓城县南)两城。公元前四〇八年又为魏攻取洛阴(今大荔县西北)、郃阳(今郃阳县东南)两城,从此“河西”完全失守,便退守到了洛水(北洛水),建筑洛水边的防御工事,即所谓“堑洛”。为什么这年秦会如此惨败呢?这是和秦国国内激烈的阶级斗争有关的。不难理解的,当魏国向秦进攻时,由于魏国的经济政治比秦好些,是为秦国沉重的劳役地租压迫剥削下的农民所欢迎的。当公元前四一二年魏国在攻取繁庞这个城时,曾“出其民”(《魏世家》),所“出”的城中的“民”该是领主贵族的“私属”性质的,也是附和于秦国农民的要求的,因而魏国就很快的攻占了秦国全部“河西”地。这样就迫使秦国领主贵族不得不考虑改善些剥削方式了。秦在“令吏初带剑”的次年全部失去“河西”,在失去“河西”的同年,就实行“初租禾”,决不是偶然的事。

二、阶级斗争和中央集权封建国家的形成

当春秋战国间，除了地租形态由劳役地租改变为实物地租以外，在社会经济上还有个重要的变动。这时由于生产力的发展，由于商品经济的发展，土地已开始买卖。据说：赵襄子时因为一日内赏了两个中牟的贤士为中大夫，“中牟之人弃其田耘，卖宅圃而随文学者邑之半”（《韩非子·外储说左上》篇）。由于土地的买卖，社会上就产生了一批新兴的地主阶级。地主阶级和领主阶级虽然同样是封建统治阶级，但由于地主阶级的土地不是分封来的，而且并不是一整块的，没有能够直接地掌握这些地方的行政权，因而农民对于地主的人身隶属较之对于领主的隶属，稍为减弱了一点。

同时，在封建的兼并战争中，像秦、晋、楚等大国为了对外防御和对内集中权力，往往在灭了人家的国或是兼并得了土地之后，就不再分封，建立为“县”，任命可以随时撤换的官吏来管理。这样就使得新兴地主阶级得到了发展的机会。所有农民在国君所派官吏的统治下，所受的压迫和剥削，较诸个别中小领主直接的压迫和剥削，也可以稍为减轻些。因而地主经济制度和“县”的行政制度，在一定的历史阶段中，是具有进步意义的。

由于地主经济的成长，土地的可以买卖，由于农民经济地位的差别增大，使得农民阶级本身逐渐有了变动和分化。由于地主经济的成长，有许多农民由领主的隶属性的农民转变而为耕种地主土地的佃农。由于土地的买卖，好些穷困的农民逐渐失去了耕地，“无置锥之地”的人们便逐渐加多，到荀子时，“无置锥之地”已经成为成语（《非十二子》篇、《儒效》篇），《吕氏春秋》更明白地说：“无立锥之地，

至贫也”(《为欲》篇)。农民在失去耕地之后,有的跑入城市成为雇工或商店的伙计,有所谓“赁市佣”(《荀子·议兵》篇)、“庸保”(《荆轲列传》)。这时已有“家贫无以妻之,佣未及反”的人(《韩非子·外储说右下》篇),“泽居苦水者”,也已有雇工治水,即所谓“买庸(佣)而决窦(渎)”的(《韩非子·五蠹》篇)。有的农民也就成为雇农,有所谓“庸客”。“卖庸而播耕者”已经用“羹且美,钱布且易”的办法,来求“庸客”的“致力而疾耘耕”,“尽巧而正畦陌”(《韩非子·外储说左上》篇)。同时由于奴隶买卖的比较流行,当时已有“卖仆妾售乎闾巷者,良仆妾也”的成语(《秦策一》),于是农民在“天饥岁荒”和严重的封建剥削下,已有“嫁妻卖子”的(《韩非子·六反》篇)。

当春秋战国间,封建领主阶级内部兼并的斗争愈益激烈,除了国与国之间的兼并战争以外,在中原各国,卿大夫之间的兼并战争也很厉害。同时由于社会经济的发展,阶级的变动和分化愈来愈显著,阶级之间的矛盾也愈来愈尖锐。有旧领主和新地主之间的矛盾,有领主、地主和新兴的大工商业者之间的矛盾,有广大农民和领主、地主、大工商业者之间的矛盾。由于封建领主阶级的腐朽堕落,残酷凶暴,在这时期最基本的矛盾是广大农民和领主阶级之间的矛盾,因而广大农民对于领主阶级的斗争是非常激化的。

当春秋后期,由于阶级斗争的激烈,各国领主政权又开始了一个重要的措施,就是成文的刑法的颁布。公元前五三六年郑国执政子产首先“铸刑书”,把成文的刑法铸造鼎上颁布(《左传·昭公六年》)。公元前五一三年,晋国又“铸刑鼎”,把成文的刑法铸在铁鼎上颁布(《左传·昭公二十九年》)。后来郑国邓析又著作新刑法,条文更繁,写在竹简上,叫做“竹刑”(《左传·定公九年》)。原来在封建领主统治之下，贵族之间讲的是“礼”，对人民统治用“刑”，而且没有成文刑法的颁布，领主有随意处置之权。这时成文刑法的颁布，一方面是限制了领主贵族的滥用特权，这是在人民的强大压力下，统治的领主所作让步的措施。另一方面这些刑法的陆续的颁布并且逐渐加详，目的还是在企图镇压人民的反抗斗争。

阶级斗争的火焰到春秋战国间是更高涨了。墨子曾站在封建统治阶级的立场说：“民之为淫暴寇乱盗贼，以兵刃、毒药、水火，退无罪人乎道路率（术）经，夺人车马、衣裘以自利者，并作”（《明鬼下》篇）。又说：“天下百姓皆以水火、毒药相亏害”（《尚同上》篇）。又说：“又与今之贱人，执其兵刃、毒药、水火，以交相亏贼，此天下之害也”（《兼爱下》篇）。又说：“是以僻淫邪行之民，出则无衣也，入则无食也……并为淫暴而不可胜禁也。是故盗贼众而治者寡”（《墨子·节葬下》篇）。从这些话中，可知春秋战国间武装斗争已开展得很广泛了。《吕氏春秋》又说：“于是乎聚群多之徒，以深山广泽林薮，扑击遏夺，又视名丘大墓葬之厚者，求舍便居，以微掘之”，“故宋未亡而东冢掘，齐未亡而庄公冢掘”（《安死》篇）。所谓“宋未亡”是指戴氏取宋前，所谓“齐未亡”是指田氏取齐前，可知春秋战国间的深山光泽林薮里已多“聚群多之徒”，农民斗争的队伍已逐渐组织起来了。这样，大规模的农民起义就无可避免了。

特别值得我们注意的，便是“盗跖”这个人物。《庄子·盗跖》篇把盗跖说成柳下惠的弟弟，又和孔子同时，在时代上完全不对头，当然是寓言性质。但是在《孟子》《荀子》《吕氏春秋》《韩非子》等书中，没有一个不提到他。作为“盗”的代表人物，《孟子》把“蹠（即跖）之徒”称为“孳孳为利者”，和他的理想人物“孳孳为善者，舜之徒”对比

(《尽心》篇)。《荀子》又曾以“桀纣盗跖”(《劝学》篇)或“桀跖”(《荣辱》篇)连称。《吕氏春秋》又曾以跖、蹻(庄蹻)和仁人对比(《异用》篇),该是确有其人的。这人不见于古书而为战国诸子中所常见,该是春秋战国间人,或比墨子稍后。

荀子说:“盗跖口(口吃),名声若日月,与舜禹俱传而不息,然而君子不贵者,非礼义之中也”(《不苟》篇)。因为跖是人民群众起义斗争的首领,所以他在人民群众中会“名声若日月”。在人民群众的立场上是反对君子、反对礼义的,当然“君子不贵”,认为“非礼义之中”了。《韩非子》又说:

> 明主之守禁也,……守盗跖之所不能取,则……邪者反正,……巨盗贞,则天下公平,而齐民之情正矣。人主离法失人,……而不免于田成、盗跖之祸。(《守道》篇)
>
> 立法非所以避曾、史也,所以使庸主能止盗跖也。(《守道》篇)
>
> 明赏罚则伯夷、盗跖不乱。(《用人》篇)

这里又明确地把跖作为“巨盗”的代表人物。在《韩非子》这样“法家”的观点上,就认为:“法”是镇压跖这样“巨盗”的最有效的工具,由于“人主离法失人”,才会有“盗跖之祸”的。实际上,如果在残酷的剥削下,阶级斗争必然要尖锐化,不是“法”所能镇压的。《荀子》比较说得对:“王公则病不足于上,庶人则冻馁羸瘠于下,于是焉桀纣群居,而‘盗贼’击夺以危上矣”(《正论》篇)。

这位“名声若日月”的人民群众斗争的领袖跖,必然有过一番轰轰烈烈的暴风雨般的斗争的。由于春秋战国间史料的缺乏和封建统治阶级的抹杀人民的历史事实,今天已无可考的具体资料来加以论述。《庄子·盗跖》篇虽然是寓言性质,但是其中有一部分该是有事实依据的。《庄子·盗跖》篇说:盗跖"身长八尺二寸,面目有光,唇如激丹,齿如齐贝,音中黄钟",曾率"徒卒九千人,横行天下,侵暴诸侯","所过之邑,大国守城,小国入保",又曾"休卒徒于太(泰)山之阳"。正由于他如此轰轰烈烈地进行武装斗争,所以到战国时代还是"名声若日月"。跖在中原地区进行如此轰轰烈烈的武装斗争,必然震撼了封建领主的统治,而且进一步摧毁了这个统治的基础,加速了封建领主制的解体,促进了新兴地主阶级的政治改革,推动了历史的发展进步。

当春秋战国间,新兴地主阶级已在经济上成为有势力的阶级,他们自然会要求解除领主经济的种种制度的束缚,酝酿在政治上进行改革要求废除领主贵族在经济上政治上的世袭特权,从而建立一种保障地主经济的,并为它的发展服务的政治制度。战国的"法家"就是新兴地主阶级中最突出的代表,所有"法家"思想就是反映新兴地主阶级政治改革的要求的。

当战国初期,各国所进行的政治改革,大体上不外乎下列几点:首先是废除了领主贵族的世卿世禄制度,创立了官僚制度,它以领取俸禄的国家官吏(包括中央的"相""将"和郡县的"守""令"等)代替了世袭封地的领主贵族的世袭官职。创立了从中央以至地方的一系列的政治机构和军事组织以及司法机构,代替了过去各级封建领主分裂割据的状态。它把武器从封建领主贵族及其"私属"手里交给了国家选练的常备兵,并且推行了全国性的征兵制度。它用自己在每一个角落里都存在的复杂的军事、官僚、司法机构,控制着整个国家和社会。经过了这样的政治改革,也就出现了中央集权的国家机器。用当时的话来说,这样的国家叫做"战国"。在这样的政治改革中,对封建领主特权的废除和建立统一的政权,客观上是符合于历史发展的要求,符合于人民利益的。

但是新兴地主所进行的政治改革,完全是为了自己阶级的利益的。他们所以要建立中央集权的地主政权,一方面为的是推翻封建领主的腐朽的残暴的统治,解除封建领主种种制度的束缚,建立为自己阶级服务的政权。一方面是鉴于广大农民阶级斗争的力量的伟大,不得不要求在政治上作某些改善,对农民的剥削作某些让步,对农民的生产和生活表示关怀。例如魏文侯时相国李悝在政治改革中,曾提倡"尽地力之教",曾创立"平粜法"来平衡粟价,以免"粜甚贵伤民,甚贱伤农"(《汉书·食货志》)。又如齐威王在政治改革中,曾要求"田野辟,民人给,官无留事",因而根据这个标准,对即墨大夫赏万家之邑,对阿大夫处了"烹"刑(《田世家》)。又如秦孝公时,商鞅在政治改革中,曾规定凡努力耕织生产多的,可以"复其身",即免除徭役。另一方面,新兴地主阶级所以要建立中央集权国家,就是鉴于广大农民阶级斗争的激烈,企图运用集权的力量来镇压农民的。

战国初期,各国在政治改革中所颁布的法律,其中主要部分就是为了镇压和统治农民。魏文侯时李悝所著的《法经》以为"王者之政莫急于盗贼",六篇《法经》中,四篇是"盗法""贼法""囚法""捕法",完全讲的是"囚捕盗贼"之法(《晋书·刑法志》《唐律疏议》)。商鞅在秦所下的变法令,曾"令民为什伍而相收司连坐",把人民五家编为一"伍",十家编为一"什",奖励对"奸"告密,不告密的要腰斩,告密的可与"斩敌首"同赏。如果一家藏"奸","伍""什"要同罪连坐,要"与降敌同罚"。凡是旅客借住旅馆,一定要有凭证才能留宿(《商君列传》)。这种搜捕镇压“盗贼”的办法该即出于《法经》的“捕法”的。很明显的专制的地主政权便是在用“连坐”的恐怖手段来防止和压制人民的反抗,使人民不敢进行阶级斗争。

当战国时代,除了魏、秦两国在实行对人民的恐怖统治以外,其他国家的情况也是差不多的。当齐威王时,邹忌曾以鼓琴来谈“治国家而弥人民”之道,认为主要的关键在于君相的治理、政令的掌握和四时的处理调匀。邹忌在做相国后,由于郭于髡的“微言”进说,曾决定了好多条策略,其中一条是“请谨修法律而督奸吏”。当魏惠王入齐和齐威王同到郊外田猎时,魏惠王曾问齐威王有什么宝贝,并且说:魏有直径一寸的明珠能照车前后各二十乘的十枚。而齐威王的对答,认为他的宝贝是坚守四境能够威慑邻国的大臣,还有“臣有种首者,使备盗贼,则道不拾遗。将以照千里,岂特十二乘哉!”(《田世家》)在齐威王进行整治改革后,封建统治阶级夸扬他的成效是“道不拾遗”“田野辟,民人给”,“齐国大治”。在商鞅变法之后,《战国策》说其成效是“道不拾遗,民不妄取,兵革大强”(《秦策一》)。《史记》说其成效是“道不拾遗,山无盗贼,家给人足。民勇于公战,怯于私斗,乡邑大治”(《商君列传》)。很明显的,新兴地主阶级在建立集权政权后,便集中力量对农民起义的浪潮进行了镇压,在一定时期中,使封建统治阶级得到了所想望的“大治”,从而进一步巩固了封建政权。

战国时代各国集权的地主政权,是建立在封建社会经济发展的基础上的。由于矛盾的封建生产方式的发展,广大农民的阶级斗争的开展,推动了新兴地主阶级的政治改革,导来了由封建割据向集权国家的过渡,使得各国封建政权在集权的基础上得到巩固,从此可知阶级斗争乃是战国时代建基于经济发展基础上的中央集权封建国家形成过程中的动力。

三、阶级斗争和封建兼并战争

当战国时代，七国经过了新兴地主阶级的政治改革，便形成了七个各种不同程度的集权封建国家。就七国的国内政治情况来说，在不同程度上已结束了领主割据的局面。但是就全中国来论却是出现了七个比较强大的封建割据国家。因而封建兼并战争的进行更是激烈了，而且规模也扩大了。这种封建兼并战争的目的无非在夺取土地、夺取农民和夺取租税。用当时的话来说，也就是在于"土地之博"、"人民之众"(《墨子·非攻中》篇，饰攻战者言)，或者是"广辟(闢)土地藉税伪(賕)材(财)"(《墨子·公孟》篇)。封建兼并战争是由于封建集团的阶级自私的利益而产生的，充满着非正义的掠夺性的，因而带来了人民的被杀害、被掠夺和破产等严重灾害。

战国时代七个大国虽然同样是"战国"，但各国经济政治的情况是不同的。据荀子在公元前二六六年至二五五年(秦昭王四十一年至五十二年)间入秦所发表的感想，可知秦国在商鞅变法以后，封建统治阶级内部矛盾和阶级间的斗争都是比较缓和的。荀子说：秦的百姓"甚畏有司而顺"，秦的官吏"莫不恭俭敦敬，忠信而不楛"，秦的士大夫"不比周，不明党，倜然莫不明通而公"，秦的朝廷"百事不留，恬然如无治"(《强国》篇)。这是由于废除领主贵族经济上政治上的特权比较彻底，集权政权比较健全而巩固。但是山东六国的情况就不同，所存的封建贵族势力还是相当大的。赵国国君的宗族势力很强大，每当国君新立时常有公子争立的战乱①。齐国田氏宗族的势力也相当强，田氏为将相的就很多②。最落后的要算楚国，楚国自从楚悼王时吴起变法失败后，执政带兵的始终不出昭、景、屈三大贵族，政治很腐败，剥削很残暴。当楚怀王时，“大臣父兄好伤贤以为资，厚赋敛诸百姓”，楚怀王也很“见疾于民”（《楚策三》苏子谓楚王语）。到楚顷襄王时，也还“恃其国大，不恤其政”，群臣之间又是“相跖以功，谄谀用事”，弄得“良臣斥疏，百姓心离，城池不修”（《古史》引《战国策》白起语）。因而在楚国阶级斗争比较其他各国为尖锐，在楚怀王、楚顷襄王时，终于爆发了以庄蹻为首的农民起义。

庄蹻的起义在公元前三〇〇年（楚怀王二十九年）齐、魏、韩三国大败于垂沙和杀楚将唐蔑（或作唐昧）时，《荀子・议兵》篇所谓：“楚……兵殆于垂沙，唐蔑死，庄蹻起，楚分而为三四”。庄蹻的起义，一时声势是很大的，楚国的官吏就没有办法来镇压，《韩非子・喻老》篇所谓“庄蹻为盗于境内，而吏不能禁，此政之乱也”。庄蹻不但把楚

---

① 赵桓子曾驱逐赵献子自立于代，赵敬侯初立时曾有公子朝争立，赵成侯初立时就有公子胜争立，赵肃侯初立时先后有公子緤、公子范正立，都曾发生战乱。直到赵惠文王初立时也还有公子章争立叛乱事。赵国将相大臣也每多用赵氏，赵肃侯时有公子刻，赵庇为将，赵武灵王时有赵豹为相，赵护、公子渴、赵庄、赵袑、公子章、赵希为将，赵固为代相，公子成、赵文、赵造、赵俊、赵爵、赵燕为大臣。赵惠文王时有公子成、公子胜为相，赵梁，赵奢为将。

② 在战国初期，田氏常有争夺君位的事。田和初立时，田氏宗族争立，曾发生田布杀公孙孙（田孙）、公孙会（田会）在廪丘判入赵国的事。田侯剡时又发生了田午（桓公）杀剡和孺子喜而自立的事。等到齐威王进行了政治改革，权力才集中于国君。但齐威王、齐宣王时仍用田婴、田文父子为相，权势很重。田氏为将的也很多，田桓公时有田寿，齐威王时有田忌，齐滑王时还有田穰苴（即司马穰苴）、田单。齐滑王七年免除田文相职时，还发生了“田甲劫王”的事件。在战国时七国中，只有秦国常用客卿为相，秦国宗族中做到相职的，只有个号称“智囊”的樗里疾（秦惠王异母弟）。秦国外戚中做到相职的，也只有个在宣太后专权时有大功的魏冉。

国的封建统治打得“分而为三四”，而且还曾进攻到楚都鄢郢，《吕氏春秋·介士》篇所谓：“庄蹻之暴郢也”。《吕氏春秋·介士》篇还曾把“庄蹻之暴郢”和“秦围长平”“韩人之下巃”相提并论说：“韩、荆、赵，此三国者之将帅贵人皆多骄矣，其士卒众庶皆多壮矣，因相暴以相杀”。长平之役是战国时代封建兼并战争中规模最大，杀伤最多的一役，赵军被秦俘虏活埋的竟多至四十五万人。《吕氏春秋》既以“庄蹻之暴郢”和长平之役相比，可见庄蹻起义的规模是很大的，在对楚国封建统治阶级进攻时，战斗也是很激烈的。虽然后来庄蹻叛变了自己的阶级，投降了楚国的封建贵族，成为和商鞅、缪虮（即乐毅）、田单齐名的“善用兵”的将军（《荀子·议兵》篇），带了军队从巴、蜀、黔中一直攻到了滇池，“以其众王滇”（《史记·西南夷列传》），但是楚国封建贵族的统治力量，已被庄蹻为首的农民起义所削弱了。

这时封建兼并战争的进行，和各国国内阶级斗争是交错着的。进行兼并的国家往往趁对方国家阶级斗争比较锐利的时候进行大规模的进攻，以便达到其兼并的目的。在战国时代七国中领土以楚为最大，楚的国力也相当强的。但是到楚怀王、楚顷襄王时就遇到了一连串的大失败，失去了很多土地。在公元前三一二年（楚怀王十七年）被秦大败于丹阳，被秦俘虏了将领屈丐、逢侯丑等七十多人，失去了汉中地六百里，这是楚的第一次惨败。到公元前三〇〇年（楚怀王二十九年）又被齐、魏、韩三国联军大败于垂沙，连大将唐蔑都战死了，失去了宛、叶以北地。到公元前二七八年（楚顷襄王二十一年）就被秦大良造白起攻下国都鄢郢，楚就徙都到陈。从此，楚国也就逐步为代表新兴地主势力的秦国所灭亡。很显然，这是由于楚国农民大起义削弱了楚国腐朽暴虐的封建贵族的力量，才便利了秦国兼并战争的进行。

这时封建兼并战争的进行，是由于国力的大小来决定胜负的，而国力的大小实和一国的经济政治分不开的。这时山东六国中，因为存在着封建贵族腐朽暴虐的压迫统治，阶级斗争是发展得比较尖锐的。人民在对本国封建统治阶级进行斗争中，对于政治上较好的国家前来兼并是欢迎的。但必须要真能在政治上改善些，否则的话，人民群众对于前来兼并的封建统治阶级将有更激烈的斗争。因而兼并战争胜负的最后决定，又是和各国在进行兼并战争中所推行的政策分不开的。

在这时山东六国中，齐是最强大的，但是齐国始终没有能够在兼并战争中取得胜利，兼并得大块土地。公元前三一四年（齐宣王六年）齐宣王趁燕国封建统治阶级内部有战乱（燕太子平和将军市被进攻由禅让而得君位的子之），大举向燕进攻，燕国人民"箪食壶浆，以迎王师"，五十天就攻下燕都。燕国人民的反对本国封建统治阶级，欢迎齐国的军队进入，"岂有他哉！避水火也。"但是由于齐国封建统治阶级的过于残暴，"杀其父兄，系累其子弟，毁其宗庙，迁其重器"，弄得燕国人民"如火益深，如火益热"（《孟子·梁惠王》篇），结果"燕人畔"（《孟子·公孙丑》篇），燕国人民纷纷起来抗战了，迫使齐国不得不退兵，没有能达到其兼并的企图。《荀子》说："兼并易能也，唯坚凝之难焉。齐能并宋而不能凝也，故魏夺之。燕能并齐而不能凝也，故田单夺之。韩之上地方数百里，完全富足而趋赵，赵不能凝也，故秦夺之"。又说："凝民以政"，"政平而民安"（《议兵》篇）。山东六国在兼并战争进行中因为违反民意，往往兼并了土地不能"凝民"，结果还是失去了。至于秦国在兼并战争中所推行的政策就不同了。秦国在兼并战争中所推行的新兴地主阶级政策，主要有两点：（一）在兼并战争进行中，把那些因犯罪而被罚为奴隶的“罪人”赦免了，迁到新得的土地上去，以补充这些地方农业劳动力的不足。公元前二百六年（秦昭王二十一年），秦在取得魏的安邑后，公元前二八二年（秦昭王二十五年），秦在攻取得赵的二城（当即蔺、祁两城）后，都曾“赦罪人迁之”。公元前二八〇年（秦昭王二十七年），秦派司马错攻楚，也“赦罪人迁之南阳”。公元前二七九年（秦昭王二十八年），秦在攻取楚的鄢、邓等城后，也“赦罪人迁之”。公元前二七三年（秦昭王三十四年），秦把以前攻取得韩、魏南阳和楚的上庸，合并建立为一郡，即南阳郡，又使“免臣迁居之”（《秦本纪》）。这种政策赵国也曾推行过，公元前三〇三（赵武灵王二十四年）赵武灵王在命令变胡服、学习骑射的同时，又命令吏大夫的奴迁到新得的九原去（《水经·河水注》引《竹书纪年》）。这样的把奴隶解放使改变为农民，对促进生产经济的上升是起一定作用的，同时也符合人民群众的要求的。（二）在兼并战争进行中，攻取了某些大城之后，把城中的没落贵族及其“私属”和大工商人驱逐出了。公元前三二五年（秦惠文君十三年），秦在攻取魏的陕后曾“出其人与魏”（《秦本纪》）。公元前三一四年（秦惠文王十一年）秦在攻取魏的曲沃后就“尽出其人”（《樗里子列传》）。公元前二八六年（秦昭王二十五年）秦在取得魏的安邑后，一方面“赦罪人迁之”，一方面又“出其人，募其河东，赐爵”（《秦本纪》）。这时封建兼并战争的目的在夺取土地、夺取农民和夺取租税，这些所“出”的城里“人”决非农民，而是残余的贵族和大工商人。曲沃是晋的旧都，安邑是魏的旧都，残余的领主贵族势力还是存在的。在这些大城市中，大工商人也是较多的。我们看西汉时有冶铁而成巨富的“豪强之家”，几乎没有一家不是战国后期被秦所流放出来的。蜀地临邛的卓氏，其祖先本是赵人，本来在赵已“用铁冶富”，在秦破赵时，被迁到临邛的。在临邛冶铸“富埒卓氏”的程郑，原先也是“山东迁虏”。南阳宛地的孔氏，其祖先本是魏人，本来在魏“用铁冶为业”，在秦伐魏时被迁到南阳的(《史记·货殖列传》)。秦国在兼并战争中，不断的流放没落贵族及其“私属”和大工商人，也是新兴地主阶级重农抑商的政策，同时在客观上也符合于人民群众的要求的，因为这些大工商人不仅是农民的剥削者，而且是带有奴隶主性质的。秦国在兼并战争中所推行的这些政策，都是客观上符合于历史发展的要求和人民群众的要求的。所以秦国兼并了土地就能“坚凝”起来。秦的“四世有胜”的确是“非幸也，数也”，是符合于历史发展的“数”的。

在这样残酷的大规模的封建兼并战争中，使农民遭受了被杀害、被掠夺和破产的严重灾害。农民们对于这种战争条件下的消灭，也就是对封建割据的铲除和经济上政治上较好的国家取得统一全中国的胜利，客观上非常关切。魏襄王问孟子说：“天下恶乎定”？孟子答道：“定于一”。魏襄王又问：“孰能一之”？孟子答：“不嗜杀人者能一之”(《孟子·梁惠王》篇)。到战国晚期，新兴地主阶级为了自己阶级的利益，急于想求得统一，人民群众对于统一的要求也更迫切。《吕氏春秋》曾说：

> 今周室既灭，而天子已绝。乱莫大于无天子。无天子，则强者胜弱，众者暴寡，以兵相残，不得休息。今之世当之矣。(《谨听》篇、《观世》篇略同)
>
> 民无常处，见利之聚，无之去。欲为天子，民之所走，不可不察。今之世，至寒矣，至热矣，而民无走者，取则行钧也。欲为天

子，所以示民，不可不异也。行不异乱，虽信令，民犹无走。民无走，则王者废矣，暴君幸矣，民绝望矣。(《功名》篇)

这里不但提出了建立统一中央集权国家的需要，还指出了在统一过程中要符合“民之所走”是唯一条件。当战国时代，在长期的激烈的阶级斗争和残酷的封建兼并战争的交织中，从所有发生的种种历史事变中，使得代表新兴地主阶级的战国诸子，不能不认识到“民之所走”的力量的伟大，如果脱离了“民之所走”，也就“王者废矣”。

秦国虽然在经济上政治上较其他各国好些，但也还“取则行钧”不能成为“民之所走”的唯一目标，秦国在兼并战争中，杀人的残暴，是大失民心的。特别是在范雎为秦相时，范雎主张“毋独攻其地而攻其人”(《秦策三》)，因而在长平之役残酷地活埋了俘虏四十五万人之多。“赵人之死者不得守，伤者不得疗，涕泣相哀，勠力同忧”(《古史》引《战国策》白起语)，因而秦再进攻赵都邯郸时就遇到了赵国人民英勇的抵抗。等到魏信陵君、楚春申君带兵救赵，就迫使秦将郑安平带了二万人降赵(《范雎列传》)。甚至秦在河东也大败，秦的河东“守”王稽以“与诸侯通”的罪而“坐法诛”(《范雎列传》)。在这时期，楚灭了鲁，魏也攻取了秦前攻齐所得的陶(定陶)，并灭了“卫”(《吕氏春秋·应言》篇、《韩非子·饰邪》篇、《有度》篇)。使得魏、楚等国的声势又重振起来。由于秦的杀人残暴，失去民心，因而延缓了秦国统一中国的时间。

秦国在公元前二五〇年(秦孝文王元年)，除了“修先王功臣、丧厚亲戚”之外，曾“赦罪人”。再次年(秦庄襄王元年)，除了“修先王功臣，施德厚骨肉”之外，还曾“大赦罪人”，“布惠于民”。该就是《吕氏春秋》所谓“所以示民不可不异”的措施。孟子说：“民之憔悴于虐政，未有甚于此时者也。饥者易为食，渴者易为欲，……当今之时，万乘之国行仁政，民之悦之犹解倒悬也”（《公孙丑》篇）。《吕氏春秋》说：“当今之时，世暗甚矣，人主有能明其德者，天下之士，其归之也，若蝉之走明火也”（《察贤》篇）。又说：“人主有能以民为务者，则天下归之矣”（《爱类》篇）。由于秦国政治在七国中比较好些，终于由秦国来完成了统一全中国的重大历史任务。

总的说来，秦的统一中国，主观上是为了满足地主阶级的利益的。在客观上是符合了农民阶级的消灭封建兼并战争的要求的。因而使得秦国得以完成统一全中国的重大历史任务。在秦国完成这个重大历史任务的过程中，阶级斗争是起着主要的推动作用的。固然，从商鞅变法起一直到秦始皇统一中国后种种集权的措施，对建立统一的中央集权国家起了一定的作用，但如果没有广大人民群众对于历史发展的推动，是不可能有这样的成就的。

（原刊《文史哲》1954 年第 8 期）

战国中期的合从连横战争和政治路线斗争
——再谈马王堆帛书《战国策》

马王堆三号汉墓出土了一部《战国策》性质的帛书，这是值得重视的新发现的战国史料。这书前半部十四章，除了第十三章是附带插入的韩貣（即韩珉）给齐湣王的书信以外，都是苏秦给燕昭王、齐湣王的书信和游说辞。这是一种比较原始的苏秦资料，我们可以从这里比较清楚地了解到当时合从连横斗争的过程，有助于我们对战国中期合从连横战争和政治路线斗争作进一步的分析研究。

一

战国中期合从连横战争的爆发，纵横家的出现，都不是偶然的。这是战国时代社会政治变革的必然产物，是当时激烈的政治路线斗争的必然产物。

自从三家分晋，田氏代齐，新兴地主阶级在晋、齐两国取得夺权斗争的胜利，就建成了三晋（魏、赵、韩）和齐的地主政权。随着三晋和齐的先后实行变法，首先出现了魏、齐两个强国。自从秦献公代表新兴地主阶级在秦国内乱中以武装夺得政权，秦孝公任用商鞅实行进一步变法，秦国也由奴隶制的弱国一跃而为封建制的强国。等到齐国任用孙膑等法家在桂陵、马陵两大战役把魏国打得大败，魏国从此削弱，就出现了齐、秦两大强国东西对峙的形势。这两大强国彼此展开了争取与国、孤立敌国的斗争，于是就出现了合从连横的战争。

最初发动合从连横的，是纵横家公孙衍（即犀首）和张仪。张仪以秦国为主，联合魏、韩，向齐、楚不断地发动进攻。而公孙衍则联合东方各国，以谋对抗秦国，曾经发动五国合从攻秦的战争。两人一纵一横，牵动了战国整个大局，所以当时有人说："公孙衍、张仪岂不诚大丈夫哉！一怒而诸侯惧，安居而天下熄。"（《孟子·滕文公下》）

合从，是"合众弱以攻一强"（《韩非子·五蠹》）的意思，是阻止强国进行兼并的策略。连横，也叫合横、合衡或连衡，是"事一强以攻众弱"的意思，是强国迫使弱国帮助它进行兼并的策略。在齐、秦对峙斗争的形势下，两国往往就是合从或连横的主谋者。每当对方声势太逼人的时候，就利用各国与对方的矛盾，发动合从的战争向对方进攻；等到对方屈服或让步，就组织连横，迫使弱国帮它兼并。两国随着各自斗争的需要，经常变换合从或连横的策略。如果合从胜利，就改用连横；如果连横碰壁，就变为合从。因而在战国中期掀起了一次又一次的合从或连横的战争。直到燕将乐毅利用诸侯"皆争合从（纵）"的有利形势，长驱直入，攻破了齐国，使得齐国一蹶不振，才基本结束了齐、秦两国对峙斗争的局势。从此秦就成为独一无二的强国，可以充分运用"远交近攻"的战略，有步骤有计划地把东方六国各个击破，从而完成统一的历史任务。尽管东方六国还曾不断组织合从，但是已成强弩之末，不可能阻挡秦完成统一的历史潮流了。

从公元前310年左右孟尝君在齐当权后，到公元前284年燕将乐毅破齐，前后近三十年间，是战国中期合从连横战争最激烈的时期。齐、秦两国为了争取与国，孤立敌国，扩大自己的势力，达到兼并土地的目的，经常变换合从或连横的策略。不但纵横家如苏秦之流十分活跃，而且各国当权的贵族或大臣都参加到了合从连横的活动中去。他们就是各国采用合从或连横的策略的决策者，纵横家不过是他们的助手而已。

合从连横的战争，固然由于斗争形势发展所造成，但是，这不是根本的原因。根本的原因，是由于当时各国两条政治路线的激烈斗争，也就是法治路线和复辟路线的激烈斗争。毛主席指出："'战争是政治的继续'，在这点上说，战争就是政治，战争本身就是政治性质的行动，从古以来没有不带政治性的战争。"政治路线决定了军事路线，而军事路线必然是为政治路线服务的。战国中期的合从连横战争，就是当时各国推行一定的路线政策的另一手段的继续。推行法治路线的国家，固然要运用合从连横的策略，通过战争发展和扩大郡县制，谋取统一战争的胜利；而被奴隶主贵族篡权的国家，也要利用这样或那样的策略，通过战争扩充贵族势力，扩大封地，谋求全面复辟奴隶制。

在当时激烈的合从连横战争中，不论法家或儒家，都已认识到只有统一才能取得决定性的胜利。孟轲鼓吹天下要"定于一"(《孟子·梁惠王上》)，主张通过实行"仁政"、"王道"来完成统一，就是通过复辟路线来完成统一，也就是要恢复西周奴隶制王朝，全面恢复分封制。而法家则主张通过推行法治路线和耕战政策，增强新兴地主阶级政权，镇压奴隶主贵族的反抗，用战争来完成统一，从而建成中央集权的封建国家。《商君书》就主张通过法治路线和耕战政策来完成统一。他们认为坚持推行耕战政策一百年，就可以“千岁强，千岁强者王”（《商君书·农战》）。“王”就是指建成中央集权的封建王朝。从商鞅变法实行耕战政策，直到秦始皇完成统一，经历了一百三十年，《商君书》这个估计是差得不远的。

纵横家同样认识到，只有战争才能解决问题。他们说：“从（纵）成必霸”，“横成必王”（《韩非子·忠孝》）。就是说，通过合从战争可以成为霸主，通过连横战争才能完成统一。但是，我们对于合从连横战争，必须从路线斗争来进行分析，看它是为什么路线服务的，不能一概予以肯定或否定。韩非从韩、魏等弱国立场出发，全面否定了合从连横策略的作用，把纵横家列为“五蠹”之一，指斥他们是“借于外力，以成其私”（《韩非子·五蠹》）。事实上，在变化多端的合从连横的斗争中，当某些纵横家所采用的策略为新兴地主阶级的法治路线服务的时候，就可能成为法家的同盟军。反之，必然是儒家的同盟军。

一般说来，秦国的连横的策略，破坏合从的策略，是为法治路线服务的，是为完成统一、建立中央集权的封建王朝服务的。所以说：“横成必王。”贾谊说，秦国“内立法度，务耕织，修守战之备，外连衡而斗诸侯”（《过秦论》），这是秦国商鞅变法以后传统的路线、政策和策略。这种“外连衡而斗诸侯”的策略，配合了法治路线和耕战政策的推行，是有一定成效的。张仪采用了它，取得了“南兼汉中，西举巴蜀，东割膏腴之地，北收要害之郡”（《过秦论》）的巨大成就。直到秦始皇进行统一战争，也还采用法家李斯、尉缭和纵横家顿弱、姚贾等人破坏诸侯合从的策略，使齐国“不助五国攻秦”（《史记·田世家》），然后集中优势兵力，实行远交近攻的战略方针，把六国一个个地击破，因而迅速地取得了统一战争的胜利。

二

战国中期的合从连横战争，大体上可以分为两个阶段。从公元前310年到前288年是第一个阶段，是齐、秦两大强国运用合从连横来发动战争的相持阶段。

战国中期合从连横战争所以会如此频繁，如此激烈，其中有个重要原因，就是由于当时出现了一股奴隶主复辟的逆流，齐、秦、赵三国先后被奴隶主贵族篡了权，出现了贵族专政的局面。这些奴隶主贵族当权派都急于要扩充势力，扩大封地，因而不断地运用合从连横的策略来发动战争。

齐国在公元前310年（齐宣五十年）左右就被奴隶主贵族代表孟尝君田文篡了权，世袭了薛（今山东滕县东南）的封地。秦国自从公元前307年秦武王暴死之后，发生了争夺君位的内乱，被奴隶主贵族代表穰侯魏冉勾结宣太后篡了权。赵国在公元前295年发生武装政变，赵武灵王被包围饿死，被奴隶主贵族代表奉阳君李兑篡了权。孟尝君、穰侯、奉阳君同样谋求通过战争夺取富庶地区作为封地，目标都集中于宋国，特别是宋的陶邑（今山东定陶西北）。因为陶邑是当时地点适中、交通发达、最富庶的商业城市，所谓“天下之中，诸侯四通，货物所交易也”（《史记·货殖列传》）。他们连年不断地发动合从或连横的战争，都是为了争取别国的合作，或者防止别国的干涉，以便夺得这块肥肉。因此，不论是孟尝君或奉阳君的合从，或者是穰侯的连横，都是为奴隶主复辟路线服务的，都是逆历史的潮流而动的。

首先是孟尝君发动了合从的战争。他首先组织齐、韩、魏三国联军向楚的方城进攻，到公元前 301 年，在沘水旁的垂沙大败楚军，杀死楚将唐蔑(一作唐昧)。这是对楚国的一次沉重打击，目的在于壮大齐国的威势，打破齐、秦两国对峙均势的局面。所以当时有人对穰侯说："楚破，秦不能与齐县(悬)衡矣"(《战国策·秦策三》"谓魏冉"章)。到公元前 298 年，三国联军又向秦进攻，经过三年的战斗，攻入了函谷关，迫使秦国求和，归还了前所攻占的魏、韩一部分河外地方。接着，齐又打败了燕国。孟尝君这样长期发动战争，目的就在于防止秦、楚等国的干涉，以便一举攻破宋国，并夺得淮北地方。这就是帛书第八章所说："薛公(即孟尝君)相青(当作'齐')也，伐楚九岁，功(攻)秦三年，欲以残宋，取进(当作'淮')北"。但是，尽管孟尝君发动大规模的合从战争，取得了一次又一次的胜利，仍然没有能够达到攻破宋国的目的。

孟尝君连年不断发动大国之间的战争，没有达到攻破宋国的目的，却造成了赵、宋两国对外发展的有利形势。这时赵武灵王正在赵国努力推行法治路线，实行"胡服骑射"的军事改革，计划向北发展，就利用齐、秦对峙斗争的形势，派遣楼缓入秦为相，仇郝入宋为相，结成秦、赵、宋三国联盟，乘这个时机攻灭了中山，取得进击林胡、楼烦的胜利。宋国也乘机攻灭了滕国，夺取了楚的淮北地。

"战争是政策的另一手段的继续"(《列宁全集》第 24 卷 369 页)。政治的变化必然会影响战争的变化。公元前 295 年奉阳君在赵国篡权，赵武灵王被包围饿死。次年齐国也发生政变，孟尝君指使一个叫田甲的贵族谋害齐湣王没有得逞，逃奔到了魏国，即所谓"田甲劫王"

事件。荀子曾经把奉阳君和孟尝君一起列为“篡臣”(《荀子·臣道》)。由于赵、齐两国先后发生政变,原来齐、魏、韩三国联盟和秦、赵、宋三国联盟都瓦解了。秦国免除了赵国派来的楼缓的相位,起用穰侯魏冉为相,同时,魏国也起用从齐国出奔的孟尝君为相。齐国在这种形势变化下,就放弃联合魏、韩的策略,转而和秦、赵两国联合,想在秦、赵两国支持下攻破宋国。因此起用秦的大臣吕礼为相,又许愿奉阳君在攻灭宋国后把一部土地封给他。这就是帛书第八章所说:“宋不残,進(淮)北不得,以齐封奉阳君。”

这时,秦由于“远交”齐国成功,就发动对韩、魏的“近攻”。结果秦兵大胜,迫使韩、魏献出了河东大块土地。魏、韩两国失去了齐的依靠,受到秦的进攻,就去投靠赵的奉阳君。魏昭王献地给赵惠文王以为“养邑”,并献地给奉阳君作为他的儿子的封地,还带了韩的成阳君一起到赵国国都去朝见奉阳君。这就是帛书第八章所说,“使梁、乾(韩)皆效地”,“梁王与成阳君北面而朝奉阳君于邯郸”。这样,奉阳君就代替了孟尝君成为盟主。尽管盟主换了人,但是奉阳君和孟尝君是一丘之貉,同样是奴隶主贵族的篡权者,因此担当盟主目的还是一样,一样想攻破宋国来作为封地。所以公元前288年,赵国一方面从魏国那里得到所献的河阳(即河雍,今河南孟县西南)等地;一方面和秦对抗,被秦攻取了梗阳(今山西清徐);另一方面又遣将和魏国一起伐宋(《史记·赵世家》惠文王十一年)。

奉阳君作为盟主发动伐宋的战争,当然会引起穰侯的对抗,因为两人都想夺得宋国这块肥肉。公元前288年十月,穰侯采用连横的策略,和齐滑王约定齐、秦两国同时并称东帝、西帝,准备联合五国攻破赵国,把赵国作为三份来瓜分。这就是帛书第二十一章所说:“且五国之主，尝合衡谋伐赵，疏（三）分赵壤。”（《战国策·赵策一》，《史记·田世家》大体相同）穰侯这次发动五国连横，是有计划有步骤的，是郑重其事的，订立了共同伐赵的盟约，约定了一起出兵的日期，所谓“著之瓬竽（盘盂），属之祝籍，五国之兵兵出有日矣”。但是穰侯这个策略没有成功，一下子被苏秦的合从策略所破坏了。苏秦游说齐湣王，认为“两帝立，约伐赵”，“不如伐宋之利”，主张放弃帝号，“倍（背）约傧（摈）秦”，乘合从的时机攻灭宋国（《战国策·齐策四》“苏秦自燕之齐”章）。因此，齐国称帝不到两个月，就废除帝号，会合东方各国军队向西攻秦，迫使秦国不得不放弃帝号，并归还了前所攻占的一部分赵、魏两国土地。这就是帛书二十一章所说：“齐乃西师以唫（禁）强秦，史（使）秦废令速服而听，反温、轵、高平于魏，反王公、符逾于赵”（《史记·田世家》“废令速服”作“废帝请服”，“王公、符逾”作“巠分、先俞”）。齐湣王这时听从苏秦合从的策略，目的还是要攻灭宋国。这一段齐国变换斗争策略的历史，苏秦在对齐湣王的游说辞中曾概括说：“王弃薛公，身断事，立帝，帝立，伐秦，秦伐，谋取勺（赵），得功（攻）宋。”（帛书第八章）齐国这样由连横转变为合从，也就是帛书第七章所说：“齐先鬻勺（赵）以取秦，后卖秦以取赵而功（攻）宋。”

在战国中期第一阶段合从连横的斗争中，首先是齐的孟尝君发动合从，伐楚攻秦；接着是赵的奉阳君组织合从，和秦、宋对抗；后来秦的穰侯又发动连横，策划联合五国伐赵；接着苏秦又发动合从攻秦。齐国自从孟尝君出走之后，齐湣王没有从根本上改变复辟的路线，对外仍然极力和秦的穰侯、赵的奉阳君争夺宋国这块肥肉。因此，无论合从或者连横，都不过是奴隶主贵族代表人物谋求夺取富庶地区的策略手段。因此强国的合作，只是为了谋求各自的私利而暂时的结合。弱国的参加，是被迫的，都是为了保持自己的生存，避免被强国兼并，因此它们经常随着斗争形势的变化，改变投靠的盟主。这样，合从连横的战争尽管变化很多，表面上一时声势很大，实际上不可能改变齐、秦两国对峙的局势，因此秦、齐、赵等国的当权者也不可能一下子攻灭宋国。

三

自从公元前288年齐国开始攻宋，齐、秦两大国的斗争就进入到决战阶段。

齐国一开始攻宋，秦国就派使者到齐国来制止，而齐国却依靠赵国的支持，继续向宋进攻，秦就对赵国加以指责。赵的奉阳君想在齐灭宋之后，取得陶邑作为封地，就支持齐国，联合齐、燕和三晋一起伐秦。苏秦这时代表齐湣王奔走于燕、赵、魏等国之间，具体商定联合行动的办法。他曾和奉阳君约定，调动三晋在上党地区的兵力攻秦，这就是帛书第十一章苏秦从赵献书给齐湣王所说："臣之所得于奉阳君者，乾（韩）、梁合勺（赵）氏将悉上党以功（攻）秦"。同时，燕国正被迫服从于齐国，不得不宣布与秦绝交，把"质子"押在齐国作保，一面派二万军队帮助齐国攻宋，一面派二万军队跟从攻秦。这就是帛书第十一章所说："以燕之事齐也为尽矣，先为王绝秦，挚（质）子，宦二万甲自食以功（攻）宋，二万甲自食以功（攻）秦。"

但是，由于五国之间貌合神离，不能真诚合作，五国之兵到了荥阳（今河南荥阳）、成皋（今河南汜水西），就停留不进。于是齐国就想单独和秦讲和，改用连横策略，以便齐、秦联合起来，达到攻灭宋国的目的。而魏、赵等国都很怕齐国单独和秦讲和，赵国更怕秦、齐两国再次联合起来向它进攻。这就是帛书第十一章所说："勺（赵）氏之虑，以为齐、秦复合，必为两商（敌）以功（攻）勺（赵）。"

在齐、秦两国这样进入决战的时候，三晋大臣中就出现了联齐攻秦和联秦攻齐两大派。

赵国有着以相国奉阳君为首的联齐攻秦派和以将军韩徐为、金投为首的联秦攻齐派。奉阳君之所以主张联齐攻秦，因为齐国曾经许愿奉阳君在灭宋之后把陶邑封给他。苏秦曾说，"奉阳君甚食（当作'贪'）之"，劝齐湣王"县（悬）阴（当作'陶'）以甘之"（《战国策·赵策四》"齐欲攻宋"章）。奉阳君是积极采取措施来联齐攻秦的，并且发动了五国合从攻秦的战争。但是，将军韩徐为和奉阳君意见不合，主张和当时担任魏的相国的孟尝君一起联秦攻齐。帛书第三章就曾说："薛公（即孟尝君）、徐为（即韩徐为）其功（攻）齐益疾。"据记载，公元前287年（赵惠文王十二年）"赵梁将攻齐"，次年"韩徐为将攻齐"（《史记·赵世家》）。这正当齐伐宋之际，赵梁和韩徐为先后攻齐，说明在赵国联秦攻齐的主张正逐渐取得优势。但是到孟尝君、韩徐为去约燕国联合伐齐的时候，奉阳君仍坚持反对，并且归罪于燕国。这就是帛书第四章苏秦献书给燕昭王所说："后薛公、乾（韩）徐为与王约功（攻）齐，奉阳君鬻臣，归罪于燕，以定其封于齐。"

在魏国大臣中，也有联秦攻齐和联齐攻秦两大派。联秦攻齐派以孟尝君为首，联齐攻秦派以周最为首。孟尝君自从在齐国发动武装政变失败、出奔到魏国之后，出任了魏的相国。他不甘心于在齐国失败，一心想联合秦国攻破齐国。所以当时有人说他"轻忘其薛，不顾其先君之丘墓"（《战国策·东周策》"为周最谓魏王"章）。周最原是周的公子，在担任魏的大臣之后，一贯主张联齐攻秦，一度取得齐滑王的信任，到过齐国做官，在齐、秦联合称帝的时候，被齐国驱逐出来，再回到魏国做官。

这时，秦国对东方各国发动了强大的政治攻势，双管齐下。一方面极力拉拢赵、魏等国大臣中的联秦攻齐派，谋划合从攻齐。一方面派遣秦国亲齐的大臣吕礼到齐国活动，拉拢齐国原来亲秦的大臣，谋求齐、秦两国再度联合起来，破坏东方各国合从的策略。赵、魏两国的联秦攻齐派也就大肆活动。孟尝君就曾游说秦的穰侯，劝说取消"以吕礼收齐"的策略，要穰侯"令弊(敝)邑(指魏国)卒攻秦之事"；而且向穰侯许了愿："齐破，又请以所得封君"，认为这样就可以做到"破齐定封，而秦、晋皆重君"(《战国策・秦策三》"薛公为魏谓魏冉"章)。当时魏国的联秦攻齐派正处于优势地位，苏秦曾对魏昭王说："今王又挟薛公以为相，善韩徐(当作'韩徐为')以为上交，尊虞商为上客。"(《战国策・赵策四》"齐欲攻宋"章)孟尝君是魏的联秦攻齐派的头目，韩徐为又是赵的联秦攻齐派的头目，虞商也该是个著名的联秦攻齐的说客。这样，魏的联齐攻秦派头目周最就站不住脚，只好跑到齐国去，表示"不与伐齐者，产(当作'坐')"(《战国策・东周策》"为周最谓魏王"章)。苏秦为齐国打算，认为争取孟尝君是个关键，劝齐滑王要安他的心，因为"非薛公之信，莫能合三晋以功(攻)秦"，还主张许愿孟尝君在攻灭宋国后把平陵封给他(帛书第十四章)。看来苏秦这个策略并没有什么效果，因为孟尝君不甘心在齐国失败，要联秦攻齐是很坚决的。

在秦国发动双管齐下的政治攻势下，齐滑王接受了齐、秦再度联合的策略，以便达到他攻灭宋国的目的。齐滑王一方面派使者到秦国去“请合而以伐宋”，得到了秦的支持（《战国策·魏策二》“五国伐秦无功而还”章）。另一方面又把原来跑到赵国的亲秦大臣韩贵（即韩珉）召回来，由他主持齐、秦联合的事。韩贵原是韩的贵族，在齐当过大臣，主张联秦攻魏，是孟尝君的政敌。他在孟尝君出走到魏后，一度在齐国掌权，“欲以齐、秦劫魏而困薛公”（《战国策·秦策四》“薛公入魏而出齐女”章）。这时齐湣王是否把韩贵召回来执政，是齐、秦两国是否能够再度联合的关键，因此很引起各国的重视。苏代曾游说奉阳君，劝他坚持五国合从攻秦的盟约，这样齐湣王“必无召珉（即韩珉）也”，反之，秦昭王就要“内（纳）韩珉于齐”。（《战国策·赵策四》“五国伐秦罢于成皋”章）苏秦也曾代表齐湣王去游说奉阳君，主张坚持合从攻秦，指出“反贵”（即召回韩珉）是谣传；奉阳君也希望齐湣王“不弃梼（通‘兑’，即李兑）而反贵也”。（帛书第十二章）但是，齐湣王为了联合秦国攻灭宋国，毕竟把韩珉召回来了。奉阳君曾经指责说：“齐王使公玉丹（齐湣王的亲信）命说（通‘兑’，指李兑自己）曰：必不反韩珉，今召之矣。”（《战国策·燕策二》“苏代为奉阳君说燕于（与）赵伐齐”章）苏秦从赵献书给齐湣王也说：“今王弃三晋而收秦，反贵也，是王破三晋而复臣天下也”（帛书第十二章）。韩珉在入齐之前，就曾写信给齐湣王提出保证说“齐秦复合，使贵反”，齐国可以攻灭宋国而完全占有；如果秦联合韩、魏攻赵，齐还可以攻占赵的河东。这样“齐、秦虽立百帝”也没有人能够禁止（帛书第十三章）。这些话正合齐湣王的需要。

齐湣王把韩珉从赵国召回来，出任相国，使秦、齐再度联合，就大规模进攻宋国，终于在公元前 286 年把宋国灭亡了。宋国的所以会被攻灭，主要原因是由于宋国推行复辟路线，国内出现了分裂的局面。原来宋王偃把王位传给了太子，因为父子不和，太子出走，“诸善太子者皆有死心”，出现了分裂局面（《战国策·赵策四》“齐欲攻宋”章），这就造成了齐国攻灭它的机会。

齐湣王攻灭了宋国，夺得这样一个富庶地区，应该更加强大了，但是事实不是这样。因为齐湣王继续推行着一条复辟的政治路线，内部搞分裂，政治很腐败，没法把攻占的宋国安定下来，这就是荀子所说：“齐能并宋，而不能凝也”（《荀子·议兵》）。荀子所说的“凝”，就是指“士服民安”。齐湣王攻灭宋国后，不能使宋地的“士服民安”，同时又引起三晋和楚的严重不安。魏、赵两国的联秦攻齐派人物如孟尝君、金投之流就大肆活动。秦的穰侯就利用这个形势，以盟主地位策划合从攻齐了。

公元前285年秦国为了“先出声于天下”，派蒙骜带兵越过韩、魏，开始向齐的河东进攻，攻取了九个城。次年秦又派尉（即太尉）斯离统率秦军，会合三晋和燕的军队向齐大举进攻，在济西大败齐军。穰侯就达到了他夺取陶邑作为封地的目的。穰侯达到这个目的，就停止对齐的进攻，回头来想乘机攻灭魏国，使陶邑能够和秦的本土接连起来。而燕将乐毅利用这个有利形势，接连击破齐将触子、达子统率的军队，长驱直入，先后攻下了七十多城，并攻占了齐的国都临淄。

从战国时代合从连横战争变化的形势来看，燕将乐毅破齐是一个重大历史事件，从此消除了一个足以与秦相对抗的强国，为此后秦国运用“远交近攻”的战略，取得统一战争的胜利创造了有利条件。在乐毅破齐以前，秦国因为有齐国的对峙，齐国不断发动合从的战争，只能经常运用连横的策略来取胜。秦国固然也曾在有利形势下，有时采用“远交近攻”的战略，不断攻取得三晋和楚的土地，扩大设置了郡县，但是，经常被齐国利用三晋和秦的矛盾，发动合从战争，迫使秦国归还部分前所攻占的土地。自从乐毅破齐之后，法家范雎到秦国掌权，驱逐了穰侯之类奴隶主贵族当权派，重新推行法治路线，因而得以顺利地采用“远交近攻”的战略，在对外统一战争中取得了很大的胜利，为后来秦统一全国进一步奠定了基础。

齐国之所以会被攻破，当时人就有各式各样的看法。法家荀子认为是由于没有实行正确路线，不是为了统一而发动合从战争（《荀子·王霸》）。法家范雎认为是由于“齐之罢蔽，君臣之不和”，而且指出这是“文子（孟尝君）为之，大臣作乱”所造成（《史记·范雎列传》）。法家尉缭认为是由于“诸侯合从，翕而出不意”（《史记·秦始皇本纪》）。合从的战争固然是齐国被攻破的直接原因，而根本原因是由于孟尝君的复辟篡权，推行复辟的政治路线，长年累月的发动大规模的战争，弄得民穷财尽，“南攻楚五年，稸（蓄）积散；西困秦三年，民憔瘁，士罢弊”（《战国策·燕策一》“苏秦死”章）。同时由于孟尝君“招致诸侯宾客及亡人有罪者”作为食客，在他的封地收容了侠客奸人六万余家，招降纳叛，结党营私，造成分裂；再加发动武装政变，制造混乱。后来孟尝君虽被驱逐，但是齐湣王仍然没有改变复辟的路线，继续发动战争，还杀害了名将司马穰苴等人，造成“百姓不附”，“大臣不亲”的局面（《战国策·齐策六》“齐负郭之民”章）。因此，齐国的被攻破就不可避免了。总的说来，荀子、范雎所讲齐国破亡的原因是正确的。

列宁指出：“战争的性质及其胜利主要取决于参战国的国内制度，战争是该国战前所实行的国内政策的反映”（《列宁全集》第 30 卷 130 页）。燕昭王的所以能够攻破齐国，主要是贯彻了法治路线的结果。韩非早就指出了这点:“当燕之方明奉法、审官断之时,东县齐国,南尽中山”(《韩非子·饰邪》)。“东县齐国”,就是指乐毅破齐,攻下七十多城,“尽郡县之以属燕”。(《战国策·燕策二》“昌国君乐毅”章)燕国取得胜利的另一个主要原因,是由于大敌当前,燕国内部比较团结,并且广泛地团结了一切可能调动的战斗力量。

燕昭王在燕国人民反对齐国武装干涉的胜利基础上即位,重新推行法治路线,他们的政治纲领是:“循法令,顺庶孽,施及萌隶。”(《战国策·燕策二》所载乐毅《报燕惠王书》)就是说,遵循法治路线,顺应一般人民的需要,照顾到下层人民的生活。同时向四方招徕“贤者”,“诸天下之士欲破齐者”,“知齐之险阻要塞、君臣之际者”,全都召来了(《吕氏春秋·应言》)。君臣奋发图强,“与百姓同其甘苦”,经过二十八年的努力,使得国家殷富,士卒“轻佚乐战”(《战国策·燕策一》“燕昭王收破燕”章)。燕国的在战国七雄中是个弱国,长期以来受到齐国的压迫。当燕王哙让君位给相国子之,实行变法图强的时候,齐宣王在孟轲的唆使下,勾结燕国贵族发动武装叛乱,并派兵攻破燕国,进行残暴的统治。后来由于燕国人民纷起反抗斗争,才被迫退兵。自从燕昭王即位以后,还曾被齐滑王打败。当齐国向宋发动进攻时,曾被迫派张魁带兵跟从作战,但是,张魁还是被齐滑王杀死了(《吕氏春秋·行论》)。帛书第四章苏秦从齐献书给燕昭王说:“齐杀张庫”,又说:“庫之死也,王辱之。”指的就是这件事。张庫当即张魁。“庫”“魁”音近通用。由于燕国长期受到齐的压迫。君臣上下团结一致。奋发图强。“轻佚乐战”,因而能够战胜貌似强大的齐国。列宁指出:“在任何战争中,胜利属于谁的问题归根到底是由那些在战场上流血的群众的情绪决定的。”(《列宁全集》第31卷117页)“轻佚乐战”，是在战场上取得战争胜利的一个决定因素。商鞅一派法家也早就指出：“能使民乐战者王。”（《商君书·画策》）燕昭王和燕将乐毅就是由于推行了法治路线，“能使民乐战”，因而取得了攻破齐国的巨大胜利。

燕国取得胜利的另外一个原因，就是能够采用比较灵活的策略。在战国中期复杂变化的合从连横斗争中，在争取与国、孤立敌人、欺骗敌人、利用诸侯合从的时机等方面取得了成就。

战国中期的合从连横战争，最后取得了燕将乐毅破齐的结局。这个结局，是一个贯彻法治路线的弱国，战胜了一个推行复辟路线的强国。从整个战国斗争形势来看，就是法治路线对复辟路线取得了巨大胜利，为后来代表法治路线的秦国完成统一开辟了道路。从两国战斗力量比较来看，是团结一致、奋发图强的燕国战胜了内部分裂、政治腐败的齐国。这个事例清楚地说明了：坚持正确的路线，团结一致，奋发图强，就可以克服困难，战胜强大的敌人，取得巨大的胜利。

（原刊《文物》1975年第3期）

战国时代的“百家争鸣”

战国时代(公元前五世纪到公元前二二一年),是我国历史上在文化科学方面首先出现“百家争鸣”的时代。战国诸子百家学术上的争鸣,不仅使当时文化科学达到高度的繁荣与发展,而且有力地促进了此后我国文化科学的进一步发展。

社会历史背景

战国时代所以会出现“百家争鸣”的蓬勃气象,是和当时社会的经济、政治上的重大变革和发展有密切联系的。

这时生产有很大发展。由于铁器的普遍使用,水利灌溉工程的兴修,精耕细作技术的采用,对肥料的注意和使用,冬小麦的普遍栽培和一年两熟的农作制度的推行,农产量有了很大的提高。再由于个体手工业者的普遍出现,“豪民”所经营的大手工业如冶铁业、制盐业等的兴起,手工业的产量和质量也有显著提高。青铜器、陶器、竹木器、漆器、皮革器、纺织品等,都甚为精美,同时商业也活跃起来,各地土产已开始交流，水陆交通已相当发达，最难走的“蜀道”已开始建筑“栈道”。除乡村集市外，各地出现了繁荣的商业城市，齐国国都临淄（今山东临淄）就非常热闹，居民多到七万户。大城市中店铺林立，车辆满道。除小商人外，已出现了富商大贾。

随着社会经济重大的发展，社会阶级结构发生强烈的变动和分化。各诸侯国先后进行了政治改革，废除了旧有的世袭贵族的政治体制，确立了中央集权的政治制度，创立了官僚制度，制定和公布了法律，加强了君主的专制统治，把政治上分散的中国推向统一的道路，为此后秦始皇的统一中国创造了条件。

同时，文化教育也发生重大变化。在春秋时代，只有贵族得到受教育的机会，只有担任某些官职的“卿大夫”和当“家臣”的“士”掌握着文化知识。到春秋后期，情况就大不同了，执政者需要较多的有知识的“士”作为助手，于是训练“士”的大师应运而生，孔子便是这种教育的开创者。到战国时代，私人讲学之风大盛，私家养士之风大行，出身于各种不同阶层的“士”大量产生。从此“士”这个阶层就有了新的内容，它不再是贵族中最低一个阶层的称谓，而成为统治阶级中知识分子的通称了。

春秋时代贵族的文化知识，大多为世袭的各种官职所掌握，他们保藏有档案和文献，有世代相传的统治经验和知识，即所谓“学在官府”。民间的文化知识，大多为巫师所掌握，有关医药、天文等知识经常和迷信混杂着；群众所创造的诗歌、音乐、舞蹈，也往往在宗教集会（主要是祭祀“社神”的集会）中表演出来。到战国时代，不同阶层出身的“士”，根据各自的需要，既继承了贵族的文化知识，又吸收了民间的文化知识，加以交流和融会，使文化科学得到很大的提高。再经过大家从各方面进行科学的钻研，就涌现了许多学者和专家，逐渐形成各种具有特色的学派。

汉代历史家根据战国时代各个学派的特色，把战国诸子分为儒家、墨家、道家、法家、阴阳家、名家、农家、纵横家、小说家、杂家等十家。除去其中属于文学范围的小说家，后世又称为九流。其实，九流只是当时较大的学派，并不包括所有的学派，更不能包括所有的各科学术。当时还有天文学家、地理学家、医学家、军事家等，都没有被列入。而且当时各个大的学派在流传和发展中，又常分化出不同的支派，有时还酝酿出新的学派。

当时各个学派各自有其立场，代表着不同阶层的利益。他们有关经济和政治方面的学说，都是为某一阶层的利益而设想的，因而他们的世界观和整个思想体系都各自有其特色。各个学派的著名学者，都招收门徒，从事讲学，或者游历各地，高谈阔论，差不多没有一个不是“率其群徒，辨其谈说”的；有的由门徒把言行记录成书，有的自己著书立说，差不多没有一个不是“持之有故，言之成理”的。著名学者之间还开展了争论，既在学术上辩论，更在思想上交锋，又相互影响，相互取长补短。通过“百家争鸣”，促使学术得到繁荣和发展。

各派学术和实际的密切关系

这时各个学派所以能够在学术上具有特色，所以能取得高度成就，主要由于他们从各个角度对学术的各个方面进行了深入钻研。有些对当时先进生产经验进行了总结，有些对自然现象进行了观察和解释，有些对历史资料进行了整理，有些对现实情况进行了调查了解；而且，大家都把各自的见解提高到理论上作了分析。

总结和分析生产技术经验

当时农业生产技术是有很大的创造和发展的。农家这个学派主要就是对农业生产技术作了总结和分析。虽然农家中有些如许行之流，思想上比较保守落后，有君民“并耕而食”等主张，但是他们在总结农民生产经验上，确是有出色的成就的。

《吕氏春秋》的《上农》《任地》《辩土》《审时》四篇中，保存有农家学说的精粹，他们对当时新发展的精耕细作技术，作了具体的分析，主张按照地势高度和土壤性质来栽培适合的农作物，根据天时和气候及时耕作，要注意土壤质地、结构、含水量等各方面的保养；深耕要达到表土下层水墒部分，开沟作垄要有适当的宽度，播种要均匀，苗要种得纵横成行而通风，要除去弱苗小苗，保留强苗大苗；并要保墒、除草，使农作物能够“下得阴、上得阳”，得到充分发育成长。这些结论，对于当时农业生产有着重大的指导作用，同时也为我国古代的农业科学奠定了基础。除了农家以外，专门研究政治的法家也很重视农业生产。他们为了“富国强兵”，着重于提高农产量、防止灾荒等方面。法家的开创者李悝，曾提出“尽地力之教”，主张“勤谨”耕作，争取每亩增产三斗；还主张“必杂五种，以备灾害”（《太平御览》卷八二一引《史记》），认为必须同时播种多种粮食作物，用来防备某种作物发生灾害。

这时地理学家也已注意到物产的分布和各地土壤性质的不同。这时著作的《尚书·禹贡》，不仅记述山川形势，更分区记述了主要物产，分类记录了土壤的不同性质，并评定了等第。它对土壤性质的分类，已很符合于科学上的分类，达到了高度水平。同时著作的《山海经·五藏山经》,虽然限于时代,混杂有神怪之谈,但它第一次对我国山区的地理和蕴藏作了探索。

随着农业上水利灌溉技术的提高,有些学者总结了这方面的经验,并加以应用和发展,这样就产生了规划建筑堤防和开凿运河的水利工程家,例如白圭就是当时著名的建筑堤防专家,李冰、郑国就是著名开凿运河和灌溉渠的专家。他们已能利用附近原有湖泊作为水库,建设闸门来调节水量,也能用筑拦河坝的方法,使水流分散或集中。

这时手工业生产也有很大发展,有些学者就对这方面生产经验进行了总结。当时著作的《考工记》一书(后来收编在《周礼》中),就对当时齐国各种手工艺的经验,作了科学的记录。其中有各种手工艺的操作规范、各种重要器物的制作规范。所记录的“金锡六齐(剂)”,是世界上最早的合金成分比例的记录。

这时新器械不断在发明,“司南”(指南仪器)、“滴漏”(计时仪器)以及利用杠杆、滑车、轮轴的简单器械,都已开始创造和应用。公输般(即鲁般)就是春秋、战国间著名的新器械的制造家。在墨家中有不少手工业工人出身的学者,他们曾从事新器械和守城器械的制造,并进一步作了理论的探讨。他们著作的《墨子·经上》篇,曾对“方”、“圜”(圆)、“直”(直线)、“中”(正中垂直线)、“平”(水平线)等,下了科学的定义;《墨子·经下》篇更对杠杆、滑车等有关力学原理作了分析。

观察和解说自然现象

与农业生产有密切关系的天文历法,是我国古代自然科学中有重大成就的学科之一。从春秋到战国时代，天文历法不断进步，这方面的学者逐渐懂得以恒星为背景（二十八宿与十二次）来研究日月星辰的运行，建立了一年划分二十四节令的办法，知道十九年七闰和闰月的安插法，知道日月交食的周期。完整的历法正在逐渐形成中，"夏历"在战国时代已普遍推行。这时又产生了专门观察星辰运行的占星家，甘德和石申是其中杰出的学者，他们分别对恒星作了精密的观察，他们所测定的恒星记录，是世界上最早的恒星表。在精密观察天文的同时，对自然地理也开始作调查和分析，如《尚书·禹贡》和《山海经·五藏山经》，就是根据这方面的知识写成的。这样的上观天文、下知地理，就对自然界有了进一步的认识，并开始对客观世界的发展规律进行探索，因而产生了各种朴素的唯物主义的世界观。

远在西周、春秋间（公元前八世纪），朴素的唯物主义世界观已开始萌芽，逐渐形成阴阳五行家这个学派。他们首先从农业生产中认识到水、土的重要性，例如说："水土演而民用也"（《国语·周语上》伯阳父语）；继而又认识到土、金、木、水、火五种物质的重要性，进而就推论出这"五行"是百物形成的基本物质，百物就是由"五行"杂配和合而产生的。他们在观察天文现象中，又认识到星辰运行和四季转变的规律性，进而就推论出这种规律性是由于阴阳二气有规律的变化，如果自然界发生突然变化就是由于阴阳失调。到春秋、战国时代，他们不仅认为所有事物全由"阴阳"和"五行"所产生，甚至各种物质的属性如色彩、滋味也由"五行"所派生，而且开始把这种学说运用到医学方面，用来解释病理。同时他们又用"阴阳""相克"和"五行""相生""相克"，来解释事物的变化。"相生"是意味着互相促进，"相克"是意味着互相矛盾和斗争。这种说法带有自发的辩证法的意思，这是“阴阳五行说”的进一步发展。到战国末年邹衍创立“五德终始说”，用“五行”“相克”来解释朝代的兴替，就完全把“五行说”神秘化了。但是其原来的朴素唯物主义观点，还长期被运用于古代天文、历法、医学中，对这些科学的发展起着一定的作用。

道家也曾试图说明世界万物的起源和事物变化的规律性。后期墨家在对手工业技术经验作总结和分析的同时，对物体的运动和组织构成也作了分析。他们根据手工业制造的经验，把物体的运动分为“化”（外表已变而本质未变）、“损”（一部分从整体中离去）、“益”（另外有物质附加到原来物体上）、“儇”（循环的旋转）、“库”（固定空间中物体的调换）、“动”（物体所处的空间徙动）等六种形式，认为物体的运动都是由这六种形式构成。他们又认为各种物体是由于各种不同的物质，经过不同的组织结合方式而构成的。其组织结合方式共有五种："有间”是有空隙的组织结合，“盈”是相混合的组织结合，“撄”是相接叠的组织结合，“仳”是不规则的组织结合，“次”是依照一定次序排列的组织结合。（《墨子·经上》篇及《经说上》篇）。这也是一种朴素的唯物主义世界观，后来曾引起名家针锋相对的驳辩。

整理历史资料和总结历史经验

在春秋时代，各国的史官不仅是重要文件的草拟者、历史的记录者和史书的编纂者，同时也是历史文件和图书的保藏者。到春秋后期，以孔子为首的儒家兴起，陆续对当时保存的历史资料加以整理和编订，编成了《尚书》（历史文件汇编）、《诗》（诗歌汇编）、《春秋》（鲁国编年体史书）等书。墨家也曾做过这方面搜集和整理工作，在《墨子》中也曾引用到《书》《诗》和《百国春秋》，所引的篇名和内容和儒家颇有出入。到战国时代，儒家更进一步从事整理编辑工作，他们根据各国记事体的史书即《百国春秋》，编成了详于记事的史书《左传》；根据各国记载贵族言论的史书即《语》，汇编成了《国语》；又根据各国记述政治制度的史料，参以自己的理论，编成了一部行政法典《周礼》；根据当时流传的各种礼的仪式，编成了一部礼仪的汇编《仪礼》。法家李悝又根据各国的法律，整理成了第一步完整的法典《法经》，成为后来历代制定法律的依据。可以说，我国的历史文献在这时经过了一次全面的整理和编辑，对保存古代文献作出了重大贡献，为学术探讨提供了重要资料，为学术的进一步发展创造了有利条件。当时各个学派发表自己的论说，常引用历史文献或历史故事作为立论根据，这也就给我们保存下来许多史料。有些学者已懂得，要使自己的学说有充分说服力，必须摆事实，讲道理。墨子就曾指出，正确的理论必须以“三表”为标准：首先要“上本之于古圣王之事”，就是说要有历史根据；其次要“下原察百姓耳目之实”，就是说要符合于群众的感觉和认识；最后要“观其中国家百姓人民之利”，就是说要符合于国家和人民的利益(《墨子·非命上》)。

在当时社会经济和政治重大的变革中，有些学者也就试图探索人事变化的规律性，以便根据规律来制定对策。例如范蠡认为国势的盛衰是不断要转变的，如同自然界阴阳的变化一样，国势强势时应戒骄，要防止向衰弱转化；国势衰弱时要刻苦图强，要争取有利时机，创造有利条件，使转弱为强。他为越王勾践制定了转弱为强的策略，终于得到成功(《国语·越语》)。他又认为物价贵贱的变化，由于供求关系的有余和不足，主张谷贱时由官府收购，谷贵时平价售出，以平衡粮价(《史记·货殖列传》)。这是我国历史上第一次提出积谷平隶的办法。

这时有些学派对人类社会历史作了比较广泛的探讨。例如墨子和荀子都讨论到人类和动物的区别，墨子认为人类有别于禽兽的，是能够依靠劳力来谋取生活，荀子认为人类有别于禽兽的，是能够合群，有社会组织。韩非子更把历史发展分成“上古”“中古”“近古”和“当今”等不同阶段，并试图说明国家法令的起源以及各个不同历史阶段的特点，认为“世异则事异”、“事异则备变”，反对复古，积极主张革新。有些学派对某方面的历史经验作了总结。例如兵法家总结了战争的历史经验，并用朴素的辩证观点加以阐释和分析，著成了《孙子》这样杰出的军事学著作，成为历代军事学的典范。

调查研究现实情况

战国时代各派学者对“今”“古”的关系问题是有不同看法的，并曾开展过辩论。有些学者因为站在没落阶层的立场，他们的政治思想就倾向于复古，例如老子就主张恢复到原始社会的朴素生活中去。有些学者的政治学说也主张效法“先王”，但是他们的所谓“古”，只是他们理想中的“古”，所谓“法先王”只是一种“托古改制”的手段。有些学者就很鲜明的反对复古，主张按照时代的变化而进行改革。凡是能够注意到当时现实的社会情况，从现实情况出发而提出改革的主张的，其学说就具有一定的进步意义，例如墨家就是如此。凡是主张按照时代的变化而进行的改革，就曾对当时的历史发展起着促进作用。当时法家所以能够取得杰出的成就，其原因即在于此。

墨家从当时现实的社会生活情况出发，认为当时人们最大的痛苦是：“饥者不得食，寒者不得衣，劳者不得息”，造成这种现象的主要原因是：当时“王公大人”们的荒唐奢侈和残酷剥削，“厚作敛于百姓，暴夺民衣食之财”。墨子曾对当时“王公大人”们荒唐奢侈和残酷掠夺的行为作了很尖锐的抨击，这在当时是有进步意义的。儒家中的荀子是个朴素的唯物主义思想家，他对自然界有着比较正确的理解，主张运用人力来利用自然和改造自然。同时他在“古”“今”关系问题上也提出了进步的看法，认为当时出色的成就是千年来经验累积的结果，“后王”杰出的治绩就是上古以来“圣王”统治经验累积的结果。他说：“欲知上世，则审周道”，“欲观千载，则数今日”（《荀子・非相》篇）。法家更是积极主张按照时势的变迁而进行变法，因而他们很重视对时势的考察。《吕氏春秋》的《察今》篇就保存了法家这种主张，认为时势是不断变化的，古今之法是随着时势而不同的，“世易时移，变法宜矣”，凡是能够“因时变法者”，便是“贤主”。

法家曾把这个“察今”的主张贯彻到他们的言论行动中去。李悝曾以“今一夫挟五口，治田百亩”作为典型例子，研究当时农民生活。据他估计，按照当时一般年成，每年每亩（约合今三分之一亩）收粟（小米）一石半（约当今三斗），百亩的收获共有粟一百五十石。除了“十一之税”十五石，余下一百三十五石；每月每人食粟一石半，五人每年要吃九十石，余下四十五石；按照当时一般的粮价，每石卖钱三十钱，共得一千三百五十钱；除去祭祀费用三百钱，余下一千零五十钱。衣着每年每人需用三百钱，五人共需一千五百钱，这样已缺少四百五十钱；不幸而有疾病死丧，再加上临时的赋敛，就更没有办法了（《汉书・食货志》）。这是我国历史上第一次对农民生活所作的典型的估计。李悝等法家所制定的“变法”的方案，所以能够在具体实施中收到效果，是和他们对现状比较深入了解有密切关系的。

相互批评 自有辩论 取长补短 相互影响

当时各个学派和学者之间,互相批评是很尖锐的,相互争论也是很激烈的。《墨子》有《非儒》篇对孔子和儒家作了猛烈的批评,还有《公孟》篇记载有墨子和儒家公孟子的辩论。《孟子》中记载有孟子批评墨子和杨朱的话,还记载有孟子和墨家夷之的辩论。《荀子》的《富国》、《乐论》等篇,对墨子"节用"、"非乐"等主张加以批评,《非十二子》、《解蔽》等篇对各派学者都作了评论,《议兵》篇还记载了荀子和临武君对兵法的辩论。《庄子》的《天下》篇以道家的观点,对当时各派学说作概括的叙述和评论,成为我国第一篇通论学术流派的著作。《韩非子》的《显学》篇以法家的观点,对儒家、墨家加以批评。后期的墨家和名家惠施、公孙龙等,在"坚白"、"异同"等问题上开展了激烈的争论。

当时各个学派是代表者不同阶层的利益的,他们之间相互争论,是异常激烈的思想斗争。随着经济和政治的变革和发展,社会阶级阶层的变动和分化,各个学派也有发展和分化。通过不断的相互争论,彼此间相互影响,取长补短,也促使有些学派有了发展和进步。

后期墨家比前期墨家有了很大进步,他们在和唯心主义的斗争中,抛弃了前期墨家学说中宗教迷信的成分,在重视生产技术和自然科学的基础上,形成了朴素的唯物主义世界观;在和名家激烈的辩论中,还对逻辑学做出了贡献。

后期儒家中的荀子也比前期儒家有了很大进步。他抛弃了前期儒家的唯心主义观点,吸取阴阳家和道家中朴素的唯物主义观点,创立了自己的唯物主义和无神论的思想体系,强调人在自然中的地位和作用。同时他也转变了儒家的立场，对“礼”作了新的解释，部分地排除了贵族世袭的内容，主张推行君主集权制和官僚制度。他还吸取墨家在逻辑上的成就而有所发展。他把古代各派学术思想加以贯通，提高到了新的综合阶段。

后期法家中的韩非子也比前期法家有了很大的进步观点，他不仅继承了前期法家的进步观点，吸取了法家中讲究“法”(法律)、“术”(驾驭官僚的手段)、“势”(权势)等各种流派的长处而加以综合，而且还吸取了道家和荀子的某些观点，使法家学说有了进一步发展，成为秦始皇建立统一的王朝和实行集权统治的理论基础。

战国末年吕不韦招徕宾客著成《吕氏春秋》，更是一部综合各派学说的著作，它企图通过综合来构成自己的思想体系，用来代替在秦国占统治地位的法家学说。因为出于众人之手，没有加以融会贯通，不免有拼凑的现象，所以后人称之为“杂家”。但是它保存了某些学派的重要学说，对学术研究还是有一定贡献的。

由此可见，战国时代所以能够成为我国古代文化科学上高度发展繁荣的时代，不是偶然的。除了社会历史条件以外，当时的学者们曾付出辛勤的劳动。他们分别从学术上的各个方面作了比较深入的钻研，才形成了各个具有特色的学派。通过相互批评，自由辩论，互相影响，彼此取长补短，就进一步地发展了各自的学说，从而促使这一时期的学术得到进一步的繁荣，使战国时代成为我国古代文化上的一个突出高峰，并对此后我国文化的发展作出了重大贡献。

(原刊《解放日报》1961 年 8 月 22 日第 4 版)

问题解答一

问：何谓五霸？春秋究竟有几霸？（综合江苏海安韩东小学刘正铎、四川巴蜀县兴隆小学朱佐吕两同志问题）

答：春秋时代，由于地主经济的发展，齐、晋、楚、秦、吴、越等国先后强大起来，为了争取诸侯间领导权和支配地位，大国之间曾不断进行斗争。他们在争取领导权的斗争中，往往以“尊王攘夷”来号召，取得领导权的强大诸侯，就是所谓“霸主”。第一个取得领导权的就是齐桓公。等到齐桓公去世，齐国发生内乱，宋襄公曾想继齐桓公之后称霸，没有成功。宋襄公在应邀参加盂地方的结会中，自矜信义，不带兵去赴会，曾被楚国一度拘留。在泓水之战中，一定要等楚兵渡过河排列成阵，才下令出击，结果宋国大败。宋襄公自己也受了伤。宋襄公想凭“那种蠢猪式的仁义道德”（《毛泽东选集》第二卷四八二页）来创立霸业，并没有什么成效。相反的，他不久也因伤而去世了。此后宋国一直也就没有取得过领导地位。自从齐桓公去世，齐的霸业中衰，整个春秋中期的形势形成晋、楚两国争霸的局面。晋国自从晋文公称霸以后，晋襄公，以及后来的晋悼公都曾居于霸主的地位。在这期间，楚庄王曾经战胜晋国，成为中原霸主。秦穆公也曾出来和晋国相争，但结果只能在西戎称霸。到春秋末年，吴、越两国又在长江下游强大起来，吴王夫差曾打败齐国，在黄池大会诸侯，和晋国争夺霸主地位。越王勾践自从灭了吴国也曾争霸中原。所以从整个形势的发展来看，高小历史课本所说："春秋时代先后称霸中原的有齐、晋两国，和齐、晋两国争霸的，主要是楚国，其次是秦国，长江下游的吴、越两国强大起来，最后也北上和中原诸侯争霸。"是正确的。

五霸这一名称在战国时代早已有了。孟子就曾说"五霸者，三王之罪人也"(《告子》篇)。究竟"五霸"是哪五个霸，向来就有好几种不同的说法。有认为齐桓公、晋文公、秦穆公、宋襄公、楚庄王为五霸的(《孟子》赵岐注)，有认为齐桓公、宋襄公、晋文公、秦穆公、吴王夫差为五霸的(《汉书·诸侯王表》颜师古注)，有认为齐桓公、晋文公、秦穆公、楚庄王、吴王阖闾为五霸的(《白虎通》)。到清代，也还有各种不同的说法，顾炎武根据《荀子·王霸》篇认为齐桓公、晋文公、楚庄王、吴王阖闾、越王勾践是五霸(《日知录》卷四)。全祖望又认为齐桓公、晋文公、晋襄公、晋景公、晋悼公为五霸(《鲒埼亭集外编》卷三十六《春秋五霸失实论》)。

上述各种"五霸"的说法，我们认为都不过是一种凑合。齐桓公首先创立霸业，是毫无疑问的。此后晋文公、晋襄公曾继续称霸，楚庄王曾建成霸业，继而晋悼公又恢复霸业。后来吴王夫差也曾北上经营中原，争取霸业，越王勾践也曾一时称霸。至于秦穆公也曾称霸西戎。如果一个个数起来，就不止五个霸王了。可见"五霸"之说，不能把整个春秋时代争霸的情况表达出来，因此在中学和小学的历史

课本中都没有采取任何一种五霸的说法。（宽）

问：耕田开始用牛究竟在春秋时期，还是在战国时期呢？（江苏海安韩东小学刘正铎）

耕田开始用牛，是很早的。据近人对于甲骨文的研究，知道殷商时代已用牛来耕田。因为甲骨文中有“犁”字，作物又作，像牛拉犁发土的样子。又有“畴”字作等形，像牲畜犁地时拐弯的犁纹。

但是“牛耕”到春秋时代还是不普遍的，而盛行着“耦耕”。所谓“耦耕”是两人合作，用脚压踏耕器入土用手来推发出土的。这种“耦耕”到春秋战国间也还有部分地区流行着。例如《礼记·月令》篇在季冬至月说：“命农计耦耕事，修耒耜，具田器。”

“牛耕”可能当春秋后期在东方地区已开始普遍起来。古人的名和字往往是有相连的意义的，孔子弟子司马耕字子牛，冉耕字伯牛，都把“耕”作为名，“牛”作为字。据说，春秋后期晋国的贵族范氏、中行氏在国内兼并战争中失败以后，逃亡到了齐国，子孙也就成为齐国的农民。过去养着准备宗庙祭祀用的“牺牲”，这时就用与农耕了，所谓“宗庙之牺为畎亩之勤”（《国语·晋语九》）。从这些情况看来，“牛耕”可能当春秋后期在东方地区已开始普遍起来，到战国时代也就更普遍了。（宽）

问：战国时期赵武灵王的“胡服骑射”一事，在当时的历史现实上，是否有积极意义？对社会发展上是否有推动作用？（北京总政文工团秦志扬）

游牧部族在边疆上侵扰，对于农业生产的影响是很大的。当春秋中期，魏绛说“和戎”有“五利”，其中一利就是“边鄙不耸，民狎其野，穑人成功”（《左传·襄公四年》）。当战国后期，赵国曾一度用他人代替李牧为将，防守边疆，匈奴每次侵扰，出战常失利，损失很多，以至“边不得田畜”（《史记·李牧列传》）。同时，游牧部族善于骑射，战争的方式富于运动性，不是用步兵能作有效抵御的。

赵武灵王的“胡服骑射”，是一种军事上的改革。他的改用“胡服骑射”，发展骑兵，目的在灭亡中山，和制胜林胡、楼烦等游牧部族，这对于后来的国防上起着一定的作用。战国晚期匈奴在边境上的侵扰，压力是很大的。李牧曾经精选精兵一万三千人，勇士五万人，射士十万人，和匈奴作战，大破匈奴，又击破了东胡，降服了林胡。这时赵国能够运用善于骑射的军队战胜匈奴，固然由于当时人民为了防止游牧部族的侵扰，对这些游牧部族英勇作战的结果，但是过去赵武灵王的“胡服骑射”也是起着一定的作用的。

赵武灵王在“胡服骑射”的同时，曾把“吏大夫”们的奴隶迁到新得到的荒凉的地方去。《水经·河水注》引《竹书纪年》说：“魏襄王十七年（公元前三〇三），邯郸命吏大夫奴迁于九原，又命将军、大夫、适子、戍吏皆貉服。”所谓“貉服”也就是“胡服”。赵武灵王把“吏大夫”们的奴隶迁到九原去，当然不是单纯的搬家性质，性质上应该和秦国不断的赦免“罪人”迁到新得的地方是相同的。目的在补充这些地方农业劳动力的不足。这时既然把“吏大夫”们的奴隶迁到边地的九原去，也就使这些奴隶脱离了“吏大夫”们的手掌，这样的解放奴隶，使改变为农民，对于荒地的开垦，提高农业生产和促进地主经济上升，是起着一定的作用的。因此，这些措施在一定的历史阶段中，是有其积极意义的。（宽）

（原刊《历史教学》1954 年第 9 期）

问题解答二

问:周代是否有“井田制”?(长春张绍良)

答:关于“井田制”的存在问题。近来有两种不同的看法。郭沫若先生认为孟子所说“方里而井,井九百亩,其中为公田。八家皆私百亩,同养公田。”完全是孟子的乌托邦式的理想,但又认为殷、周二代确曾施行“井田制”。不但殷代甲骨文中的“田”字像划分“井田”的图画,到西周铜器铭文中也还以一“田”作为一个单位来计算的。“井田”一方面作为分配给农夫耕种以榨取他们血汗的单位,一方面作为诸侯和百官俸禄等级的单位(见郭著《十批判书》中的《古代研究的自我批判》和《奴隶制时代》)。范文澜先生又认为铜器铭文和春秋时传记,计划土地只有“田”或“亩”的计数法,绝无“一井九百亩”的计数法,可知孟子“井田”说是一种空想。但又认为西周时确有“公田”和“私田”的存在。各级领主都有“公田”,在“公田”上耕种的人就是领得“私田”的农奴,确有如孟子所说“公事毕然后敢治私事”的情况。在“公田”上进行无报酬的劳作,就是向领主缴纳力役地租(见范著

《中国通史简编》修订本)。

我们认为在春秋以前,“井”字式的划分土地和以“井”作为计算单位的制度是存在过的。春秋后期著作的《考工记》,曾说:“九夫为井(即方一里),……方十里为成,……方百里为同”。这并不是完全出于凭空杜撰的。伍员说夏代少康逃奔到有虞,有虞给他纶邑,“有田一成,有众一旅”(《左传·哀公五年》)。这就以“成”为计算单位。子产说:“且昔天子之地一圻,列国一同,自是以衰”(《左传·襄公二十五年》)。沈尹戌说:“(楚)若敖、蚡冒,至于武(王)文(王),土不过同,……今地数圻”(《左传·昭公二十三年》)。这就以“同”“圻”为计算单位。“井”的计算单位也是同样存在的。公元前五四八年楚国蒍掩“量入修赋”,曾经丈量各种不同的土地,对于“衍沃”之地是采用了“井”的丈量方法,即所谓“井衍沃”(《左传·襄公二十五年》)。管仲在齐进行改革时,曾说:“陆阜陵墐,井田畴均,则民不憾”(《国语·齐语》),主张把各种高地和“井田”平均分配给农民,以使“民不憾”。

在“井田”的周围有“封疆”和“沟洫”,即所谓“田有封洫”。子产曾经在郑国把农民按屋按舍加以编制,即所谓“庐井有伍”。这所谓“井”是指“田畴”而言的。“庐井有伍”也就是“国人”所诵的“取我田畴而伍之”(《左传·襄公三十年》)。在“井田”的“封疆”之内,也还有划分田地的“阡陌”,也或称为“经术”,每年在春耕前是要“修封疆”,“审端经术”的(《礼记·月令》篇,《吕氏春秋·孟春纪》)。“封疆”“阡陌”是划分“井田”的标识。如果开裂“封疆”“阡陌”,“井田”也就破坏了,所以当商鞅变法时,“开阡陌封疆”(《商君列传》。《秦策三》作“决裂阡陌”)。董仲舒说他“改帝王之制,除井田”。《汉书·食货志》又说他:“坏井田,开阡陌”。

孟子所说那样整齐划一的“井田制”，固不免有些理想化；孟子说“井田制”只剥削农民生产的九分之一，固不免是孟子的乌托邦；但“井田制”应该是存在过的。在“井田”上所征收的地租，主要是力役地租，即所谓“藉”，孔子所谓“藉田以力”（《国语・鲁语下》）。也或称为“助”，孟子所谓“助者藉也”（《孟子・滕文公》篇）。在征收“藉”的地租时，有所谓“公田”“私田”之分，“公田”是领主直接经营而迫使农民作无偿劳动的田，“私田”是领主分配给农民的“份地”。（宽）

问：秦朝以前——即战国时期——各国的度量衡制度是怎样的？秦朝、汉朝的度、量、衡制度单位标准，各合现在市制多少？（安徽锁成信）

答：春秋以前，不仅各国有不同的度量衡制，各国的卿大夫也有不同的度量衡制，这是封建领主的经济组织的割裂性所形成的。当时有所谓“公量”和“家量”，“公量”是各国公室所颁布的“量”，“家量”是卿大夫家所颁布的“量”。例如齐的“公量”，四升为斗，四斗为区，四区为釜，十釜为钟，而陈氏（即田氏）的“家量”，五升为豆，五斗为区，五区为釜，十釜为钟（见《左传・昭公三年》晏子语）。到战国时代，各国的政权逐渐集中，在各国内已有统一的度量衡制，但各国间的度量衡制还是差别很大。各国官吏俸禄的计算单位也很有不同。例如齐、魏等国以“钟”为单位，有所谓“千钟”“万钟”（见《史记・魏世家》及《孟子》等）。秦、燕等国以“石”为单位，秦有五十石、一百石以至五百石、六百石以上俸禄的官（《韩非子・定法》篇、《秦始皇本纪》）。燕国也有三百石以上俸禄的官（《韩非子・外出说右下》篇、《战国策・燕策一》）。卫国以“盆”为单位，有所谓“五百盆”“千盆”（《墨子・贵义》篇）。“衡”的单位各国也不相同，例如魏、楚等国以

“寽”“铢”为单位，魏、楚两国的货币上往往铸有“寽”的单位而秦国不用“寽”而用“两”。秦国的货币都铸有“两”“朱”（铢）等单位。所以秦始皇统一全中国，实行统一的度量衡制，对于加强全中国的经济联系，是具有积极的意义的。

现存古代的器具，齐国的量器有“陈纯釜”“子禾子釜”等（现藏上海博物馆），秦国的量器有“商鞅量”（现藏上海龚姓家中）。根据“商鞅量”校量的结果，可知战国时代秦国以及秦代的“尺”合 0.230 886 4 公尺，合 0.692 592 市尺。其一升合 0.200 634 92 公升。

汉代的度量衡制，大体上是沿袭秦代的。现存有“新嘉量”两器（一器现藏上海博物馆，有残破。一器原藏故宫博物院，现被蒋匪帮盗去），是王莽“改制”时所颁布的“量”。根据校量的结果，其所用度量完全和“商鞅量”相同。《隋书·律历志》载有“汉官尺”，和“晋前尺”（即“新嘉量”所用尺）的比例是一尺零三分七厘，合 0.237 974 4 公尺。清代康熙年间孔尚任所得的“汉建初虑俿铜尺”，合营造尺七寸四分，合 0.236 8 公尺。斯坦因在盗掘敦煌汉长城遗址时，曾掘得汉代木尺两件，都长 0.229 公尺。近年湖南长沙也曾出土好多根汉尺，其长度在 0.23 公尺到 0.244 公尺之间（见商承祚《长沙古物闻见记》）。总之，汉代尺度虽有参差，总不外乎在公尺 0.228 到 0.244 之间。

至于古代“衡”的重量，还没有人作细密的校量（最近长沙出土有战国时代的天秤和法码，尚未作精密的校量）。根据战国时代魏国的货币来校量，一“寽”约重 14.5 公分。根据刘复所著《故宫所存新嘉量之校量及推算》，新莽时一两合 14.166 6 公分。（宽）

（原刊《历史教学》1954 年第 11 期）

关于《左传》"取人于萑苻之泽"的辩解

罗祖基在《学术月刊》一九五七年第五期上发表的《春秋战国的变革标志着奴隶制瓦解封建制确立吗?》一文,不但是一篇东拼西凑的东西,而且对史实和理论都尽了歪曲的能事。特别不能容忍的,就是他对当时人民的起义斗争进行诬蔑。过去中国的史籍,很多出于封建统治阶级之手,因此把封建统治阶级压迫农民视为当然,而诬蔑反抗压迫剥削的农民为"盗"为"匪"。如今罗祖基也同样如此,把春秋战国时代的人民起义斗争诬蔑为"劫掠行为",竟肯定地说:"当时的'盗'的主要行径表现在劫掠上。"

现在,戚其章先生《春秋战国的变革标志着什么》一文,已对罗祖基的文章歪曲史实和理论的地方加以批判,同时也对他诬蔑当时人民起义斗争的地方加以驳斥。在这里,我还想补充一点。

罗祖基说:"当时的'盗'的主要行径表现在劫掠上,就以春秋战国两次最大的盗为例,《左传》称:'郑国多盗,取人于萑苻之泽。'《昭公二十年传》……其主要的特征是'取人',根据杜预注释,'取人'乃

‘劫人’。”

其实，《左传》上“取人于萑苻之泽”的“取”，应该是“聚”的假借字。杜预把“取”当作“取与”的“取”，把“取人”解释为“劫人”，是错误的。这一点，清代学者早已指出来，而且已成为定论的。清代考据的大家王引之在《经义述闻》卷十九中，早已这样说过：

> 劫人而取其财，不得谓之取人。取读为聚。（“聚”古通作“取”，《萃象传》“聚以正也”，《释文》：“聚荀作取”。《汉书·五行志》“内取兹谓禽”，师古曰：“取读如《礼记》聚麀之聚”。）人即盗也，谓群盗聚于泽中，非谓劫人于泽中也。……下文云：“兴徒兵以攻萑苻之盗，尽杀之”，则此泽为盗所聚明矣。《文选·齐故安陆昭王碑文》注、《艺文类聚·治政部》上、《白帖》九十一、《太平御览·治道部》引此并作“聚人于萑苻之泽”，盖从服虔本也。杜本作“取”者，借字耳，而云：“于泽中劫人”，则误读为“取与”之“取”矣。

的确，“取人”是不能解释为“劫人而取其财”的，惟有把“取”读为“聚”，上下文才能贯通，何况《左传》的古本原来就是作“聚”字的。《韩非子·内储说上》篇说：“郑少年相率为盗，处于萑苻，将遂以为乱。”所说的是同一件事，所谓“相率”“处于萑苻”，也就是陆续聚集于萑苻之泽的意思。《吕氏春秋·安死》篇说：“聚群多之徒，以深山之广泽林薮朴击遏夺。”所谓“聚人于萑苻之泽”，也就是《吕氏春秋》所说在深山广泽林薮里“聚群多之徒”。“萑苻之泽”是葭苇丛密的湖泊，原来山林泽薮在春秋时代是由贵族圈禁起来，设有专职的官吏来官吏，并迫使奴隶来开发，从而取得“专利”的。所谓“若夫山林川泽之实，器用之资，皂隶之事，官司之守”（《左传·隐公五年》臧僖伯语）。所谓“泽之萑蒲（案即萑苻），舟鲛守之；薮之薪蒸，虞侯守之”（《左传·昭公二十年》晏子语）。当时人民为了对剥削阶级进行反抗斗争，就纷纷冲入贵族的禁地，陆续聚集到“萑苻之泽”，把斗争的队伍逐渐组织起来了，也就是《韩非子》所谓“将遂以为乱”。《左传》曾记述吴国攻入楚都郢以后，楚王“涉睢济江，入于云中，王寝，盗攻之，以戈击王”（《定公四年》）。由此可知，在春秋时代，不但郑国的“萑苻之泽”聚集有很多进行反抗斗争的人民，在楚国的“云梦泽”中也同样聚集有不少反抗斗争的人民，他们还曾对楚国剥削阶级的最高首领楚王直接攻击。

过去剥削阶级的史籍，往往把人民的起义斗争诬蔑为“劫掠行为”的。《左传》所说：“取人于萑苻之泽”，杜预把“取人”曲解为“劫人”，也是基于这样的立场观点的。罗祖基的引用杜预注来证明他的谬论，主要是由于他同样地站在反动的封建统治阶级的立场。

（原刊《学术月刊》1958 年第 3 期）

对《宗法今解》一文的商讨

李家骥①同志在本刊 1982 年第 5 期发表《宗法今解》(以下简称《今解》)一文,对《古史新探》(以下简称《新探》)中《试论西周春秋间的宗法制度和贵族组织》一文提出了商榷意见。我们认为《今解》所提出的意见是不符合历史实际的。

《今解》开头说:"要研究西周、春秋社会政治制度,必须研究三礼:《周礼》《仪礼》《礼记》,杨宽先生《古史新探》一书,从三礼探讨西周、春秋社会政治制度"。这里就有很大的误解。《新探》探索西周、春秋的礼制,并不直接依据《三礼》。因为《三礼》是战国秦汉儒家的作品,所讲礼制有很多理想化、系统化的增饰成份,必须结合当时可靠史料如西周金文、《尚书》、《诗经》、《左传》等等来探讨,才能弄清各种礼制的起源和流变,从而了解当时历史实际的真相。关于这点,《新探》在《序言》中已交代清楚。我们认为这才是探讨古代礼制的正

---

① 本刊一九八二年第五期误为季家骥,第七期已作更正。——编者

确方法。

清代以前的经学家，确是常常依据《三礼》来论述西周、春秋的社会政治制度的。到清代，已有不少学者发现《三礼》所谈礼制并不符合西周春秋的实际；《礼记》所讲宗法制度，同样不合实际。例如毛奇龄《大小宗通释》就曾说："夫天子宗法已不可考矣，只诸侯公子略见于《丧服小记》及《大传》二篇，而说又不详。且即以其说遍核之他经及春秋时宗姓氏族诸所记，又并无一验"。现在《今解》一文，虽然认为"《三礼》是战国秦汉间人写作"，但仍然把《礼记・大传》和《丧服小记》所记，看作宗法制度的"完整叙述"，这就未免欠妥。

宗法制度，原是由原始社会末期父系家长制的氏族组织变质和扩大而成，是奴隶主贵族用来巩固贵族组织和加强奴隶主阶级专政的一种有力工具。因此，贵族的宗统，从来就和君统合一的，两者相辅相成。《诗・大雅・公刘》说："食之饮之，君之宗之"。《毛传》："为之君，为之大宗也"。这样以"君之"和"宗之"连言，因为"君之"和"宗之"结合在一起的。这在西周金文中就有明证。例如恭王时器《盠驹尊》说："王倗下不(丕)其(基)则万年保我万宗"。同时出土的《盠方尊》又作："天子不(丕)叚不(丕)其(基)万年保我万邦"。两器同时制作，一称"保我万宗"，一作"保我万邦"，因为诸侯的"邦"和"宗"是结合为一的，本为一体。

《礼记・大传》和《丧服小记》所说宗法，只限于贵族中卿大夫和士二级，因此有些清代学者，就认为宗法制度只存在于卿大夫和士。例如程瑶田《宗法小记》的《宗法述》，就说："宗法者，大夫、士别于天子、诸侯者也"。《礼记・郊特牲》还说："诸侯不敢祖天子，大夫不敢祖诸侯"。有些清代学者依据这点，就认为天子、诸侯只有君统而无宗统。其实,《礼记》出于战国秦汉儒家的著作,所说宗法,已经不是西周、春秋时代的原来制度。王国维在《殷周制度论》中曾经指出:“天子、诸侯虽无大宗之名,而有大宗之实”。其实,天子诸侯不仅有大宗之实,也还有大宗之名,原来名实是一致的。《诗·大雅·板》说:“大邦维屏,大宗维翰”,这样以“大邦”和“大宗”并提,与《盠驹尊》《盠方尊》以“万邦”和“万宗”并提相同。《毛传》:“王者,天下之大宗”。从西周贵族称周为“宗周”来看(见《尚书·多士》《诗·小雅·正月》等),把“王者”看作“天下之大宗”,是不错的。《国语·晋语八》记阳毕曰:“栾书实覆宗”,韦注:“覆,败也。宗,大宗也。谓杀厉立悼”。从鲁国公族称鲁为“宗国”来看(见《左传·哀公八年》记叔孙辄语),把诸侯看作一国的大宗也是不错的。《陈逆簋》就说:“陈氏裔孙逆,作为皇祖大宗簋”。不仅天子是天下大宗,诸侯是一国大宗,而且天子与同姓诸侯之间,诸侯与同姓卿大夫之间,都存在着宗法关系,即大宗和小宗的关系,有相互辅佐的作用。《左传·襄公十四年》说:“是故天子有公,诸侯有卿,卿置侧室,大夫有贰宗,士有朋友,……以相辅佐也”。十分清楚,所有西周、春秋的贵族,从天子、诸侯一直到卿大夫、士,存在着一系列的宗统和君统的关系。我们从周天子称同姓诸侯为伯父、叔父,称异姓诸侯为伯舅、叔舅来看,从诸侯称同姓、异姓卿大夫采用同样的称谓来看,当时天子与诸侯、诸侯和卿大夫之间存在着宗法关系,也就是大宗和小宗的关系,是很明显的。

现在《今解》不依据可靠史料,单纯根据《礼记》来解释宗法,把《礼记》所说宗法,看作西周、春秋时代从天子诸侯到卿大夫、士通行的制度,显然不符合历史实际。因此,由此对《新探》所提出的商榷意见,就不可能正确了。

《今解》依据《礼记·大传》大宗百世不迁、小宗五世则迁之说，对《新探》提出质问："那么诸侯、卿大夫的宗，究竟是百世不迁呢？还是五世不迁呢"？其实，小宗五世则迁之说，只是一种理想化、系统化的说法，确实如毛奇龄所说的"遍核之他经及春秋时宗姓氏族诸记，又并无一验"。从天子、诸侯的"宗子"世袭情况来看，大宗地位可以说是百世不迁的。至于《礼记》所说的"小宗"，本来只是指卿大夫、士中分出的小宗而言，与天子、诸侯无涉。当然，由于宗族不断繁衍，人口越来越多，小宗过几代之后必然要分裂出去，确是要"迁"的。但是，是否有"五世则迁"这样划一的规定，现存史料还没法加以证实。

《新探》对嫡长子继承制作了说明，认为"在宗法制度下继承宗嗣的，必须是嫡夫人所生的长子"。"这种制度曾为贵族所重视和遵守"。现在《今解》提出异议，认为"宗法的长子即嫡子"，"长子之弟亦为庶子，只有长子、庶子之分，没有妻妾之子之分"。这也是不符历史事实的。《公羊传·隐公元年》说："立适（嫡）以长不以贤，立子以贵不以长"。"嫡"和"贵"是贵族选取继承人的主要标准，怎么可能不管嫡庶之别和贵残之分，而"没有妻妾之子之分"呢？《左传·襄公三十一年》记穆叔曰："太子死，有母弟则立之，无则立长"。太子死而立其母弟，就是为了立"嫡"。只有在嫡夫人无子的情况下，才能在庶子中选立太子。当时贵族十分重视嫡庶之分。例如鲁惠公"元妃"（即元配，嫡夫人）孟子没有儿子，"继室"声子生隐公，"夫人"仲子生桓公。尽管隐公年长，桓公年幼，只因为隐公生母声子并非嫡夫人（《史记·鲁世家》作"贱妾"），而桓公生母是嫡夫人，惠公死后，隐公只能奉桓公为君而摄政，"不书即位"；隐公死后，便由桓公即位。《公羊传》解释说："桓幼而贵，隐长而卑。……桓何以贵？母贵也"。足见当时十分重视“妻妾之子之分”。齐桓公创立霸业，主持葵丘之盟，盟约上规定“毋以妾为妻”（《孟子·告子下》），不是偶然的，正因为“子以母贵”的缘故。

《今解》认为“宗子”的继承是为了主持宗族的祭祀，“必须有宗子一人主持宗族的祭祀，而宗子的继承有单一的统系，才能保持宗族的稳定”。其实，嫡长子的继承，不仅仅是为了宗族的祭祀，更重要的是为了“防止发生争夺和内乱，从而巩固宗族组织及其统治力量”（《新探》第182页）。《今解》还说：“长子继承是继承宗庙祭礼的主祭职务，和继承官职没有必然联系”。这样把宗法和政治割裂开来，只看到宗法制度的宗教内容一面，而忽视它是贵族用来加强统治的一种手段，也是不符实际的。

众所周知，西周、春秋时代贵族的宗族，并不是个单纯的尊祖敬宗的团体，而是奴隶主阶级用来巩固统治的组织。天子、诸侯、卿大夫等等各级宗族长，不仅掌有祭祀的神权，还掌有管理宗族的族权，更掌有统治人民的政权。不仅天子、诸侯有政权，卿大夫同样有政权。卿大夫一级的宗族长，不仅世袭占有封土和采邑，在封土内建有宗庙，筑有城邑，设立朝廷，设有官吏和军队；而且世代担任国家的重要官职，操纵着一国的兵权和政权。卿大夫担任官职的目的之一，就是为了庇护宗族，所谓“守其官职，保族宜家”（《左传·襄公三十年》）。

《今解》说：“《新探》所说嫡长继承，是指继承卿大夫官职而言，按照《新探》之义，宗法制度是‘奴隶主的基层政权组织’（《新探》193页），似庶民不与”。这里有二点误解。《新探》并没有把嫡长子继承，看作继承卿大夫的官职，只是说卿大夫的宗子不但世袭卿大夫的等级地位，也还世代担任国家的重要官职。《新探》是说卿大夫的家臣制度，“实质上成为奴隶主贵族的基层政权组织”，并不是说整个宗法制度就是奴隶主贵族的基层政权组织。《新探》的《试论西周春秋间的宗法制度和贵族组织》一文的第七节“家臣制度”，就是专门论证这一点的。因为卿大夫的家臣，主要是掌管全“家”和所属各个邑的政务而统治人民的，不但设有家宰和邑宰，宰之下还设有掌管土地和人民的司徒，掌管军赋和统率徒众作战的司马或马正，掌管工匠和制造的工师，监督管理奴隶的圉人等等。按照当时贵族的“礼”，家臣和卿大夫之间存在着君臣关系，家臣必须效忠于主上，不得有二心，要求做到“事君以死，事主以勤”（《国语·晋语八》），使得家臣们只知有“家”而不知有“国”，只是为其“家”的利益而效劳。卿大夫的“家”，实质上就是奴隶主国家的基层政权组织。

《今解》也有些地方引用史料来论证他的观点的，遗憾的是，所引证史料，不免断章取义。《左传·文公十六年》记载：“初，司城荡卒，公孙寿辞司城，请使意诸为之。既而告人曰：‘君无道，吾官近，惧及焉。弃官则族无所庇。子，身之贰也，姑纾死焉。虽亡子，犹不亡族’”。很清楚，公孙寿辞去司城的官职，是因国君无道，深怕“官近”而累及，导致“亡族”。尽管如此，他仍要儿子意诸承袭官职，因为“弃官则族无所庇”。他这样采用本人隐退，而由儿子承袭官职而替死的办法，就是想既保留世袭官职，又保存宗族而不亡。这年十一月，果然国君因无道而被杀，意诸也因此死去。但是其弟荡虺仍得出任司马。这样荡氏一族得以保全。由此可见，当时宗主在谋求保全宗族的同时，还十分重视世袭官职，因为“弃官则族无所庇”，将要使宗族失去政治上的保障。绝不像《今解》所说：“公孙寿是宗子，但他不愿继承官职，并且认为失去了官职，他的宗族还可以存在”。果真如此，公孙寿就不会说“弃官则族无所庇”，更不会明知可能“亡子”还是要意诸去继承官职了。显然，《今解》由此得出“官职继承和宗法继承没有必然联系”的结论，是不能成立的。

《今解》指责《新探》只讲贵族的宗法组织，“似庶民不与”。它认为，庶民也有大宗也有宗法。西周、春秋时代的“庶民”是否存在大宗和宗法，是一个值得探讨的问题。可惜《今解》的论断，是建立在对史料曲解的基础之上的。《左传·昭公二十八年》载：“梗阳人有狱，魏戊不能断，以狱上。其大宗赂以女乐，魏子将受之”。《今解》依据这点，断言“这梗阳人是庶民，其大宗也是有宗法”。这件事，《国语·晋语九》也有相似的记载。杜注和韦注都只说大宗是“讼者之大宗”，不知《今解》依据什么明确判断这“梗阳人”是庶民的？“女乐”是指一种善于奏乐的女奴，当时只有贵族可能占有“女乐”。《国语·晋语七》记载：晋悼公十二年郑简公送给晋国“女乐二八，歌钟二肆”，悼公赐给魏绛“女乐一八，歌钟一肆”。韦注：“女乐，今伎女也，八人为佾，备八音也”。这时梗阳人的大宗贿赂用的“女乐”，数量和艺术水平当然比郑国送给晋国的要差，但是，必然有一定数量和技艺，否则的话，就不可能诱使晋国执政大臣接受贿赂而改变狱讼的判断。当时“魏献子，献子将许之”，因为有人进谏才不接受的。试问这样用“女乐”进行贿赂，企图诱使执政大臣改变狱讼判断的“大宗”，能够是庶民而不是贵族吗？仅凭这点，可以肯定这是个贵族的“大宗”，“梗阳人”当是贵族的“小宗”。

《今解》还有个奇特的看法：“小宗是同居同财同爨的血缘亲属组织。大宗仅仅出于同一远祖，不能通婚姻，不是同居同财同爨的有组织的血缘实体”。我们认为，不论大宗和小宗，都是以宗族共财作为其存在的经济基础的，并以血缘关系作为其连结的纽带的。离开了宗族共财和血缘关系，宗族组织就不能牢固。很难设想，大宗不是一个宗族共财的血缘实体。

十分明显，西周、春秋时代各级贵族，都是以宗族共财制作为其经济基础的，否则就不可能存在。这种宗族共财制，不是别的，就是通过分封制，使各级贵族共同占有一定范围的土地和人民。这种宗族共同占有土地和人民的财产单位，一般称为“室”，是由一族的宗子或宗主负责管理掌握的。当时一个诸侯的建立，必须有大块的封土及其附属人民；一个卿大夫的建立，也必有一定的田邑及其人民。一个卿大夫宗族的建立和消灭，关键就在于田邑的占有和丧失。例如晋国讨灭赵氏，就“以其田与祁奚”，等到重立赵武为宗主，又“反其田焉”（《左传·成公八年》）。又如公元前四九一年楚国要攻灭蛮氏，把蛮氏击溃，蛮君逃奔到了晋国阴地，阴地大夫士蔑在楚的威胁下，欺骗蛮君“将裂田以与”，把蛮君骗来捉住送到楚军。楚的司马又欺诈蛮君，“致邑立宗焉，以诱其遗民，而尽俘以归”（《左传·哀公四年》）。杜注：“楚复诈为蛮子作邑，立其宗主”。先是晋的阴地大夫欺骗蛮君“将裂田以与”，把蛮君骗来捉住，接着楚的司马再欺诈蛮君将“致邑立宗”，把蛮氏的遗民骗来俘虏，正因为当时流行“致邑立宗”的办法，“致邑”就是“立宗”的必要经济基础。我们认为，当时不论作为天子、诸侯或卿大夫的大宗，都必须是以占有田邑为主的宗族共财的血缘实体，绝不能像《今解》所说的“不是同居同财同爨的有组织的血缘实体”。

（原刊《学术月刊》1983 年第 1 期，署名智贻）

封建新论——论奴隶制的分封制和封建的分封制

古人把分封制称为“封建”。唐代柳宗元著《封建论》，讨论了分封制的起源和弊病，肯定了秦王朝废除封建、改立郡县的进步作用，认为“公天下之端自秦始”，这是地主阶级学者解释历史的一种进步看法。……

根据历史唯物主义的观点来分析，这种地主阶级学者的看法，把当时的历史变革看成废分封制为郡县制，既不符合历史发展的实际，更没有看到当时社会变革的实质。这是作者所处时代和所属阶级的局限性所决定的。春秋战国之际的社会变革，是从奴隶制向封建制的转变，而分封制和郡县制是奴隶制国家和封建国家都可以采用的两种政治组织形式。从世界历史范围看，这两种政治组织形式，既都可以出现于奴隶制国家，也都可以出现于封建国家。当春秋战国之际，随着社会制度的变革，政治组织形式也相应变革。西周以来奴隶制的分封制，到战国时代转变为封建的分封制；春秋初年以来奴隶制的县制，到战国时代转变发展成为封建的郡县制。战国七雄的政治组织，都是以封建的郡县制为主，而以封建的分封制作补充的。随着秦始皇兼并六国，建立统一的秦王朝，就是在全国范围内推行了封建的郡县制，但也还以封建的分封制作为补充。柳宗元称："秦有天下，裂都会而为之郡邑，废侯卫而为之守宰"，就是说秦王朝废除了西周以来的分封制、改设郡县制，这是不符合历史实际的。

一、论西周分封制属于奴隶制性质

西周时期的社会性质，今天还存在着不同看法。我们认为，应该是奴隶制性质，同时它的分封制也该是奴隶制性质的。

自从周武王克商，周公东征胜利，西周就逐步建成大规模的奴隶制国家。它在直接统治的王畿以外进行了大规模的分封，它分封了许多同姓亲属，如鲁、卫、晋、燕等国，还分封了异姓有功的贵族如齐国等，也分封了降服的殷贵族如宋国等，又分封了中原地区传统的贵族如陈、杞等国，更加封了原来存在的国家如楚国等。这样的分封，直到西周后期还在断断续续地进行，如周宣王曾分封郑、申等国，同时这些诸侯国除了保留直接统治地区以外，还不断分封卿大夫。这种奴隶制的分封制，是奴隶主贵族对财产和权力进行再分配的一种方式，也就是按照宗法血缘关系，分成等级，世袭占有人民和土地，以便进行奴隶制剥削和实行奴隶主阶级专政的主要政治组织形式。

柳宗元指出商汤依靠诸侯力量灭亡夏朝，周武王也依靠诸侯力量灭亡商朝，商和西周的采用分封诸侯的制度是出于不得已。我们认为，这是当时阶级斗争的形势和奴隶主贵族内部斗争的形势所决定的。在当时的历史条件下，西周奴隶主贵族既没有力量消除各地割据的奴隶主贵族势力，更没有力量在广大地区建立中央集权的统一奴隶制王朝。奴隶制是剥削方式中最残酷的，阶级对立极其尖锐，奴隶主贵族必须随时随地采用暴力来维持它的统治，因此就不能不采用分封诸侯的办法来进行统治。西周王朝一方面在分封诸侯的时候，组织一定的统治力量分派出去，除了派去的同姓或异姓的奴隶主贵族以外，还分赏给一定数量降服的贵族和担任官职的贵族作为统治力量；另一方面西周王朝本身集中保持着比较强大的统治力量，既可以随时用来帮助诸侯加强统治人民，防止已经降服的贵族的反抗；又可以用来对四夷部族进行掠夺，防止四夷部族的进扰中原；更可以用来对内控制诸侯，防止诸侯的不服从“王命”，从而巩固奴隶制的统治。

当时周天子分封诸侯，首先分赏的是作为统治力量的“人”。当时分赏给鲁的“殷民六族”，分赏给卫的“殷民七族”，当是降服的殷贵族。分赏给晋的“怀姓九宗”，当是降服的狄族的贵族（怀姓即是狄族媿姓）。分给鲁的“殷民六族”，是“使率其宗氏，辑其分族，将其类丑”的，当时只有奴隶主贵族才可能有“宗氏”和“分族”以及“类丑”。“类丑”即是贵族所有的奴隶（西周常把战争中捉到四夷的俘虏叫做“丑”，例如《诗经》讲到捉到玁狁和淮夷的俘虏，就称为“执讯获丑”和“仍执丑虏”（《诗·小雅·出车》《诗·大雅·常武》）。当时奴隶的主要来源是俘虏，因此奴隶也称为“类丑”）。降服的贵族分赏给鲁、卫、晋三国以后，就转变为种族奴隶了呢？看来不是的。从春秋后期阳虎在鲁国掌握政权，“盟公（鲁公）及三桓于周社，盟国人于亳社”（《左传·定公六年》）来看，鲁国的“国人”都是“殷民六族”的后代，他们的“社”是要以殷人发源地“亳”来称呼，称为“亳社”，和鲁国宗室贵族的

“周社”不同。看来分赏给鲁的“殷民六族”就是用作“国人”的。“国人”是奴隶主阶级的下层,有公民的政治权利和义务,是奴隶主阶级政治和军事上的主要支柱。从春秋初年晋国内乱,“翼侯奔于随”,“翼九宗、五正顷父之子嘉父逆晋侯于随,纳诸鄂。晋人谓之鄂侯”(《左传·隐公五年》《六年》)来看,晋国分赏得的“怀姓九宗”和“职官五正”,同样是世袭的贵族。杜预注说:“唐叔始封,受怀姓九宗、职官五正,遂世为晋强家”。这是可信的。不但分赏给晋国的“职官五正”是世袭贵族,分赏给鲁国的“祝、宗、卜、史”同样是世袭贵族。“职官五正”是统治人民的高级官吏,“祝、宗、卜、史”也是奴隶主贵族进行统治的必备的官吏。(看来当时诸侯这些重要官吏,常常是由天子分封诸侯时分给的。据说晋将要灭亡时,晋太史屠黍就“以其图法归周”(《吕氏春秋·先识》,《说苑·权谋》“屠黍”作“屠余”)。该由于太史连同图法原来出于周天子分赏,因而可“以其图法归周”。)

子鱼还说分封鲁国,“因商奄之民,命以《伯禽》,而封于少皞之虚”;分封卫国,“聃季授土,陶叔授民,命以《康诰》,而封于殷虚,皆启以商政,疆以周索”;分封晋国,“命以《康诰》,而封于殷虚,皆启以商政,疆以戎索”(《左传·定公四年》)。“商奄之民”就是原住在少皞之虚的居民。周大夫詹桓伯说:“及武王克商,蒲姑、商奄,吾东土也”(《左传·昭公九年》)。当时周的东土,鲁国所统治的主要是商奄之民,齐国所统治的主要是蒲姑之民。至于卫国所统治的主要是原住殷虚的居民,晋国所统治的主要是原住夏虚的居民。《宜侯夨簋》记载赏赐宜的土地的同时,“易(锡)才(在)宜王人△有七生(姓),易奠(甸)七白(伯),厥△△又五十夫,易宜庶人六百又六夫”。“宜王人”是降服的贵族,“奠”(甸)是一种职官,“宜庶人”就是宜的君民。周宣王分封申国于谢，除了“迁其私人”以外，还“因是谢人，以作尔雍”（《诗·大雅·崧高》）。申国的“因是谢人”，犹如鲁国的“因商奄之民”，“谢人”就是谢的原住居民。当时受封的诸侯主要奴役的对象，就是受封土地上的原住居民。《诗·大雅·韩奕》记载周宣王把北方的追族、貊族赏给韩侯的情况：“溥彼韩城，燕（指南燕）师所完。以先祖受命，因时（是）百蛮。王锡韩侯，其追其貊。奄受北国，因以其伯。实墉实壑，实亩实籍。献其貔皮，赤豹黄罴。”

韩国的“因时（是）百蛮”，犹如申国的“因是谢人”。“实墉实壑”是指建筑土城和沟渠的劳役；“实亩实籍”是开垦耕地的农业生产；“献其貔皮，赤豹黄罴”，就是贡献他们狩猎得的珍贵兽皮和野兽。当时中原各国诸侯对于分赏的当地居民，就是采用井田制度，实行了称为“藉”的奴隶制剥削办法。鲁国在公元前五九四年（鲁宣公十五年）“初税亩”以前，就实行“藉”法，《春秋》三传都是这样说的。《左传》说：“谷出不过藉，以丰财也”。奴隶主政权就是依靠称为“藉”的办法来进行奴隶制剥削的。

当时奴隶主贵族对于占有人民的奴役剥削，除了迫使从事农业生产以外，还迫使开发山川的天然财源，迫使从事各种手工业生产劳动。因此周天子分封土地时，除了土田以外，也很重视山川。例如《诗·鲁颂·閟宫》说：“乃命鲁公，俾侯于东。锡之山川，土田附庸”。又如《宜侯夨簋》说：“易（锡）土：厥川三百△，爵△百又△，爵宅邑邑卅又五，△△百又卌”。都把“山川”或“川”放在分赏土地的首位。从西周后期起，天子、诸侯和有权势的卿大夫，都设有专门官职从事山林川泽的开发。周厉王任用荣夷公实行“专利”，吕思勉先生解释说：“《逸周书·芮良去解》记芮良夫戒王及群臣之辞曰：‘下民胥恶，财殚竭’，古所谓财者，多指山泽之利言之，山泽之利本皆公有，后乃稍加障管，疑厉王当日，实有此等事也”（《先秦史》第147页）。这个解释是正确的。芮良夫批评周厉王的“专利”说：“夫利，百物之所生也，天地之所载也，而或专之，其害多矣。天地百物，皆将取焉，何可专也！”（《国语·周语上》韦注：“天地成百物，民皆将取用之，何可专其利也”）。只要山泽生长的百物，出于自然的生长，“民皆将取用之”，可知周厉王的“专利”是指“专”山泽之“利”，当即指垄断开发山泽的天然财富而言。春秋初年鲁大夫臧僖伯说：“若夫山林川泽之实，器用之资，皂隶之事，官司之守”（《左传·隐公五年》）。说明这时各级奴隶主贵族已普遍设置官职，迫使奴隶对山林川泽的资源开发，实行“专利”。到春秋晚年，齐国的田氏为了争取贫民的支持，壮大自己的力量，采用大的“家量”借出而用小的“公量”收回，同时在管辖地区内控制山泽出产的物价，使得“山木如市，弗加于山；鱼盐蜃蛤，弗加于海”（《左传·昭公三年》，《韩非子·外储说右上》作：“市木之价，不加贵于山；泽之鱼盐龟鳖蠃蚌，不加贵于海”）。这样能够做到木料海产的物价不超过产地，正因为山泽之利由于统治者“专利”的缘故。《礼记·曲礼下》说：“问国君之富，数地以对，山泽之所出”。“问国君之富”，所以要“数地”以外，数“山泽之所出”，正因为“山泽之所出”是国君所“专利”的。

从西周分封制分赏“人”和“土”的特点看，是便利奴隶主贵族进行奴隶制剥削和实行奴隶主阶级专政的政治组织形式，无可怀疑的。从西周诸侯和天子的关系来看，也还可以看到这种分封制是为扩展奴隶主阶级利益服务的。按照当时制度，诸侯战胜周围四夷部族，必须向周天子“献捷”和“献俘”的。公元前五八九前晋景公派巩朔“献齐捷于周”，周定王不见，派单襄公出来辞谢说：“蛮夷戎狄，不式王命，淫湎毁常，王命伐之，则有献捷”（《左传・成公二年》）。从历史事实来看，当时诸侯对天子“献俘”的，确实只有在战胜四夷部族之后。例如周康王时盂伐鬼方得胜，获得大批俘虏，曾举行大规模的献俘典礼（见《小盂鼎》），周宣王时虢季子白战胜玁狁后，曾“献馘于王”（见《虢季子白盘》），“来归献禽（擒）”（见《不𡢁簋盖》）。又如春秋时晋国在城濮之战后，曾“献楚俘于王，驷介百乘，徒兵千”（《左传・僖公二十八年》）。因为当时中原诸侯把楚国看作蛮族的。再如晋国在灭赤狄后，曾献“狄俘于周”（《左传・宣公十五年》）。为什么诸侯在战胜四夷部族后要“献俘”给周天子呢？因为殷周以来捕捉四夷的俘虏，是奴隶的一个主要来源。这到春秋时代还是如此。例如晋国在灭赤狄后，赏给荀林父“狄臣千室”；齐国在灭莱夷后，赏给叔夷“釐（即莱）仆三百又五家”。所谓“狄臣”和“釐仆”，就是把俘虏来的狄族、夷族人民作为奴隶。

二、论西周分封制的统治所以败坏的原因

柳宗元著《封建论》，为了强调郡县制优于分封制，认为西周王朝的败坏，“失在于制，不在于政”。而秦王朝的灭亡，“失在于政，不在于制”。过去地主阶级学者都肯定这个观点，其实这个说法是不完全正确的。

秦王朝之所以会短期内灭亡，确实主要由于“失在于政”，也就是由于柳宗元所说“酷刑苦役”。然而不能说，这和它推行中央集权的郡县制没有什么关系。它在全国范围内普遍推郡县制，高度实行中央集权，加强了专制主义的封建统治。它从中央到地方有一系列的

政治、军事和司法机构，控制到整个国家的每一个角落，这就使得“酷刑苦役”不放过每一户、每一个劳动人民。正由于全国范围内每一个劳动人民在短期遭到同样的严重苦难，因而一夫作难而天下云集响应，顿时爆发了前所未有的农民大起义，秦王朝就很快灭亡。

西周王朝的败坏，柳宗元认为“失在于制”。他所说分封制之“失”不外两点：一是分封诸侯有独立的政权和兵权，一旦“诸侯之盛强”，就会造成“末大不掉”的局面；二是分封的诸侯世袭，如果诸侯贪财好战，多数成为“乱国”，天子没法改变。的确，奴隶制的分封制由于存在这些缺点，容易导致“末大不掉”、分裂割据和内乱混战。但是必须指出，西周王朝之所以会灭亡，西周分封制的统治所以会败坏，主要原因还是由于“失在于政”。西周后期由于奴隶主贵族剥削残酷，政治腐败，激起了广大奴隶和平民的反抗斗争，弄得“民之贪乱，宁为荼毒”（人民爱好作乱，宁愿干破坏的事），“乱生不夷，靡国不泯”（暴乱发生了不能平定，没有一处不乱纷纷，《诗·大雅·桑柔》）。同时由于西周不断对夷戎部族发动战争，掠夺“士女、牛羊、吉金”（《师寰簋》），激化了夷戎族和西周的矛盾和斗争。西周王朝就是在广大人民反抗和四夷部族进攻中灭亡的。等到周平王东迁，天子只有虚名，丧失了控制诸侯的权威，中原地区奴隶制统治秩序就没法维持，就出现大国争霸和割据混战的混乱局面。

原来西周时期，天子对诸侯的控制，是依靠“王命”的权威来维持的。当时“王命”可以改立原封诸侯的继位者。例如鲁武公带了长子括和少子戏朝见周宣王，宣王用“王命”立戏为太子，不久戏继位，即鲁懿公。后来鲁国贵族攻杀鲁懿公而拥立括之子伯御，宣王为此讨伐鲁国，改立鲁懿公之弟鲁孝公（名称）。当时“王命”还可以确立“训导诸侯者”，也就是诸侯之长，例如周宣王想要挑选个“训导诸侯者”，樊仲山推荐鲁孝公，宣王就“命鲁孝公于夷宫”(《国语·周语上》)。直到春秋前期，霸主称霸，名义上也还需要“王命”，晋文公作践土之盟，就由周襄王“策命晋侯为侯伯”(《左传·僖公二十八年》)。按照周礼，改立新的诸侯必须有“王命”，直到春秋、战国时还是沿用着。例如周僖王承认既成事实，“命曲沃伯(曲沃武公)以一军为晋侯”(《左传·庄公十六年》)；周威烈王承认既成事实，“命韩、魏、赵为诸侯”(《史记·周本纪》)，又允许“田和立为齐侯，列于周室”(《史记·田世家》)。原来周天子还可以用王命征发诸侯军队出征，就是孔丘所说：“礼乐征伐自天子出”。例如周宣王曾命令师寰统率齐帀、曩嫠等人征伐淮夷(《师寰簋》)，齐帀和曩嫠就是齐、曩两个诸侯国军队的统帅①。史称：周幽王为了使褒姒发笑，多次在边境“举燧火”，表示“有寇至”，引得多次“诸侯悉至，至而无寇”(《史记·周本纪》)。这个传说不一定可信，但当时周天子有征发诸侯军队的权力，确是事实。直到春秋初期，周天子也还能用“王命”征发附近诸侯的军队去讨伐不听“王命”的诸侯。按照周礼，诸侯必须定期朝见天子，根据爵位等级献纳贡赋，所谓“天子班贡，轻重以列，列尊贡重，周之制也”(《左传·昭公十三年》)。如果不这样做，叫做“不王”或“不供王职”，天子可以用王师并合来诸侯之师一起讨伐。当郑庄公做周平王卿士的时候，由于“宋公不王”，就用“王命”讨伐，郑、齐、鲁三国都接受了“王命”，“以王命讨不庭”。因为蔡、卫、郕三国“不会王命”，齐、郑两国就

---

① 曩是商和西周时诸侯国，与齐相邻。西周铜器《旁鼎》：“叔氏使旁安曩伯”。曩国到春秋时尚存，山东黄县曾出土不少曩国铜器。据王献唐考证，其地同西汉的箕国，在今山东莒县北。齐、曩两国都靠近淮夷。

攻入郕国,“讨违王命也”(《左传·隐公九年、十年》)。孟轲说:三王(夏、商、西周)时期“一不朝,则贬其爵。再不朝,则削其地。三不朝,则六师移之”(《孟子·告子下》),是有一定的历史事实作依据的。

周天子的“王命”的权威,不仅依靠“周礼”的规定,更重要的是依靠周王室的军事力量。就是通过讨伐不从“王命”的诸侯来建立权威,即樊仲山劝诫周宣王时所说“犯王命必诛”(《国语·周语上》)。周天子原有“西六自”、“殷八自”和“成周八自”三大支军队,驻防在京都丰镐、东都成周以及殷的旧地,控制着全国的局势。到西周末年由于奴隶制开始瓦解,政治腐败,兵源不足,三支军队逐渐丧失战斗力,在和四夷贵族的战争中就逐渐被消灭。周平王东迁以后,王室的军事力量已不及一个诸侯国了。但是在春秋初年,周天子也还可以用虚名来发出“王命”,征发附近诸侯的军队来讨伐不服从“王命”的诸侯。等到周桓王带了王师和虢、蔡、卫、陈等国军队伐郑失败,被射中王肩;周桓王派虢、芮、荀、贾四国军队伐曲沃没有成功(《左传·桓公五年、九年》),“王命”的权威就完全丧失了。西周以来的分封制的统治,是依靠“王命”的权威确立的,而“王命”的权威是依靠武力来建立的,因此等到周天子丧失了武力,丧失了“王命”的权威,分封制的统治也就垮台了。

西周以来的分封制,天子控制诸侯的一项重要办法,就是诸侯中大国的上卿必须出于“王命”。《礼记·王制》说:“大国三卿,皆命于天子”;“次国三卿,二卿命于天子,一卿命于君;小国二卿,皆命于其君”。由于西周史料的缺乏,我们找不到天子任命诸侯上卿的事例。但是从春秋时代齐、晋两大国的上卿名义上仍然出于“王命”来看,可以推定西周确实实行过大国上卿由“王命”的规定。大国的上卿,按照规定应由“王命”，所以称为“命卿”。这种“命卿”既然出于“王命”，就算“有职司于王室”，他们的职司就是为王室镇守诸侯之国，因此又称为“王之守臣”或“天子之守”。例如齐桓公派管仲、隰朋替王室和晋国跟戎人讲和，周襄王以上卿之礼接待管仲，管仲辞谢说：“臣贱有司也，有天子之二守国、高在”(《左传·僖公十二年》)。因为齐国的上卿国子、高子原来出于“王命”，有为王室镇守的职司，所以称为“天子之二守”。又如晋景公派巩“献齐捷于王”，周定王派单襄公辞谢，理由之一就是晋侯“不使命卿”，而所派的巩朔“未有职司于王室”(《左传·成公二年》)。因为巩朔只是个上军大夫，不是“命卿”。原来周天子所以要规定大国上卿必须“王命”，作为“王之守臣”，无非为了加强对诸侯国的控制。等到“王命”的权威丧失，这就成为虚有其名的一种制度。有的诸侯为了某种政治上的需要请求天子任命新的上卿，例如曲沃武公灭了翼，杀了哀侯，大夫栾共子要自杀，武公止之他说：“苟无死，吾以子见天子，令子为上卿，制晋国之政”(《国语·晋语一》)。又如晋国上军之将士会灭了赤狄甲氏、留吁、铎辰之后，晋景公请求周定王“命士会将中军，且为太傅”(《左传·宣公十六年》)。中军之将即是上卿。因为当时卿大夫是世袭的，一经“王命”为上卿，也就世袭为“王之守臣”。例如晋的栾盈被范宣子(即士匄)驱逐，路过周的西鄙，曾对周的行人说他“得罪于王之守臣”(《左传·襄公二十一年》)。范宣子就是士会之孙，世袭为上卿，所以被称为“王之守臣”。由于“王命”的上卿可以世袭，不能由天子随便更换，所谓“王之守臣”也就不可能真正为天子担负起镇守的责任，实际上就不可能帮助天子起控制诸侯的作用。

三、论战国秦汉分封制属于封建制性质

春秋战国之际，随着社会制度从奴隶制转变为封建制，政治组织形式也相应发生了变化。不但原来奴隶制的县制转变发展成为封建的郡县制，成为政治组织的主要形式；而且原来奴隶制的分封制也转变成为封建的分封制，成为地主阶级内部进行财产和权力再分配的一种方式，是便利封建贵族利用特权进行封建剥削的一种政治组织形式。封建制的代替奴隶制，是一种剥削制度代替了另一种剥削制度，是以地主阶级的统治代替了奴隶主阶级的统治。当时统治各国的封建贵族，就是从卿大夫一级的奴隶主贵族转变而来，他们依然保留着贵族的宗法制度，依然要用分封制度作为宗室内部进行财产和权力再分配的一种方式。等到各国实行变法，为了富国强兵，为了奖励人们为地主政权出力，除了用官爵赏赐功臣以外，也还用分封的办法来赏赐大功臣。某些国君或当权的太后也还有用分封的办法来赏赐宠爱的人。

战国时代各国封君分赏得到的，并不是像西周分封制那样占有大批人民和大块土地以便进行奴隶制剥削的特权，而是享有在一定范围内向居民征收赋税进行封建剥削的特权。战国时代封君享有征税的范围，有以户计数的。例如齐的孟尝君原为齐相，“封万户于薛”，据说他一度出奔，后来“复其相位，而与其故邑之地，又益以千户”（《史记·孟尝君列传》）。又如齐襄王“益封安平君（即田单）以夜邑万户”（《战国策·齐策六》）。又如吕不韦于秦庄襄王元年为丞相，封文信侯，“食河南、洛阳十万户”（《史记·吕不韦列传》）。也有以都邑、城市或郡县来作为享有征税特权的范围的。例如秦孝公封给卫

鞅“于商十五邑，号为商君”(《史记·商君列传》)。秦惠王“封张仪五邑，号曰武信侯”(《史记·张仪列传》)。赵胜封于东武城，号平原君(《史记·平原君列传》)。魏无忌封于信陵，号信陵君；又因窃符救赵有功，赵“以鄗为公子汤沐邑”(《史记·信陵君列传》)。黄歇封于淮北十二县，号春申君，后十五年请改封于江东，(即吴《史记·春申君列传》)。又如赵孝成王“封虞卿以一城”(《史记·虞卿列传》)。再如吕不韦除“食河南、洛阳十万户”以外，还“食蓝田十二县”(《战国策·秦策五》)，又接受燕的河间十城作为封地(《战国纵横家书》二五)，后来吕不韦“欲攻赵以广河间”，结果“赵王割五城以广河间”(《战国策·秦策五》)。又如嫪毐封为长信侯，有山阳地，后来“又以河西、太原君为毐国”(《史记·秦始皇本纪》)，这样以两个郡为封国，是战国封君中最大的。这些以都邑、城市和郡县来计数的封地，也还是食邑性质。就是享有征税特权的范围。当燕将乐毅破齐后，燕国大规模分赏有功的齐人，“齐人食邑于燕者二十余君，有爵位于蓟者百有余人”(《资治通鉴》卷四“周赧王三十一年”)。既然当时分封的城邑是食邑性质，所以城市和食邑的大小，常以户计数的。公元前二六二年秦攻韩，迫使韩献出上党，上党郡守冯亭把十七县献给赵国，赵派赵胜前往接受，告冯亭说：“敝国君使胜致命，以万户都三封太守，千户都三封县令，皆世世为侯”(《史记·赵世家》)。冯亭因而受封为华阳君(《汉书·冯奉世传》)。冯亭得到三个“万户都”为封地，就是取得征收三万户租税的特权。《史记》说：“魏子为孟尝君收邑入”，《索隐》解释说：“收谓收其国之租税”，是正确的。孟尝君所封的薛有一万户，而食客养有三千人，据说由于“邑入不足以奉客”，就依靠高利贷来养食客(《史记·孟尝君列传》)。这样以一定地区的租税来分赏封君,就是封建的分封制的特点。因此我们不能把战国时代某些封君看成奴隶主贵族的残余。过去有些主张西周是封建领主制的同志,把孟尝君、平原君看作残留的领主势力,也是不正确的。

秦国商鞅变法,为了奖励军功,制定二十等爵制度,第十九等爵是关内侯,第二十等爵是列侯,就是封君性质。刘劭《爵制》说:"商君为政,备其法,品为十八级,合关内侯、列侯,凡二十等"(《续汉书·百官志》刘注引)。商鞅本人就因军功而封为商君。按照商鞅之法,只有大功才能封为郡侯,宗室贵族没有军功不能得到贵族的待遇,当然更谈不到封为郡侯的。秦国从此以后,长期实行这种分封制,陆续分封了不少封君。秦惠王时,张仪封武信侯,公子通国等封蜀侯,樗里疾封严君;秦昭王时,魏冉封穰侯,公子市封泾阳君,公子悝封高陵君,芈戎封华阳君和新城君,范雎封应侯,白起封武安君,蔡泽封刚成君;秦庄襄王时,吕不韦封文信侯;秦始皇初年,有弟封长安君,又有昌文君和昌平君,更有嫪毐封长信侯。秦国长期实行商鞅制定的法制,主要分封的是建有大功的大臣,只是在秦昭王初年和秦始皇初年,由太后的当权,违反了商鞅制定的法制,分封过那些无功的宗室贵族。等到秦始皇除去嫪毐和吕不韦,亲自掌握政权,就继续推行商鞅制定的法制。例如姚贾由于破坏四国合从之谋成功,秦始皇就"封千户,以为上卿"(《战国策·秦策五》)。当秦始皇亲自请王翦统帅大军伐楚时,王翦曾说:"为大王将,有功,终不得封侯"(《史记·王翦列传》)。后来王翦毕竟还是封了侯。《史记·秦始皇本纪》记载二十八年(琅琊台刻石),文末有随从的名单,在丞相隗状、丞相王绾、卿李斯之上,有一批列侯和伦侯:"列侯武城侯王离、列侯通武侯王贲、伦侯建成侯赵亥、伦侯昌武侯成、伦侯武信侯冯毋择"。郭沫若同志把"王离”改作“王翦”，认为原作“王离”是误字(《十批判书·吕不韦与秦王政批判》)，这个论断是正确的。王离是王翦之孙，王贲是王翦之子，这时王翦和王贲在统一六国过程中建立有很大的军功，王离还不见有什么军功，怎么可能名列在王贲之前而成为第一位列侯呢？王翦封为武城侯，武城当是他的封邑。伦侯地位次于列侯，据司马贞《索隐》解释：“爵卑于列侯，无封邑者。伦，类也，亦列侯之类”。如果这个解释正确，伦侯就是关内侯。《续汉书·百官志》：“关内侯，……无土，寄食所在县民租，多少各有户为限。”《汉书·百官公卿表》颜注：“官内侯，有侯号而居京畿，无国邑”。但是，伦侯建成侯的建成，伦侯昌武侯的昌武，都可能是封邑名。据《汉书·地理志》，沛郡、渤海郡和豫章郡都有县名建成，胶东国有县名昌武。从秦始皇命令乌氏倮：“比封君，以时与列臣朝请”(《史记·货殖列传》)来看，也可见当时确实有一批封君存在。当赵高的女婿阎乐逼迫秦二世自杀时，秦二世一再哀求，先请求“吾愿得一郡为王”，再请求“愿为万户侯”(《史记·秦始皇本纪》)。正因为当时继续推行着封建的分封制，秦二世才会在临死前提出这样的哀求。

秦始皇奉行商鞅变法以来传统的法制，“宗室非有军功论，不得为属籍”，没有军功“虽富无所芬华”(《史记·商君列传》)，因而“秦无尺土之封，不立子弟为王”(《史记·李斯列传》)，“子弟为匹夫”。而丞相王绾、博士淳于越等人主张大规模分封诸子，是不符合秦国传统的法制的。丞相王绾认为“诸侯初破，燕、齐、荆地远，不为置王，毋以填之。请立诸子”。博士淳于越主张“师古”，认为殷周“封子弟功臣为支辅”，所以能够“王千余岁”，当今“子弟为匹夫”就不能长久。如果听从他们的建议，大规模分封诸子为王，由于当时封建社会制度已经确立较久，当然不可能再复辟奴隶制的分封制，但必然恢复到战国时代诸侯称雄的封建割据局面。李斯反对王绾的建立，就是防止恢复到“诸侯更相诛伐，周天子弗能禁止”的局面，他说：“今海内……皆为郡县，诸子功臣以公赋税重赏赐之，甚足易制”。因此这场是否大规模分封诸子的辩论，“师古”和“师今”的争论，是具有前进或倒退的政治斗争性质的。秦始皇以“天下共苦战斗不休，以有侯王”为理由，拒绝采用大规模分封诸子的办法，其进步意义是应该肯定的。

汉高祖在完成统一过程中，由于斗争策略上的需要，先后分封一批异姓的功臣为诸侯王，接着又大规模分封同姓的诸侯王。强大的异姓诸侯王不久被消灭，而同姓诸侯王的势力日益强大。这和秦王朝比较起来是一种倒退的政治措施。汉初“封建诸侯，爵位二等”(《史记·三王世家》)，即在列侯之上，加上诸侯王一等。这诸侯王一等，是列侯一等的扩大，依然是封建的分封性质。柳宗元《封建论》说：“汉有天下，矫秦之枉，徇周之制，剖海内而立宗子，封功臣”。把西汉初年的分封制说成是恢复西周分封制，显然是错误的。

秦汉一般封君的剥削收入，和战国时代一样主要是地税。《史记·货殖列传》说：“封者食租税，岁率户二百，千户之君则二十万”。《汉书·货殖传》作：“秦汉之制，列侯封君食租税”。从下文以“庶民农工商贾，率亦岁万息二千，百万之家即二十万”相比来看，“岁率户二百”，是司马迁按当时粟价折算出来的每户所纳地税的代价。当时封君的爵位高低，是以户数计算的，而实际征收地税的范围是以封地的疆界为标准的。例如匡衡初封于僮的乐安乡，为乐安侯，食邑六百四十七户，所以封以闽陌为界，有封地三千一百顷，因为“郡图”(郡的地图)误以闽陌为平陵陌,多划进田四百顷,积三年,多收得“田租谷千余石”(《汉书·匡衡传》)。

战国秦汉时代比较大的封君,除了有封地的地税收入以外,还多在封地以内或在别处占有私田,成为有权势的大地主。例如西汉时张延寿继承其父张安世的侯爵,侯国在陈留,别邑在魏郡,“租入岁千余万”(《史记·张汤列传》)。在魏郡的别邑当即他的私田。他的侯国只一万多户,而每年地租收入多到千余万,其中私田的地租收入所占比例很大。汉哀帝接受臣下建议,颁发限制诸侯王和列侯的私田:“有司条奏诸王、列侯得名田国中,列侯在长安及公主名田县道,关内侯、吏民名田,皆无得过三十顷”(《汉书·哀帝纪》)。所以要规定名田无得过三十顷的限制,就是因为封君凭借权势占有私田太多了。这种情况在战国时代也已产生。例如赵奢做赵的田部吏,负责“收租税”,平原君家不肯出,“赵奢以法治之,杀平原君用事者九人”,平原君为此大怒,将杀赵奢,赵奢为此大讲“奉公守法”的得失厉害(《史记·赵奢列传》)。该是平原君在封邑东武城之外,有大量私田,按国法,私田必须向国家纳地税,而平原君凭借权势不肯出,因而赵奢以法治之。

沿袭过去奴隶制时代天子、诸侯对山泽“专利”的办法,秦汉时代皇帝和封君把山泽市井之税作为私人的收入。原来西周、春秋时代天子、诸侯对山泽的“专利”是采用旧奴隶制剥削办法,迫使大量奴隶从事开发山泽之利的,而这时改为由豪民经营,由皇帝和封君征收山泽市井之税,就属封建制的性质。《史记·平准书》说:“量吏禄,度官用,以赋于民。而山川、园池、市井租税之入,自天子以至于封君汤沐邑,皆各为私奉养焉,不领于天下之经费”。秦汉中央政府有两大税收机构,一是治粟内史,后改称大司农,主管征收全国地税,供给官吏俸禄和日常政府开支;一是少府,主管山泽市井之税,以供天子的"私奉养"。封君同样设有少府,或者称为"私府"。例如路温舒在宣帝初即位时"迁广阳私府长"(《汉书·路温舒传》)。当时宣帝把燕刺王旦的太子建封为广阳王,路温舒就是担任了广阳王的私府长。颜师古注:"藏钱之府,天子曰少府,诸侯曰私府。长者,其官之长也。"当时天子和诸侯的少府,所收山泽之税中,主要是盐铁手工业的税。在汉武帝把盐铁收归政府专营以前,盐铁手工业由豪民经营,税收归少府征收。在汉武帝实行盐铁专营以后,盐铁业的税收才归大司农,成为国家的财政收入。当时大农丞孔仅和东郭咸阳上奏汉武帝,就说:"山海,天地之藏也,皆宜属少府,陛下不私,以属大农佐赋"(《史记·平准书》)。少府另一个重要收入,就是市井之税,包括各大商业城市的商业税收,主父偃曾对汉景帝说:"齐临淄十万户,市租千金,人众殷富,巨于长安。此非天子亲弟爱子,不得王此"(《史记·齐悼惠王世家》)。可知当时临淄的商业税收,是齐王的重要收入。"市租千金",当是一年的收入,折合成钱,就有一千万之多。这种封君可以征收山泽市井之税的制度,看来战国时代也已存在。《韩非子·臣爱》篇说:"是故大臣之禄虽大,不得藉城市"("藉"下原衍"威"字,从俞樾删);"党与虽众,不得臣士卒"。"藉"是征税的意思,"藉城市"就是征收城市的商业税收①。这是说,大臣享受的俸禄尽管大,不该把城市

---

① 俞樾《诸子平议》说"藉"当读"籍",是"籍而取之"的意思。陈奇猷《韩非子集释》说藉谓势位,谓不得以城市成其势位。按俞、陈两说都不对。从上下文看,籍当是征税之意,《诗·大雅·韩奕》郑笺:"籍,税也"。《墨子·节用上》:"其籍敛厚",王引之说:"籍敛,税敛也。"这是说大臣享受的俸禄尽管大,不该把城市的商业税收作为俸禄。

的商业税收作为俸禄。正因为当时有征税城市作为俸禄的事，韩非才会这样说的。在齐国灭宋以前，齐、秦、赵三大强国都曾想夺取宋国，特别夺取宋的陶邑，多次为此引起了合从连横战争。秦的魏冉和赵的李兑都想夺取陶邑作为封地，等到齐湣王灭宋，三国之间的斗争更加尖锐。等到五国合从攻齐和燕将乐毅破齐，秦就首先攻取陶邑，成为魏冉的封地。这些封君之所以多方谋取陶邑作为封地，正是因为陶邑是当时中原交通发达、手工业、商业最繁荣的城市，工商业的税收特别多。魏冉所封的陶，公子市所封的宛，公子悝所封的邓，芈戎所封的新城，都是手工业商业比较发达的城市，宛和邓原是著名的冶铁业发达的地点。这"四贵"之所以会"私家富重于王室"，该就是由于搜刮到的工商业税特别多的缘故。

封君原来是在封地上征收工商业税收的特权，到战国中期以后，随着农业和手工业生产的发展，商业的发达，城市的兴起和发展，水陆交通的发展，富商大贾的出现，铸造货币的广泛流通，有权势的封君把城市和山泽的税收看作重要收入，造成"私家富重于王室"的局面。到西汉初年，那些诸侯王的大封国就更加图谋依靠工商业的收入，扩大自己的财富和势力。例如吴国有鄣郡铜山，又靠海，吴王濞曾"招致天下亡命者"，铸钱煮盐，实行专利，使得"国用富饶"；并利用"国用富饶"，减轻赋税徭役，来吸引流亡农民的归附，以便壮大自己的力量。

从战国到秦汉分封制的发展情况来看，是一脉相承的。封君主要的剥削收入是地税和工商业税，就是封建国家的主要剥削收入。这和西周分封制属于奴隶制性质不同的。春秋战国之际，随着社会制度的变革，战国时代各国都废除了奴隶制的分封制，而代之以封建的分封制，作为封建的郡县制的一种补充的政治组织形式。秦始皇完成统一，建立秦王朝以后，在全国范围内大规模推行封建的郡县制，按照秦国商鞅变法以来的法制，拒绝大规模分封诸子的建议，继续推行二十等爵制，包括继续推行封建的分封制，是符合历史发展的趋势，具有进步意义的。过去由于柳宗元《封建论》的传播，秦始皇废除分封、改立郡县成为一种传统看法，主张西周是奴隶制的，就说秦废除了奴隶制的分封制改变为封建的郡县制；主张西周是封建领主制的，又说秦废除了领主的分封制改变为地主的郡县制，都是不正确的。

四、论战国秦汉分封制的沿革

春秋战国之际，随着奴隶制转变为封建制，中原各国地主阶级先后取得政权，就废除过去奴隶制的世卿世禄制度，代之以封建的官僚制度，在中央政权中出现了以相国为首脑的官僚组织；同时建立了一整套维护封建统治的政治制度，并制定和颁布了统一的法令。随着奴隶制的分封制转变为封建的分封制，封君的封国同样采用以相为首脑的官僚制度，并奉行中央政权颁布的统一法令。例如魏的安陵君说："吾先君成侯受诏襄王以守此城也，手授太府之宪"。这个"太府之宪"就是颁布的统一法令，至少有上下两篇(《战国策·魏策四》)。

值得注意的是，战国时代实行的分封制，沿袭过去奴隶制的分封制规定诸侯中大国上卿由天子任命的办法，封国中的相由代表中央政权的君王直接委派。过去奴隶制时代由于大国的上卿是世袭的，即使由天子任命，所起控制和监督诸侯的作用不大。这时因为相属于封建官僚性质，君王可以随时调派或改换，这样就比较能够把权力集中到中央，起着控制和监督封君的一定作用。以赵国为例，赵武灵王传位给赵惠文王后，曾封长子章为代安阳君，并派田不礼作为他的相（《史记·赵世家》惠文王三年）。这些封国的相不但由代表中央政权的国王派遣，而且听从国王的命令调遣。例如赵武灵王曾派代相赵固到燕国去迎接公子稷，送归秦国立为秦昭王；又曾派代相赵固"主胡，致其兵"（《史记·赵世家》武灵王十八年、二十年）。再以秦国为例，秦惠王灭了蜀国以后，在封公子通国为蜀侯的同时，派陈壮为相，张若为蜀守。后来陈壮叛变，杀死公子通国，秦武王派兵杀了陈壮，又封公子辉为蜀侯。秦的制度和赵有所不同。秦在蜀封了侯，派了相，同时又任命了守，使得相互牵制。等到蜀相陈壮因叛乱而被杀，张若就以守的职位掌握蜀的实际政权。张若曾按秦都咸阳的规模设计修建成都城，还曾多次统率蜀的军队为秦国打仗。等到秦昭王杀了蜀侯绾，就不再在蜀封侯，张若就成为蜀的郡守（以上根据《华阳国志·蜀志》）。

战国时代各国封君，在封邑内有一定的用人之权，例如"赵王封孟尝君以武城，孟尝君择舍人以为武城吏而遣之"（《战国策·赵策》），但是实际掌握的权力不大，所能统率的兵力不多。例如秦惠王听信诬害商君的话，捕捉商君，商君回到商邑"发邑兵击郑"，就被秦发兵打败而捉住（《史记·商君列传》）。嫪毐在其封国专权，"事无大小皆决于毐"，但是他到发动叛乱时，还是"矫王御玺及太后玺以发县卒及卫卒、官骑、戎翟君公、舍人"。封君没有发兵之权，发兵之权是由代表中央政权的君王集中掌握的。战国时代有些封君因为担任中央政权的相国，一时很有权势，一旦失去相位也就不能飞扬跋扈了。

所以当齐的靖郭君(田婴)在封邑薛筑城时,有人就劝谏说:“失齐,虽隆薛之城到于天,犹之无益也”(《战国策·齐策一》)。

孟轲解释舜封其弟象于有庳的传说是“封之也,或曰放焉”,“封之有庳,富贵之也”,“象不得有为于其国,天子使吏治其国,而纳其贡赋焉,故谓之放”(《孟子·万章上》)。就是用战国时代分封制来解释的。当时封君的封国,由代表中央政权的君王“使吏治其国”,而要“纳其贡税”于君王;当他们担任中央政权的相国时,煊赫一时,一旦不为君王所重用,免去相位或辞去相位,跑到封国,就是孟轲所说的“放”了。例如齐的靖郭君由于“大不善于闵王,辞而之薛”(《战国策·齐策一》);孟尝君被免去相位后,“就国于薛”(《战国策·齐策四》);秦的穰侯被免去相位后,“出关就封邑”(《史记·穰侯列传》);吕不韦被免去相位后,“就国河南”(《史记·吕不韦列传》);都是孟轲所说的“放”。当孟尝君“就国于薛”时,他的食客冯谖游说魏昭王,就说:“齐放其大臣孟尝君于诸侯”(《战国策·齐策四》)。因此有些担任相国的封君,就利用相国的权势,把封邑建成狡兔三窟之一。例如孟尝君就是这样,他在薛“招致诸侯宾客及亡人有罪者”,据说“招致天下任侠奸人入薛中,盖六万余家矣”。到齐襄王时孟尝君就“中立为诸侯,无所属”(《史记·孟尝君列传》)。

战国时代一般封君,封邑都在各国的边地,地多偏小,又多不世袭。不但所封的功臣都及身而止,就是所封的贵族出于世袭的也少见,只见齐的孟尝君、魏的安陵君以及平原君的后代出于世袭。一方面是由于当时各国实行变法以后,加强了中央集权的政治体制,取消了封君的世袭特权;另一方面是当时封建统治阶级的内部财产和权力再分配的矛盾而引起的激烈的政治斗争的结果。触龙对赵太后的游说就曾指明这点:“今三世以前,至于赵之为赵,赵王之子孙侯者,其有继有在者乎?”又说:“微独赵,诸侯有在者乎?”“此其近者祸及其身,远者及子孙”,这是由于“位尊而无功,奉厚而无劳,而挟重器多也”(《战国纵横家书》一八,《战国策·赵策四》和《史记·赵世家》略同)。

秦代封君的制度不清楚,看来和战国时代差不多。西汉初年的分封制,分诸侯王和列侯两等。分封的列侯多到一百四十多人,但其制度也还沿袭战国时代的,封地以户计数,绝大多数不到一县的范围,大侯不过万户,小侯只五六百户,到文帝、景帝时,由于户口增加,大侯多到三四万户,小侯也增加一倍户数。封邑所在的县仍由县令或县长主管治理,只是改名为相,《汉书·百官公卿表》在“列侯”下说:“改所食国令长名相”。实际这些县令、县长不臣属于封君,封君大多住在京师长安,向封国按户数和疆域征收地税。汉文帝曾命令列侯“就国”,但列侯都不愿前往。因为前往“就国”,不但生活排场不可能及长安舒服铺张,而且要受地方官根据法令的管束。这就是孟轲所说的“放”。

西汉初年分封诸侯王的制度,就和分封列侯有些不同。诸侯王的封国比较大,所封的九国中尤以齐、吴、楚三国为大,齐有七十三县,吴有五十三县,楚有三十六县。诸侯王封国的政权组织,大体上和中央朝廷差不多。原来规定诸侯王封国二千石俸禄的大官,如丞相、太傅、御史大夫、内史、中尉等,都是由皇帝派遣的,即薄昭给淮南厉王书所说:“汉法,二千石缺,辄言汉补”。其中以丞相、太傅两官尤其重要。当淮南厉王干出许多不法行为后,袁盎曾对汉文帝说:“上素骄淮南王,弗为置严傅相,以故至此。”后来除了丞相以外,二千石俸禄的官都可以由诸侯王自己任用，是出于某些诸侯王的请求而特许的。薄昭给淮南厉王书就说："大王逐汉所置，而请自置相、二千石。皇帝骫天下正法而许大王"（《汉书·淮南厉王传》）。淮南王的"自置二千石"出于汉文帝特许，在这以前齐悼惠王"得自置二千石"（《汉书·高五王传》）也该出于汉高祖的特许。《汉书·高五王传赞》说："时诸侯得自除御史大夫卿以下众官，如汉朝，汉独为置丞相"。当时经皇帝特许"自置二千石"以后的制度。西汉初年曾颁布任用诸侯王的相国的法。当汉高祖在六年分封齐王时，派曹参为齐的相国，"惠帝帝元年，除诸侯相国法，更以参为齐丞相"（《史记·曹参世家》）。诸侯王封国中有四个官最重要，"太傅辅王，内史治国民，中尉掌武职，丞相统众官"（《汉书·百官公卿表》）。这样以丞相统众官，而由内史和中尉分别主管治民和军事，具有相互监督和牵制作用。等到诸侯王可以"自置二千石"，可以自己任用内史和中尉，诸侯王的权力就扩大了，甚至可以用内史和中尉来排挤皇帝任命的丞相了。例如齐悼惠王任用魏勃为内史，后来齐哀王继位，就使得"勃用事重于相"（《汉书·高五王传》）。

西汉初年原来规定同姓诸侯王没有发兵之权，诸侯王封国军队的调发，如同郡县军队调发一样，必须有中央朝廷的虎符来会合作为凭证。例如吕后去世后，齐哀王和中尉魏勃等人计谋发兵进攻当权的吕氏；齐相召平听到这消息，发兵包围王宫，魏勃欺骗召平说："王预发兵，非有汉虎符验也。而相君围王，固善。勃请为君将兵卫卫王"。召平信以为真，就把兵权交给魏勃。后来召平就自杀，齐哀王就"悉发国中兵"（《史记·齐悼惠王世家》）。一定原来诸侯王发兵必须"有汉虎符验"的规定，魏勃才能用这样的话来欺骗召平。吴、楚七国之乱，胶西、胶东、淄川三国发兵围齐国。等到七国叛乱失败，将军弓高侯韩颓当就曾指责胶西王“未有诏虎符，擅发兵击义国”，逼迫胶西王自杀(《史记·吴王濞传》)。但是由于诸侯王有“掌治其国”的权力，有下令征发国中壮丁服役之权，例如吴王濞反叛时就曾“悉其士卒”，下令国中说：“寡人年六十二，身自将。少子年十四，亦为士卒先。诸年上与寡人同，下与少子等，皆发”。把十四岁到六十二岁的人全部征发，共得二十多万人(《史记·吴王濞列传》)。同时由于封国的丞相等官由皇帝任命，还多少能起些控制和监督封君的作用。当吴、楚等七国叛乱时，吴王濞派使者到淮南，淮南王安想要发兵，但被其相骗得兵权，不肯听命，就使得淮南王没法参与叛乱。楚王戊的参与叛乱，是杀了其相张尚、太傅赵夷吾而“起兵”的。后来淮南王安发动叛乱，要发国中兵，恐怕其相不听，想设计杀死相，等到相来到，又“念独杀相而内史、中尉不来，无益也”，就此作罢(《史记·淮南王传》)。说明出于皇帝派遣的封国的相、内史、中尉等官，也还能起些控制和监督封君的作用。

到汉文帝、景帝、武帝时，先后采取了三项措施来削弱诸侯王的势力：第一，把大的诸侯王封国割裂分封为几个王国，汉文帝采纳贾谊“众建诸侯而少其力”的建议，分齐为七国，分淮南为三国；汉景帝又分赵为六国，分梁为五国；第二，汉景帝在平定七国之乱后，制定严格的王国制度，规定诸侯王“不得复治国”，取消了诸侯王军政和用人大权，王国重要官吏全由中央朝廷派遣，诸侯王只是征收封国的租税，如同列侯一样。第三，汉武帝又采用主父偃“下令诸侯推恩”的策略，使得诸侯王分封子弟为列侯，而侯国都隶属于郡，不属于王国，因而诸侯王国的封疆越来越削小，而直属于中央的郡越来越扩大。原来西汉初年分封的王国占地大而直属的郡占地小，经过这个“推恩”分封诸侯王弟子的办法，郡的占地逐渐变大而王国占地逐渐小了。实行这三项措施的结果，使得诸侯王这一级的封爵名存而实亡，从此诸侯王的半割据势力才基本上消除了。

从整个封建的分封制的沿革来看，西汉初期的诸侯王只能是一宗封建割据势力。……

（据上海图书馆名人手稿馆藏杨宽先生手稿）

《逸周书》与《汲冢周书》辨证
——《逸周书集释考证》初稿之一

《隋书·经籍志》:"《周书》,十卷。注汲冢书,似仲尼删书之余。"

《新唐书·艺文志》:"《汲冢周书》十卷。"

《宋史·艺文志》:"《汲冢周书》十卷。注晋太康中于汲郡得之。孔晁注。"

晁公武《郡斋读书志》:"《汲冢周书》十卷,晋太康中汲郡与《穆天子传》同得。"

陈振孙《直斋书录解题》:"《汲冢周书》十卷,晋五经博士孔晁注。太康中,汲郡发魏安釐王冢所得,竹简书,此其一也。"

李焘《逸周书考》:"晋孔晁注《周书》十卷,案隋唐《经籍志》《艺文志》,皆称此书得之晋太康中汲郡魏安釐王冢,孔晁注解,或称十卷,或八卷,大抵不殊。按此,则晋以前初未有此也。然刘向、班固所录,并著《周书》七十一篇,且谓孔子删削之余。而司马迁记武王克殷事,盖与此合。岂西汉世已得入中秘,其后稍隐,学者不道,及盗发冢,乃幸复出邪？篇目比汉但阙一耳，必班、刘、司马所见者也，系之汲冢，失其本矣。书多驳辞，宜孔子所不取。抑战国处士私相缀辑，托周为名，孔子亦未必见。章句或脱烂难读，更须考求，别加是正云。巽岩李焘。”

丁黼跋：“夫子定《书》为百篇矣，孟子于《武成》取其二三策，谓血流漂杵等语，近于夸也。今所谓《汲冢周书》者类多夸诩之辞，且杂以诡谲之说，此岂文武周公之事，而孔孟之所取哉？然其间畏天、敬民、尊贤、尚德，古先圣王之格言遗行，尚多有之。至于《时训》《明堂》，记《礼》者之所采录；《克殷》《度邑》，司马迁之所援据，是盖有不可尽废者。晋狼瞫曰：‘《周志》有之，勇则害上，不登于明堂。’其语今见之篇中。此吾夫子未定之书也。汉萧何云：‘《周书》曰：天予不取，返受其咎。’此则夫子既定之后而《书》无此语，意者其在逸篇乎？其后班固《艺文志》，书凡九家，有《周书》七十一篇，刘向云：‘周时诰誓号令，盖孔子所论百篇之余也。’以两汉诸人所纂记推之，则非始出于汲冢也明矣。惜乎后世不复贵重文字，日久舛讹。予始得本于李巽岩家，脱误为甚，继得陈正卿本，用相参校，修补颇多。其间数篇，尚有不可句读，脱文衍字，亦有不容强解者，姑且刻之，俟求善本，更加增削，庶使流传以为近古之书云。嘉定十五年夏四月十一日，东徐丁黼谨识。”

王应麟《困学纪闻》：“《汉书·艺文志》：《周书》七十一篇，刘向云：‘周时誓诰号令，盖孔子所论百篇之余。’隋唐《志》系之汲冢，然汲冢得竹简书在晋咸宁五年，而两汉已有《周书》矣。太史公引《克殷》《度邑》，郑康成注《周礼》云：‘《周书·王会》备焉。’注《仪礼》云：‘《周书》北唐以闾。’许叔重《说文》引《逸周书》‘大翰若翚雉’，又引‘豲有爪而不敢以撅’，马融注《论语》引《周书·月令》，皆在汉世。杜元凯解《左传》时，汲冢书未出也，‘千里百县’，‘譬之柔矣’，皆以《周书》为据，则此书非始出汲冢也。案《晋·束皙传》：太康二年，汲郡得竹书七十五篇，其目不言《周书》，纪云：‘咸宁五年，《左传后序》云太康元年，当考。’《左传正义》引王隐《晋书》云：‘竹书七十五卷，六十八卷有名题，七卷不可名题。’其目录亦无《周书》，然则《周书》与汲冢其误明矣。”

黄玠《序》：“古书之存者，六籍之外，盖亦无几。《汲冢周书》其一也。其书十卷，自《度训》至于《器服》凡七十解，自叙其后为一篇，若书之有小序同。孔晁为之注。晋太康中盗发汲冢魏安釐王冢而得之，故系之汲冢，所言文王与纣之事，故谓之《周书》。刘向谓是周时诰誓号令，孔子删录之余，班固《艺文志》亦有其篇目。司马迁记武王伐纣之事，正与此合。然则两汉之时，已在中秘，非始出于汲冢也。观其属辞，成章体制，绝不与百篇相似，亦不类西京文字。是盖战国之世，逸民处士所纂辑，以备私藏者，性命道德之几微，文武政教之要略，与夫《谥法》《职方》《时训》《月令》，无不切于修己治人，虽其间驳而不纯，要不失为古书也。郡太守刘公廷干，好古尤至，出先世所藏，命刻板学宫，俾行于世，上不负古人之用心，下得以广诸生之闻见，其淑惠后人，不既多乎？至正甲午冬十一月，四明后学黄玠谨志。”

方孝孺：“《汲冢周书》七十篇，七十解，或谓晋太康中出于汲郡魏安釐王冢，故曰‘汲冢’，以论载周事，故曰《周书》，宋李焘以司马迁、刘向尝称之谓晋时始出者非。此固是也。”

杨慎《序》：“晋太康二年，汲郡人不（音彪。卢文弨云：案何超《晋书音义》云‘不，甫鸩反，姓也’）准，私发魏安釐王冢，得竹书数十车，其《纪年》十三篇，《易经》二篇，《易繇阴阳卦》二篇，《卦下易经》一篇，

《公孙段》二篇，（卢文弨云：案《晋书》'段'作'叚'，《说文》'碬'引《左氏传》'郑公孙碬字子石'，乎加切。又《九经字样》'碬'音霞。云见《春秋》，然则作'叚'字未为非也。'）公孙段与邵涉论《易》《国语》三篇，言楚晋事；《名》三篇，似《尔雅》《论语》，又似《礼记》。《师春》一篇，《琐语》十一篇，诸国梦卜妖相书也。《梁丘藏》一篇，先叙魏之世数，次言丘藏金玉事。《缴书》二篇，论弋射法。《生封》一篇，帝王所封；《大历》二篇，邹生谈天类也。《穆天子传》五篇，《图诗》一篇。又杂书十九篇，凡七十五篇。七篇简书折坏，不识名题。添书，皆科斗文字，多烬简断札，文既残缺，不复诠次。武帝诏荀勖撰次之，以为《中经》，列在秘书。著作郎束皙得观竹书，随疑分释，皆有义证。此《晋书·武帝纪》荀勖及束皙传文也。又杜预《春秋集解后序》亦云：'汲冢古文七十五篇，多不可训，《周易》及《纪年》，最为分了。《周易》上下篇，与今正同。别有《阴阳说》，而无《彖象》《文言》《系辞》，其《纪年》起自夏殷周，皆三代王事，无诸国别也。惟特记晋国，起自殇叔，皆用夏正建寅之月为岁首，编年相次。晋灭，独记魏事，至魏哀王之二十年，盖魏国之史记也。文大似《春秋经》。又称伊尹放太甲七年，太甲潜出自桐，杀伊尹，乃立其子伊陟伊奋，令复其父之田宅而中分之。《师春》一卷，则纯集《左氏传》卜筮事。'合此观之，汲冢所得书，虽不可见，而其目悉具于此。曾无一语及所谓《周书》者也。（卢文弨：'案《束皙传》又有杂书十九篇，内《周书》论楚事，然则亦非此《周书》也。'）《汉书·艺文志》有《逸周书》七十一篇，（文弨案《汉志》无'逸'字。）以今所谓《汲冢周书》校之，止缺四篇。盖汉以来原有此书，不因发冢始得也。（计丁宗洛云：'升菴既详晰传语，自《纪年》一下凡十数种，共七十五篇。与此书目自《度训》至全书序，共七十一篇者，两不相涉，而胡为两相比较耶。’）李善注《文选》，日月远在晋后，而其所引亦称《逸周书》，不曰汲冢书也。惟宋太宗时修《太平御览》，首卷引目，始有《汲冢周书》之名。盖当时儒臣求汲冢七十五篇而不得，遂以《逸周书》七十一篇充之矣。（卢文弨云：‘案隋唐《志》已云汲冢矣。’）晁氏公武、陈氏振孙、洪氏适、高氏似孙、黄氏震、李氏焘、吴氏澂、高氏洪谟，号通知古今者，皆未暇深考。（卢文弨‘案李巽严已云系之汲冢，失其本矣，升菴失考。’）余故尝言《晋书》及《左传后序》文于此。则此书也，当复其旧名，题曰《逸周书》可也。嘉靖壬午八月望日，杨慎书。”

郭棐：“古者自六籍外，传者盖少矣，刘向所录，则有《周书》七十篇，晋太康中盗发汲冢魏安釐王冢得之。”

胡应麟《少室山房笔丛》：“汲冢书所载《克殷》《度邑》等篇，采于史迁，《时训》《明堂》等篇，录于《礼记》，盖或仲尼删削之余。战国文士，缀辑遗亡，益以纵横夸诞而成之此书。《汉艺·艺文志》七十一篇注引刘向云：‘今存者四十五篇’，则当时脱佚几半，子长所采，殆存于四十五篇之中，其余篇至冢发而复完也。

春秋战国之事，亡于秦汉而出于晋之汲冢，而传于后者，厥有三焉：魏《纪年》也，《逸周书》也，《穆天子传》也。《纪年》合乎鲁史，《逸周书》合乎《尚书》，《穆天子传》合乎《山海经》。非其事之合已也，其文其义其体，其合者往往如出一手，而粹者足以破千古之疑。”

姜士昌序：“《周书》七十一篇，自刘歆《七略》、班史《艺文志》已有之，而汲冢发自晋太康二年，得书七十五篇，其目具在，无所谓《周书》，当仍旧名，不得系之汲冢。杨用修太史，论辨甚□，兹可无论。”（见《经义考》卷十七五）

董斯张《周书·克殷度邑解序》:"世儒谓《周书》出汲冢,乃《克殷》《度邑》二解载《史记》,确为逸《书》,非后儒窜入者。太史公去伏生不远,辞亦近之。"

汪士汉跋:"孔子删《书》,断自唐、虞,下终《秦誓》,其书百篇,无所谓《周书》七十一篇也。考班史《艺文志》'《周书》七十一篇',刘向云:'周时诰誓号令,盖孔子所论百篇之余。今之存者,四十五篇矣。'其间《时训》《明堂》见诸《礼记》,《克殷》《度邑》援自史迁。是或为周之逸书,或经秦火之余,而司马、班、刘所见者,仍有四十五篇,初不因发冢而始有也。汲冢则自晋太康二年,汲郡人发魏安釐王冢,得竹书数十乘,其目七十五篇,无所谓《周书》者。杨用修太史云:'宋太宗修《太平御览》,始列《汲冢周书》,或宋儒臣求汲冢七十五篇而不得,卒以《周书》七十一篇充之。'愚案班《志》载七十一篇,仅存四十五篇,今之存者,其目则七十篇,所存则五十九篇,意《逸周书》七十一篇,秦火亡其二十六,汲冢则得书五十九,厥数较备于昔,故以《汲冢周书》名之耶?抑或汲冢曾存是书,偶未列其目?是未可知。先儒云:'六经而下,求其文字近古,有裨于性命道德,文武政教者,无踰此书。'则此书不可以不传。今仍其旧名,以俟广览博搜之君子云。康熙己酉二月,春分前二日。"

《四库全书总目提要》:"旧本题曰《汲冢周书》,考《隋书·经籍志》《唐·艺文志》俱称此书,以晋太康二年,得于魏安釐王冢中,则'汲冢'之说,其来已久。然《晋书·武帝纪》及《荀勖》《束皙传》载汲郡人不准所得竹书七十五篇,具有篇目,无所谓《周书》。杜预《春秋集解后序》载汲冢诸书,亦不列《周书》之目,是《周书》不出汲冢也。考《汉书·艺文志》先有《周书》七十一篇,今本比班固所纪,惟少一篇。陈振孙《书录解题》称‘凡七十篇，叙一篇在其末，京口刊本始以序散入诸篇’，则篇数仍七十有一，与《汉志》合。司马迁纪武王克商事，亦与此书相应。许慎作《说文》，引《周书》‘大翰若翚雉’，又引《周书》‘豲有爪而不敢以撅’。马融注《论语》引《周书·月令》，郑玄注《周礼》引《周书·王会》，注《仪礼》引《周书》‘北唐以闾’，皆在汲冢前，知为汉代相传之旧。郭璞注《尔雅》称《逸周书》，李善《文选注》所引，亦称《逸周书》。知晋至唐初，旧本尚不题‘汲冢’。其相沿称汲冢者，殆以梁任昉得竹简漆书，不能辨识，以示刘显，显识为孔子删《书》之余。其时《南史》未出，流传不审，遂误合汲冢竹简为一事，而修《隋志》者，误采之耶？郑元祐作《大戴礼后序》称《文王官人》篇与《汲冢周书·官人解》相出入，汲冢书出太康中，未审何由相似云云，殊失之不考。《文献通考》所引李焘跋及刘克庄《后村诗话》，皆以为汉时本有此书，其后稍隐，赖汲冢竹简出，乃得复显。是又心知其非，而巧为调停之说。惟旧本载嘉定十五年丁黼跋，反覆考证，确以为不出汲冢，斯定论矣。其书载有太子晋事，则当成于灵王以后。所云文王受命称王，武王、周公私计东伐，俘馘殷遗，暴殄原兽，辇括宝玉，动至亿万，三发下车，悬纣首太白，又用之南郊，皆古人必无之事。陈振孙以为战国后人所为，似非无见。然《左传》引《周志》‘勇则害上，不登于明堂’，又引《书》‘慎始而敬终，终乃不困’，又引《书》‘居安思危’，又称‘周作九刑’。其文皆在今书中，则春秋时已有之。特战国以后，又辗转附益，故其言颇驳杂耳。究厥本始，终为三代之遗文，不可废也。近代所行之本，皆阙《程寤》《秦阴》《九政》《九开》《刘法》《文开》《保开》《八繁》《箕子》《耆德》《月令》，合十一篇，余亦文多佚脱。今考《史记·楚世家》引《周书》‘欲起无先’，《主父偃传》引《周书》‘安危在出令，存亡在所命’，《货殖列传》引《周书》‘农不出则乏其食，工不出则乏其事，商不出则三宝绝，虞不出则财匮少’，《汉书》引《周书》‘无为权首，将受其咎’，又引《周书》‘天予不取，反受其咎’，《唐六典》引《周书》‘汤放桀，大会诸侯，取天子之玺置天子之座’。今本皆无之。盖皆所佚十一篇之文也。观李焘所跋，已有脱烂难读之语，则宋本已然矣。

丁宗洛《管笺疏证》："《汲冢周书》，初未尝无此书。《束皙传》云：‘又杂书十九篇，《周食田法》《周书论楚事》。’是真《汲冢周书》也。如《史记·司马相如传》注郭璞曰：‘《汲冢周书》：桀伐岷山得女二人曰琬曰琰，桀刻其名于苕华之上，苕是琬，华是琰也（按此注古本作"汲冢竹书"原不误，不知何时讹为"汲冢周书"，今姑从坊本。）’邹忠允引《汲冢周书》曰：‘殷内史挚见纣之愈乱愈迷惑也，于是载其图法，出亡之周。其语均不见于此书，是自晋至今，原别有一《汲冢周书》也。’窃谓其始则《周书》为一书，《汲冢周书》又一书，后人不以汲冢非汲冢为轻重，误移《汲冢周书》之汲冢，强冠于非本汲冢之周书，由是二书，遂相混淆。"

谢墉《卢校序》："《周书》本以总名一代之书，犹之《商书》《夏书》也。自汉以来，以所传五十八篇目为《尚书》，而于《尚书》所载《周书》之外以七十一篇者，称之为《周书》而别之。刘向以为孔子删削之余，第《汉志》载《周书》七十一篇，即列于《尚书》之后。而总系之以辞，则究未尝别之于《尚书》之外也。至《隋志》，始降列杂史之首，以为与《穆天子传》俱汲冢书。然《汉志》未尝列《穆传》，则其非出自汲冢可知，不当牵合。"

《蛾术编》："世所谓《汲冢周书》者，《左传》疏云《汉·艺文志》有

《周书》篇目，其书今在。或云是孔子之删《尚书》之余。

鹤寿案：《周书》自《度训解第一》至《器服解第七十》，加序一篇，凡七十一篇，正与《汉·艺文志》数目相同。刘向以为周时诰誓号令是也。此与汲冢之书，毫不相涉。杜预《春秋左传集解后序》云：'太康元年，余自江陵还襄阳，修成《春秋集解》始讫。会汲郡县有发其界内旧冢者，得古书七十五卷。《周易》及《纪年》最为分了，《周易》上下篇，与今正同。别有《阴阳说》，而无《彖象》《文言》《系辞》，其《纪年》篇起自夏殷周，皆三代王事，无诸国别也。惟特记晋国，起自殇叔，以至今王。'《晋·束皙传》云：'太康二年，汲冢人不准盗发魏襄王墓，得竹书数十车。《纪年》十三篇，《易经》二篇，《易繇阴阳卦》二篇，《下易经》一篇，《公孙段》二篇，《国语》三篇，《名》三篇，《师春》一篇，《琐语》十一篇，《梁邱藏》一篇，《缴书》二篇，《生封》一篇，《大历》二篇，《穆天子传》五篇，《图诗》一篇，杂书十九篇，凡七十五篇，七篇简书折坏，不识名题。'《晋书》又于每篇之下，各标其书之大旨，盖与今所传之《周书》，绝不相类，杨慎谓《汉志》本有《周书》，李善注《文选》远在晋后，而其所引，只称《逸周书》，不曰《汲冢周书》也。至宋太宗修《太平御览》，首卷列目，始有《汲冢周书》之名，盖当时儒臣求汲冢七十五篇而不得，遂以《逸周书》七十一篇充之。晁公武、洪适、陈振孙、黄震，皆未暇深考耳。"

刘师培《周书略说》："《隋书·经籍志》杂史类《周书》十卷，注云'汲冢书，似仲尼删书之余'，今考《晋书·束皙传》述汲冢所得书云：'杂史十九篇，《周食田法》《周书论楚事》《周穆王美人盛姬死事》。'审绎其语，盖杂史十九篇中有《周书》。又郭忠恕《汗简略序》引《晋史》（旧本下衍"公"字，郑珍笺异本删）云：'咸宁中汲冢人盗魏安釐王冢，得竹书十余万言,写《春秋经》《易经》《论语》《夏书》《周书》《琐语》《梁邱藏》《穆天子传》《魏史》至安釐王二十年,其书随世尽有,变易以成数体。'所引《晋史》盖非唐初所修之书,所云《周书》,当即《隋志》著录之本。据刘赓《稽瑞》引《汲冢周书》云:'伯杼子往于东海,至于三寿,得一狐九尾。'词与《纪年》相出入。又据《文选》李善注,于《周书》而外,两引古文《周书》,一为穆王蹶马(《赭白马赋注》),一为越姬窃孕(《思元赋注》),李称古文周书为别。是必汲冢所得,然缔审其文,类于《励志诗》注引《汲冢周书》,(《励志诗》注引《汲冢周书》曰:"蒲苴子见双凫过之,其不被戈者亦下。")与今本《周书》,迥弗相类,似当别属一编。惟《隋志》称为似删《书》之余,则与班《志》所著录,或亦略相符合(《通典·州郡四》云:'案《禹本纪》《山海经》不知何代之书,详其恢恢不经,疑夫子删诗《书》以后,尚奇者所作。或先有其书,如诡诞之言,必后人所加也。若《古周书》《吴越春秋》《越绝书》诸纬书之流是矣。云《古周书》,即汲冢本。'以之拟《山经》《禹纪》,则与孔本不同。惟其言非尽诡诞,或与孔本相出入,故《通典》又疑诡认之言后人所加也)。要之,非孔晁作注之本也。考《隋志》于晁所作书,虽题晋五经博士,实则晁与王肃同时,知者,《旧唐书·元行冲传》载行冲《释疑》云:'子雍规玄,数十百件,守郑学者,时有中郎马昭,上书以为肃谬,诏王学之辈,占答以闻。又遣博士张融,按经论诘,融等召集分别,推处理之是非,具《圣证论》,王肃酬对,疲于岁时。'是融评《圣证论》,肃尚存也。肃卒于甘露元年(《三国志》本传),年六十八,此事必在其前,又观《诗·皇矣》疏、《周礼·媒氏》疏、《礼记·祭法》疏所引《圣证论》,均先胪孔晁答昭之语,继列融评,则斯时晁年已长("马昭"即《魏高贵乡公纪》之"马照",《中说·述史》篇阮逸注正引作'昭'。张融为魏博士，见《隋志·论语类》，则均为魏人。）依是以推，晋武初年，晁年必届耆老，虽泰始二年诏书曾及晁名。（《晋书·傅玄传》载武帝诏云：‘近者孔晁、綦无龢，皆案以轻慢之罪，所以皆原欲使四海知区区之朝，无讳言之忌也。’证以《晋纪》，事在泰始二年。）然汲冢得书，在太康二年（据石刻吕望表）。上距晋武即位，又将廿载。斯时晁或已徂，即使尚存，其注《周书》，必不在太康二年后。此即孔注非据汲冢本之碻征，如曰孔本出汲冢，则竹简所著，文一而已。孔注之中，必无字一作某之文。《隋志》以《周书》为汲冢书，不言孔晁注，所记固未讹也。”

谨按：《汉志》只云《周书》，《隋志》始注以《汲冢书》，《新唐志》《宋志》乃称《汲冢周书》，《宋志》注更明云“于汲冢得之”。后人于此，有信之者，如晁公武、陈振孙、郭棐；有辨之者，如丁黻、王应麟、黄玢、方孝孺、杨慎、姜士昌及《四库提要》且以为汲冢所出，无所谓《周书》。亦有调停其说者，如李焘以为汉人中秘梢隐，及盗发冢而复出；又如胡应麟以为汉已脱佚，余篇至冢发而复完。丁宗洛、刘师培则以为汲冢本自有《周书》，而今孔注本，则《汉志》之所谓《周书》，非出于汲冢。当丁、刘之说是也。唐张怀瓘《书断》亦云：“晋咸宁五年，汲郡人不准盗发魏安釐王冢，得册书千余万言，或写《春秋经》《易经》《论语》《夏书》《琐语》《大历》《梁丘藏》《穆天子传》及《魏史》。至安釐王二十年，其书随世变易，已有数种。”汲冢之《周书》已早佚，未知究何等书，其与《春秋经》《易经》《论语》《夏书》并列，或即《尚书》中之《周书》也。《稽瑞》所引《汲冢周书》，与《古本竹书纪年》相出入，“周书”殆“竹书”之误；选注所引《古文周书》，亦未必即汲冢之《周书》，不能深考矣，今本《竹书纪年》与此书合者甚多；今本《竹书纪年》，乃宋后人所伪，阎若璩、钱大昕已言之，王国维有疏证有殆作伪者，亦误此书□于汲冢，故多取材欤？汲冢所出书如《穆天子传》，颇多阙文，今此书亦甚有阙文，所以混淆者，此亦有其故欤？阙文之处，疑甚晚，有孔晁注时尚不阙而今本阙之者，如《大戒》篇"无□其信虽危不动，"孔注："转移"，王念孙《杂志》谓阙文是"转"字，孔注正释"转"字是也。又'□□□以始，其乃得人'，孔注"贞信如此，得其同也"，王念孙谓阙文是"贞信"字，孔注是其证，亦原本不阙，后人妄作空围者。《大开武》篇"欲与无□则，欲攻无庸"，俞樾谓此本无阙文是也。又《官人》篇"有知而言弗发，有施而□弗德，"王念孙谓："言"字衍文，校书者不知"言"字为后人所加，遂于下句内作"空围"，亦有唐、宋尚未阙而今本阙者，如《芮良夫》篇"呜呼□□□如之"，《治要》引无阙文；《器服》篇"象□□瑱"，《玉海》引作"象琪缋瑱"，亦无阙文。①

（原刊上海《大美晚报·历史周刊》1936年5月25日第3版，与沈延国合撰）

① 此段中的□为原文所有。

《逸周书》著作年代考证
——《逸周书集释考证》初稿之五

刘知幾《史通》:"《周书》与《尚书》相类，即孔氏刊约百篇之外，凡为七十一章。上自文、武，下终灵、景。甚有明允笃诚，典雅高义。时亦有浅末恒说，滓秽相参，殆似后之好事者所增益也。"

陈振孙《直斋书录解题》:"文体与古书不类，似战国后人依仿为之者。"

李焘《逸周书考》:"书多驳辞，宜孔子所不取。抑战国处士私相缀辑，托周为名。"

黄玠《序》:"观其属辞成章，体制绝不与百篇相似，亦不类西京文字，是盖战国之世逸民处士所纂辑，以备私藏者。"

周洪谟:"《汲冢周书》，文体浅露，词意疏迂，无百篇浑厚沈雄气象。刘向谓是周时誓诰号令，孔子删录之余。愚则以为文武之道未坠于地，贤者识其大者，不贤者识其小者。盖周东迁之后，史官随王室以东，而西土逸民，私为此书，以识周先王之事，固非当时左右所记者也。”

郭棐：“……他篇盖多夸诩诡谲……又奚谬尽若是？故或谓战国时纂辑，出逸民隐士之手，然阅其云‘智勇害上，不登于明堂’，则晋狼瞫称之；‘緜緜不绝，蔓蔓奈何，毫末不掇，将成斧柯’，则苏秦引之；‘夷羊在牡，蜚鸿满野’，则史迁《周纪》引之。其书似出春秋战国前，抑周之野史与？未可知也。”

胡应麟《少室山房笔丛》：“《周书》卷首十数篇，后序皆以为文王作，而本解绝无明据。且语与书体不合，盖战国纂集此书者所作，掺入之冠于篇首也。至《大武》《武称》等篇，尤为乖谬，近于孙、吴变诈矣。考《周官》终太子晋，实当灵王之世，其为周末策士之言毋惑也。”

《四库全书总目提要》：“司马迁纪武王克商事，亦与此书相应。许慎作《说文》，引《周书》‘大翰若翚雉’，又引《周书》‘豲有爪而不敢以撅’。马融注《论语》引《周书·月令》。郑玄注《周礼》引《周书·王会》注《仪礼》引《周书》‘北唐以闾’，皆在汲冢前，知为汉代相传之旧。……其书载有太子晋事，则当成于灵王以后。所云文王受命称王，武王、周公私计东伐，俘馘殷遗，暴殄原兽，辇括宝玉，动至亿万，三发下车，悬纣首太白，又用之南郊，皆古人必无之事。陈振孙以为战国后人所为，似非无见。然《左传》引《周志》‘勇则害上，不登于明堂’。又引《书》‘慎始而敬终，终乃不困’，又引《书》‘居安思危’，又称‘周作九刑’。其文皆在今书中，则春秋时已有之。特战国以后，又辗转附益，故其言颇驳杂耳。究厥本始，终为三代之遗文，不可废也。”

阎若璩《古文尚书疏证》：“李氏焘、陈氏振孙谓《周书》战国人撰，予考之《战国策》，荀息引《周书》曰：‘美女破舌，美男破老。’苏秦引《周书》曰：‘緜緜不绝，蔓蔓若何，毫毛不拔，将成斧柯。’《左传》狼瞫引《周志》曰：‘勇则害上，不登于明堂。’皆见七十篇内，则此书不惟高战国，且突出春秋前矣。”

姚际恒《古今伪书考》：“《周书》，《汉志》本有七十一篇（注引刘向曰：‘今存者四十五篇，’盖汉时已散失，今此四十五篇亦亡矣），今七十篇，似以序一篇合七十一篇之数，其序全仿《书》序。又《克殷》《度邑》等篇袭《史记》，《时训》篇袭不韦《月令》，《明堂》篇袭《明堂位》，《职方》篇袭《周礼·职方氏》，《王会》篇尤怪诞不经。陈直斋曰：‘相传以为孔子删书所余，未必然；似战国后人仿效为之。’李巽岩曰：‘战国处士私相辑缀。’恒按：不止此，殆汉后人所为也。……《周书》孔晁注，皆浅陋之甚，至有经史而不知引者，亦皆伪也。”

朱右曾《集训校释目录》：“愚观此书，虽未必果出文武周召之手，要亦非战国秦汉人所能伪托。何者？庄生有言：‘圣人之法，以参为验，以稽为决，一二三四是也。’周室之初，箕子陈畴，周官分职，皆以数纪，大致与此书相似，其证一也。《克殷》篇所叙非亲见者不能；《商誓》《度邑》《皇门》《芮良夫》诸篇大似今《尚书》，非伪古文所能仿佛，其证二也。称引是书者荀息（引《武称》‘美女破舌，美男破老’，见《战国策》‘田畛为陈轸’章）、狼瞫（引《大匡》‘勇则害上，不登于明堂’，见《左氏·文二年传》）、魏绛（引《程典》‘居安思危’，见《左氏·襄十一年传》），皆在孔子前，其三证也。夫《酆保》为保国之谋，《武称》著用兵之难，《常训》之言性，《文酌》《文传》之言政，俱不悖于孔孟。而说者或诮为阴谋，或讥其傎戾。呜呼！岂知是书者哉！抑又考之《春秋传》曰：‘辛有之二子董之晋，于是乎有董史。辛有当周平王时，周史辛甲之裔，世职载笔，或其子适晋，以周之典籍往，未可知也。’观《太子晋》篇末云：‘师旷归，未及三年，告死者至。’亦《晋史》之辞。六国以后，书始广播，墨翟、苏秦、蔡泽、吕不韦、韩非、蒙恬、萧何之伦，以及伏生、大小戴、太史公，时时节取此书。意其时学者，诵习亚于六艺，故刘歆、班固列之《六艺・书》九家中，未尝以孔子删定之余，夷之诸子杂家之例。”

梁启超《中国历史研究法》：“孟子因《武成》‘血流漂杵’之文，乃叹‘尽信《书》则不如无《书》’，谓以至仁伐至不仁，不应如此。推孟子之意，则《逸周书》中《克殷》《世俘》诸篇，益为伪作无疑。其实孟子理想中‘仁义之师’，本为历史上不能发生之事实，而《逸周书》叙周武王残暴之状，或反为真相。黄云眉曰：‘按伯夷谓以暴易暴，或非过激之言。’吾侪所以信《逸周书》之不伪，正以此也。”

吕思勉《经子解题》：“诸篇文体，有极类《尚书》者（如《商誓》《祭公》两篇是），亦有全不《尚书》而类周秦诸子，且近平近者（如《官人》、《太子晋》两篇是）。又有可决为原书已亡，而后人以他人补之者（如《殷祝》篇是）。谓其不可信。则群书所征引，今固多散见各篇之中。谓为可信，则群书所征引，为今本所无者，亦复不少（朱右曾本辑之）。诿为尽在亡篇中，似亦未安也。”

黄云眉《古今伪书考补证》：“至今所传《逸周书》，亦非古本面目。颜师古注《汉志》，已云：‘今之存者四十五篇矣’，安得传之今世，反较颜师古所见之本为多？则最少十余篇，必为后人伪撰无疑；其他窜乱之处亦多，盖真伪杂糅之书也。姚氏谓袭诸书而成固非；《提要》信其篇第为汉代相传之旧，亦非。而其大部分为极有价值之史料，则不可诬。”

小川琢治《西北蕃族考》：载有《王会》篇之《逸周书》，《隋书・经籍志》“杂史之部”，有《周书》十卷，注：“汲冢书，似仲尼删书之余”，盖误以与《竹书纪年》十二卷、《竹书同异》一卷、《古文琐语》四卷、《穆天子传》六卷，同为晋太康年间(《晋书》“二年”，《隋志》作“元年”，西历二八〇又二八一年)河南省汲县发魏王(《晋书》“安釐王”，《隋志》“襄王”)所得竹简。竹简皆科斗书，当先秦之古物。然刘向、班固等既得寓目，著录于《汉书·艺文志》，则其所云：“《周书》七十一篇。注：周史记。师古曰，周时诰誓号令也。盖孔子所论百篇之余也。今之存者四十五篇矣。”已无容疑矣。今《史记·周本纪》武王伐殷斩纣及妲己等事，皆采自《克殷解》。又“征九牧之君，登豳之阜，以望商邑”之文，取自《度邑解》。司马迁用《尚书》与《周书》为同样史料，其形迹殊为明显。又以今本《逸周书》与《穆天子传》比较，后者多古文奇字，难以卒读。然非绝然相异，使以《周易》与出于汲冢之《周书》，用为读其他古简之关键，则今所存著录于《艺文志》之古书，皆可推测矣。

然如颜师古等以此为孔子删书之余，盖难于承认。试观今本七十一篇中，诰誓号令之外，尚有与《管子》《司马法》《吕氏春秋》等共同性质混杂之文。当战国时，儒家与诸子百家尚分化而并立，此疑本周室记录与保管此记录之史官之家传杂记，辗转于魏、秦之间，此可想见也。至其内容，兹不暇深论，但传其书之史官，与其文献性质，则有研究之必要。

于此问题，颇有足阐发者。文王、武王之纪念，用殷代通用之“祀”字；成王以后，乃定用“年”字。且于殷周间事，颇为详细，如《殷祝解》《王会》篇之末伊尹朝献，《商书》所附加等是。

自殷室而历仕周室之史官姓名，其足征者，有辛甲、向挚两人。

今本《竹书纪年》有帝辛(纣)：“三十九年，大夫辛甲出奔周。”

《左传·襄公四年》魏庄子(名绛)之言曰：“昔周辛甲之为大史也，命百官，官箴王朝。于《虞人之箴》曰：‘芒芒虞迹，尽为九州。’”

晋史董因，董狐其后也。《晋语》“文公迎于河”之董因，韦昭注：“因晋大夫，周太史辛有之后。传曰：‘辛有之子，董之晋’。”辛有辛甲之后，平王时人，《汉书·艺文志》道家：“《辛甲》，二十九篇。纣臣，七十五谏而去，周封之。”又《地理志》上党郡之长子县，云为周辛甲之封地。

（译者谨按：《史记·周本纪》云：“辛甲大夫之徒，皆往归之。”）

此外，《纪年》载：“四十七年，内史向挚出奔周。”

《淮南子·氾论》篇曰：“殷之将败也，太史令向艺先归文王，期年而纣乃亡。”“武王”误“文王”，“挚”误“艺”。又《帝王世纪》云：“纣政弥乱，殷太史向挚，载其图书而归周。”是殷亡之前，已有史官往周之事。

（译者谨按：今本《竹书纪年》，乃后人搜辑而成。疑皆本于《吕氏春秋》。《吕氏春秋·先识览》云：“殷内史向挚，见纣之愈乱迷惑也，于是载其图法，出亡之周。武王大说，以告诸侯曰：‘商王大乱，沈于酒德，辟远箕子，爰近姑与息。妲己为政，赏罚无方，不用法式，杀三不辜，民大不服，守法之臣，出奔周国。’”《处方》篇又云：“向挚处乎商而商灭，处乎周而周王。”）

《逸周书校释》著者朱右曾，引上文所举《左传》辛有之二子董之名事，以其时其子适晋，挟周之典籍往，“观太子晋籍末云‘师旷归，未及三年，告死者至。’”亦似《晋史》之辞亦一趣说也。由此说而类推，周史官奔晋时，携其传家之文书，晋收录之以为《逸周书》，其事可得而定也。朱氏又云：“六国以后，书始广播，墨家、苏秦、蔡泽、吕不韦、韩非、蒙恬、萧何之伦（原注苏秦引和寤‘緜緜不绝’四句，韩非引寤敬‘无虎傅翼’四句，余详逸文），以及伏生、大小戴、太史公，时时节取此书。意其时学者，诵亚亚于六艺，故刘歆、班固列之《六艺·书》九家中。”

是其形于战国之事实昭然，不烦多证也。由是观之，可知《周书》所存殷代文献之痕迹，其传来有自；于先秦史料，殊可瑰宝。与太史公所引《尚书》之经文，应无轩轾之别也。刘向以后，以为仲尼删书之余，以贬抑其价值，此不过儒家之偏见而已。惟我人应用时，有当注意者，盖其书经战国而传于秦汉，为人所润色增删者颇多。实则《尚书》及其他经书，亦皆有此，至如《春秋三传》，其中插话，有难尽信。但确为事实者有之，而先秦文献足以十分凭信者，亦有之也。

谨按：古书之著作年代，必非出于一手，更非出一时，或且真伪参半。徐时栋《烟屿楼读书志》名以《逸周书》亦"真伪杂难，或系古史所纪，为孔子删余之书，或系战国伪记，为后人附益之篇。"以为"《尚书》纪月日不纪年，此想是古史体例如此。"谓《程典解》《大开解》《寤敬解》《世俘解》《王权解》《作雒解》《皇门解》《大戒解》《周月解》《谥法解》《本典解》《史记解》皆纪月日而无年岁，是真者。《大匡解》《酆谋解》《小开解》《文传解》《大开解》《小开武解》《宝典解》《酆保解》《大匡解》《文政解》《武儆解》《成开解》《作雒解》《明堂解》《尝麦解》皆纪年，是伪者，至《作雒》《明堂》二解叙述篇中为纪事之体而非纪年之体，其法与《尧典》之"二十有八载"同。徐氏之说可靠否乎，自又当就各篇分析研究而后能论定也。谷霁光氏尝著《〈尚书〉〈周书〉和〈逸周书〉事实相同体裁相同几篇的比较研究》，发现《尚书》《周书》与《逸周书》若干篇之事实与体裁均有类同者，谓其同出一源，其说可信。新城新藏著《东洋天文学史研究》，以天文历法观点察之，以其中一部分恐自古传来者。其说或然，各篇之分析研究，则又当俟诸异日。

（原刊上海《大美晚报·历史周刊》1936 年 10 月 9 日第 3 版）

《逸周书》与《尚书》关系考论
——《逸周书集释考证》之一

刘向《七略》(见《汉书·艺文志》颜注):“周书,周时诰誓号令也。盖孔子所论百篇之余也。”

《吕氏春秋·贵信》篇高注:“《周书》,逸书也。”

《南史·刘瓛传》:“其族子显,时年八岁。天监初,举秀才,解褐中军临川州王行参军,俄署法曹。显好学,博涉多参通,任昉尝得一篇缺简书,文字零落,历示诸人,莫能识者。显见,云是《古文尚书》所删逸篇。昉检《周书》,果如其说,因大相赏异。”

《汉书·萧何传》颜注:“《周书》者,本与《尚书》同类,盖孔子所删百篇之外,刘向所奏有七十一篇。”

《汉书·王父偃传》颜注:“此《周书》者,本《尚书》之余。”

《汉书·陈汤传》颜注:“《尚书》之外逸书也。”

《史记·商鞅传·索隐》:“此是《周书》之言,孔子所删之余。”

《左·襄公二十六传》正义:“《汉书·艺文志》无(无字疑误)《周

书》篇目，当是孔子删书之余，其《诗》云：‘马之刚矣，辔亦不柔，马亦不刚，辔亦不美，志气麃麃，取与不疑’，其文殆非《尚书》之类也。”

刘知幾《史通·尚书家》：“《周书》与《尚书》相类，即孔氏刊约百篇之外，凡为七十一章，上自文、武，下终灵、景，甚有明允笃诚，典雅高义。时亦有浅末恒说，殆似以后之好事者所增益也。至若《职方》之言，与《周官》无异。《时训》之说，比《月令》多同。斯百王之正书，五经之别录者也。”

《说文解字系传》：“《逸周书》谓孔子所删《尚书》百篇之外也。以其散故，汉兴购得之，故曰《逸周书》。”

晁公武《郡斋读书志》：“汲冢《周书》十卷，晋太康中，汲郡与《穆天子传》同得，晋孔晁注。盖孔子删采之余，凡七十篇。古者天子诸侯皆有史官，惟书法信实者行于世。秦、汉罢黜封建，独天子之史存，然史官或怯而阿世，贪而曲笔，虚美隐恶，不足考信。则儒学处士，必私有记述，以伸其志，将来赖之以证史官之失，其私益大矣。以司马迁之博闻，犹采数家之言，以成其言，况其下者乎！亦有闻见单浅，记录失实，胸臆偏私，褒贬弗公，以误后世者。在观者，慎则之而已矣。”

洪迈《容斋随笔》：“《周书》今七十篇，殊与《尚书》体不相类。所载事物，亦多过实。其《克商解》云：‘武王先入，适纣所在，射之三发，而后下车，击之以轻吕，剑名。斩之以黄钺，县诸大白。商二女既缢，又射之三发，击之以轻吕，斩之以元钺，县诸小白。越六日，朝至于周，以三首先馘，入燎于周庙，又用纣于南郊。’夫武王之伐纣，应天顺人，不过杀之而已。纣既死，何至枭戮俘馘，且用之以祭乎？其必不然者也。又言，武王狩事，尤为淫侈，至于擒虎二十有二，猫二，麋五千二百三十五，犀十有三，氂七百二十有一，熊百五十一，罴百十八，豕三百五十有二，貉十有八，麂十有六，麝五十，鹿三千五百有二，遂征四方，凡憝国九十有九国，馘磨亿有十万七千七百七十有九，其多如是。虽注家亦云：'武王以不杀为仁，无缘所馘如此，盖大言也。'《王会》篇皆大会诸侯及四夷事云：'唐叔、荀叔、周公在左，太公在右。堂下之右，唐公、虞公南而立焉。堂下之左，商公、夏公立焉。'四公者，尧、舜、禹、汤后，商、夏即杞、宋也。又言：'俘商宝玉亿有百万。'所纪四夷国名，颇古奥，兽畜亦奇崛。以'肃慎'为'稷慎'，'秽人'为'秽人'，'乐浪之夷'为'良夷'，'姑蔑'为'姑妹'，'东瓯'为'且瓯'，'渠搜'为'渠叟'，'高句丽'为'高夷'。所叙秽人前兒若弥猴，立行，声似小儿。良夷在子（兽名），鳖身人首，脂其腹，炙之藿则鸣。扬州禺禺鱼、人鹿，青邱狐九尾，东南夷白民乘黄，乘黄者似骐，背有两角。东越海蛤、海阳、盈车大蟹。西南戎曰央林，以酋耳。酋耳者，身若虎豹，渠叟以鼩犬，鼩犬者，露犬也，能飞，食虎豹。区阳戎以鳖封，鳖封者，若彘，前后有首。蜀人以文翰，文翰者，若皋鸡。康民以稃苡，其实如李，食之宜子。其北狄州靡费费，其形人身枝踵，自笑，笑则上唇翕其目，食人。都郭（亦北狄）生生，若黄狗，人面能言。奇干（亦北狄）善芳，头若雄鸡，佩之令人不眯。正东高夷嗛羊，嗛羊者羊面四角。西方之戎曰独鹿，邛邛距虚，犬戎文马，面赤鬣缟身，目若黄金，名古皇之乘。白州北闾，北闾者，其华若羽，以其木为车，终行不败。篇末引伊尹《朝献商书》云：'汤问伊尹，使为四方献令。伊尹请令，正东以鱼皮之之鞞、鲗酱、蛟瞂、利剑，正南以珠玑、玳瑁、象齿、文犀，正西以丹青、白旄、江历（珠名）、龙角，正北以橐驼、騊駼、駃騠、良弓为献。汤曰善。'凡此皆无所质信，姑录之以贻博雅者。……《汉书》所引，'天予不取，反受其咎，毋为权首，将受其咎。'以为《逸周书》，此亦无之,然则非全书也。”

陈振孙《直斋书录解题》:“相传以为孔子删书所余者,未必然也。文体与古书不类,似战国后人依仿为之者。”

高似孙《史略》:“《周书》(十一卷□竹书内书),晋孔晁注此书,以为孔子删采之余,凡七十篇。”

李焘《逸周书考》:“书多驳辞,宜孔子所不取。抑战国处士私相缀辑,托周为名,孔子亦未必见。章句或脱烂难读,更须考求,别加是正云。”

刘克庄《后村诗话》:“《汲冢书》十卷,七十篇,与《艺文志》‘《周书》七十一篇’合,但少一篇。晁子止谓其纪录失实,李仁父谓书多驳辞。按中间所载,武王征四方,馘亿有十万七千七百七十有九,俘三亿二百三十,暴于秦皇、汉武矣。狩擒虎二十有二云云(见前段),纣囿虽大,安得熊罴,如是其众。又谓俘商宝玉,亿有百万。皆荒唐夸诞,不近人情,非止于驳而已。百篇圣笔所定,孟子犹疑‘漂杵’之语。前辈云‘吾欲忘言’,观道妙《六经》,俱不是全书,况《汲冢》之类乎。”

丁黻《跋》:“夫子定《书》为百篇矣,孟子于《武成》取其二三策,谓血流漂杵等语,近于夸也。今所谓《汲冢周书》者类多夸诩之辞,且杂以诡谲之说,此岂文武周公之事,而孔孟之所取哉?然其间畏天、敬民、尊贤、尚德,古先圣王之格言遗行,尚多有之。至于《时训》《明堂》,记《礼》者之所采录;《克殷》《度邑》,司马迁之所援据,是盖有不可尽废者。晋狼瞫曰:‘《周志》有之,勇则害上,不登于明堂。’其语今见之篇中。此吾夫子未定之书也。汉萧何云:‘《周书》曰:天予不取,返受其咎。’此则夫子既定之后而《书》无此语,意者其在逸篇乎?”

黄震《日钞》:“《汲冢周书》七十篇,自《度训》至《小开解》,凡二十三篇，皆载文王遇纣事，多类兵书，而文涩难晓。自《文儆》至《五权》，凡二十三篇，载文王薨，武王继之代商事，其文间有明白者，或类周诰。自《成开解》至《王会解》十三篇，载武王崩，周公相成王事。间亦有明白者，多类周诰。自是有《祭公解》《史记解》，穆王誓戒之书也。《职方解》继之，与今《周礼》之《职方氏》相类。《芮良夫解》，训王暨政臣之书也。《王佩解》亦相类。自《周祝解》至《铨法解》，不知其所指。终之以《器服解》，而器服之名多不可句。”

黄玢《序》：“观其属辞，成章体制，绝不与百篇相似，亦不类西京文字。是盖战国之世，逸民处士所纂辑，以备私藏者，性命道德之几微，文武政教之要略，与夫《谥法》《职方》《时训》《月令》，无不切于修己治人，虽其间驳而不纯，要不失为古书也。”

方孝孺：“《汲冢周书》十篇，七十解，或谓晋太康中出于汲郡魏安釐王冢，故曰‘汲冢’，以论载周事，故曰《周书》。宋李焘以汉司马迁、刘向尝称之，谓晋时始出者，非也。此固是也。刘向谓其书为《周书》，即孔子删定之余者，则非也。何者？其事有可疑也，略举其大者言之：武王之伐殷，诛其君，吊其民而已，其《世俘》篇乃曰：‘馘磨亿有十万七千七百七十有九，俘人三亿万有二百三十。’夫杀人之多若是，虽楚汉之际，乱贼之暴，不若是之酷，而谓武王有是乎？所诛以亿万计，天下尚有人乎？周公之用人，不求备于一人，其《官人》篇乃曰：‘醉之以酒，以观其恭；纵之以色，以观其常；临之以利，以观其不贪；滥之以乐，以观其不荒。’以诈术啗人，而责人以正，虽战国之世，纵横权数之徒所不为，曾谓周公而以此取人乎？王者之师，禁乱除暴，以仁义为本，其《大武》篇则曰：‘春违其农，夏食其谷，秋取其刈，冬冻其葆。’不仁孰甚焉；其《大明》篇则曰：‘委以淫乐，略以美女。’不义孰甚焉。此后世稍有良心者所不忍为，曾谓王者之用兵，乃若是乎？其为文王之言曰：'利维生痛，痛维生乐，乐维生礼，礼维生义，义维生仁。'此稍知道者所不言，曾谓文王大圣人而为是言乎？其《文传》篇曰：'有十年之积者王，三年之积者霸。'霸之名，起于衰世，周初未尝有之。谓王者不以道德，而在乎积谷之多，是商鞅之徒所不言，而以为文王之言可乎？其他若是者甚众。及载武王伐商之事，往往谬诞，与《书》不合。由此观之，决非《周书》，谓孔子删定之余者，非也。其中若《谥法》《周月》《时训》《职方》之篇，又与《尔雅》《月令》间有合者。窃意汉初书亡，隐士缙绅之流所伪著，以为周书，而司马迁不察，故引而用之，刘向因以为古书耳。其中《芮良夫》篇最雅驯，其曰：'后除民害，不惟民害，民害其后。惟其仇民至亿兆，后一而已，寡不敌众，后其危哉。'呜呼！君子之言，三复其篇，为之出涕。"

周洪谟："《汲冢周书》，文体浅露，词意疏迂，无百篇浑厚沈雄气象。刘向谓是周时誓诰号令，孔子删录之余。愚则以为文武之道未坠于地，贤者识其大者，不贤者识其小者。盖周东迁之后，史官随王室以东，而西土逸民，私为此书，以识周先王之事，固非当时左右所记者也。其最害理者，如武王伐商之日，纣既自燔，武王乃射之，而击以轻吕，斩以黄钺，悬诸太白之旗。二女既缢，王又射之，而击以轻吕，斩以玄钺，悬诸小白之旗。又以先馘入燎于周庙。夫商之与周，非世仇也。武王奉行天罚，为民除暴，其前徒有倒戈之势，其士女有玄黄之迎，而其君又已自燔矣，乃击其尸，枭其首，以燎于庙，虽伍员执仇于楚，不若是之惨也，而谓武王为之乎？昔司马迁之作《周纪》，不取《秦誓》《武成》之言，而乃有取乎其说，亦可谓陋矣。孟子于《武成》惟取二三策耳，使其见此，则将何如取之哉？又《王会》篇言成周之会，四夷贡献异物甚多，夫西旅贡獒，未为奇也，而召公犹以为非所当受。今乃殚四表八荒珍怪之产，毕集于庭，而是时召公犹在，乃无一言以及之乎？至于篇末，又谓成汤命伊尹为四方献令，使夷戎蛮貊，悉以方物致贡，此何理也？学者以其先秦古书，而备观览可也，若取之以实先王之事，则不可也。”

郭棐：“古书自六籍外，传者盖少矣，刘向所录，则有《周书》七十篇，晋太康中盗发汲冢魏安釐王冢得之。所言皆文武周公及穆宣幽灵之事。……《度训》篇曰：‘天生民而制其度，度小大以正，权轻重以极，名本末以立中。’《武称》篇曰：‘美男破老，美女破舌，淫图破国，淫巧破时，淫乐破正，淫言破义。’《大开武》篇曰：‘其惟天命，王其敬命。’《祭公》篇：‘汝无以小谋败大作，汝无以嬖御士疾大夫卿士，汝无以家相辞王室，而莫衅于外，尚以时中人万国。’《芮良夫》篇曰：‘民归于德，德则民戴，否则民仇，民至亿兆，后一而已，寡人不胜众，后其危哉？’《王珮》篇曰：‘王者所佩在德，德则利民，不过在敬，施予在平心，不幸在不闻，过福在受谏，基在爱民，固在亲贤。’所哉斯数言者，即壁中书奚加焉？《谥法解》则周公之所制，《时训》《明堂》乃《礼记》所采，《王会解》博于鸟兽草木之名，《史记解》明于治乱兴亡之迹，卓有可观。它篇盖多夸诩诡谲，如‘利维生痛，痛维生哀，哀维生礼，礼维生义，义维生仁。’则非文王之谟也。‘射之三发，击之轻吕，斩之黄钺，悬之太白。’则非武王之烈也。‘六则、四守、五示、三极’，则非周公之训也。‘春违其农，秋伐其穑，夏取其麦，冬寒其衣服。’则非司马之法也。《世俘解》言：‘凡憝国九十有九，馘磿亿有十万七千七百七十有九，俘人三亿万有二百三十。’则嬴秦之暴，不酷于此。《官人解》言：‘设之谋以观其智，示之难以观其勇，烦之事以观其治，临之以利以观其不贪，滥之以乐以观其不荒，醉之酒以观其恭，纵之以色以观其常。'则仪衍之诈，不深于此也，又奚尽若是？故或谓战国时纂辑，出逸民隐士之手，然阅其云'智勇害上，不登于明堂'，则晋狼瞫称之；'緜緜不绝，蔓蔓若何，毫末不掇，将成斧柯'，则苏秦引之；'夷羊在牡，蜚鸿满野'，则史迁《周纪》引之。其书似出春秋战国前，抑周之野史与？未可知也。谓为周之诰誓号令，经孔子删定之余，则吾不敢信。"

刘大谟："若《度训》《命训》《常训》《文酌》《允文》《大武》等解，而尽谓之《周书》可乎？若《和寤》《商誓》《度邑》《时训》《明堂》等解，而尽谓之非《周书》可予？六经而下，求其文字近古，而有裨于性命道德文武政教者，恐无以踰于此。"

汪士汉《跋》："孔子删《书》，断自唐、虞，下终《秦誓》，其书百篇，无所谓《周书》七十一篇也。考班史《艺文志》'《周书》七十一篇'，刘向云：'周时诰誓号令，盖孔子所论百篇之余。今之存者，四十五篇矣。'其间《时训》《明堂》见诸《礼记》，《克殷》《度邑》，援自史迁。是或为周之逸书。"

阎若璩《古文尚书疏证》："李氏焘、陈氏振孙谓《周书》战国人撰，予考之《战国策》，荀息引《周书》曰：'美女破舌，美男破老。'苏秦引《周书》曰：'緜緜不绝，蔓蔓若何，毫毛不拔，将成斧柯。'《左传》狼瞫引《周志》曰：'勇则害上，不登于明堂。'皆见七十篇内，则此书不惟高战国，且突出春秋前矣。"

谢墉《卢校序》："愚尝玩其文义，与《尚书》周时诰誓诸篇绝异，而其宏深奥衍，包蕴精微，断非秦汉人所能仿佛。不第《克殷》《度邑》为龙门所引用也。《明堂》见于《礼记》，《职方》载在《周官》，其文虽有小异，要不足为病。而《箕子》《月令》，想即《洪范》《吕览》所传之文，周史所记载者也。惟其阙佚既多，又颇为为后人羼入者，篇名亦大率俗儒更易，必有妄为分合之处。其序次亦未确当，如《大匡》为荒政第四卷王在管时，不当复以名篇。且文内《大匡》《中匡》《小匡》，意不可解。《时训》似《五行传》，《谥法》与《史记正义》大同，《殷祝》杂出殷事，与《王会》篇末成汤伊尹语，皆为不类。若《太子晋》一篇，尤为荒诞，体格亦卑弱不振，不待明眼人始辨之也。愚谓是书文义，酷似《国语》，无疑周末人传述之作。其中时涉阴谋，如《寤儆》之叹谋泄，《和寤》之记图商，多行兵用武之法，岂即战国时所称《太公阴符》之谋与？时盖周道衰微，史臣掇拾古训，以成此书，始于文武，而终于穆王厉王也。"

朱右曾《集训校释序》："《商誓》《度邑》《皇门》《芮良夫》诸篇，大似《今文尚书》，非伪古文所能仿佛。"

徐时栋《烟屿楼读书志》："《尚书》纪年月日不纪年，此想是古史体例如此。由文推诗，后人作诗往往开句用年号，或曰皇帝几十载，或曰某某几年春，唐人尤多此法。乃三百篇中则但有月而无纪年，如曰：'定之方中，作于楚宫。'曰：'六月棲棲，戎车既饬。'曰：'吉日惟戊，既伯既祷。'曰：'正月繁霜，我心忧伤。'曰：'十月之交，朔日辛卯。'曰：'四月维夏，六月徂暑。'曰：'二月初吉，载离寒暑。'似不一一而足，而总不及纪年，知古人行文自有定法如此。乃至《逸周书》则体例不一，有然有不然，盖其书真伪错难，或系古史所纪，为孔子删余之书；或系战国伪托，为后人附益之篇。学者就此小小体例，核其真伪，亦什得一二矣。试举之，《程典解》之'维三月既生魄'，《程寤解》之'文王去商在程，正月既生大魄'（《御览》引此篇今亡），《大开解》之'维王二月既生魄'，《文儆解》之'庚辰'（以上文王时），《寤儆解》之'维四月朔'，《世俘篇解》之'维四月乙未日'（此篇纪月日甚多），《王权解》之‘维王不豫于五日’(以上武王时);《作雒解》之‘武王既归,乃岁十二月崩镐’,《皇门解》之‘维正月庚午’,《大戒解》之‘维正月既生魄’,《周月解》之‘维一月既南至’,《谥法解》之‘维三月既生魄’(《困学纪闻》引今本无),《本典解》之‘维四月既生魄’(以上成王时);《史记解》之‘维正月王在成周味爽’(以上穆王时)。皆但纪月日而无年岁者。若《大匡解》之‘维周王宅程三年’,《酆保解》之‘维二十三祀庚子朔’,《小开解》之‘维三十有五祀正月丙子’,《文传解》之‘文王受命之九年时维暮春’(以上文王时);《柔武解》之‘维王元祀一月既生魄’,大开篇皆之‘维王一祀二月’,《小开篇解》之‘维王二祀一月既生魄’,《宝典解》之‘维王三祀二月丙辰朔’,《酆谋解》之‘维王三祀’,《大匡解》(第三十七)之‘维十有三祀’,《文政解》之‘维十有三祀’,《武儆解》之‘维十有二祀四月’(以上武王时);《成闰解》之‘成王元年’,《作雒解》之‘元年夏六月及二年’,《明堂解》之‘既克纣六年而武王崩’及‘周公摄政六年而天下治’及‘七年致政于成王’,《尝麦解》之‘维十年孟夏’(以上成王时);则皆纪载年岁与今文异。惟《作雒》《明堂》二解叙述篇中为纪事之辞,而非纪年之体,其法与《尧典》之‘二十有八载’及‘三载’及‘五十载’,《金縢》之‘周公居东二年’,《洛诰》之‘惟周公诞保文武受命惟七年’,较相若耳。”

“《周书》七十二篇,盖必有数篇是周史,为孔子所删者。战国诸子又杂以传闻附益之作,不一手故其书有近《尚书》者,有绝似《国策》者,有似诸子者,而法家,兵家,权谋家,纵横家,儒墨家,直乎不有。而《太子晋解》,则无是小说家语矣。”

章炳麟《经学略说》:“《逸周书》者,《艺文志》云:孔子所论百篇之余。今《逸周书》有目者七十一篇,由此可知,孔子于《书》,删去不少。

虽自有深意，然删去之《书》，今仍在者，亦不妨视为经书。今观《逸周书》与《尚书》性质相同，价值亦略相等，正史之外有别史，安得皇古之书可信如《逸周书》者，顾不重视之乎？《诗》既删为三百篇，而删去之诗，如'巧笑倩兮，美目盼兮，素以为绚兮'一章，子夏犹以问孔子，孔子亦有'启予'之言。由此可见，逸诗仍有价值。逸书亦犹是矣。盖古书过多，或残缺，或不足重，人之目力有限，不能尽读，于是不得不删繁就简。故孔子删《诗》《书》，使人易于持诵，删余之书，仍自有其价值在也。崔东壁辈，以为经书以外均不足采，不知太史公三代本纪，固以《尚书》为本，《周本纪》即采《逸周书》之《克殷解》《度邑解》，此其卓识过人，洵非其余诸儒所能及。"

吕思勉《经子解题》："蔡邕《明堂月令论》谓《周书》七十一篇，《月令》第五十三，篇数与《汉志》合，篇第亦同今本，似今本确为《汉志》之旧。然《汉志》自注曰：'周史记。'师古引刘向曰：'周时诰誓号令也。'今本非诰誓号令者，实居其半。序固举全书悉指为周史记，但观其本文，则无以明之。序与书颇不合，不足信也。诸篇文体有极类《尚书》者（如《商誓》《祭公》两篇是），亦有全不类《尚书》者，而类周秦诸子，且极平近者（如《官人》《太子晋》两篇是）。又有可决为原书已亡，而后人以他书补之书（如《殷祝》篇是）。谓其不可信，则群书所征引，今固多散见各篇之中。谓为可信，则群书所征引，为今本所无者，亦复不少（朱右曾本辑之）。谓为尽在亡篇之中，似亦未安也。朱右曾曰：'此书虽未必果出文、武、周公之争，要亦非战国秦、汉人所能伪托。何者？庄生有言：圣人之法，以参为验，以稽为决，一二三四是也。周室之初，箕子陈畴，《周官》分职，皆以数纪，大致与此书相似。'今此书亡篇中有《箕子》，安知其不与《洪范》相出入。《克殷》《度邑》两篇，为

《史记·周本纪》所本。《世俘》篇记武王狩禽及征国、服国、俘馘、俘宝玉之数，迹似残虐。然与《孟子》所言：'周公相武王，灭国者五十，驱虎豹犀象而远之'隐相符合。《孟子》自述所见武、成，固亦有'血流漂杵'之语。是此书确可称为《尚书》之类也。然如《武称》《允文》《大武》《大明武》《小明武》《武顺》《武穆》《武纪》诸篇，则明明为兵家言。《文传》后半，文字极类《管子》，《开塞》为商君之书，亦已见本篇中。又《汉书·食货志》：王莽下诏谓'《乐语》有五均'。今《乐语》已亡，而五均之别，实见本书之《大聚》。五均者，抑并兼之政，亦《管子》轻重之伦也。吾国之兵家言，固多涉及治国。其记周事之特多者，著书托古，古人类然。亦或谓诚有所祖述。今观《六韬》即如此，岂能附之书家乎？然则此书入之子部兵家，实最妥也。"

谨按：谷霁光氏尝有一《〈尚书〉〈周书〉和〈逸周书〉事实相同体裁相同几篇的比较研究》一文，刊《清华周刊》第三九卷第八期：

（一）事实体裁相同几篇之比较

《牧誓》与《商誓》

《洛诰》与《度邑》

（二）事实相同两篇之比较

《洛诰》与《作雒》

（三）体裁相同几篇之比较

《多士》《多方》与《皇门》

《多士》《多方》与《商誓》

《洛诰》与《祭公》

《君奭》与《皇门》

《大诰》《召诰》与《芮良夫》

（四）两书用词之比较

（五）两书成语之比较

据其比较后之结论：

（一）文体比较 《逸周书》之《皇门》《芮良夫》《祭公》《度邑》均为诰体，与《周书》之《大诰》《召诰》《康诰》同，《商誓》又与《多士》《多方》同为誓之变体，惟《作雒》纪事，颇类《金滕》，例之《尚书》文体，例似特出。《逸周书》不纯之处正多，固非一事一篇已也。

（二）事实比较 《逸周书》事实方面与《周书》几篇互相出入者有四：一曰《逸周书》重召公，二曰《逸周书》重何稷，三曰《逸周书》之上帝人格化，四曰《逸周书》先王之神格化。其实细究之与《周书》亦二而一者也。

（三）章法结构比较 章法结构相同点之多殊出人意外，人多以《周书》与《尚书》文体不类，文体二字亦似指草法结构言之，其实严密分析之，方知其固大同而小异也。

其假定之结论：

（一）《逸周书》原本与《尚书》史料同源。

（二）《逸周书》原本与《尚书》先后同时。

（三）《逸周书》原本作者与《尚书》《周书》作者非一。

谷氏径此严密之分析研究，虽未必为定论，尤以古人于古文之知识尚缺乏，然在未有人再作精细研究以前，吾人当以此结论为结论。全文过长，此不俱引。

（原刊上海《大美晚报·历史周刊》1937年1月25日第3版，与沈延国合撰）

《逸周书》篇目考——《逸周书集释》附考之一

《汉书·艺文志》(入《书》部,《尚书》后):"《周书》七十一篇。(周史记)师古曰:刘向云:'周时诰誓号令也,盖孔子所论百篇之余也。'今之存者四十五篇矣。"

蔡邕《明堂月令论》:"《周书》七十一篇,而《月令》第五十三。"

《隋书·经籍志》(入《史部·杂史》):"《周书》十卷。"

注:"汲冢书,似仲尼删书之余。"

《唐书·经籍志》:"《周书》八卷(孔晁注)。"

《新唐书·艺文志》:"汲冢《周书》十卷。孔晁注《周书》八卷。"

《史通·六家·尚书家》:"又有《周书》者,与《尚书》相类,即孔氏刊约百篇之外,凡为七十一章,上自文武,下终灵景。"

《崇文总目》(入杂史):"《周书》十卷(孔晁注)。"

《宋史·经籍志》:"《汲冢周书》十卷。(晋太康中于汲郡得之,孔晁注。)"

《通志·艺文略》:"《周书》七十一篇。颜师古曰:刘向云:周时誓诰号令也。盖孔子所论百篇之余也。今存四十五篇。《汲冢周书》十卷。《汲冢周书》八卷(孔晁注)。”

晁公武《读书志》:“《汲冢周书》十卷,晋太康中,汲郡与《穆天子传》同得。晋孔晁注。盖孔子删采之余,凡七十篇。”

陈振孙《直斋书录解题》:“《汲冢周书》十卷,晋五经博士孔晁注。太康中,汲郡发魏安厘王冢,所得竹简书,此其一也。凡七十篇,序一篇在其末。今京口刊本以序散在诸篇,盖以仿孔安国《尚书》。”

洪迈《容斋随笔》:“《周书》今七十篇。”

高似孙《史略》:“《周书》十一卷,《竹书》内书,晋孔晁注此书,以为孔子删采之余,凡七十篇。”

李焘《逸周书考》:“晋孔晁注《周书》十卷,案隋唐《经籍志》《艺文志》,皆称此书得于晋太康中汲郡魏安厘王冢。孔晁注解,或称十卷,或八卷,大抵不殊。若此则晋以前,初未有此也。然刘向及班固所录,并著《周书》七十一篇,……篇目必汉但阙一耳。”

刘克庄《后村诗话》:“《汲冢书》十卷,七十篇,与《艺文志·周书》七十一篇合,但少一篇。”

胡应麟《少室山房笔丛》:“《逸周书》七十篇,汉时仅存四十五篇,今《周书》十卷,其七十篇之目并存,而阙《程寤》《秦阴》《九政》《九开》《刘法》《文开》《保开》《八繁》《箕子》《耆德》《月令》十一篇之文,所存五十九篇,并后序一篇,共六十篇,盖非完书也。”

《四库全书总目提要》:“考《汉书·艺文志》,先有《周书》七十一篇,今本比班固所纪,惟少一篇。陈振孙《书录解题》称凡七十篇,叙一篇在其末,京口刊本始以《序》散入诸篇,则篇数仍七十有一,与《汉志》合。”

谢墉《卢校序附识》:“班固载《周书》七十篇,仅存四十五篇。今其目仍有七十篇而存者乃有五十九篇,较班《志》转多十四篇,此由后人妄分以符七十之数,实只四十五篇未尝亡耳。且如《大武》以下,并论攻伐之宜,文气不断,不得分为三篇。卷一之《糴匡》与卷二之《大匡》,俱属荒政,辞义联属,自是一篇。盖《糴匡》之文,即在《大匡》中间。如‘勤而不宾,祈而不宾,利民不淫,民利不淫’,文义一律,简册舛错,遂分而为二,因有‘卿参告糴’之句,而妄立《糴匡》之名也。若第四卷《大匡》为监殷事,篇内虽有大匡小匡之名,不应与前篇同其名目,二者必有一讹。《武寤》文势亦似竟接前文,非另篇也。《世俘》与《克殷》,事词相属,文笔亦一类,应为《克殷》一篇。今中隔《大匡》《文政》《大聚》三篇,盖亦妄立《世俘》之名而分之,并乱其次也。孔氏既注《周书》,而尚有不注者十余篇,岂此十余篇为孔氏之所未见,后人附入者耶?如《器服》多阙文,故不可注,至若《酆谋》《度邑》《武儆》《尝麦》《官人》诸篇,均多名言法语,何以概置不注,是可疑也。”

丁宗洛《管笺疏证》:“按书有十卷而注仅八卷,何也?今考第三卷《酆保》《大开》《小开》《文儆》四篇,第五卷《商誓》《度邑》《武儆》《五权》四篇,第六卷《明堂》《尝麦》《本典》三篇,第七卷《官人》一篇,第十卷《武纪》《铨法》《器服》三篇,共十五篇,皆无注,加以十一篇之亡阙,此注所以仅分八也与?按《唐志》于经曰《汲冢周书》,于注曰《周书》,已觉参差;而《宋史》曰《汲冢周书》,似是原本《唐志》,第其注不言八卷,又与《唐志》稍异。意唐时《经》《注》各自为书,如《左传》之于《春秋》,正经至宋,则注已附经,如杜氏分传之年,以合经之年,故一剖析而一部剖析欤?《汉书注》‘今存者四十五篇’一语,自明以前,皆以为刘子政之词,至朱氏《经义考》始举而属之于颜师古。夫以为刘氏语,则始而四十五篇，发冢增多十四篇，系诸汲冢，厥义可通。若以为师古也，则冢发已久，仍系四十五篇，彼十四篇，何时加增乎？诸说尽窒而难通矣。然吾以为无不可通也。盖孔博士注此书，原有二本，颜师古注《汉书》时，此书亦尚有二本。惟晋有二本也，故《大武解》'三摒厥亲'句，注云'摒'作'损'。《克殷解》'荷素质之旗于王前'句，注云：'一作以前于王'，是孔氏只据一本以作注，惟唐仍有二本也。故师古与修《隋书》，应知此为汲冢书，而《汉书注》乃全不道及。且李善注《文选》、王元长《曲水诗序》引《度邑解》'邱中'云，《周书》'邱或为苑'，引《王会解》云：'侮食古本作晦食'，其有二本，盖属明征。此可知四十五篇者自一本，五十九篇者自一本也。"

朱右曾《校释目录附识》："其书存者五十九篇，并序为六十篇，较《汉志》篇数，亡其十有一焉。注之者，晋五经博士孔晁，每篇题云：'某某解第几'，此晁所目也。旧但云：'某某第几'，蔡邕《名堂月令论》曰：'《周书》七十一篇，而《月令》第五十三'，可证也。唐初孔氏《注本》，亡其二十五篇，师古据之，以注《汉志》，故云今其存者四十五篇，师古之后，又亡其三，故今孔《注》只有四十二篇也。然晋唐之世，书有二本，孔氏解《克殷》'荷素质之旗于王前'云：'一作以前于王'，解《大武》'三摒厥亲'云：'摒一作损'。李善注《文选》'邱中'云：'《周书》邱一作苑'。刘知幾《史通》云：'《周书》七十一章，上自文武，下终灵景'，不言有所阙佚，与师古说殊。《唐书・艺文志》《汲冢周书》十卷，孔晁注《周书》八卷，二本并列，尤明征也。其合四十二篇之注于七十一篇之本而亡其十一篇者，未知何代，要在唐以后矣。"

沈赤然《寄傲轩续笔》："《逸周书》大臣解有二，尝疑篇名不应复出，求其讹错之故而不可得。近复详玩后《大匡》及《文政》二篇，篇首各有‘惟十三祀王在管’二句，此下文义亦绝相类，盖误分《文政》之半，别为一篇，而又不知其何名，见篇中有‘大匡’‘中匡’‘小匡’等字，遂复以《大匡》之名，其《文政》篇之首数句，亦后人误增入者。《周月解》《时训解》《月令解》，疑本是一篇，后人误分为三，以足七十篇之数，遂谓《月令解》已阙，不知《时训》即《月令解》也。且古‘雨水’在‘惊蛰’后，‘谷雨’在‘清明’前，《汉书》可知。而《周月解》《时训解》，皆先‘雨水’‘清明’而后，‘惊蛰’‘谷雨’，本朝卢文绍以为后人妄改古书，愚谓此直是魏晋间人手笔于此处，不觉渗漏耳。”

刘师培《周书略说》：“《汉书·艺文志》书类《周书》七十一篇。自注云：‘周史记’。颜注引刘向曰：周时诰誓号令也，盖孔子删百篇之余（此语朱彝尊《经义考》、臧琳《经义杂记》，并引为颜注，然宋本丁黼《序》及王应麟《困学纪闻》二，并引为向语，李焘《逸周书考》云：刘向班固所录，并著周书七十一篇，且谓孔子所删之余。《玉海》三十七同。则亦以斯为向语。又斯语之旨，《史通》及《史记索隐》《左传》《孔疏》并同。《穀梁杨疏》云：‘先儒以为仲尼删《尚书》之余’，称为先儒，则非出自颜氏，故今从宋人所引，属之刘向）。今所传孔晁注本。自《度训》至《器服》篇计七十。近儒谓《汉志》七十一篇，其一为序，今考蔡邕《月令篇名》云：‘《周书》七十一篇，而《月令》第五十三。’《孔本》第目与符。自系汉人相承之本。特孔《注》而外。别本匪一，《玉海》五十七引沈氏《谥例序》云：‘《周书·谥法一》第五十六，《谥法二》第五十七。’是沈氏所见，析《谥法》为二，此盖周书别本。犹《今文尚书》夏侯《经》二十九卷，欧阳《经》析为三十二也。其第目亦殊今本者，犹《尚书》百篇、今礼十七篇之次各本弗同也。惟《尚书释文》谓马郑之徒，百篇之序，合为一卷，以斯相同，则序别为篇，自系古本。或即《汉志》七十一篇旧式也。《玉海》五十四又云：'沈约案《谥法》上篇，卷前云《礼·大戴记》，后云《周书·谥法》第四十二。'又云：'凡有一百四十五谥'。据沈说，盖六朝之际，《周书·谥法》别有单行本，合《大戴·谥法》为一编。所题第目，与今本异。复与分篇之本殊，亦周书匪仅一本之证也。考《克殷》《大武》诸篇，孔注之文，已云某一作某，则孔氏所见，亦非一本。又据苏洵《集谥法总论》云：'谥者起于今文《周书·谥法》之篇，今文既以鄙野不传，其《谥法》之上篇独存，又简略不备'（苏义盖以班《志》所录为今文《周书》，汲冢所得为古文《周书》，既以孔本出汲冢，彼法《谥法》仅一篇，故以《谥法》分篇之本为今文。据彼说知《谥法》分篇之本，当时仅存《谥法》上篇，余篇悉亡，故洵妄为此说也）。是《谥法》析分二篇之本，北宋犹存，要之均非汲冢本也。"

《旧唐书·经籍志》云："《周书》八卷，孔晁注。"不云出自汲冢。《新唐书·艺文志》云："《汲冢周书》十卷。"又云："孔晁注《周书》八卷"（《通志·艺文略》一同）。则孔之所注，为八卷本，书无汲冢之名。汲冢所得，为十卷本，亦无孔晁之注。《唐六典·杂史》七十种首列《周书》，与《唐志》同，是即《唐志》所本。故唐人所引，均无汲冢之称。（惟《北堂书钞》三十引"淫度破制节"注云《汲冢周书》，当亦宋人所增改。）宋修《御览》。于所据书目，始标《汲冢书》。杨慎《逸周书序》云："盖当时儒臣，求《汲冢》七十五篇而不得，遂以《逸周书》七十一篇充之。"说亦近是。窃以为《汲冢》十卷本，唐季已亡，世求弗获，由是代以孔本，析为十，冠以《汲冢》之题。天一阁抄本《崇文总目·杂史类》云："《周书》十卷，孔晁注。"此其证也（《通考》卷一百九十五云："《汲冢周书》十卷"，《宋史·艺文志》云："《汲冢周书》十卷，晋太康中于汲郡得之，孔晁注。”盖均《崇文总目》。若《玉海》三十五引新志，自注云：“《崇文目》同”。盖指《汲冢周书》十卷一语言，非宋时孔本即真汲冢本并存也）。李焘《逸周书考》云：“孔晁注解，或称十卷，或八卷，大抵不殊。”盖孔注八卷本至宋犹存，惟所称汲冢十卷本即自八卷本析分。十卷之本既曰汲冢书，故八卷之末，亦移汲冢之名相被。（李谓八卷本与十卷本不殊，即十卷本析自八卷本之确证。《玉海》三十七亦云：孔晁注或称十卷，或称卷八）。此宋人所引《周书》，蔑论何本，所以咸冠以汲冢之目也。（章俊卿《山堂考索》前集卷二“汲冢书”条云：“晋太康中，于汲郡古冢得之。先儒多称是书乃孔子删百篇之余。《史通》疑其言尧舜益启非揖逊，桀逊位于汤。与经不合。杜预《左氏后序》言其载太甲潜杀伊尹之事，与《尚书》乖异。”案彼说盖混《周书》与《纪年》为一。其误甚巨。晁公武《郡斋读书志》以为汲郡与《穆传》同得，亦据当时标题为说）。

《汉书・艺文志》颜注云：“今其存者四十五篇。”朱氏《集训校释序》云：“颜氏所云四十五篇，即指孔注。师古之后，又亡其三。故今注只有四十二篇。”其说甚是。旧本《周书》，虽匪一本，然《玉海》五十四引沈约《谥法例序》云：“《周书・谥法一》第五十六，《谥法二》第五十七，上篇有十余谥，下篇惟有第目无谥名。”是谥法分篇之本，齐梁之际，上缺下亡。又杜台卿《玉烛宝典序》云：“案《周书序》：‘周公制十二月赋政之法’作《月令》，自周公《月令》耳。且《论语》注云：《周书・月令》有更火之文。今《月令》（指《小戴・月令》）聊无此语，明当是异。”是杜氏所谓《周书》已无《月令解》。盖六朝各本，互有残缺。故迄于唐初，孔注之本，仅存四十五篇。据慧琳《一切音义》引《时训》注，《后汉书》李注引《小开》注，则二篇之注，唐初具在，其他一篇，今不克考。惟当时孔本以外，别本犹繁，如《时训》“水始涸”，《类聚》引符。一行《日度议》引作“爰始收潦”；《柔武解》“五者不距，自生戎旅”，《文选》李注引作“加用师旅”，书有别本，即此可明。又《选》注引《度邑解》“邱中”。谓“邱或为苑”，亦其碻征。颜注所指现存之数，自属孔本，非谓各本均仅四十五篇也。嗣孔注仅存四十二篇。后人于孔本已亡，他本尚存者，依目补入，多得十七篇（并序则为十八）。其他十一篇，盖各本均缺，未有增补。此即今文五十九篇（并序则为六四）。所由昉也。盖当时唐宋之间，《御览》所引《程寤解》，当由他籍移录，与唐人所引《月令》同。（刘知幾《史通》谓《周书》凡为七十一章，亦据篇目言，非必彼所据本无一缺篇也。）

谨按：《序》别为篇，自是古本旧式。《周书》本七十篇整数，《汉志》七十一篇者，连《序》而言。亦犹《汉志》称《墨子》七十一篇，连目而言，故高诱注《吕览·当染》篇，称《墨子》七十一篇，而注《慎大》篇又云七十篇也。

胡应麟谓：“汉时仅存四十五篇”，谢墉谓“班《志》载《周书》七十一篇，仅存四十五篇。”皆误读《汉志》颜注。颜注“今之存者四十五篇”一语，当出颜氏，非刘向语也。《汉书·萧何传》颜注又云：“《周书》者，本与《尚书》同类，盖孔子所删百篇之外，刘向所奏有七十一篇。”可证也。

丁宗洛、朱右曾以此书原本有二，四十五篇者自一本，五十九篇自一本，孔注所据，盖四十五篇本。其证有四：（一）孔注有校语，（二）《选注》有校语，（三）《史通》不言阙失，（四）《唐志》以十卷本、八卷本并列。刘师培又以沈约语，证《谥法》有析分二篇之本。说皆近是。惟《史通》不言阙失，未必唐时尚有完本。刘氏据《玉烛宝典序》，以六朝已有残缺，是也。谢墉、沈赤然以今本有妄分以符七十之数者。其说亦近当。疑此书既有残缺，后人遂各以意妄分，以符七十之数。《谥法》析分二篇之本，盖亦由是出。今本所阙佚者，或不止十一篇也。惟沈赤然谓：《周月》《时训》《月令》本一篇，后人误分为三，遂谓《月令》已阙，其说甚非。蔡邕尝云："《周书》七十一篇，而《月令》第五十三"，则《周书》之本有《月令》明甚。

刘师培以《汲冢周书》十卷，自别有《汲冢周书》十卷本，唐季已亡，世求弗获，由是代以孔本，析八卷为十卷。其说盖本乎丁氏。丁宗洛《汲冢周书证》云："《汲冢周书》，初未尝无此书。《束皙传》之又杂书十九篇《周食田法》《周书论楚事》……，是真《汲冢周书》也。"其说似是而实非。汲冢所得杂书仅十九篇，既云杂书，必无大著在其中，汲冢所出《周书》，当不过数篇而已，必不能有十卷之数也。况诸书所引，如刘庚《稽瑞》引《汲冢周书》曰："伯杼子往于东海，至于三寿，得一狐九尾。"邹忠允引《汲冢周书》曰："殷内史挚，见纣之愈乱惑也，于是载其图法归之。"此皆与《竹书纪年》相出入，疑"周书"皆"竹书"之误耳。汲冢所出《周书》已早亡，《隋志》《新唐志》所云，当皆指此《周书》而言，非真汲冢所出也。惟时人不见汲冢所出者，遂误以此《周书》即汲冢所出耳。不然，若《隋志》所纪，固出自汲冢，则此书不为《隋志》著录矣，岂有所疏漏耶？若云汲冢所出十卷本，唐季已亡，则《新唐志》又何为著录。《汲冢周书》十卷？《旧唐志》但云《周书》，无《汲冢周书》，知所谓《周书》与《汲冢周书》，实无二书也。《新唐志》既称《汲冢周书》十卷，又称孔晁注《周书》八卷，丁氏谓唐时经注各别为书，其说良得。陆德明《经典释文》，至今尚单行。经注单行，盖古书多然。而《宋志》又云孔晁注十卷者，丁氏谓乃至宋而注已附经，一剖析而一不剖析，其言亦是。李焘云："孔晁注解，或称十卷，或八卷，大抵不殊。"盖指此言也。孔注疑本不录原书全文，仅标一二字下注，亦如《经典释文》然，故甚易散佚，及唐而存四十五篇，至宋而附入经文，又有散佚也。

（原刊《光华大学半月刊》1936 年第 4 卷第 6 期，与沈延国合撰）

《墨经》考

一、《墨经》乃墨书《经上》,《经下》非是。

《墨经》之名,见《庄子·天下》篇,墨书有《经上》《经下》二篇,梁任公辈,即以《墨经》命之,在昔鲁胜,则命之以《墨辩》,今胡适之则更加《大取》《小取》二篇而总命之《墨辩》,窃皆以为不然。

《白虎通》云:“经,常道也”。《孟子》赵岐注亦云,“经,常也”。是古以最精深之道,命之曰经。《庄子·天下》篇云:“相里勤之弟子五侯之徒,南方之墨者苦获、已齿、邓陵子之属,俱诵《墨经》,而倍谲不同,相谓‘别墨’。以坚白同异之辨相訾。以觭偶不仵之辞相应。”

是《墨经》为后世墨家所俱诵,虽“倍谲不同”,相互辩论,亦必以之为根据,则《墨经》为墨学中精深之理所在,明甚。近人之视《经上》《经下》,以为皆辩论之言,或竟谓“名家言”,或比之于《荀子·正名》篇,于是命之以《墨辩》,更附之以《大取》《小取》,皆不能通,如《经上》云:“欲正权利,且恶正权害。”此墨家精警之口号明甚。利固为人所欲,然不可求欲过分,求欲过分,势必趋自私自利之徒,于是相互侵略,天下宁有安日?故吾人于利,必欲正权之。害固为人所恶,然当兼顾大体,使不兼顾大体,相互以害分人,则天下之乱,更有息日?故吾人于害,且恶权正之。此与《亲士》所谓"君子自难而易彼",《庄子》称墨子为"以绳墨自矫,备万世之急",《经上》"任:士损己而益所为也"之意同。

《经上》文例可分两类:

(一)定义式——从名辞内涵方面:如"知:材也。""虑:求也。"从名辞外延方面:如"知:闻,说,亲。""闻:传,亲。"

(二)判断式——如:"必欲正权利,且恶正权害。""诺不一利用。"

是《经上》所论,全在说理,《经下》则不然,其文例全用辩论式,如云:"狗,犬也。而杀狗非杀犬也,可,说在重"。殊非墨学本意,称墨书尚有愧色,称经更无论矣。其所辩论全以《经上》为根据,其文繁琐,足见《经下》较为晚出。《经上》思想精深,文字有条不紊,文例极严,将墨学作一贯之叙述,简约扼要,称经实无愧。

二、《墨经》在"一同天下之义",墨家以为惟一之公理。

古之命为经者,如《易经》《算经》《孝经》,莫不以义命名,此云《墨经》,以为墨义所在,故为墨经所俱诵。《尚同中》云:

> "方今之时,复古之民始生,未有正长之时,盖其语曰:天下之人异义,是以一人一义,十人十义,百人百义,其人数兹众,其所谓义者亦兹众。是以人是其义,而非人之义,故交相非也。……天下之乱也,至如禽兽然。"

是墨子以为天下之纷乱,因人各是其所是,非其所非,皆用主观眼光，而无惟一之公理，故主统一天下之思想，创设惟一之公理。“矩子”之设，恐即此也。后世墨者必听命于矩子，足以证之。《墨经》之作，恐亦此也。《墨经》为后世墨者所俱诵，为后世墨者所根据，足以证之。《墨经》一书，墨家以为天下惟一之公理，故于一切事物之理，无不包罗，于是非同异有无可否，皆有绝对之标准，皆有肯定之判断。绝不巧辨饰非，绝非“相谓别墨”时之辩辞，更非“名家言”，后世辩时，皆以之为根据，岂得谓辩时某派所作？疑之皆为惠施、公孙龙所祖之者，鲁胜考之未审耳。《经下》为后世所增，确为辩论之辞，《经上》全为精深之墨家主义所在，为后世墨者所根据，乌可亦命之以“辩”？乌可谓名家所本？

三、《墨经》为后世墨学所本

《经上》中凡“知识”“德行”“人生”“欲恶”“言语”“政治”“宇宙”“说辩”“作事”“名实”“行为”“同异”“言闻”“选择”无不一一作系统之说明。其论“欲”论“行”论“为”论“治”，与《亲士》《修身》主义相同。

《亲士》之主义在(《亲士》《修身》非伪，见拙著《胚胎时期的墨学》)：“非无安居也，吾无安心也；非无足财也，我无足心也，是故君子自难而易彼……”谓天下之纷乱，人生之烦恼，起于不满意，自乎不知足，“安心”“足财”，本无绝对标准，富者自贫者而观之，可谓“足财”矣；贫者自尤贫者而观之，亦可谓“足财”矣；如能对己以“难”，无论如何艰苦，认为满意，一切欲恶，概行去之；如能对人以“易”，无论如何艰苦，使人满意，则天下岂有纷乱哉？人生更有烦恼哉？

《墨经》(即《经上》)云：“平：知无欲恶也”。“为：穷知而县欲也”。“任：士损己而益所为也”。与《亲士》之论，绝然相同。较《兼爱》《非攻》所论为精深。《修身》之大意在力行，如云："功成名遂，名誉不可虚假，反之身者也"。即《墨经》所谓："行：所为不善名，行也；所为善名，巧也。若为盗"。如云："生：刑与知处也。"以为人生之意义，须身心相合，心既知之，身必行之；与《修身》所谓"士虽有学，而行为本焉"同。此《亲士》《修身》将《墨经》中论人生一部另行组织而成也，墨家主实用，一文之作，必有一文之需要，此二篇之作，或觉论人生一部于吾人最切，而《墨经》分论于各部，不易得其系统之思想而作也。

《墨经》全以学理作根据，绝无浅陋迷信之言，惟学理精深，难以语常，乃不得不借助于当时社会之迷信，以发展其学说；不得不将理论改至通畅，以适应当时之环境，此《尚贤》《尚同》《兼爱》《节用》《节葬》《天志》《明鬼》等篇之所以作也。

《尚贤》《尚同》由《墨经》论"政"一部所演化而成。《墨经》云"君：臣萌通约也"。《尚同中》云"凡国之万民，上同乎天子而不敢下比。天子所是，必皆是之；天子所非，必皆非之"。亦以君之言行为臣民共同之通约，必须遵守者也。《墨经说》云："君：以若名者也"。《尚贤》《尚同》以为天子须天下之最贤者，能"明于民之善非"者也。是亦以君当顺从民意者也。《墨经》主法治，有"功""赏""罪""罚"专章，与《尚同下》云："得善人而赏之，得暴人而罚之"之意同。

《兼爱》《非攻》由《墨经》论"行"论"为"所改变而成。《墨经》之论"行""为"，以自苦与兼爱并提，且以自苦为重，主去欲，如云："任：士损己而益而为也"。"为：穷知而县欲也"。但其后墨学不盛，其故在自苦"反天下之心，天下不堪"(《庄子·天下》篇)，故其后但言兼爱而不谈自苦，以期挽回狂澜。《墨经说》云："仁：爱己者，非为用己也。不若爱马"。"义：志以天下为芬，而能能利之，不必用"。爱人者，须非为用人。利人者,须不必用人,无论有用于否,皆当爱利之。与兼爱之最高理想:“老而无妻者,有所侍养,以终其寿。幼弱孤童之无父母者,有所放依,以长其身”(《兼爱下》)。岂有异哉?

《节用》《节葬》《非乐》《非命》由《墨经》论“实”“行”化成,惟较极端耳。盖墨家主力行而其后墨学不行,故于“实”“行”特别激烈。《墨经说》云:“实:志气之见也。使人如己,不若金声玉服”。主张发展志气,而反对奢侈品如“金声玉服”,足以证之。

总上所论,《尚贤》《尚同》等十篇自《墨经》演化而成之迹,昭然可见。《墨经》为墨家精义所在,后世辩论必之为证据,故当时墨者著作时,亦必以之为根据也。

试更观《尚贤》《尚同》等十篇,皆分上中下,墨家做事,极有纪律,而必须合于需要,决不同时共作三篇,况文义大同小异哉?上篇既名为上,著作之年代当先,中篇次之,下篇当最后,各上篇文字简要,以理论作根据,各下篇言繁好辩,极重迷信,中篇适得乎中,是则《尚贤》《尚同》等十篇自《墨经》演化而成之迹,又可见矣。

《墨经》文字简约,重理论,无迷信,《尚贤》《尚同》等上篇著作最先,故去《墨经》最先,故去《墨经》较近,文亦较简,理亦较中,迷信亦较少,其后因众人于墨学仍不能了解,而反对者愈烈,故下篇之文特繁,反复重述,迷信特重,而特有与他人辩论之辞,《明鬼下》有与“执无鬼者”相辩之辞,《节葬下》有与“执有命者”相辩之辞,《节葬下》有与“执厚葬久丧者”相辩之辞(今《非命上》有与“执有命者”相辩之辞,文有繁琐,与各上篇文笔不类,与各下篇文笔相同,其必为错上无疑。《非命中》文简义精,当为《非命上》,《非命下》则当为《非命中》)。更后辩论更烈,《庄子·天下》篇所谓“以坚百同异之辩相訾,以觭偶不作之辞相应”,《韩非子·显学》篇所谓“墨离为三,取舍相反不同”。时墨家非特与他家相辩,本家又各相訾,于是有研究辩论方法之必要,此《大取》《小取》之所以作也。《大取》《小取》所论,与《墨经》论“说辩”论“名实”相类,近人多能言之矣,盖根据之发挥而成也。

四、墨家本无迷信,故《墨经》亦无之

近人以墨家之重迷信在先,无迷信在后,《墨经》无迷信,而疑为后世墨者所作。窃又以为不然。设先时墨家果重迷信,则排斥鬼神之儒家正宗荀子,必极力排斥之,何荀子但攻其持之有理之节用,而毫不攻其牵强附会之迷信,其《天志》之根据为“奚以知天兼而爱之,兼而利之也?以其兼而有之,兼而食之也。今天下无大小国,皆天之邑也。人无幼长贵贱,皆天之臣也。此以莫不刍牛羊,豢犬猪,洁为酒醴粢盛,以敬事天。此不为兼而有之、兼而食之邪?”(《法仪》)其《明鬼》之根据为“若是,何不入一相一里而问之?自古以及今,生民以来者,亦有曾见鬼神之物,闻鬼神之声,则鬼神何谓无乎”?其非墨家主义,其为当时社会迷信而牵强拉入者可见。《尚贤中》云:“其为政乎天下也,兼而爱之,从而利之,……故天鬼赏之,立为天子”。“其为政乎天下也,兼而憎之,从而贼之,……是故天鬼罚之,使身死而为刑戮”。是《天志》《明鬼》,非墨家本义,利用之以谋发展其学说之迹可见。

夫解决“民之巨患”——“饥”“寒”“劳”(《非乐上》)之法,惟有兼爱,“有力者疾以助人,有财者勉以分人”,(《尚贤上》)但必须实力充分,然后由余力助人,充分实力之法。“曰:‘凡天下群百工,……使各从事其所能。曰,凡足以奉给民用,则止。’诸加费不加利于民利者,圣王弗为”(《节用中》)。墨家所以主尚贤(尚同由尚贤引申而出),尚

早婚,“使各从其事其所能”也。节用(节葬由节用引申而出),皆蓄私,“凡足以供民用则止”也。非乐、非攻、非久丧,“诸加费不加利于民利者,圣王弗为”也。惟《天志》《明鬼》,不合墨学体系,且“薄葬右鬼,道乖相反”,其必为后世牵强拉入,利用之以图发展其学说明甚。

五、《墨经》为墨子自著

《韩非子·外储说左上》篇云:“楚王谓田鸠曰:墨子者,显学也。其身体则可,其言多而不辩,何也?……曰:……墨子之说,传先王之道,论圣人之言,以宣告人。若辩其辞,则恐人怀其文,忘其直,以文害用也”。足为墨子辩之证。当时墨子已不在,此谓墨子之言,当指其著作而言,其著作为何?曰:《墨经》是矣。是以后世墨者如是其俱诵之而根据之,为墨家思想之源泉焉,《墨经·经上》共九十余章,言不可谓不多,文字绝不巧辩饰非,若谓楚王田鸠所言,指《尚贤》《尚同》等十篇,言虽多,然言论滔滔,下篇有与人相辩之辞,何可称不辩?《墨经》若以今名命之,可称《墨学大纲》,故每句一章,字极简约,以便记忆遵守耳。或因之而疑“非春秋时所宜有”,或因之而疑“苟非与印度有关,虽至战国,亦不宜有,”殆未明此义耳。

《贵义》云:“子墨子南游于楚,见楚献(书)惠王,惠王以老辞,使穆贺见子墨子,子墨子说穆贺,穆贺大悦,谓子墨子曰:子之言成善矣,而君王天下之大王也,毋乃曰‘贱人之所为’而不用乎?”《渚宫旧事》亦云:“墨子至郢,献书于惠王,受而读之,曰:‘良书也。寡人虽不得天下,而乐养贤人,’……墨子辞曰:‘……今书未用,请遂行矣。’将辞王而归,王使穆贺以老辞”。二书所记,虽有出入,更为一事耳。古有将自著书献于帝王之例,墨子所献,当亦自著,穆贺曰:“子之言成善矣,……毋乃曰'贱人之所为'而不用乎"?墨子未尝出仕(《贵义》"翟上无君之事")故称贱人,此谓"子之言""贱人所为",可见此书墨子自著也,墨子辞曰:"今书未用,请遂行矣,"足见此书为墨家主义所在;穆贺称此书为"君王天下之大王",足见此书有"尚同"之意。此书为何?必《墨经》是矣,《墨经》之言,精博而有组织,确可称"成善""良书",《墨经》于墨家主义包罗详尽,确为墨家主义所在,《墨经》之意,确在《尚同》。不然,《尚贤》《尚同》等篇为门人小子所作,墨子何从而献之?《贵义》云"子墨子说穆贺"盖所献之书——《墨经》——精神难晓,而加以说明。《经说》之作,盖亦此也。

六、论当今治《墨经》之失

治《墨经》者,自鲁胜始,自序云:"引说就经,各附其章,疑者阙之。"是《墨经》晋代已不能"知之也著",况今也耶?《经文》有"旁行"之纠纷,《经说》有"标题"之纠纷,字句时有错乱,文章时有讹误,非合多数学者之力,孜孜焉,矻矻焉,整齐脱衍,纠正错误,字字而求之,句句而详之,文例一一而比较之,文义一一而贯通之,则虽欲尽通其义,乌从而通之也。虽然,今日之治《墨经》者,不可谓不多矣,彼于此思索十数年,犹未能同其义者独何欤?曰:或误于以为《墨经》乃"相谓别墨"时代辩论之言,辞旨玄奥,于是愈校释而愈玄奥,愈玄奥而离本义愈远矣。或误于《墨经》中有自然科学之说,于是便觅全书,将可附会者尽行附会之,虽有一二条尚能单独言之成理,奈其他乎?若果为自然科学,如何其源流不明?如何其无系统之组织而碎见于经中?既名为"经",其必有一贯之通义,其必有一贯之文例,岂可知今日治《墨经》者之视如"字典式"然者?可任意碎诂?可任意分释?不相连贯，不相融合，不顾前后文义之如何，不顾前后文例之如何，或窜句游心，增字为解，或断章取义，离文而释，即遍读诂释，亦不知全文大义所在。既冠以“墨”，当为墨家主义所在，岂可如今日治《墨经》者之视如公共之“定义式”然者？可任意离墨而释？即遍读诂释，几不知其为墨家之经籍。当今治墨者之目标，尚未认清，是以《墨经》愈治而荆榛愈甚也。于是谨守之士，群起而病之，病治者之穿凿，痛《墨经》之失真，以《墨经》不能轻校轻释，概以阙疑归之。夫《墨经》之治，中断已久，讹误脱衍，势所难免，若以《墨家》不能轻校轻释，概归阙疑，守讹存误，吾恐《墨经》无重光于天下之一日！若任意轻校轻释，全出附会，郢书燕说，吾恐《墨经》有沉没天下之一日！国人乎！如欲爱护中国也，务必将中国之学术发扬光大，墨学为先秦显学，《墨经》为墨学经义所在，愿国人谨慎治之。幸勿穿凿附会，使错乱之《墨经》，更沉没于今日！校字释文，务必根据前后文例文义，参考他篇墨书而后可，如今治墨者之所谓几何学，实《墨经》宇宙论中论“宇”之一部，不察其一贯之思想误解所致。

（一）“端”“尺”“区穴”非几何学之点线面——

（经）“中间：中也。”

（经）“间：不及，旁也。”

（经）“纑：间虚也。”

（经）“盈：莫不有也。”

（经）“撄：相得也。”

（经）“仳：有以相撄有不相撄也。”（仳本作似，据说而校）

（经）“次：无见而不能相也。”

以上六章，由前后文义一贯观之，在论物之排列，今作图以明之：

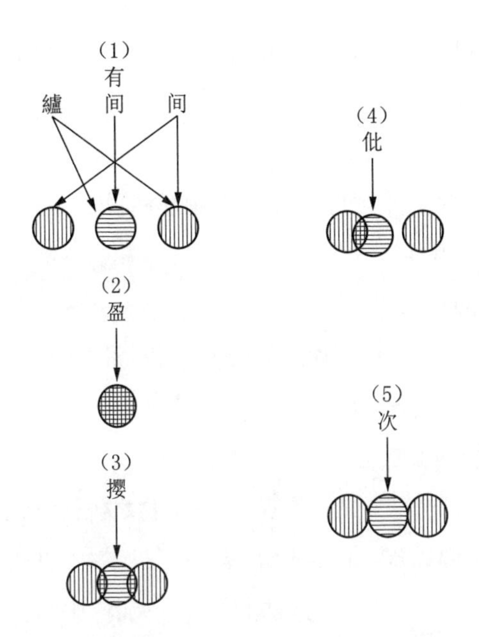

墨子以是非异同，皆绝对标准，于宇间之物，有极精细之分析，以为物之排列，不外五类。仳同比，并也。言物之排列，相撄与不相撄者，并而有之，梁任公释之以“比例”，诚不知相去几千里也。

《经文》“间”章之《经说》云：“间：间谓夹者也。尺，前于区穴而后于端，不夹于端与区穴（穴本为内，形似而讹，据上而校）。及：及非齐之及也”。物之夹他物者谓之“间”，他物则谓之“有间”，“间”与“有间”，必须不连及，譬若物形：端，起点也（端，始也）。尺，界线也。（量物用尺，量必以界线而量）。区穴者，区域内之面也。

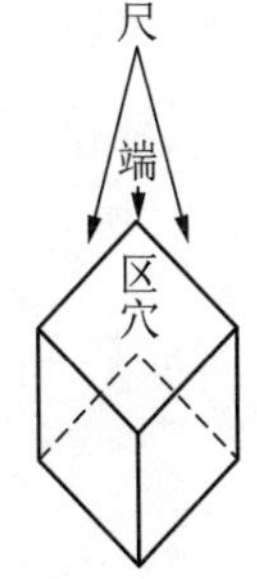

尺之地位，前于区穴，后于端，然尺前连及端，后连及区穴，不能称夹，故云：“不夹于端与区穴”。即尺不得称“有间”，端与区穴不得称“间”，明乎此，然后可见《墨

经》所谓“端”、“尺”、“区穴”与今几何学之“点”、“线”“面”不同。“端”之名称,仅限于物之最前点,故《墨经》又云:“端:体之无序而最前者也”。尺亦仅限于最前线。

(二)“方”“圜”“平”“直”诸章非几何学解说——

(经)“平:同高也。”

(经)“中:同长也。”

(经)“直:(本日,声近而讹)中正向(本南,形似而讹)也。”

(经)“圜:一中同长也。”

(经)“方:柱隅四讙也。”

以上五章,以前后文义一贯观之,在论物之规律。《法仪》云:“百工为方以矩,为圆以规,直以绳,正以县,平以水,皆以此五者为法”。《墨经》所谓“平”“直”“圜”与《法仪》同。所谓“中”即《法仪》所谓“正”,墨家以为天下最有规律之物,不外以上五种。

以上《墨经》二节:一在论物之排律;一在论物之规律。为《墨经》宇宙论中论“宇”之一部,近人不察,而强之为几何学。

余之治学好学,每治一书,往往累年积月,虽在中学求学,辄妄有整理学术之野心,又喜述前哲时贤之非,而妄欲校正之。前草《〈墨经〉校勘研究一文》,于前哲时贤之《墨经》校勘,妄敢批驳。今草此文,于时贤之《墨经》观念及治法,又妄敢校正,余年幼识见,误失之处,自知难免,当今不乏治墨学专家,颇有以督教之。

二一,七,二一。草于苏州中学

(原刊《江苏教育》1932年第1卷第9期)

墨子更非回教辨

前胡怀琛君刊《墨子学辨》一书,以墨学本于印度,余草《墨学非本于印度辨》一文,刊于《大陆杂志》第一卷第六期,以斥其谬,此固为忠实学问计也!不敢存而不辨!今金祖同君刊《墨子与回教》一文于《枕戈》第一卷第十三四期,以墨子为回教,并与拙著有所商榷,觉"其病"盖与胡君"同例",为忠实学问计,又不敢存而不辨!

一、墨子非外国人

(一)正"以文学方面辨证"

(甲)正"《墨经》文字之可注意" 金君谓"案文法繁简,自有公例,同时诸家亦未有墨经者,当时既以简约易于记忆遵守,何以后人反不能卒读?"殊不知后人之不能卒读,实由于治者中断,文字讹误,辞句错乱以致。若将错误校正,则读之甚易,一如先秦诸子。兹略举数例以明之,如:"令,不为所作也。(经)所令:非身弗行。(说)"毕沅释作:"言使人为之不自作,"孙诒让释作:"使他人作之,非身亲行也。”彼等不校而释，于是觉其奇特。此条之前后各条，皆论德行，此条当亦论德行，经中“作”可依说校作“非”，形似而讹。说中“令”可依经而移上，标题之错入文中者，其例甚多。今校成如下：“令，不为所非也。令：所非，身弗行。”如是岂非读之甚易？令，法也。（正韵）言人当以不为所非为法。《非命上》云：“必立仪，……是非厉害之辩，不可得而明知也。”法仪者所以明知是非厉害者也。是非厉害既明，则当依法行之。岂非释之又甚易？又如：“谓，作嗛也。谓：为是为是之台彼也，弗为也。”孙诒让以下“为是”误衍，而释：“獧者不为欺人之言，”自属奇特，案文例当衍一“是”，盖涉上而衍，如是则上下四句可相对：“谓：为是，为之。台彼也，弗为也。”与中国文法，绝无差异，诸如此类，不胜枚举，（此条盖言作事宜兼顾各方，有益于是者为之，无益于彼者弗为。）今人之治墨经者，往往妄校妄释，强使奇妙，此其所以不能卒读也。惑之者，其可以少悟乎？若能与先秦书籍对校，则《墨经》之义，不难全通，此非余故作容易之谈，前余草《〈墨经〉校勘研究》一文，已尝试之。

（乙）正“长篇说文之可注意” 金君仅谓：“诸子之书皆为死后门弟子记述，生前言行流传于后世者，当时传道只能凭口宣说，”于“可注意”之点，未尝道及，至墨书是否为后世墨者所作，抑记述墨子之传道，则一查墨书即明。按各篇中皆有“是故子墨子曰”等语，其为引申墨子之主义可知。其上中下三篇，既非出于一人之手，又非出于同一时期，上篇之文较简，以理论为重，下篇之文，言繁而多辨，《明鬼下》有与“执无鬼者”相辨之辞，《节葬下》有与“执厚葬久丧者”相辨之辞，《非命下》（本为上篇，其语气文例全与下篇同，盖错上者）。有与“执命者”相辨之辞，是盖愈后反对者愈多，故愈后文愈长，反复重述，而多辨驳之辞也。吾故言:“盖当时环境使然,何注意之可?”至于“墨子门弟子姓名”,在当时甚通俗,于前文已详论之矣!(《非命上》之当为《非命下》其证甚多,不克备载。)

(丙)正“文句结构之可注意” 余所据二例,为中国文学中常见者,是铁证,岂特“旁证”云尔?不称“门”而称“自入”,与不称“父母”而称“所生”之例实同,岂《诗》本于外国乎?何不思之甚?

(丁)正“中国寓言始于墨,墨子寓言出于印度。” 金君以余已承认“《吕氏春秋》《庄子·寓言》与印度有关,”殊属非是。余于前文中曾云:“若因一二相似者,而谓其有密切关系,宁非武断?”况墨子与印度寓言全无相似者乎?

(二)正“以宗教方面辨证”

(甲)正《天志》《明鬼》有宗教语 金君以“《天志》即理知,《兼爱》即感情,《明鬼》即对象,三者即墨子之本义。”绝无证据!墨学本非宗教,先秦诸子无一为宗教,第墨家为一贫贱者之大集团(故多激昂慷慨之事,大呼其兼爱自苦节用)。贫贱之下流社会,自多神怪之谈!当墨学初期,本未有鬼神之谈,今《墨子·经上》其论甚精博,宇宙论、认识论、行为论……,凡墨家之主义无不包罗,绝非“相谓别墨”时所作,盖所俱诵之《墨经》也,《墨经》所论,全无鬼怪之说,其明证也。更以《尚贤》《尚同》诸篇观之,上篇文简,去经未远,其著作时期较前,而绝少鬼神之论,下篇文繁多辩,其著作时期较后,而极多鬼神之谈,又足见《天志》《明鬼》非本义,而为后世墨者所拉入者。余于前文中尝列举数证,今既未见驳议,又未言证据,此非“流为荒诞”而何?非“辩者”之变为“詈骂”也!设墨家初期果重迷信而为本义,则排斥鬼神之儒家正宗荀子,何力斥其持之有理之节用,而不攻牵强附会之

“本义”也？何当时儒者愚蠢乃尔？

（乙）正“墨翟弟子有宗教精神” 金君但谓“力行主义，即宗教家之本分，”而未提证据。当今下流社会，颇能团结，作激昂慷慨之事，岂宗教使然？以此推测先秦至墨家，可思过半矣！

（丙）正“矩子制度，为宗教制度” 金君以余以“矩子制度为尚贤主义使然”为“过之”，但又未见证据。惟下文尝云：“至（五）贤者受钜子，墨者皆须听命，纯为宗教色彩，岂有‘政治主张’可私相接受乎？若谓其理想之政治，岂有生死可以作试验品，而遗害于人乎？”金君殆不明乎墨家之“政治主张”乎？墨家以为天下纷乱，由于人各是其所是，人各非其所非，无惟一之公理所致。于是主张贤人专政，如《尚同中》云：“天子者固天下之仁人也，举天下之万民以法天子，夫天下何说而不治哉？”是显而易见。墨家之矩子制度，盖以身作则，试验其政治主张，亦所以求墨家中之勿“人是其义而非人之义”，墨家之矩子犹天下之天了，故皆当听命之。金君云：“岂有‘政治主张可私相接受乎’者，立于共和政体之下可如是云云，立于专制政体之下，确可‘私相接受’？”金君何不察乃尔？墨家起于贫贱阶级，在当时当然不能发生共和政体之主张，至今下流贫贱阶级，愤政治之紊乱，犹呶呶不已曰：“欲天下之太平也，其必出圣明天子而后可！”

至“矩子死，弟子必死之”者，盖“举天下之万民以法天子”之意，“墨子以为正义而牺牲有代价，犹货物之出售而得代价，乃非常值得之事，”前文已论之，何谓“当今下流社会，颇多慷慨就义之举”，当时墨家之激昂气概，当亦仿佛。

（三）正“以风俗方面辨证”

所谓墨书中曾言甘肃之火葬，及匈奴之器物，金君谓“途中闻之，则鲁人自不能知矣，”使墨翟确由印度绕道匈奴甘肃等地而至中国，则匈奴人与甘肃人之入中国者，当更多于印度人，彼邦之风俗，中国人自能知之，吾故曰：“印度人能知之，鲁人岂不能知之乎？”

至于墨家之尚早婚，由其主义使然，前文已论之，所谓古者圣王，实为托古，余已证明之。《韩非子》谓：“孔子墨子俱道尧舜而取舍不同，皆谓真尧舜，”孔子尝托古改制，墨子又何独不然？儒家以三年之丧，三代共之，墨家以三月之丧为夏制，其说之相去，何若是之远，一言以蔽之，皆托古也。《孟子·滕文公》云：“墨子制丧，以薄为道。”《庄子·天下》篇云：“今墨子独生不歌，死不服，桐棺三寸而无椁，以为法式。”《韩非子·显学》篇亦云：“墨者之葬也，……桐棺三寸，服丧三月，……”是节葬之法，墨子自制也。使固有所本，诸子何不察乃尔？《公孟》篇云：“墨子谓公孟子曰：子法周而未法夏也，子之古非古也！”“公孟子谓子墨子曰：子以三年之丧为非，子三月之丧亦非也。”墨子之托古于夏，是极显明之事，焉有所本？本于墨子之心意也！

（四）正“从姓名肤色方面辨证”

（甲）正“因外国人称翟” 余尝谓：“夏代文化幼稚，名皆通俗，多用动植物为名，犹今乡间‘阿木’‘阿猫’‘阿狗’之类，《说文》云：‘禹，虫也。’‘舜，草也。’‘鲧，鱼也。’”而金君竟驳以：“岂古人乐于自称虫也，……不知杨君将何以自解也？”金君竟不知假物以命名之例，《左传·桓公六年》云：“申繻对曰：‘……以名生为信，以德命为义，以类名为象，取于物为假，取于父为类。’”当周时上流社会之命名已皆“名生”“德命”，而贫贱阶级犹多假物命名，相沿至今，贫贱阶级犹多“阿猫”“阿狗”之称，而无文雅之名，岂近人之乐于自称猫狗乎？何不“解”之甚？

（乙）正“因面色衣黑而称墨”　余意翟为墨家领袖，遂冠之以墨，禽为墨家后进，不得不尾之以俗语“滑釐”，而金君则云：“骤观之，似亦可通，然古未尝见，既以墨子为中国人，中国人有是姓名字号乎？当时诸子称子者屡矣，有是解法乎？其言无据，不可信也。”案于古人名之变迁线索，可见墨翟禽滑釐之名“翟”“禽”，皆假借生物以命名，此于前文（指《墨学非本于印度辨》）中已举例论证，何谓“无据”？信有征也！墨翟之“翟”上冠“墨”，犹黥布之“布”上冠“黥”，其特例也。墨子起于贫贱，故无姓而假生物为名，与他家高贵阶级之姓名自当有异，金君既未深究，妄断古未尝见，“岂忠厚之存心哉”？其实“翟”“禽”等名在当时极通俗，犹今之“阿猫”“阿狗”，第大部为无名小卒，甚少见于书籍耳。

（余前以墨家主废姓，细究之，古代最初贱者本皆无姓，及后阶级崩溃，姓亦不必由封土而得，于是贱者因亦有姓。）

以上就金君驳余之文，逐条为之辨证，其他未有驳议而为金君所承认或“尚属疑问”而作思考中者，兹不加申说。其下金君又自提三证，其错误尤甚，今续辨之：

（一）《节葬下》：“……今执厚葬久丧者言曰：‘厚葬久丧，固非圣王之道，夫胡说中国之君子为而不已，采而不择哉！’子曰：‘此所谓便其习而义其俗者也。’”金君误以为古代之所谓中国，即今日之所谓中国，古代之所谓中国，范围极小，如《孟子》“许行”章云：“陈良，楚产也。悦周公仲尼之道，北学于中国，北方之学者，未能或先之也。”所谓中国仅北方文化发达之一部。墨书所谓“执厚葬久丧者”“执有命者”及“执无鬼者”，皆指儒者而言，于《公孟》篇非儒之理由中足以见之。儒者为当时之中国高贵阶级，墨者为当时之中国贫贱阶级，儒者于墨者之前，命为“中国之君子”，并不足怪！况“君子”二字本含有“少爷”之意味哉？如《诗》云：“彼君子矣！不素餐兮！”《节葬下》又云：“……负其大母而弃之，……朽其肉而弃之，……聚柴薪而焚之燻上，……若三国者观之，则亦犹薄矣，若以中国之君子观之，则亦犹厚矣，如彼则大厚，如此则大簿，然则葬埋之有节矣。”墨子以三国葬法大簿，以中国高贵阶级葬法大厚，而以自家之葬法最妥，皆甚显然之事实。并不能从中见到墨翟为外国人也，金君误解墨书，此不可以不辨。

（二）《经说下》云：“通：问者曰：‘子知甄乎？’应之曰：‘甄何谓也？’彼曰：‘甄施’则知之。若不问‘甄何谓’，径应以弗之则过。且应，必应问之时；若应长，应有深浅。”按此条释经“通意后对，说在不知其谁谓也。”盖言应对之法。当应对时，当详知其意和后对，如“甄施”一物，若问者但问以“甄”，则当更详问之而应，若不问而直应以“不知”，则有过矣。且应必当应于所问之时，否则亦有过也。若所应之辞甚长，则须因其义理之深浅，循序而应之也。

金君既不知“标题”之例，将“通”连“问”读，而以“通问”为古之翻译，岂非笑话？说本所以明经，金君离经而释，任情臆造，开自来治经说未有之恶例！痛哉！

（三）金君谓：“墨书用字多讹，而音皆相近，……乃外人识字不多，而误以为音通做者。”金君此论，又属笑话，墨书引经籍甚多，岂识字不多者所能？墨书中字颇多同音假借，假借为古代用字通例，岂能谓讹误？墨书之治，中断已久，后人校之者绝少，故古文遗迹，犹有存者，除假借外，颇多籀文等字。又如：

长，张之古文。《所染》篇：“长柳朔”，《吕氏春秋》《群书治要》皆作“张柳朔”。

予，序之古文。《尚贤中》：“诲女予爵”，《诗》作“序”。

兹，滋之古文。《非攻上》：“其不仁兹甚”。

睘，环之古文。《节葬下》：“三睘”，墨经之“儇”，盖其籀文也。“散见书中，不枚举。”凡此数证，决不能证明墨子非中国人，若必欲强证墨子为外国人，徒使笑话百出，骇人听闻耳。孟子于楚人犹呼之以“南蛮鴃舌之人”，若墨子果为外国人，则讥墨子为无父之孟子，岂能无辞乎？

二、墨子非回教

陈垣君《回回教入中国史略》（东方二十五卷一号）云：“《旧唐书》本纪，及《册府元龟》，均谓永徽二年大食始遣使朝贡。何以知为始，因唐代外使来朝，向有铜鱼之制，雌雄各一，铭其国名，置于彼国，见《唐会要》。其初次通使者当无此，故知为始来。”据陈君之考证，回教之入东土，实始于唐永徽二年，又以回回原来之言回教入东土之始，始自唐贞观二年，亦由误算年数，非有意作伪可比，陈君更谓：“广州北门外有翰歌思墓，回教人认为始至中国之人；其墓碑谓建于贞观三年；以相差二十三年之说例之，此墓当以为永徽三年所建。”陈君于回教史极有研究者，所言当可信！金君所言，于中国史殊无据。

（一）豕之问题。金君谓：“墨子书无禁猪之明文，然用消极方法，亦可以证明墨子是不赞成猪的，”殊属谬误。《法仪》篇云：“今天下无大小国，皆天之邑也。人无幼长贵贱，皆天之臣也。此以莫不犓羊豢犬猪，洁为粢盛酒醴，以敬事天。此不为兼而有之、兼而食之邪?”是当时猪亦足以敬事天，而墨家极赞成之也。《耕柱》篇云：“子夏之徒曰：‘狗豨犹有门，恶有士而无门矣！’”金君谓：“此子夏之徒，因墨子不食狗豨，故借此以侮辱之。”殊附会之谈，墨书中固无不食狗猪之明文也。

（二）墨家不饮酒，盖即用主义使然。所谓“诸加费不加利者弗为”也。与回教无涉！

（三）《耕柱》篇云：“子曰：‘我将上太行，驾骥与羊，子将谁驱?’耕柱子曰：‘将驱骥也。’子曰：‘何故驱骥也?’耕柱子曰：‘骥足以责！’……”羊不足以驾，而骥足以驾，故耕柱子曰：“骥足以责”，换言之，即羊不足以责，墨子故以一足责与一不足责问之，其事甚显，金君既误信孙诒让“羊不可与马并驾”之言！又强解之曰：“乃取其乳，非以驾车也。”墨子命名言“驾”，金君谓为“非驾”，若果如金君言则羊足以责，何耕柱子之独言“骥足以责”也？金君之善误解墨书，岂“文句结构之可注意”乎？即金君前所举之《鲁问》篇：“鲁祝以一豚祭，而求福于鬼神，子墨子闻之曰：‘是不可！今施人薄而望人厚，则未恐其有赐于已也。今以一豚祭，而求白福于鬼神，惟恐其以牛羊祀也。……’”鲁祝以一豚祭，墨子叹其薄，而金君则曰：“豚为污浊之物，不能求福者。”金君为回教教徒，故处处疑为回教思想，殊非平允之道！

金君更列举墨家之节葬、短丧、非乐、非攻、天志、明鬼与回教相似之点，殊不知节葬等实非墨家之根本思想，若以二派哲学相校，千端万绪，难免有相似相同之点，决不能谓某派本于某派也！墨家之根本思想，此处未便详论，但立一简表于下：

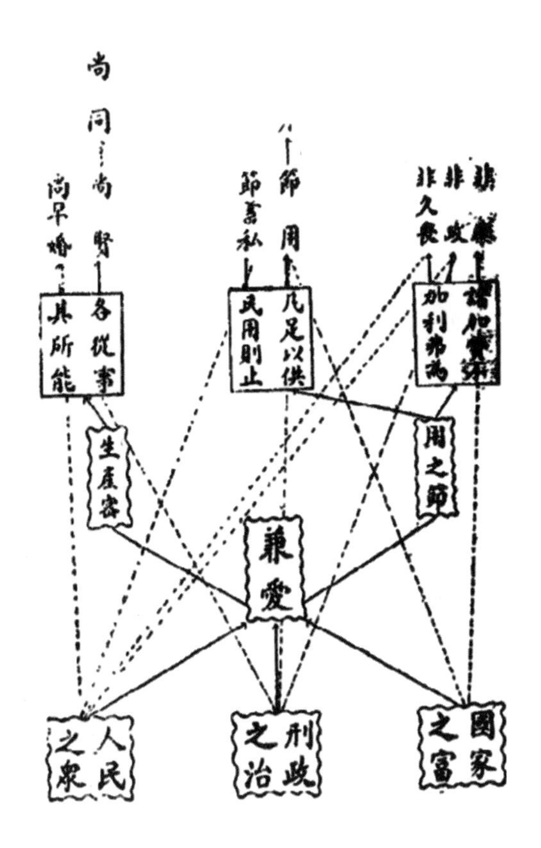

墨家之根本观点在“国家之富”“刑政之治”“人民之众”，在墨书中随处可见，岂宗教哲学哉？墨家以“富”“治”“众”天下之“三务”，欲行此“三务”，必先有“食”“兵”“城”之“三具”，三具中以食为最要，所谓“国之实也！”盖民生问题不解决则人民必纷纷求食而天下乱矣。欲天下之不乱，务必除民之“饥”“寒”“劳”之“三患”，欲除此三患，务须兼爱，“有力疾以助人，有财勉以分人”，如欲兼爱，必须充分实力，如自顾不周，何能兼爱他人，欲充分实力，许有二法：（一）“用之节”，（二）“生产密”。其一贯之“治国平天下”之哲学系统，昭然可见。若谓之“墨教”,已属误谬,若谓之“佛教”“婆罗门教”“回教”,则谬中尤谬者矣！金君为回教,若必欲引长回教在中国之历史,其非有“真凭实据”不可！如是妄下断语,毫无佐证,殊非学者忠实学问之道,质之时贤,以为何如！

二二,二,六。草成

（原刊《枕戈》1932年第15期）

论墨学决非本于印度再质胡怀琛先生

一、《关于〈墨子学辨〉的话》的辨证

四年前，胡怀琛先生在《东方杂志》上创墨子是印度人之说，当时就有郑师许先生等的非难，我当时以为这是一时的怪论，经明达学者之辨证以后，不久当可平息。岂知胡先生的怪论，愈发愈厉害，竟把墨学也算出于印度，堂堂的刻起书来，还堂堂的挂着金字招牌，命曰《墨子学辨》。去年我偶然翻到这书，受求真心的驱使，作了一篇《墨学非本于印度辨》载在《大陆杂志》（一卷六期），也算是尽了读书人的一些天责。指导后学，自愧未能，贻误来者，万万不愿。

自从我的辨难文发表以后，也从未征求他人的意见，自愧区区小文，不当大雅，并没有像胡先生的"求之湖海名流"，以为学术比不得别的，决不因湖海名流的一言就能论定的。况吾这人又素以借光为可耻的。直到今年四月间，胡先生对于我这逐条的非难，毫无动情，我很私自欣慰，以为这怪论大概可平息了，后来想想还有些不安心，

于是直接请问了一声胡先生。岂知胡先生仍不赞同我说，以为最大缺点，不曾在反对之地位（认墨子为中国人）解说，胡先生除直接通信外，还把这信附加了一段，命为《关于〈墨子学辨〉的话》，刊在《大陆杂志》来答我，并列举了蔡孑民、马相伯诸先生的话！

胡先生以为"如认墨翟为中国人则有下列各问题，不易解决：

（一）思想不类。

（二）文体不类。

（三）其学术之源不清。

（四）其学术之流不明。

（五）何以其书中言外国风俗？

（六）何以其书中言外国器物？

（七）国籍不明。

（八）姓名可疑。"

这是胡先生由全书辨证里归纳出的要点，我前文已把胡先生的十大辨证都一一校正，都一一解说，这总结当然不生问题，各点均已突破，全阵线自然溃散。胡先生对于我文以为最大的缺点，实不成其为缺点。关于难解问题之第（一）点，我在前文"正'从哲学方面辨证'、'从科学方面辨证'"二节已有辨证，认识论的当作哲学基础虽是近代的趋势，但在哲学初期发达时，便发生种种的解释，这是不可争的事实。古代希腊，有柏拉图、亚里斯多德等的主张。在古代中国，也有墨家、名家等的主张。墨家除治国平天下的哲学外，还研究宇宙论的，详拙作《墨经宇宙论考释》。宇宙论的研究在哲学初期发达时，也很普通的事实，在希腊哲学的初期，差不多集中在这宇宙论的研究上。像塔勒斯的以水为万物之原。安那克美奈斯以空气为万物之原。墨家之以物德如“坚”“白”等为万物之原，也并非奇事。至于近人的把宇宙论误解作自然科学，我已在《墨经宇宙论考释》一文中释明，在此可不再说。胡先生粗看了我那文字和图(原图刊误，已于《大陆》七期更正)，说我所作的图，仍是几何中两圆相交不相交。我在前文上明明写着“是在论物之排列”(虽原文未详细说明)，但已可见其大概，此非胡先生看错为何？我前天偶然翻到《国学丛选》第十集，见有胡先生的令兄胡朴安先生的《读墨子》，其反对“附会之说”甚烈，其言曰：“俞曲园谓近世西学中光学重学，或言皆出于墨子，……读古书最不可有此附会之说，古学自有好处，不必附西学而重。由陈出新，是在善学者，旧儒不知新学，每有此病。”此论颇允当，颇足以醒其令弟胡怀琛先生。惟不知如何，其令弟发此怪论后，朴安先生如此之正当论条，反不一见。

关于难解问题之第(二)点，我在前文“正‘从文学方面辨证’”一节中已论之，关于(三)(四)两点，更不成问题。墨学之起源，其主要原因：(一)时代之需要，(二)儒家之反动。当时的“王公大人，其所富，其所贵，皆王公大人骨肉之亲，无故富贵、面目美好者也”。当时的诸侯，又“必皆差论其爪牙之士，比列其舟车之卒伍，于此为坚甲利兵，以往攻伐无罪之国”。王公大人的为葬理，又必大棺中棺，百姓也都淫暴寇乱盗贼，墨子的主张尚贤尚同兼爱非攻等，无非是为了救时之急，墨家的有认识论、宇宙论，也是应有的，前已说过。墨学的又是儒学的反动，《淮南子・要略训》已说过：“墨子学儒者之业，受孔子之术，以为其礼烦扰而不说，厚葬縻财而贫民，久服丧生而害事，故背周道而用夏政。”我们从《公孟》篇中非儒的四理由看来，《淮南子》的话绝不是“任情臆造”的。

关于第(五)(六)两点,我已在前文“正‘从风俗方面辨证’、‘从器物方面辨证’”二节中论之。关于第(七)点,亦无问题,墨子国籍之不明,盖史籍无传记所致。从《墨子》书中探求,从墨子游历方向辨之,当为鲁国人。《贵义》篇称“子墨子北之齐”,“子墨子南游使于卫”,“子墨子南游于楚”,《公输》篇称“子墨子归过宋”,惟鲁足以当之。《鲁问》篇称“子墨子自鲁即齐”,又称“鲁之南鄙人有吴虑者,冬陶夏耕,自比于舜。子墨子闻而见之”,鲁为墨子生国,故云“自鲁”,见吴虑不云自何处至何处者,因为同在一国。关于第(八)点,我在前文“正‘从姓名肤色方面辨证’”一节中,已申说之。

最奇妙的,莫如胡先生的二个譬喻,以为他说好比:“某甲为欧洲人,因其发黄,肤白,鼻高,眼碧,说英语(或法语),故知其为欧洲人。”

而我的驳语好比:“中国人之发亦有黄者,中国人之肤亦有白者,中国人之鼻亦有高者,中国人之眼亦有碧者,中国人亦有说英语(或法语)者,汝何以断定其为欧洲人乎?”

胡先生的怪论若果如其所譬,那真是千古不易之论,使我感佩到极点;何必要辨?不幸所譬与事实适得其反,是不可以不辨也。事实上胡先生所说是:“《墨经》出于《尼乾子经》,《墨经》与《百论》相关,墨书多科学如光学力学出于印度……故墨学本于印度”。

我的驳议是:“《墨经》不出于《尼乾子经》,《墨经》与《百论》不相关,墨书无科学……故墨学非本于印度”。

事实上一正一反,胡先生自以为乃合观各方面,而得到一总结论始认其为印度人也。我的驳议又未尝不然,谁是谁非,读者自能辨之,胡先生这一譬,譬得远离事实,先秦名家的多譬,就因“譬”这套把戏,最容易变。万不料今日之胡先生又踏先秦名家的覆辙。《墨子·

小取》篇说:"辟也者,举他物而以明之也"。今胡先生所譬,虽举他物,非特不足以明之,而有违反之,非"诡辩"而何?

胡先生又以为我所论但枝枝节节,驳其一二。我前所作非难之文,虽不详,然颇要,所辨皆为胡先生主意所在处了,原文具在,决非胡说所能掩蔽。胡先生放弃了我所辨证几点,试问胡先生所说之根据又将安在?胡先生用了远离事实的譬喻,硬要说我根本错误,藉此不辨真正的学术,更藉此说"根本既错,枝叶皆非"的话,不作更精微的探讨,这是胡先生辩论的态度!胡先生说辨论要极力拣难攻之处而攻之。的确!但事实上胡先生并未放过一粒实弹,只是大放空炮,"蒙蔽旁观者之耳目"罢了,于对方阵线却丝毫未受摇动。

辩论学术以战争为喻,而命之为"论战"者,近人习用久矣,胡先生因我用"论战"这名,于是又藉此以为我心理有误,以为战争但求胜利,不问手段之如何,讨论学术与之绝不相同。真正讨论学术,固在求真理,真正战争亦未尝不在求真义,墨子也主张有义伐无义的。胡先生以为战争之方法,不嫌其狡,不嫌其险,然则虚伪之讨论学术又何独不然?胡先生以真正之讨论学术,与虚伪之战争比,自然大异,若与明枪交战之战争,亦全相同。若谓明枪交战之战争不多见,真正之讨论学术亦不多见,异说之起于沽名钓誉者,固比比皆是。我前所作非难之文,自以为很小心,处处以讨论学术为重,不意胡先生今此文竟远离学术而作此意外之辨。奇哉!

二、"答或问"的辨证

胡先生《墨子学辨》各条辨证,我在《墨学非本于印度辨》一文中辨证,现在胡先生既不细细反驳,自然再无申说必要。胡先生《关于

〈墨子学辨〉的话》一文，完全远离事实，不谈学术，本无再辨必要，但深恐读者的受其荼毒，又不得不辨证之如上节。当我草《墨学非本于印度辨》时，因篇幅关系，未尝畅所欲论。《墨子学辨》中末附《答或问》一章，是前文所未及论者，《答或问》一章，是弥补全书空隙的，是借或人之问来解释的，全书既全穿凿附会，这补空隙的自可不论，徒废阅者之脑力，今胡先生一味否认余说，虽全无佐证，但此点似乎有再辨之必要。胡先生这补空隙的工作，恐怕补不胜补，所补的又不坚固，不能一触的。请看：

胡先生说："或曰'狄为正字，翟为假借字，凡古书用正字者多，用假借字者少，今周秦古书中一例作墨翟，可见墨翟不能为墨狄也'。答曰：'古书用正字者多，用假借字者少，此说诚然。但墨翟之翟，已假定为人名，其最初用何字，以后相沿不改，所谓名从主人是也'"。

这怕又是胡先生所发明的公例吧？其实姓名之，不"相沿不改"，倒是极普通的事，杨朱之作阳朱，杨子居之作杨子取，宋銒之作宋牼，魏公子牟之作子莫，杞梁之作纪梁，不胜枚举。真正的姓名，改变有这样多，假使墨翟果为墨狄，是假定为人名的。翟是狄的假借，岂有原形完全不顾之理？岂有全用假借字而不用正字之理？

胡先生说："或曰'孟子言夷夏之辨，当时墨子果为外国人，孟子何不斥之'？答曰'既称为翟，则于名字中指为外国人矣，何必更斥之乎'？"

胡先生也引过引用过《孟子·滕文公上》："墨氏兼爱，是无父也"。墨子称氏；是孟子已把墨看作姓，孟子既把"墨"看作姓，"翟"自必看作名的，孟子怎样懂得千年后胡先生的高论呢？若作如胡先生所说，因于名字中能见为外国人而不斥，墨学于墨书中亦能见之矣，

(墨书孟子是否见过,尚成问题,胡先生所说孟子有袭墨子处。孟子何必更斥之乎?)

胡先生说:"或曰:'《墨子》书曾言男女嫁娶事,……如谓墨子无家庭观念,则其东来传教,即不应为此言矣'。答曰:'此墨子为中国人言也。即如后世佛教东来,信佛教者岂必皆出家,所谓居士是也'……。"

案墨子竭力主张增加生育,墨子的主张早婚,不反对蓄私纳妾,以"不以伤行"为限,以为久丧的害在败男女之交,以为战争的害在使男女久不相见,是一贯的在使男女多交;一"无家庭观念"之出家人,竟提倡男女之交,真是千古笑话!即是为一般人民而言,也决不能如是,一人之言行决无矛盾若是者。墨子的主张男女多交,是在求"人民之众",早婚是合墨家积极的基本法则——"各从事其所能"的,节蓄私是合墨家消极的基本法则——"凡足以供用则止"的,其一贯的出自墨子的主义,那里是传教的?

胡先生说:"'或曰……在春秋时印度哲学既入中国,必有影响。何以墨子而外不闻他人有言佛学者?'答曰:'何尝无之。使吾说成立,则今日认为晋人假造之《列子》,非晋人作品也,乃战国佛时作品。此真影响一也(《列子》书或有一小部分为后人所加)。墨子而后,庄子、孟子与之有关,略见于本文辨寓言一节,此其影响二也'。"

《墨子》书行于中国,庄子、墨子当然受其影响,然不能证其为印度哲学入中国后之影响。《列子》近人认为伪作,不仅因与佛教有关一端,为何庄子《天下》篇对此大哲学独缺而不列?《淮南子·要略》为何提及诸子而不独及《列子》?《周穆王》篇为何与汲冢出土之《穆天子传》类同?为何又有与《史记·管晏传》相同者,为何又有与《灵枢》同相同者？大要又与《庄子》同，先秦书籍决无如此与他书雷同（且有许多年代极晚）。如是这，决不能谓后人抄袭是书，为何后人不抄袭他书，独独抄袭此书？何胡先生之失察如此！若为此皆为后人所加，为何此书后人所加有如此之多？胡先生所谓一小部分，更不知何指？

以上所辨，是其荦荦大端，其他辨“日者所谓色黑”“墨学中有侠墨一派”“《琅环记》之姓翟名鸟”，皆无甚重要，不用多辨。并非“辨其枝枝节而驳其一二”，如不信请参阅胡先生的大著。如信了，大可不必看，“徒费阅者脑力”。论学者首贵平心，辨证务求确切。题外意气之争，最是无谓，谁是谁非，来日必有定论，中国学术界虽云纷乱，真理到底是真理。

二二，六，二七，草成

（原刊《历史科学》1933年第1卷第3、4合期）

《墨子》各篇作期考

一、总篇目

《汉书·艺文志》云:“《墨子》七十一篇”,《隋书·经籍志》云:“《墨子》十五卷,目一卷”,庾仲容《子钞》、马总《意林》皆云十六卷,是古本有目者也。《唐书》而后,皆云十五卷,玉海引《书目》云“《墨子》十五卷,自《亲士》至《杂守》为六十一篇,亡九篇。”是《墨子》仅七十篇,《汉志》所谓七十一篇者,其中一篇当即目录,自成一卷,时已佚亡,故仅十五卷。《藏本》云“阙者八篇而有目,《节用下》、《节葬上》《中》、《明鬼上》《中》、《非乐中》《下》、《非儒上》是也。”盖《书目》所言亡九篇者,非即《藏本》所言阙之八篇,《书目》所言亡九篇,当是篇目并亡者也,《藏本》所言阙八篇,当是目尚有考者也。二者似不容并为一谈。毕沅疑《书目》九乃八之讹,疑六十一为六十二之讹,盖未尝分明所致。《四库全书总目》疑六十一为六十三之讹,尤不明目录亦为其中一篇所致。《书目》所言盖去目录而言。总之当是所亡者,目录一篇，目可考者八篇（《尚贤》以下十篇，皆含有上中下三篇，其中佚亡，自易考见），目无可考者九篇，共亡十八篇。今本《墨子》存五十三篇，足证宋代而后，未有佚目。今本目录为毕沅所定，置诸七十一篇外，殊属非是。

二、《亲士》《修身》

《亲士》《修身》毕沅以无称"子墨子云"，疑翟自著，孙星衍从之，而孙诒让以为书多阙失，未可据以定，近今胡适则以为"全无墨家口气"，梁启超竟谓"纯出伪作"，皆未尝出证据，而擅下断语，近人求学之不慎有如是者！孙言书多阙失，墨书固多阙失，然此二篇文虽较奥，义皆一贯，绝无阙失之可言。至汪中所谓《亲士》篇错入道家言及吴起之裂非墨子所知，亦非极挚之论。《亲士》云"吾闻之曰：'非无安居也，吾无安心也！非无足财也，吾无足心也！'是故君子自难而易彼，……"所闻二语，固似道家言，然其为引入而非错入明甚。至吴起之裂，墨子非不能见及，孙诒让已正之矣。孙氏云："案《鲁问》篇墨子及见田齐太公和，和受为诸侯，当楚悼王十六年距起之死仅五年耳。"

窃意《亲士》《修身》虽非必出于墨子之手，然不伪，而较《尚贤》诸篇为古，可断言也。今分五点论证之：

（一）《亲士》云"君子自难而易彼"，自处于难而处人以易，自苦为极而兼爱他人，即《庄子》论墨子所谓"以绳墨自矫而备世之急"也。此墨家之要义，自苦与兼爱也。

（二）《修身》云"丧虽有礼，而哀为本焉。士虽有学，而行为本焉。"此墨家之实利主义也。《亲士》云"君子进不败其志，内究其情。虽杂庸民，终无怨心，彼有自信者也。"此墨家之力行主义也。自苦兼爱实利力行，为墨家精神之所在，亦《孟子》所谓“墨子兼爱，摩顶放踵，利天下而为之”也。即此一端，已足证为墨家精义所在。岂得谓“全无墨家口气”，岂得谓“纯出伪作”？

（三）《修身》云“置本不安者，无疑求末。近者不亲，无务求远。亲戚不附者，无务外交”。其主义实行法，由远及近，“老吾老，以及人之老”，与墨家学说确近。然《淮南子·要略》称墨子尝学儒者之业，以其伤生害事，糜财贫民，而自树一帜，是墨家盖由儒家而出此去儒家较近，自当较古。

（四）思想较奥，又不若《节用》《节葬》之极端，主先固本，再求饰装，而不绝对节用。如《修身》云“置本不固，无务丰末”，又云“君子力事日强，愿欲日逾，壮设日盛”。其政治主张，亦不若《尚贤》《尚同》之极端，如不称“尚贤事能”而称“献贤进士”，皆足见《亲士》《修身》为《尚贤》等篇之初步。

（五）文思简深，不称“兼爱”而曰“易彼”，不称“自苦”而曰“自难”，不称“圣者之治国也，早朝晏退，……”“……使民用财也，无不加用而为者”而称“圣人者，事无辞也，物无违也。”（关于《亲士》《修身》之哲学系统，详见拙著《胚胎时期之墨学》。）

《亲士》《修身》之较古于《尚贤》《尚同》诸篇，已证之矣。然则究作于何时乎？《孟子·滕文公上》墨者夷之谓孟子云“爱无等差，施由亲始”。“施由亲始”与《修身》“近者不亲，无务求远”之论相同。足见当是墨学尚未极端，惟当时杨墨之言，已盈天下，足见墨学已有相当发展矣，故已不称“易彼”而称“兼爱”。孟子时，或《亲士》《修身》篇墨学至《尚贤》《尚同》诸篇墨学之过渡时代欤？观乎《尚贤》《尚同》诸篇文字通畅，其为墨子以后之作品，亦非意中事也。

三、《尚贤》《尚同》诸篇

《尚贤》《尚同》诸篇，颇多迷信，而极非神怪之荀子，讥墨子为无父之孟子，意未加丝毫攻击，盖迷信乃墨家后事耳。盖《尚贤》诸篇作于荀孟后也。墨家之“天志”“明鬼”，不合墨学体系，拙著《墨学非本于印度辨》(《大陆杂志》第六期)中，已详论之矣。墨家兼爱节用之法仪曰：

“曰：‘凡天下群百工……各从事其所能’”。

“曰：‘凡足以奉给民用，则止，诸加费不加利于民者，圣王弗为’”。(《尚贤中》)

墨家主张尚贤尚早婚，“使各从事其所能”也。节用节蓄私，“凡足以奉给民用则止”也。非乐非攻非久丧，“诸加费不加利者弗为”也。“尚同”由“尚贤”引申而出，“节葬”由“节用”引申而出。惟“天志”“明鬼”不合法仪，其为当时通俗迷信为后世墨家利用之以图发展其学说者，彰彰可见。更观天志明鬼之根据，全在“一乡一里”之愚民，益足以其为牵强以当时迷信拉入而利用者可见。

此数篇当今学者，皆信而不疑。惟胡适疑《非乐上》为伪作，以为墨子不能见田和及齐康公。孙诒让则疑康公为景公之误。其言曰：“案齐康公与田和同时，墨子容及见其事。但康公衰弱，属于田氏，卒为所迁废，恐未必能兴如此之盛。窃疑其为景公之误，惜无可校验也。”

案原文云“昔者齐康公兴乐，……”既云“昔者”，则此事离此文著作时当甚远。此事即或墨子所见，此言决非出自墨子之口，当为门人小子所作。下文多接“是故墨子曰”等语，足见其中所载史籍，未必为墨子所亲见，仅引以证其学说耳。墨子是否及见康公，与《非乐》真为无涉，姑置勿论。

最奇者，此数篇皆有上中下三篇，小句小异，大旨无殊，尚用之墨家，何若是之费辞？俞樾以为“相里、相夫、邓陵三家相传之本不同，后人合以成书，故一篇而有三。”案《庄子·天下》篇云“相里勤之弟子五侯之徒，南方之墨者苦获、己齿、邓陵子之属，俱诵《墨经》而倍谲不同，相谓别墨。”是相里、邓陵皆倍谲不同，又《韩非子·显学》篇亦称“墨离为三，取舍相反不同。”今上中下三篇，取舍全同，大旨无殊，俞樾之说，殆未深考矣。梁启超以为“盖墨分三派，各记所闻。”案各篇皆有系统之论文，岂各记所闻可比？文义既无殊，焉有派别可言？陈柱以为“墨子随地演说，弟子各有记录，言有时而详略，记有时而简繁，是以各有三篇。”案各篇中皆有“是故墨子曰”语，决非演说辞可比。钱穆以为“田鸠曰：‘墨子显学也，其言多而不辩’，……墨家本意尚用不文，但恐不易得人信仰，故重复发挥。”案此数篇为墨子门人所作，其中多有与“执无鬼者”“执厚葬久丧者”“执有命者”相辩之辞，言虽多，又何尝不辩？《尚贤》《尚同》诸篇，实不足当田鸠“言多而不辩”之言，亦足证此数篇非田鸠所谓“墨子显学”，盖后出者也。

试综观各上篇文字简要，以理论为重，各下篇言繁好辩，推重迷信，中篇适得乎中，各上中下篇其文笔相同，思想亦一贯其必各出于一人之手，可断言也。《明鬼下》有与“执无鬼者”相辩之辞，《节葬下》有与“执厚葬久丧者”相辩之辞，是相辩之辞，多在下篇，惟《非命上》有与“执命者”相辩之辞，文又繁琐，与其他各上篇，绝然不同，而与各下篇之文笔相类，其为错上无疑。《非命中》文最简要而重理论，当为《非命上》之误，《非命下》当为《非命中》，《非命上》当为《非命下》，夫如是,然后可与各上中下篇合矣。

上中下三篇既非出自一人之手,又非出于同一之时,皆为需要而产生,上篇较早,中篇次之,下篇较晚。《亲士》《修身》全皆理据,不谈愚民迷信,惟以理论较奥,难以语常,不得不借助于当时社会迷信,以发展其学说,不得不将理论改至通畅,以适应当时之环境。墨家为一贱者集团,仅墨子等数人为特出之才,大部皆知识不高,后世之重迷信,理论平凡,一部皆由人才使然。墨家理论愈平凡,而高贵阶级攻之愈烈,故其文愈后愈杂,反复重述而多相辩之辞。

四、《非儒》

毕沅以为《非儒》由于墨子弟子,其言曰:"《非儒》系由墨氏弟子尊其师之过。其称孔子讳及诸毁词,非翟之言也。案他篇亦称孔子,亦称仲尼。又以为孔子言,亦当而不可易。是翟未尝非孔,孔子之言多见《论语》《家语》及其他纬书传注,亦无斥墨词。"

案《非儒下》称"孔子"为"孔某",或为后世人学盛行所改,至于《公孟》称"孔子"为"仲尼",真是《非儒》"孔某"为后人所改之证。盖《公孟》《耕柱》所称"孔子""仲尼"夹于篇中,旗帜不显,或改者未尝注意而未改,或未毁孔子而保留。统观《非儒》全篇,凡谈及孔子者,仍称孔子,毁及孔子者皆为孔某,其为后儒所改,事甚显也。至于以为孔子言,亦当而不易,亦不足为墨子非尝非儒之证。《公孟》云:"程子曰:'非儒,何故称于孔子也?'子墨子曰:'是亦当而不可易者也'。"

毕沅之论,断章取义,但取下文,而忽其上句也。观乎程子之言,则墨子固尝非儒也。毕沅据其谬论,妄断《非儒》为门人小子臆说之词,皆不可通。孙诒让则云:"案《荀子·儒效》篇云:'缝衣浅带,解果其冠，略法先王而足乱世术……其衣冠行伪，已同于世俗矣。然而不知恶者。其言议论说，已无以异于墨子矣。'……但并以此非孔子，则大氏诬诋增加之辞。儒墨不同术，亦不足异也。毕氏强为之辩，理不可通。"

孙氏以墨家所非者乃俗儒，亦未免强为之辩。如曰"儒者曰：'亲亲有术，尊贤有等'。"王引之以为即《中庸》"亲亲之杀，尊贤之等。"此所谓"儒者"岂真俗儒耶？其前半篇全为与儒者答辩之辞，后半篇全为毁孔子之词，其文体与前《尚贤》《尚同》诸篇书异，前《尚贤》诸吾皆有上中下三篇，而此仅上下二篇，其与墨者答辩之辞，与《公孟》类同，其意及文，又多与《非命》《节用》《节葬》等篇重复。余意当为后世儒墨抗争激烈之时，墨家后人据《公孟》等篇改作而成，乃集师言以析儒，非臆说之辞也。其后半毁孔子辞，多幼稚，他篇又未之见，或后人所增益也。

五、《经上》《经下》《经说上》《经说下》

《墨经》之名，见于《庄子·天下》篇，胡适以《尚贤》《尚同》诸篇为墨经，其误近人多能言之矣，不足辨。梁启超辈以《经上》《经下》为《墨经》，学者皆深信不疑。窃亦以为不然。《墨经》为墨者所俱诵，当为墨家精博之书。墨子以天下纷乱，无一定之公理，故创尚同之说，矩子之设，恐即此也。后世墨者必听命于矩子，足以证之。《墨经》之作，恐亦此也。后世墨者俱诵之，足以证之。合观《经上》《经下》，《经上》则极精博，所论皆肯定之定义，凡知识论、宇宙论……莫不包罗（余有《墨经宇宙论考释》一文，见《大陆》七期）。《经上》所谓"平，知无欲恶也"、"为，穷知而县欲也"，与《亲士》所谓"非无安居也，吾无安心也。非无足财也,吾无足心也。是故君子自难而易彼,……”同。谓人生之烦恼,天下之纷乱,皆起于不满意不知足,如能“自难”“悬欲”“无欲恶”,则天下自平。《墨经》所谓“行,所为不善名,行也。所为善名,巧也。若为盗。”与《修身》所谓“功成名遂,名誉不虚假,反之身也”同。《墨经》所谓“生,刑与知处也”。以为身心相合,始得谓生,心既知之,身必行之。与《修身》所谓“士虽有学,行为本焉”同。《经上》学理与《亲士》《修身》同,其亦较早之作也。以其理论文字结构,又为墨书中最上者,其为《庄子》所谓《墨经》,必无疑也。

《经下》皆坚白异同之辩,又未有系统,与《经上》绝不同。其所辨又据《经上》,窃于《先秦的论战》中,已申述之,盖后世“相谓别墨”时之作。当时墨家分派辩论,《经下》或当时某派所为,某派墨者依次为辩论根据者,故亦尊为经,为别于《墨经》起见,将原有《墨经》作《经上》,将此作《经下》。

《经上》共九十余章,言不可谓不多,又绝非辩论之辞,此盖田鸠所谓“言多而不辩”之“墨子显学”也。其他各篇皆言论滔滔,《明鬼下》等篇复有与人相辩之辞,何可称不辩?墨子尚用不文,恐以文害用,故不作滔滔之论文而特立大纲耳。《墨经》(即《经上》)若以今名命之,可称《墨学大纲》,每句一章,以便记忆耳。

《贵义》篇称“墨子南游于楚,献书于惠王,惠王以老辞,使穆贺见子墨子……曰:子之言,成善矣!而君王天下之大王也,毋乃曰‘贱人之所为’而不用乎?”《渚宫旧事》已有此事。古有著书献于帝王之例,墨子所献,当亦自著。穆贺以此书为贱人所为,墨子未尝出仕,(《贵义》“翟上无君上之事”)确为贱人,《渚宫旧事》以此书未用,墨子因辞而行,足见此书为墨家主义所在。此书为何?《墨经》是矣。《墨经》

之言精博而有组织，确可称“成善”。不然，《尚贤》《尚同》诸篇皆后世墨者所为，墨子乌从献之？若其他古籍，墨子岂愿献王而请用也？

六、结论

以上所论各篇，墨书中主要者也。其他杂篇从略。依余考究，墨学当分三期：（一）初期——《经上》《亲士》《修身》，（二）中期——《尚贤》《尚同》诸篇，（三）末期——《经下》《大取》《小取》。

本文所论，多评击时贤，盖求真心所使然，不敢故为立异求胜也。

（原刊《学艺》1933 年第 12 卷第 10 号）

《〈墨子〉引书考》驳议

一、叙言

世好奇怪，古今同情，不见奇怪，谓论不高。会稽本是山名，说者必定要说："夏禹巡狩，'会计'于此山，因以名郡故曰'会稽'"（见《论衡·书虚》篇）。便觉奇确。鼎湖本是地名，说者必定要说："黄帝采首山铜，铸'鼎'，……而龙垂胡髯迎黄帝。"然后动听。古时儒、墨并称，儒、墨同是学派的名号，墨翟的墨固然非姓，翟也固然狄之异文，说者说了："墨翟者，黑狄也。"墨翟是印度出家人，所以孟子斥为无父。这样便觉新奇可喜，但"天下之事，不可增损，考察前后，效验自列。"

自从胡怀琛先生在《东方》创墨子为印度人的奇论，便有郑师许先生等辨正，当时我想着奇论既有明达学者的辨正，不久即可平息，哪知越发越厉害，胡先生竟将《墨子学辨》一书刊行，不特认墨子为印度人，并且说墨学也出印度，我于是草《墨学非本于印度辨》一文，（见

《大陆》杂志第一卷第六期）把奇论终加辨正，也算尽了一份为学应有的责任。近卫聚贤先生复教《〈墨子〉引书考》一文刊行（见《大学》一卷二期），完全以胡说来解释，觉所说都不可立，也得辨正一下。关于墨子国籍问题，前蒙卫先生亲来讨论及指教，但未见此考，今更草此驳议，请教于卫先生并当世明达学者之前。

二、在中国而引中国书，何必翻译？

卫先生全文以墨子为外国人说，可解决下列问题：

（一）《墨子》所引书名之奇，“距年”的可作“竖年”，因是外国译音。

（二）《墨子》引书的自互大同小异，是因《墨子》引中国书译其书的大义。

（三）《墨子》引中国《太誓》，自互音同而文不可解，是遇有文字不可解处而译其音。

（四）《墨子》所引《诗》，非中国古体，有用“也”“乎”等字，是因外国人初到中国，看中国的韵文与散文没有多大分别，以散文的“也”“乎”加入韵文中。

（五）《墨子》所引《书》，非中国古体，多用“也”字，因这书是他伪造的，他到中国时见中国文字中多用“也”字，推测中国古代文字也是如此。

（六）《尚贤》《尚同》等中下篇引书的多，因是墨家非中国人所作，既引中国书，又引外国书。

（七）《墨子》引书逸文的多，是因引了外国书，是中国没有的。

卫先生欲假设这几点，却遗忘了个先决问题。假使《墨子》的作地不在中国而在印度，今本《墨子》是由梵文译成的，那卫先生还可说说。假设《墨子》在中国用中文写成，若欲引中国书，当然只要把原文录下便可，更无繁像卫先生所说的“要译其大义”“遇有文字不可解处而译其音?”要伪造古书只要照古书模仿一下便可，《墨子》引过中国古书，中国古书当然是墨家读过的，这不用“也”“乎”的浅例，当然懂得，怎样会像卫先生所说，是因“看见中国文字中多用‘也’字，推测中国古代文字也是如此?”

我遍读《墨子》，觉所引史实，也是尧舜禹汤的故事，所写的时代背景，正是战国，君王是奢侈的好色的自私的，官吏是贪的，人民是淫暴寇乱盗贼的，俗礼是烦扰的，所非议的是儒家，所会见的是楚惠王、鲁阳文君等，无疑的作地是中国。在中国做中国书，要引中国古书，何必译义译音?

三、《尚贤》《尚同》诸上中下三篇，引诗为何有变化?

墨子《尚贤》《尚同》诸篇，共分上中下三篇，俞樾《墨子间诂序》说：此乃“相里、相夫、邓陵三家相传之本不同。”但《韩非子·显学》篇称他们是取舍相反不同的，《庄子·天下》篇称他们是倍谲不同的，今细察三篇，辞旨都大同小异，绝不“相反”“倍谲”，足见俞说非是。梁启超《墨子学案》说是三派各记所闻，案三篇都是有系统之论文，岂各记所闻可比? 陈柱《墨学十论》说是“墨子随地演说，弟子各有记录。”案三篇皆有“是故墨子曰……”这话，当非墨子演说辞，而是弟子发挥墨子之学的。钱穆《百科小丛书·墨子》说：是因恐不易得人信仰，故重复发挥，楚王所谓“墨子者，显学也，其身体则可，其多言而不辨”是指此。查《明鬼下》有与“执有鬼者”相辨之辞，《节葬下》有与“执厚葬久丧者”相辨之辞，言虽多，又何尝不辨？上篇文简而要，重理论，不重迷信，下篇最繁，最重迷信，中篇适中，这三篇既非出于一手，又非出于一时，墨家尚用主文，上中下三篇当是时代的需要。墨家本不迷信，后因道的不行，受上流阶级怕苦而排斥，而吃苦的只有贫贱阶级，贫贱阶级往往多迷信，于是不得不拉拢社会的迷信，以求发展。其拉拢之迹，我们很能见到。墨家愈后迷信愈多，像《田俅子》《随巢子》几乎全是迷信。墨家愈后反对的愈多，故愈繁而好辨，一反其不辨之真面目。下篇繁而好辨重迷信，作期最晚，中篇次之，上篇较早。这我在《墨学非本于印度辨》及《墨子更非回教辨》二文中已论经。此不多言。总之，决不像卫先生所说因中下篇是外国人所做。

墨家主张“凡足以奉给民用则止。诸加费不加利于民利者，圣王弗为。”竭力反对娱乐，诗当然也在反对之列，文字但求发表思想，何必雕刻华丽？墨家原始的主张是尚用不文的，上篇作期较早，离墨家主义未远，所以丝毫没引过《诗》。但战国时，《诗》在社会上有很大的势力，谈话中时常要拉引，拉引了才算有理有证。作期较晚的中篇于是不得不拉引，以坚人之信。但引《诗》时终觉太雕作，不合墨义，时常要改得像散文样。像：“《周颂》道之曰：……其有昭于天下也，若地之固，若山水之承。”（《尚贤中》）“《诗》曰，鱼水不务，陆将何及乎？”（《非攻中》）到作期最晚的下篇，便渐忘却墨家反对娱乐的本义，也随波逐流的引《诗》而不改散文样了。但我们看：“《大雅》之所道曰：‘无言而不仇，无德而不报。’”（《兼爱下》）这二句见今《大雅·抑》第六章，“而”字是增加的；增这“而”也稍稍改了《诗》的气味，惟不如中篇增“也”“乎”的厉害。《墨子》引《诗》的变化，我推测是这样。假使如卫先生所说，是因“初到中国，看中国的散文韵文，没有多大分别，”连这一点浅薄的体例也看不清，那里能懂得中国古书？那里能看清中国的政治和社会？那里能高谈是非？那里会熟悉许多中国的故事？

四、墨子所引《诗》《书》为何和今本有出入

墨家毅然决然的欲改造社会，欲一反奢侈而节用节葬；欲一反熹音湛湎而非乐非命；欲一反昏乱而尚贤尚同，他是能说能行的，也曾做过轰轰烈烈的义举，墨子曾止楚攻宋，孟胜曾死守阳城，非但国家社会他要改造，就是文字他也要改造一下。《说文》说："《墨翟书》'義'从'弗'，魏郡有弗阳乡，读若锜。"

墨家把"義"改'弗'，義是古时道德上之重要的名字，《墨经》说："義，利也。義：志以天下为芬，而能能利之。不必用。"

墨家的所谓義，以兼利为目的，不必求酬报，不必因要用之而利之，"義"不当重在"我"，应重在非我，墨家的改"我"为"弗"，大概为了这点。而况古人引书本来不沾沾于旧文的。

墨家尚用不文，主张通俗，以求用处之扩大，他引书也是这样，往往随意把字改得通俗，往往把解作"你"的"尔"改作"汝"，解作"你的"之"尔"，则存而不改。《胡适文存·尔汝》篇说，"尔"解作"你的"，"汝"解"你"，在《论语·檀弓》上有严格的分别。大概都是鲁国的习惯如此。像："诗曰：'告女忧恤，诲女予爵'。"（《尚贤中》）"先王之书《吕刑》之书然，产曰：'于！来，有国有士，告女讼刑'，……"（《尚贤下》）今《诗·大雅·桑柔》篇、《书·吕刑》篇"女"皆作"尔"，是解作"你"的。像："《夏书·禹誓》曰：'……予非尔田野葆士之欲也；……御非尔马之政，……'"（《明鬼下》）这"尔田""尔马"的"尔"解作"你的"的，故存而不改。又像："虽《禹誓》亦犹是也，禹曰：'……若予既

率而群对诸群，……’”(《兼爱下》)这“尔群”不解作“你们”，是解作“你的一群”，“尔”解“你的”，故存而不改。又像“邦”的改“国”，大概那时已通用国了。又像“明明棐常”(《尚贤中》)“何敬非刑？何度非及？”的“非”都改为“不”，而在“子”“国”等名字前的，像“国非其国也”“子非其子也”“非惟小子敢行称乱”“非予小子履”都存而不改，这怕也是那时那地通用的习惯。

《墨子》久无人治，古字独得保存至今，这也是与今《诗》《书》出入的一原因。如“其”的作“丌”(《公孟·鲁问》)，“环”的作“睘”(《节用下》)，“张”的作“长”(《所染》)，“傍”的作“方”(《天志上》)，“祥”之作“羊”(《明鬼下》)，都是古字。所引《诗》像《尚贤中》的“诲女予爵”，《诗·大雅·桑柔》篇“予”作“序”，“予”当是“序”的古字。

《墨子》因无人治理，讹误特甚，只要看看《经说》中的标题，有的错上错下，有的脱落，便可见其讹误的程度。像“训天明不解”“三代不国”“无廖僔务”等，其中当有讹误。孙诒让疑“不”为“百”，“三代百国”是古史记的名称，墨子是见《百国春秋》的。罗根泽的《〈墨子〉引经考》(《北平图书馆刊》一卷三号及《古史辨》第四册)以为《三代》为一书名，《百国》亦为一书，于引书惯例不合。但也许如《非命中》说：“在于商、夏之《诗》《书》曰：‘命者，暴王作之’。”既商、夏不分，又《诗》《书》不明，大概一时记不起来，仿佛在古书中见过，没有查明而含糊说一下。严格些说，这是托古伪造，因古书上并无这样的话，因欲坚人之信，不得不含糊的骗人。

古人有同音通假之例，通假的结果，便“音同而字异”，像“距年”的可作‘竖年’，罗根泽已说过：“距在语韵，竖在麈韵，古音同在第五部，故可通假。”卫先生未注意通假之例，便断定是译音，失之武断。

通假也是《墨子》引书和今有出入的原因。

儒、墨两家传本的不同，当然也不失为差异的原因之一。若说像《非命》上中下三篇所引《仲虺》各各不同，何以墨家所传的也不相同呢？这也不足病，传本不同外，还有其他各各经修改及讹误等原因。

今本《诗》《书》是受过儒家修改的，《墨子》所引除传本不同外，是受墨家的修改的，还加上了通假讹误古字等原因，自然大相出入，何必用胡说来作不通的解释？

五、《墨子》为什么多逸文

墨子所见的书，实在不少，到现在大部散失。《隋书·李德林传》引墨子说："吾见《百国春秋》"，《百国春秋》早已不存。《贵义》篇说："子墨子南游使卫，关中载书甚多，弦唐子见而怪之，……子墨子曰：'昔者周公旦朝读书百篇，夕见漆（七的通假）十士，故周公旦佐相天子，其修至于今。翟上无君上之事，下无耕农之难，吾安敢废此？翟闻之：同归之物，信而有误者。然而民听不钧（均的通假），是以书多也。'"

墨子出使，还带有惊人数目之书，还自比周公"早读书百篇"，其读书之勤可见，其所读的一定很多。但今所存只有几部儒家典籍，余都散失，《墨子》中逸文的多，也是意中事。墨子因民听不均而书多，墨家到愈后反对的愈多，民听愈不均，故征引古籍愈多，以坚人之信，中末篇的多引古书，也不足怪。假使如卫先生所说，是因又引了外国书，是中国没有的。既是外国书，当说外国事，但我们细查逸文，都只谈禹汤启的故事，未见丝毫外国之迹。

六、余论

以上将卫先生全文，驳正一过，多就本书论证，并未旁及其他。至于中国古书名，固然都取通章之义或取其字句的，但也有无所取义的。像《诗》中《巷伯》他人所名，《酌》《赉》《般》取乐节为名，皆无深意，也很奇怪。《礼记》说："声莫重于升歌，舞莫重于《武宿夜》。"《武宿夜》这名也觉不明其义（皇侃熊安生附会之说不可靠）。

至于引书的有出入，像《狸首》这逸诗，见引于《考工记》《大戴礼》《白虎通》："惟若宁侯，毋或若女不宁侯！不属于王所，故抗而射女。强饮强食，诒尔曾孙，诸侯百福"（《考工记》）。"嗟而不宁侯，为尔不朝于王所。故亢而射汝。强食尔食，曾孙侯氏百福"（《大戴礼》）。"嗟而不宁侯，尔不朝于王所，以故天下失业，亢而射尔"（《白虎通》）。这三类同一章，其相差之多，也不在《墨子》引书之下。

（原刊《大学》1934年第1卷第6期）

《墨经》写式变迁考

墨学衰微，自汉已极，既无注释，又乏校本，讹误脱落，至不可读，晋鲁胜虽有《墨辩》之注，然已不能通贯，颇有疑阙，且其书又不存；唐宋之世，虽有乐台之注，李焘之校，然亦以世尚儒术，卒不得传。自清代考据之学兴，《墨子》书乃又毕沅、孙星衍、王引之、孙诒让等之校释，近复经梁启超、胡适之宣扬，学者治此日众，几成风习，稍眈旧籍，即乐而为之。虽然盛则盛矣，而于墨学之真义，犹多未明也。《尚贤》《尚同》诸论，文辞通达，固人尽晓之；而《经上》《经下》两篇，终以文约义丰，讹误过甚，未能一通其义也。于是惊为奇文，竞相校治，校改释义，皆以意说，每举一义，辄相争讼，是非无正，人用其私，轻侮古籍，莫此为甚。治诸子书，首重校勘，而《墨经》为尤甚。校勘得当，则易于通贯其义理，不当则扞格不通，而穿凿之说生矣。校勘《墨经》，先当审查其文例，《墨经》之特例有二：一为经文之旁行，一为经说之牒经，今略述于下：

（一）经文之旁行

经文之末第二条云："读此书旁行。"示此书当两截旁行也。经文旧本旁行，今本改为直写，以致上下行交错相次。今本之奇句，即旧本之上行，偶句即旧本之下行。即上行第一条“故所得而后成也”之后，次以下行第一条“止以久也”，后次以上行第一条“体分于兼也”。今本《经说》则以次相承，不作旁行，《经说》上半篇自“故：小故有之不然”至“户枢免瑟”，皆释经文上行，自“故所得而后成也”至“动或徙也”，下半篇自“止：无久之不止”以下，释经文下行自“止以久也”以下。

（二）《经说》之牒经

《经说》之标题，乃牒举经文首一字为之。若二条经文首一字相同时，则取其中一条，牒其二字以别之。如“知，材也。”“知，接也。”此两条经文首一字皆为“知”，“知，接也”之义，人所共知，《庄子·庚桑楚》亦云：“知者，接也。”《淮南子·原道训》云：“物至而神应，知之动也。知与物接，而好憎生焉。”《吕览·知接》云：“不接而自以为智，悖。”皆同此义。“知，材也”者，能知之材性知能也。此“知”之义，较为特殊，故《经说》牒其“知材”二字以别于“知，接也”之“知”。又如：“同异交得放有无”，其《经说》标题当为“同”，而“同：重；体；合；类。”之经说标题亦当为“同”，但“同：重；体；合；类。”之“同”可独立，故以“同”标之，“同异交得放有无”之同，不可独立，故以“同异”二字标之。又“同，异而俱之于一也”之标题，亦当为“同”，然牒“同”，则前已有，牒“同异”二字，前亦已有，乃不得不将“同”作“侗”，以致识别。余于牒经之例，推测如此，未知当否，然此例之有条不紊，要可断言。标题之功用，仅在识别经说之谁属，无他意义，不可与下文连读；后世抄写者，不明其故，往往与上下文连读，于是错误脱落百出矣。

综上所述二例，似《墨经》原本本有旁行之例，《经说》亦有牒经之例也。然当战国，世未有旁行之例，“读此书旁行”五字，又不类战国时语，且又无说；当《墨经》成书之时，通行大篆，大率径寸，竹简长有定制，恐无两行之余地；故伍非伯以《墨经》原本非旁行也。（见《〈墨经〉原本章句非旁行考》）伍氏推测其章句变迁之次序如下：

第一次墨者著书之原本

版本　竹简

写式　《辩经上》《下》：每句为一章。章占一行，行无定字。《经说上》《下》，说——经之义为一章。章无定句，亦无定行。章首述经之首一字，以标目。目下，接写说经之文。

第二次汉人重写之本

版本　绢素

写式　据原本平分经文每篇之章为前后两半。先写前半全绢之上列，次写后半于绢之上列。写毕《经上》篇，在左角标“读此书旁行”五字，以免后人误读。《经说上》《下》，仍依原本写录，非旁行。但不分章，标目亦多脱落，或并省。即今日所传《经上》《下》是也，

第三次鲁胜引说就经之本

版本　纸册

写式　《经上》《下》仍依绢本作两列。引说就之，各附其章。大约说低一格写。其《经说》疑不能明者，则从阙。

第四次近世通行之本

版本　纸册

写式　据绢本及鲁胜本。《经》则自上至下，直写。不分章句。

写完一直行，复写次行，至于终篇。“读此书旁行”五字，即于此时阑入正文，在“正无非”之上，说明自右至左，旁写。亦不分章，写完上列，复写下列。有时误写上下《说》，有时误写左右《经文》。

伍氏此推测，以原本非旁行，而《经说》则牒经；旁行之列，固战国无是，殊不知牒经之例，尔古亦无是也。伍氏又以今本所据为鲁胜本，其言曰：“盖由墨子成书，至晋五百年而后有此注，后胜而校《墨经》者，不据胜本将何以哉。”案今本《墨经》将旁行作直写，交错至不可读，知今文之抄写者，乃仓卒从事，未尝通观，校勘更无论矣。况鲁胜所著，盖“引说就经”本，何今本仍《经文》、《经说》分离耶？若谓其据鲁胜本而分离者，则何《经文》旁行而《经说》直写耶？伍氏不能圆其说，乃云：“余意其据写虽为鲁胜本；然亦有参校汉本之处。”若信如伍氏之说，今本据鲁胜本而参校汉本，应无如是之错误。若谓《经文》用《鲁胜》本，《经说》则用汉本，从抄写者，亦必不尔也。鲁胜《墨辩注叙》云：“《墨经》有上下经，经各有说，凡四篇，与其书众篇连第故独存。今引《说》就《经》，各附其章，疑者阙之。”

今本亦分上下经，经亦有说，亦四篇，亦于众篇连第，是鲁胜所据者即今本，非今本之据于鲁胜也。使今文由鲁胜“引说就经”本分出者，当有疑阙之迹可见，今亦无有也。今本《墨经》当与其众篇连第传下，与单行之《墨辩注》无涉，彼抄写者，岂有舍原有之《经文》《经说》分写本，而更从“引说就经”本中再行分析者乎？伍氏之说不可通，今更订其写式之变迁及其迹象如下：

第一次《经文》《经说》合写本

版本 竹简

写式 《经文》每句一行。《经说》以说一经之义者，另写一行或数行，附于经文之后。如下图：

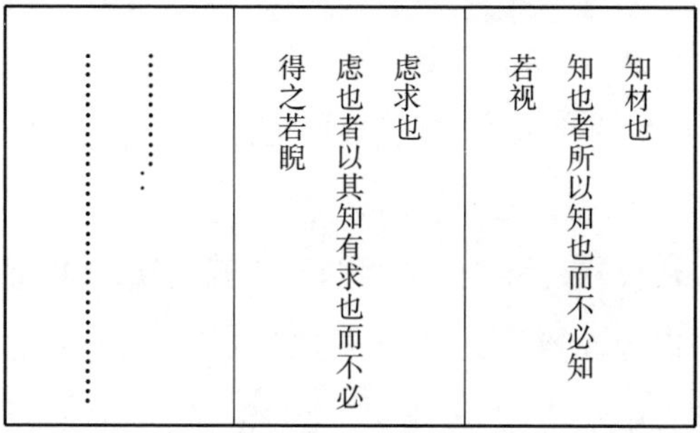

知材也
知也者所以知也而不必知
若视

虑求也
虑也者以其知有求也而不必
得之若睨

…………
…………………………

旁行之例，战国无是，为后世抄写者所作，以节省绢素也。牒经之例，古亦无之，亦为后世抄写者所作。当战国时，《墨经》为墨者所俱诵，《经文》、《经说》当为合写，以便于研究。《经文》简约，取其易记，然非《经说》不足以明也。《墨经》原本之为《经文》、《经说》合写而无牒经之例，于今本《经文》、《经说》之同时错上，《经说》之脱入《经文》，足以见之。

(一)《经文》《经说》之同时错上

《墨经》第五十一条至五十八条云：(本文条数据旁行本)

平，同高也。(经)

同[者]以正相尽也。(说)

中，同长也。(经)

[中：]楗与[柱]之同长也。心中，自是往相若也。(说)

厚，有所大也。(经)

厚：惟[无]，无所大。(说)

[直]，中正[向]也。(经)

直，[齐]也。(说)

睘，一中同长也。（经）

睘：规写交也。（说）

方，柱隅四讙也。（经）

方，矩见交也。（说）（以上诸条校释，详拙著《墨经宇宙论考释》）

《墨子·法仪》云："百工为方以矩，为圆以规，直以绳，正以县，平以水，……皆以此五者为法。"《考工记》亦云："圜者中规，方者中矩，立者中县，衡者中水。"是"方""圆""直""正""平"五法，乃古百工之所习用，而古人于有规律物形之概念，亦只此也。《墨经》此章，就百工之所用而论物体之规律也。《墨经》之"平"，即《法仪》之"平"、《考工记》之"衡"；《墨经》之"中"即《法仪》之"正"、《考工记》之"立"；《墨经》之"直"即《法仪》之"直"；《墨经》之"圜"即《法仪》之"圆"、《考工记》之"圜"；《墨经》之"方"亦同《法仪》《考工记》。惟五十四条论"厚"，与上下文不贯，不当在此章。此条当与后六十条论"端"相并。第六十条云：

端，体之无序而最前者也。（经）

端：是无同也。（说）

"厚"条言有厚乃有所大，"端"条言端之为物，既无长广，又无高厚，无等次可言，与无同也。此二条合论物体之大小有无。下六十七、六十八二条经说云：

仳：两有端而后可。

次：无厚而后可。

亦足见"端""厚"当并论。此《经文》、《经说》同时错上，可证《墨经》原本《经文》、《经说》合写者一。

《墨经》第一条云：

故：所得而后成也。（经）

故：小故，有之不必然，无之必不然；体也。若有端。大故，有之必[然]，无[之必不]然，若见之成见也。（说）

此条与下文不贯，此条论事物所以然之故，当与下六十九、七十等条并论。第六十九、七十条云：

法：所若而然也。

法：意规员三也俱，可以为法。

[何]，所然也。（经）

[何]：然也者，[成]若法也。（说）

故，所以然也；即“为什么”。法，所若而然也；即“怎样”。何，所然也；即“什么”。此亦《经文》《经说》同时错上，可证《墨经》原本《经文》《经说》者二。

《墨经》第二条云：

体，分于兼也。

体：若二之一，尺之端也。

此条与上论“故”与下论“知”，皆不通贯，当亦错上者。此条论物体之部分。当与下五十九条论“倍”相并。第五十九条云：

倍，为二也，（经）

倍：二尺与尺，但去一。（说）

此条与第二条盖合论物体之倍分。此亦《经文》《经说》同时错上，可证《墨经》原本《经文》《经说》合写者三。

第二条论“体”与第五十四条论“厚”，当处于第五十九条论“倍”与六十条论“端”之间，或此诸简同时脱出，时人无从安置，见“故”条

《经说》有"若见之成见也"，遂以为与论"知"诸条《经说》之"若视""若睨""若见""若明"有关，而移于其上。见"体"条《经说》为"若二之一尺之端也。"遂以为与"故"条《经说》之"体也若有端"有关，而附于其后。"厚"条至错于"中"条下，或因见"厚，有所大也"之"大"与"平同高也""中同长也"之"长""高"可相并，而置于其中。

《墨经》第三十九条云：

同，异而俱于之一也。（经）

同：二人而俱，见是楹也。若事君。（说）

此条既与上论"赏""罚"等条不贯，又不与论"久""宇"诸条相通。此条论"合同"，谓其物虽异，俱于之一，是为"合同"。当与下八十六、八十七、八十八论"同异"诸条相并。此亦《经文》、《经说》同时错上，可证《墨经》原本《经文》、《经说》合写者四。

（二）《经说》之脱入《经文》

《墨经》五十一与五十二，五十五与五十六诸条原文云：

平，同高也。（经）（无说）

同长，以正相尽也。（经）（无说）

日中正南也。（经）（无说）

直，参也。（经）（无说）

此四条，每前后二条意义相通，又皆无《说》，后条为前条之《经说》无疑。"同长，以正相尽也"之"长"，当为"者"之讹；此条既为《经说》，则"平，同高也"与"中，同长也"相连，"同高"与"同长"文例亦相对。"日中正南也"之"日"当为"直"，音近而讹；"南"当为"向"，形似而讹。"直，参也"之"参"当为"齐"，"参"古文"垒"，"齐"古文"垒"，形似而讹。如是则成：

平,同高也。(经)(无说)

同者,以正相尽也。(说)

直,中正向也。(经)

直,齐也。(说)

与“中”“圜”“方”诸条可通贯,而合论物体之规律。

《墨经》八十九至九十三云:

闻,耳之听也,(经)(无说)

循所闻而得其意,心之察也。(经)(无说)

言,口之利也。(经)(无说)

执所言而意得见,心之辩也。(经)(无说)

此四条亦前后二条意义相同,又皆无《说》,后条又不似经文,是亦后条为前条之经说无疑。此四条《经说》混入《经文》,可证《墨经》原本为《经文》、《经说》合写者。后入将经说由《经文》、《经说》合写本分出,此当分出时脱落所致。

此四条脱入《经》文之《经说》,最可注意者,为无标题,可证《墨经》原本之决无标题。“直,齐也”之“直”亦为《经说》中文,有意义,非无意义之标题也。如:“虑:虑也者,……”第一“虑”为标题,无意义,第二“虑”则为《经说》中文;又如:“知:知也者,……”第一“知”为标题,第二“知”为本文《经说》中,此类极多,此“直”当于第二“虑”与“直”,亦非标题也。

第二次《经说》《经文》直写本

版本 绢素

写式 《经文》《经说》分写,各写一篇。《经文》《经说》皆直写,逐句相连。《经文》有牒经之例。如下图:

经文	经说
知材也虑求知接也恕明 也……	知知也者所以知也而不必 知若视虑虑也者以知有求也 不必得之……

汉时墨者绝灭,《墨经》无人诵习,亦无人重视,抄写者仅为保藏性质而已。汉时抄书用绢素,若《经文》每句一行,《经说》每释一义另写一行或数行,于研习则便矣,但目的仅在保藏之抄写者,必觉其寥寥短句,余绢之可惜,于是将《经文》《经说》分离,再为连句直写。《经说》既离《经文》而连句直写,势必难辨其所释何《经》,于是牒经之例生矣。牒经之例,严密不紊,盖《经文》《经说》本合写而易明也。今本标题之错乱脱落,盖后抄写者不明其例故。《墨经》云:

久,弥异时也。[宇]弥异所也。(经)

久:合古今旦莫。宇[家]:东西南北。(说)

此二条旁行本连属而属上行,《经说》则二条皆有标题。既皆有标题,当为二条,何旁行本又相连属?知旁行与标题,非作于同时,先有标题,而后作旁行也。作标题者,尝经《经文》《经说》合写本,明知此为二条,而作旁行者则误为一条矣。其误连之原因,今亦可推见。此二条《经说》原文已误作:

今久古今旦莫。宇东西家南北。

作旁行者不知其错误，将“宇东西，家南北”读成三字句，致“宇”亦有意义而不知其为标题也。当《经文》、《经说》分写后，《经说》有牒经之例，后抄写者不察，往往将标题与下文连读，见“宇家东西家南北”不可连通，于是移“家”于“南北”之上，使成三字句耳。

《墨经》云：

合：正；宜。（经）

[合][兵立反]中志工，正也。臧之为，宜也。（说）

[必]欲正权利；且恶正权害。

[必]：非彼不有，必也。[正]者用而勿必。——必也者可勿疑——[权]者两而勿偏。

此两条经文本相并属上行。本作“合：正；宜：必。”“欲正权利；且恶正权害。”《经说》本作“古兵立反中志工正也藏置为宜也非彼必不有必也圣者用而勿必必也者可勿疑仗着两而勿偏”。经文“合”条，“必”不合“合”义，当与下条相连。盖旁行本乃由直写本再分者，作旁行者见《经说》“非彼必不有必也”之“必也”与“正也”“宜也”同例，遂以之属上。但“非彼必不有，必也”。不合《经说》释字之例，《经说》释字，未尝有将原字杂其中者，此文中第一“必”，必为标题。抄写者不知标题，往往错入文中，作旁行者不知其错入，故旁行分句，时见错误。“圣”从孙诒让校“正”，“仗”从梁启超校“权”。“必欲”之“必”，非“必，不已也”之“必”，故特申言：“非彼不有，必也。”利固为人所欲，然不可求欲过分，过则必趋自私自利之途，故必欲权正之。害固为人所恶，然当兼顾大体，否则必以害分人，故且亦须权正之。“正者用而勿必”之“必”与“必欲”之“必”又不同，故特以“必也者可勿疑”释之。言勿可勿疑，当加以相当之考虑也。权者两方平衡，绝不偏重何方也。如是则文可一贯。使旧本未尝连句直写，决不能有如此属上之误。

《墨经》论动作之一章云：

化，征易也。（经）

化：若鼃为鹑。（说）

损，偏去也。（经）

损：偏也者，兼之体也。其体或去或存，谓其存者，损。（说）

大益儇稘秖。（经）

儇，[俱][柢]也。（经）

库：易也。（经）

库：区穴若斯，貌常。（说）

动，或徙也。（经）

动：偏祭徙，若户枢免[徙]。（说）

“化”条盖论变化，“损”条盖论损失，“环”条盖论旋转，“库”条盖论换易，“动”条盖论徙动。惟“大益”二字，连“儇”稘秖，而义不一贯；此条《经说》之标题为“儇”，知“大益”当另为一条，承上论“损”而论“益”。此当为由直写本，依《经说》改作旁行本时，见无《经说》，误连于“儇稘秖”。不然，决不能有如此两句相并之误。

第三次《经文》旁行本

版本　绢素

写式　《经说》仍如直写本。《经文》每句一行，先写前半篇于上行，次写后半于下行，写毕于左角标“读此书旁行”五字。如下图

故所得而后成　止以久也
体分于兼也　必不已也
知材也　平同高也
虑求也　同长以正相尽也
……　……
读此书旁行

作此旁行本者，必以欲研究故。《经文》连句直写，不易与《经说》合看，故依《经说》再将《经文》分句。然当时标题，已为抄写者所错乱，文字亦有脱误，非仓卒所能校正，故不免有“久”“宇”二条之相连，“益”“儇”二条相并，以及“必”字属上之误。《经文》既分句缮写，若每句一行，则过于浪费，故创旁行之例，分上下两行而书之，使旁读。又恐后人误读，故特标“读此书旁行”五字于左角。此毕沅、孙诒让已有考订，此不详。

第四次今本

版本　纸册

写式　《经说》仍然直写本。《经文》误将旁行本上下行交错相次而直写，写毕上行第一句，次接下行第一句，次又为上行第二句，如是至于终篇。“读此书旁行”五字，亦因错入正文，在“正无非”之上。

二十二年十一月廿五日

（原刊《学艺》1935 年第 14 卷第 1 期）

《墨经》科学辨妄

《庄子·天下》篇云:"相里勤之弟子,五侯之徒,南方之墨者苦获、己齿、邓陵子之属,俱诵《墨经》,而倍谲不同,相谓'别墨'。以'坚白''同异'之辩相訾,以觭偶不仵之辞相应。"是《墨经》之名,盖于古有之,惟不明何指焉。汪中《墨子序》以"《经下》至《小取》六篇,当时谓之《墨经》",此不然。鲁胜《墨辩注》所注,亦仅上下《经》及上下《经说》;《大取》《小取》当为后学辩难而作,非墨者所俱诵也。晚近论《墨经》,或以《经上》《经下》当之,以为墨子所自著,其说本于鲁胜而毕沅衍之。或以《尚贤》《尚同》诸论当之,而以《经上》《经下》出于"相谓别墨"时之墨者,命之曰《墨子辩经》或《墨辩》。其说亦源于鲁胜而汪中、孙诒让衍之。鲁胜《墨辩叙》曰:"墨子著书,作《辩经》以立名本。"前说则取其"墨子著书"之说,后则取其《辩经》之名。墨子为学,多言而不辩,今既取《辩经》之名,而以为其义在辩,自不得不以为非墨子自著而出于后世之墨者矣。《经上》《经下》辞约旨博,未易通贯;最显见者,惟《经下》"坚白""异同"之辞,与《公孙龙子》及《庄子·天下》篇所述惠施之言相出入。故方余初治《墨经》，则于《经上》《下》出于后世墨者之说，虽欲不信而不得。后更细玩，乃见《经上》“坚白”“同异”之辞，不与《经下》同；遂恍然悟《经》上下二篇，非可一概而论。《经上》文皆界说，其于宇宙人生以及名实之理，无不作系统之叙述；绝非“相谓别墨”时之不辨辞，更非名家怪说，盖墨学纲要之所在，其旨非仅同《荀子》之《正名》而已，固墨者所为俱诵者也。《经下》文皆辨辞，是故末流与他家辨难而作。疑同为《墨子》所自著者，惑于同名，而不察其实也。疑同出于“别墨”者，惑于皆有“坚白”“同异”之辞，而不辨其义也。《经上》论及“坚白”者，惟“坚白不相外”一句；《墨经》论宇宙，以万物之不同，由于物德组合方式之有异；“有间”“见”“纑”诸句，皆论有空隙之组合方式；“盈”句论相混合之组合方式；“撄”句论相接叠之组合方式；“仳”句论不规律之组合方式；“次”句论有规律之组合方式；“坚白不相外”句，盖承“盈”句而言；以为坚白二德充满全石，石乃坚白二德相盈而成也。所谓坚白之辨，盖墨家提倡道盈坚白之宇宙论（见《经上》），穷百家之辨者，乃以“离坚白”之说破之（见《公孙龙子》及《庄子》），而墨者更辨护之（见《经下》），鲁胜、孙诒让、胡适混同名、墨两家，其说固非；章行严以墨家辨难名家，亦宾主颠倒，未明相辨之迹象也。所谓同异之辨，亦由墨家严分同异之别，而辨者以“合同异”之说破之，而墨者更辨护之。《经上》一篇，全为墨家要旨；争辨之辞，未尝或见；虽亦有“辨”“说”之界说，第其一端耳；其旨固在“墨”而不在“辩”也。《辩经》之名，鲁胜妄自杜撰尔，古无是也。《墨经》（即《经上》）既为墨家要旨，故为墨者所俱诵，又为辨者辨难之鹄的。《墨经》既为墨者所俱诵，辨护时必多所依放，故《经下》辨辞，往往一本于《经上》。《墨经》欲为墨者所俱诵，故为文多界说，辞约而旨博也。辞约旨博，后人必难索解，故易受辨者之非难，自互又倍谲不同，韩非所谓“书约而弟子辨”也。《经下》一篇，当为辨护时某派之领袖所为，其徒以之为辨者相辨之根据者，故亦尊之为《经》；为别于俱诵之《墨经》，乃以俱诵之《墨经》为《经上》，而以之为《经下》。两篇旨趣不同，文亦大异，此篇之所谓《墨经》，只限《经上》；《经下》非墨者所俱诵，当别论，此不具焉。

《墨经》久无校释，脱误至不可读。晋虽有鲁胜之《墨辩注》，然仅以形名为指归，而其书又不存。自清代考据之学兴，《墨子》书乃由汪中、孙星衍、毕沅、孙诒让之校释，然于上下《经》及上下《经说》，终以讹误过甚，辞约旨博，不能通其义也。近今学者，乃惊为“奇文”，竞相校释，必取难解者而强解之，自矜创获，校改释义，皆以意说，遇有不合意处，不曰衍文，则曰脱文，再不然，则曰讹误，或随意移文，或任情破字，每举一义，辄相争讼，或释以科学，或解之以诡辨，议论纷错，互相是非，不顾文义文例，妄生穿凿；不顾学术情势，强加附会；皆碎诂条释，不观通其旨，错乱古籍，寖以成俗矣！夫《墨经》也者，别其旨曰“墨”，著其篇曰“经”，必有一贯之系统可寻，岂可如近人之视同普遍之定义然者？又岂可如近人之视同碎乱之字典然者？前人勘书，皆守本文，不知则阙，不敢辄改，然沿讹踵谬，而义不可通。近世之人，乃轻以臆改，遂使古籍文益俗而义益谬；传之后世，虽有善读者，亦将胶于谬说，茫然无可得其义矣。张惠言之《经说解》，未得其解者仍太半；孙诒让之《间诂》，专于此诸篇，用十年之力，亦未见有若合之成功；梁启超之《校释》，窜易原书最烈，有诬古人也。伍非伯之《解诂》，亦仅于校勘有所阐发；章行严之《墨氏哲学》，则多所强为辨说；邓高镜之《新释》，则多所未校强释；张纯一之《墨学分科》等书，则多所附会穿凿；胡韫玉之《浅释》，则多所依附旧说，亦未能通贯也。此诸书者，余病之久也，本拟精审考核，草为《墨经原始》一书，一校诸家穿凿之积弊，作一贯之校释，而还其本来面目。然以学有未逮，迟迟未能写定。及全书粗成，除尝以论宇宙一章，颜曰《墨经宇宙论考释》，刊于去年《大陆杂志》之《新年特大号》，余数章，终以数处讹误，未能校勘，既不愿曲为之说，又不欲阙以问世，藏诸箧中，未以示人也。顷见谬说横行，愈演愈烈，乃更出旧作，相为校比，觉旧说之益不可通，而于《墨经》一贯之校释则信之益坚，爰先就诸家附会科学之说而辨其妄，以求通人之裁定焉。夫校释者，期待得原始之经意而已，苟违经意，虽新亦舍；苟合经意，虽旧亦取；此篇辨证诸家之妄，而另辟蹊径，非欲舍旧说而务新奇，亦求其不失古人之意云尔。

当近世西方科学输入之初，国人顿起惊骇，旧儒自耻缺然，乃不惜割裂古籍，每掇拾古籍中一二可附会科学者，加以穿凿，谓科学不足奇，我先民已先西方而知之，西方之科学，实导源于我；幽厉之时，畴人弟子失散，避乱逃咎，不惮远陟殊方，固有挟其书而长征者也。言物理上之三态变化，出于《亢仓子》也；化学之理，出于《淮南子》也；电学出于《关尹子》也；南宋祖冲之传记造千里船之事，是火轮已创于刘宋之世；《格致古微》等书，如此类似之附会，尚不一而足；《十三经西学通义》尤为其中有系统之作；举西方之科学，以及政教，无不以古籍附之，及今读之，殆如梦呓！而《墨经》附会科学之说，亦于斯时始。

以《墨经》附会科学者，自邹伯奇。邹氏见中国有“圜”“方”诸句，遂谓经中有中西算法（见《学计一得·论西法皆古有》）。及陈澧乃略衍其说，以“同长以正相尽”，谓即《几何原本》长线减断线之理；以“有间”句谓即几何之角；以“端”即“点”；以“平”即平行线；以“圜”“方”诸句即几何界说(见《东塾读书记》)。孙诒让撰《墨子间诂》,复加润色之;于是《墨经》科学之说,几成定论。晚近梁启超校释,益以"端""尺""区""厚"为几何之点线面体,以"仳"为比例,以"倍""损"为加减,以"行之所以奋"为论力学,言力之运动,为万有本原(见《墨子学案》及《墨经校释》)。海内学者,乃靡然从风,往往以发现《墨经》中之可附会者为喜,于是遍觅全书,将可附会者,尽行附会之;栾调甫有《墨子科学》一文(见齐鲁大学《国学汇编》),分"动理""几何""光学""重力""变化"五类;张纯一更有《墨学分科》一书,分析更繁,曰形学,曰微积分,曰物理学,曰力学,曰机械学,曰测量学,曰地图学,曰光学,曰热学,曰声学,曰医药学,曰生物学,曰生理卫生学,曰气象学,俨然一科学大纲矣!二千年中国科学之昌明,几与今日等同,读之不禁神往,何我先民之神明如彼,我后学之不肖又如是?

《墨经》论认识,步骤井然,其论德行,"仁""义""礼"诸句,亦以次相承;其有一贯之文义可见,岂得碎乱如附会者所释?或以上句为几何学,或以下句为物理学,割裂全文,而益不可通也。科学既如彼其精,何全文编制,又如是其疏耶?

参考西方学术而比较研究,本治国学应有之法则。若不作比较而妄加附会,"不惜自贱其家珍,曲学以阿世好,"此我治学者所当痛戒者也。胡适《国学季刊·发刊宣言》,亦力斥附会而倡比较,惜其与《墨经》亦未尝好为整理而比较也。其《中国哲学史大纲》,亦将《墨经》分为力学、心理学等,一仍旧儒附会之谈。梁启超《治国学的二条大道》亦力言整理国故之当还其本来面目,欲以汉还汉,以魏晋还魏晋,惜其治墨,亦多所穿凿;其《墨经校释》,破字特多,《墨经》之面目全失。胡韫玉《读墨子》(《国学丛选》第十集)更尝云:"俞曲园谓近世西学中光学重学，或言皆出《墨子》，其《备梯》《备突》《备穴》诸法，即泰西机器之权舆。读古书最不可有此附会之说，古学自有好处，不必附西学而重，由陈出新，是在善学者！旧儒不知新学，每有此病。”

论益警切，诚足为附会者戒；惜其《墨子经说浅释》（《国学汇编》第二集）于“平同高也”亦释以《几何原本》测平面之理；“同长以正相尽”“直参也”以及“端”“罏”诸句，以全从陈澧附会之说，未见古学好处也。夫墨学自有墨学之特质，《墨经》更有《墨经》之本旨，比较而阐发之则可，附会而穿凿之，不特不丰其末，反而损其本也。

一、证之以进化历程

（一）自发说不可通

一时代之学术，有一时代讨论之中心。此一时代前后之书籍，必皆受其影响，或承受而阐发，或反抗而排斥。验之《墨经》前后古籍，绝未见有科学之迹；此亦未始不足以见《墨经》科学说之虚妄也。胡适虽于《中国哲学史大纲》中，称扬《墨经》科学，推为中国第一奇书，亦未见论及源流，惟其《先秦诸子进化论》（《科学》第三卷第一期）则云：“列子、庄子时代的科学思想，比孔子时代更进步，墨子时代的科学家，很晓得形学、力学、光学的道理。”

胡氏之意，似以墨子时代之科学思想，乃承庄子、列子而来。《列子》书伪，可不辨；其所谓庄子之科学思想（物种由来），亦由附会而成也。《庄子・至乐》篇云：“种有幾，得水则为继。得水土之际，则为蛙蠙之衣；生于陵屯，则为陵舄，陵舄得郁栖，则为乌足。乌足之根为蛴螬，其叶为胡蝶，胡蝶胥也，化而为虫，生于灶下，其状若脱，其名为鸲掇。鸲掇千日为鸟，其名为乾余骨。乾余骨之沫为斯弥；斯弥为食醯，颐辂生乎食；黄軦生乎九猷，瞀芮生乎腐蠸。羊奚比乎不久箰竹，生青宁，青宁生程，程生马；马生人，人又反于机。万物皆出于机，皆入于机。”

此庄子“谬悠之说，荒唐之言，无端厓之辞”也。庄子不谴是非，变化无常，“是亦彼也，彼亦是也，”岂足以言科学？而胡氏释此谓“幾”即种子，故云万物皆出于幾；幾象断丝，即微生动物；以全节为论微生物至人之进化历程，穿凿殊不可通。所谓“万物皆出于幾，皆入于幾，”此庄子“万物皆化”“生死为昼夜”之论；“乌足之根为蛴螬，其叶为胡蝶，”“程生马，马生人，”此生物偶生之说（Obiogenesis）；与进化论适得乎反。当西方科学未发达前，亦多此说；如为牡肉能化蜜蜂，污泥可生青蛙，腐肉可生蛆，河泥可生螺、鳝鱼、人鱼（Centauv）及不死鸟（Phoenix），人鱼可化为人等是。《庄子》，苟绳以科学之史，在在足证庄子时代，尚未有何等科学思想也。

李季《中国哲学史大纲批评》论《墨经》科学之起源云：“实则一切科学，都起于社会之劳动中实际的应用，并不是任何人凭空想出来的。他们的门徒，因参加生产，或接近农工，而获得种种经验，创造种种科学，这是理所当然，丝毫不足奇怪。”

科学之起于应用，固确切不易；然科学之起，决非由于一人一时之应用试验，必累□千百人之经验，始渐可观。《墨经》之前，既无科学可言，《墨经》如附会者所释，又如是其精博，此亦理所不可通。科学之起，既由试验，故其思想亦无不由实际而进于理论；此中外各国所同然。而梁启超释“盈”句云（见《墨经校释》）：“于尺无所往而不得者，……引端为尺，则尺函端无数；纵横曲折以成区，则区函尺无数；积叠以成厚，则厚函区尺端无数；随所引而皆有函。”

梁启超释“端”句又云:“点者,不可分者也;不分是无间也。”(其他诸家类此之释尤多)是皆已远离实际,而深入理论,非一人一时之实验所能得,彰彰可见。科学出杰出天才之说,可不攻自破也。虽然,古代之科学与哲理,相混而不清,数学尚有数之运用,而物理则绝少踪迹;附会者竟以《墨经》亦有灿烂之物理学,此更理所不可通。

栾调甫《墨子科学》云:“《墨子》科学,……有‘动理’‘几何’‘光学’‘变化’之说,先秦诸子尝采其辞,以为谈辨者矣。然谓‘飞鸟’‘越南’之论,中于肯綮。”

栾氏似指名家之诡辩,为墨子科学之影响。名家“卵有毛”“目不见”“火不热”“鸡三足”之辞,皆“以反人为实”“欲以胜人为名”“饰人之心,易人之意”者也;而胡适、郭沫若竟皆以科学解释之。郭沫若于“火不热”“目不见”,以热学、光学释之(见郭氏《文艺论集》),其穿凿附会,固不待深辨。胡适《中国哲学史大纲》以“卵有毛”“马有卵”皆含有生物学重要之问题与进化论相关;以为鸡卵中有鸡形,马尝经卵生之阶级,龟尝有长于蛇之可行。信如胡氏之说,则公孙龙辈所言,与其所释《庄子》相类,何庄子之复与公孙龙辈相责难?《公孙龙子·坚白论》云:“且犹白以目,目以火见,而火不见,则火与目不见而神见。神不见而见离。”谓白之能见,以目与火,但目与火之本质,皆不能见;其所以见者,“神”之通贯也。无“神”,虽有目,亦不能见;“目不见”之说,盖本于此,乌有所谓科学思想也。“火不热”之说,亦本于此,谓如无神,虽触火,亦不能觉其热也。“鸡三足”之说,亦本于此,司马彪谓“行由足发,动由神御。今鸡虽两足,须神而行,故曰三足也。”是也。

试更观《经下》之辨说,其辨“目不见”云:“知而不以五路,说在

久。(《经》)知:知以目见,而目以火见,而火不见,惟以五路知久。不当'以目见',若'以火见'。"(《说》)

此谓真知之得,以历久之经验。足以目见,目以火见,然火之本质,本不能见;其所以能见者,以五路(五官)以前之经验,能见白而知为白,必先前有白之经验,非"神"之力也。

《经下》辨"火不热"云:

火热,说在顿。(经)

火:谓火热也,非以火热我;我有(同又)若视白。(《说》)

谓知火热,不必以火热我;见白而知其坚,不必由石触我;皆以前之经验,非神之力也。大抵墨家倡导经验论之认识论,名家以直觉论之认识论破之,此则墨家更辨护之。吾人于名墨相辨之迹中,亦历历可见其无些微之科学思想存其间。

(二) 外来说之更不可通

《贵义》篇墨子自称:"翟上无君上之事,下无耕农之难,"又称:"翟闻之,同归之物,信有误者。"《鲁问》篇墨子又有"若以翟所谓忠臣者"云云,此墨子屡自称翟,则其名翟无疑。"墨"本非氏,故儒墨并称,盖"氏者所以贵功德,贱伎力,或氏其官,或氏其事"(《白虎通》)。墨子"贱者,本有名无氏",惟单乎"翟"。短促不顺,又不易识别;翟墨之至也;遂冠之以"墨"而称为墨翟,于是"墨"渐成为氏。《孟子·滕文公下》已直称为"墨氏"矣。近人于名之上,亦有冠以职业或特点者。阿三业木匠,则称之木匠阿三,阿二业皮匠,则称之皮匠阿二,氏之起源,大抵如是。"墨"者由非氏而进为氏,当亦如是。墨子鲁人,故《鲁问》篇谓其自鲁即齐,《吕氏春秋·爱类》篇亦谓其自鲁往而救宋(《淮南子》亦云然)。《墨子·鲁问》篇亦谓越王为公尚过束车五十乘，以迎子墨子于鲁。其游历，《贵义》篇谓其“北之齐，南游于楚卫”，《公输》篇谓其过宋；亦足证其国籍为鲁也。《吕氏春秋·爱类》篇谓“其见楚王曰：臣北方之鄙人也”；《渚宫旧事》谓“鲁阳文君言于王曰：墨子，北方贤圣人。”亦足证其为北方人也。《淮南子·汜论训》谓“邹鲁之儒墨”，亦足见墨之在邹鲁也。以上诸端，皆颇显著者，而胡怀琛不察，竟创墨子为印度人之怪说（见《东方杂志》第二十五卷第八期）；以墨指面目黧黑，翟为狄之异文；墨翟者，黑狄也，盖印度出家人，故孟子讥其无父。其论浅陋可笑，狄为古人轻视北方异族之辞，若翟意为狄，墨子岂愿自称？夏代文化幼稚，名尚通俗，多以动植物为名，《说文》云：“禹，虫也；鲧，鱼也”；契古文禼，亦兽名；墨子讬古代于夏，亦尚通俗，其所以名“翟”者，盖翟为山雉尾长者，亦当时通俗之禽。墨乃学派之名，《荀子·礼乐》篇云：“刻死而附生谓之墨；刻生而附死谓之惑。”刻死附生，亦实利主义之谓也。若墨意为面黑，则犹今人讥印度人为“黑炭”，主“尚同”之墨子弟子，又岂愿堂堂其师为子墨子哉？孟子讥其无父者，以墨家兼爱，无亲疏之别，视父若无也；不然信如胡说，《孟子》曰：“杨氏为我，无君也；墨氏兼爱，无父也。”孟子讥墨氏无父，以其为出家人，则孟子讥杨氏为无君，必以其为居于无政府之国矣！其说之妄谬有如是者！此已由郑师许、吴进修屡加辨证矣，此不详论。

后胡氏更为《墨子学辨》一书（今已载入卫聚贤《古史研究》第二集），不特辨认墨子为印度人，乃谓墨学亦全本于印度，以哲学、科学、文学、宗教、风俗、器物诸端辨认之；论证虽多，但全出附会，余已于《墨学非本于印度辨》一文中详辨之矣（见《大陆杂志》第一卷第六期），文繁不具引，仅就“其《墨经》出于《尼乾子经》”之说而略辨之，以明《墨经》之非外来也。

胡氏辨证《墨经》出于《尼乾子经》云：

“（经）知：闻，说亲。（说）知：传授之，闻也。方不庫，说也。身观焉，亲也。

……《百论疏》云：‘旧有《尼乾子经》，说有十六谛，量谛有四种，一，现知：如眼见色，耳闻声等；二，比知：如间一分，即知余分，见烟知有火等；三，不能知，信圣人语；四，譬喻知：如间日去等……’墨子分知识为三种，即并四量而为三也。亲知即现知，说知即比知譬喻知并为合一，闻知即圣人语。”

昔黄健中为《墨子分经辩论三部考辨》（见《学衡》第五十四期），其辨胡适“经说作为施龙时之说”云：“至其坚白之辨，同异之论，固往往与公孙龙书及《庄子》所述惠施之言相出入，此则惠施、公孙龙取诸《墨经》，非必经说作于惠施、公孙龙时也。若徒拘泥时代以为推断，则《经上》所谓‘闻知说知亲，知’即因明之‘声量比量现量’；《经下》之‘徧有徧无有’即因明之‘同品定有性，异品徧无性，’不当又云上下《经说》作于因明学输入中土以后耶？”

黄氏谓若因与施龙出入，而谓其作于施龙时；则“闻知说知亲，知”即因明之“声量比量现量”，亦可谓其出于因明传入后矣；盖所以反诘胡适者。不意曾几何时，竟真有人出而主之，斯亦奇矣！

然细究之，《墨经》之“闻知”，言由传授而得知也，所闻者包含古人语及今人语，非仅“圣人语”而已，下句《墨经》，足以证之。下句《墨经》云：

（经）闻：传，亲。

（说）闻：或告之，传也；身观焉，亲也。

《墨经》分“闻”为“传闻”“亲闻”二种,《尼乾子经》所谓“圣人语”者,仅“传闻”中之一部耳。岂得谓与“闻知”相同?《墨经》所论,在分析知识之来源,在研究如何而可得知识。量,审也。“量谛”者,在审察如何之知识可信,故云:“不可知,信圣人语。”即以胡氏所举《中观论》之言:“信有四种:一,现事可信;二,名比可信,如见烟有火;三,名譬可信,如国无鍮石,鍮之以金;四,名贤圣所说,故可信;故说有地狱,有天,有郁单越,无见者信圣人语,故知。”足以佐证。是墨佛根本讨论之问题,已不同矣;胡氏之附会可见。且更观其《墨经》出于《尼乾子经》之理由,其一云:“此种精密之思想,在中国古代决不能有,即在今日中国思想,大多数犹笼统,在彼时能分析得如此清楚,似与事实不合。”

今日中国之思想大多数笼统,此指普通一般人而言;“在彼时能分析得如此清楚”,盖彼时之特殊人才也。先秦诸子思想,皆甚精密,为今普通人所不能及者多矣,非仅《墨经》而已也。岂得谓皆“似与事实不合?”若必欲谓《墨经》之说出于印度,则今日印度思想大多数如何?吾恐今日非特中国,即世界大多数“犹笼统”,不能“如此清楚”也。其二云:“《百论》:诵《尼乾子经》者之苦行,有赴火投渊等行;又《百论疏》称《尼乾子经》有天文、地理、算数、医方等。按墨经抱牺牲精神,虽赴汤蹈火,亦乐为之;《墨经》中亦有数学,是皆相合。”

佛教与墨经之有牺牲精神,盖皆主力行其道使然,非何者本于何者也。又《墨经》中绝无数学,数学皆近人附会而成。即认《墨经》中确有数学如近人强解者,今《尼乾子经》不复可见,其所论数学,安能知其“皆相合”?又安知其数学与强解而成者,非绝然不同也。《尼乾子经》是否出于《墨经》之前,尚不可定,即能皆相合,安知非《尼乾子经》出于《墨经》也?

要之,衡之以历史进化之论,文明之进化,皆由浅入深,决无突然猛进,亦无突然猛退,西方科学渐次进化之迹,皆可得而见,若《墨经》如附会者所释,则如此灿烂之文明,其如何而来?又如何而去?谓之来自印度,固不可信;若果来自印度,印度斯时,亦无如此灿烂之文明;上古印度,除形而上学神秘思想外,本无科学可言也。是《墨经》科学之说,验之外来自发二说,皆理所不可通,其非附会而何?

二、证之以学术大势

《墨经》一书,"坚白""同异"之辨,为其要义。"同异"之辨,在乎名实,人尽明之;至"坚白"之辨,前人未有确论。鲁胜谓:"名必有形,察形莫如别色,故有'坚白'之辨,"然既在别色,与"坚"则何涉?此不可通。张纯一《墨子集解》谓"该分析之法,在名学中至为重要,坚白之辨,即从一石之体而分析之也",是亦牵强。名学之旨,在乎论究名实辨说之理;分析一石之组合,与名学无涉也。汪馥炎《坚白盈离辨》一文(《东方杂志》二十二卷九号),亦但略论名墨盈难之异,而未明此辨之源流。《庄子·天地》篇曰:"夫子问于老聃曰:'有人治道若相放,可不可,然不然,辨者有言曰:离坚白,若县寓,若是则可谓圣人乎?'"

栾调甫因谓辨者坚白相离之说,老子时已有之,非是。《庄子》书多寓言,全出虚构,此语当亦非出于孔子;惟"离坚白"之说,已于《庄子》时风行,盖可见矣。又如《天道》篇记孔老问答,孔子语中述及"兼爱","兼爱"之名,出于孔后,乃墨子所倡道也;又如《天运》篇所载,老子有"儒墨皆起"之言,墨之起,离老子甚远;此皆足证《庄子》所载孔老语,非真出孔老口也。栾氏释坚白盈难之辨云:"辨者之难,乃离物而成之意;墨子主张物意相合,以为于石坚白同体,既不可偏去而异处,则于意不相外。”论亦迂曲。今略论“坚白之辨”之源流,而明其要义。

《庄子·天下》篇云:“相里勤之弟子,五侯之徒,南方之墨者苦获、已齿、邓陵子之属,俱诵《墨经》,而倍谲不同。相谓‘别墨’,以‘坚白’‘同异’之辨相訾,以觭偶不仵之辞相应。”是知后世墨者,确相訾以“坚白”“同异”。《庄子·骈拇》篇云:“骈于辩者,累瓦结绳,窜句游心于坚百异同之间,而敝跬誉无用之言,非乎,而杨墨是已。”

是辨“坚白”“同异”者,墨家而外,尚有杨朱之流,而《庄子》皆非难之,以为“无用”也。辨时非特“累瓦结绳”,哓哓争辩,且又“窜句游心”,穿凿附会也。《庄子·齐物论》云:“昭文之鼓琴也,师旷之枝策也,惠子之据梧也,三子之知几乎!皆其盛者也,故载之末年;唯其好之也,以异于彼;其好之也,欲以名之;彼非所明而名之,故以‘坚白’之昧终。”是“坚白”问题,惠施辈已尝辨之;其所辨者,殊于众人,非众生明也。《荀子·修身》篇云:“夫‘坚白’‘同异’‘有厚’‘无厚’之察,非不察也;君子不辨,止之也。”《荀子·儒效》篇又云:“若夫充虚之相施易也,‘坚白’‘同异’之分隔也,……圣人之知,未能偻指也。不知无害为君子,知之无损为小人。”是知“坚白”之辨,虚空抽象,未能偻指;无关德行,知不知无所损害也,故儒家亦非难之。

《韩非子·问辨》篇亦承其师云:“‘坚白’‘无厚’之辞章,而宪令之法息。”是“坚白”之辨,亦为法家所排击,以与宪令无涉也。综上所述,知“坚白”之辨,冠于诸辨之首,前后各家,莫不受其影响,此固一时代讨论之所在。《墨经》(《经上》)为墨家所俱诵,文皆界说;其论“坚白”亦非说辨;“累瓦结绳”又未“窜句游心”,必“坚白”问题之提出者，是时犹未尝与人相辨也。《墨经》云：

(1) 有间，中也。(《经》)

〔有：〕有间谓夹之者也。(《说》)

间，不及；旁也。(《经》)

〔间：〕间谓夹者也。尺前于区穴而后于端；不夹于端与区穴。及，及非齐之及也。(《说》)

纑，间虚也。(《经》)

纑：虚也者，两木之间，谓其无木者也。(《说》)

(2) 盈，莫不有也。(《经》)

盈：无盈，无厚；〔盈〕，于尺无所往而不得。(《说》)

坚白，不相外也。(《经》)

〔间〕得二异处，不相盈，相非是相外也。(《说》)

(3) 撄，相得也。(《经》)

撄：尺与尺俱，不尽；端与端俱，尽或不尽；坚白之撄，相尽；盈，不相尽。(《说》)

(4) 仳，有以相撄，有不相撄也。(《经》)

仳：两有端而后可。(《说》)

(5) 次，无间而不相撄也。

次：无厚而后可。(《说》)

《墨经》论及"坚白"者，仅上一章，旧儒释此，多所碎乱。陈澧释"有间"为直线角，释"纑"为"广从相乘谓之幂"(见《东塾读书记》)；胡韫玉释"盈"为"长"，释"次"为平行线(见《墨经经说浅释》)；而章行严释"纑"则曰："兼象中虚，吾爱因随遇得以入之。"释"盈"则曰："盈而吾见其有间，可得将吾意以入之也。"章氏全以"兼爱"释之，亦皆臆说。梁启超则以“有间”等句为论物理,以为“物质皆有孔隙”;以“盈”句为论几何,以为“有容积才成体”;以“撄”句为论点线相交之异同;以“仳”句为论比例,又以“次”句为论形之排列(见《墨子学案》)。若果为科学书,岂得紊乱无系统若是?此《墨经》一篇,当亦同他篇,决非杂乱无章,必有一贯之系统也。

窃意上章,为论万物之结构,乃墨家宇宙论之要义,为“坚白”之辨所从出。墨家以为万物之成,由于物德不同之组合。此章八句,盖论组合之五式,今略释之:

(1)“有间”“间”“纑”三句,盖论有空隙之组合。物德之组合,有排列而有空隙者。此空隙,墨家命之曰“纑”,故曰:“纑,间虚也。”居中之物德,则命之曰:“有间”,故曰:“中间,中也。”又曰:“有间,谓夹之者也。”居旁者,则命之曰“间”,故曰:“间,……旁也。”又曰:“间谓夹者也。”夹本从二人夹侍一人之像,引申为两以夹一之意,故夹时,居旁在外者谓之“夹者”,居中者谓之“夹之者”也。此类有空隙之组合,须夹者与夹之者不相连及而后;故曰“间,不及”,此“及”为连及涉及之及,故《经说》特申言曰:“及,非齐之及也。”

(2)“盈”与“坚白”两句,盖相论混合之组合。物德之组合,有相混而排列者。各物德既相混,则无论何点,皆函各物德,故曰:“盈,莫不有也。”又曰:“盈,于尺无所往而不得。”夫测物量边,量边用尺,尺盖“边”义引申而得;非全同几何学之线也。“于尺无所往而不得”者,盖于边界之内,各物德皆无所而不得也。若不相混排列,则不能积叠而成体,故曰:“无盈,无厚。”此类排列,最普遍而最重要,故《经文》特举一例以明之曰:“坚白,不相外也。”谓如石乃坚白二德相盈而成;不相盈而相外,即不得成名。

（3）“撄”句，盖论相接叠之组合。物德之组合，有相互接叠者。若坚白之在石，则尽相接叠；一部接叠，则不相尽也。故曰：“坚白之撄相尽，体撄不相尽”（相尽之“撄”与“盈”同）。尺，边也。边之状态不一，故接叠不相尽；端之大小毕同，故接叠相尽；若尺与端相接叠，各端之和与尺等则尽，不等则不尽也。

（4）“仳”句，盖论不规律之组合。不规律之组合，有相撄者，有不相撄者。

（5）“次”句，盖论有规律之组合。物德之排列，井井有序，既无空隙，亦不接叠，皆相并而排列者也。

《墨经》以为物德之组合，不外以上五式。体积之成，皆由相盈相撄之组合，物德相盈相撄，乃积而厚，厚则“有所大”，而体积成矣。稽之西洋学术史，初亦未有科学，而附于哲学中，最先所讨论者，亦即宇宙本体之论，我国环境虽与西洋有异，而历史之过程，要亦相似也。先秦时，科学当亦未离哲学而成立，“坚白”之辨，当为宇宙论而非科学也。

论者或以“天志”为墨家宇宙论，以为宇宙之间，惟有一天耳。然不知墨家之重迷信，主“天志”“明鬼”皆于后起。《诗·小宛》云：“各敬尔仪，天命不又。”《小弁》又云：“何辜于天，我罪伊何。”足见我国古代社会，以天为主宰之迷信甚盛；墨家因其道难行，反天下之心，乃不得不利用此等迷信，以图发展其学说。其论“天志”之根据云：

> 奚以知天兼而爱之，兼而利之也？以其兼而有之，兼而食之也。今天下无大小国，皆天之邑也。人无幼长贵贱，皆天之臣也。此以莫不刍牛羊，豢犬猪，洁为酒醴粢盛，以敬事天。此不为兼而有之、兼而食之乎？（《法仪》）

楚王食于楚四境之内，故爱楚之人。楚王食于越，故爱越之人。今天兼天下而食焉，我以此知其兼爱天下之人也。（《天志下》）

此二段论证，以众人之祭天，而断天下之国与民，皆天之邑与臣，楚越等王之兼爱楚越之人，而定天下之主宰，兼爱天下之人。而《非命》篇则以众人未尝见命之物，闻命之声，断定命为确无，然则众人多尝见天之食乎？此与墨家尚实之义相乖，此非墨家之本义，牵强以当时之社会迷信拉入而利用可见。《尚贤中》云："其为政乎天下也，兼而爱之，从而利之……故天鬼赏之，以为天子。""其为政乎天下也，兼而憎之，从而贱之……故天鬼罚之，使身死而为刑戮。"是则天志非墨经本义，利用之以谋发展其学说之迹又可见矣。

试更观《尚贤》《尚同》诸论，皆分上中下；墨家做事，极有纪律，而必合于需要，此三者当非作于同时，况文义之大同小异哉？依文字理论考之，上篇名上，文约旨要，较重理论，其著作时期或较先；中篇次之，下篇文繁好辨，当又次之；下篇作期最晚，而迷信最重，及《随巢子》《田俅子》《胡非子》诸书，则更盛言迷信（见《韩非子》《吕览》及《意林》《艺文类聚》《太平御览》所引）。是则吾人于其渐次演化之迹，亦足见迷信非墨家本义，而为后世所拉拢也。故其俱诵之《墨经》，亦未尝稍及迷信。不然，若"天志"果为墨学之根据，则何排斥鬼神之儒家荀子，但攻其持之有故之"节用"，反不排其牵强附会之迷信根据乎？

墨家尚实，其宇宙论，当亦较切实，近乎物质也；盈坚白之论，必为其本义无疑，故辨者哓哓驳难之。墨学之道，以自苦为极，反天下富贵者之心，而为贫贱者所能耐，故其说多传布于贫贱阶级；贫贱阶级，知识较幼，而重迷信，故墨家愈后，迷信愈重，其论亦愈鄙，"天志"

之说，必为后世所拉入，其学之中绝而无人信仰，亦势使然也。

先秦之辨者，颇类希腊之诡辨家(Sophist)。希腊之诡辨家，起于纪元前第五世纪后半叶，周游各地，崇尚口辨。中国之辨者，起于纪元前第三世纪，亦周游各地，《荀子·儒效》篇所谓："率其群徒，辩其谈说，明其辟成，老身长子，不知恶也。"希腊诡辩家之起，盖所以排击当时探讨宇宙论者；先秦之辨者亦然，亦所以攻击论及宇宙之墨家，《墨经》既创"坚白相盈而成石"之宇宙论，于是辨者创离坚白之说以破之。墨者以无盈无厚，有厚乃有所大，而辨者则云："无厚不可积也，其大千里。"(《庄子·天下》篇)

如前所论，上下文庶几可一贯，与学术情势亦相承，于"坚白"之辨，亦可明其迹象与流变。细察墨者辨者，实皆未知科学；辨者之辨，饰人之心，易人之意，固不合理，墨者之论，虽较精深，然坚即硬度，白盖色泽，皆附于物质之性质，本无所谓盈与离也；验之科学，理皆相违，而欲谓《墨经》有灿烂之几何物理，其谁言之？

三、证之以本书思想

古人于空间之认识，不离实物，离实物，即无空间可言；其空间与几何学之空间，绝然不同；考之《墨经》亦然，《墨经》云：

> 穷，或有前不容尺也。(《经》)
>
> 穷：或不容尺，有穷；莫不容尺，无穷也。(《说》)
>
> 尽，莫不然也。(《经》)
>
> 尽：〔俱〕止动。(《说》)

孙诒让《墨子间诂》释"穷"云："盖以布幅为喻；自端至尺为半，不容尺谓不及半，明其易穷也。"令人读之茫然！何《墨经》中忽喻布幅之易穷？梁启超《墨经校释》释“穷”为域之终极，而释“尽”则曰：“尽，全称也。如言‘凡人皆有死’，则主词表词皆尽之；故曰：‘莫不然。’动相全止，即圆成之义，故《说》如此为释。”

梁启超迷信于《墨经》科学之说，乃无释不以科学附会之。此章上文，为“久”“宇”两句，盖论宇宙之意义；下文为“始”句，亦论时间之开始，何得论理学插入其间？此章承上“久”“宇”而言，“穷”则言“宇”之终极，“尽”则言“久”之终极。“或”同“域”，“有”同“囿”，“或”“有”者，宇之边际也。边际之前，更不容尺，斯为宇之终极矣。“尽”宇宙之终极，动作不止，则变化不已，时间无尽也；若动作俱止，绝无变化，天下之物，莫不皆然，则无时间性可言矣。此则宙之终极。《墨经》论宇宙，皆有终极，皆就动作实物立论，此与古希腊同。希腊之论宇宙，亦以为一质融之形体也。其论空间，则上下四方有限；其论时间，则往来古今有尽。与科学所论，绝然不同也。科学所论空间，则以为绝对无限大，非有边际也。其论时间，亦以为至于无限，非人力之所能伸缩也。

《墨经·经说》云：化：鼃若为鹑。“鼃”古“蛙”字，《说文》云：“蛙，虾蟆也。”其说与《淮南子》等书全同。《淮南子·齐俗训》云：“夫虾蟆为鹑，水虿为蟌，皆生非其类，惟圣人知其化。”《列子·天端》篇亦有此文。《万毕术》亦云：“虾蟆得爪化为鹑。”《论衡·无形》篇亦云：“岁月推移，气变物类，虾蟆为鹑，雀为蜃蛤。”而《吕氏春秋·季春纪》《淮南子·时则训》亦云：“田鼠化为鴽。”高诱注云：“鴽，鹑也。”《交州记》亦云：“南海有黄鱼，九月则化为鹑。”盖古人以“鹑无常居”（陆佃语），遂以为彼变化无穷，皆他物化成也。此生物偶生说（Obiogenesis）或无生原始说（Spontaneous Generation），本古人普遍之信仰，盖未谙生物学使然。《墨经·经说》所言，亦同乎其他古籍，未有若何科学思想也。欲谓《墨经》有精深之自然科学，又其谁信之？

四、几何学辨妄

(1) 辨“端”“尺”“区穴”非几何之“点”“线”“面”

附会者以“端”“尺”“区穴”谓即几何之“点”“线”“面”；此为世俗所深信，而引为美谈者。然稍深究，知亦非实然。《墨经》论空间，不离实物，不同乎几何之空间；所谓“端”“尺”“区穴”，亦未尝一离实物，与几何之“点”“线”“面”，亦相迥异。

端，《墨经》有专论。《墨经》云：

> 端，体之无序而最前者也。(《经》)
>
> 端：是无同也。(《说》)

序，等次也。端之为物，无长广高厚，至微极小，无等次可言也。论其地位，则处于最前；故云：“端，体之无序而最前者也。”《墨经》之所谓“端”，仅限于实体之最前处，不若几何“点”之普遍，而在于想象中也。陈澧训“序”为“旁”，因谓几何之线无广，是无两旁也；失之牵强。王引之校“序”为“厚”，非是。《墨辩注叙》云：“名必有分，明分莫如有无，故有无序之辨。”足证《墨经》之“无序”不讹。而梁启超从之，而因谓：“点无长广厚薄，故曰厚。”亦非是。梁氏又校《经说》之“同”为“间”，因谓：“点者，不可分者也；不可分者，无间也。”此亦失之穿凿。端无体积，与无相同，故云：“是无同也。”章行严以“端”“始”并释，以“始”为“久”之起，而“端”为“宇”之起；因谓：“两点相承，即成为序，今著体之所自始，限于一端，故曰：无序而最前。”亦非是。《墨经》论“端”，可于“端”句见之；其论“尺”与“区穴”，则可于“间”句见之。

《墨经》云：

“间，不及；旁也。

〔间〕间谓夹者也。尺，前于区穴而后于端，不夹于端与区〔穴〕。及，及非齐之及也。”

梁启超《墨经校释》云：“区者：有长有广，先有点而后有线，先有线而后有面，故曰：尺，前于区而后于端。则似尺在端与区之间，而其实不然，盖间之义，不如此也。”

梁氏因欲强之为几何学，乃强释“前后”为“先后”，殊不可通。此句所论，盖为物德有空隙之组合，前已论之矣。物德之夹他物德者，谓之“间”，彼处于他物德之旁，故曰：“旁也。”夹者与夹之者，须不相连及，然后有空隙。譬若一物，尺，边也；区穴者，区域内之空间，即表面也。端处于最前，边（即尺）处于端后。表面（即）区穴则更处于边后，故云：“尺，前于区穴而后于端。”如下图：

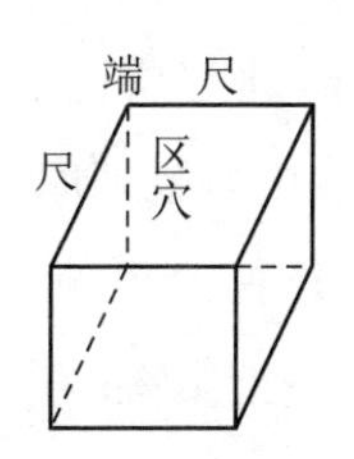

然端为尺之一端，尺与区穴之周界（如云：若尺之端），尺既连及端与区穴，故尺不得名为“有间”，而“端”“区穴”亦不得名为“间”，故云：“不夹于端与区穴。”此乃作《经说》者，恐人不明“间”义，故举实例以明之。所谓“端”，固指实物之最前点，“尺”亦指最前之线，“区穴”亦指最前之表面，与几何学想象中最普遍之点线面，亦大异也。

《墨经》云：

盈，莫不有也。（《经》）

盈：无盈无厚；〔盈〕，于尺无所往而不得。（《说》）

此“尺”，孙诒让校“石”，固误；梁启超释云：“于尺无所往而不得者，……引端为尺，则尺函端无数；纵横曲折以成区，则区函尺无数；积叠以成厚，则函区尺端无数，随所引而皆有函。”

梁氏此释，诚哉其几何学也。然察几何之理，积点而成线，积线而成面，积面而成体，则《墨经》何不云“于端无所往而不得”而必云“于尺”？此依其后文义，盖论物德相混之组合，前亦已论之矣。尺，边界也；于尺无所往而不得者，各物德既相混，于边界之内，各物德无往而不得也。尺之义为边界，于此可见之，非几何中想象之线也。

《墨经》云：

库，易也。（《经》）

库：区穴若斯貌常。（《说》）

此句上下文，皆论动作，此句所论，当亦不出此。矣，换易也。《释名》云：“库，舍也；物所在之舍也。”库乃藏物之所，时将物件移出移入，库之区穴，依然若斯，外貌犹常，而物已易也。此云“区穴”，当指库之区域内之面而言，此亦指实物；与几何学想象之面，亦判然不同也。

至栾调甫《墨子科学》，释“端”为光线之端，释“纑”为无厚之面，此更穿凿不可通。栾氏谓：如自壁穴引光入室，其抵对立之屏之体，则为“端”，屏近则端近，屏远则端远，而近屏之端，实为远屏较后之体。端无定序，故曰：“无序而最前者也。”又谓：一光只一端，故曰：“是无同也。”“尺，前于区穴而后于端”者，则以光线当屏穴间之长，为在端后穴前；栾氏拘泥“穴”字，释以“壁穴”；因以光端之可随屏伸缩释“无序”；复因之以光线当屏穴间，释“尺，前于区穴而后于端”；然则光线为一物，壁穴与屏，又各为物，光线当屏穴空间，则尺夹于屏穴间矣，何《经说》谓：“不夹于端与区穴?”栾氏释“间虚”，为“有长广而无厚”，此亦牵强；《经说》谓：“虚也者，两木之间，谓其无木者也。”是“虚”指两物间之空隙，非“无厚”之意。

(2) 辨“平”“中”“直”“圜”“方”诸句非几何定义

《墨经》云：

平，同高也。(《经》)

〔平〕：同〔者〕，以正相尽也。(此句本《说》，今错入《经文》)

中，同长也。(《经》)

中：楗与〔柱〕之间同长也。心中，自是往相若也。(《说》)

〔直〕，中正〔向〕也。(《经》)

〔直〕：直，〔参〕也。(《说》)

圜，一中同长也。(《经》)

圜：规写〔交〕也。(《说》)

方，柱隅四讙也。(《经》)

方：矩见〔交〕也。(《说》)

“圜”“方”固几何之二形，“平”“中”“直”则几何所未有也，张惠言释“中”云：“从中央量至四角，长必如一。”案两四角，固如一，如量边，则互参证，张说未当也。陈澧谓“中”即《几何原本》“圜界至中心作直线俱等”，则此与圜义全同，亦不然。陈氏又谓“平”即《几何原本》“两平行线内有两平行方形，有两三角形，若底等则形亦等”，又谓“直”即《海岛算经》“后表于前表参相直”，皆附会而不相贯通。

《法仪》篇云："百工为方以矩，为圆以规，直以绳，正以县，平以水，……皆以此五者为法。"是"方""圜""直""正""平"五者，乃古百工之习用。《考工记》亦云："圜者中规，方者中矩，立者中线，衡者中心。"《荀子·礼论》亦云："绳者，直之至；衡者，平之至；规矩者，方圆之至。"

盖古于有规律物形之概念仅此。《墨经》此章，盖论物形之规律，亦就百工所用五者而论之也；与今几何学不同（《墨经》之"中"，即《法仪》之所谓"正"）。圆方，工匠用之，几何学固亦有定义；水平之法，"直以绳""正以县"之法，工匠用之，几何学所不论究也。几何学虽有"直线"与"中点""中线"，但不与此同；工匠求"正""中"以县，《墨经》之所谓"中"，乃指正中之线，此线于几何学中无用，亦无专名；几何学三角形之中线，乃指底边中点与顶点联接之线；与"正以县"之正中线，绝然不同也。

五、力学心理学生理学辨妄

《墨经》云：

力，刑（同形）之所以奋也。（经）

〔力〕：力，重之谓；下与重，奋也。（《说》）

生，刑与知处也。（《经》）

生：楹（同盈）之生，〔离〕不可必也。（《说》）

卧，知无知也。（《经》）

（无《说》）

梦，卧而以为然也。（《经》）

（无《说》）

附会者释此，皆以“力”句为论力学，“生”据为论生理学，“卧”“梦”二句为论心理学，何全文不相贯若是？梁启超释“力”云：“形之所以奋在力，深合物理，物质恒动不已，以成众形。……所费之重，即物之重量，故云：力，重之谓。”栾调甫释云：“其说盖谓重势就下，举重乃以见力，是力生于重也。”尹桐阳《墨子新释》则云：“所谓静止物体，其运动必须作用于外力也。奋，迅也；谓运动迅速，今物理学有惰性即此。”伍非伯《墨辩解诂》释“力，重之谓”云：“谓其静之量曰重，动之量曰力。”又释“下”为地心引力，因谓“地欲向下，人欲其上，重胜力则下，力胜重则上，故曰：举重，奋也。”而《墨子新释》亦释“下”为落下运动。经文寥寥七字，何能包涵如许之义？诸家虽皆释科学，而又言人人殊，此皆不察其一贯之思想，私意穿凿所致。

张纯一《墨子集解》释“生”云：“今生理卫生学本诸实验，分析精密，远胜古人，然惟知养形，不知养神，以视古人，甚粗陋也。”则《墨经》之生理卫生学，几为今生理卫生学而上之！林昭音《墨翟心理学研究》(《民铎杂志》第四卷第三号)以为“卧”“梦”二句，乃论变态心理，谓墨子睡眠之说，颇带近代动作派之色彩，墨子谓梦亦一种感觉，仍能引起由各官体来之一切过去经验，使其互相联合，发生隐动，犹日间躬为其事，或躬历其境。林氏释“卧而以为然”偏于“以为然”，而忽于“卧”，“卧”时“知无知”，知能已失其知，是知离形也。梦时，卧而以为然，是形离知也。林氏之说无当。

愚意上章，全论人生，上下文皆一贯。以为人生意义，非形骸之能奋而已，形骸之能奋者，力也；不得谓之生。故云：“力，形之所以奋也。”力者，所以动重者也；故云：“力，重之谓。”以力量施于重量之上，则重量因此而动，即“奋”之义也。故云：“下与重，奋也。”形骸之能动，盖形骸上有动力在焉。"生"也者，形骸与知能统一之谓，故云："生，刑与知处也。"形犹今所谓身，知犹今所谓心，身心二者能互用，乃可谓之生；使身心离异，则虽生犹死，不可必谓之生。墨子乃一实行家，《兼爱中》篇云："言行之合犹合符节也，无言而不行也"，故力非形与知之分离。若卧则失其能知之能，虽然未死，亦不可谓之生。若梦则卧而知其然，虽有知，然而未行也；其知与形已离，虽似生，亦不可谓之生。

六、化学动理辨证

《墨经》云：

(1) 化，征易也。(《经》)

化：若鼃为鹑。(《说》)

(2) 损，偏去也。(《经》)

损，偏也者，兼之体也；其体或去或存，谓其存者，损。(《说》)

(3) 〔益，大也。〕(《经》)

(4) 环，〔俱柢。〕(《经》)

环：俱柢也。(《说》)

(5) 库，易也。(《经》)

库：区穴若斯貌常。(《说》)

(6) 动，或〔徙〕也。(《经》)

动：偏祭徙，若户枢免〔徙〕(《说》)

此章之"化"，附会者以化学释之；然鼃鹑之喻，乃无生原始说，悖于科学也。栾调甫《墨子科学》，乃以五行变化释之，亦不然。"动"

句，附会者以科学之动理，亦不可通。此章盖论动作之历程，为宇宙论中论宙之一部；言古今往来之动作，不外六类：(1)变化(即“化”句)(2)损失(即“损”句)(3)增益(即“益”句)(4)循环旋转(即“环”句)(5)换易(即“库”句)(6)徙动(即“动”句)。《墨经》论宙，以为全由动作所构成；若无动作，则无时间可言，所谓“尽，俱止动”也。

(1) 变化　《尔雅·释诂》云：“征，虚也。”“征易”者，虚表易而质未变也。《荀子·正名》篇“状变而实无别而为异者，谓之化”与此同义，其非化学明甚。

(2) 损失　“偏去”者，一部离全部而去也；就其存者言，则损矣。此亦动作之一。

(3) 增益　益者，言物外有他物增益于此物，使之增大也。此亦动作之一。

(4) 循环旋转　《尔雅·释言》云：“柢，本也。”孙诒让谓：“环之为物旋转，无端若互为其本，故曰：俱柢”。甚是。盖全部空间未动，惟各端将所处之空间转递而已。

(5) 换易　库乃藏物之所，物件时常移出移入，故从广从车，换易者，空间未变，物已易也。

(6) 徙动　动也者，所处全部空间迁徙也。户枢之动，仅在原空间中旋转，此则为“环”，非全部空间之徙也。

综合全章六句观之，知“化”与“动”，亦仅论动作之一部，与“损”“益”“环”“库”相同，亦未有科学思想也。

(原刊光华大学中国语文学会编：《中国语文学研究》，中华书局，1935年，第29—70页)

论晚近诸家治《墨经》之谬

晚近诸家之治《墨经》，类多轻校轻释，自用其私，遇有不如意处，不曰衍文，则曰脱文，再不然曰形似之误，不察先后义例，强古书以就我，此则诸家之《墨经》，非墨家之《墨经》矣。要而论之，盖有四谬：

一曰强以科学附会之谬

当晚近西洋科学输入之初，旧儒自耻缺然，乃不惜割裂古籍，掇拾一二可附会科学者，加以穿凿。谓科学不足奇，我先民已先西洋而知之。言理化天文，皆出于诸子，《考工记》所载，皆有三角几何，及今读之，殆如梦呓。而《墨经》附会科学之说，亦于斯时始。

以《墨经》附会科学，发自邹伯奇。邹氏以“圜”“方”诸句为几何界说；以“同”“异”诸句为比例规更体更而之意；以为“日中正南”，亦测影之理；甚至谓西书之旁行，亦祖《墨经》遗法（见其《学计一得·论四法皆古所有》）。及陈澧，乃略衍其说，以“同长以正相近”，为《几何原本》长线减断线之理；以“有间”句即几何之角；以“端”为点，以“平”

为平行线(见其《东塾读书记》)。曹耀湘、殷家儁、尹桐阳亦并言:《经说》中有光重诸法,悉为泰西所本;以为巨子即矩子,十字架也;所谓南方之墨者,自南通诸岛,为制器之先师。孙诒让撰《墨子间诂》,于附会科学之说,亦颇加润色,《间诂》流传既广,学者习熟见而闻而不复其始,于是《墨经》之有科学,几成定论。近梁启超《校释》,益以"端""尺""区""厚"为几何之点线面体,以"仳"为比例,以"力"句为论力学。海内学者,靡然从风,遍览全书,尽加穿凿,或以为几何,或以为物理,割裂破碎而益不可通矣。栾调甫有《墨子科学》一文,别为"动理""几何""光学""重力""变化"五类(见齐鲁大学《国学汇编》)。张纯一更有《墨学分科》一书,分析更繁,俨然一科学大纲,二千年前中国科学之昌明,几与今日等同,读之不禁神往,何我先民神明如是!我后学不肖又如是!

参考西方学术而比较之,此固治学之准则;不作比较而妄加附会,此我治学者所当痛戒也。此梁启超、胡适亦尝论之,昔梁氏于《墨经校释》亦多穿凿;胡氏于《墨经》,亦分为力学、心理学等,一仍旧儒附会之谈。胡韫玉更尝云:"俞曲园谓近世西学中光学重学,或言皆出《墨子》,……读古书最不可有此附会之说,古学自有好处,不必附西学而重,由陈出新,是在善学者!旧儒不知新学,每有此病"(见《国学丛选》十集)。论颇警切,诚足为附会者戒;惜《墨子经说浅释》(《国学汇编》二集),于"平"句亦释以《几何原本》测平面之理;于"同长以正相尽""直参也"以及"端"诸句亦全从陈澧附会之说。最近如谭戒甫之《墨经易解》、范耕研之《墨辩疏证》、鲁大东之《墨辩新注》,仍旧盛言科学。盖皆缚于成见,不能自脱也。

若重要之学术,其后之典籍,必皆应之入影响,或因而阐发,或革而排击，验之《墨经》前后之书，绝未有科学之迹，此亦未始不足以见《墨经》科学说之为虚妄也。胡适虽于其《中国哲学史大纲》称扬《墨经》科学，推为中国第一奇书，然亦未见论及其源流；惟其《先秦诸子进化论》则又似以墨子时代之科学，乃承庄子进化思想而来（《科学》三卷一期）。按《庄子·至乐》篇所云"乌足之根为蛴螬，其叶为胡蝶""程生马，马生人"，此庄子无厓端之辞，亦生物偶生之说，何足以言科学？《墨经说》云："化：鼁若为鹑，"《淮南子·齐俗》篇亦云："夫虾蟆为鹑，水虿为蟌，皆生非其类，惟圣人知其化。"《毕万术》亦云："虾蟆得爪化为鹑。"《论衡·无形》篇亦云："岁月推移，气变物类，虾蟆为鹑，雀为蜃蛤。"盖生物偶生之说，古本人普遍之信仰，未谙生物学使然。

栾调甫云："墨子科学，……有动理几何光学重力变化之说，先秦诸子采其辞，以为谈辨矣；然惟'飞鸟''越南'之论，中于肯綮。"栾氏似指辨者之谈辨，为墨子科学之影响，然按"飞鸟""越南"之论，决于名而蔽于辞，皆以反人为实，欲以胜人为名，诸家妄以科学释之，亦附会之说也。要《墨经》附会科学之说，既不合学术情势，亦未能通贯全书，无足据信（余前尝作《墨经科学辨妄》一文论之甚详，见《中国语文学研究》中华版）。

二曰强为辨说之谬

前人注释《墨经》，往往以名家相比附，自鲁胜以来皆然。鲁胜《墨辩注叙》曰："墨子著书，作《辩经》以立名。惠施、公孙龙祖述其学，以正刑名显于世。"张惠言《墨子经说解》亦从此说。其《墨子经说解》后曰："今观《墨子》之书，《经说》、《大》《小取》，尽坚白异同之术；

盖纵横名法家惠施、公孙龙、申、韩之属皆出焉。”而孙诒让《间诂》则云:“以下四篇(《经上》《下》、《经说上》《下》)皆名家言。……其坚白同异之辩,则与公孙书及《庄子·天下》篇所述惠施之言相出入。……据庄子所言,则视战国别传之学,不尽墨子之本恉。”孙氏盖已略知墨名之不同,但以坚信施龙祖述《墨经》之说,故强以《墨经》为墨家别传之说,而非墨子自著。孙氏亦略知《墨经》与施龙之不同,故虽以为名家言,而又谓与施龙之言相出入也。而胡适不察,于其《中国哲学史大纲》别立《别墨》一章,混同墨名两家,以《庄子·天下》篇所称后世墨者“倍谲不同,相谓别墨”之“别墨”为“新墨”,为治“墨辨”之别一派科学墨家,与旧派之宗教墨家倍谲不同。至梁启超则亦确认施龙辈为“别墨”,谓其学从《墨经》衍出,而又从孙氏之说,以为其内容颇与经异(见其《读墨经余记》)。伍非伯《墨辨解故》,始言经下有辨诡辨学说者数则;及章行严,乃先后为《墨学谈》及《名墨訾应考》诸篇,明辨墨名之分野,而力辟胡氏混同之非。以九流墨名并称,施龙之名隶名而隶墨,《荀子·解蔽》篇云:“墨子蔽于用而不知文,……惠子蔽于辞而不知实。”亦以墨子与惠子分论,而各有所蔽也。章氏条考,虽多颠倒未允,而其论固当而不可移易。案“别墨”者,错误之墨也;犹今言错误之字为别字。后世墨者倍谲不同,取舍相反,故自谓真墨(见《韩非子·显学》篇),而谓别人别墨(见《庄子·天下》篇)。“别墨”乃任一派挖苦他派之辞,非某派之专名。近张煊《墨子经说新解》(《国故》二号三号),唐钺《先秦无所谓别墨》(《现代评论》第二卷第三十二期)皆尝论之。钟钟山《名家不出于墨说》(《国学丛刊》第三卷第一期)则更证之以《庄子·天下》篇、《荀子·非十二子》篇、《不苟》篇。《天下》篇之论述,以惠施、桓团、公孙龙相连,而与墨则分隔;《非十二子》及

《不苟》二篇，亦皆惠施、邓析合称，而墨者不与也。钟氏又云："《墨经》言：'厚有所大也'，而惠施则言：'无厚'；《墨经》言：'日中正南也'，而惠施则言：'日方中方睨'，《墨经》言：'坚白不相外'，而龙言：'坚白离'；《墨经》言：'火热'，而龙言：'火不热'；《墨经》言：'狗犬也'，而龙言：'狗非犬'；盖《墨经》多在差异上理论，而施龙则在无差异上立论。"此除论"日"一事，不相訾外，余亦确当。贺昌群《上古哲学史上的名家与所谓别墨》（《东方》第二十四卷二十一号）亦以《墨子・大取》篇之"非白马焉，置驹马说之，舞（通武）说非也"与《小取》篇之"白马，马也"为驳公孙龙"白马非马"说，亦允审。至谭戒甫亦认《墨经》之言"心意""目见""矩方""火热"，与公孙龙辈之"意不心""目不见""矩不方""火不热"之说相訾；惟仍以名墨为一派，而令立公孙龙辈为形名家（见《文哲季刊》第一卷第一号《论晚周形名家》）。《战国策・赵策》记苏秦之言曰："客有难者，今臣有患于世。夫刑名之家，皆曰'白马非马'也已，如白马实马，乃使有白马之为也；此臣之所患也。""白马非马"之论，固出自公孙龙辈，则公孙龙辈固形名之家也。然不知名家即形名家之简称耳（见伍非伯《整理名家言序》）。

如右论列，则近人于墨名之异，皆能辨之矣；惟钱穆《百科小丛书・墨子》，犹为胡适辩护。其言曰："惠施《历物》：'日方中方睨，物方生死'，'万物毕同毕异'；公孙龙：'物莫非指，而指非指'；不能说自为訾应。姑退一步，照梁氏'施龙之说，颇与经异'；则《庄子・天下》篇已说明一辈亦自有异同：'相谓别墨。'"钱氏所引施龙之说，固非自为訾应，盖两可之说也。夫上下两经，旨趣不同，前已论之；《经上》乃俱诵之《墨经》，非"相谓别墨"时之辨辞，更绝无两可之说；《经下》虽皆辨说，然其旨全在维护《经上》之说，亦未见有两可之辞；墨家尚实不文，后世墨者所多辨说，其尚实之风，当不尽摒弃也。《墨经》云：

彼，不可两可也。（《经》）

（彼）：凡牛，枢（同区）非，牛两也。无以非也。（《说》）

辩，争彼也。（经）

（辩）：或谓之牛，或谓之非牛，是争彼也。是不俱当。不俱当，必或不当。不若当犬。（《说》）

“彼”句本作：“攸不可两可也。”“攸”依《说》校“彼”，固不待言；孙诒让以“彼不可”为读，释云：“言既有彼之不可，即有此之不可，是彼此两不可也”，其释与《说》不合。梁启超校删“不可”两字，而作“不可两也”，以为研究对象两歧，而无以为辩论之地。然则下句云：“辨，争彼也。”若如梁说，则辨在争对象之不可两歧，义有未当。鲁胜《墨辩注叙》云：“名必有形，察形莫如别色，故有‘坚白’之辨；名必有分，明分莫如有无，故有‘无序’之辨；是有不是，可有不可，故有‘两可’之辨；同而有异，异而有同，是之谓辨‘异同’。”此谓“坚白”之辨，即指“坚白不相外也”；此谓“无序”之辨，即指端体之无序而最前者也；此谓“同异”，《墨经》皆有专论；惟“两可”之辨，今本《墨经》无之：窃意此句下一“不”字，涉上而衍，当删作“彼，不可两可也。”彼者，客观的真理之意。言天下有是非之真，可者是之，不可者非之，不可两可也。墨家尚实，严是非之辨，故以辨之功用，所以争客观的真理。《非命上》云：“辩论必立仪，言而有仪，……是非利害之辨，可得而知也。”足以证之。譬若一物，或谓之牛，或谓之非牛，二者必不能“两可”而“俱当”，其中必有不当者在也。不若以狗当犬，则俱可当也。《经说下》云：“同，则或谓之狗，其或谓之犬也。异则或谓之牛，或谓之马也。俱无胜，不辨也。辨也者，或谓之是，或谓之非，当也者，胜也”足以证之。明乎此，亦可知墨名“辨”之根本观念，绝然不同。名家不察是非，操两可之说，专以巧譬为辨；后世墨者，虽各有异，然亦未尝一操两可之说。钱氏所举施龙两可之说，与名墨之相訾不同，不容并为一谈也。

墨家尚实尚同，以为天下宜有一同之义，不可“人是其义而非人之义”，故必有俱诵之《墨经》，以一同其思想，必有听命之矩子以一同其行为。名家则不然，以为天下非有公是也，而天下皆尧也可（《庄子·徐无鬼》载惠施说）。故在在操两可之说，离坚白，合同异，可不可，然不然，不恤是非，而与人争辨（见《庄子·天运》《荀子·解蔽》）。先秦之名家（即辨者），颇类古希腊之诡辨家。诡辨家所以攻击当时之探讨宇宙论者；先秦之辨者亦然，亦所以攻击论及宇宙之墨家。其两可之说，欲以饰人之心，胜人之口也。墨家尚实最力，而名家则以两可之说攻之，故荀子称其“蔽于辞而不知实”，司马谈称其“专决于名而失人情”，《庄了》亦称其“以反人为实，而欲以胜人为名”；公孙龙亦自诩为“困百家之知，穷众口之辨”也（《庄子·天运》篇）。名家之辨，既在驳墨家宇宙论；宇宙论所论，即在动作之历程与夫静物之组合，故《庄子·天下》篇总惠施所辨之十事曰：“历物之意。”“历”指“宙”而言；“物”指“宇”而言。名家之说，既欲求胜于人，故其言不能不立异；其认识皆以主观而不知实，故其说不能无放。

要之，名墨之相訾，发端于名家之辨难。《经上》文皆界说断语，其旨在乎立真，当未驳难名家，而名家驳难之也。《经下》之辨说，当起于名家辨难之后，所以反责名家，欲以维护《经上》（即俱诵之《墨经》）之说也。胡适、钱穆混同名墨两家，以辨者之“狗非犬”同乎墨者之“狗，犬也；杀狗非杀犬也可”，以辨者之“一尺之棰，日取其半，万世不竭”同乎墨者之“非半弗则不动,说在端”,以“飞鸟之影未尝动也”同乎墨者之“景不徙说在改为”,固然是处。章行严以墨家辨难名家,亦或则颠倒,或出牵强。章氏以《墨经》“次”句驳辨者之“鸟影不同”,以“环”句驳辨者之“轮不蹍地”,以“动”句亦驳辨者之“鸟影不动”,以“厚”句驳辨者之“无厚不可积也,其大千里”,以“正”句为驳辨者之“郢有天下”及“犬可以为羊”(见其《名墨訾应考》)。案“次”句本论物德有规律之组合,与“鸟影不动”不相訾也;“环”句本论循环旋转之动作,以为旋转者,诸端相传递而全部空间未动,与“轮不蹍地”亦无涉。“动”句本论徙动,亦无关“鸟影”也;“厚有所大”与“无厚有大”固为訾应,亦当为辨者驳难《墨经》,非《墨经》之驳难辨者也。

三曰强以名学诠释之谬

《经上》文皆界说断语,盖墨学要旨所在,非以释“辩”为主也。其论及辨说名实者,亦仅仅二章而已。自鲁胜杜撰《墨辩》之名,近人或以其义在辩,为论名学,与《荀子·正名》篇同。经中“同”“异”诸句,盖墨家言分同异之别,为后世“同异之辨”所从出;而胡适、梁启超强以为名学中“求同”“求异”之法。经中“故”句云:

> 故,所得而后成也。(《经》)
>
> (故:)小故,有之不必然,无之必不然。体也若有端。大故,有之必[然],无[之必不]然。若见之成见也。(《说》)

此本论事物所以然之故;总合之故,谓之大故;小分之故,谓之小故;张之锐强谓:“所得,即所得种种原因也。原因,前题也;故,断词也。”“小故,相对之断词也;大故,绝对之断词也”(见其《新考证墨经注》)。张纯一更强调:“必然,肯定也;不必然,否定也;小故,偏称也;

大故，全称也”（见其《墨子集解》）。经中“尽”句本与上“穷”句并论，一论宇之终极，一论宙之终极，而梁启超强以“全称”释之。“尽”句《经说》本作“但止动”，梁氏释之曰：“动相全止，即圆成之义。”义颇牵强，不知与“全称”何涉；伍氏乃删其“止动”二字。其他类此者尚多，皆不与上下相贯，亦病穿凿。伍非伯《墨辨解故》尝拟一目录，以求通贯，但不能循文分章，强之一归为辨学，终杆格不得通也。“知材”“虑”诸句，本论认识，伍氏必强之为论“正名之在人者”；“仁”“义”诸句，本论德行；“生”“卧”诸句本论人生；“誉”“诽”诸句，本论言谈；“君”“功”诸句，本论刑政；而伍氏亦必强以为论“人事之名”“文名”“刑名”，而更亦强以为总论“正名之在人者”；“久”“宇”以下诸句，本论宇宙，而又强以为论“正名之在物者”，削趾适履，未为允当。

四曰强以兼爱诠释之谬

整理古籍，首贵会通。晚近诸家之注释，颇多碎乱，即遍读其注释，竟茫然不能知其要旨之所在，于是钱穆有《墨辩探源》之作（见《东方》第二十一卷第八期）；但仍不知会通，杂摘《墨经》文句，强冶一炉，以其要旨在“兼爱”。此如近人杂摘古籍文句，以为时文，义理虽佳，非关本意。“兼爱”固墨家论人伦政治之主旨，然《墨经》所论，非仅人伦政治一段而已；《墨经》条例密察，宏纲固灼然可见，小目亦井然不紊，无烦牵强杂摘而探其旨也。钱氏谓墨子兼爱之说，据于“天志”，其后屡遭驳诘，其徒乃别求根据而成今《墨经》上下。殊无当。墨子兼爱，欲以救民之巨患也。有力者疾以助人，有财者勉以分人，有道者劝以教人，所以使饥者得食，寒者得衣，劳者得息，乱者得治。其根本之观点为“三务”，曰“国家之富”，曰“人民之众”，曰“刑政之治”，皆所救时之急也。兼爱之说，自有其理论为据；“天志”“明鬼”，本社会普遍之迷信，故墨家以百姓人民之敬事天鬼，证其“兼而有之，兼而食之”。此墨家主兼爱而自苦，反天下之心，乃不得不牵引社会迷信，讬之于天，以图发展其学说也。“天志”“明鬼”，本古代普遍之迷信，故驳诘者鲜，王充虽难“明鬼”，亦未及“天志”，墨学之流变，具见拙作《墨学分期研究》(《学衡》第七十九期)，此不详论。钱氏又谓“墨者情急求胜，则不免出于一切新奇之论，鬼怪之谈，初仅喻显正义。而听者乐其窈眇，略其根柢，而以其说更相往复，引延愈远，遂忘本初”。是亦无当。《经上》即俱诵之《墨经》，文皆界说断语，未尝或有诡辨巧说；钱氏所谓新奇忘本之辨，皆钱氏强之使然，非《墨经》本意也。

《墨经》论动作静物，无不严为区别；而钱氏混同名墨，乃以《墨经》之论宇宙，以天地诸异，并归一同，亦为“万物一体论”。《墨经》论久宇曰：“久，合古今旦莫。”“宇，家东西南北。”以为久者全部时间之称，宇者全部空间之称，与《淮南子》谓“往古来今谓宙，四方上下谓之宇”同。而钱氏释之曰：“古今旦莫虽异，而俱于一久，东西南北虽异，而俱于一宇。”《墨经》之主辞在“久”“宇”，而钱氏之释，则反以“古今旦莫”“东西南北”为主辞，失《墨经》之旨。《墨经》云：

止，以久也。

(止：)无久之不止，当牛非马，若[矢]过楹。有久之不止，当马非马，若人过梁。

“以”通“已”，此谓止者，于此留滞若干时间也。若矢过楹，绝未留滞若干时间，既未留滞若干时，当然不止；若言“无久之不止”与言“牛非马”相当，乃当然之事。若人过梁，步步留滞若干时间；既留滞若干时，当然止；若言“有久之不止”，与言“马非马”相当，乃不然之事。其于止与不止，剖析颇明。而钱氏释此，又以《墨经》并止与不止于一同。以为人过桥，固留止，但人生百年，往往谓逝者如斯。并谓：“《经》云‘止以久’，而《经说》则谓‘有久不止’，相反相成，非矛盾也。”皆非《墨经》本义。《墨经》“始”句，本论动作之开始，与下“化”“损”诸句动作相贯，而钱氏乃强以为言“现在之过去，仍为现在。”《墨经》云：“体，分于兼也。”本论物之减分，而钱氏强释曰：“虽不能人人而兼，而已无损兼爱之理。”《墨经》云：“端，体之无序而最前者也。”端无大小，无等次而言，故云“无序”。钱氏强以“体之无”为句，以为《墨经》之意，盖谓“集众无之部分，可以成一有之全体”；亦钱氏臆说，非其本义。

本文于诸家治《墨经》之谬，论略一过，纯为学术之探讨，非敢妄施排击也。余别有《墨经疏义》一书，察其义例而观其会通，校释甚详尽，私心自以为尚不谬者，未知亦有谬失否耶？其《通说》一卷，已刊本刊第七期，尚祈诸家有以教益之。

（原刊《制言》1936 年第 29 期）

金村古墓之古物及其古文化上之价值

一、导言

国人年来对于古文化之研究，已渐次注意，锄头考古学之工作已渐次开展，如中央研究院之发掘安阳殷墟，已为世界整个学术所重视。最近如寿县史迹考察团之计划发掘寿县楚墓，将来于文化上之贡献亦必大，吾人甚愿早日见其实现，其他皆考古学一等之资料也，其他为国人所漠视者尚多，即如洛阳郊外之金村古墓，其所出土物皆为前此所罕见，关系学术文化至大，独惜出土时未经科学之发掘，多所为乡人盗挖而去，其遗物多所分散于中外收藏家。

金村古墓之出土物，其价值实不在殷墟、寿县之下，其于艺术史之评价较诸殷墟、寿县，有过之无不及，独苦出土之物分散，多数归诸外人之手，虽有考古之士，或不能恣意检讨矣。北平图书馆刊七卷一号曾有《韩君墓发现纪略》一文，约略记述古墓发现之情形。去年Bishop William Charla White 牧师曾有《洛阳古城古墓考》（*Tomba of Old Loyang*, Shanghai, 1934)一书之出版，对此金村古墓多记述，此书述及出土物之种类与形态，并于我国古代工艺美术作一约略之考察。日本考古学者梅原末治尝于本年五月十日之日本史学大会中，作一“殷墟与河南金村古墓”之讲述，以金村之古墓与殷墟之古墓，相提并论，曾将讲稿补订成《河南安阳与金村古墓》一文，刊于《史学杂志》第四十七编第九号。后又成《洛阳金村古墓发现之雕像》一文，刊于《东洋美术》第二十三号。外人之重视此墓，于此可见。独我国人关于此项古物之研究，犹不可得，即许多关于考古历史之论文书籍，亦多未及此。最近如姚绍华《近四十年中国考古学之重要发现与古史之展望》中，于金村并寿县，俱未及(《新中华》四卷十四期)，诚不可解。

至于金村出土之铜器如屭羌钟，则我国学者如刘节、吴其昌、唐兰、郭沫若、温廷敬诸氏咸有考论。刘氏《屭氏编钟考》，吴氏《屭羌钟补考》，俱见《北平图书馆馆刊》五卷六号；唐氏《屭羌钟考释》，见《北平图书馆馆刊》六卷一号；郭氏《屭羌钟铭考释》一文，见其《金文丛考·新出四器铭考释中》；温氏《屭羌钟铭释》，见《中山大学研究院史学专刊》一卷一期。

二、金村古墓之地址及其内部

金村在洛阳之东北约十三里，其地靠邙山南麓，前有洛水，四围土垒环绕，传为成周之故城也。出土古物之古墓，又在金村之东北，约里许，正当邙山麓之波状地带。坟墓之表征已全失，此其所以保存至今方得发现欤？当民国十七年，一日大雨，忽而土地冲陷，地下之大墓室突然暴露，于是乡人相继盗掘，先后在附近发现八墓，当时

White 氏即加注意，于其《洛阳古城古墓考》，记载甚详。

据 White 氏之记述，墓室中六墓室相并成一列，相距仅二百米，突其他二墓室又在前方南隅或其陪葬之墓也。八墓省木椁构造相同，约深四十七尺。其墓室之构造，先凿四十尺左右四方之方塘，其底部敷以薄板石，其墓室成八角，其外层为石子，其上部更石子木炭之交互层三重，其内层为松材五段三重之组成之周壁，与朝鲜乐浪之古墓类似。墓室南北向，户口在南方，坑道渐次斜上，以通于外。前所称陪葬之圹，适在坑道之两侧，其间有车饰马骨，马具等，或为随从之殉葬吝。

墓室之中央，置有二重作之漆棺，室之壁亦涂漆，上边有壁画之带，一部有琉璃之镶嵌。内藏置之副葬品，大鼎及其他铜器，大抵置于棺之附近，室壁有架子之设备，为副葬品之藏置龛。

以上为 White 氏于发掘之调查并当时当地之闻录。

三、出土之古物

金村出土之古物，铜器中种类甚多，《北平图书馆馆刊》及 White 氏曾著录驫羌编钟以下数十余器，有容器以及镜鉴，带钩之类，铜器外尚有银器、漆器、土器、武器等。更可注意者，别有造像及银制造像，银杯、玉杯、银匣等，皆非常见。

出土铜器最著者为驫羌编钟，庐江刘氏善斋，藏有十二具，小者八具，日本大阪住友男爵，亦藏有蟠龙纹驫羌钟，出土于第七号墓中，铭文甚长，我国学者已尝为之考释。器高四寸至一尺余，其纹样与战国式铜器相同。其他如子嗣子壶亦蟠龙纹，形式优美，颈部有刻铭。铜器中如壶钫之类甚多，胴部极大口径，颇丰曲线美，衔环多作兽面座，与汉器极类似，其纹样多兽纹或涡云或金银错纹、沈凸纹，颇与山西李峪村、安徽寿县出土之战国式铜器相一致。惟金村之金银错纹特盛，为他处之所无，其他尚以练色之琉璃嵌入者，如大阪浅野楳吉氏所藏金银错嵌珠壶即是。细川护立氏所藏之金银错狩猎纹镜，技巧之精，殆无伦比。更有以水晶嵌入者，如华府（Freer）美术馆（Galleng Art Smithsonian Institution）所藏之镀金兽首饰物即是。皆足见我国上古艺术精巧之一般也。铜像□氏著录凡十数具，其未著录尚不止此数。像之大者约八九寸，有立者，亦有踞坐者。踞坐者，膝下跪，腿折曲相并，两首前举拱持一筒，Royal Ontanco Mneum of Arhareoiogy Toront 藏有一件，腰间缠有薄带，为一女性之躯体，Springfield 市 R.A.Bidevel 氏亦藏有一件，此像头部结发，其发左右分，从后向中央结起，与前者不同，似为男性之躯体。而古人结发之状，于此可得实证也。又此像下之台旁，有细线之虺龙涡纹，此亦战国式铜器之特质。Royal Ontanco 博物馆所藏一像，两手合持一筒，其台上尚有一筒作受状，Bidevel 亦同，巴黎卢氏（C.T.Loo）所藏者亦无差异，Royal Ontanco 博物馆尚藏有一像，亦踞坐，但有手持筒无收受之筒，纽约 D.L.Winthrop 所藏者亦然，诸像面貌亦颇相似，盖当时之作风如此也。

小银像之出土，亦甚多。Winthrop 氏所藏之银像裸体直立，右腕前举，目光凝视，形似野人，背有铭文。日本细川护立氏亦藏有一件，高三寸左右，亦直立，被帽，着紧身之服，类似西装大衣，形态极静，与前者大不同，颜貌亦奇异，颧骨甚高。日本学者原田淑人疑此皆胡人，非华族，梅原末治亦承认之，其说或然也。古人往往虏异族为奴仆，至如唐代坟墓，亦有所谓昆仑奴者，此像背而亦有铭文，此等铭文,尚无人为之作精密之考释,不知究如何义也。巴士顿博物馆(Museum of Fine Art Boston)亦曾有一银像直立,两手平举,持捧之上端有玉鸟,发向左右垂,似有右腰佩革袋,中藏环刀,肩胸腹另有一上衣,形似藤制甲,其上缘由子安贝纹,子安贝纹亦战国式铜器之特征。Kansas 市 Willions Rockhill Nelson Calleng Of Cu□亦藏有一银像,右足跪下,右手持一筒举起,左手亦举起,此皆雕塑史上之新资料。此外银器极银勺银匣等等,细川护立氏藏有一翼银杯,上海市有银杯博物馆,最近亦得一挑形银杯,外底皆有铭文作"甘遬"二字,与纽约 Winthrop 氏所藏银像铭文首二字相同,当同时出土于一墓者。

金村出土之古镜亦多,除前举金银错纹镜,尚有饕餮纹镜、怪兽纹镜、透文二重体镜以及各种之地文镜、彩文镜、玉琉璃镜、嵌背镜,诸镜颇为特异,多为吾人所从来未有者,此在镜鉴之研究上,亦将开一新途径也。

玉器除佩玉以外,尚有杯匣等物,纽约 Winthrop 氏藏有兽涡纹玉杯黄金饰玉匣,此玉杯作椭圆形,边缘甚阔,均刻兽涡纹。此玉匣作圆形,盖上黄金之饰物,多作禽状,匣之四围作縠状纹,一旁有环,一旁有把,至为精致。此外玉杯尚有作桃形者,大阪浅野楳尚藏有一嵌玉黄金带钩,其攻玉术有进步,于焉可见。此外尚有嵌石金银错纹之带钩多件,亦殊美观。

金村古墓重要之古物,可知者大体已如上述,其他藏诸私家而未公开者,恐亦不少,甚愿藏家之藏有金村古物者,多多发表,以供考古之士之研究也。

四、古物之年代及其文化上之价值

金村之古物，其年代当在汉以前，此可断言。出土古物之八墓，既为同一构造，其年代当相去不远，驫羌编钟之铭文首句为“唯甘又商祀”，商字刘节释为二，吴其昌释为商，以为商即参，郭沫若释为再，以为再之异文，并举叔夷钟为证，其说是也。至究为何王之二十二年，又有二说，一据《左传春秋》，断为周灵王廿二年（550 B.C）。一据《史记·六国表》，断为周安王廿年（360 B.C），前说为多数学者所信从。为吴其昌氏所创灵王十七年晋代齐有平阴之役，二十二年齐亦代晋以报（事见《左·襄二十三年传》），谓与此器“正相衔接，乃上下年互相循环报复”。而郭沫若则据此铭“先会于平阴”之文，谓“既言先会，则必尚有后事，且攻平阴者必不仅一师，证以安王二十二年韩、赵、魏共攻齐之事，则可契合。”说皆臆测，要为晚周之器无疑也。甘游杯与银俑，容庚氏《海外吉金图录》尝著录，亦云：“从字体上观之，可证为晚周器。”

究诸铜器、银器之花纹，皆有战国之特征，多数为战国时器，又可想见。惟京都帝国大学文学部所藏之银制小匣，其台脚有秦始皇三十七年之铭文，则其中一部分又为秦代之作品矣。但此银匣是否果金村所出，又不能使人无疑。金村之八墓室，结构既相若，皆当为战国末年，从周灵王二十二年至秦始皇三十七年，相去有百四十年，一坟墓所藏之古物，相去年代疑不应若是之远。

至其文化之价值，非率尔所能尽言，此类古物，如银器、玉器，如是之精巧者，我国出土物中殊不多见，其在艺术史之价值，不待多言。至于古文化之研究上，亦为宝贵之材料，此墓之结构既与乐浪相仿佛，纽约 Winthrop 氏所藏金村出于之兽涡纹玉杯，细川氏所藏银杯，一边有翼，与平壤桥都芳树氏所藏朝向平安南道大同郡大同江面所发现之有翼银杯，体制相仿佛，似亦有相当之关系。此类有翼杯，自来金石书鲜有著录，颇有研究之价值也。

金村所出土之铜像、银像亦不能不使人惊叹，观乎汉墓出土之陶俑，粗陋犹甚，铜俑、银俑未尝一见，而金村古墓之铜俑、银俑精致异常，非吾人始料所及也。至于金银错纹之装饰亦至堪注意，如古镜有玉琉璃嵌背镜，其工艺之现代化，诚不能不使人惊讶也。战国时代之工艺，经此发现，已可明证其已达甚高之境界。

（原刊上海《大美晚报·历史周刊》1936 年 11 月 11 日第 3 版）

驫羌钟的制作年代

驫羌编钟的年代，是近年来学术界上俱讼不决的一件公案，这钟在洛阳城东“金村”附近太仓地方“韩君墓”里出土，已见著录的有十四枚，铭长六十一字的有五枚，只铭“驫氏之钟”四字的有九枚，除加拿大首都叨浪脱博物馆藏有长铭短铭的各一枚以外，其余都原藏刘氏善斋，不幸到民国二十五年又给日本住友氏以三万元的代价买去了。对这钟铭文作考释的，国内有六家，就是刘节、唐兰、徐中舒、吴其昌、郭沫若、温廷敬诸先生，国外有高本汉（B. Karlgren）氏一家。这钟的长铭，现在参合各家的考释，录在这里。

> 唯廿又再，驫羌作戎（钟），厥辟韩宗敺率征秦楚迮齐，入长城，先会于平阴，武侄寺力，富敚（夺）楚×，赏于韩宗，令（命）于晋公，邵（昭）于天子，用明则之于铭，武文×烈，永世毋忘。

刘节、唐兰、徐中舒三先生都断为周灵王二十二年（550 B.C）的制作（刘著《驫氏编钟考》，刊《北平图书馆馆刊》五卷六号；又有《答怀王教书》，刊同刊七卷一号。唐著《驫羌钟考释》，刊同刊六卷一号。

徐著《驫氏编钟图释》,中央研究院出版),吴其昌先生断为周灵王廿三年(649 B.C)的制作(吴著《驫羌钟补考》,刊《北平图书馆馆刊》五卷六号),郭沫若先生断为周安王廿二年(380 B.C)的制作(郭著《驫氏钟铭考释》,见《金文丛考》),温廷敬先生又断为周威烈王二十二年(404 B.C)的制作(温著《驫羌钟铭释》,刊《中山大学文科研究所史学专刊》一卷一期),至于高本汉(著《驫羌钟之年代》,有刘叔扬译文,刊《考古社刊》第四期),赞同周灵王二十二年的说法而反对周安王二十二年的说法,对于周威烈王二十二年的说法也表示异议(见所著《中国青铜器新论》New studies On Chinese Bronzes 附注第十三)。真是诸说纷纭了。

我们就出土地点来论,这钟出土于洛阳附近的"韩君墓",如果这韩君是春秋时代,那时韩的封土决不能到洛阳附近,怎会墓葬在这里呢?就同时出土的器物的形式纹饰而论,分明是战国式的,和寿县出土的战国时代楚器很相类似。更值得注意的,同时的出土物中有"东周"二字的圆钱(见怀履光《洛阳古城古墓考》),"东周"名称的出现,该在周威烈王时"西周惠公"分封出"东周惠公"以后,那这钟的年代决不会早到周灵王二十二年。就这钟的形制而论,和"者沵钟"相仿佛,它的"甬"已变作纽形,"枚"已变作圆球形,钟上有连续的蚪状虺龙纹,"枚"上"甬"有绳纹涡纹,很显然的不是春秋时代的制作。再就铭文来说,字体和语句也不像春秋时物,虽然《左传》上鲁襄公十八年(即周灵王十七年)确曾有平阴之役,可是《左传》说:"冬十月,会于鲁济,……同伐齐,齐侯御诸平阴,堑防门而守之,……十一月丁卯朔,入平阴。"并不是"先会于平阴"而后改"入长城"的,和这钟的铭文并不吻合。何况春秋时代也没有长城的名称,战国时代齐才有长城,就是陆续把“防”扩充而成的,《水经·汶水注》引《竹书纪年》还说:“梁惠成王二十年,齐筑防以为长城。”这钟既称“入长城”,决不是春秋时代的制作了。徐中舒先生等因见这钟铭文有“命于晋公,昭于天子”的话,认是“三家尚未分晋,天子之威灵,犹及于列国诸侯、大夫。”要知道战国初期,三晋虽已自成国家,也还虚戴晋公,也还虚尊王室,这点在《古本竹书纪年》上很是显见。否则,如果在春秋时代,韩还只是晋的大夫,如何可能发生“昭于天子”的事呢?“辟”这名称,古来只用于王与国君,如果三家未分晋,韩如何能称“辟”呢?我们由种种方面考察,可知周灵王二十二年说,是不可信的了。

郭沫若先生的周安王二十二年说,虽较近情,实在也不可信。这年三晋伐齐救燕,是由于燕在“桑丘”相战而三晋前往救燕的,何以会远出平阴而会师?这就地理和情势来论是不可解的。

《水经·汶水注》引《竹书纪年》说:“晋烈公十二年,王命韩景子、赵烈子、翟员(当作‘翟角’)伐齐,入长城。”这是和这钟铭文比证的最好资料,高本汉初曾注意过,却没有仔细去研讨。到温廷敬先生,才根据这史料来论定这钟的制作年代为周威烈王二十二年。温先生说:“晋烈公十二年当威烈王十八年,然《纪年》久佚,《水经注》每多讹误,此十二年必十六年之误,烈公十六年当威烈王二十二年,以此铭证之而益信。……征秦必为是年以前之事,此并言之。”事实上,晋烈公十二年该是周威烈王二十一年,《史记》有误,雷学淇及钱穆先生已据《竹书纪年》来考定。这一役,《竹书纪年》称为“王命”,而《吕氏春秋·下贤》篇又说魏文侯“南胜荆于连隄,东胜齐于长城,虏齐侯(当从雷学淇《竹书纪年义证》校作‘俘’),献诸侯天子,天子赏文侯以上闻。”和这钟的铭文:“进齐,入长城,……寷敚(夺)楚×,赏于韩宗,命于晋公，昭于天子”不是很相吻合么？《吕氏春秋》上魏文侯“南胜荆于连隄”的事，为史书所不载，我们现在得到这钟的铭文来考证，不是很可庆幸的么？同时这钟的制作年代也可由此而论定了。在魏文侯时代，魏本是三晋中的领袖，如果三晋有事，魏也常联合三晋出应外敌，前此魏的攻秦，韩也必参加，所以这钟铭文还说“征秦”哩！这钟的制作年代，我们认为应在周威烈王二十二年，即韩同三晋胜齐入长城和胜楚于方城的次年，屭氏因追随韩景子伐齐大胜，到次年来铸钟纪念，是很合情理的事。再次年，即周威烈王二十三年，周天子便正式命韩、魏、赵为诸侯（见《史记》及《燕世家·索隐》引《纪年》），也是由于三晋连胜秦、齐、楚等大国，声威大震的缘故。

（原刊上海《中央日报·文物周刊》1946 年 10 月 23 日第 10 版）

新城大令戈铭考辨

这戈是民国三十一年安徽寿县出土的。内八〇公厘，援一二〇公厘，胡一〇五公厘，重二一〇公分。内首出刃，内胡都有受柲孔，内上有铭文，二行共十四字：

八年辛城大命韩定工师宋费佽褚

梁上椿《岩窟吉金图录》卷下第五七图录，定名为“新城大令戟”。关于这戈铭文，柯泗昌曾作考释，柯氏说：“此戟文曰‘八年辛城大命韩定工师宋费佽褚’，辛城即新城，韩字见钟文及𠫑钟，工师二字合文，亦常见古兵者。新城为地名，大令工师为官名，韩定宋费为人名。大命之为官名者，命字初见金文即令字，后乃分为二字，古兵若高都戈之高都名（陶斋）、铬庶长戟之刊命（奇觚室）等，命字俱连地名，上有纪年，下有姓名，以文例言，是又以令字通于命字矣。此戟亦当读为新城大令也。戟出安徽寿县，然其为楚器，即此新城大令四字，已为确证。新城属于何国，不曰令而曰大令，事皆见战国。《楚策》云：‘城浑出周，三人偶行，南游于楚，至于新城，城浑说其令曰：郑、魏者，楚之奥国,而秦、楚之强敌也。郑、魏之弱,而楚以上梁应之,宜阳之大也,楚以弱新城围之,蒲阪、平阳相去百里,秦人一夜而袭之,安邑不知。新城、上梁相去五百里,秦人一夜而袭之,上梁亦不知也,故楚王何不以新城为主郡也。边邑甚利之。新城公大说,乃为具驷马乘车五百金之楚,城浑得之,遂南交于楚,楚王果以新城为主郡'云云。此章所言,不啻为此戟文字之详释也。今再分析言之,以为证明。城浑说新城令使其资已南交楚王,俾以新城为主郡,是新城本楚所属之一县,其官长称为令,楚人又称县令曰公,若《左传》"陈公""申公"之类,是以此策又有新城公之称也。楚王以新城为主郡其令必当迁秩,是以新城令听城浑之说而大悦,而资以车马黄金使其之楚也。新城与宜阳相近,程恩泽《国策地名考》引《括地志》洛阳伊阙县本汉新城县,在州南七十里,以为其地正当汝州之北,宜阳之东,楚南境也(此就楚迁都寿春以后之形势言)。是其地本为要地,由县而改主郡,其形势亦可由弱而强,诚为边邑之利,是以楚王果从城浑之说也。县既改郡,官长自不能仍为令称,县令迁秩,当为郡守,然楚无此名,与他国不同,观于陈项再起,做秦郡守为郡长(沛公为砀郡长),仍不以郡守为名,则战国时楚之郡自不曰守,新城改郡,其令改称大令,是大令者楚为郡中长官之名,所以别于县令者,北戟之韩定,未知是否即为此人,然可知为改郡以后所造者,足以补苴史阙也,而大令者即是楚之郡守矣。"

这篇考释,说来好像入情入理,可是一经我们仔细考核,知道这些说法是站不住的。《魏策一》的"上梁"疑是"上蔡"之误,"上梁"这地名,他处不见,城浑说:"而秦,楚之强敌也,……宜阳之大也,楚以弱新城围(围旧作圉,从顾观光说校正)之。"足见城浑说新城令时，宜阳已为秦所得，考秦拔韩宜阳，在楚怀王二十二年，秦拔楚新城在楚怀王二十九年，那么楚立新城为主郡，必是楚怀王二十二年到二十九年间，因为秦未得宜阳以前，楚的北境只和魏、韩接壤，魏、韩二国中魏国较强，而韩的行动又往往附从魏国，所以楚郡设在上蔡，等到秦拔韩宜阳，楚的北境便和秦交接，这时秦的威势已不可一世，所以楚有迁郡治到新城的举动。楚立新城为主郡，既在楚怀王二十二年到二十九年间，而这戈铭文字为“八年”，如何一定能说这戈是新城改郡以后所造的呢？在楚威王五年，秦固然也曾一度得过宜阳，为时既很短，而且在“齐魏相王”和楚大败齐于徐州以前，那时秦的声势不足以威胁楚国，楚也何必在新城设郡？（当楚怀王二十九年三十年间，秦攻取楚新城时，守新城的是景缺，可参见《秦本纪》《楚世家》）至于说楚的郡守称大令，旁无可证，也是不足信的。在文献上，固然不见楚国有郡守的官名，可是《楚策二》有“宛公昭鼠将十万之军”一节，所谓“宛公”疑即是楚的郡守，《始皇本纪》载：“政代立为秦王，当是之时，秦地已并巴、蜀、汉中，越宛有郢，置南郡矣。北上郡以东，有河东、太原、上党郡。东至荥阳，灭二周，置三川郡。”

这里叙述秦所有之郡，独没有南阳郡，因为宛本是南阳郡治，所谓宛便指南阳郡。考秦得六国之地设郡，都沿袭六国的旧郡，想来宛也必是楚的郡治。《楚策二》的宛公昭鼠，该即是郡守。春秋时楚的县大夫称“县尹”“县公”，到战国时，县大夫已改从别国的制度称“令”，或许就用“公”来作郡守的称谓。

这戈的所谓“大令”，该是县令的尊称，正如战国的郡守，也或尊称为“太守”一样。（《赵策一》中五见太守之称，都在说辞之中，“太守”本是“守”的尊称，在战国已通行，不得因汉景帝更名“守”为“太守”，便说前此无“太守”之称）。这戈的正确制作年代，因为文献不足征，是没法加以论定的。

（原刊上海《中央日报·文物周刊》1947 年 3 月 19 日第 7 版）

《洛阳金村古墓为东周墓非韩墓考》的商榷

我在本刊第四期发表了一篇《羼羌钟的制作年代》,用《吕氏春秋》来和《古本竹书纪年》比证,断定这钟的制作年代该在周威烈王二十二年,同天在《大公报·文史周刊》第二期上,看到唐兰先生《洛阳金村古墓为东周墓非韩墓考》,知道唐兰先生也已改正前说,也已把羼羌钟定为周威烈王二十二年,只是唐先生又说出土这钟的墓是东周墓而不是韩墓,我们认为大有商榷的必要。

我在前文中曾举出洛阳金村墓中,与这钟同时出土的"东周"二字的圆钱,可见这墓的时代不能早到春秋时代("东周"圆钱,见怀履光 Willianm C.White《洛阳故城古墓考》)。《周本纪》说:"考王封其弟于河南,是为桓公,以续周公之官职。桓公卒,子威公代立。威公卒,子惠公代立,乃封其少子于巩,以奉王室,号东周惠公。"《正义》引《述征记》说:"《史记》周显王二年西周惠公封少子班于巩,以奉王室,为东周惠公。"《赵世家·正义》引《括地志》也说:"《史记》周显王二年,西周惠王封其少子班于巩,为东周。"都和今本《史记》不同。考周显王二年当赵成侯八年,《赵世家》说:“成侯八年,与韩分周以为两。”又以为东西周的分,是由于赵、韩两国所造成的。案《韩非子·内储说下》篇说:“公子朝,周太子也,弟公子根,甚有宠于君。君死,遂以东周叛,分为两国。”《韩非子·难三》篇略同,只是“公子朝”作“公子宰”。《韩非子·说疑》篇也说:“周滑之,……思小利而忘法义,……故周威公身杀,国分为二。”《吕氏春秋·先识览》又说,“周威公薨,肂九月不得葬,国乃分为二。”如此说来,周的为东西,是由于周威公死后,威公少子在东部叛立,再加上有赵、韩二国的帮助,于是周就分为二了。《周本纪》说东周之立是由于西周惠公的分封少子,那显然是一种错误。此后东西周始成为仇敌(见《东周策》《西周策》),怕就因为这个缘由。东周的成立,既在周显王二年,即西元前三六七年,而今洛阳金村古墓有“东周”圆钱的出土,很显然的这墓的时代还不会早到周威烈王时,该在周显王以后。如果要证明这墓是个东周墓,这“东周”圆钱该是个最好的佐证,而唐先生在文中却没有提到。是不是根据这钱就可认定是东周墓呢?那还是不行的。因为货币的流行比较广泛,我们决不能因某一墓有某国的货币出土,就断为某国的墓。

唐兰先生在《洛阳金村古墓为东周墓非韩墓考》一文中,主要的论证,是根据日本京都大学文学部所藏具有“三十七年”铭文的银卮,以及《善斋吉金录》中著录的“东周左师壶”有“廿九年”的铭文,断为周赧王时代的制作。日本京都大学所藏银卮是否为金村出土,很是疑问,怀履光书中既未著录,字体和汉器也接近,如何可以断定为金村出土。至于“东周左师壶”,传说出于寿州,固然不可信,唐先生认为是金村出土,只是根据字体书法。同时代的制作,字体书法句法往往相同，如何就能断为同一古墓出土的呢？战国时代列国铜器纪年，都记本国的年代，例如楚王酓章钟、商鞅量、陈侯午敦都是如此，驫羌钟的用周正朔，因为那时韩尚未正式成为诸侯，韩的称侯，在作这钟的次年（即周威烈王二十三年），这是特例。在周赧王时，王已迁都西周（见《周本纪》），《楚世家》载，顷襄王十八年，周王赧曾使西周武公说楚相昭子，也可证明。这时东西周俨然都是独立国家，非常交恶，东周是否用周天子的纪年也还是疑问。

唐先生根据了这些不一定是金村出土之物，来断定这是东周墓，反而说："此韩器之驫羌钟，与魏器之令狐壶，当可以馈赠赂市俘获等故而入于周。"这时二周的领土小得可怜，而且包在韩国的中间，正同韩的附庸一般，要想俘获韩国的器如何可能？如果出于馈赠赂市，似乎也不近情。驫羌钟是驫氏铭功的重器，如何会馈赠赂市给东周？而东周又何以葬入自己的墓中呢？

唐先生的论证中，比较有理由的，就是墓葬的地区问题，在战国中期以后，今洛阳金村东北这古墓的地方究竟属谁？是值得研究的。唐先生说："洛阳即成周，周王室所在，周亡而其地入秦，此决非三晋君臣所可以选择之墓也。"这个论断还是不能成立的。韩在宣惠王时代，已建立三川郡，后来秦的三川郡即沿韩之旧。《韩策三》载张登谓费緤曰："请令公子年谓韩王曰，费緤，西周仇之，东周宝之。此其家万金，王何不召之，以为三川之守？""守"即是郡守，张登是韩宣惠王时人，韩宣惠王五十年，五国相王时，曾为中山说齐，可知韩在宣惠王时已设立三川郡。《魏策一》载："张仪欲并相秦、魏，故谓魏王曰：'仪请以秦攻三川，王以其间约南阳，韩氏亡。'"考张仪挟秦势相魏，在韩宣惠王十一年。《秦策一》载:“司马错欲伐蜀,张仪曰:‘不如伐韩,……秦、魏善楚,下兵三川,……以临二周之郊……此王业也。’”事在韩宣惠王十七年。《韩策二》载:“楚国雍氏,……秦为发使公孙昧入韩,……曰:‘公战胜楚,遂与公乘楚,易三川而归。公战不胜,楚塞三川而守之,公不能救也。’”《田齐世家》说:“苏代谓田轸曰:……张仪救魏之辞,……必曰:‘仪将搏三国之兵,乘屈丐之蔽,南割于楚,名存亡国,实伐三川而归,此王业也。’”事都在韩宣惠王二十一年。《秦本纪·集解》引韦昭说:“有河洛伊,故曰三川。”韩的三川郡正好四周包住二周,《秦策三》载武王说甘茂曰:“寡人欲车通三川,以窥周室。”《西周策》载樊余说楚王曰:“魏有南阳、郑地,三川而包二周。”《楚世家》载西周武公说昭子曰:“夫危两周,以厚三川,方城之外,必为韩弱矣。”因为韩的三川包着二周,所以张仪说:“下兵三川……以临二周之郊。”苏代说:“实伐三川而归,此王业也。”秦武王说:“欲通三川,窥周室。”西周武公说:“夫危两周,以厚三川。”韩的三川郡西到宜阳一带,《秦策五》载或人谓秦王曰:“今王破宜阳,残三川。”《秦策三》蔡泽说:“利施三川,以实宜阳。”可知宜阳是三川郡的一县。韩的三川郡东到成皋荥阳巩一带,《秦本纪》说:“庄襄王元年……韩献成皋、巩,秦界至大梁,初置三川郡。”《蒙恬列传》说:“庄襄王元年,蒙骜为秦将。伐韩,取成皋、荥阳,作置三川郡。”秦在得到韩的成皋、荥阳一带后更设立三川郡,可知韩的三川郡也一定包括成皋荥阳一带。韩的三川郡,北靠黄河,中有洛水,南到伊水,西到宜阳一带,东到成皋荥阳,当然二周给包住了。《韩策一》及《苏秦列传》说:“韩北有巩洛成皋之固。”《索隐》说:“二邑本属东周,后为韩邑。”张琦《战国策释地》云:“《索隐》曰:后为韩邑,非也。《秦纪》庄襄元年韩献成皋、巩。

《正义》曰:‘尔时秦灭东周,韩亦得其地,又献于秦。’不得据巩之文,定为韩邑。”可是《张仪列传》说:“秦、魏善楚,下兵三川,塞斜谷之口,……以临二周之郊。”《集解》引徐广曰:“一作寻,成皋、巩县有寻口。”顾观光《七国地理考》说:“《水经注》云:‘洛水……又东径巩县故城南,又东北流,入于河,谓之洛汭,即什谷也。故张仪说秦曰:下兵三川,塞什谷之口,谓此川也。’据此,什谷在巩县东北。”那么巩县东北一带至少是韩地。《七国地理考》又说:“《韩策》‘公仲珉使韩侈之秦,请攻魏,秦王说之。韩珉在唐,公仲珉死,’按唐是韩地。……《后汉志》有唐聚,在今河南府。”那末洛阳附近也有韩地。东周,据《周本纪》说在巩,而《索隐》引《世本》又说“居洛阳”,无论巩和洛阳有没有为韩所得,总之地区已很小,至少四周都是韩地了。二周的地区本都很小,《楚世家》载西周武公说:“西周之地,绝长补短,不过百里。名为天下共主,裂其地,不足以肥国。”当西周亡时,据《周本纪》说:“尽献其邑三十六,口三万。”只有三十六邑,只三万人口,每邑不到千人,恐怕只是些村落罢了。两周亡后,秦迁西周公于狐,畏狐就只是个村落,即所谓“畏狐聚”。战国时代“万家之都”“万家之县”已很普遍,像临淄有到七万户,宜阳有到材士十万,西周简直比不上旁的国家的一个普通的县。二周地方的狭小显然可见。同时从成皋到函谷关沿黄一代本也是韩地,每次合从攻秦都从这条路行军,(赵李兑合齐、楚、魏、韩五国的兵攻秦,曾罢于成皋不敢进)韩国上党、河东一代地方和河南中枢地方的联络,也从这里沿河一带进出。洛阳金村东北氓山下面古墓所在地,在战国时代属韩,非常可能,如何能说:“决非三晋君臣所可以选择之墓地?”

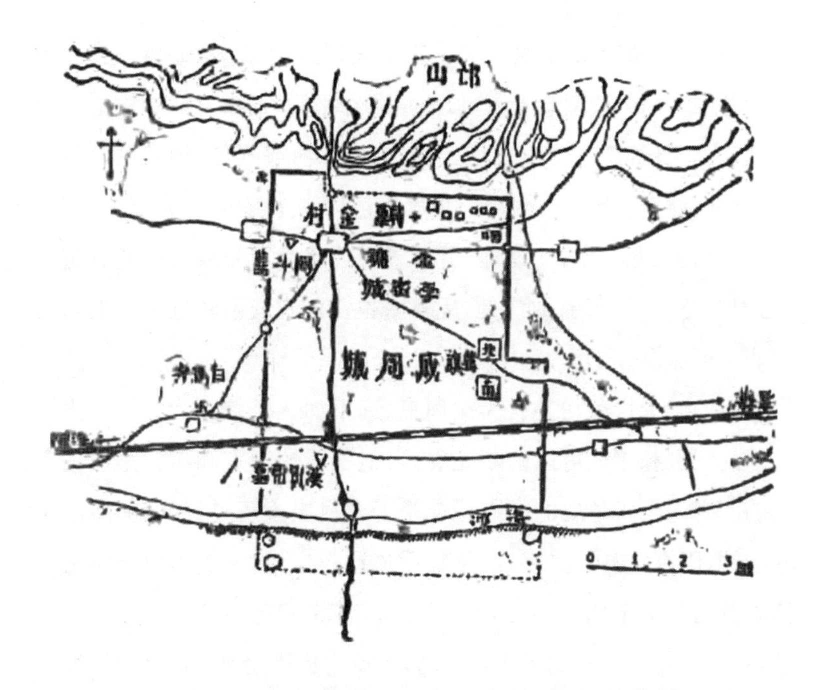

唐先生又说："至郭沫若氏文中所及之嗣子壶，有命瓜君之名，郭氏谓命瓜即令狐，甚确。然谓'令狐于战国时属韩，此器之作者盖韩之宗室，封于令狐而归葬洛阳。'则殊非是。盖令狐为魏之支子，左传宣公十五年有令狐颗，即魏颗也。其子魏颉曰令狐文子，见成公十八年。又文公七年'晋败秦师于令狐'。杜注："令狐在河东。"《水经·涑水注》引阚骃曰：'令狐，猗氏也。'其地在今山西猗氏，魏都安邑即在其侧，则令狐在战国亦当属魏，不属韩也。"这拿春秋时代的令狐属魏来证明战国时代令狐也属魏，是不成立的，查魏于惠王十九年安邑给秦商鞅攻取后，其后河东一代旋得旋失，不一其主。韩在河东也有领土，绛水旁的平阳，本是韩的故地，《秦本纪》《六国表》说：秦武王十年"秦拔宜阳，斩首六万，涉河城武遂。"武遂是由宜阳涉河而得，可知必在河东。《楚世家》楚怀王二十三年(旧误二十年)载昭睢曰:“秦破魏、韩宜阳,而韩犹复事秦者,以先王墓在平阳,而秦之武遂去之七十里,以故尤畏秦。”这年秦又把武遂归韩。《白起列传》说:“白起为左更,攻韩、魏于伊阙,……涉河,取韩安邑以东至乾河。”事在韩釐王三年,即西元二九三年。《集解》引郭璞曰:“今河东闻喜县东北有乾河口,因名乾河里,但有故沟处,无复水也。”可知安邑附近韩在战国时并非不可能有领土。

我们以为这墓与其认为东周墓,远不如认是韩墓为妥。因为䭅羌钟的国别和年代可以确断无疑,再他各器的国别和年代是没法考定的。唐先生所举出的一壶一奁是否金村出土还是疑问,而所出土的圆钱,固有“东周”二字,可是货币流通较广,决不能据以确定为东周之墓的。至于唐先生所论及春秋时周敬王迁都和扩大成周城的事,本都不可信。成周为东都大名,王城为成周之城,并非两地,童书业先生已有《春秋王都辨疑》一文(见《禹贡半月刊》“古代地理专号”),辨析很详,这里不再细论了。

(原刊上海《中央日报·文物周刊》1946年10月30日第10版)

论洛阳金村古墓答唐兰先生

去年十月二十三日唐兰先生在《大公报·文史周刊》第二期发表了一篇《洛阳金村古墓为东周墓非韩墓考》，一面修正前说，承认驫羌钟为周威烈王二十二年韩国的制作，一面又否认洛阳金村古墓为韩墓而定为东周墓。我在本刊第六期曾发表《〈洛阳金村古墓为东周墓非韩墓考〉的商榷》一文（见去年十月三十日本报）对唐先生的论证有所商榷。后来唐先生又在《大公报·文史周刊》第九期（去年十二月十一日《大公报》）上发表了一篇《关于洛阳金村古墓答杨宽先生》，对于拙说又有辨难，我因为一时无暇，到今天才执笔来答覆唐先生，对于唐先生及关心这问题的读者，是非常抱歉的。

唐先生认为洛阳金村古墓是东周墓，主要的论证，是"由东周左师壶来推测�公左师壶是周器，更由徝公左师壶来推测怀主教所说金村出土的许多方壶是周器。"唐先生认为"这种由铭辞字体书法来推断时代和地域，是古器物铭学里常用的方法。"诚然，古器物的时代和地域，可以由它的形象和铭辞字体书法来推断，可是，我们决不能因其形象和铭辞字体书法的相近，就推断“是一家眷属”，甚至推断为同一古墓出土，《善斋吉金录》的“东周左师壶”和《战国式铜器之研究》的“兽面座蟠螭文壶”（图版第七六）铭文一作“廿九年十二月为东周左师尊壶”，一作“廿九年十二月为东周皆有尊壶”，铭文都作二行，不仅字体相类，文字只有两字之差，断为一家眷属，还较可信。《善斋吉金录》的二个“徣公左师壶”，其一，铭文作“徣公左师”“左尊卌二”“十九爰四寽廿九×”。其二无“十九爰……”，这和金村出土的方壶铭文作“四斗冶客四寽廿三×”“左内尊”或“右内尊”，字体很近，文例并不完全相近，和金村出土一期铭文作“公作×师重爰三寽十×”的（《洛阳故城古墓考》232A）文例比较相近些，字体也相近些，断为同时代的制作，都可无疑，如果就据此而断定为同一古墓出土，未免推断得太快些吧！“东周左师壶”和“徣公左师壶”，虽则字体也有相近的地方，是否同一地域的制作，我们不敢大胆论定，如果说是同一古墓出土，我们更不敢想象。到战国时代，交通发达，贸易繁盛，铜器都已成为商品，地域上的区别，就不能像以前那样清楚。寿县出土的楚器，纹样有很多和金村类似的，铭文的字体也或相近，例如楚器铭文“铸客为王后六室为之”的字体也都和金村的方壶相似，战国时代铜器的铭文，草率的都只刻画细线，字体书法都很草率，不但铜器如此，漆器上的铭文也如此，要从这类字体书法上去辨别地域，怕不是件容易的事。唐先生由“东周左师壶”来推测“徣公左师壶”是周器，并没有坚强的证据，由“徣公左师壶”来推测金村的方壶是周器，更没有坚强的证据，唐先生便从此论定金村古墓是东周器，这样的方法似乎不够科学的。

据《史记》，西周在河南，东周在巩“以奉王”，而《周本纪·索隐》引《世本》又说：“东周惠公名班，居洛阳。”大概东周叛立确在巩，洛阳为天子所居，东周怎可据以叛立呢？只因东周借奉王为名，洛阳也就属于东周了。《史记·苏秦列传》说："苏秦，东周雒阳人。"《燕策一》载苏秦谓燕王曰："臣东周之鄙人也。"《赵策一》又载苏秦说李兑曰："雒阳乘轩里苏秦……"，洛阳的属于东周，这些都是明证。《周本纪》又说："王赧时，东、西周分治，王赧徙都西周"，据《楚世家》楚顷襄王十八年周王赧使武公谓楚相昭子曰："西周之地，绝长补短，不过百里。名为天下共主，裂其地，不足以肥国"。武公即西周武公，可知周王赧确已迁居西周，所以当西周亡时，周天子也同亡。周王赧的迁居西周，是不是真如《史记》所说的徙都呢？周王赧徙居西周以后，洛阳是否仍属东周呢？这些都是疑问。《韩策一》及《苏秦列传》载苏秦游说之辞"韩北有巩、洛、成皋之固"，《索隐》说："二邑本属东周，后为韩邑。"似乎巩和洛阳后来都为韩所占有了。顾观光的《七国地理考》就肯定地认为巩和洛阳后皆属韩。苏秦游说之辞，末出后来策士所编造，或许战国本年巩和洛阳曾为韩所有。《秦本纪》说："庄襄王元年……使蒙骜伐韩，韩献成皋、巩，秦界至大梁，初置三川郡。"也可作证。虽然张琦《战国策释地》、梁玉绳《史记志疑》，都否认这一点，认为《史记》有误，但也举不出坚强的反证来。我在前文中为审慎计，认为即使洛阳与巩未为韩所得，至少洛阳和巩有韩地和东周犬牙交错着，因此觉得洛阳有韩墓，是很可能的事。唐先生说："洛阳即成周，周王室所在，周亡而其地入秦，此决非三晋君臣可以选择之墓也。"这话是不合当时情势的。

唐先生说："《国策》'韩侈在唐'的唐，不知是否上章'唐客谓公仲'的唐，唐客却是楚人，如其因韩侈在唐，就说唐是韩地，未免推断快了一些。"按《韩策三》云："韩相公仲珉使韩侈之秦，请攻魏，秦王说之。韩侈在唐，公仲珉死，……秦王……令安伏？召韩侈而仕之。”韩相公仲珉使韩侈到秦，由韩到秦，惟有经成皋沿黄河到函谷关这条路，最为方便，怎会跑到楚的唐地去？由韩的成皋到函谷关，沿黄河一带，本有韩地，也不用假道于周，每次合从攻秦，都由这路，所以韩侈由韩使秦，路径的唐，必是韩地，也即《后汉书》的唐聚，顾观光《七国地理考》的说法，我们没有证据说他错误的。我在前文中举出巩的东北一带有韩地，洛阳的唐聚是韩地，不过用来证明洛阳和巩在战国末期，即使不为韩所有，至少也有韩地和东周犬牙交错而已。战国的地理，现存的史料太少，我们没法作详确的研究，可是我们也还可以探索出个大概来，洛阳附近并非不可能有韩墓的。至于那个不很方正的旧土城，在没有实地调查和发掘以前，我们不敢断定它是何时建筑的。

话不多说了，总之，唐先生因见金村出土的方壶与徰公左师壶的铭文字体书法有些相类，就认徰公左师壶也是金村出土，又因见徰公左师壶和东周左师壶铭文字体也有些相类，就认为金村古墓是东周墓，方法似乎不够科学。因字体书法相类而断为同时代的作品，是比较可信的，若因字体书法相类，断定是同时同地的作品（尤其是交通便利商业发达的战国时代），已够危险了，再进而断为同一古墓出土，未免太不可信吧！洛阳金村古墓非经科学发掘，当时掘出之物究有多少？已不可得知。像唐先生那样只凭字体书法来辗转比附，把徰公左师壶、东周左师壶都定为金村出土，我们也是不敢相信的。如果唐先生一定要认金村古墓是东周墓，那必须要举出别的坚强证据来，以前所提出的论证是不够使人相信的。

（原刊上海《中央日报·文物周刊》1947年4月16日第7版）

陈骍壶考释

编者案：本壶刻铭中有若干字为铜模所无，特于铭文释文下注有数字，文中即以数字相代，希读者参照。

陈骍壶藏美国费城培恩大学博物馆（University Museum of Perm. Philadelphia），日人梅原末治《支那古铜器精华》第二一三图“战国式图器研究”图版五九㊀著录。原题“嵌石变样兽文钫”，台部三面有铭，字体刻划如细线，一面十一字，一面十字，一面九字，共三十字，中有四字已不可辨认。

郭沫若先生认为“此乃襄王五年齐军败燕师所获之燕器”，郭先生在《古代铭刻汇考》上曾作考释：“铭中之‘㊀王五年’即齐襄王五年，《史记·田敬仲完世家》‘襄王在莒五年，田单以即墨攻燕军，迎襄王于莒，入临淄，齐故地复属齐’，此铭……虽有一二缺文，然与《世家》所言如桴鼓之相应。金文中凡田齐之‘田’均做‘㊁’，此㊀㊁㊂㊃均田氏也。㊁㊂之名亦见‘子禾子釜’，文曰：‘命谡㊁㊂’，是知二器年代相去不远，旧说子和子为齐太公和，非也。……言‘再立事’，盖

陳騂壺刻銘釋文

国复之后重任旧职也。‘㊃’当是‘撼’之异文，读为‘克減韩宣多’之減，滅也，‘㊃’下所缺二文当是‘燕师’字，㊄当是‘骍’之异文，……内与入通，‘㊅’即北燕，金文凡北燕之‘燕’均作㊅或‘郾’。‘内伐㊅’，即入伐燕，言追亡逐北而侵入燕境也。‘伐㊅’下文半泐难辨，当是燕之地名‘隻’即古‘獲’字，卜辞习见。言本器乃陈骍入伐燕之某地所捕获也”。

郭先生《两周金文辞大系考释》，说也相同。惟“伐匽”下第二字，已认辨出来。释为“邦”字，因此说：“这‘内伐㊅×邦’者追亡逐北，进而侵伐燕之某邑，凡此均为田单复齐时所应有事”。郭先生这些解说，是否确当呢？《史记·田单列传》说：“燕军扰乱奔走，齐人追亡逐北，所过城邑，皆畔燕而归田单，……兵日益多，乘胜，燕日败亡，卒至河上，而齐七十余城皆复齐。乃迎襄王于莒，入临淄而听政。”《乐毅列传》也说：“齐田单后与骑劫战，果设诈诳燕军，遂破骑劫于即墨下，而转战逐燕，北至河上，尽复得齐城，而迎襄王于莒，入于临淄。”《燕世家》说：“齐田单以即墨击败燕军，骑劫死，燕兵引归，齐悉复得其故城”。《战国策·燕策二》也说：“齐田单欺诈骑劫，卒败燕军，复收七十余城以复齐。”

从这些记述，可知田单的复齐，只是收复失地，到河上为止，并没有“入伐燕邦”的事。田单的一举能够复国，一方面乘燕将乐毅奔赵，燕国上下猜疑的机会，一方面又乘国际间混战没法兼顾的机会，《燕策三》及《苏秦列传》载苏代约燕王说：“秦之行暴，……已得安邑，塞女戟，因以破宋为齐罪。秦欲攻齐，恐天下救之，则以齐委于天下，……已得宜阳、少曲、致蔺、离石，因以破齐为天下罪。秦欲攻魏，重楚，则以南阳委于楚，……魏弃与国而合于秦，因以塞黾阨为楚罪，兵困于林中，重燕、赵，以胶东委于燕，以济水委于赵，赵得讲于魏，至公子延，因犀首属行而攻赵，……遇败于阳焉，而重魏，则以叶、蔡委于魏，……必令言如循环，用兵如刺蜚，……”秦的合天下攻齐，志在削弱齐国而达到独霸的地位，等到齐已击破，秦也不愿坐视燕、赵、魏等国的强大，先攻魏国，直到大梁，燕、赵来救，秦才退兵，后又伐赵，取赵蔺离石等地，继又攻魏、攻楚、攻赵，弄得魏、赵、楚等国自顾不暇，燕本是较弱的国家，他的攻入齐国，原是乘天下合从攻齐的机缘（详拙作《乐毅考》），这时新君即位，上下不合，田单便乘机用少数兵力把燕兵赶走。《齐策六》说："安平君以惴惴之即墨，三里之城，七里之郭，敝卒七千，禽其司马，而反千里之齐"。田单的复齐已是利用机会出奇制取，决不会再有余力进入燕国去进攻的了。何况田单复齐事实上也并没有把失地全部立刻收复，即如聊城，依然还在燕手（关于这点，我另有考证。）若说田单在齐襄王五年"孟冬"一举把七十余城收复，还能攻入燕国的境地，我们是不敢相信的。

这壶刻铭的年代，我以为该是齐宣王五年。齐破燕杀死燕王哙及太子和相子这一役，《六国表》记在周王赧元年魏哀王五年（当作襄王），当齐湣王十五年，可是《燕策一》载："燕哙三年，……子之相燕，贵重主断，……王因收印，自三百石吏而效之子之。子之南面行王事，而哙老不听政，顾为臣，国事皆决子之。子之三年，燕国大乱，……储子谓齐宣王：'因而仆之'，……王因令章子将五都之兵，以因北地之众以伐燕。……燕王哙死。齐大胜，燕子之亡。二年，燕人立公子平（当作公子职），是为燕昭王"（《燕世家》同）。《孟子·梁惠王下》篇也说："齐人伐燕，胜之，宣王问曰：'……五旬而举之，人力不至于此。不取，必有天殃，取之何如？'""齐人伐燕，取之。诸侯将谋救燕，宣王曰：'诸侯多谋伐寡人者，何以待之？'……"都说破燕的是齐宣王，考《孟尝君列传·索隐》引《竹书纪年》说："梁惠王后元十五年，齐威王薨"。照《纪年》的说法，魏襄王五年，正当齐宣王六年，和《孟子》《燕策》齐宣王破燕的记述又正相符合，可知《史记》齐威王宣王的年代，确有错误，该据《纪年》来重加纠正的。

《齐策二》载："韩、齐为与国，张仪以秦、魏伐韩。齐王曰：'……，吾将救之。'田臣思（臣当作𫝊）曰：'……子哙与子之国，百姓不戴，诸侯弗与。秦伐韩，楚、赵必救之，是天下以燕赐我也。'王曰：'善。'乃许韩使者而遣之。韩自以得交于齐，遂与秦战。楚、赵果遽起兵而救韩，齐因起兵攻燕，三十日而举燕国。”而所记的事也是这事。而《田齐世家》所记桓公五年的事又和这段记述十分相似：“桓公五年，秦、魏攻韩，韩求救于齐。齐桓公召大臣而谋曰：……邹忌曰：‘不若勿救。’段干朋曰：‘不救，则韩且折而入于魏，不若救之。’田臣思曰：‘过矣君之谋也！秦、魏攻韩、楚，赵必救之，是天以燕予齐也。’桓公曰：‘善’。乃阴告韩使者而遣之。韩自以为得齐之救，因与秦、魏战。楚、赵闻之，果起兵而救之。齐因起兵袭燕国，取桑丘。”《田齐世家》这一段，显然有误，田臣思即田忌（或作田期），田忌到齐威王四年桂陵之役才见用兵，邹忌也到齐威王时才重用为“相”，怎会在这时已参与国家大计呢？《史记》这段是误把《国策》威王桂陵之役和宣王破燕之役牵合而成，是很显见的。吴师道《战国策校注》和梁玉绳《史记志疑》都已见到这点了。何以《史记》会有这样的错误呢？

钱穆先生《先秦诸子系年》说：“盖桓、宣字相近，史公既以伐燕为滑王事，乃以意移此于桓公耳。意当时史公所据本文当有宣王五年之说，而史公乃移以为桓公之五年也。……然宣王伐燕，依《纪年》推之，在宣王六年，而今谓五年者，考《秦本纪》：‘惠文王后元十年，伐取韩石章。十一年，败韩岸门’，惠文王元后十年，当齐宣王五年，其十一年当宣王六年。是秦之伐韩在宣王五年，韩恃救以抗秦，至明年大败，齐乃以此际袭秦。岁月情事皆恰符，即史公《田齐世家》桓公五年事，即宣王五年之误，夫复何疑？[①]”钱先生的这个说法，真是巨眼卓

① 查《先秦诸子系年》，未见“然宣王伐燕，依《纪年》推之，在宣王六年，而今谓五年者”句。钱穆：《钱宾四先生全集（五）·先秦诸子系年》，联经出版事业公司，1998年，第416页。——编者注。

识，可是钱先生定齐伐燕在齐宣王五六年间，也还有商榷余地。《燕策》说，燕哙三年让位于子之，子之三年齐伐燕，是齐的伐燕当在燕哙六年，正当齐宣王五年，《赵世家》说："赵武灵王十一年，王召公子职于韩，立以为燕王，使乐池送之。"赵武灵王十一年也正当齐宣王五年。如果这年齐未破燕，赵怎能送立燕王呢？"桓""宣"不仅形近，也且音同通用，"魏桓子"《韩非子・说林上》《难三》《十过》等篇，《淮南子・人间》篇都作"魏宣子"，"曹宣公"《檀弓》作"桓公"，郑注："宣之言桓，声之误也"。颇疑史公所见旧史，本或作"齐桓王五年"，史公误以为"齐桓公五年"，便在《田齐世家》把这事拉在齐桓公五年之下了。《齐策二》说："张仪以秦、魏伐韩，……赵、楚果遽起而救韩，齐因起兵攻燕"。考《秦本纪》载，秦惠文王十年"伐取韩石章，伐败赵将泥"，《六国表》作"赵武灵王十一年，秦败我将军英"，秦惠王十年赵武灵王十一年正当齐宣王五年，《秦本纪》《六国表》所载当即是秦、魏伐韩和赵、楚救韩之结果。《古本竹书纪年》说：魏襄王四年"郑侯使韩辰归晋阳及向，……"（据《水经・济水注》及《赵世家・集解》所引），想去也是魏合秦伐韩的结果。在齐宣王六年，即秦惠文王十一年，秦"攻魏焦，降之。败韩岸门，斩首万，其将犀首走"（见《秦本纪》，《韩世家》及《路史》引《纪年》略同），绝不像秦、魏联合伐韩的事，也不见有赵、楚救韩的事。可知齐的破燕，自当在齐宣王五年，即燕哙六年，《六国表》是误后了一年。

这刻铭"陈骍入伐燕×邦"，正与这次破燕的事相合，这壶刻铭载这事起于"孟冬戊辰"，当年便"入伐燕"，和《齐策》载"三十日而举燕国"，《孟子》"五旬而举之"也相吻合。孟子在宣王面前批评这役说："若杀其父兄，系累其子弟，毁其宗庙，迁其重器，如之何其可也！……

王速出令，反其旄倪，止其重器，谋于燕众，置君而后去之，则犹可及止也”（《孟子·梁惠王下》）。是这役被齐夺得器物很多，和这壶刻铭说“入伐燕×邦之獲”又很契合。《燕策一》谓“王因令章子将五都之兵，以因北地之众以伐燕”，这壶刻铭“奠×”当是地名，疑即是五都之一，“奠”下一字已泐，疑是“州”字。《田齐世家》载：“齐威王二十四年，……威王曰：‘寡人之所以为宝者与王异。吾臣有檀子者，使守南城，楚人不敢为寇，……吾臣有盼子者，使守高唐，则赵人不敢东渔于河。吾吏有黔夫者，使守徐州，则燕人祭北门，赵人祭西门，……’”《说苑·臣术》篇载：“成侯谓威王曰……忌举田居子为西河而秦梁弱，忌举田解子为南城而楚人抱罗绮而朝，忌举黔涿子为冥州而燕人给牲，赵人给盛，忌举田种首子为即墨而于齐足究。”《田齐世家》之“徐州”，《说苑》之“冥州”，疑皆“奠州”之误。这时齐北边的重镇，用以防守燕、赵的（齐陶器中有“平陵陈㊂丕×王釜”（《梦庵藏陶》），□门外陈㊂平陵××豆（《周季木藏陶》），又有“平陵陈㊂立事歲䣄公”一器，“陈㊂”皆当此壶之“陈㊂”，张政烺先生认陈㊂即田乞少子惠子得，是不足信的）。

（原刊上海《中央日报·文物周刊》1947 年 5 月 14 日第 7 版）

论长沙楚墓的年代

近年来我国出土的古物，最为人所重视的，要算是长沙战国时代楚墓中的出土文物了。因为数量既那么多，而其中漆制木制革制诸器又是以前所未曾发现过的，这是研究战国时代文物制度的绝好资料，不幸有许多精品早已经古玩商之手，流到了国外去。民国二十五六年间，美国雅礼大学（Yale University）的毕业生柯强（John Hadley Cox）在长沙雅礼中学教书，顺便大加搜集出土古物，到二十八年三月曾在雅礼大学美术馆公开展览，曾编著《长沙古物说明书》一小册，于是长沙的古物，引起了国内考古学者的注意。同时还有一批长沙出土的古物，在二十五年五月的上旬，由日人浅野楳吉从上海带到了日本去。计有木雕涂漆双蛇双鹤像，着彩木雕怪兽像，木俑多件及陶器等（见日人梅原末治《传长沙出土之木雕怪兽像》，刊《支那考古学论考》及《宝云》第三十一号），商承祚先生《长沙古物闻见记》的“楚墓五则”内，曾说：“二十五年夏，二俑售诸沪上金才记古玩铺，为日人所得。”大概流到日本去的就是这一批。在抗战期间，我国的文化机构连同考古学者迁移到了西南，开始注意到长沙出土的古物，例如国立中央博物院筹备处及金陵大学中国文化研究所等曾有所收藏，考古学者和收藏家也曾络续寻访和搜购，商承祚先生著有《长沙古物闻见记》二卷，把所闻所见的作了个详细的记述，并略附考证，才使研究的学者得到了些凭藉，只是那时限于环境，没有把古物的图片一并刊出，还是美中不足。最近蒋玄佁先生已把所藏长沙古物百余件，分别摄影墨拓摹绘，准备出一图录，并会将一部分摄影寄给叶遐庵先生，使我们能够在图录没有出版之前，得到研究参考的机会。我们在感激之余，还希望蒋先生的图录能早日出版，使考古学者能从这里得到更多的珍贵资料。

这里，我想先对长沙楚墓的年代，加以论列，其他方面因为篇幅所限，容以后续加讨论。关于长沙墓的年代，陈梦家先生曾提出过意见，陈先生《长沙古物闻记序》说："《史记・越世家》述齐威王说越王曰：'复仇，庞，长沙，楚之粟也，竟陵泽，楚之材也，越窥兵通无假之关，此四邑者，不上贡事于郢矣。'是战国时，长沙为楚邑。《楚策四》：'长沙之难，楚太子横为质于齐。'按《楚世家》'怀王二十九年秦复攻楚，楚军死者二万，杀我将景缺，怀王恐，乃使太子为质于齐以求平。'是长沙之难，在怀王二十九年（纪元前三〇〇）。《闻见记》所述长沙小吴门东南楚墓出漆奁二，棺中及尸失其元，髀间有断矛，其殉于长沙之难之楚将乎？蔡氏所藏长沙出土楚漆奁，疑出于此。其铭云：'廿九年六月己丑，乍告，吏丞向，右工帀象，工六人台。'此廿九年疑即怀王廿九年也。春秋以后，楚王在位过二十九年者，其前有惠王五十七年，宣王三十年，其后有怀王三十年，顷襄王三十六年，惠宣过早，而顷襄王廿九年长沙已入秦，《秦策一》张仪说秦王曰：'秦与荆人战，大破楚，袭郢，取洞庭五都江南，荆人亡奔走，东伏于陈。'《楚世家》：'顷襄王二十一年（纪元前二七八），东北保于陈城，'又曰：'二十二年，秦拔我巫黔中郡'，长沙入秦，当在此时。《秦本纪》：'昭王三十一年，楚人反我江南。'《楚世家》：'顷襄王二十三年，复西取秦所拔江旁十五邑以为郡距秦。'是二七六年楚所复者。陈城之西江旁十五邑，非长沙也，故始皇二十五年（纪元前二二二），王翦定荆江南地，而不及洞庭长沙，由上所述，则长沙属楚，当在二七八前，长沙古墓年代，当在怀王时也。近儒或疑湘域于战国时尚为蛮陬荒区，屈原放逐，当在江北。今由长沙出土楚物证之，则长沙于战国以迄怀王世，犹为楚邑，屈原放逐，在怀王世，其卒年在怀王之末或顷襄之初，正与长沙古物约略同时，则屈原放逐，固在江南矣。"

陈先生因《楚策四》"长沙之难，楚太子横为质于楚。"而太子横为质于楚在楚怀王二十九年，认为长沙楚墓，"棺中尸失其元，髀间有断矛。"便是"长沙之难"中殉难的楚将，同时又见长沙出土的漆奁铭文有"廿九年"的，就认为这漆奁即在这墓出土。这样的说法，实在只是个凭空的推测，毫无根据的。考楚把太子横质于齐，实由齐合韩、魏杀楚将唐昧之役。《史记》说："楚怀王杀楚将唐昧，取我重丘而去"（《楚世家》，《六国表》及《田齐》《韩》《魏世家》略同）。

《史记》把秦攻杀唐昧之役，认是秦合齐、魏、韩共攻楚的结果，实在是错误的。据《吕氏春秋·处方》篇说："齐令章子将而与韩、魏攻荆……与荆夹沘水而军……果杀唐蔑"（"唐蔑"即"唐昧"，"蔑""昧"乃一声之转）。《西周策》说："薛公以齐为韩、魏攻楚……取宛叶以北，以强韩、魏。"都可证这役攻楚，齐是主动，韩、魏是服从。《赵策四》说："魏败楚于陉山，禽唐明。楚王惧，令昭应奉太子以委和于薛公……"

“唐明”也即“唐昧”，“昧”“明”是一声之转，所说的和《楚策四》：“长沙之难，楚太子横为质于齐”是一事，楚既被齐打得大败，连主将唐昧都被打死，所以只得质太子横给齐求和了。《楚世家》说因秦破楚而质太子于齐以求平，也是错误的。这攻杀唐昧之役，《荀子·议兵》篇、《淮南子·兵略》篇、《韩诗外传》卷四都说在垂沙，《荀子·议兵》篇说：“楚人鲛革犀兕以为甲，鞈如金石，宛钜铁釶，惨如蜂虿，轻利僄遬，卒如飘风，然而兵殆于垂沙，唐蔑死。”《商君书·弱兵》篇、《史记·礼书》都误作“垂涉”。《楚策三》也说：“大臣……垂沙之事，死者以千数。”《赵策四》又说在陉山（见上引），《吕氏春秋》又说在泚水（见上引），而《秦本纪》在秦昭王八年下又说：“齐使章子，魏使公孙喜，韩使暴鸢共攻楚方城，取唐昧。”（年代误后二年）说是在方城，方城、陉山、泚水（即比水）都在南阳，《楚世家》等又说在重丘，胡三省《通鉴注》说：“《水经注》比水又西，澳水注之，水北出茈邱山，南入比水，意者重丘即茈邱也。”垂沙怕也是泚水旁的地名。惟有《楚策四》作“长沙”，显然是“垂沙”之误。在这时，就理情势来论，齐军固然不能攻到长沙，就是秦军也何尝能够一攻就攻到长沙而有“长沙之难”呢？《秦策一》张仪说秦王：“秦与荆人战，大破荆，袭郢，取洞庭、五都、江南。”《苏秦列传》：“秦告楚曰：‘蜀地之甲，乘船浮于汶，乘夏水而下江，五日而至郢。汉中之甲，乘船出于巴，乘夏水而下汉，四月而之五渚’。”秦人的攻取洞庭、五渚、江南，在攻取郢同时，如果秦没有攻取郢，孤军深入攻到长沙一带，在地理和情势上，是不可能发生的。所以陈先生这些假设，都是不能成立的。陈先生又说：“长沙于战国以迄怀王世，犹为楚邑。”也是有商榷的余地的。《史记·楚世家》：“当楚威王之时，越北伐齐，齐威王使人说越王曰：‘……复仇，庞，长沙，楚之粟也。竟陵泽，楚之材也。越窥兵通无假之关，此四邑者，不上贡事于郢矣。……’于是越遂释齐而伐楚。楚威王兴兵伐之，大败越，杀王无强，尽取故吴地至浙江。”

考楚的灭越是在楚怀王二十三年，《越世家》说在楚威王时，是错误的。我们从齐使说越王的游说辞里面，已经可以看得很清楚，齐使游说越王，“三大夫张九军，北围曲沃”，本是楚怀王十六年或稍前的事，又说：“景翠之军北聚鲁、齐南阳”，景翠也是楚怀王时的“上柱国”，还有《楚世家》载怀王二十一年昭睢说楚王：“王虽东取地于越，不足以刷耻。”《楚策一》载范环说楚王：“王尝用滑于越……越乱，故楚南察濑胡而野江东”，《史记·甘茂传》作：“故楚南塞厉门而郡江东”，《韩非子·内储说下》作：“王使邵滑之越，五年而能亡越”，都是明证（别详拙作《楚怀王灭越设郡江东考》，刊《益世报·史苑》第四期）。那么《越世家》的话，至多证明长沙在楚怀王时已属楚，至于陈先生说长沙在楚顷襄工二十二年以后就属秦，这点也有商讨的余地。《楚世家》：“楚顷襄王二十二年，秦复拔我巫、黔中郡。二十三年，襄王乃收东地兵，得十余万，复西取秦所拔我江旁十五邑以为郡，距秦。”《秦本纪》：“秦昭襄王二十年，蜀守若伐楚，取巫郡及江南为黔中郡。三十一年，……楚人反我江南。”

陈先生说：“楚所复者，陈城之西江旁十五邑，非长沙也。”可是我们看《秦策一》：“袭郢，取洞庭、五都、江南”连说，《秦本纪》又把“巫郡及江南”连说，所谓“江南”当然指大江以南而言的，《秦本纪》“楚人反我江南”承上文而言，怎会指陈城西江旁的十五邑呢？秦昭王三十年即楚顷襄王二十二年，《秦本纪》作“取巫郡即江南为黔中郡”，《楚世家》作“秦复拔我巫、黔中郡”，那么所谓江南即指黔中郡地，《秦本纪·正义》引《括地志》说:“黔中故城在辰州沅陵县西二十里。江南,今黔府亦其地也。”可知这时秦所得地也不及长沙。《荀子·强国》篇说:“今楚父死焉,国举焉,负三王之庙,而辟于陈蔡之间……今秦南乃有沙羡与俱,是乃江南也。”考《汉书·地理志》沙羡属江夏郡,在今武昌江夏县西南,也不及长沙远甚。《始皇本纪》载始皇十六年令丞相御史说:“荆王献青阳以西,已而畔约,击我南郡,故发兵诛得其王,遂定其荆地。”按《汉书·邹阳传》:“越水长沙,还舟青阳。”《史记·集解》引苏林说:“青阳,长沙县。”顾观光《七国地理考》说:“《汉志》长沙国之临湘也,今长沙府城。”如果这说可信,那么长沙的入秦,当在秦始皇时。只因没有其他旁证,还没法论定。

总之,据文献看来,长沙在楚怀王时已属楚。到顷襄王时也还属楚。至于长沙墓的年代,在这时还不易确断,必须等待新出土物中有确切年代可据的,才能论定。据现有出土物的形制看来,它和寿县楚墓的时代是很相接近的。如果长沙小吴门东南楚墓中棺中的尸,确是战死的楚将的话,那么,与其说在楚怀王时,还不如说在楚顷襄王时妥当些,因为就地理和情势来论,到顷襄王时,长沙附近才会与秦发生战争。

(原刊上海《中央日报·文物周刊》1947年9月3日第7版)

读《秦诅楚文》后

今天偶翻《秦诅楚文》，有些意见想要说，随手写在这里请大家指教。

《秦诅楚文》开首就说："又秦嗣王，敢用吉玉宣璧，使其宗祝邵馨布愍告于不（丕）显大神厥湫，以底楚王熊相之多辠。"以下便列举楚王"倍盟犯诅"之罪，结语说："敢数楚王熊相之倍盟犯诅，著者（诸）石章，以盟大神之威神。"这是秦和楚作战前，在神（厥湫）（一石作"巫咸"）前祝诅楚王的一篇文章。在商代，出征前必要祭祀上帝，来求上帝的保佑；到春秋时，出征前也还要祭祀社神，来求社神的保佑；秦的文化比较原始，所以一直到战国时，和人作战前，还得在神前祝诅敌人。

在今倮㑩族中，"白头骨"里有一种巫师，叫做"笔母"，"笔母"除了为人看病赶病之外，在战争中也是个重要角色，他们是在用魔术来向敌人祝诅的。倮㑩族要同敌人作战时候，必定先请好"笔母"来祝诅他们的敌人，往往由几十个"笔母"齐集在山坡上，将凑集起来的牛、羊、鸡、狗数十百头打死，一面把打死的一条白狗，用木叉撑住，挂在重要路口，一面诵经念咒，开始祝诅，以为这样敌人经过这里必定要得病而死。随后再拿活獐和活野鸡一面念咒，一面指明敌人的方向，将它们纵放出去，认为这样投飞到敌人那里，敌人就要灭亡。大规模的祝诅，还得要扎草人多个，上面标着敌人姓名，一面由“笔母”念咒，一面由夷人男子们骑马背枪，绕着草人奔跑打枪，然后再把早已预备着的癞子大腿骨一根，或是癞马猴的腿骨，偷偷地埋到敌人的屋内或道路上或田里，认为此后敌人只要触着就会死去，甚至吃到了这块田里所长的粮食也一样会死。在倮㑩族里，有了祝诅，就有反祝诅。如果发现敌人魔法的所在，“笔母”打着羊皮鼓，跳着天魔舞，由一人手执木杖在前开路找寻癞子腿骨，把它掘出，进一步也就扎起草人，涂上鸡血和鸡毛，然后在大小主人的颈上各套麻线，挂在木叉上，再将鸡在主人们的头上顺转七圈，倒转七圈，于是把主人的麻线取下，一起放在草人身上，呼吼着把草人扔到田里，这样就算解除了敌人的祝诅。

在中国古代，怕原有类似倮㑩那样祝诅的风俗。《战国策·燕策二》载苏子说齐王：“今宋王射天笞地，铸诸侯之象，使侍屏匽，展其臂，弹其鼻。”又载苏代约燕王说：“秦欲攻安邑，恐齐救之，则以宋委于齐，曰：‘宋王无道，为木人以写寡人，射其面，寡人地绝兵远，不能攻也，王苟能破宋有之，寡人如自得之。’”传说宋王铸诸侯的象来弹射，又说宋王用木人来写秦王来射面，这和倮㑩族把草人写上敌人姓名来打射，不是一样的玩意儿吗？或许宋人还留有这种原始的祝诅的巫术。《史记·酷吏列传》说匈奴人作木偶人像郅都，令骑驰射，可见汉代匈奴人也还保有这种祝诅的风习。《吕氏春秋·过理》篇说：

“宋王筑蘖帝，鸱夷血，高悬之，射著甲胄，从下，血堕流地。左右皆贺。……”《宋世家》说：“君偃……盛血以韦囊，悬而射之，……”这或许也是宋人的“祝诅”巫术，后人误解，便说他：“射天笞地，斩社稷而焚灭之”了（见《宋策》）。《史记·殷本纪》说：“武乙无道，为偶人，谓之天神。与之博，令人为行。天神不胜，乃僇辱之。为革囊盛血，仰而射之，命曰射天。”这和宋偃王的故事完全相类，当是一事的二传，据我们看来，武乙的射天故事该是宋偃王射天故事的误传。他们先做了偶人，“与之博”，再加僇辱，更“仰而射之”，如果真当是“天神”，古人对于天神信仰甚笃，虽荒唐也不致胡闹至此！如果说是一种祝诅敌人的巫术，所射的是敌人的偶像或是敌国的社稷之神，那是没有什么奇怪了。

或许有人认为到战国时代，文化很高，不该再有这类巫术。殊不知到汉代，祝诅之书还很盛行。秦祝官有秘祝，如有灾祥，当祝祠移过于下，到汉文帝十三年才移去。《汉书·文帝纪》二年诏曰：“民或祝诅上以相约结，而后相谩，吏以为大逆。其有他言，而吏又以为诽谤。此细民之愚，无知抵死，朕甚不取。自今以来，有犯此者勿听治。”足见汉代民间祝诅风俗的普遍。《汉书·武帝纪》天汉二年：“秋止禁巫祠道中者，大搜。”注引文颖曰：“始汉家于道中祠，排祸咎移之于行人百姓。以其不经，今止之也。”这类移祸于他人的祝祠，该也是祝诅巫术之一种。至于汉武帝时巫蛊之祸实也是祝诅和埋木人之事。《汉书·景十三王传》说江都王建“专为淫虐，自知罪多，国中多欲告言者，建恐诛，心内不安，与其后成光共使越婢下神，祝诅上。”足见越俗也有祝诅。此外汉代贵人因祝诅而被诛的例子很多，这里不列举了。

这篇《秦诅楚文》，这样的祝诅楚王，实在也不足奇怪的，战前在神前祝诅敌人，怕在战国时是很风行的，只是这类史料没有流传下来罢了。诅楚文里所列的楚王罪状，除了与师攻秦以外，便是“康回无道，淫夸甚乱，宣奓竞从，变输盟制，内之则暴虐不姑，刑戮孕妇（《巫咸文》作‘不辜’），幽约敍戚，拘圉其叔父。”这里除“拘圉其叔父”一点以外，其余几乎是亡国之君所共有的罪状。这里说楚王“刑戮孕妇”，相传商纣也曾“剖孕妇而观其化”（《吕氏春秋》），宋偃王也曾“剖伛者之背”。宋偃王本来不是个荒唐得像传说里所说那样的人物，所以会被说得这么荒唐，原出于得胜者的宣传，那些罪状或许也是齐人所加上的。或许传说中宋偃王的大批罪状，即是出于齐人诅宋的文章里的。诅楚文里所举的楚王罪状，我们也只能作如是观。

这里我随便想到一些见解。至于《秦诅楚文》的著作年代等，容他日另作考证。

（原刊上海《中央日报·文物周刊》1947年11月5日第7版）

“郢锊”金币考

“郢锊”金币该是我国最古的一种黄金货币了。这种金币在宋代已有出土，沈括《梦溪笔谈》卷二十一曾载：“寿州八公山侧土中，及溪涧之间，往往得小金饼，上有篆文‘刘主’二字，淮南王药金也。得之者至多，天下谓之‘印子金’是也。然止于一印，重者不过半两而已，鲜有大者。予尝于寿春渔人处得一饼，言得之淮水中，凡重七两余，面有二十余印，背有五指及掌痕，纹理分明，传者以为埿之所化，手痕正如握埿之迹。”到近代，这种金币也还有出土，吴大澂《权衡度量实验考》六十六页曾有著录，并说：“黄金币出安徽凤台县，古郢都地，李申耆先生兆洛载入《凤台县志》，重一两九钱六分。”（按清析寿州东北境置凤台县，与寿州同城，同治间徙下蔡，即今治。）《善斋吉金录》任器录十页也著录：“楚郢爰饼金”一枚，据云：“长七分，广八分”，未载重量。罗振玉《金泥石屑》卷上一页又著录有大小五枚，上面大的一枚有“陈锊”印文六，其中三印残缺，余三枚都作“郢锊”，一枚不清楚，罗氏附说：“印子金出土安徽寿州八公山，宋沈存中记之《梦溪笔谈》，所谓俗称淮南王药金是也。今审其文字，乃列国时物，其传世者，多为寿州孙氏、合肥龚氏所得，而拓本罕流传。兹之所著，前一纸得之金陵友人，后二纸则滂喜斋物也。”罗振玉《俑庐日札》也说：“《席上腐谈》载寿州八公山侧土中及溪涧间，往往得小金饼，世传淮南王药金，有印子篆文，又谓印子金云云。此金寿州孙氏、合肥龚氏，各藏数枚，予有其拓本，或一印，或二三印相连。以文字观之，乃秦汉以前物。考《吴地志》，言晏子娶吴王女，筑城于此。至今耕者得黄金，状如菱角，中有‘齐’字，云‘晏子金’。《郡国志》言，苏秦宅在洛阳利仁里。后魏高显业，每夜见赤光，于光中掘得金百斤，……金有文字之见记载者。吴清卿中丞《说文古籀补》，据《尔雅·释器》：‘鉼金谓之钣’，为定其名曰‘鉼金’，而未考出土古鉼金事实，为补著之。”

今年长沙出土战国楚墓中，又出现许多郢锊泥版，商承祚先生《长沙古物闻见记》卷上有“楚郢寽泥版”一则：“长沙土墓，间出泥版，上有印模十六，分作四行，每行各四，文与金块同。左氏藏数片，其一长六分五公厘，宽六公分四公厘，厚五公厘，每格二字，……白文反书，泥色灰黑，其一残去四分之二，长五公分四公厘，残宽二公分三公厘，行款与上同，每格二字，……朱文正书，泥色黑而坚，‘爰’字因迁就地位，析其结体，破碎误增，非知文义，则不可识。（蔡）季襄亦得数残片，每片余三四印，字特大，其全长约当六公分六公厘，朱文反书，文与上同，面有黄土一层，色如藤黄，闻在土中，累叠若干片，每片间以土，乡人因墓无所获，擗毁以泄愤。复有横书……有疑为此范者，予谓冥币也。如为范，不当入墓，奢者以实物，俭者用泥版，面専黄土，示黄金意也。《尔疋·释器》，‘鉼金谓之钣’，《周礼·春官·职金》‘旅于上帝，则共其金版’。据泥版为十六方格，每格为一两，则全版为一斤金。当日一两之小数,虽不能确合今制,而积体之数量,胥可考矣。”长沙楚墓出土的郢锊泥版,本是模仿金币的冥币,是无疑的(后世的冥币也有泥制的,“大泉五十”,已见著录,泥制的“五铢”,叶遐庵先生有收藏)。

这种金币,从吴大澂以来,都称之为“鉼金”,据说根据的是《尔雅·释器》,《尔雅·释器》上说:“黄金谓之璗,其美者谓之镠。白金谓之银,其美者谓之镣。鉼金谓之钣,锡谓之鈏。”“鉼金”,《初学记·宝器部》引作“鉼金”,“钣”,《尔雅释文》说:“本亦作版”,《周礼·秋官·职金》郑注引正作“版”。这种金币,既像“饼”样,又作“版”状,说它就是《尔雅》的“鉼金”和“版”,确是很巧合。而《说文》有“钉”字,解释为“錬鉼黄金”,王筠《说文句读》又说:“鉼版者,皆取其形以为名也,今所谓锭,即此钉也。”那么,“鉼金”和“版”也就是后世的“锭”了。可是我们通看《尔雅》这一段的上下文,解释的都是金属名称,上下文说的是“金”和“银”,下文说的“鍚”,怎会中间说起货币来呢?郝懿行《尔雅义疏》说:“《说文》‘钉’字解云,‘錬鉼黄金’,然则鉼金盖錬冶而成。……《初学记·宝器部》引《尔雅》鉼金作饼金,盖假借字也。……今按《说文》注既有鉼字,又云‘金百錬不轻’,是不必改鉼为并矣。”这话比较近情,所谓“鉼金”当是“錬鉼”的“黄金”,并不是一种“饼”状“版”的金币。虽然《说文》无“鉼”“钣”两字,“钉”字下注中的“鉼”字,钱大昕等认为即是“并”字,段玉裁等又认都是“饼”字之误,可是“钉”字明明以“錬”连文,必是錬冶的意思,决不能把它解释为“饼”状的(段玉裁《说文注》:“凡物匾之曰饼。錬饼,錬而成之。”也不免曲解)。何况《说文》“钉”字上下的字,是铸、销、铄、錬、錮、鑲、鎔等字,无非是有关錬冶的字,怎能说“钉”就是后世的“锭”呢?从这里,我们可以知道《尔雅》的所谓“鉼金”，所谓“钣”，《说文》所谓的“钉”，绝不是一种金属货币的名称，我们怎能用这来称“郢寽”金币呢？

“郢寽”金币是战国时代楚国货币，是无疑的，因为它出土在寿州，本是战国晚年楚国最后的国都。长沙出土的，“郢寽”又出土在楚墓里，长沙在楚怀王时已属楚（拙作《论长沙楚墓的年代》一文，刊本刊第五十期），寿州出土的金币又有作“陈寽”的，王国维《观堂别集补遗》有“印子金跋”，王氏说：“其文云郢爰、陈爰，郢、陈皆楚之故都，殆楚徙寿春后，仍以故都金作币耶？”这话却不尽然。考《楚世家》考烈王二十二年，“与诸侯共伐秦，不利而去，楚东徙都寿春，命曰郢。”那么，“郢寽”金币就未必是“仍以故都金作币”，至于“陈寽”金币是迁都于陈的时候所制作，所以会在寿州出土，或许是由陈带往，也许是迁都于陈的时候，寿春也已流通这种货币。在春秋战国时，人们往往把国都的名称作为国名，例如魏的或称梁，韩的或称郑，赵的或称邯郸。都是“郢寽”的“郢”，该也是用国都的名称来代表国名的，这种金币该曾整个通行于楚国，所以长沙的楚墓里也会葬有“郢寽”冥币了。

“郢寽”二字，近人也或称为“郢鍰”，好在“寽”“鍰”二字，不但形近，而且义也相同，本来就是一字（“鍰”或是“寽”字之形误）。沈括《梦溪笔谈》说：“上有篆文‘刘主’二字”，当就是“郢寽”二字的误释，至于《吴地记》说安吉西北二十里的晏子城，出土黄金有“斋”字，或许也是“郢”字的误释。“寽”本是古代计算货币重量的一个名称，西周金文里往往有述反金或贝多少寽的记载（可参见童丕绳先生《中国金属货币的起源考》，见本刊八十期），《尚书·吕刑》说到五刑的罚款，也用“鍰”来计算，从“墨辟”罚“百鍰”起，一直到“大辟”罚“千鍰”止。这种金币既称“郢寽”，所谓“寽”也一定指货币重量而言了。从来关于“锊”的重量，有下列两说：

① 百锊为三斤　《周礼·职金》疏引《古尚书》说：“锾者，率也，一率，十一铢二十五分铢之十三也。百锾为三斤。”《尚书释文》谓马融说同。《说文》也说：“锊，十一铢二十五分之十三也。”（今本十下脱一字，从宋本及《广韵》与《尚书释文》所引校正。）

② 二十两为三锊　《周礼·考工记·冶氏》，“重三锊”，注说：“郑司农云：‘锊，量名也，读为刷。’玄谓许叔重《说文解字》云：‘锊，锾也。’今东莱称，或以大半两为钧，十钧为环，环重六两大半两，锾锊似同矣。则三锊为一斤四两。”《说文》又云：“《周礼》：重三锊。北方以二十两而三锊”（‘为三’两字旧误作也，从戴东原说校正）。《周礼·职金》疏引夏侯、欧阳说：“古以六两为率。”《尚书释文》引贾逵说：“俗儒以锊重六两……俗儒近是。”《小尔雅·广衡》又说：“二十四铢曰两，有半曰捷，倍捷曰举，倍举曰锊，谓之锾。”前二说都说锊重六两，似是举其半数。这两个说法，郭沫若先生在《两周金文辞大系》曾有解释，郭先生在周金文“禽簋”下说：“至寽为量，在殷周之际已有今古之别。师旅鼎云：‘迺罚得顋古三百寽，今弗克厥罚’，古与今对言，知殷周之锊已有轻重之异。盖重六两大半两者即殷之古寽，重六两者举其成数而言；重十一铢廿五分铢之十三者为周之今寽，两者相差甚距，故言‘今弗克厥罚’也。梁币有（甲）‘梁充釿金尚寽’，及（乙）‘梁充釿五、十二尚寽’，及（丙）‘梁半尚二金尚寽’之三种。权其重量，则甲币约重四钱，乙币倍之而奇，丙币约当其半。用知币文‘尚’字均读为当，甲币一釿当一寽，丙币二金一寽，乙币五金当十二寽也。此寽即是周寽。《考工记·冶氏》戈戟各‘重三锊’……此锊当是周寽，即重六两大半两者，……周人兼用而寽特金文中所见之寽名，多不知为

今为古耳。"郭先生在《殷契粹编》序文也曾提到这点，似乎说得很有理由，可是一经我们仔细检讨，知道这个说法实在是不可信的，据《说文》，当时"北方以三十两为三锊"，郑玄又说："今东莱称，……环重六两大半两。"那么，锊重六两大半两之说，一定是当时北方制度，未必是古制(汉儒往往以当时制度附会古制，例证甚多)。至于锊重十一铢二十五分铢之十三的说法，也够离奇，天下那里会有这样零散的进位制度呢？徐灏《说文解字注笺》曾说："十一铢二十五分铢之十三为一锊，其数奇零，非立名之法，疑当为十二铢。……两之为两锊，即半两之十二铢也。盖百锊凡三斤二两，一锊实十二铢，或举其成数三斤，故百分之而成十一铢有奇耳。夫六铢为锱，倍之则十二铢为锊，半两，故有小半两为锤，大半两为钧之目。"这个推断，确是道破了此中真相。一锊本重十二铢，大概汉人已不知重十二铢的说法，但见前人所举，"百锊重三斤"的成数，于是细为折算，算出一锊重"十一铢又二十五分铢之十三"这样一个零星的数字来。"锊"本是古时重量的基本单位，金贝等货币往往就用"锊"来计算，这个方法一直就沿用到战国时代，不但魏的铜币用"锊"来计，楚这金币也还用"锊"来计数。"锊"重十二铢，"两"重二十四铢，"锊"等于"两"，"两"这重量名称的来源，该就是由于重量"锊"而来。到秦统一天下，铜币名为"半两"，其实"半两"也就是"一锊"罢了。《淮南子・天文》篇说："十二粟而当一分，十二分而当一铢，十二铢而当半两，衡有左右，因倍之，故二十四铢为一两。"可知古代的衡，确以"十二铢"为单位，因为"衡有左右，因倍之"，才有所谓"两"。或许秦汉以后十二铢"锊"这名称已不很普通应用，所以十二铢多称为"半两"了。商承祚先生因见郢锊冥币十六万合成一大版，就认为一方即是一两，全版为一斤金，却没有想到

“郢锊”的“锊”就是重量的名称，何况十六两为一斤的进位制度在战国时是否已有，也还是疑问呢！至于吴大澂的《权衡度量实验考》，因郢锊金币重湘平一两九钱六分，而他所考定的“锊”，合湘平一钱八分三厘七毫五丝，便断定：“此币当是十锾之金饼也。应合湘平一两八钱三分七厘五毫，溢平一钱二分二厘九毫。”这个说法也还是问题。因为吴氏所考定的锊的重量，既有问题，而这金币的重量也待于仔细的校量。从宋代到现在，权衡并无多大变迁，为什么沈括说这金币“重者不过半两”而吴氏又说重到近二两呢？

（原刊上海《中央日报·文物周刊》1948 年 8 月 4 日第 7 版）

释“锊”

“锊”是我国古代衡量的名称，在金文里常可见到。例如禽簋铭：“王锡全百寽”，师旅鼎铭：“迺罚得古顯三百寽”，其他金文中遁“取选”多少“寽”一语的也很多。“锊”既是古代衡量的单位，究竟重多少呢？汉儒就有二说，一说是“百寽为三斤”，即一锊等于十一铢又二十五分之十三；一说是“二十两为三锊”，即一锊等于六两十六铢，这两个说法，后一说是汉人根据当时制度去附会古制的，前一说比较近古，可是天下也决不会有这样零星的进位制度，大概是“锊”本重十二铢，也即半“两”，“两”这衡量名称的来源，就是由于重量“锊”而来。汉人已不清楚一锊即是十二铢，见到前人约举的成数：“百锊为三斤”，便细加折算，算出了一锊重十一铢有另来。这一点，我在《“郢锊”金币考》一文中（刊本刊第九十五期），已曾论证，因意有未尽在这里再来加以申说。

“锊”与“鍰”，原本一字，《尚书·吕刑》的“罚百鍰”“罚六百鍰”“罚千鍰”，也即百锊、六百锊、千锊，《说文》说：“鍰，锊也。”《小尔雅·

广衡》也说:“锊谓之鍰”。《汉书·萧望之传》注引颜师古说:“锊即鍰也,其重十一铢二十五分铢之十三,一曰重六两。”“锊”字也或作“率”,《周礼·职金》疏引夏侯欧阳说:“其罚百率,古以六两为率。”又引《古尚书》说:“鍰者率也。”《史记·周本纪》引《吕刑》正作“其罚百率”,《集解》引徐广说:“率即鍰也。”“锊”字又或作“选”“饌”,《汉书·萧望之传》“《甫刑》之罚,小过赦,薄罪赎,有金选之品。”注:“应劭曰:选音刷,金铢两名也。师古者,音刷是也。字本作锊。”《周本纪·索隐》又说:“旧本率亦作选。”《尚书大传》又说:“夏后氏不杀不刑,死罪罚二千饌。”关于这些字的异同,戴震《考工记·冶氏》补注曾说:“鍰、锊篆体易譌,说者合为一,恐未然也。鍰读如丸,十一铢廿五分铢之十三,垸其假借字也。锊读如刷,六两大半两,率、选、饌,其假借字也。二十五鍰而成十二两,三锊而成二十两。《吕刑》之鍰当为锊,故《史记》作率,《汉书》作选,伏生《大传》作饌,《弓人》膠三锊,当为鍰,一弓之膠,二十四两铢二十五分铢之十四。”而徐灏《说文解字注笺》又和戴说相反,徐氏说:“窃谓鍰锊本各自为数,鍰为六两大半两,锊之本数为十一铢二十分铢之十三,《吕刑》之鍰,《史记》作率,实定率之义,兹古者或谓百鍰为百率,因与略同声,遂以锊为率而当鍰之数,于是锊亦为六两大半两,而二十两为三锊矣。”事实上,“锊”“鍰”本一字,吴大澂《说文古籀补》说:“古文鍰、锊为一字,……从钅后人所加。”郭沫若先生《两周金文辞大系考释》又说:“今案鍰实字误,金文锊字均作寽,与爰字形近,然有迥然不同之处,……余意《尚书》古本鍰字必作‘寽’,其晚出者或作‘锊’。今文家出于口授,故以率字曾其音,古文家则误读‘寽’若‘锊’为‘鍰’也。……然自古文家本出,因字形既近,而音又对转之可能,今文家亦无方以剖辨之,乃用举撰饌等折衷之音以为牵就也。”这个说法就未必求之过清些，照我们看来，《吕刑》原本当作“深”，古文家是形误成为“鍰”，今文家出于口授，读作了“率”“选”“饌”，其中并无深奥的理由可寻。

“锊”在战国时代，也还通用作重量名称，除楚金币和魏铜币称“锊”外，还有洛阳金村韩墓出土的铜器铭文里也常见到。金村韩墓的铜器铭文里，往往记有多少“寽”的（见怀履光《洛阳古城古墓考》）。可是秦汉以后，就用“斤”“两”“铢”来计算了。“一法度衡石丈尺”的结果。所以不但秦币成为“半两”，其他也用“两”“铢”来计算。日本京都帝国大学文学部所藏银制器台，上有铭文“卅七右舍□□重八两□朱（铢）”，这卅七年据近人考证说是秦始皇三十七年。汉人对于“锊”似乎已不很清楚，说法很不一致，《史记·平准书》载汉武帝曰金三品“其一曰重八两，圜之，其文龙，名曰‘白撰’，直三千。”《汉书·食货志》作“白撰”，其实“选”“撰”也都是“锊”的假字，从来“锊”没有“重八两”的说法，足见汉人已有把它当作了货币名称的了。据我们的考证，“锊”本重半两，一两等于两“锊”，而《淮南子·天文》篇说：“十二铢而当半两，衡有左右，因倍之，故二十四铢为一两。”《汉书·食货志》又说：“本起于黄钟之重，一龠容千二百黍，重十二铢，两之为两。”“两者，两黄钟律之重也。”大概《淮南子》和《汉书》的作者已不知道两锊为一两之说，至于度量衡起于黄钟的说法，那只是汉人附会之辞罢了。

（原刊上海《中央日报·文物周刊》1948年8月11日第7版）

汉代的青瓷

从前研究瓷器的人，都认为我国瓷器到晋代才有，就是所谓“缥瓷”。例如许之衡《饮流斋说瓷》说，“若瓷器之发明，自晋始见”。刘子芬《竹园陶说》也说：“至晋而有瓷”，近来国人研究瓷器的，已多认为汉代有瓷，可是论据都不够坚强，例如吴仁敬、辛安潮《中国陶瓷史》上就说：“考汉以前，并无‘瓷’字，至汉时，始言及‘瓷’字，……故国人谓瓷器，发明于汉代。盖吾国历史，至汉代，则文物日盛，与罗马及东欧诸国，已开交通，琉璃之制，于此时输入，国人因取琉璃药之法，而发明各色之釉药，有青色、浓绿、青褐色、白色、灰色、漆黑、淡黄等色。釉药既发明于汉，则汉以前者为无釉之陶器明矣。又据《浮梁县志》所载，新平之瓷场创于汉代，……则瓷之始于汉代，亦属明矣。”

这样的论证，事实上是不够充分的。因汉有瓷字而定汉代有瓷，是不能使人深信的，何况《说文》上“瓷”字原本作“垐”，而另有解释。至于方志等书，其可信的程度本来就不高的。还有如江思清《景德镇瓷业史》，根据日人大村西崖的《中国美术史》，说近年出土的汉陶，上有釉药，表面发现有如贝、如珍珠、如云母、如银的光泽，就认为是汉代的瓷器。其实这些原是绿釉的陶器，绿釉中多含铜质，久埋地下与湿地，起了化学作用，便使釉带红色，有如贝、如珍珠、如云母、如银的光泽，也就是今日一般古董商所说的“银釉陶器”，还算不得瓷器的。

证实汉代有瓷器的，主要的要算是北平历史博物馆在河南信阳汉墓的发掘，不知为什么国人研究瓷器史的都把它忽略了呢？民国十二年北平历史博物馆发掘河南信阳县游河镇擂鼓台的汉墓群，曾出土瓷器六件，据《国立历史博物馆丛刊》第一年第二册，载有《信阳汉冢发掘记》：“信阳县城西北，故有古城岗者，土人常于榛莽中得砖瓦之属，率有花文，识者审为汉代物。民国十二年，邑有工事，辄取其砖以应需，众口流传，访古者渐集。邑西北有游河镇者，位游河之阳，距镇西北四里有余，有地名王坟洼，俗称进南王葬处，或于此掘得陶器，制极古拙，已故画家吴新吾先生得二器以赠本馆，审为汉器。佥以为亟宜从事发掘，首掘王坟洼……次至擂鼓台，台距镇北半里，俗称为楚庄王鸣鼓作战处，广约七亩，高及二丈，初从东西掘隧而下，深及丈余，得石刀、石斧及古陶器数件，再无所得。乃从西北面再掘一隧，得石器如前，深入一丈八尺，得大石斧一，残骸数件，深至一丈四尺，无所得。乃复掘其西南面，入地三尺余，得古墓二，南北并列，甲墓东西长十九尺有奇，南北宽约八尺，西端宽约三尺，乙墓东西长约二十尺有奇，南北宽约十二尺，西端宽约四尺，悉有砖瓷。于甲墓中得铁钉多件，及残甑铁斧等，于西端宽三尺处，得瓷锅瓦甑铜器等件，及五铢钱数十枚。乙墓得铁钉陶器，略如甲墓。既竣事，运馆陈列，详加考订，定为汉墓。以所获瓷器考之，盖有四证焉：壶甑之类，形状纯为汉制，决非后世所有，一也。其花纹多作绳纹，亦为汉制，二也。

器皆平底，与后世有足者不同，三也。质地极粗，工艺古朴，迥异后世，四也。”

该馆陈列时的说明又说：“本馆前在信阳发掘汉墓，有永元墓砖可证也。传汉代有陶器无瓷器，其说殊不然，此卓所列，悉自墓中所得，皆为汉瓷，详载本馆丛刊”。

所谓永元墓砖，铭作“永元十一年”五字，阳文隶书，永元是东汉和帝的年号，永元十一年当西历九九年。这砖事实上不是和瓷器同墓出土的，它出在附近的墓中，可是墓是一时所葬，其为同时代之物，还是可信的。

信阳东汉墓葬中出土的六件瓷器：①汉青瓷四耳壶，高七寸一分，胴径七寸三分，口径四寸三分，底径四寸四分；②汉青瓷小四耳壶，高二寸八分，胴径四寸四分，口径二寸八分，底径二寸五分；③汉青瓷洗，高三寸，口径七寸五分，底径四寸四分。④汉青瓷盌，高一寸八分，口径五寸，底径三寸三分。⑤汉青瓷盌，高二寸一分，口径五寸四分，底径二寸三分。⑥汉青瓷盂，高一寸五厘，口径二寸九分，底径一寸四分，这六件青瓷，釉胎作风相同，该是同时同窑所烧制。胎质带淡灰色，焦部灰褐色，是精致的半瓷质，上施透明性的淡橄榄色釉药，可是火度不足部分，使只具半透明性，甚至不透明。瓷洗口缘下还有一道网状的印纹图案。

日人小山富士夫《中国青瓷史稿》，还选举了日人中村不折所藏的后汉中平三年铭的陶匜，来和信阳出土汉瓷来比证。在中村不折的“书道博物馆”内藏陶匜，胴部刻有“中平三年五月十二日尚方作陶容一斤八两”的隶书铭文，长六寸六分，小山富士夫说：“初见，似为瓦器之烧得精致的，然而细看则全部施有釉药，因为火度不足，还没有融解,内外好像粉似的紧粘着。若充分熔化,当也像信阳出土的青瓷似的,成为透明性的淡橄榄色的原始青瓷。"这话也说得很有道理。

近年绍兴上虞一带古墓里,有不少青瓷发现。可是最早的还只能追溯到三国时代。据罗振玉《金泥石屑》,在上虞龙山的山麓,发现一件瓷器,上为屋宇百戏作乐之状,旁列小碑,左右各一,雕有铭文,同吴大泉五千钱在同一圹中出土,初藏刘体智,后归罗振玉。据陈万里先生《吴晋时代的浙江瓷器》(见《瓷器与浙江》),说绍兴有黄龙赤乌年号砖的墓里,曾出土有陶瓷,又说绍兴曾出一瓷器,形式和《金泥石屑》著录的相似,而碑上有永安三年的纪年铭文。这些都足以证明绍兴一带三国吴时已有瓷器了。可是勃蘭顿(Brankston A.D)的《九岩越州瓷器》一文(Yueh Ware of the Nine Rocks Kiln. The Burlington Magazine Dec. 1938)又认为绍兴九岩镇的越州古窑,起源于东汉初期,盛于六朝,到唐代余姚上林湖窑抬头便归废绝。如这话可信,九岩窑的出品,还可以追溯到东汉,这还有待于事实的证明。

以上所说的,还只能证明我国东汉时已有瓷器。其实西汉时也必有了。刘体仁《七颂堂识小录》载:"国初有发隗嚣墓者,官觉而追之,得陶器数十,见一酒琖于京师,色如龙泉窑之淡黄者,外皆自然焦纹,内有团花砂底,丰上敛下,口径三寸许。"

同时《池北偶谈》又说:"宋荔裳观察藏汉瓷盏二,内有鱼藻文,云在秦州耕夫得于隗嚣故宫。"隗嚣与光武同时,可见东汉以前也一定已有瓷器。这一次本馆在松江戚家墩的发掘,更证明了这一点,这不能不算是我国瓷器史上的一极大发现(这次发掘所得瓷器,待整理完毕,当即在本刊发表)。

还有,泥古斯(H.W.Nichols)曾对汉代瓷釉作过定量分析,分析的结果是二氧化矽(SiO_2)占百分之五三·一七,礬土占一四·一六,酸化铁(Fe_2O_3)占四·三六,石灰(CaO)占一九·〇五,苦土(MgO)占二·〇四,曹达(Na_2O)占五·四九。这个分析的结果,是否正确,也有待于大量的比较研究,才能论定。同时还得选取正确的资料来分析,分析的结果才能正确。

(原刊上海《中央日报·文物周刊》1948年4月21日第7版)

龙门造像之史的考察*

一、序说

南北朝时二百年间，兵燹的纷扰和社会的不安，便造成一般人们厌苦兵祸崇信佛法的心理，下层的民众，又为了避免赋税起见，多出家为僧，加以南北朝的皇帝，多笃信佛教（除北魏武帝信道教及北周武帝信儒而加以摧毁，但为时很暂），所以佛教的信仰，风靡一时。美术的人才，也因为适应社会的需要，同归于佛化的工作。大概南朝的工作，画像为多，北朝的工作，那造像居多了。

北朝最著名的造像，有云冈、龙门二处。石窟寺的建造，本是仿印度西域的风习，掘成子石窟，还在里面雕成许多佛像。印度小规模的建造在纪元前已有了，中古的窟寺现在保存的有好几处。在犍陀罗，也有建造窟寺的文献。西域方面，像龟兹敦煌，也有壮大的窟寺，

* 此文中的□为原文所有。——本书编者注。

现在还多保存着。并于在中国本地，自当以云南的石窟寺，和洛阳龙门的石窟寺为最古了。

敦煌窟寺，前秦建元六年（东晋太和元年，西历三六六年）僧乐傅所创立（见《大周李君功德记》），凉州的石窟寺，东晋安帝隆安元年（西历三九年，北凉沮渠蒙逊）所建造。敦煌的窟寺现在还存凉州的窟寺，现在不详其所在。

最著名的云冈石窟的建造，约当敦煌窟寺建造之后百年，凉州窟寺建造之后五十年。当时北魏新兴，平定了西域，便把西域的习俗移入中土，大兴造像。大概云冈石窟的造像，始于文成帝和平年间，一直到太和中叶，不断地开凿，孝文帝于太和十八年迁到洛阳，政治的中心迁到洛阳，文化艺术也与之俱来。于是建造与旧都中同名的永宁寺，开凿铸造龙门造像，而云冈石窟的工程就此停止。云冈造像从和平六年到太和十八年，共达三十五年，经三十五年的经营，加以魏代皇室势力的旺盛，人民信仰的热烈，便造成了中国雕刻史上未有之奇观。

龙门在北魏新都洛阳之南约四十里，中贯伊水，两岸崖壁甚高，也称伊阙，断崖是黑色大理石岩层所成，很适宜于雕刻，从北魏以至隋唐，这里所刻的石窟石像，其数达数万，远望龙门山，大小石窟，好似蜂窝，它左方的大佛是唐高宗时所造。

龙门造像最著的便是，古阳洞“杨大眼为孝文皇帝造像”，古阳洞又称老君洞，在唐高宗大石佛之南，是龙门石窟中最初开凿的一个，广二十二尺八寸五分，深三十尺，后方作半圆状，宽约三十二尺。上端作穹庐形，其后壁即接此释迦坐像，在此释迦坐像即胁侍菩萨像间，又容无数小佛龛，左右侧壁共有三层佛龛，是等大小佛龛多有铭文，上层中央大龛内刻三佛，下层大龛后壁也有不少小的造像铭文。

龙门造像，大概还不是从太和十九年起的。龙门小造像中有“正平元年比求惠鉴为亡母造像”，那末至少龙门造像是正平元年创始的。《寰宇访碑录》有这样一条：

“惠鉴造象(正书无年月)河南洛阳。”

大概就是指正平元年惠鉴造像。其他在太和十九年以前的还有“太和七年孙生等二百余人造孙道色子像”，至于太和十九年有“太和十九年丘穆陵亮夫人尉迟为亡息牛□造像”。龙门造像从北魏、东魏、后梁、隋唐，到宋还有制作。其中当推北魏最盛，隋唐次之，宋时寥寥无几了。

二、龙门北魏纪年的造像

云冈的造像铭很少，而龙门的造像铭，何止数百种，有选其中特出者名为龙门十品，龙门二十品，也有合称龙门五百种的。经整理所得纪年的造像很多，现在著录于下：

正平元年比丘惠鉴为亡父母造像

太和□二年九月十四日洛州刺史始平公造像

太和七年孙秋生等二百余人造孙道色子像

太和□九年司空长乐王丘穆陵亮夫人尉迟为亡息牛橛造像

太和十八年侍中护军将军北海王元祥造像

太和廿年步辇郎张元祖为亡妻一弗造像

太和□廿司马解伯达造弥勒像

景明二年太守护军长史云阳伯长猷为亡父造像

景明三年五月比丘惠感为亡父母造弥勒像

景明三年邑主高树唯那解伯都卅二人等造像

景明三年侯太妃为贺兰汗造像

景明四年广川王祖母太妃侯造像

景明四年十二月二月一日比丘法生为孝文皇帝并北海王母子造像

景明四年马振拜州四人为皇帝造像

正始□年正月卅日释迦造像

正始二年王史平吴共合曹人与今王上造像

正始三年十二月廿二日□□小妃为□□造像

正始四年太中大夫安定□□王元燮为亡祖亡考造像

正始五年四月廿二日张莫周□□文好造像

永平二年四月五日比丘惠荣为皇帝陛下七世父母所生父母造像

永平三年正月□陵为父母师僧造像

永平三年比丘尼惠智为亡父母造像

永平三年比丘法庆为七世父母所生因造像

永平三年比丘尼法行造定光石像

永平三年五月道人□造像

永平三年九月四日比丘尼□庆为七世父母造像

永平四年十月企和寺尼造像

永平四年华州诸军事征虏将军华州刺史安定造像拓本

永平四年五品□□□□造像

永平十一年□陵为亡父母造像

延昌元年刘洛真兄弟为亡父母造像

延昌元年刘洛真兄弟为亡儿惠宝造像

延昌三年张道史陈天始等造像

延昌四年八月清信女□静妙造像

延昌四年白□生造像

延昌四年□□为生妇像

熙平二年比丘惠荣造像

神龟元年二月十三日造像

神龟元年六月十五日张元与等廿三人造像

神龟二年十月三日杨□常为七世□□造像

神龟二年六月三日前□卫将军□连儒造像

神龟二年比丘尼慈香慧政造像

神龟三年比丘知因造像

神龟三年江文宗等造像

正光元年四月廿日造像

正光二年王□□造像

正光二年田□□造像

正光二年八月廿日比丘慧荣造像

正光二年八月侯□和为亡祖母造像

正光三年大统寺等大比丘慧荣造像

正光三年九月九日比丘慧□为皇帝太老师造像

正光三年司徒公等造像

正光三年十一月廿五日□□造像

正光四年比丘惠荣造像

正光四年九月十五日□□李为亡女杨氏正神造像

正光四年比丘及法照造像

正光五十一年等□□□月共造像

正光□年比丘僧安仰造像

孝昌二年比丘及法兴造像

孝昌二年五月十五日造像

孝昌二年□月十五日□□为亡女比丘及法明造像

孝昌二年五月十日造像

孝昌二年十月廿日造像

孝昌三年二月廿三日比丘法祭仰为僧父母造像

孝昌三年七月□□为师僧父母造像

孝昌三年九月造像

孝昌三年□□为亡妣造像

孝昌三年宋景妃造像

建义元年比丘及道□造像

永安二年张□为女造像

永安四年韩寄生造像

永熙二年□火将军造像

永熙二年方净觉儿造像

永熙三年□信女造像

以上后魏纪年造像六十一件，中以正光年间最多十三件，永平年间次之，有十一件。

太和共二十三年，有纪年之造像仅五件，此外尚有一造像无纪年，为“杨大眼为孝文皇帝造像”，此亦当为孝文帝太和年间所制作。

盖太和年间龙门造像尚在初创时期，造像的风习由云冈传来尚未大盛，自从孝文帝于太和十八年迁都洛阳，从十九年到二十三年，仅仅五年的光景，这造像的风俗当然不会盛行于民间的。正平年间，所见纪年造像，只有比丘惠鉴一件，大概这时龙门造像的经营，仅仅是僧尼在那里干。太和年间政治重心移到洛阳，于是达官显人便依云冈的老样，渐渐造起像来。像“始平公”“布辇郎”“侍中护军将军北海王”都是。至孙秋生等二百余人的造像，当然也有权贵在那里领导而成功的。宣武帝先后四易年号，景明凡四年，这四年中现在所见的纪年造像有六件，除“比丘惠感”“比丘法生”外，其余如“太守护军长史云阳伯长猷”“邑主高树唯那解伯都”“广川王”等都是权贵，而所造像是为“皇帝”“北海王”等，也含政治的意味很浓厚。正始也只四年，现在所见纪年造像有五件，造者如中大夫，也有显人，所造的也有为了“王上”。永平四年中纪年造像有十一件，除了一件是“华州诸军事征虏将军”的，一件是“五品□□”，其余都是僧尼，造像虽较盛还未盛行民间。

延昌四年所有纪年造像有六件，大部是平民的制作，大概造像的流行于民间就这时期。此后洛阳一带民间信士女造像的风气，便十分盛行，大概所为的“亡父母”最多，为儿女兄弟夫妻的次之，为己身幸福的也有。

东魏十六年间，现在所见的纪年造像有下列三种：

天平三年五日比丘尼□□会□阿大造像

武定二年比丘温□造像

天保八年王□□造像

以上所列举的，不免还有漏失的地方，还希望碑帖专家指教的。

从来关于这些造像的著录，只有《寰宇访碑录》，但是著录的也不多，纪年的更少，我们希望能够有人把整理清楚，全部把它影印出来，这不但是艺术家界应做的事，也是研究宗教风俗史极好的资料。

三、北魏的造像铭

云冈造像虽多，铭文却不多见，云冈只有第十一洞东壁上层太和七年铭和太和十九年铭，第十八洞南壁上窗东侧太和十三年铭。太和七年铭和太和十三年铭都很长，大概造像的用铭，就起于太和年间，以前虽也有，但不普遍。铭文简单的只具造者之名，较详者乃说明何故造像，有"为某某造像"纪年或有或无，大体四字为句。

云冈太和七年铭：

邑师法宗

太和七年，岁在癸亥，八月卅日，邑义、信士女等五十四人，自惟往因不积，生在末代，甘寝昃(昏)境，靡由自觉，微善所钟，遭值圣主。道教天下，绍隆三宝，慈彼十方，泽流无外，乃使茙夜改(?)昏，久寐斯悟。弟子等得蒙法润，信心开敷，意欲仰训洪泽，莫能从遂。是以共相劝告，为国兴福，敬造石厝形像九十五区及诸菩萨，愿以此福，上为

皇帝陛下、太皇太后、皇太子，德合乾坤，威踰转轮，神被四天，国祚永康，十方归伏，光扬三宝，亿劫不隧，又愿义诸人。命过诸师，七世父母，内外亲族，神栖高境，安养光接，托育宝花。永辞秽质，证悟无生，位超群首，若生人天，百味天衣，随意飨服，若有宿殃，堕落三途。长辞八难，永与苦别，又愿同邑诸人，从今已往，道心日隆，戒行清洁。明鉴实相，晕扬慧日，使四流倾流，

道风堂扇，使慢山崩颓，生死永毕，佛性明显，登(?)阶住地。未成佛间，愿生生之处，常为法善知识，以法相亲，进止俱游。形容影响，常形大士，八万诸行，化度一切，同等(?)正觉，逮及类劫，先师七世父。

这和佛经的文章仿佛，当出于大比丘或儒士之手，不是平民所能作的。云冈太和十三年铭：

大代太和十三年，岁在己巳，九月壬寅朔，十九日庚申，比丘惠定，身禺重患，发愿造释迦多宝弥勒像三区，愿患消除，愿现世安稳，戒行福利，道心日增，暂不退转，以此造像功德，逮乃七世父母，累劫诸师，无边众生，咸同斯庆。

龙门造像铭很多，如此铺张扬厉文章尔雅的较少，大概北魏造像铭，长的还有，大都出于权贵。隋唐以后，许多铭文，大都潦草简短，极少可贵的了。

孙秋生等二百人造像铭：

邑字像

邑主中散大夫荥阳太守孙道务宁远将军中散大夫颍川太守安城令卫白犊

□□起祖二百人等，敬造石像一区，愿国祚永隆，三宝弥显，有愿弟子等荣茂春花庭槐独秀。

唯那程道起孙龙保卫伯尔孙祖德卫程万宗卫

荣方樊虎子王□生和龙度边

此石高五尺六寸，广二尺二寸，魏景明三年刻，孟广达撰，萧显庆书。

始平公造像铭：

始平公像一区

夫灵踪□启，则攀宗靡寻，容像不东于下叶暨于大代，兹功厥作，比丘慧成，自影濯，逢昌运，率竭诚心为国造石窟□□糸答皇恩有资来业。

太和□二年九月十四日迄　朱义章

此石在古阳洞，连额高二尺八寸，广一尺七寸四分，用棋子格，阳文凸起，为石刻所稀有，笔者朱义章不详其生世，书法别具风格，杨守敬称此以宽博胜，在龙门二十品为特出者，即在六代石刻中，亦放一异彩。

司马长乐王丘穆亮夫人尉迟为牛撅造弥勒像铭：

太和□九年十一月使持节司空长乐王穆陵亮夫人尉迟为亡妻息牛撅请工镂石造此弥勒像一区，愿牛撅舍于分段之乡，胜游大碍之境，若存托生，生于天上，诸佛之所，若生世界。

“撅”字本作“橛”，不知是否“橛”字，诸家认作“橛”，姑从之。

侍中护军将军北海王元祥造像：

维太和之十八年十二月十一日皇帝亲御六旌，南伐萧逆，……戎徒戎旅，弟子以资孝之心，戈言奉泪。其日，太妃还家，伊川立……

此将军为征伐而造像。

司马解伯造弥勒铭：

都绾阙□遊徼校尉司马解伯达造弥勒像一区，愿皇道赫宁，九荒沾泯，父母康延，智登十地，仕达日迁，眷属道场，声求响和，斯福必就，六趣群生，咸同此愿。太和年造。

这四字一句，颇为整齐，不称“太平某年造”而称“太和年造”，大概是求整齐的关系。

杨大眼为孝文皇帝造像铭：

邑主仇池杨大眼为孝文皇帝造象

夫灵光弗曜，大千怀永夜之悲；玄踪不遘，叶生含靡导之忏。是以如来应群缘以显迹，爰暨□□□像遂著，降及后王，兹功厥作。辅国将军、直阁将军□□□□、梁州大中正、安戎县开国子仇池杨大眼诞承龙曜之资，远踵应符之胤，禀英奇于弱年，挺超群于始冠。其□也，垂仁声于未闻，挥光也，摧百万于一掌。震英勇则九宇咸骇，存侍纳则朝野必附。静王衢于三纷，扫云鲸于天路。南秽既澄，震旅归阙，军次□行，路径石窟，览先皇之明踪，睹盛圣之丽迹。瞩目□霄，泫然流感。遂为孝文皇帝造石像一区，凡及众形，罔不备列。刊石记功，示之云尔。

此石连额高三尺九寸，广一尺七寸四分，“尔武”字疑是笔者名之签名，授堂金石，跋谓后一武字，书势尤磔卓，魏石刻亦稀见云。

步辇郎张元祖造像铭：

太和廿年，步辇郎张元祖不幸丧亡，妻一弗为造像一区，愿令亡夫直生佛国。

灵藏薛法绍造像铭：

魏灵藏释迦像薛法□

夫灵迹诞遘，必表广大之迹，玄功既敷，亦标希世之作，自双林改照，大千怀缀暵之悲，慧日潜晖。

此石连额高三尺九寸五分，广一尺七寸四分。中州金石，记称其字体似杨大眼造像。其“标”本作“□”，希本作“□”，大概是当时俗字。

郑长猷造像铭：

前□太守护军长史云阳伯长酞为亡父敬造弥勒像一躯，郑长酞为母皇甫敬造弥勒像一躯，郑长酞为亡兄士龙敬造弥勒像一躯，郑南阳妾陈王女为亡母造弥勒像一躯。

景明二年九月三日诚迄。

此石起初几字已残缺。

高树解伯都卅二人造像铭：

景明三年五月卅日邑主高树唯那解伯都卅二人等造石像一区，愿元世父母及现世眷属。

光得高久成左芝高安都高础之高郎胡司马保解伯勍高文绍高天保□英芝盖定王张。

侯太妃为贺兰汗造像铭：

景明三年八月十八日广川王祖母太广川王贺兰汗造弥勒像□愿令永绝苦。

广川王祖母侯太妃造像铭：

景明四年十月七日广川五祖母太妃侯自以流历弥劫，于法喻远，嘱遇像教，弘宣妙法，民愚未悟，咸发菩提。国学官令臣平乾虎为太妃广川王敬造释迦牟尼像一区。

比丘法生造像铭：

夫抗音投涧，美恶必酬。振服依河，长短交目。斯乃德音道俗，水镜古今，法生儌逢孝文皇帝专心于三宝，又遇北海母子崇信于二京。妙演之际，屡叨未筵，一降净心，忝充五戒，思树芥子，庶几须弥，今为孝文并北海母子造像……

比丘惠感造像铭：

景明三年五月□日比丘惠感为亡父母敬造弥勒像一区，愿国祚永隆，三宝弥显，旷劫师僧父母眷属，与三塗永求，福钟竞集，三有群生，咸同此愿。

比丘法宁□为亡父□□造石像一区。

北海王国太高造像铭：

孙保失乡，播越□□□□载终始□□，未及免之，不幸早死，今为保造像一区，使永脱百苦。

魏北海王国太妃高为孙保造。

比丘道匠造像铭：

大觉去尘，有生谓绝，寻刊处形，则应合无方，昇峰由源，思依本是，以比丘道匠，住与妙因，今悟尽性竭，已成心造像六区，上为皇道更隆，三宝无点，愿师僧父母，魂与神游，宿与慈会，身终。

太中大夫安定已□□王爕造像铭：

魏圣朝太中大夫安定王元爕造仰为□□亡祖亲太妃亡考太傅静王□□亡□□……遐迹，常值诸佛，龙华为会。又愿一切群生，咸同斯福。正始四年二月中讫。

□中将军□太莲造像铭：

正始□卯既□霸廿□□□信士佛弟子严中将军□太莲敬造释迦摩尼像□□□劫以来□作众罪□□云叛□庆集，七世父母，有□□□，普蒙斯善，所愿如是。

正始□年正月卅日造像铭：

正始□年正月卅日造释迦像一区，□□生大□合门大小，普同斯福，□安族□□。

泾州刺史齐郡王元祐造像铭：

夫立玄宗冲藐，迹远于尘关。灵范崇虚，理绝于埃境，若不图色相，以表光仪，寻声教□陈妙轨将何以依□至像仿佛神功者……

比丘尼□庆为七世造像铭：

永平三年六月四日比丘尼□庆为七世父母□生因缘敬造弥勒像一躯。愿使来生托生西方妙乐国上，下生人间，公王□者，远离烦恼□□□□与弥勒□生□□□□会说法一切众生。

比丘尼惠智为七世父母□□父母造像铭：

永平三年十一月廿九日比丘尼惠智为七世父母□□父母造释迦像一躯，愿使托生西方妙□□□，下生人间为□王长者，永离三途，人愿身□□□弥勒，俱生莲花树下，三会说法，一切众生，普同斯愿。

此二铭颇相仿佛，大概这时造像铭文已渐成公式。结句终不外“咸同此福”“咸同此愿”“普同斯愿”“普蒙斯善”，或“永脱百苦”“永绝苦□”。

刘洛真兄弟为亡父母造像铭：

延昌元年，岁次壬辰，十一月丁亥朔四日清信士弟子刘洛真兄弟为父母敬造弥勒像二区，使亡父母托生紫微安乐之处，并愿七世父母，师僧眷属，见在居门，老者延年，少者益算，便法界有生。

比丘及慈香慧政造像铭：

大魏神龟三年三月廿日，比丘尼慈香慧政造窟一区，记夫灵觉弘虚非体真邃其迹道建崇日表常轨范无乃标美幽宋以仰渴法。

此铭"标"字做"树",与薛法绍造像同。

□□李为亡女杨氏正神造像铭:

正光四年九月十五日清信□□李为亡女杨氏王神英敬造无量佛像一躯,愿□者离□(苦)得乐,□□法界。

正光四年正月廿六日造像铭:

夫圣觉潜晕,绝于形相,幽宗弥邈,攀寻莫晓。自非影像,遗训安可崇哉?是以比丘尼法阴,感庆往因,得育天机。故献单诚,为女安乐郡?君于氏嫁耶奢难陁,造释迦像一区,愿女□任多康,众惚永息,天算遐纪,亡零加助。□正光四年正月廿六日。

薛大将军造像铭:

永熙二年九月十日佛弟子薛大将军□□树敬造无量寿像一躯,父母眷属,一切众生,□□离苦得□(乐)□遇□诸佛。

比丘尼法兴造像铭:

孝昌二年八月二日比丘尼法兴与□□江□□业发愿造释迦像一躯,使此众生□如牟尼□云消□□清洁契达玄宗明悟□□一躯□□□二遂及七世父母,生身父母,一切众生,咸同此福。

较长的铭文,大体以如上述。它祝福的范围都很广,都及于"一切众生",其余小造像铭文,它祝福的范围那比较要小。

四、龙门唐宋纪年的造像

龙门隋唐的造像还很盛,不过小造像居多,铭文很多草率。隋唐纪年的造像,所见大体如下:

开皇十□年□□为妄造像

大业十一年二月造像

大业十二年四月造像

以上隋纪造像三件

贞观三年造像

贞观廿年造像

永徽三年二月一日□□为皇帝造像

永徽五年二月廿九日□□□造像

永徽五年五月通直郎□□造像

永徽张玄德及妻宋造像

显庆元年二月李智海造像

显庆三年四月□□为二亲造像

显庆五年四月八日僧善德造像

龙朔元年九月张婆造像

龙朔二年偃师县杨□□□为亡考妣造像

龙朔三年佛弟子□□合家造像

麟德三年冯士良造像

乾封二年德子造像

乾封三年二月雍州摇□县□面副监孟乾□造像

总章元年五月王君农为合家眷属大小造像

总章二年造像咸淳四年□□为皇帝太子等造像

上元二年清信女王□造像

上元二年王仁恪造像

上元□年□□为合家造像

仪凤三年二月九日清明寺比丘尼八正造像

会昌二年一月十五日□□□为妄造像

垂拱二年高池里戴婆等造像

垂拱二年七月十三日王君意造像

垂拱三年韩□□造像

永昌元年□月造像

永昌□年四月廿三日□安造像

景龙三年造像

先天二年张□为妻造像

开元元年河南府陆浑县程奉造像

开元二年九月比丘僧□性为母及一切众生造像

以上唐纪年造像三十三件。

五代和宋的造像，寥寥无几，大概这风习到这时已不盛行，虽有几许造像，不过偶一为之而已。现在所见的有下列几种：

梁乾化五年李琮造像

后周显德元年□州彰德军造像

宋天圣□年二月二日造像

宋元丰七年七月杨二娘张二娘张大娘共造像

宋元丰七年八月张彦政造像

五、结论

总之，龙门造像的风习，是跟了政治，从云冈来的。所以龙门的造像，没有经营多少时间，便很盛，这造像的风习，由僧及贵族而普及于平民，至于造像的艺术和铭文，也由奢侈而趋于简陋，所祝福的范围，也渐渐趋向于个人。甚至有为已身或生日造像的。如：

姚祚愿平安造像

五寄奴愿身平安造像

清信女赵婆为己身造像

妙香为己造像

前衢州参军事□诏时年卅十三月廿八日生□心造像

柳常住为生日造像

□□□愿万病除愈造像

其余无纪年的造像，为“七世父母”“亡父母”的居多，为“亡儿”“亡女”“亡夫”“亡妻”“亡兄”“亡弟”“亡姑”的比较要少。从这里看得出一般的人情。

（原刊上海《大美晚报·历史周刊》1936年10月16、23日、11月11日第3版）

郎窑考

郎窑以仿霁红名于世，为清瓷之名窑，然此窑创于何人，其历史如何，传说颇纷纭，朱琰《陶说》、蓝蒲《景德镇陶录》为论清瓷之要籍，而于此郎窑之记载，独付阙如，今略为搜罗旧说，约略考论之，此窑之创作者，旧传有三说：

一、郎世宁 《历代瓷器谱》主之，近人权伯华作《古瓷考略》(《东方杂志》二十七卷第二号)从之。

二、朗廷极 寂园叟(陈浏)《陶雅》、许之衡《饮流斋说瓷》主之，近人杨啸谷著《古月轩瓷考》从之。

三、朗廷佑 《清史稿·唐英传》、《榆巢杂识》、阮葵生《茶余客话》等书主之，近人编《辞源》，向达作《明清之际中国美术所受西洋之影响》(见《东方杂志》二十七卷第一号)皆从之。

当以后二说为近是，前一说乃附会，今分别论之如次：

《历代瓷器谱》为嘉庆年间无名氏所作，共四卷，仅有传写本，未尝付刊，流传甚少。日本故文学博士大槻文彦尝手录传入日本。最近日本陶瓷专家上田恭辅，所著《支那陶瓷之时代的研究》，《支那陶瓷杂谈》，颇多征引此书。《陶雅》云："《历代瓷器谱》，乃嘉道厂人所述，不著作者姓名，文理譾陋，殊不足观。其所列古窑，自谓出于《景德镇陶录》，蓝蒲本与同时，是谓抄袭蓝说，而于明代祭红术属之于郎世宁，则非蓝说之所有，此实近世传讹所由来。"

按权伯华作《古瓷考略》，自称得自固原董福祥家之手抄秘籍，所谓手抄秘籍者，实亦《历代瓷器谱》，其言曰："民七冬，不才于役陇上，于固原董福祥家，假得手抄秘籍一册，内述我国古瓷綦详。——自晋代及清之嘉道间，凡瓷窑之建造人、地、时代、形色等等，详述靡遗。惟绎其语意，似一古董商人，本其生平见闻所得，随手记录，以备遗忘者。故其措辞，多譾陋不文，且间有费解之处"（书面钤有'北京华麟局'图记一方，书尾又附记嘉庆或道光某年月日，贩卖某种古瓷，形式若何，得银若干之账簿数页）。

据此，权氏所据秘籍亦嘉道间古董商人所作，亦文理譾陋，则此书即《历代瓷器谱》，可无疑义。以之与《历代瓷谱》、《景德镇陶录》相校，亦颇相合，权氏《古瓷考略》以郎窑为郎世宁创作者，当即据《历代瓷器谱》也。《陶雅》云："谱载郎世宁所造红瓷，以绿底冰纹为贵，米汤底次之，白底又次之。岂三底兼仿之耶？抑两郎俱仿之耶？考古之难如此。"《历代瓷器谱》称郎窑有三等，《古瓷考略》亦云："康熙间，又有郎世宁者，造霁红器，最为贵重，共分三种：佳者冰裂纹绿底，次则冰裂纹米色底，再则冰裂纹白底。"据此则《古瓷考略》郎窑之说全本于《历代瓷器谱》，可无疑义也。

寂园叟《陶雅》，否认郎世宁之说，其言曰："郎世宁，系法国人。康熙间所制之窑，乃江西巡抚郎廷极所仿，亦不止祭红一种，非世宁也。世宁游于雍乾间，善用中国笔作画，尝为纯庙造像，亦颇参用泰西界画法。今之厂人，以明祭为郎窑荒矣。又以朗廷极为郎世宁，尤为可哂！”此论颇坚决。然《陶雅》又疑郎窑有二，前后议论颇不一，如云：“郎世宁虽确在雍乾时代人，其入中国或较早，朗廷极虽确为康熙朝之江西巡抚，安知乾隆时代不尚存于世耶？郎窑虽确在抚赣时，又安知下逮雍乾，郎遂不再仿耶？”

此则言郎窑不必为郎世宁，而《陶雅》他处又云：“郎世宁仿制宝石釉之祭红，是说也，可以与紫垣之郎窑并存。惟《历代瓷器谱》初未述明郎世宁所仿之红器，即系有明宝烧之祭红，则《历代瓷器谱》即阙略也。或曰：苹果底者，宣德祭红也，米汤底者万历祭红也，其寻常白底，则郎世宁所仿者也。然耶？否耶？”

寂园叟《海王村游记》又云：“郎世宁系法国人，康熙时所制之郎窑，或曰非世宁所制；世宁游于雍乾间，今之所谓郎窑者，考其时代当在雍乾以前，或者世宁亦喜红瓷，颇多仿制品，遂以宣红宝釉，漫属之于世宁欤？”是寂园叟未尝敢断郎世宁必无仿造瓷器事。及许之衡《饮流斋说瓷》，始坚决认定郎世宁必无造瓷事。此书寂园叟谓其抄袭伊稿，许之衡与寂园叟为近邻，今将两书对勘，相同之处甚多，固有相因处。《说瓷》云：“郎窑，近人最重视之品，厥惟郎窑，然所称实有误。盖统称‘郎窑’者，大抵明祭红之宝石釉者也，不必纯为郎制。郎为朗廷极，康熙朝督瓷业之官，而肆人误为郎世宁。世宁法国人，善画，雍乾间供奉内廷，未尝督造瓷。”

按郎世宁西名本为 Ciuseppe Castiglione，为意大利耶稣会士，寂园叟误为法国人，而许之衡乃踵误之。其生世，故宫《郎世宁绘画专号》所附有小传，日本石田干之助作《郎世宁传考略》，所述尤详（见

《美术研究》昭和七年第十号,《国闻周报》第十三卷第三十二期三十三期。傅抱石氏有译文),英人布谢尔著《中国美术》(商务有戴岳译本)云:"其后基督教王致诚,即郎世宁者,参预圆明园工程,创建欧氏宫殿。由是圆明园中井栏之泑药,栏柱上之绘画,及屏风上雕绘之甲胄徽章等物,始有意大利天主教之装饰焉。"

福开森《中国画史》亦谓郎世宁于圆明园绘西画以为点缀。据此可知郎世宁曾于圆明园工程中施洋釉绘画,则郎世宁固非与瓷器绝无关者。《说瓷》又云:"雍乾之间,洋瓷逐渐流入,且有泰西入士,即如郎世宁辈供奉内廷,故雍乾两代,有以本国瓷器摹仿洋瓷花彩者,是曰洋彩,画笔均以西洋界算法行之。"

据此郎世宁固曾画洋瓷,所谓古月轩瓷是也。古月轩瓷精美者多出郎世宁或郎世宁及门弟子手笔,杨啸谷《古月轩瓷考》云:"若脱胎,经郎世宁以料彩淡红烘托小孩少妇颜色,尤妍栩栩欲活,此瓷胎画珐琅,一器有值至美金五万者。"郎世宁之画既名盛一时,其画珐琅亦为人珍贵,声名既大,与瓷器又有关,时人于郎窑之附会郎世宁者,盖非其故。

寂园叟、许之衡以郎窑为郎廷极。许氏《说瓷》且谓朗廷极之事,频见于蓝蒲《陶录》,阮葵生《茶余客话》。今蓝蒲、阮葵生书俱在蓝书,绝未见有记郎窑事,《茶余客话》则以为廷佐所造,非廷极也。廷佐为郎永清之从子,廷极乃其弟,廷佐字紫垣,廷极字紫衡,广宁人,《清史列传》称其兄弟俱曾巡抚江西,廷佐巡抚在顺治中,廷极在康熙中,郎窑为康熙时窑,则似廷极为是。邓之诚《骨董琐记》云:"按廷极字紫衡,广宁人,镶黄旗汉军,著有《胜饮编》《文庙从祀先贤先儒考》,官至漕运总督。康熙五十四年卒,谥温勤,《四库全书》谓官至江西总督者误。许谨斋《戏呈紫衡中丞》云：'宣成陶器夸前朝，收藏价比璆琳高。元精融冶三百载，迩来杰出推郎窑。郎窑本以中丞名，中丞嗜古衡鑑精。网罗法物供品藻，三千年内纷纵横。范金合土陶最古，虞夏周秦谁复数。约略官均定汝柴，零落人间搜出土。中丞嗜古得遗意，政治余闲呈艺事。地水火风凝四大，敏手居然称国器。比视成宣欲乱真，乾坤万象归陶甄。雨过天青红琢玉，贡之廊庙光鸿钧。'又云：'俗工摹效争埏埴，白金一器何由得'，则当时已极矜贵矣。"

据此则廷极尝督造郎窑，确凿可靠。成郎窑为廷佐所造者，有《清史列传》《榆巢杂识》《茶余客话》等书。《清史稿·唐英传》云："顺治中，巡抚朗廷佐所督造，精美有名，世称'郎窑'。"《榆巢杂识》云："世所称郎窑旧磁为贵，郎紫垣中丞开府江西时所造。其仿古成、宣诸器，釉水颜色，橘皮棕眼，款字酷肖，极不可辨识。近岂易得见邪？"《茶余客话》亦云："又有郎窑，巡抚廷极所造，其仿古酷肖，今之所谓成宣者，皆郎窑也。"向达《明清之际中国美术所受西洋之影响》亦云："世以廷佑之郎窑，误为郎世宁，以郎佑仿宝石釉之祭红，亦谓郎世宁制，皆出贾人臆造，为有识者所不道也。"

近江思清著《景德镇瓷业史》据此，以《陶雅》《说瓷》称朗廷极制瓷，乃以讹传讹，疑非是。郎窑，极之尝督造郎窑，有许谨斋《戏呈紫衡中丞》诗可证。《陶雅》以郎窑属朗廷极，疑非无据，许之衡《说瓷》既从其说，而不知所出，遂妄举《陶录》与《茶余客话》耳。郎窑本兄弟二人先后督造，或非属一人，故诸书所记有异也。

郎窑多仿成宣祭红器，《历代瓷器谱》分郎窑为三等，最佳者冰裂纹绿底，次则冰裂纹米汤底，再则冰裂纹白底，俱系鲜红釉似橘皮，口若灯草状。《古瓷考略》又云："其花样有朱砂龙、红蓝八骏马、九莲灯、大小独钓小青龙、黑龙、吉红、吉蓝、吉青、四季花。小罐有灯草底为证。其精妙可以超越前代。”

《饮流斋说瓷》“说杂具”云:“郎窑瓷缸里与底作苹果色,口边则炒米色,外体深红,宝光逼人,奇伟之品也。若釉里红或浅雕云龙者,亦颇足贵。若青花红鱼、绘鱼藻者,虽康窑亦恒品耳。”亦以绿底者为上品。又《说瓷》称郎窑有先后制之异,其言曰:“郎窑有先后所制之分,凡里外皆有开片而底足有灯草旋文,其色深红如初凝之牛血,此先制者也。若后制则微有不同,先制者口底微黄,所谓米汤底者是也。后制者口底或作豆青色,或作苹果青,所谓苹果底者是也。先制者釉色深红,后制者釉色鲜红,惟釉尚透亮,不似窑变之肉耳。”按此绿底乃后制者,是郎窑后制者胜于先制者矣。

(原刊上海《大美晚报·历史周刊》1937 年 3 月 1 日第 3 版)

鑑镜之起源

今日所用之镜，皆用玻璃，而后敷汞质（火银）或银质，此不过近百年之事耳。此法传自西洋，非我国所固有，我国自战国秦汉，以迄亡清乾嘉之际，无不用铜镜。今日世乡之家，尚不乏清代铜镜。铜镜亦我国重要吉金之一，年来各地出土甚多，最近如安徽寿县出土之楚镜（亦即所谓秦镜），皆为考古学上重要之资料也。

考《尚书·酒诰》云："古人有言曰：'人无于水监，当于民监'。"

《史记·殷本纪》于汤征引汤曰："予有言：人视水见形，视民知治不。"

《史记·蔡泽传》又云："吾闻之，鉴于水者见面之容，鉴于人者知吉与凶。"

据此古人照影凭水，未有专用之工具也。《说文》："临，监临也，从卧，品声。"是临与监，初为同义，同为从臣从人之字。考董临鼎临字作："[illegible]"。其从臣从人与监同，其从[illegible]尚非"品"字，乐嘉藻《镜考》以照于水中之影，其说疑字。监字之义，栾调甫氏尝详释之，见

《齐鲁大学国学汇编》。稽《说文》于“鑑”字云：“鑑，大盆也，从金监声。一曰鑑诸，可以取明水于月。”

《周礼·天官》“凌人掌冰，春始治鑑”。郑注：“鑑如甀，大口，以盛冰，置食物于中，以御温气。”而《庄子·则阳》篇云：“灵公有妻三人，同滥而浴。”按鑑乃铜盆，大抵古人最初照影临于地面之水河中之水，继则用铜盆中之水。《说文》于“监”字云：“监，临下也，从卧峆省声。”许氏谓峆省声，殊非。监实鑑、滥之本字，皿即像铜盆，臣则示俯而向下照影状，臣字原像屈伏之形。

铜镜之成专用工具，当在春秋战国之际。《左传·庄公二十一年》有云：“王以后之鞶鑑予之。”杜注：“鞶，带而以鑑为饰也。今西方羌胡犹然，古之遗服。”鞶鑑究于铜镜相类否乎，亦不得而知。

《墨子·经下》论临鑑者有若干条，近人皆以为论光学。甚至以鑑为玻璃透光之体，其说殊无是处。《经下》既云：“临鑑而立，景到。多而若少，说在寡区。”既云临鑑，疑尚非平面之铜镜，乃盛水之铜盆耳。铜盆弯曲不平，其影遂倒。《周礼·秋官》：“司烜氏掌以夫遂取明火于日，以鉴取明水于月。”郑注：“夫遂，阳遂也。鉴，镜属，取水者，世谓之方诸。”又《考工记》：“金锡半，谓之鉴燧之齐”，郑注：“鉴燧，取水火于日月之器也。鉴，亦镜也。”又《淮南·天文》篇：“故阳燧见日，则燃而为火”，许慎注：“阳燧，五石之铜精，圆而仰日，则得火。方诸，五石之精，作圆器似杯圬而向月，则得水也。诸，珠也；方，石也。以铜盘受之，下水数升。”高诱注：“阳燧，金也。取金杯缘无者，熟磨令热，日中时，以当日下，下以艾承之，则燃得火也。方诸，阴燧，大蛤也。熟摩令热，月盛时以向月下，则水生，以铜盘受之，下水数滴。先师说然也。”

要鑑燧无不为金属所制，战国时决无玻璃之制作也。《论衡·率性》篇云："阳燧取火于天，于五月丙午日中之时，消炼五石，铸以为器，磨砺生光，仰以向日，则火来至。此真取火之道也。今妄以刀剑之钩月，磨拭朗白，仰以向日，亦得之焉。"既云"铸"，又云"磨砺"必为金属无疑，若为玻璃之制作，"磨砺"何用？高诱《淮南注》亦云："熟磨令热"皆足参证。高氏旦云先师云然，其说必有所本。今所存纪年铭镜，常有正月丙午或五月丙午之铭，则不特阳燧，鑑镜亦然。桂馥《札朴》有云："古镜文有太平元年五月丙午字，梁与辽同以太平纪年，其元年五月皆无丙午。世所传汉铜带钩文曰'大年五月丙午作'，西汉惟高帝、景帝六年五月有丙午，惠帝、吕后、文帝其六年五月皆无丙午，安知出高、景之世？又一器曰：'景初元年五月丙午造。'又二器，一曰：'建初□年五月丙午造。'一曰：'永平□年五月丙午造。'又汉镜二，一曰：'永兴元年五月丙午'，一曰：'永康元年正月丙午'。案景初元年五月、永康元年正月有丙午，其余汉和帝、吴归命侯、安帝元兴元年五月皆无丙午。晋惠帝永康元年正月亦无丙午。《论衡》'阳燧，五月丙午日中之时，销练五石，铸以为器，乃能得火。'《搜神记》亦云：'以五日丙午日中铸为阳遂。'虞喜《志林》：'古人铸刀，以五月丙午，取纯火精，以协其数。'是则五月丙午，冶家之吉日良时也。又带钩一器，无年月，但纪丙午。《异闻集》：'唐大宝中，扬州进水心镜，以五月五日午时于扬子江心铸之，白傅诗'百炼镜，镕范非常规，宿晨处所灵且奇，江心波上舟中铸，五月五日日午时。'馥谓'五月丙午'以与'五月五日午时'同意，是年遇丙午，则《吴越春秋》铸剑所谓候天伺地也。若不遇丙午，亦取其利市耳。"

冶家以五月丙午为吉良时，阳燧必以五日丙午日制，其为金属无疑。大体制法亦与鑑镜同，惟阳燧则作凹形，使阳光集中，乃能取火也。

铜镜与阳燧，疑皆由铜盆演化而成，初以水盛铜盆而照影，偶而于无水之时亦觉其能照影，于是设法改成为一平面，以为专门之工具矣。又觉纯铜照影不清楚，于是又设法涂以玄锡。至于阳燧，余疑一圆底铜盆偶置于阳光下，觉其光热集中，遂辗转改革，用以取火。《庄子·则阳》篇云："生而美者，人与之鑑，不告则不知其美于人也。"此所谓鑑，似已成为专门照影之工具，镜亦初见于《庄子》。《应帝王》篇云："至人之用心若镜，不将不迎应而不藏，故能胜物而不伤。"其后《韩非子·观行》篇云："古之人目短于自见，故以镜观面。智短于自知，故以道正己。故镜无见疵之罪，道无明过之恶。目失镜则无以正须眉，身失道则无以知迷惑。"

鑑镜之成专门工具而相通用，大抵在战国。其初当为素镜，甚薄，与铜盆之底仍无异。观乎年来安徽寿县所出土之细线纹镜，虽镜背已有花纹，与其他铜器无异，但其质仍为甚薄也。

秦代铜镜，大抵已盛行，《西京杂记》云："（高祖初入咸阳宫，周行府库）有方镜，广四尺，高五尺九寸，表里有明。人直来照之，影则倒见；以手扪心而来，则见肠胃五脏，历然无碍；人有疾病在内，则掩心而照之，则知病之所在；又女子有邪心，是胆张心动。秦始皇常当以照宫人，胆张心动者则杀之。"若秦宫有精致明亮之镜则当有之，至《西京杂记》所云，则当时神话传说耳。

铜镜制作之法，《淮南子》尝详言之，《修务》篇云："明镜之始下型，蒙然未见形容，及其粉以玄锡，摩以白旃，鬓眉微豪，可得而察。"此述古镜制作法颇生动。《西京杂记》又云："宣帝被收，系郡邸狱。

臂上犹带史良娣合采婉转丝绳，系身毒国宝镜一枚，大如八铢钱。旧传此镜见妖魅，得佩之者为天神所福，故宣帝从危获济。及即大位。每持此镜，感咽移辰。常以琥珀笥盛之，缄以戚里织成锦。一曰斜文锦。帝崩。不知所在。”此亦神话，不足置信。稽《大戴礼记·武王践祚》篇云：“鑑之铭曰：见尔前，虑尔后。”此周武王践祚之际自为训诫之语，《后汉书·朱穆传》注引《大公阴谋》曰：“武王镜铭，以镜自照者见形容，以人自照者见吉凶”。

蔡邕于《铭论》称武王践祚，咨于太师，而作席机楹杖杂铭十有八章，案此武王镜铭，疑亦出于汉人假托，或误传；古人于铜器之铭文，皆记作者时日及吉利语，今所存之纪年镜，最古者为王莽始建国二年汉镜中平□年镜等，王莽始建国二年镜铭文云：“唯始建国二年新家尊诏书敱下大多恩贾人事禾（利字之省）不财啬田更作□应治百官五谷孰天下安有知之士得恩宜官黻葆子孙。”

中平□年镜铭文云：“中平□年正月丙午，吾作明竟，幽谏三年自有已，辟去不羊宜孙子东王父西王母仙人□大□□长吏买竟位至三公□卖竟□□家□□□”。

汉镜皆吉利之语，多作“长宜子孙”，“延年益寿”，“位至三公”等。训诫之语绝无，至古镜是否有训诫之语，固无从考究，但研之古铜镜皆绝少作训诫者。汤之盘铭云：“苟日新，日日新，又日新。”此事训诫之语，不出于形误，即出于伪托。郭沫若氏以汤盘铭为：“兄日辛，且日辛，父日辛”之形误，其说甚有理也。

补记

关于《墨经》科学之说，余前尝痛斥之。余前有《墨经科学辨妄》

一文，见光华大学《中国语文学研究》（中华出版）。《墨经》科学之说，自邹伯奇、陈澧以及孙诒让、梁启超无不信之，然其如何而来，又如何而去，如是高深之科学，如非出于附会，于学术情势殊不合。至于光学诸条，犹扞格难通。我国自汉武开通西域，罽宾流离，始有输入，则战国无玻璃作镜可知。近人所释《墨经》之光学与今日光学所作之实验无异，则其说之出于附会，可不攻自破也。

近人论《墨经》光学者，或谓“战国时鉴，即由蚌珠或稍次之玉所制，珠玉透光，可与玻璃同用。然则向日取火者实鉴，向日取火者实遂。”此说非是。珠玉为半透明之体，与玻璃之全透明者异用，若以之作光学之工具，恐非事实所许乎？至谓“战国古玉，必以珠玉之类为之”，亦失考古学之根据。玉镜今尚有存者，但仅为装饰品而不能照影，珠玉之镜，究如何而能照影，斯亦大疑问也。暇日当为文以详论之。

近人亦有疑阳燧即玻璃凸镜者，其后又有用冰块代玻璃者，故《博物志》有“削冰取火”之说（见《镜镜詅痴》卷四引）。《御览》七百三十六引《淮南万毕术》亦云：“削冰令圆，举以向日，以艾承其影，则火生。”古书既有削冰取火之说，则古人必无玻璃凸镜之制作可知。取火之理亦于偶然中发现之。阳燧余终疑为甚薄之圆底之铜盆，本甚光泽又加摩擦，使之生熟，再置于强烈之日光，或能生火也。

年来古镜之出土者，当以寿县出土之细线纹镜最古，其时代当在战国中期，至汉初所发现之镜具为铜质，无珠玉制者。至沙市技江县楚成王墓出土之大铜镜是否当时之物，尚多疑问。年来鑑镜之研究，经日本学者富岗谦藏、梅原末治等之努力，其演变之迹，已较清楚。惜国人尚未闻有努力于此道之研究者，至为可叹。日人于汉镜之研究，虽较清楚，尚非定论，有待于吾人补苴订正者正多也。国人之于古镜往往不能加以精密之研究，迄今尚未见有一专著，作一系统之检讨。此亦一考古所当从事之大道，深望国人之治考古者，能一注意之。至战国有类似玻璃之珠玉镜之说，斯亦未考其来源所致。铜镜由于铜演化而成，其理至显。至战国秦汉，始有专用照影之铜镜，其用至乾隆之际，犹相承弗替，若欲谓战国初期，已有玻璃之品镜，决非文化情势之所能通。

（原刊上海《大美晚报·历史周刊》1936年9月28日第3版）

论黄巾起义与曹操起家

一、黄巾是我国历史上第一次有组织、有计划、有目的的农民起义，开创了一套利用宗教的宣传活动和组织方式。

从东汉中期以后，由于封建政权的残酷压迫和剥削，外戚和宦官集团的昏暴统治，豪强地主的兼并土地，连年不断的对羌族战争，使得大批农民流离失所，再加上瘟疫流行，连年灾荒，逼得农民不得不起来进行武装斗争。但是，前后几十次大小的起义，因为缺乏组织，都很快的被镇压下去了。当时起义的组织者，接受了这个惨痛的教训，开创了利用宗教来进行宣传活动和组织方式，《典略》所谓"熹平中，妖贼大起，三辅有骆曜"（《三国志·张鲁传》注引）。这次黄巾起义的组织者张角等人，经过十多年的努力，活动地区扩展到大半个中国，遍及青、徐、幽、冀、荆、扬、兖、豫八州，把卅多万贫苦农民组织了起来，张角派出八个大弟子在八州做传道的"使"，即《三国志·孙坚传》所谓"遣八使以善道教化天下"，也即《后汉书·皇甫嵩传》所谓

"遣弟子八人使于四方，以善道教化天下"。在"八使"之下，分设有"三十六方"，大方万余人，小方六七千人。在当时的历史条件下，封建统治阶级利用宗教迷信作为欺诈剥削农民的工具，而农民由于生活和思想的落后，也不得不利用宗教迷信作为组织起义的手段。这时最流行的宗教是"黄老道"，因而他们就以"黄老道"作为组织起义的手段了。

这时农民起义的组织，在中原和东部八州有张角等领导的"太平道"，在西南的益州有张修和张鲁领导的"天师道"（这时"天师道"，入道要纳米五斗，封建统治阶级就诬蔑他们，称他们为"五斗米道"）。其实这二种"道"，性质是差不多的，都是"黄老道"的支派。由于当时到处是贫病交迫的农民，他们便采用了巫医的办法来进行活动和组织。张角自称"大贤良师，奉事黄老道"，带着九节杖，教病人跪拜"思过"，用符水咒说来医病。张修也造了"静室"，教病人坐在那里"思过"，替病人"请祷"（《三国志·张鲁传》注引《典略》）。这样用请祷、饮符水等办法来医病，当然只能起精神安慰作用。由于当时农民贫病交迫，走投无路，这样的医法也大受群众欢迎。他们便用这种方法吸收大批群众信"道"。这时"太平道"和"天师道"医病的方法中，也并不全是迷信，他们已经创造了静坐医疗法和气功治疗法。他们有请祷和思过的"静室"，也还有使"老有少容"的方术。史称："张鲁母始以鬼道又有少容，常往来（刘）焉家"（《三国志·刘焉传》），所谓"少容"即是"老有少容"，是一种返老还童的方术，也即"行气"法，曹丕《典论》说："甘陵甘始，亦善行气，老有少容"（《三国志·华陀传》注引）。曹植《辨道论》也说："甘始者老而有少容，自诸术士咸共归之"（《后汉书·甘始传》注引），可为明证（《后汉书·刘焉传》把"有少容"

改作“有姿色”，这是有意的诬蔑）。这种“行气”法是有科学根据的，是我国劳动人民在医疗方法上的伟大创造。就是不信“道术”的荀悦，在他所著的《申鉴・俗嫌》篇中，也不得不承认：“导引蓄气”“可以治疾”，他说：“邻脐二寸谓之关（即所谓丹田），关者所以关藏呼吸之气，以禀授四气也，故长气以关息，……至于以关息而气衍矣，故道者，常致气于关，是谓要术”。这便是一直流传今天的气功疗养法。这种不需用药石的医疗法，当然是为广大贫苦农民所欢迎的。他们也还讲究医药，《魏书・释老志》说：“世祖时道士寇谦之，少修张鲁之术，服食饵药”，可知他们在医疗上也还讲究服药的。我国古医书《黄帝内经素问》，是和“天师道”有关的，其中《天元纪大论》，就有假托黄帝和天师问答的话，此后有很多“道术之士”如葛洪、陶弘景等，都是讲究医药的。

更重要的，是他们靠宣传教义来鼓动和组织群众。张角曾“遣八使以善道教化天下”，宣称：“黄天泰（太）平，三月甲子，三十六方，一旦俱发”（《三国志・孙坚传》）。也还宣传：“苍天已死，黄天当立，岁在甲子，天下大吉”（《后汉书・皇甫嵩传》）。正当农民纷纷准备起义的时候，这种神秘的预言，大大加强农民起义的信心。怎么叫“黄天太平”和“黄天当立”呢？因为“太平道”是“黄老道”的支派，他们信奉的唯一天神叫“中黄太一”（《三国志・武帝纪》注引《魏书》所述黄巾给曹操的信）。“太一”是当时道士所信奉的上帝的称号，《史记・封禅书》所谓“天神贵者泰一”，所谓“中黄太一”就是中央黄色的上帝，也就是“黄天”，也就是“黄帝”。“黄老道”是祠奉黄帝和老子的，这种“黄老道”也曾在封建统治阶级中流传，汉桓帝就曾因信“黄老道”，“祠黄老于濯龙宫”（《后汉书・桓帝纪》）。因为他们相信《礼记・月令》篇的五行学说，“月令”是把上帝分成五方五色的，其中以中央的黄帝最为尊贵，“中黄太一”的名称该就是由此演变而来的。因为“中黄太一”或“黄天”“黄帝”是黄色的，所以他们传“道”时，要“被服纯黄”，《后汉书・五行志》注引《物理论》说：“黄巾被服纯黄，不将尺兵，肩长衣，翔行舒步，所至郡县无不从，是日天大黄”。他们在起义时，也就“著黄巾为标帜”了。他们到处用黄色的标帜，无非用来表示“黄天当立”，从而加强广大农民革命斗争的信念。

他们这样的广泛宣传，是有其革命的目的和要求的。所谓“苍天已死，黄天当立”，就是说：天命已有改变，代表东汉政权的“苍天”已经死去，代表农民的“黄天”已经确立起来。他们把自己信奉“黄天”的集团，称为“黄家”，所以青州黄巾军给曹操的信说：“汉行已尽，黄家当立”。所谓“黄天太平”，就是说：在“黄天”确立后，也就是在农民革命成功后，就可以得到农民所热切想望的“太平”。这些口号，指导着农民组织起来，推翻东汉政权，建立自己的政权，以实现“太平”的社会理想。因为他们革命的目的要实现“太平”，所以他们的主要经典叫做《太平清领书》（《后汉书・襄楷传》），他们的革命组织叫做“太平道”。

张角等人这样组织“太平道”，广泛地进行推翻东汉政权的宣传活动和组织工作，东汉政府不会不知道的，所谓“四方私言，云角等窃入京师，觇视朝政”，当时朝廷为此下了一道“赦令”，命令他们立即解散组织，停止活动，但是张角等人革命斗争的意志很坚决，“虽会赦令，而谋不解散”，而且“稍益滋蔓”，因为他们有着广泛的群众基础，朝廷和地方官都很害怕，所谓“今若下州郡捕讨，恐更骚扰，速成其患”，于是他们的活动，就成为公开的秘密，“州郡忌讳，不欲闻之，但更相告语,莫肯公文”。当时有些官僚看到这样的局势,非常着急,纷纷向朝廷献策,例如杨赐上书请求朝廷:“切敕刺史二千石,简别流人,各护归本郡,以孤弱其党,然后诛其渠帅”。刘陶、乐松、袁贡等人又上书献策:“宜下明诏,重募角等,赏以国土”(《后汉书·杨震传》和《刘陶传》)。这些献策都没有被朝廷采纳。当时张角等人的基本群众确是流离失所的农民,但是腐朽的东汉王朝,已根本没有能力解决这个“流人”问题。至于对张角等人“赏以国土”,既是朝廷所不愿,也不是张角所能接受。由于张角等人组织的强大,腐朽的东汉王朝既无力采取对策,一时也不敢动手镇压。直到黄巾起义军开始集中,“大方”马元义等调动荆州扬州几万人向邺集中,准备定期大规模起义,到处官府的门上都用“白土”写着他们约期起义的标语“大吉”两字,东汉朝廷才召开紧急会议,动员封建统治阶级一切力量,来进行大规模的镇压。这次由于起义军曾经长期的组织和准备,所以声势浩大,地区广泛,前仆后继,东伏西起,时间连绵有十多年之久。

“天师道”在熹平年间已很流行(《隶续》卷三“熹平二年米巫祭酒张普题字”),他们也是“黄老道”的支派,情况和“太平道”差不多,只是地区小,规模小。他们要学习《老子》五千言,“请祷之法”要“上之天”“埋之地”“沉之水”,叫做“三官手书”,也该是信奉黄帝和老子的。有一次汉中“甘露降”,司马(官名)李休就向张鲁进言:“赤气久衰,黄家当兴”,“欲张鲁举号,鲁不听”(《三国志·曹爽传》注引《魏略》)。因为他们也是“黄老道”的支派,所以也是“黄家”。在184年(中平元年)二月黄巾起义后,七月“天师道”首领张修就在巴郡响应起义(《后汉书·灵帝纪》)。

这是我国历史上第一次有组织、有计划、有目的的农民起义,宗教迷信在起义中起了鼓动和组织作用，预言加强了起义的信心，宗教组织成了农民大规模集体行动的基础，所有这些，为此后农民大规模起义创造了经验。个体经济的农民，习惯于散漫的生活，组织力不强，这次起义所创造的宣传活动和组织的经验，对此后中国历史上大规模的农民起义，具有极其深远的影响。

二、“太平道”和“天师道”的农民起义，第一次提出了农民变革社会制度的要求，要求实现“太平”的社会理想。

“太平道”和“天师道”这样有组织、有计划、有目的的起义，无疑是一次农民革命运动。虽然那时还处在封建社会前期的阶段，社会革命没有达到成熟的阶段，但是广大农民由于处于水深火热之中，迫切要求推翻残暴的封建统治，解决切身的生活问题，解除贫病交迫和流离失所的痛苦，因而他们不但要求建立农民自己的政权，而且要求变革社会制度。由于时代的限制，农民自己的理想是凭借宗教的语言表达出来的，他们的口号，就是“黄天太平”。我们必须透过宗教的外衣，才能看到这种社会理想的实质。当然，他们是不可能认识社会发展规律的，只是凭着主观愿望，提出了变革社会制度的要求，作为他们革命的目的。其所以不能成功，这也是原因之一。

他们的起义有个显著的特点，就是始终没有称帝称王，和其他各次的农民起义不同。黄巾军虽然大力宣传“黄天当立”和“黄家当立”，但张角等起义时，只自称天公、地公、人公将军，等到张角去世，主导的黄巾军失败和瓦解，各地黄巾军还是前仆后继的战斗，他们虽然失去了统一的领导，也没有一支黄巾军称帝称王，甚至没有什么别的称号，人们都只用地名和领袖人名称呼他们。189年（中平五年）六月“益州黄巾军马相攻杀刺史郗俭，自称天子”（《后汉书·灵帝纪》），这该不是真的黄巾军，当是看到黄巾声势浩大而“自号黄巾”的，《三国志·刘焉传》说：“是时凉州（当从《后汉书》作益州）逆贼马相、赵祗等于绵竹县，自号黄巾”，就说明了这点。原来张角所组织的八州黄巾军，益州并不在内。《后汉书·灵帝纪》载：中平五年二月“黄巾余贼郭大等起于西河白波谷，寇太原河东”，《献帝纪》又载：兴平二年十一月在汉献帝东迁途中，“杨奉、董承引白波帅胡才、李乐、韩暹及匈奴右贤王去卑帅师奉迎”，似乎这支黄巾军和皇帝合流了，其实这支西河白波军也是冒牌的黄巾军。西河属于并州，西河的白波谷在今山西汾城县东南，并州也不属于张角传“道”的范围之内，根本不在张角所组织的八州黄巾军之中。《后汉书》卷十七《五行志》说：“中平元年黄巾贼张角等，立三十六方，起兵烧郡国，山东七州，处处应角”。这里不称“八州”而称“山东七州”，大概是由于扬州黄巾军先调集到邺，当时扬州地区不再有黄巾起义，所以只算作“七州”。称为“山东七州”，是因为七州都在太行山以东。至于太行山以西的并州地区，张角等在起义前既没有去宣传组织，起义后也没有发展到那里。《三国志·武帝纪》注引《魏略》和《后汉书·朱儁传》，把“白波”和“黑山”、“黄龙”等列在一起，是正确的，他们都是太行山脉附近的起义军，不属于黄巾军的。

关于不称帝王这一点，“天师道”的起义更明显。张鲁在汉中，自号“师君”，信道的人“号祭酒，各领部众，多者为治头大祭酒”，“不置长吏，皆以祭酒为治”，他们采用了政教合一的组织，没有设置地方官吏，使农民中信道的人管理，所以“民夷便乐之”。又有“都讲祭酒”，那是专门讲道的（《资治通鉴》胡注），关西马超在抵抗曹操失败后，投奔汉中，张鲁曾给他做“都讲祭酒”(《三国志·马超传》注引《典略》)。张鲁在汉中地区这样的组织，原来就是“天师道”的组织。《隶续》卷三载蜀中“米巫祭酒张普题字”：“熹平二年三月一日，天表鬼兵胡九△△仙历道成，玄施延命，道正一元，布于伯(百)气，定召祭酒张普、萌生赵广、王盛、黄长、杨奉等谕受《微经》十二卷，祭酒约施天师道，法无极才。”这个题字，说明“天师道”中有“祭酒”“鬼兵”等组织和教授经卷等制度，是早就有的，张鲁始终没有改变。张鲁在汉中三十年，也始终没有称王，有一次农民在地中掘得玉印，群下推尊他为宁汉王，有人劝他不要称王，他也听从了。

为什么他们起义不称帝王，要采取政教合一的组织呢？该是为了通过他们的组织措施，以便实现他们“太平”的社会理想。

黄巾军起义后，连年不断的战斗，没有得到实施“太平”社会理想的机会，只有张鲁在汉中统治三十年，局势比较安定，曾经采取了一系列变革的措施。在当时汉中地区，每个祭酒管理的地方，都设有无人管理的“义舍”，形式上如同“亭传”，其中放有“义米、义肉”，“行路者量腹取足”，没人顾问，据说只有鬼神在管理，“若过多，鬼道辄病之”(《三国志·张鲁传》)。这个办法并不是太容易实行的，他们居然实行了，不能不认为这是个重大的革命措施。这时最严重的是农民流离失所的问题，他们的基本群众也就是大批流亡农民。这样到处设置无人管理的“义舍”和“量腹取足”的“义米、义肉”，吃饭不要钱，目的在解决流亡农民的住吃问题，以便他们回归本乡或在适当地点安居生产，以求做到社会上没有无宿无食的人，这便是他们所想望的“太平”社会。当然，这样办法能实施到怎样的程度，我们不清楚。但是，汉中地区由于实施这个革命措施，毕竟成为当时流亡农民安居之处。“韩遂、马超之乱,关西民从子午谷奔之者数万家”(《张鲁传》),“賨人敬信巫觋,多往奉之”(《晋书·载记》卷二十)。当时在它北方的农民和南方的少数民族,都奔往那里,除了那里比较安定或者信奉“道”以外,主要是由于生产和生活问题解决得比较好,否则小块汉中地区,大量流亡的人移入,就会发生严重的生活问题。

同时,张鲁“又依月令,春夏禁杀又禁酒”(《三国志·张鲁传》注引《典略》),该是为了繁殖家畜和节约粮食,以确保农民的生活。

张鲁管理农民的办法也很简单,“犯法者三原(三次原宥),然后乃行刑”(《张鲁传》),“又教使自隐有小过者,当治道百步则罪除”(同上注引《典略》),这种采取自我教育和宽大的管理方法,表现了农民朴素的民主思想。这种办法是大为当时农民所欢迎的,所以《水经·沔水注》说:“鲁至行宽惠,百姓亲附”。

张鲁这样从生产生活一直到政治,采取了一系列的新办法,该是和他们的教义和社会理想有关的。晋代咸宁年间,陈瑞在益州组织“天师道”,除了入道改用“酒一斗、鱼一头”以外,也“不奉他神,贵鲜洁”,自称“天师”,下设“祭酒”,并设有“传舍”(《华阳国志·大同志》)。“传舍”就是如同“亭传”式样的“义舍”。在张鲁统治汉中时期,有一支賨人为了信“天师道”,从巴西迁到汉中的杨车坂,称为“杨车巴”。在晋惠帝时,这支信“道”的賨人首领李特,随关西六郡流亡农民十多万人进入四川求食,因受到官吏压迫,被推为首领而起义。李特“与蜀人约法三章,施舍振贷,礼贤拔滞,军政肃然”。后来李特的儿子李雄称王,任用当地的大地主“天师道”首领范长生做丞相,号“天地大师”,接着李雄又自称皇帝。这时李雄等虽已变质,但他的侄子李班还主张实行“王者大均之义”,他说:“古者垦田均平,贫富获所，今贵者广占荒田，贫者种殖无地，富者以己所余而卖之，此岂王者大均之义乎"，李雄听了，认为很对，把李班立为太子(《晋书·载记》卷二十、二十一)。这个"大均之义"，也就是"太平"的社会理想。

这种"太平"的社会理想，原是农民根据自己的愿望，运用自己的经验和智慧创造出来的。张鲁在汉中"不置长吏，皆以祭酒为治""三原然后乃行刑"等制度，充分表现了农民朴素的民主思想；无人管理的"义舍"和"量腹取足"的"义米、义肉"制度，表现了农民的空想社会主义的理想。这些"太平"的社会理想，当时受尽苦难的广大农民，确是热烈想望的，因而激起了轰轰烈烈、前仆后继的革命斗争。从此以后，"太平"的社会理想，一直成为农民所殷切追求的目标，它的内容随着时代的发展而不断丰富。

三、曹操信奉和利用"黄老道"，黄巾军认他是同"道"，青州黄巾军的接受改编该与此有关。

当曹操向青州黄巾军进攻时，黄巾军对曹操发出檄书说："昔在济南，毁坏神坛，其道乃与中黄太一同，似若知道，今更迷惑。汉行已尽，黄家当立，天之大运，非君才力所能存也"。

这是很值得我们注意的，当曹操在济南做相国期间，看到官吏商人和贵戚强豪相勾结，贪污狼藉，并建了六百多个祠，利用淫祀来欺诈人民，"民坐贫穷"，于是除去了十分之八的贪官污吏，"毁坏祠屋""禁断淫祀"，使得"奸宄逃窜，郡界肃然"。曹操后来在掌握国家政权之后，还曾大举"除奸邪鬼神之事，世之淫祀，由此遂绝"(《三国志·武帝纪》及注引《魏书》)。曹操这种"毁坏神坛"的行动，据青州黄巾军看来，"其道乃与中黄太一同"。

为什么曹操这样的“毁坏神坛”，黄巾军要认为同“道”呢？因为“黄老道”只敬奉黄帝和老子，“不奉他神”，对于其他鬼神的祠是要一概禁毁的。汉桓帝在延熹年间“事黄老道”，就曾“悉毁诸房祀”(《后汉书·王涣传》,《桓帝纪》也说：延熹八年正月“遣中常侍左悺之苦县祠老”，四月“坏郡国诸房祀”)。当时民间流传的“黄老道”，也要毁坏一切淫祀的，这是符合于群众利益的，因为这样可以免除浪费和消除奸宄的欺诈。在当时宗教迷信很流行的情况下，宗教的斗争是和政治斗争密切结合的。当时有个“素有道术”之士叫栾巴的，他做豫章太守时，见到“郡土多山川鬼怪，小人常破赀产以祈祷”，因而“悉毁坏房祀，翦理奸巫”(《后汉书·栾巴传》)。这样做法和曹操在做济南相时差不多，怪不得黄巾军要说曹操“似若知道”、“其道乃与中黄太一同”了。

是不是曹操这个行动单纯为了除去奸宄呢？是不是黄巾军误认为“其道乃与中黄太一同”呢？看来，青州黄巾军的看法是有根据的。济南属于青州，青州黄巾军中定有不少济南人，他们对这件事是了解的。曹操的禁毁淫祀，既是为了除去奸宄，也与“信道”有关。曹操的信奉“黄老道”，是有渊源的。他原是宦官后裔，祖父曹腾年轻时就入宫，在汉顺帝时做到中常侍、大长秋，曾劝梁冀迎立汉桓帝，成为汉桓帝亲信的宦官之一，封为费亭侯。他的父亲曹嵩就因此在汉灵帝时做到大司农、大鸿胪，还曾用钱一万万买到了太尉这个大官。当汉桓帝时，“黄老道”已很流行，所谓“桓灵之间，诸明图纬者，皆言汉行气尽，黄家当兴”(《三国志·武帝纪》注引《魏略》所述陈群、桓阶奏中语)。大概汉桓帝为了把自己原属“气尽”的“汉行”，转变为“当兴”的“黄家”，以求保住帝位并企求神仙(边韶《老子铭》所谓“存神养性，意在凌云”),也信奉了“黄老道”。汉桓帝时常派遣宦官祭礼黄帝和老子,延熹八年正月“遣中常侍左悺之苦县祠老子”,十一月又“使中常侍管霸之苦县祠老子”,九年七月庚午“祠黄老于濯龙宫”。范晔在《后汉书·桓帝纪》后,还特加评论说:“前史(《东观汉记》)称:桓帝好音乐,善琴笙,饰芳林而考濯龙之宫,设华盖以祠浮屠老子,斯将所谓听于神乎”!看来他真是想“听于神”来挽回他衰亡的命运。这时桓帝在北宫的濯龙园中起建了“濯龙宫”(即黄老祠),作为专门祀奉黄老之处(《东观汉记》卷三作“立黄老祠北宫濯龙中”)。曹腾是桓帝的亲信宦官,必然也参与其事,信奉了“黄老道”。曹操早年就信奉“黄老道”,该是出于家学渊源。曹操一直到死,并没有完全摆脱这种“道”的信仰,在他晚年所居的洛阳宫殿里,也还有专祠黄老的“濯龙祠”。《三国志·武帝纪》注引《世语》说:“太祖自汉中至洛阳,起建始殿,伐濯龙祠树而血出(“树而”二字旧误倒为“而树”)”。注引《曹瞒传》又说:“王使工苏越徙美梨,掘之,根伤,尽出血,越白状,王躬自视而恶之,以为不祥,还遂寝疾”。曹操为了要起建始殿,要把濯龙祠周围的树伐去或迁走,据说树有血水出似的,他就认为是不祥之兆,看来他到晚年对“黄老道”还信奉呢!怪不得在曹操去世前一年,陈群、桓楷等大臣劝他做皇帝,奏章是这么说的:“汉自安帝以来,政去公室,国统数绝,至于今者,唯有名号,……是以桓灵之间,诸明图纬者皆言:汉行气尽,黄家当兴,殿下应期。……畏天知命,无所与让”(《三国志·武帝纪》注引《魏略》)。

“黄家”原是“黄老道”和黄巾军自己的称呼,“汉行气尽,黄家当兴”,原是“黄老道”和黄巾军起义的口号。这时,曹操却成了“黄家”的代表人物,“黄家当兴”也成为曹操做皇帝的根据了。曹操代表“黄家”的说法是早就存在的，《三国志·武帝纪》记述建安五年曹操攻破袁绍后说：“初桓帝时，有黄星见于楚宋之分，辽东殷馗善天文，言后五十岁当有真人起于梁沛之间，其锋不可当，至是凡五十年而公破绍矣”。这里已把曹操作为应“黄星”而出的“真人”，而且又把“黄星”出现说在汉桓帝时，很显然，已把曹操作为“黄家”的代表人物了（曹丕《复谯租税令》也说：“谯，霸王之邦，真人本出”。）如果曹操和“黄家”没有纠葛，这时臣下怎敢把黄巾起义的口号作为他做皇帝的依据？臣下怎敢替他戴上“黄家”的皇冠？当时谶纬的说法多得很，尽可以挑选旁的，曹操虽然说过“性不信天命之事”（《让县自明本志令》），这时也没有因此做皇帝，但实际上还是要利用“天命”的，他回答说：“施于有政，是亦为政，若天命在吾，吾为周文王矣”（《三国志·武帝纪》注引《魏氏春秋》，《续后汉书音义》二引《魏略》）。在曹操未死前，已经不住在邺而住在洛阳北宫（参看王鸣盛《十七史商榷》），并在北宫造“建始殿”，后来就成为曹丕做皇帝时在洛阳开始受朝群臣的殿。后来曹丕做皇帝，也还以“黄龙见”作为瑞祥，年号叫“黄初”（虽然后来改用王莽所用的一套土德的说法）。

建安年间，曹操下令造五把“宝刀”，三年才造成，曹植为此作《宝刀赋》说：“爰告祠于太一，乃感梦而通灵，然后砺以五方之石，鉴以中黄之壤，……实真人之攸御，永天禄而是荷”（《全三国文》卷十四）。这五把“宝刀”，也叫做“百辟刀”，据说是“以辟不祥”的，这儿不但要“告祠于太一”，而且以“五方”和“中黄”并提，又说“实真人之攸御”，完全是道士的口气。该是当时曹操信奉这一套，曾“告祠于太一”，曹植就这样写了。当曹丕要做皇帝时，太史丞许芝条陈谶纬，不但说“太微中，黄帝坐常明”是“黄家兴”的征兆，而且举出“孝经中黄谶”作证。这个“中黄”的谶说:“日载东(即曹字,古文“曹”字是“日”上两“东”字),绝火光,不横一(即“丕”字),圣聪明,四百(谓汉朝四百年天下)之外,易姓而王,天下归功致太平”(《三国志·文帝纪》注引《献帝传》)。这无非表示“中黄”之神要曹丕做皇帝来“致太平”。此后,也只有道教的书有“中黄”和“中黄太一”(《抱朴子·极言》篇、葛洪《神仙金汋经》)。所有这些,使我们不能不相信曹魏曾信奉和利用“黄老道”,“其道乃与中黄太一同”了。当时用过“黄家”称呼的,除黄巾军和张鲁以外,只有曹操。至于袁术称帝,除了用另外的谶纬以外,也只采用王莽的老办法,自称黄帝虞舜的后代。从这里,很清楚的可以看到曹操和黄巾军,是有着同“道”的关系。

这时“黄老道”分成两派在两个对立的阶级中流传。一派流传在广大农民阶级中间成为“太平道”和“天师道”,成为组织农民革命斗争的形式,他们的方术是为农民服务的。另一派流传在封建统治阶级中,成为巩固封建统治的工具,他们的方术讲求养气长生成仙,企图达到长生不老的欲望,曹操信奉的就是这一种。

曹操非常迷信道士的方术,曾经召集了大批道术之士来为他服务。据张华《博物志》,根据曹丕、曹植、仲长统等所说的,加以统计,有上党王真、陇西封君达、甘陵甘始、鲁女生、东郭延年、唐雪、冷寿光、河南卜式、张貂、蓟子训、汝南费长房、鲜奴辜(《后汉书》作解奴辜)、河南赵圣师(《后汉书》作麴圣师)、阳城郄俭(字孟节,《后汉书》误作郝孟节)、卢江左慈等。当时著名医师华陀也被招来当作道术之士使用,因为华陀不肯侍奉,就被杀害。曹操把这些道士作为“军吏”,还曾设立一个机构来供养他们,使郄俭“主领之”。郄俭是讲“辟谷”的,据说“辟谷百日”,“行步起居自若”。封君达是讲“养性法”的,据说“武帝行之有效”，左慈、东郭延年讲“行容成御妇人法”，据说“并为丞相所录，问行其术，亦得其验”。道士刘景有“云母九子丸方”，据说“武帝恒御此药，亦云有验”（《博物志》卷七引曹丕《典论》）。他还曾“试闭左慈等令断谷”，据说“断谷近一月而颜色自若”（《抱朴子·论仙》篇引曹植《释疑论》），他“又习啖野葛至一尺，亦得少多饮鸩酒”（《三国志·武帝纪》注和《太平御览》卷九十三引《博物志》），曹操真可说集“道术”的大成了。他这样把道术之士“悉所招致”，一面是要他们为他服务，一面是“诚恐斯人之徒挟奸宄以欺众，行妖隐以惑民，故聚而禁之也”（曹植《辨道论》）。

曹操曾大举禁毁淫祀，使“世之淫祀，由此遂绝”，但对于汉桓帝在苦县所建的老子祠，却“以老子贤人，不毁其屋”，这也该与他信“黄老道”有关吧！曹丕和曹植都是不信道术的，在黄初三年，曹丕就“敕豫州禁吏民往老子亭祷祝”（《全上古三代秦汉六朝文·三国文》卷六）。曹植曾对他父亲招来的道士作实地观察和试验，认为不可信，作了《辨道论》，曹丕也在《典论》有所评论。但曹植对辟谷等还是相信的，后来看到他父亲试验道士的结果，又作了《释疑论》，对道术又相信起来，认为“初谓道术直呼愚民”错了，甚至说：“恨不能绝声色，专心学长生之道耳”（《抱朴子·论仙》篇）。

当时“黄老道”分别在对立阶级中流传，虽宗教信仰有相同之处，但本质是不同的。但是，由于同“道”的缘故，其间会发生错综复杂的关系。当黄巾起义时，就曾组织宦官作为内应，汉灵帝为此“按检宫省直卫”中的“事角道者”（《后汉书·皇甫嵩传》），侍中向栩“恒读老子，状如学道”，被中常侍张让告发“欲为内应”，因而处死（《汉书·独行传》），而“张让宾客书疏与黄巾交通”（《后汉书·王允传》）。同时，当时农民阶级中“道”的组织者，也常利用传道打入封建统治阶级内部，以便待机而动，而当时地方官也想利用他们来扩张地盘和势力。《三国志·刘焉传》称：张鲁母亲“以鬼道又有少容”（“少容”是指返老还童的方术，亦即引气法），常往来益州牧刘焉家，因而张鲁做了刘焉部下的“督义司马”。后来张鲁利用刘焉派他去攻汉中的机会，就占有汉中。由于同“道”的缘故，往往使对立阶级中的人物发生密切关系，当曹操和青州黄巾军交战时，黄巾军既认曹操是同“道”，又互通书信，此后曹操的能够收编青州黄巾军，该与此有关。

四、曹操以收编青州黄巾军起家，利用他作为改朝换代的工具，完成了统一北方的历史任务。

在张角等人领导八州三十六方黄巾军准备起义时，扬州和荆州一部分黄巾军几万人已事先集中到邺一带，和幽、冀两州的黄巾军会合。所谓“大方马元义等先收荆扬数万人，期会发于邺”（《后汉书·皇甫嵩传》）。当东汉政府发动镇压黄巾军时，因为扬州黄巾军的主力已北上，再没有黄巾军起义，“七州廿八郡，同时俱发”（《后汉书》卷十四《五行志》），北方幽、冀等州的黄巾军由张角等亲自率领集中在魏郡，豫州黄巾军由波才、彭脱等率领集中到颍川、汝南、陈国，荆州黄巾军由张曼成率领集中到南阳，兖州黄巾军由卜己率领集中到东郡，对东汉的京都采取了包围形势。因为黄巾军缺乏作战经验，在京畿附近颍川、汝南、陈国、东郡、南阳等地黄巾军分别被打败，于是兖、豫、荆三州黄巾军的主力瓦解。这时会集在魏郡的幽、冀两州黄巾军，是由张角亲自指挥的，战斗力很强，东汉政府先派北中郎将卢植去进攻，相持于广宗一带，继而改派董卓去代替卢植，被黄巾军打败，接着，东汉政府就调集在京畿附近的主力部队，倾全力向魏郡进犯，不幸这时张角去世，黄巾军失去了坚强的领导者，张角兄弟张宝、张梁各自为战，先后被东汉军队击破，从此黄河以北黄巾军主力也就瓦解。这时只有徐、青两州黄巾军保持着坚强的实力，成为黄巾军的主力部队。

当青州黄巾军起义时，没有遇到地主武装强烈的反抗，于是青州就成为黄巾军会集之地。当时徐州黄巾军因遇到刺史陶谦的攻击，就全部进入青州，和青州黄巾军会师，所以有“徐青黄巾”之称，想必其他各州黄巾军在主力瓦解后，也必有前来会合的。他们转战于冀、青、兖三州间，《汉献帝策命曹公文》所谓“后及黄巾，反易天常，侵我三州”。他们经过较长时期的战斗，越战越强，锻炼成为继张角之后的一支坚强的黄巾军。当190年，袁绍等组织联军和董卓相持的时候，他们更得到了发展的机会，即曹丕《典论》的“自叙”中所说的：当时“黄巾盛于海岳，山寇（黑山起义军）暴于并冀，乘胜转攻，席卷而南，乡邑望烟而奔，城郭睹尘而溃。”恰巧那时青州刺史焦和是个昏庸的家伙，他的官军虽然“军器尚利，战士尚众”，但“望寇奔走，未尝接风尘，交旗鼓也”，焦和天天“祈祷群神，求用兵必利”，还“欲作陷水丸沉河，令贼不得渡”（《三国志·臧洪传》注引《九州春秋》），因而黄巾军在那里可以从容的组织群众和整顿部队。那时孔融正做北海相，孔融又是个好说话而不会打仗的书生，黄巾军“张饶等群辈二十万众从冀州还”，把孔融打得大败，孔融逃到都昌，又被黄巾军管亥所包围，好容易请刘备派兵来救，才解围（《后汉书·孔融传》）。到191年11月，青州黄巾军三十万人进攻泰山郡，和太守应劭的军队多次交战，损失了“辎重二千两”（《后汉书·应劭传》）。接着青州黄巾军企图通过勃海地方，和正在东进的黑山起义军会师。当时以太行山脉为根据地的黑山起义军，声势也很浩大，其实力和青州黄巾军相当。这二支起义军是全国起义军中最坚强的，如果能够会合起来，统一指挥，那么当时整个战斗的局势会大大有利于起义军。青州黄巾军这个北上和黑山起义军会师的计划，在战略上是有重大意义的。可是他们卅万人在急行军中缺乏戒备，当他们通过渤海地区渡黄河北上时，在东光(今河北东光)附近遇到了公孙瓒出其不意的袭击，在渡河中被打败了，丧失了“车重数万两”(《后汉书·公孙瓒传》)。这是青州黄巾军遇到的一次大失败，从此就“军无辎重”了。到 192 年 4 月，部队经过整顿以后，他们决定向兖州进攻，在东平(今山东东平)附近粉碎了兖州刺史的主力军，把刺史刘岱杀死，一时声势浩大。

这时曹操是依附豪强袁绍的，做东郡太守不过十月，听得刘岱战死，就派人劝说兖州官吏拥推他做兖州牧。接着，曹操就带兵和青州黄巾军在寿张(今山东东平西南)交战。

这时曹操和青州黄巾军在寿张交战，总的形势是：黄巾军有三十多万人，都久经战斗，斗志昂扬，所谓“数乘胜，兵皆精悍”，而曹操只有几千人“旧兵少，新兵不习练，举军皆惧”。从双方兵力和士气来看，曹操那里是黄巾军的敌手。刚交战时，曹操认为黄巾军“恃胜而骄，欲设奇兵排击之”，他和济北相鲍信带领步骑千余人进攻，“战不利，死者数百人”，鲍信“殊死战以救太祖，太祖仅得溃围而出，信遂殁”(《三国志·鲍勋传》注和《武帝纪》注引《魏书》)。曹操是当时出色的军事家，熟读《孙子兵法》，善于运用“奇兵”，但是在久经战斗的强大的农民军面前，他的《孙子兵法》就失灵了，“奇兵”也不“奇”了，反而陷入了重围，命也几乎送掉，由于鲍信的作“殊死战”救他，作了他的替死鬼,“仅得溃围而出”(《三国志·武帝纪》改为“仅而破之”,显然是隐讳的)。曹操在大败之后,军心动摇,就不得不做鼓励士气的工作,“亲巡将士,明劝赏罚,众乃复奋,承间讨击”,据说因为这样,黄巾军才“稍折退”。黄巾军在这种情况下后退,并不是真的失败,他们想要劝导曹操,对曹操发出了檄书,一面提起过去曹操在济南“毁坏神坛”的事,认为是同“道”,一面又劝说:“天之大运,非君才力所能存也”,希望他不要“迷惑”,而曹操也趁这个机会“数开示降路”,企图收编黄巾军;一面在交战,一面又在互通书信,后来黄巾军就退往济北。这次黄巾军的后退,史称:“战辄禽获,贼乃退走”,即使是事实,也没有打败黄巾军的主力。青州黄巾军从四月退驻济北,到冬天就接受曹操收编,其间经过了好几个月的酝酿。结果,曹操收编了青州黄巾军卅多万人,男女有百余万口,选拔精锐重加编制,号为青州兵。从此青州兵就为曹操的主力部队,曹操也就以此起家。三十万军队和百余万人口,在当时是巨大的数目。

这样强大的青州黄巾军,没有经过激烈的战斗,更没有打败,为什么愿意接受曹操的改编呢?看来,首先是由于曹操在济南当相时,禁断淫祠,毁坏神坛,除去奸宄,给青州人民留下了好印象,同时黄巾军认他是同“道”,“其道乃与中黄太一同”,而且曹操部下还有不少道士在作“军吏”。在这个前提之下,就互通书信,有不断的联系和接触。这时黄巾军因为经过公孙瓒的袭击,丧失了辎重几万辆,资财大部丧失,补充给养困难。所谓“群辈相随,军无辎重,唯以钞略为资”。原来的青州地区,也已不比过去青州刺史焦和统治时期,这时焦和已死,为袁绍部下臧洪所占据,臧洪正尽力镇压起义军,所谓“洪在州二年,群盗奔走”(《三国志·臧洪傅》),男女百余万人口也不可能回到老根据地安定下来生产，这样随军移动，既要大批给养，又不便移动。黄巾军正处于这种困难的情况下，曹操就抓住这个机会，给以宽待的收编条件，即所谓“数开示降路”。这些收编条件大概是比较宽的，所谓“初黄巾降，号青州兵，太祖宽之”。由于这些原因，经过好几月的酝酿，终于青州黄巾军接受收编了。此后，曹操对这支青州兵一直很宽待，有一次青州兵闯了祸，创伤了十多个人，于禁要讨伐，曹操未予查究(《三国志・于禁传》)，等到曹操去世，“(臧)霸所部及青州兵以为天下将乱，皆鸣鼓擅行”(《三国志・臧霸传》注引《魏略》)，群臣听到“青州军擅击鼓相引去”，都主张禁止，贾逵认为“宜因而抚之，乃为作长檄，告所在给其廪食”(《三国志・贾逵传》注引《魏略》)。青州兵自从被曹操收编，直到曹操去世，始终是宽待的，而且始终成为一支独立作战的部队，没有分散，没有打乱，也没有和其他地主武装合并，可能是“数开示降路”中的条件之一。

这时青州黄巾军既被曹操收编为青州兵，当然变质了，也就被曹操利用为改朝换代的工具。曹操在“自传”(《让县自明本志令》)中说:早年“欲为一郡守”，“以建立名誉”，做典军校尉后，“意遂更欲为国家讨贼(起义军)立功，欲望封侯作征西将军，然后题墓道言:汉故征西将军曹侯之墓，此其志也”，不久又起兵讨董卓，也还“此其本志有限也”，等到“后领兖州，破降黄巾三十万众”，接着就南征北战，“遂定天下”。自从曹操收编了青州军，就有了“定天下”的工具，也就有了“定天下”的意图。从 196 年，曹操迎汉献帝都许后，由司空、丞相，做到魏公、魏王，汉献帝只不过是他的工具，实际的皇帝已是曹操。他虽没有自己坐上皇帝的名位，说:“若天命在吾，吾为周文王矣”，实际上早已改朝换代，所谓“施于有政，是亦为政”。

曹操利用农民起义军作为改朝换代的工具，和历代各次大规模农民起义被贵族或地主利用为改朝换代的工具，本质是相同的。只是多数利用农民军改朝换代的人，或者是原来农民军的领袖变了质，或者是混在农民军中的贵族或地主，而曹操既没有混进农民起义军，相反的，是参加镇压起义的将领，他是依靠和农民军同“道”的关系，收编起义军起家的。这支变质的农民军的确很拥戴曹操，他的所以能够“定天下”，这是个重要的关键。在被收编后两年，就和吕布发生了争夺兖州的战争，曹操由于亲信陈宫的倒向吕布，一时“郡县皆应”，只有兖州牧治所鄄城和东郡的范、东阿二县还坚守，形势对曹操很不利，曹操主要依靠的是青州兵，因为青州兵是农民出身，不习骑战，碰到吕布骑兵进犯就乱奔，曹操跌伤烧伤，几乎被俘，但青州兵始终没有离开曹操。青州兵一面从事生产，一面从事战斗，既耕又战，始终成为曹操政权的有力支柱。就在这一役的次年夏天，吕布带万余人来攻，“于是兵皆出取麦，在者不能千人”(《三国志·武帝纪》注引《魏书》)，曹操运用“设伏纵奇兵”的战术把吕布打退。这种既耕又战的办法，该是农民军原有办法，曹操便运用这些经验创造了屯田制度。所谓效法汉武帝屯田西域，只是门面话，所谓“及破黄巾，定许，得贼资业，当兴立屯田”(《三国志·任峻传》引《魏武帝故事》)也是不全面的。其实，不仅是依靠了原来农民军随身带的牛和生产工具，也还吸取了他们既耕又战的经验。

自从黄巾军的主力部队青州黄巾军，被曹操收编以后，黄巾军的革命运动也就全部失败了，此后各地虽还有黄巾军继续起义，但规模不大，也不可能起多大作用。当然，他们的革命目的，他们所想望的“太平”社会理想，就不能达到，这是农民革命必然的结果。但是，由于黄巾大起义，已经打垮了宦官集团所控制的东汉政权，普遍打击了各地的世家大族和豪强地主，改进了旧的生产关系，对历史发展还起了巨大的推动作用。与此同时，还有不少有力量的世家大族和豪强地主，为了集中力量对付农民起义军和夺取地盘，形成了好多割据的集团，在全国范围内出现了割据分裂的局面。这时，提到日程上来的历史任务，是需要消除这个割据和紊乱的局面，以建立统一的新的地主政权。曹操由于依靠青州兵，吸取了农民起义的教训，采取了设置屯田、抑制豪强、限制兼并、救济灾民等符合历史发展要求的政策，完成了统一北方的历史任务，客观上对历史发展也起了积极的推动作用。从这方面来看，曹操还是当时封建统治阶级中的杰出人物，应该加以肯定的。

（原刊《文汇报》1959 年 7 月 4 日第 3 版）

黄巢起义对傜族人民的影响

唐代末年黄巢领导的农民大起义，对我国历史的发展起着重大的推动作用。其重大作用之一，就是把农民大起义的烽火，燃烧到南方各省，推动了南方各族人民的起义斗争，沉重地打击了封建统治，在一定程度上改进了生产关系，并迫使五代时在南方新建立的割据政权不得不采取让步措施，为此后南方经济的进一步发展提供了有利条件。黄巢起义军在向南方进军的过程中，对南方少数民族曾发生影响，特别是对傜族人民发生了巨大的影响。这一点，近来研究黄巢起义的学者还很少注意到。

傜族人民居住在今湖南南部、广东北部和广西西部的山区。黄巢的起义大军几十万人，在公元八七九年（乾符六年）夏天越大庾岭攻入广州，几月后又从桂林沿湘江北上，就经过了这个傜族人民居住地区，对傜族人民发生巨大影响。在黄巢起义大军北上之后，这个地区就爆发了傜族、汉族人民的联合起义。

据《新唐书·本纪》和卷一八六《刘处讷传》载，这时这个地区兴起了下列四支起义军：

（一）陈彦谦领导的起义军，在公元八七九年从桂阳（今湖南桂阳）攻克郴州（今湖南郴县），杀死刺史董岳，自称都统，有兵四千，后又自称刺史。

（二）蔡结、何庾领导的起义军，在公元八八〇年六月从江华（今湖南江华）攻克道州（今湖南道州）。蔡结、何庾都被称为“蛮酋”，显然是傜族人，他们的起义部队也是傜族人。

（三）鲁景仁领导的起义军，在公元八八〇年六月，与蔡结攻克道州的同时，攻克了连州（今广东连县）。后来也自称刺史。

（四）唐行旻领导的起义军，在零陵率众起义，攻克永州（今湖南零陵），杀死刺史郑蔚。后来也自称刺史。

在这四支起义队伍中，最值得注意的是鲁景仁领导的起义军。鲁景仁，宿州（今安徽宿县）人，原是黄巢的部将，从黄巢转战南下，到达广州。当黄巢统率大军由广州回师北上时，他恰巧生病，就带着骑兵千人留下了。在黄巢起义大军北上后，鲁景仁要在这里继续坚持斗争，就得找个适当的险要地区和支持的群众力量。正好傜族人民居住地区爆发傜族、汉族人民的联合起义；而且蔡结等人已建立了据点，鲁景仁便率骑兵千人进入有傜族人民居住的连州，与蔡结相联合，并从蔡结那里得到粮食的供应，不久又得到连州戍将黄行存的归附，带同工商五千人攻克连州城。此后，鲁景仁不仅和蔡结联合，还和陈彦谦、唐行旻等联合，互相支持。他们都自称刺史，在湘南、粤北一带统治了近二十年。到公元八九八年（光化元年）五月，永州被马殷部将李琼攻入，唐行旻被杀。次年秋，马殷又派李瑭进攻道州，蔡结等率领傜族人民设伏于险要地区，得到大胜，后来李瑭放火烧山，傜族人民战斗失败，城被攻破，蔡结、何庾都被俘遇害。到十一月，李琼又从耒阳常宁出击，进攻郴州，陈彦谦抵抗失败，“军乱不能阵”，彦谦也被杀。接着李琼进围连州，鲁景仁登城拒守，战斗连续三天，李琼不能取胜。后来李琼乘夜间焚烧城门，城遂被攻破，景仁不屈自刺死（以上据《新唐书》卷十、卷一八六及《资治通鉴》）。于是这个地区遂被马殷所占据。

黄巢起义大军经过傜族人民居住地区后，曾引起这个地区傜族、汉族人民的联合起义，同时黄巢的部将鲁景仁又在这里领导斗争，前后坚持有二十年之久。可见，黄巢起义，对傜族人民发生的影响是巨大的。此后傜族人民曾建立黄巢庙来纪念黄巢，并以此庙为起义群众集合之所。洪迈《夷坚志》乙集卷上有“黄巢庙”条说：“柳（当作郴）州宜章县黄沙峒，山势险恶，盘纡百余里，为溪峒十八所，皆刚夷恶獠根株窟穴之处。出峒口，地稍平，山上有黄巢庙，不知何时何人所立。其前一杉木合抱，山下人每闻庙内声喏，若有数百人受令唯喏者，则峒民必啸众而叛。淳熙中，王宣子尚书为湖南帅，留意治寇，适有作乱者，命统制官杨钦领兵讨平之。因发火箭焚其庙，且伐其树，……治其地为寨，以屯戍卒。……将官张某预是役，备说其异（以上皆景裴说）”。

这段记载虽出于传闻，但应该是可信的。宋代这个地区确实曾多次爆发傜族、汉族人民的联合起义，南宋孝宗时宜章县（今湖南宜章）确实曾成为傜族、汉族人民的联合起义的爆发地点。一一六五年夏，宜章县傜族、汉族人民因不堪种种剥削和强迫推销乳香的骚扰，在李金领导下起义，连克郴州、桂阳，并分军进攻广东北部和广西东部，后来在宋将刘珙、杨钦的镇压下失败。一一七九年宜章县人民又在陈峒领导下，就在这个建有黄巢庙的黄沙峒起义，连克江华、蓝山、临武及广东的阳山，后来在宋将王佐的镇压下失败。南宋时傜族人民起义，还把这个建有黄巢庙的黄沙峒作为起义地点，也可见黄巢起义对于傜族人民影响的深远。

（原刊《文汇报》1961 年 9 月 10 日第 3 版）

论《太平经》——我国第一部农民革命的理论著作

中华民族是一个有光荣革命传统的民族。在中国历史上农民起义和农民战争规模之大，是世界历史上所仅见的。每次农民起义，都打击了当时黑暗的封建统治，几乎每一个专制的封建王朝都是被农民的力量所摧毁。他们革命斗争的目的，不但要推翻当时黑暗的封建统治，也还运用他们自己的经验和智慧，追求着和旧制度完全不同的新东西，所以他们并不是乌合之众，而是有着一定的组织和纪律的，甚至也还有革命的理论和理想的制度的。但是由于历史条件的限制，他们也常不得不利用宗教作为他们宣传活动和组织的方式，同时他们的革命理论也不得不穿上宗教的外衣。

东汉末年黄巾"太平道"的起义，是我国历史上第一次利用宗教的大规模农民起义。他们利用的"太平道"，是当时的原始道教——"黄老道"的支派，是我国农村中土生土长的一种宗教。它形成于西、东汉之间，到东汉时代已逐渐流行。从其教义来看，主要是在民间原始宗教和农民革命的思想基础上，由“方士”融合了一部分黄老的道家思想和阴阳五行家思想，逐渐发展形成的。所以其内容是比较复杂的，有“方士”的求神仙、求神药和炼养服食的方术，有黄老的“道”的学说和恬淡养生、无为而治的思想，也充满了阴阳五行和图谶之说，也包含着民间巫祝的宗教迷信，更有农民反对封建剥削的平均主义思想，成为当时农民革命的理论武器，也成为他们宣传活动和组织农民起义的主要手段。自从西汉晚期起一直到东汉时期，谶纬之学已成为主要的上层建筑，所有天文历数，历史地理，礼法制度，都成为这种“神学”的支干，作为维护封建统治的工具。“在这种情况下，要向封建制度作公开的攻击，……一切革命的社会的政治的理论，必定成为神学的异端”。这时“群众的感情，惟一是由宗教‘食粮’来滋养的，所以，为了引走暴风雨般的运动，就必须使这些群众的自身利益上穿上宗教的外衣”。“黄老道”在这时，就是作为“神学的异端”出现的，它在农民群众自身的利益上穿上了宗教的外衣，为暴风雨般的农民革命运动创造理论根据，并创造了宣传活动和组织形式，所以到东汉末年，“黄老道”的支派，不论是黄巾的“太平道”和张鲁的“天师道”，都成为大规模农民起义的组织形式，都以“黄老道”的教义作为他们的政治思想，作为他们奋斗的目标。

黄巾“太平道”的起义，是我国历史上第一次有组织、有计划、有目的的大规模农民起义，也第一次提出了变革社会制度的要求，这次起义对于此后中国历史上大规模的农民起义，具有极其深远的影响。不仅他们的组织起义中，创造了宣传活动和组织的经验，而且他们的“太平”社会理想，一直就成为历代农民所殷切追求的目标，它的内容随着时代的发展而不断丰富。因此，探讨一下他们的革命理论和政治主张，是有必要的。本文就想通过对他们的革命的理论著作——《太平经》，对于他们的革命理论和政治主张，加以探讨。过去因为这部《太平经》只保存在《道藏》中，很不容易读到，学术界没有给予足够的重视。作者对《太平经》革命理论的探讨，还是初次的试探，希望大家多多指教和批评。

一、《道藏》中的《太平经》，就是"太平道"的经典《太平清领书》。张角所领导的黄巾起义，在理论上就是依据《太平经》的

张角所领导的黄巾起义军，是"奉事黄老道"的(《后汉书·皇甫嵩传》)，也自称为"太平道"(《三国志·张鲁传》引《典略》)，他们的起义是以实现"黄天太平"(《三国志·孙坚传》)为目的的，他们的主要经典，在当时叫做《太平清领书》。据《后汉书·襄楷传》，东汉顺帝时宫崇曾献其师于吉"所得神书百七十卷"，号《太平清领书》，"后张角颇有其书焉"。据李贤注，这部《太平清领书》就是后来流传在道教中的《太平经》，"其经以甲乙丙丁戊己庚辛壬癸为部，每部十七卷"。据葛洪所著《神仙传》，于吉的"神书"确是"太平经十部"。

查《正统道藏》中，所收《太平经》有三种：(1)一种称为《太平经》，原为一百七十卷，今残存五十七卷。(2)一种称为《太平经抄》，是唐人闾丘方远节抄《太平经》而成，分甲乙丙丁等十部，每部节抄成一卷，其中除甲部分出于后人伪造补充外，其余都可信[1]。(3)另一种称为《太平经圣君秘旨》，只有六页，也是节抄《太平经》而成。而《太平经》中有四卷所谓"复文"(卷104—107)，是一种原始的"符"，是由

① 王明先生对此作考证，见1948年出版《历史语言所集刊》第十八本，王明：《论太平经抄甲部之伪》。

几个字重复拼成的，据《太平经复文序》说：这部《太平经》“复文”是由帛和传授给于吉的，由于吉“易为一百七十卷，编成三百六十章，曾传于天下”的。

如此说来，《太平经》即是《太平清领书》，是东汉顺帝时于吉流传下来的“神书”，前人是一致公认的。汤用彤先生在《读太平经书所见》一文(1935 年出版《国学季刊》5 卷 1 号)中，曾对今本《太平经》的著作年代从下列三方面进行审查：

首先以唐人所引的《太平经》和今本核对。经用《后汉书・襄楷传》李贤注和王悬河《三洞珠囊》所引的《太平经》，和今本核对的结果，证明今本《太平经》确为唐人所见的本子。

其次，又以汉晋人所谈《太平清领书》和《太平经》的主旨和今本《太平经》内容核对。襄楷上桓帝书说：于吉神书“专以奉天帝、顺五行为本，亦有兴国广嗣之术”。葛洪《神仙传》说：于吉《太平经》十部，“书多阴阳否泰、灾眚之事，有天道，有地道，有人道，云治国用之，可以长生，此其旨也”，都和今本《太平经》内容符合。

汤先生又从今本《太平经》本身进行了审查。他认为经中所谈到的地方组织是州、郡、县、乡、亭、里(86 卷 3、8 页)，官制有司农(112 卷 13 页)、亭长(86 卷 3 页)、二千石(壬部 13 页)，也还有九州(86 卷 5 页)、十二州、十三州(93 卷 15 页)，又谈到贡举(109 卷 3 页)、明经(35 卷 11 页)、上封事(辛部 4 页)、应断市酒(67 卷 7 页)等，都和汉代制度相合。因而确认今本《太平经》是汉代的著作，也就是于吉流传的《太平清领书》。

我们认为汤先生这个审查，是正确的。经文说：“今一大里有百户”，“一乡有千户”，“一县有万户”，“一郡有十万户”，“一州有亿户”

(45卷6页),又说:“一县万户”,“十县合成一郡”,“十郡合成一大州”,“十州合成一大国”(93卷15页),又说:“此亭长尚但吏之最小者也”(86卷3页),基本上和汉代情况相合。又谈到明经孝悌(35卷11页)、孝悌力田(114卷3页)、廷尉(112卷5页)、上计(壬部12页)等,也和汉代制度相合。经文又称天地人为“三统”(92卷2页),这种说法盛行于刘歆作“三统历”以后的一个时期。经文说:“今古文众多”,又称图谶之学为“内学”(70卷1—2页)。……上面这些论据,已足够证明《太平经》是东汉的著作,即是《太平清领书》了。目前在讨论黄巾起义目的的问题中,有人对《太平经》表示怀疑,但没有提出任何反证。其实,细读一下《太平经》,这个疑团就可以消除的,在《太平经》中找不到非汉代著作的反证的。

既然《太平经》即是于吉的《太平清领书》,而“张角颇有其书焉”,那么,张角的“太平道”,一定就以《太平经》作为经典的。《太平经》自称其道为“太平道”,例如说:“太平道,其文约,其国富,天之命,身之宝”(辛部17页),张角等自称“太平道”,该就是根据这点吧!《太平经》主要谈的是天道、地道、人道,又说有天神、地神、人神(丙部1页),又称天神为“天公”(88卷5页),张角等自称天公、地公、人公将军,[①]也该是根据这点吧!全书托言:“太平气”将到,“大德之君”(或作“太平德君”)将出,神人(或称天师)因而下降,以“道”开导“六方”的“真人”,张角的“三十六方”组织,也该是“六方”的扩大吧!经文说:“甲子初出,此可为有德之君治纲纪也”(39卷3页),张角等定于

① 东汉开始称神为“公”,《礼记·郊特牲》篇正义引许慎说:“今人谓社神为社公”,又引郑玄说:“今人亦谓雷曰雷公,天曰天公”。

甲子岁甲子日起义，也该是根据这点吧！经文认为“得病且死”，向天“首过自搏叩头”可“得苏息”(114 卷 36 页)，又说：“丹书吞字”可“除疾病”(108 卷 2 页)，这和张角教病人跪拜首过，用符水咒说医病，也相符合。经文认为“祀他鬼而兴阴，事鬼神而害生民”(乙部 21 页)，黄巾军的不事他神，“毁坏神坛”(《三国志·武帝纪》注引《魏书》所述青州黄巾军给曹操的信)，也该是根据这点吧！

所不同的，《太平经》以为“太平德君”应为“火德”(戊部 3 页、69 卷 7 页)，而张角宣传的是：“苍天已死，黄天当立”，“汉行已尽，黄天当立”，“黄天太平”。这个“苍天已死，黄天当立”的说法，和当时流行的五行相生说和五行相胜说都不合。他们认为苍色的天已死，他们所信奉的黄色的天(即“中黄太一”或“黄帝”)当立，所谓“黄巾被服纯黄，……翔行舒步，所至郡县无不从，是日天大黄”(《后汉书·五行志》注引杨泉《物理论》)，该是当时新创的说法，“黄家”的名称也是前所未见的。但是，这也不是张角开始新创的，在汉桓帝时，民间“黄老道”为了适应当时农民革命的需要，早已把自己信奉“黄天”、“黄帝”或“中黄太一”的集团，称为“黄家”，已创立这个预言来加强农民革命斗争的信心，所谓“桓灵之间，诸明图纬者，皆言汉行气尽，黄家当兴”(《三国志·武帝纪》注引《魏略》)，桓帝时已有自称“黄帝子”和“真人”起义的，也已有所谓“妖贼”起义的，张角在这时只是进一步加以利用而已。

二、《太平经》的“太平”社会理想，是要求实现“大平均”，使“竟得天年，各得其所”

自从东汉中期以后，由于封建政权的残酷的剥削和压迫，外戚和宦官集团的昏暴统治，豪强地主的兼并土地，连年不断的对羌族战争，再加上瘟疫流行，连年灾荒，使得大批农民贫病交迫，无法生活，流离失所。这种情况是越来越严重，在东汉桓帝永兴元年（公元 153 年）就出现了这样的情况："百姓饥穷，流冗道路，至有数十万户，冀州尤甚"（《后汉书·桓帝纪》）。《太平经》描写当时流亡农民的情况说："收无所得，相随流客，未及贱谷之乡，饥饿道傍，头炫目冥，步行猖狂，不食有日，饿死不见葬，家无大无小，皆被灾殃"（112 卷 13 页）。在这样极其凄惨的情况下，逼得农民不得不起来进行武装斗争，最后爆发了黄巾大起义。参加黄巾起义的群众，多数也是贫病交迫和流离失所的农民，所以黄巾起义前，大官僚杨赐曾向朝廷献策说："切敕刺史二千石，简别流人，各护归本郡，以孤弱其党，然后诛其渠帅"（《后汉书·杨震传》）在张角等人发动和组织起义时，也采用了巫医为人医病的办法，来进行活动和组织群众。当时农民所迫切要求的，就是彻底解决他们贫病交迫和流离失所的问题。《太平经》的"太平"社会理想，就是企图解决这个迫切需要解决的问题的，所以他们的目标，是要使大家"竟其天年，各得其所"。

怎样才能使大家"竟得天年，各得其所"呢？他们认为唯一的办法就是"大平均"，这时基于当时小农的平均主义思想的。因而他们对"太平"的解释是："大"就是"大"，"平"就是"平均"，"太平"就是"大平均"，也就是要做到凡事"无复不平"，所谓"太者大也，……平者言其治太平均，凡事悉理，无复不平"（丙部 15 页，48 卷 2 页作"无复奸私"）。同时又认为"太平"是天经地义，他们把"太"比作"天"的"大"，把"平"比作"地"的"平"，所谓"太者大也，乃言其积大如天"，"平者比若地居下主执平"（48 卷 2 页），所以他们解释"太平"又说："太者天也，天能复育万物，其功最大，平者地也，地平然(后)能养育万物”(癸部1页)。“太平”既然是天经地义，那末，他们要实现“太平”的社会理想，也就是“顺天行道”了，用当时的话来说，叫做“象天而行”(96卷5页)。

他们的所谓“平”，确是指“平均”，所以经文中除了常提到“太平”外，也常提到“平均”，例如说：“皆自平均，无有怨讼者”(111卷1页)，“天地施化得均，尊卑大小如一，乃无争讼者”(119卷9页)，“调和平均，使各从其愿，不夺其所安”(114卷30页)。他们要求的“太平”，要平均得很彻底，不但事事平均，而且要人人平均，要平均得人人愿意，没有冤言，所谓“平之为言者，乃平平无冤者，故为平也”(98卷13—14页)。他们强调这点，在经文中时常提到，甚至认为“有一自冤，不得其欲者，则上皇太平气不得俱来至也”(98卷13页、己部28页)。因为他们认为只有这样，才能使大家“各得其所”。他们不但要使人们“各得其所”，而且要使万物“各得其所”，所以说：“太平者，乃无一伤物，为太平气之为言也，凡事无一伤病者，悉得其所，故为平也。若一物伤，辄为不平也”(93卷18页)。

他们所要求达到的“太平”社会的理想目标，谈到的地方很多，概括起来，不外乎：“天地中和，尽得相通”(54卷5页)，“春行生气，夏成长，秋收，使民得以供祭祀，冬藏余粮，复使相绩”(112卷11页)，“无有刑，无穷物，无冤民”(54卷5页)，“可竟天年，各得其所”(乙部28页)，“神灵之施，莫不被荣，恩及跂行，草木亦然”(112卷11页)。总的说来是：“太平到矣，太平气来矣，颂声作矣，万物长安矣，百姓无言矣，邪文悉自去矣，天病除矣，地病亡矣，帝王游矣，阴阳悦矣，邪齐藏矣，盗贼断绝矣，中国兴盛矣，称上三皇矣，夷狄却矣，万物茂盛矣，天下幸甚矣(51卷6—7页)。”

可见他们所想望的“太平”景象是:阴阳调和,生产顺利,生活富裕,没有疾病,没有冤民,没有争讼,没有刑罚,没有盗贼,没有夷狄侵犯,没有战争,国家兴盛,大家尽其天年,各得其所,过幸福生活,帝王优游无事,恩德广及昆虫草木。因为他们不但主张使人们“各得其所”,还主张使万物“各得其所”,所以他们的最后目标,要恩德广及昆虫草木①。这种“太平”的社会理想,是针对着当时农民贫病交迫、灾难深重、流离失所的情况提出来的,也是针对着当时连年不断的战争、刑法残酷、剥削严重的情况提出来的。从整部《太平经》的政治理想来看,这是当时农民为了残酷的封建制度,基于他们的平均主义思想,创造出来一种空想社会主义的理想。因为他们的理论穿上了宗教的外衣,因而他们所主张的“大平均”,不但要在人类之中大平均,也还要在万物之间大平均。这种恩德广及昆虫草木的主张,就带有很浓厚的宗教色彩。

三、这种“太平”社会理想的理论根据,是从黄老的“道”的学说发展来的

《太平经》这种“太平”的社会理想,除了穿上了一套宗教的外衣以外,也还有一套理论作为根据。他们的这套理论根据,不是别的,就是从黄老的“道”的学说发展来的。他们的所以称为“黄老道”,除

---

① 《太平经》47卷3页说:“蚑行之属莫不向风而化为之,无有疫死者,万物莫不仅得其所”。96卷5页说:“令使君治乃与天相似,象天为行,恩爱下及草水蚑蟜之属,皆得其所”。119卷7页说:“夫大道之出也,人皆蒙之,恩及草木,莫不化为善,皆得其所,俱而竟其天年”。

了因为他们信奉黄帝(中黄太一)和老子以外,这也是个原因吧!《老子》本是他们所要学习的经典,“黄老道”的另一支“天师道”,所有信道的人都要以“以老子五千文使都习”(《三国志·张鲁传》注引《典略》)的。

他们认为世界上最根本的东西叫“元气”,所谓“天地开辟贵本根,乃气之元也”(乙部 2 页)。这“元气”是在天地未开辟前就存在的,是恍惚无形而凝结为一的,但是“元气”内部已自有“阴阳”存在,经文曾说:“天地未分,初起之时,乃无上下日月三光,上下洞冥,洞冥无有分理,虽无分理,其中内自有上下左右表里阴阳”(119 卷 4—5 页)。就是由于“元气”内部的“阴阳”,分化成为阴阳二气,阳气就成为“天”,阴气就成为“地”,更由于阴阳二气的相生作用,就生“人”,接着就生万物,经文对于这点,曾经很清楚的指出:“元气恍惚,自然共凝成一,名为天也。分而生阴,而成地,名为二也。因为上天下地、阴阳相合施生人,名为三也。三统共生长养万物,名为财(戊部 10 页)。”

很明显,这时根据《老子》的“道”的学说的。《老子》第二十一章说:“道之为物,惟恍惟惚”,第二十五章说:“有物混成,先天地生,寂兮寥兮,……可以为天下母,吾不知其名,字之曰道”。第四十二章说:“道生一,一生二,二生三,三生万物。万物负阴而抱阳,冲气以为和”。这些都是《老子》中重要的章节,最近在老子问题的讨论中,对这些章节的解说有很大的争论。根据《太平经》的解释,“道”就是“元气”,所以说“元气恍惚,自然共凝成一”。“道生一”就是“凝成一,名为天也”,也就是说:“一者生之道也,一者元气所起也,一者天之纲纪也”(37 卷 7 页)。“一生二”就是“分而生阴,而成地,名为二也”,也就是说:“天地未分之时,积气都合为一,分为二,成夫妇”(102 卷 5 页、己部 30 页、壬部 10 页）。“二生三”就是说“阴阳相合施生人，名为三也”，也就是说：“人本生时，……乃与天地分权分体分形分神分精分气分事分业为居，故为三处，一气为天，一气为地，一气为人”（癸部 8 页）。“三生万物”就是“三统共生长养万物”，也就是说：“元气行道，以生万物，天地大小，无不由道而生也，故元气无形，以制有形”（乙部 8 页）。所谓“元气无形，以制有形”，也就是《老子》四十章所说：“天下万物生于有，有生于无”。因为万物都由“元气”所生，所以说：“诸谷、草木、跂形、喘息、蠕动，皆含元气，飞鸟步兽水中生亦然”（112 卷 20 页）。

《太平经》所说的“元气”，是产生阴阳等“气”的一种根本的“气”，所谓“气之元也”，也或称为“委气”（72 卷 2 页、戊部 4 页、庚部 20 页）。究竟“元气”和“阳气”“阴气”是怎样的一种东西呢？他们认为空气中就有阴阳气，人所以呼吸的就是阴阳气，经文曾说：“胞中之子，不食而取气——在腹中自然之气，已生，呼吸阴阳之气”（辛部 19 页）。他们认为人是由“元气”产生的，而空气也是“元气”所产生的阴阳气，所以人用“引气”的办法（即气功疗养法）。是可以恢复“元气”的。经文曾说：“上士修道，先当食气，是欲与元气和合”（丙部 7 页）。又说：“人本皆精气也，皆有神也，假相名为人，……能还反其神气，即终天年，或增倍者”（癸部 6 页）。经文中有好些地方都谈到这点。由此可见，他们所说的“元气”“阳气”“阴气”等，是指气体的物质。

《老子》所说“万物负阴而抱阳”，也就是《太平经》所说：“天下凡事，皆一阴一阳，乃能相生，乃能相容”（丁部 13—14 页）。至于《老子》所说“冲气以为和”，在《太平经》叫做“中和气”。“中和气”是由阴阳相通而产生的，所谓“天气悦下，地气悦上，二气相通而为中和之气”(丙部 15 页)。在他们看来,阳气生“天”,阴气生“地”,阴阳相通的“中和气”便能生“人”,所以说“人者乃天地之子”(35 卷 4 页)。由于同样的原理,他们认为凡事凡物,都是由太阳、太阴、中和三气所化生的:“元气有三,名太阳、太阴,中和;形体有三,名天、地、人;天有三,名日、月、星;……地有三,名山、川、平土;人有三,名父、母、子;治有三,名君、臣、民(乙部 8 页)。”

基于上述的理论,他们作出了这样的结论:这三者“使同一忧,合成一家,立致太平”(乙部 8 页)。天、地、人合成一家,“天者主生称父,地者主养称母,人者为治称子”(丙部 10 页),便能万物生长,各得其所,天下太平。君、臣、民合成一家,“同命同吉凶,同一职一事”,“相爱相通,并力同心”(48 卷 5 页),便能做到“大平均”,竟其天年,各得其所,国家太平。同时又认为在三气中“中和气”最关重要,因为“中和气”起着调和阴阳的作用。所谓“阴阳者要在中和,中和气得,万物滋生,人民调和,王治太平”(乙部 8 页)。在天、地、人三者中,人是“中和气”所化生,在天地间担当着治理的工作,是万物之长,经文曾说:“人居天地之间,……人者乃中和凡物之长也,尊且贵”(己部 3 页),又曾说:“天地之性人为贵”(92 卷 15 页)。因为人是“中和凡物之长”,“人者为治称子”,所以人在天地间有着枢机的作用。所谓“太阴、太阳、中和三气共为理,更相感动,人为枢机”(乙部 6—7 页)。所以他们认为人在天地间,应该是起积极作用的,应该是积极努力的。

他们基于对自然界这样的认识“三统共生长养凡物,名为财”(戊部 10 页),“财物乃天、地、中和所以共养人也”(67 卷 7 页),就提出了财产公有的看法,作为他们主张“大平均”的理论根据。他们又基于对自然界这样的认识:“天地之性人为贵”,就提出了“民为本”的政治主张，认为君臣是民的父母，“无民，君与臣无可治”，“故治国之道，乃以民为本”(48 卷 5 页)。这便是他们所有政治主张的理论根据。

总之，他们“太平”社会理想的理论根据，是从黄老的“道”的学说发展起来的，原来是一种朴素的唯物论。但是，由于穿上了宗教的外衣，和宗教迷信结合了起来，迷信天神，认为天、地、人三者都由神作主宰，例如说：“帝王行道者，天神助其化，行德者地神助其治，行中和者人神助其治”(丙部 1 页)，结果就成为神秘主义。

四、《太平经》实现“太平”的方案是：积极生产，周穷救急，集思广益，唯德才是举，减除刑法等

他们这种“太平”社会理想，打算是怎样实现呢？他们提出了下列一套的实施方案：

第一，在经济方面，主张积极生产，禁止怠惰，并用“周穷救急”的办法来解决生产和生活上的困难，以求共享“太平”之福。

他们认为“耕田得谷独成实多善者，用心密，用力多也”(96 卷 11 页)，“凡事相须成事者，皆两手也”(109 卷 2 页)，必须“人各食其力”(35 卷 7 页)，“凡财物可以养人者，各当随力聚之”，如“不肯力为之”，向人“求索不和”，“皆为强取人物，与中和为仇，其罪当死”(62 卷 2—3 页)。这里强烈地表示了当时农民对劳动生产的看法，对不劳而获的人的憎恨。

他们认为所有财物，“乃此中和之财物也，天地所行仁也”，“天地中和所以共养人也”，不是什么人的私有财产，只是“愚人无知，以为终古独当有之”，富贵人家的财产只是“遇得其聚处”，不该“聚而断绝，使不得遍也”，就是皇帝“少内”(少府)的钱财，也是“万户之委输，

皆当得衣食于是也”,“非独以给一人也,其有不足者悉当从其取也”(67卷1—7页),因而提出了随时“周穷救急”的办法,以求解决人们生产和生活的困难,以求共享“太平”之福。他们虽然提出的只是“周穷救急”的办法,但是大胆地否定了当时的私有制,提出了财产公有的看法。这是当时农民处于私有制的残酷压榨下,对私有制强烈的抗议。恩格斯在论德国农民战争中财产公有的空想时说:“在第一次实际应用时,它自然要退到为当时情形所许可的狭隘范围内,……不得不化为浅薄的慈善组织”。[①]这时“太平道”强烈的攻击私有财产,要求财产公有,而实际的办法,却是“周穷救急”的慈善组织,也是为了适应当时的情况,不得不“退到当时情形所许可的狭隘范围内”。

第二,在领导工作上,在贯彻政策上,提出了集思广益、征求群众意见的办法。

他们主张由群众集议“共上书言事”。不论天灾人祸,民间疾苦,“皆集议而共记之”,一则防止“长吏讳不言”,二则防止“一人言或妄伪佞欺”,三则使“吏自知短长,民自相知长短”,四则使“高下内外悉的知之”(卷86)。

他们又主张设置“来善宅”(或称“来善致上皇良平之气室”“来善文奇策密方之室”),广泛征求意见,并汇编公布。其具体办法是:在各地大道上造三丈见方的“来善宅”,张贴布告,征求群众提出意见和建议,“投入此宅,自记姓字”,并加奖励。由各地长吏邀请众贤共同整理意见,“其中善者,以类相从,除其恶者,去其复重”,等到“辞且日少”,“所上略同”,由国家汇编公布,使“一旦俱化为善”。此后“三岁

① 恩格斯:《德国农民战争》中译本第31页。

一小录，五岁一大录”（卷88）。

他们还主张集合古今中外上下各种“奇辞殊策”，包括“前后圣贤之文，河图洛书神文之属，下及凡民之辞语，下及奴婢，远及夷狄”，采其所长，“以类相从，因以相辅，共成一善圣辞”（卷91）。

在一千八百年前，他们运用了自己的经验和智慧，提出了这样集思广益、征求群众意见的办法，是难能可贵的。这是对当时封建贵族垄断政治和农民没有发言权的强烈反抗，充分表现了农民朴素的民主思想。

第三，为了实现“太平”的社会理想，他们在政治上主张采取下列各种具体措施：

惟德才是举。他们认为必须选举有道德才能的人，“此之谓审举，得其人，而得人力之君也”（54卷6页）。如果“选举多不俱得”，“多凶年不绝”（96卷15页）。这是针对当时贡举不出豪族的情况提出来的。

要“使无争讼”（卷54“使无争讼法”），不用刑法和武力统治。他们认为人的过失，是由于“承负之蓄积”，是由于“师师相传，更以相教”，“非一人造此过也”（108卷5页）。所有刑法“但俱而置之”，人有过失，必须挽救，如果死罪，不要“罪及家及比伍”，更不要“尽灭杀”（40卷7页）。这是针对着当时封建统治阶级的“罪及家比伍”的严酷刑法提出来的。

禁止杀害妇女，因为“理国之本，民多为富，少为贫”（戊部2页），“当二女共事一男”，以增加人口。这是针对着当时“多贱女子而反贼杀之”和“但为乏衣食而杀伤之”的情况提出来的（35卷）。

禁止浮华浪费。他们认为除男女衣食外，“其余皆伪之物，非可须为活，反致祸奸”，“六情所好，人不能禁止，因为致祸”（丙部 20 页、36 卷 3 页）。这种“禁欲主义”，原是农民运动的一个特点。因为他们的革命工作，“必须从抛弃使他们对于现存社会制度发生妥协的一切事物做起”。

禁断市酒（69 卷 7 页），禁止厚丧，禁止“张兴其祭祀”。因为“事阴反过阳”，将使“鬼神邪物大兴”，“贼杀人不止”（36 卷 7—9 页）。这是针对着当时地主阶级奢侈浪费和淫祀众多的情况提出来的。

重视教义的教育。认为有道德的人必须努力教，大家必须努力学，学得好，可以不断的使自己道德上升（丁部 14—15 页），否则的话，“其罪不除”（67 卷 1—3 页）。

所以这些政治主张的阶级性，是很鲜明的，都是从当时农民群众切身的利益出发的。他们把（1）“积才亿万，不肯救穷周急”，（2）“不肯力为之，反致饥寒”，（3）“积道无极，不肯教人”，（4）“积德无极，不肯力教人”，（5）“知天有道而反贱道，而不肯力学以自救”，（6）“不肯力学为德，反贱德恶养，自轻为非”，称为“六大罪”（67 卷 1—3 页，丁部 17 页）。

“太平道”的这些政治理想，黄巾在起义后，虽然处于连年战争状态中，也还有部分实现的，例如禁断淫祀等。张鲁在汉中统治三十年，比较安定，就曾实行了一系列的新措施，如无人管理的“义舍”和“量腹取足”的“义米、义肉”制度，就是一种互相“周穷救急”的办法。又如“不置长吏，以祭酒为治”，“三原然后乃行刑”等制度，就是一种农民所想望的民主的政治制度。因为当时汉中地区比较情况特殊，这些措施暂时还有一定的效果，如果长期要靠“周穷救急”等办法，来使人们“各得其所”，来实现他们的“太平”社会理想，是根本不可能的。恩格斯在论十六世纪孟彩尔的革命理想时说:“他的幻想中所映出之社会改造,在现存经济条件中,没有多大的基础,这种经济条件所适应的社会制度,和他所梦想的正相反对,然而他却为基督教的平等和福音的财产公有之教义所束缚。至少他不得不企图其教义的实现,一切财产公有,普遍的和平等的劳动义务,以及废止一切权力,业经宣布。”

孟彩尔所领导的农民战争,已在封建社会后期阶段,尚且不可能实现他这种革命理想。“太平道”的农民革命运动,出现在我国封建社会前期阶段,因此更没有经济条件来实现他们的理想。同时这种平均主义的社会理想,也不符合历史发展的要求,是根本不可能实现的。但是我们必须指出:这种农民革命的政治思想,毕竟震动了当时的思想界,对当时为封建统治服务的儒家思想当头一棒,使得正统的儒家思想从此长时期有一蹶不振之势。同时,由于黄巾的大规模起义,轰轰烈烈的为实现“太平道”政治理想而斗争,对当时的政治也发生了巨大而深刻的影响,作为当时地主阶级改良派代表人物的曹操,就不能不在农民起义的重大压力下,在这种巨大而深刻的思想影响下,对农民采取让步的措施,对当时的经济和政治进行改良主义的改革,使得历史进一步向前发展,这也是黄巾起义的重要收获之一。

结语

根据上面的探讨,可知黄巾“太平道”的起义,不但创造了利用宗教的宣传活动和组织的方式,宗教的宣传在起义中起了鼓动和组织作用,预言加强了农民革命的信心,宗教组织成了农民大规模集体行动的基础,而且从农民群众的利益出发,从解决当时农民的困苦着眼，根据小农的平均主义思想，采取黄老的道家学说作为理论根据，创造了一套“太平”的社会理想，提出了明确的政治要求。很显然，这比秦末和西汉末年的农民起义，有了很大的进步。由此可见，在中国历史上农民起义所以规模之大，成为世界历史上所仅见的，不是没有原因的。因为他们很早就创造了利用宗教的宣传活动和组织的方式，也很早就创造了农民革命的政治理想，为组织大规模的农民起义和农民战争创造了条件。“太平道”的农民起义和《太平经》的革命理想，对此后历代大规模的农民起义的影响是很深远的，虽然此后农民起义也还利用外来的宗教，但往往是和土生土长的道家相揉和的，虽然此后大规模的农民起义对于“太平”社会理想，不断加入现实的内容，不断有新的发展，但是基本的思想还是小农的平均主义。这种“太平”的社会理想，像一条红线似的一直贯穿在我国历代的农民战争中。

但是，因为个体农民本身有着很多的弱点，没有能力创造新的生产力和新的生产关系，他们的“太平”社会理想只是从主观愿望来制定的，这种农民空想的社会主义并不符合于历史发展的要求，是不可能实现的，即使局部的实施也是不能持久的，因而他们的革命运动总是失败。毛主席对此曾作非常深刻的分析：“在中国封建社会里，只有这种农民的阶级斗争、农民的起义和农民的战争，才是历史发展的真正动力。因为每一次较大的农民起义和农民战争的结果，都打击了当时的封建统治，因而也就多少推动了社会生产力的发展。只是由于当时还没有新的生产力和生产关系，没有新的阶级力量，没有先进的政党，因而这种农民起义和农民战争得不到如同现在所有的无产阶级和共产党的正确领导，这样，就使当时的农民革命总是陷于失败，总是在革命中和革命后被地主和贵族利用了去，当作他们改朝换代的工具。这样，就在每一次大规模的农民革命斗争停息以后，虽然社会多少有些进步，但是封建的经济关系和封建的政治制度，基本上依然继续下来”。历史已经有力地证明：农民只有在共产党和工人阶级的领导下，结成工农联盟，才能得到解放，才能向社会主义的道路跃进。

（原刊《学术月刊》1959 年第 9 期）

论李岩——一个参加明末农民起义的地主阶级出身的知识分子

在我国封建社会历史上，地主阶级出身的知识分子参加农民革命的事例，并不鲜见。几乎每次较大规模的农民战争，都有一些知识分子参加。其中有些人参加农民起义，对革命作出了一定的贡献。参加明末农民起义的李岩，就是个著名的例子。

富户公子一变而为起义军将领

李岩原名信，河南杞县人，出身于一个富裕的地主家庭，少年时受过封建教育，善作诗歌，还曾得过功名，有人说他中过秀才，也有人说他中过举人，总之是个道地的地主阶级出身的知识分子。

他的家世，不很清楚。传说他的父亲是魏忠贤的私党李精白，因而他受到当地士绅的轻视和排挤。据说他曾趁农民起义的时机，组织地主武装“捍卫乡里”，借此“以报其所不平”①。近来有的同志据

① 《绥寇纪略》卷九、《怀陵流寇始终录》卷十三、《罪惟录》卷三十一《李自成传》。

此认为他“原先曾经参与过镇压河南农民起义”①。其实，这是出于传闻失实②。

李岩并不是一个文弱书生，据说“有文武才”。而且为人“家富而豪，好施尚义”，因而“李公子”的声名很大。

自从明末农民大起义爆发之后，到一六三三年(崇祯六年)，陕西、山西二省的起义军就渡河南下，河南各地农民纷起响应。李岩的家乡杞县，当然也不会平静无事，一六三五年(崇祯八年)和一六三八年(崇祯十一年)起义军都曾进攻过杞县③。同时，杞县一带连年旱荒，灾情严重，米价腾贵，再加上官府豪家的横征暴敛，追租索债，逼得贫苦农民饿死累累。处于阶级斗争如此尖锐的形势下，这位“家富而豪，好施尚义”的李公子，当然不能置身事外了。

这时李公子没有别的办法，仍然企图采用他“好施尚义”的老一套，来缓和尖锐的阶级矛盾。就在一六四〇年(崇祯十三年)秋天，他劝县令“暂休征比，设法赈济”，并捐米二百多石作为赈济之用。群众得知这个消息，就“引李公子为例”，结队成群，要求富户出米赈济。县令因此发布令牌，命令群众解散，一时群情愤怒，打碎令牌，聚集到县署前面，县令为此邀公子前来商议，李公子的办法依然是：“速谕暂免征催，并劝富室出米，减价官粜，则犹可及止也”。县令被迫接受了这个建议，群众才散去④。李岩为此，还做了一首《劝赈歌》，一面谴

① 孙祚民：《关于李自成杀李岩的问题》，《江海学刊》一九六二年十一期。

② 乾隆《颍州志》卷八载有康熙时人李祖旦的考订，李精白只有两子，次子鹤孙早死，长子麟孙，后改名栩，参与镇压河南农民起义，崇祯十五年被起义军袁中时所杀。

③ 《豫变纪略》，乾隆《杞县志》卷二《天文志》。

④ 《明季北略》卷十三《李岩归自成》。

责:“官府征粮纵虎差,豪家索债如狼豺”,一面又“奉劝富家同赈济”,希望他们“好生一念感天地”,“善人德厚福长臻”,“助贫救乏功勋大,德厚流光裕子孙”①。其实,所谓“富家”就是“豪家”,指望说服他们转到“善人”方面来,从“好生一念”来解脱农民的困境,是不可能的。

李岩毕竟是个地主阶级知识分子,他的“好施尚义”,主张暂免征催,赈济饥民,就是想维护地主阶级的长久统治,想使农民的反抗斗争“犹可及止也”。在河南农民纷纷起义中,他曾被一支起义军俘虏去过,这支起义军的领袖是女的,别号红娘子,红娘子十分爱慕这位“好施尚义”的李公子,甚至“强婚焉”,而他终究“脱归”了②。说明他当初还不肯甘心放下公子的身份,内心里是十分不愿意参加农民起义的。

李岩终于被逼上梁山,参加了农民起义。

原因是这样的:李岩这个赈济饥民的主张,得到了贫苦人民的热烈拥护;由于群众“引李公子为例”向富家斗争,就引起地主绅士对他的反感。再加上所作《劝赈歌》对官府豪家的毫不留情地谴责,更引起了官僚豪绅的仇视。不久就有人诬告他私通红娘子所领导的起义军,县令也诬指他“谋为不轨,私散家财买众心,以图大举”,终于被捕下狱。原来不甘心“造反”的秀才,终于被逼得非“造反”不可了。

李岩的下狱,直接受到了官府豪家的迫害,使他思想上发生很大的变化。使他由谴责官府豪家进而反对官府豪家,由可怜贫苦农民站到起义农民一边。史料上有这样一段记载:“李公子在狱也,思

---

① 《明季北略》卷二十三《李岩作劝赈歌》。

② 《怀陵流寇始终录》卷十三、《后鉴录》、《绥寇纪略》卷九、《明史》卷一百九十八《流贼传》、《小腆纪年附考》卷一引《资治三编》。

(李)自成既为众所拥,叹曰:今日反决矣!①”

李公子被捕下狱的风声一传出去,得到了两部分人的亲切关怀。一部分是红娘子领导的起义军;另一部分是当地的贫苦人民,他们互相传告,或者说:“李公子向活我,今有急②”;或者说:“为我而累李公子,忍乎”③? 结果,“红娘子来救,饥民应之”,共同把他救出④。李岩被起义群众救出,使他思想感情上更发生急剧的变化。接着,被群众拥戴成为一支起义军的领袖。当他率领起义群众从杞县出发的时候,“城中止余衙役数十人及居民二三百而已”⑤。

红娘子所率领的,大概是一支白莲教起义军,因为她身穿红衣,被称为红娘子。李岩出狱之后统率的这支起义军,基本群众就是杞县一带的贫苦农民,其中骨干分子可能就是红娘子所领导的起义军。值得注意的是,在李岩部下的亲信将领中就有“衣红衣”的,⑥该不是个偶然的巧合吧!

李岩的下狱和出狱,是一生历史上重要的转折点。下狱之前是个富户公子,出狱之后一变而为起义军将领,走上了革命的道路。

是农民的革命家又是杰出的文学家

在当时群雄蜂起的局面下,李岩既然被群众拥戴成为一支农民

---

①② 《绥寇纪略》卷九。

③⑤ 《明季北略》卷十三《李岩归自成》。

④ 《怀陵流寇始终录》卷十三、《后鉴录》、《绥寇纪略》卷九、《明史》卷一百九十八《流贼传》、《小腆纪年附考》卷一引《资治三编》。

⑥ 《绥寇纪略》补遗中《虞渊沉下》、《明季北略》卷二十一《刘理顺》说李岩曾派人卫护刘理顺,而《国寿录》卷一《左中允刘理顺传》则说有“衣红衣一人”,随数卒至其寓,意欲保护。

起义军的领袖,是和许多零星的起义军一样单独流动作战呢?企图独自扩大发展呢?还是归向谁的领导呢?他早就决定归向"为众所拥"的李自成的领导。这一着,他是根本走对了。

李岩带领这支起义军归向李自成领导,是在一六四〇年(崇祯十三年)冬天。[①]从一六四〇年冬天到次年秋天,正是农民起义飞跃发展的时候,李自成所率领的起义军人数由数十骑扩充到几万、十几万、几十万。有记载说李自成"招集群盗,四下响应,河南杞县举人李岩起兵附之,众至十多万"[②]。可知李岩带领起义队伍归向自成的领导,对李自成起义军的成长发展起着很大的作用。

李岩的参加李自成起义军,不同于当时其他一些知识分子的参加。他是以一支起义军将领的身份参加的,是和许多拥戴他的起义农民一起参加的。据说,二李初次会见时,有这样一段生动的对话:"岩曰:'久钦帐下宏猷,岩恨谒见之晚'。自成曰:'草莽无知,自惭菲德,乃承不远千里而至,益增孤陋兢惕之衷'。岩曰:'将军恩德在人,莫不欣然鼓舞。是以谨率众数千,愿效前驱'。自成曰:'足下龙虎鸿韬,英雄伟略,必能与孤共图义举,创业开基者也'。"[③]从这段对话,可知当时李岩已"率众数千",前来会见自成是"不远千里而至",一路上,无可避免地要经过不少次战斗。当时不仅李岩对自成早很敬佩,诚心"愿效前驱",自成对李岩的"鸿韬""伟略"也早有所闻,对他期望很大,大有英雄识英雄之感。

---

① 《小腆纪年附考》卷一考定李岩"归自成在十三年冬十四年春"。《寄园寄所寄》卷九引《啸虹笔记》所列年表定在十三年十二月。

② 《石匮书后集》卷六十三《盗贼列传》。

③ 《明季北略》卷二十三《李岩归自成》。

正因为李岩是以一支起义军将领的身份归向李自成领导的，他在起义军中就一直担任着武职，不同于一般知识分子参加起义后担任文职。一六四三年(崇祯十六年)自成在襄阳建立政权，确立有系统的军制，设立“五营”，由正副“权将军”提督“五营”，在“五营”中以“中营”为主，设有“中营制将军”统率。李岩就担任着“中营制将军”的武职①，其地位仅次于“权将军”。在大顺政权组织中，是重武轻文的，起义军的重要将领居于支配地位。以李自成为首的领导集团，主要是由农民军重要将领组成的，李岩就是其中的一员。他们所有重要的革命策略和战略，都是共同商定的。

李岩虽然“有文武才”，始终是一位起义军将领，但是他的重要贡献，是在帮助制定革命的政策上。他曾帮助李自成制定了政治纲领，提出了均田、免税、免役、除暴恤民、赈济贫穷等一系列的政策，先后曾在各个地区不同程度上付诸实施。这都集中地反映了当时广大贫苦农民反对封建压迫和剥削的要求，因而在起义发展过程中对农民起着进一步动员的作用。当一六四〇年(崇祯十三年)秋冬之际，李自成进入河南时，正是各地农民起义蜂起的时候，正需要把这些散漫的带有地方性的农民队伍组织起来，组织在共同的斗争目标之下，使成为一支强大的号令统一的农民军，这样才有利于农民战争形势的发展。此后李自成所以能成为众望所归的革命领袖，所领导的起义军所以能得到迅速发展，不断地取得胜利，都是和正确推行这些符合农民需要的革命政策分不开的。

李岩还把起义军一向严明的军纪，归结为：不杀、不淫、不掠，主

---

① 《绥寇纪略》卷九、《小腆纪年附考》卷一。

张把这种军纪明文公布，以争取人民的支持。为此，李自成曾制作“传牌”传布各处，宣传：“仁义之师，不淫妇女，不杀无辜，不掠资财，所过秋毫无犯，但兵临城下，不许抗违”等等。同时李岩还提出对地主阶级分子区别对待的办法，主张“扬言大兵到处，开门纳降者秋毫无犯，在任好官仍任前事，酷虐人民者即行斩首”①，这在分化瓦解敌人方面起着相当作用。

李岩的另一重大贡献，就在革命的宣传工作上。他一面派人化装成商人，四出传言：“闯王仁义之师，不杀不掠，又不纳粮”。一面编造歌谣让群众传播歌唱。最流行的是这样二首歌谣：

吃他娘，穿他娘，开了大门迎闯王，闯王来时不纳粮。

朝(早)求升，暮求合，近来贫汉难求活；早早开门拜闯王，管教大家都欢悦②。

这些歌谣到处流传，宣传效果很大。所谓“穷民云霓奚后”③；“河南以北，远近传播，不逞者延颈思乱”④；“一闻童谣，咸望李公子至矣”⑤。

一六四三年(崇祯十六年)秋天，李自成采用顾君恩提出的战略，从襄阳兴师北伐，迅即歼灭明朝的精兵孙传庭所部，攻克陕西；次年二月，出兵山西，不到二月就进入北京，推翻了腐朽的明王朝。这样长征几千里，歼敌几十万，前后不到七八个月的时间。所以能够这样迅速地取得伟大的胜利，当然是李自成领导农民军十多年来坚持革命斗争的结果，是推行正确的革命策略的结果，是广大人民支持拥护

①②⑤ 《明季北略》卷二十三《李岩劝自成假行仁义》。
③ 《怀陵流寇始终录》卷十七崇祯十七年二月条。
④ 《平寇志》卷八崇祯十七年二月甲戌(十五)条。

的结果。李岩所创作的歌谣，就在争取群众的支持拥护上起着一定的作用。有些史料就把李岩编造歌谣起着争取群众拥护作用这件事，记在一六四四年（崇祯十七年）二月里。

这时，李岩是个农民的革命家，同时又是个杰出的文学家，他在这时创作的歌谣，比起参加革命前所作《劝赈歌》来，显然根本不同了。《劝赈歌》是比较通俗的七言诗，指望“富家”变为“善人”出来赈济饥民，以缓和阶级矛盾。而这时他所创作的歌谣，采用了群众喜爱的民歌形式，生动地宣传了革命的政策，鼓动着贫苦农民积极参加革命斗争，因而各地群众热情地乐于传播歌唱，成为推动群众参加革命和迎接起义军的一种鼓舞力量。

十分明显，地主阶级出身的知识分子李岩，由于受到官府豪绅的迫害，由于被拥戴为一支起义军将领，由于长期和起义农民一起行军和作战，由于长期参加实际的反封建斗争，使得他理解到了贫苦农民的愿望和要求，基本上能够为着实现农民的这种要求而斗争，因而能够帮助李自成制定出符合农民利益的政治纲领，创作出宣传农民革命的文学作品，在农民革命事业上作出了一定的贡献。

和农民军将领之间还存在着隔阂甚至分歧

尽管李岩对当时农民的革命事业作出了一定的贡献，但是不可否认，由于历史条件的限制，使他不能彻底背叛自己出身的阶级，彻底摆脱封建思想的支配，因而不能在起义中发挥更大的作用，甚至在某些方面给起义带来了消极的影响。

据说，“李岩与弟牟，以文雅有知识，为刘宗敏等所亲重”①。但

---

① 《怀陵流寇始终录》卷十八。

是，他就是由于有着自命为“文雅有知识”的地主阶级知识分子的架子，妨碍了他在生活作风上和农民出身的将领打成一片。史料上有这样的记载：“贼党久称公侯将相而贼态自在，坐则相压，行则相搀，谑以诟訾，戏则推蹴，目不识丁，手不能握管，李岩兄弟甚鄙之，时加以规讽，不能改也”①。“自成虽篡大号，上下无章，极尊伪官与兵丁据地相戏弄，贼不知书，伪敕榜榆以‘废弛’为‘费施’，‘事务’为‘自骛’，又每呼降贼户部郎中‘吴篪’为‘吴虎’，闻者窃笑，岩心轻自成”②。

在李自成起义军内部，始终保持着朴素的平等而民主的精神。虽然他们设有将相的官职，分封有侯伯的爵位，但是在领导成员之间，还常以兄弟相称，同坐共食，对李自成常称“大哥”“老李”。下属对上级也“不过以掌家为名”，分别称为“小掌家”、“大掌家”、“老掌家”。军中大事，总是由领导召集属下共同商议，“嘿其善者行之”。因为他们都是农民出身，上下级之间比较平等，坐立行动都很随便，说话很坦率，态度很活泼，关系很亲热，但是文化程度比较低，大多数不识字，即使识些字，也常读别字，写别字。自命“文雅有知识”的地主阶级知识分子，看到这种情况，当然会看不惯，看不起。李岩虽然参加起义军多年，也还不免有这种看法，他对将领们要“时加以规讽”，将领们当然“不能改也”，因而他在思想感情上，不免和将领们产生一些隔阂。

李岩和农民军将领之间，不仅在思想感情方面存在隔阂，甚至对革命策略的看法也不免有分歧。特别是起义军进京推翻明王朝之

① 《怀陵流寇始终录》卷十八。
② 《平寇志》卷十一。

后，准备建立新的统一政权的时候，这个分歧就更加突出，具体表现在一六四四年四月丙寅（初九）李岩上疏所提出的四点建议上：

> 一，扫清大内后，请主上退居公厂，俟工政府修葺洒扫，礼政府择吉期率百官迎请大内，次议登极大礼，选定吉期，先命礼政府定仪制，颁示群臣演礼。
>
> 一，文臣追赃，除死难归降外，宜分三等：有贪污者发刑官严追，尽产入官；抗命不降者刑官追赃既完，仍定其罪；其清廉者免刑，听其自输助响。
>
> 一，各营兵马仍令退居城外守寨，听候调遣出征，……一切军兵不宜借住民房，恐失民望。
>
> 一，吴镇（指吴三桂）兴兵复仇，边报甚急。国不可一日无君，今择吉已定，官民仰望登极，若大旱之望云霓。主上不必兴师，但遣官招抚吴镇，许以侯封吴镇父子。仍以大国封明太子，令其奉祀宗庙，俾世世朝贡，与国同休，即一统之基可成，干戈之乱可息矣。

李自成看到这个疏，“不甚喜，既批疏后‘知道了’，竟不行”①。

在上述四点建议中，第一点要自成作好登极的准备，第二点建议对明朝官僚分三等处理，这和许多农民军将领的意见基本一致。看来，李自成所以“不甚喜”，“恶之不听”，主要在于第二点主张“文臣追赃”归刑官理和第四点主张“不必兴师，但遣官招抚吴镇”。

在进行激烈的农民战争中，起义军将领不仅负责在战场上杀敌，

---

① 此据《明季北略》卷二十三《李岩谏自成四事》。《平寇志》卷十崇祯十七四年四月丙寅（初九）条大体相同，结尾说：“自成见而恶之不听”。《怀陵流寇始终录》卷十八也把这事记在四月丙寅。

还要随时随地负责镇压阶级敌人。李自成所属将领不仅掌握着兵权,也还掌握刑权,所谓“凡有兵权者皆可杀人”①,这在当时激烈的阶级斗争形势下,有必要如此做法。当时大顺政权对明朝官僚和豪家“追赃助饷”,用严刑拷打,也都由各营将领亲自负责。进京以后,大顺政权发动群众检举明朝皇戚官僚,在权将军刘宗敏、李过主持下,分发到各营追赃。李岩的营部设在原来明朝国丈周奎的家中,也发到若干皇戚官僚,由他负责追赃。这是严惩封建官僚和地主豪绅的革命政策,沉重打击了地主阶级的体面威风,并充足了起义军的财库。这时李岩主张“贪者发刑官严追”,也就是说,不要由各营将领严刑追赃,改由刑官办理。这样,就剥夺了起义军将领直接镇压地主阶级的权力。何况,在大顺政权中,掌入“六政府”的大多是明朝降官,担任刑政府尚书和侍郎的也是些降官,如果照李岩的主张办理,生杀大权将落到许多降官手中,不仅做不好这样一项重要的革命工作,还会被若干地主阶级分子篡夺领导权,使封建官僚和地主豪绅得到庇护。有的同志认为他“这样的策略,对打击敌人是没有坏处的”②。恐怕是没有根据当时的具体情况来进行分析吧!

李岩这个“贪污者发刑官严追”的主张,从当时具体情况来看,显然是错误的。李岩所以要提出这样的主张,主要是由于他的阶级出身关系,缺乏对地主阶级根之切骨的思想感情,认为将领们对明朝官僚豪绅斗争得过火了。他看到李过“酷拷不已”,就曾劝解,为李过所拒绝③,他自己就因为“用刑宽,所得少”④,等到把所得饷银

---

① 《甲申核真略》四月十二条。

② 曹贵林:《李岩述论》,《历史研究》一九六四年第四期。

③④ 《怀陵流寇始终录》卷十八。

上缴时,不及刘宗敏上缴的一半,于是,“以其所有补入之,人皆称焉”①。这样为“人皆称焉”,也就是为敌人所称赞,当然是坏事而不是好事。

在当时大顺政权中任职的知识分子,看到将领们对官僚豪绅严刑追赃的情况,不外乎两种态度:一种是右派,站在反革命立场上反对这种举动,如牛金星等,就在李岩上疏的同一天,以为“酷刑追索大失民望”,并以“民情将变”来恐吓刘宗敏,为刘宗敏严辞驳斥②。一种是中间派,认为应该严刑追赃,但是像当时武将那样的做法是过火了。李岩就是属于这一种。这种态度仍然严重妨碍革命斗争的彻底进行,所以会被敌人所称赞。

当时农民军将领为了确保自己的领导权,有效地控制大顺政权的各种文官机构,在四月戊午(初一)明文规定:“文官俱听大将节制”③。而在九天之后,李岩的建议正好相反,主张把大将严刑追赃之权交给刑官,当然不能为李自成所接受了。

这时李岩在京中的行动为“人多称之”的,还有两件:一是懿安皇后(崇祯的皇嫂),在自缢前,他曾出面保护④;二是他因明朝官僚刘理顺乃同乡,“居乡有贤名”,“传箭遣人护之,闻已死,乃拜哭而去”⑤。作

---

① 《平寇志》卷十。

② 《平寇志》卷十和《国榷》卷一百〇一崇祯十七年四月丙寅(初九)条。

③ 《平寇志》卷十和《怀陵流寇始终录》卷十八崇祯十七年四月午戊(初一)条,《甲申传信录》卷六则记在次日。

④ 《绥寇纪略》卷九及补遗中,《甲申朝事小记》卷三《李自成始末》,《罪惟录》卷三十一《李自成传》。

⑤ 补遗中《虞渊沉下》、《明季北略》卷二十一《刘理顺》都说李岩曾派人卫护刘理顺,而《国寿录》卷一《左中允刘理顺传》则说有“衣红衣一人”随数卒至其寓,意欲保护。

为一个起义军的高级将领，出面去保护明朝的皇后和官僚，究竟是站在什么立场呢？

总之，李岩最大的缺陷，就是没有根本摆脱封建思想和封建道德的支配，在行动中表现得立场不坚定，斗争不坚决，这就不能不和农民军将领之间存在着若干分歧了。

李岩这时为了“一统之基可成，而干戈之乱可息”，主张“不必兴师”，依靠“招抚吴镇”“以大国封明太子”的办法来完成“一统”。这也是他立场不坚定、斗争不坚决的具体表现。特别是，他明知“吴镇兴兵复仇，边报甚急”，“招抚”已被吴三桂坚拒，山海关已被攻破，而他依然主张依靠“招抚”来解决，李自成当然要“恶之不听”了。特别是，起义军正准备东征，就在李岩上疏的同一天，将领们就在商议东征①，而李岩仍然主张“不必兴师”，李自成当然要“恶之不听”了。

正由于李岩和李自成等农民军领袖之间存在着隔阂甚至分歧，就给坏人得到挑拨离间的机会。当起义军退出北京之后，各地阶级敌人纷纷反扑，李岩请兵二万，拟回河南家乡，收复失地。牛金星就趁这个机会，“谗岩欲反”，把他杀害了。有的同志认为牛金星“谗岩欲反”有一定的事实依据。李岩就是“发展到企图分裂、甚至要乘篡夺起义的胜利果实”，并把他称为阶级异已分子②。这是没有确实

① 据《平寇志》卷十，三月丁巳（二十九）李自成遣使再度招抚吴三桂，为吴坚拒。四月辛酉（初四）吴三桂兵破山海关，自成调兵东援，运大炮出城，任载络绎而东。丙寅（初九）起义军将领会商兴师东征。己巳（十二）再度会商，自成决定亲征。李岩上疏在丙寅，正好和将领会商东征在同一天。

② 孙祚民：《关于李自成杀李岩的问题》，《江海学刊》一九六二年十一期。

根据的[1]。举人出身的牛金星本是钻进革命队伍的地主阶级分子，他用种种手段骗取李自成的信任，做到大顺政权的天佑殿大学士。进京以后，他往来拜客，遍请同乡，招揽门生，任用私人，倾轧弄权，扩张势力。从他的种种言行来看，陷害李岩，并非偶然；他在紧急关头，投降清朝，"复玷列卿寺，靦颜朝右"，也非偶然。

（原刊《文汇报》1965年6月30日第4版）

---

① 牛金星"谗岩欲反"，说："岩与主上同姓，十八小儿之谶，常以自负"。《绥寇纪略》卷九和《明史稿》等，说岩听到宋献策所说十八之谶，"虽不敢应，然殊自喜"，《怀陵流寇始终录》卷十八又说宋献策"意久属岩"，该即根据牛金星所造谣言，不能据此以为牛金星进谗李岩有事实依据。

试论“康熙之治”

多年未治明清史，前个时期，因参加《辞海》修订工作，又接触到了明末清初的农民起义、抗清斗争以及康熙、乾隆等人评价问题。不久前读到刘大年同志《论康熙》一文（《历史研究》1961 年第 3 期），接着又参加《文汇报》所召开的有关康熙评价问题的座谈会，得到很大启发。因此有些意见想谈，写出来请大家指教。

一、“康熙之治”是在怎样的阶级斗争形势下产生的？

过去旧史学家往往把清初的“康熙之治”，和唐初的“贞观之治”等量齐观，章梫曾把有关“康熙之治”的史料，按照《贞观政要》的体例，编辑成《康熙政要》一书，很具体的表明了这种看法。当然，这样的等量齐观是不恰当的，因为两者所处的时代不同，历史情况不同，其具体的措施有所不同，其具体的作用也有很大的差异。但是，有一点确是相同的，两者同样出现在全国农民大起义之后，由于农民起义沉重打击了封建统治，在一定程度上调整了生产关系，同时由于封建统治阶级对农民采取若干让步措施，使封建的经济文化有了新的发展和繁荣，在这个基础上建成了疆域辽阔、民族众多、强盛统一的封建国家。“贞观之治”是隋末农民大起义所产生的果实，“康熙之治”是明末农民大起义和抗清斗争所产生的果实。

满族是我们中国的一个民族，清朝和明朝同样属于封建政权性质，同样是我国历史上一个强大的封建王朝，当然不能把清朝的统治看作外族对中国的征服。但是，也不能把清朝和明朝看成一点没有差别，就其阶级结构来看，清朝的封建统治阶级是以享有统治特权的满洲贵族为其领导核心的，它是以满洲贵族和各族地主阶级特别是汉族地主阶级联合组成的，其中满洲贵族在政治、经济上享有特权，居于特殊地位，有其特殊势力。如果否认这点，也将不符合历史的实际。

清政权是在农民起义军取得胜利的形势下，由于汉族地主的勾结而入关的，为的是要联合起来镇压农民起义，重建封建统治。由于他们阶级利益的一致，他们联合组成的清军，主要锋芒首先就指向农民起义大军。清政权入关后，声称“灭流寇以安天下”、“为尔昭雪君父之仇”，意在争取各地汉族地主官僚的拥护；也还宣布革除前朝弊政，取消加派的捐税，以求缓和尖锐的阶级矛盾。这是清政权企图建立新的王朝、重建封建统治的策略。他们既然以“灭流寇”为其首要任务，因此这时主要的斗争形势，依然是农民反抗阶级压迫的斗争的继续发展。

但是，以清初和明末的斗争形势比较起来，确是发生了显著变化的。因为这时作为阶级矛盾的主要方面，已是以满洲贵族为领导核心的各族地主阶级（其中多数是汉族地主阶级）。阶级矛盾的主要方面发生了变动,不能不使阶级斗争的形势发生变化。当时农民军面临的主要敌人,已是清政权及其军队。清政权中虽然有满、汉两族的官员,但满洲贵族操纵着大权;清军虽然是以满洲贵族和汉族地主的军队联合组成的,但主要的指挥权掌握在满洲贵族之手。满洲八旗兵的战斗力又远较汉族地主的军队坚强。农民军面临的主要敌人有了变动,战斗的形势也就发生变化。

当时满洲贵族为了在全国建立其经济上、政治上的特权,在和汉族地主联合镇压农民起义、推行其阶级压迫政策的同时,又曾用暴力来推行其民族压迫的措施。当清军刚入关,声言"灭流寇以安天下"的同时,又命所过州县地方"剃发投顺","衣冠悉遵本朝制度","如有抗拒不遵","尽行屠戮"。这样用暴力迫使汉族人民完全改从满族的风俗习惯,以表示对清政权的"归顺",不能不认为是一种民族压迫。后来因汉族人民反抗,一度停止执行,但等到攻下南明建都的南京,他们认为"天下大定",又限期执行,声称"遵依者为我国之民,迟疑者同逆命之寇","不随本朝之制度者杀无赦"。他们把不愿"剃发投顺"的汉族人民,完全和反抗阶级压迫的起义农民等同起来,把阶级压迫和民族压迫连结了起来。清朝为了使满洲八旗成为有特殊势力的地主阶级,入关以后,随即在北京周围州县整片地"圈占"土地,用暴力迫使原来居住耕种的农民远徙,又常借口所圈土地不好,改换圈地和扩充圈地,不断使农民流离失所。许多满洲贵族甚至"圈占民地,以备畋猎、放鹰、往来下营之所"(顺治八年二月丙午《上谕》);而"田地被圈占之民,俱兑拨硷薄屯地","仍照膏腴民地征输"(顺治二年六月壬戌顺天巡按傅景星奏言)。而且"八旗投充之人,自带本身田产外,又任意私添,或指邻近之地据为己业"(顺治十二年正月丙午左都御史屠赖等奏言);"旗下厮养,纵横乱法,督抚不敢问,有司不敢诘"(顺治九年十二月辛亥户部左侍郎王永吉疏言)。这样,必然会使阶级矛盾和民族矛盾的进一步尖锐化。如果过分夸大当时的民族矛盾,是错误的;如果企图取消或缩小当时的民族矛盾,也不是实事求是的科学态度。

二、清初农民反抗斗争的性质

从清初农民反抗斗争的具体情况来看,反抗阶级压迫的斗争确实依然是主流。当时李自成的农民军虽然已向西撤退,各地农民的起义还是风起云涌。在今河北,1644 年有三河县农民的反对"圈地"的武装斗争,杀死了县令;1648 年东明县也有较大规模的农民起义,曾想建立政权,建元"天正"。在今山东,嘉祥满家洞有农民军二万多人,依然用李自成的年号和旗帜,1644 年曾与清军激战;范县以榆园为根据地的农民军声势浩大,号称有百万之众,占有鲁西各县,曾南下进逼开封、徐州、海州,北上进逼大名等地,斗争到 1655 年才结束;滕县的山区有王俊领导的农民军,与清军坚持斗争八、九年之久,到 1652 年才失败;栖霞、宁海有于七领导的农民军,于 1648 年起义,坚持斗争五年之久。在今山西,吕梁山原是农民军的根据地,1648 年由于清朝的残酷压迫,农民纷纷入山,使农民军声势复振,次年大举出击,先后攻下五十多城,几乎克复全省,坚持斗争到 1672 年才结束。在江南,许多湖泊原来曾被明朝将领利用为抗清根据地,他们失败后,农民和渔民继续在这里组成起义军,如赤脚张三以淀山湖、长白荡、澄湖等为根据地,出没周围地区,打击官僚地主,把食粮财物散给贫苦农民,坚持斗争到 1662 年。在整个顺治年间,除了中南、西南地区有李自成、张献忠的旧部继续坚守斗争外，其他地区的农民起义也还前仆后继，使清朝在各地的统治不能完全稳定下来。

至于江阴、嘉定等地的抗清斗争，就显然是反对民族压迫的斗争。因为清朝攻灭南明的福王政权后，认为“天下大定”，用屠杀的办法来迫令人民限期剃发易服，以表“归顺”，这就激起江南汉族人民的英勇反抗，使得民族矛盾在此时此地上升为主要矛盾。在这场斗争中，虽然有些主张抗清的汉族知识分子曾起过一些组织作用，有些被推举为领袖人物，但是，这种自发的群众运动，主要首先爆发于农村，参加的多数是农民。以嘉定的抗清斗争为例，当时能够有力地打击清军的，依然是乡村农民组成的起义军，所谓二十三都地方“素称盗薮，其人皆轻捷敢战”（参看拙作《一六四五年嘉定人民的抗清斗争》，收入李光璧编《明清史论丛》）。

这时反抗阶级压迫的斗争是和反对民族压迫的斗争交织着的，同时农民在进行反抗阶级压迫的斗争中，主要面对着的敌人，已是以享有统治特权的满洲贵族为核心的封建统治阶级，就使得农民的反抗斗争不能不带有反抗民族压迫的特点。例如三河县农民反对“圈地”的斗争，就是如此。农民军在这样复杂的斗争中，有时为了适应斗争形势的需要，与某些抗清的汉族地主官僚建立一定的联系，甚至接受南明的封号。有些地方的农民起义，甚至以“反清复明”来号召。

当时李自成、张献忠的农民起义大军，面临着满洲贵族和汉族地主军队的联合进攻，李自成和张献忠就是在他们联合进攻下牺牲的。他们为了适应斗争的形势，就转而与部分抗清的汉族地主官僚相联合，接受了南明的封号，但基本上还保持着自己独立的组织形式，各自为战，还多保存有农民军的本色如垦田自给等，一直坚持到最后壮烈牺牲。这种由农民军为主力的抗清斗争，实质上还是农民战争的继续发展，但不能否认其带有反对民族压迫斗争的特点。如果把这种斗争说成是阶级矛盾从属于民族矛盾，将不符合历史的真实；如果把他们归到反满派地主的反抗斗争中，更将贬低农民军及其领袖的作用。

当时各族人民的起义斗争，也常带有反对民族压迫的特点。1648年米剌印、丁国栋在甘肃领导的回族人民起义，人数发展到十多万人，他们曾拥戴明朝延长王朱识锛，以“反清复明”为旗帜。我们不能因为他们以“反清复明”为旗帜，就把他们划到反满派地主的反抗斗争中去。

到康熙年间，北方各地的农民起义虽已被镇压下去，西南的李自成、张献忠旧部也已被消灭，但是东南各省如江西、福建、浙江，还不断爆发农民起义。我们只要翻阅一下这些省的县志，就会发现当时这一带爆发的农民起义是不少的，以江西为例，当时曾爆发各种不同方式的反抗斗争，如1670年(康熙九年)石城佃农在吴八十等领导下，组成“田兵”，把“永佃”主张刻石立碑，接着就开展武装斗争，曾一度攻克县城；1713年(康熙五十二年)兴国佃农在李鼎三领导下，设立“会馆”，主张“永佃”和减租，并打击凶恶地主，坚持斗争十四年之久；同年雩都佃农在丘兰芳等领导下起义，打击地主，并与清军激战；罗霄山周围地区的棚民更不断起来斗争，1674年曾在朱益吾领导下攻克万载、萍乡，在陈柯龙等领导下攻克上犹。至于1721年(康熙六十年)台湾爆发的朱一贵起义，那是一次规模较大的起义，十多天内就攻下全台，朱一贵曾自称明代后裔，以“反清复明”相号召，自称“大明重兴元帅”，我们也不能因他以“反清复明”为口号，把他归到反满派地主的反抗斗争中去。

毫无疑问，清代初期全国各地农民曾继续展开反抗阶级压迫的斗争，同时也交织着反抗民族压迫的斗争，有许多农民的起义斗争常带有反抗民族压迫的特点。斗争的结果，迫使清朝不得不一再采取缓和阶级矛盾和民族矛盾的措施，采取对农民让步的“休养生息”的政策。这样，就为社会经济的恢复和发展提供了有利条件，所谓“康熙之治”就是这样产生的。

三、为什么康熙要对农民采取让步的措施？

康熙帝很留意明朝历史，时常翻阅《明实录》，例如说：“朕偏览明代实录，未录实事，即如永乐修京城之处，未记一字”（康熙五十六年《圣训》）。还曾读“大学士熊赐履所呈明神宗、熹宗以下史书四本”，而且经常询问留用的明朝太监，留心调查明末史事，例如说：“朕自冲龄，即每事好问，明时之太监，朕皆及见之。所以彼时之事，朕知之甚悉”（康熙四十二年《圣训》）；又如对大臣说：“明季事迹，卿等所知，往往皆纸上陈言。万历以后所用内监，曾有在御前服役者，故朕知之独详”（康熙四十八年《东华录》）。他还特别留心李自成和张献忠的起义事迹，曾叫户部尚书张鹏翮向其父亲问明“李自成与张献忠在河南邓州分兵”的详情，缮折进呈；他又很重视《明史》的纂修，曾命令大学士等把他调查所得有关李自成部将攻取北京的情况“载入史书”，并说：“尔等纂修《明史》，其万历、天启、崇祯年间之事，应详加参考，不可忽略”（康熙五十二年《东华录》）。康熙帝如此留心明末史事，很清楚的，是要吸取明朝灭亡的教训，他曾多次分析明朝灭亡的原因作为鉴戒，例如说：

万历以后，政事渐弛，宦官朋党，交相构陷，门户日分而士气浇漓，赋敛日繁而民心涣散，闯贼以乌合之众唾手燕京，宗社不守，……取前代废兴之迹，日加儆惕焉，则庶几矣（康熙《过金陵论》）。

崇祯之诛除阉党，极为善政，但谓明之亡于太监，则朕殊不以为然。明末朋党纷争，在廷诸臣置封疆社稷于度外，惟以门户胜负为念。不待智者，知其必亡（康熙三十一年《东华录》）。

明朝引南宋讲和之非，……发天下兵迎战，……前后千余员，凡出关者，非死即降，靡有孑遗。财赋因之已竭，人心随而思乱。百万雄兵尽没东海，亿兆穷民罹于边戍，元气尽伤于关东，闯贼蜂起于陇西，贼至京城，文武逃散，无一死难者，……取其殷鉴不远之诫，自警自戒云尔（康熙《宋高宗父母之仇终身不雪论》）。

后世亦有无大失德而损覆其家国者，如明之崇祯年间是也。皆由臣子背公徇私，处言路者变易是非，淆乱可否。曾无实心体国之人，故至此耳（康熙《讲筵绪论》）。

康熙帝在这里指出：明末“宦官朋党，交相构陷”，“背公徇私”，“赋敛日繁”，以及与后金战争失败，“财赋因之已竭”，都是人民“思乱”和明朝灭亡的原因，并把这些一再作为自己的鉴戒。

康熙帝还曾留意历代兴衰的史迹，常以汉文帝和唐太宗作为自己的榜样。这在他的《上谕》、《圣训》以及文章中时常谈到的。他很熟悉《贞观政要》中唐太宗和魏征等人的言论，也常谈到“贞观之治”中的故事，唐太宗常说的“居安思危”、“治不忘乱”这两句话，也经常出现在他的言论中。康熙帝除了吸取明代灭亡的教训之外，也常吸取“文景之治”和“贞观之治”的“休养生息”的经验。例如说:“从来与民休息,道在不扰,与其多一事,不如省一事”(康熙十一年《圣训》)。又如说:“今天下太平无事。以不生事为贵。兴一利即生一弊,古人云:‘多事不如少事’”(康熙五十年谕辰沅巡抚潘宗洛)。“为君之道,要在安静,不必矜奇立异”(康熙五十六年《圣训》)。“大约地方督抚者,安静而不生事,即于民生有益”(康熙四十二年《东华录》)。康熙三十年工部等衙门请修筑古北口一带倾场的“边墙”(即长城),康熙认为“兴工劳役,岂能无害百姓?且长城延袤数千里,养兵几何方能分守”,因而作罢(见《圣训》)。

当康熙统治的前期,政治上的积弊很严重,各地地方官和地主对农民的剥削也极严重,人民生活极度困苦,再加上不断的用兵,人民很多流离失所,阶级矛盾并没有缓和。康熙十八年(1679年)御史蒋伊曾“绘十二图以进”,其中很多是描写他三年来所见“万方之疾苦”的,如第一为难民妻女图,第二为刑狱图,第六为鬻儿图,第七为水灾图,第八为旱灾图,第十一为暴关图,第十二为疲驿图,后来康熙“东巡,道多饥民”,就对近臣说:“此蒋伊所绘《难民图》也”(《经世文编》卷十、《燕下乡脞录》卷二)。就在这年,康熙的《上谕》就分析了当时政治上的积弊以及由此而产生的社会不安情况,计有下列六点:(一)“地方官吏谄媚上官,苛派百姓”,使“生民困苦已极”,“近因家无衣食,将子女入京贱鬻者,不可胜数”;(二)“大臣朋比徇私者甚多”;(三)诸王将军大臣“于攻城克敌时”,“多掠占小民子女,或借名通贼,将良民庐舍焚毁,子女俘获,财物攘取”;(四)“外官于民生疾苦不使上闻,朝廷一切为民诏旨,亦不使下达”,遇到灾荒的免钱粮,或发赈济,“皆地方官吏苟且侵渔”;(五)刑官“使良民久羁囹圄”,“枉作人罪”,衙役“恐吓索诈，致一事而破数家之产”；(六)“包衣下人及诸王贝勒大臣家人，侵占小民生理，所在指称名色，以罔市利，干预词讼，肆行非法，有司不敢犯其锋，反行财贿。甚且身为奴隶，而鲜衣良马，远胜仕宦之人”。在上述六种情况中，前五种，由于文武官员的苛派、掠夺、贪污、勒索，使人民遭受深重的灾难，这就会加深阶级矛盾；后一种，由于满洲贵族利用特权，侵占掠夺，横行不法，也会加深民族矛盾。

康熙帝的“亲政”，正当张献忠、李自成的旧部李定国、李来亨等刚被镇压之后，以康熙为首的统治者对于农民起义的威力不能不有所畏惧。当时社会上动荡不安的情况，更不能不使康熙大为惶惧。例如康熙十八年《上谕》说：“各处饥馑荐臻，寇盗未息。此朕早作夜思，中心惶惧，寝食靡宁者”。因此他十分注意到当时各地的农民起义的情况以及如何镇压的办法，例如康熙二十年曾问直隶巡抚于成龙说：“闻尔昔黄州，土寇啸聚，尔往招之，即时投顺解散，何以致之”(《东华录》)。因为当时东南沿海各省是农民起义爆发较多的地区，同时又是清朝的“财赋重地”，因此这些地方的情况最为康熙所注意。康熙帝的六次南巡，说是为了“访民间疾苦”，兴革地方利弊，其实就是为了要缓和这一带的阶级矛盾，采取措施来巩固封建统治。到康熙统治后期，由于康熙采取若干“休养生息”的措施，社会经济有了恢复和发展，阶级矛盾已较前缓和，社会已比较安定，康熙帝常夸称这时“天下升平”。但是在某些时期某些地区的人民生活还是非常困苦，有的反不如前，这点康熙也不能不承认，例如康熙三十八年《上谕》说：“闻湖北百姓甚苦，皆由兴永朝、王樑、杨凤起三人相继扰害所致”。“朕南巡至浙江，见百姓生计，大不如前，……皆因府州县官私派侵克”。有些地方仍然激起人民起义斗争，特别是东南各省的农民起义还不断爆发，同时北方各地也不免有小规模的起义。例如康熙三十七年山西蒲州由于地方官温保“苛虐百姓”，曾激起“民变，逃入山口”，“巡抚倭伦往彼招抚，倘不顺从，欲将温保、甘度挐赴彼处正法”（《清实录》）。康熙帝对当时的农民起义十分害怕，如康熙五十年福建有陈五显起义，康熙曾说：“有言朕者曰：‘五显，饥民耳，何廑虑之甚耶？’朕应之曰：‘若言非也！前史民乱，率起于饥，祸多生于所忽。’洪武独非饥民乎”（《李光地年谱》）。康熙帝深怕“饥民”中再出洪武这样的人物，因此他十分重视应付农民起义的办法。康熙五十六年谕大学士等说：“自古人主多厌闻盗贼水旱之事，殊不知凡事由微至巨，预知而备之，则易于措办。所以朕于各省大小事务，惟欲速闻知也”（见《圣训》）。康熙帝为了巩固其统治，很留心防止农民起义的爆发和扩大。由此可见，康熙帝会对农民采取若干让步措施，采用“休养生息”的办法，不仅是由于吸取了明末农民起义、清初抗清斗争的教训，吸取了“文景之治”和“贞观之治”的历史经验，而且也与康熙年间农民的不断起义有密切关系。

在广大人民不断的反抗斗争中，使得以康熙为首的统治者，逐渐认识到不能随便过分欺侮人民，必须整顿吏治。如康熙三十九年《圣训》说：“凡居官贤否，惟舆论不爽。果其贤也，问之于民，民自极口颂之；如其不贤，问之于民，民必含糊应之。官之贤否，于此立辨矣”。又如康熙五十年《圣训》又说：“盖惟愚民为不可欺，居官之善与不善，到任不过数月，人即知之”。康熙帝比一般的皇帝高明，就在此等处。

四、关于康熙对农民的让步措施

以康熙帝为首的清代封建统治阶级，在广大人民反抗斗争的重大压力下，采取让步措施和“休养生息”的政策，重要的有：废止“圈田令”、减免徭役、减轻赋税、奖励垦荒、兴修水利、整顿吏治、节省开支等，无非是为了要缓和阶级矛盾和民族矛盾。

康熙帝“亲政”后，第一个重要的让步措施，是废止“圈田令”。清初所颁的“圈田令”，曾给予满洲贵族指圈近京州县田地的特权，令中粉饰说：“可令各府州县乡村，满汉分居，各理疆界，以杜异日争端”，实际上是加深了阶级矛盾和民族矛盾。顺治四年三月庚午《上谕》说：“今闻被圈之民，流离失所，煽惑讹言，相从为盗”，具体反映了“圈田令”对人民为害的严重性。所谓“相从为盗”，就是迫使康熙帝不得不废除“圈田令”的主要原因。康熙废除“圈田令”的《上谕》，一则说：“满汉军民，原无异视，务俾各得其所”；再则说：“比年以来，复将民间田地圈给旗下，以致民生失业，衣食无资，流离困苦”。很显然，这个让步措施，目的在保持满洲贵族既得利益的基础上，防止民族矛盾和阶级矛盾的继续扩大。原来已被圈定的地区的阶级矛盾和民族矛盾，也还继续存在。康熙二十一年谕新任直隶总督格尔古德说：“旗下庄头与民杂处，倚恃声势，每为民害，尔其严察惩创，毋姑息。”具体反映了矛盾存在的情况。

康熙年间黄河曾多次决口，造成水灾。康熙十六年淮河、黄河两岸有几十处决口，江苏北部有很多地方一片汪洋，于是以靳辅为河道总督，大加治理。原来治河工程，小建修采用招募办法，大工程就采用佥派民夫的办法，使贫民奔走穷年，不得休息。这时大工程也改用了雇募办法，这也是一种对农民的让步措施。靳辅在工竣后上言：“河工兴举，无不勒之州县，派募里民，用一费十。臣奉命两河并举，日需人夫十余万，若循派募之旧章，必半壁号呼矣。自易派募为雇募，多方鼓舞，遂大工告成，而民不扰”（《石渠余纪》卷一《纪河夫河兵》）。后来又设立“河兵”，用来作为经常治河的劳动力，因为“责任专，谙练熟，故能奏功而无害”，这又是这方面的一种改进。这些都是康熙时推行“休养生息”政策的重要措施，有利于农业生产的恢复和发展的。

康熙帝对农民另一个让步措施，就是延长垦荒的起科年限，并给予垦荒农民某些方便。清初为了奖励农民垦荒，曾规定所垦荒田在三年后征收赋税，但是由于统治者未能减轻剥削，并没有什么成效。康熙七年云南道御史徐旭龄上疏主张放宽垦荒起科年限，并对贫民“给以官庄”，“贷以官牛”。他说：“国家生财之道，垦荒为要。乃行之二十余年而无效者，其患有三：一则科差太急，而富民以有田为累；一则招徕无资，而贫民以受田为苦；一则考成太宽，而有司不以垦田为职。此三患者，今日垦荒之通病也。”到康熙十一年，把新垦荒田改为六年后起科；到次年再加宽限，改为十年后起科，十八年又恢复为六年起科。康熙二十二年又因河南巡抚王日藻的条奏，允许在河南省借给垦荒农民牛种和积谷，又规定“凡地土有数年无人耕种完粮者，即系抛荒；后如已垦熟，不许原主复问”，“新垦地亩，请暂就该县下则，承认完粮；俟三年后，仍照原定等则输粮”。由于这些对垦荒农民的让步措施的执行，康熙年间田亩的总数逐渐增加，康熙元年田、地、山、荡、畦地为五百三十一万一千三百五十八顷多，到康熙六十一年增至八百九十万六千四百七十五顷多。

康熙帝在康熙五十一年宣布滋生人丁永不加赋，也是一种让步措施。到康熙末年四川、广东等省又实行“摊丁入地”“丁随地起”的征赋办法，这又是进一步的让步措施。到雍正初年，多数省份都推行了这个办法。康熙帝实行这些办法，虽然已在晚年，但对此后的影响很大，不能不认为，这是当时一项减轻贫苦农民负担，和有利于此后农业生产发展的重要措施。

至于康熙时多次减免钱粮，有时还分省轮流免除钱粮一年，得到利益的主要是官僚地主。直到康熙四十九年兵科给事中高遐昌疏言："凡遇蠲免钱粮之年，请将佃户田租亦酌量蠲免，著为例"，才规定"嗣后凡遇蠲免钱粮，合计分数，业主蠲免七分，佃户蠲免三分。永著为例"。但实际上，农民很少得到实惠。因此，我们不能把它作为对农民的一种让步措施，作过高评价。

总之，我们认为，"康熙之治"是应该肯定的，康熙帝在"康熙之治"中所起的积极作用也应该肯定的。但是必须指出：这主要是明末农民起义、清初抗清斗争以及这时农民反抗斗争的结果。如果忽视这点，将会过分抬高"康熙之治"的成就，过分抬高康熙在历史上的作用。通过"康熙之治"，在广大人民的辛勤劳动下，生产确实有了发展，开垦的田亩确有增加，人口确有增长，但是也不能把这种增长估计过高。从《清实录》的统计数字来看，康熙元年（1662 年）人丁户口一千九百二十万多，康熙六十一年（1722 年）增至人丁户口二千五百三十万多，又永不加赋，滋生人丁四十五万多，到乾隆六年（1741 年）就跃而为大小男妇一万四千三百四十一万多，到乾隆末年更激增到三万万以上，好像经过"康熙之治"以后，人口的增长是飞跃的。其实，康熙年间的人丁数字是完全不正确的，康熙五十一年宣布"滋生人丁永不加赋"的法令时，康熙帝就曾说："朕凡巡幸地方，所至询问，一户或有五六丁，止一人交纳钱粮，或有九丁十丁，亦止二三人交纳钱粮"。康熙年间的人丁数，只是交纳钱粮的人丁数，其中有很大的隐瞒，后来虽然规定“滋生人丁永不加赋”，但是大家深怕清政府再据人丁抽税，才“滋生人丁”也还多隐瞒不报，这种情况曾一直延续到乾隆年间，直到乾隆晚年人口的统计才比较正确。乾隆年间人口统计数字的飞跃增长，是与当时隐瞒户口逐渐减少有关的。当然，当时人口应该是有较大的增长的，但不能根据这些不正确的数字，过高估计当时人口的增长速率，从而过分抬高“康熙之治”的作用。

（原刊《文汇报》1961 年 9 月 28 日第 3 版）

图书在版编目(CIP)数据

杨宽史学拾遗/杨宽著.—上海:上海人民出版
社,2021
(杨宽著作集)
ISBN 978-7-208-17188-6

Ⅰ.①杨… Ⅱ.①杨… Ⅲ.①史学-文集 Ⅳ.
①K0-53

中国版本图书馆 CIP 数据核字(2021)第 160602 号

责任编辑 邵 冲 高笑红
封面设计 夏 芳

本书为国家社科基金一般项目《杨宽与 20 世纪中国史学研究》(20BZS006)阶段性成果

杨宽著作集
杨宽史学拾遗
杨 宽 著
贾鹏涛 整理

出 版 上海人民出版社
(200001 上海福建中路 193 号)
发 行 上海人民出版社发行中心
印 刷 常熟市新骅印刷有限公司
开 本 890×1240 1/32
印 张 22.5
插 页 5
字 数 495,000
版 次 2021 年 9 月第 1 版
印 次 2021 年 9 月第 1 次印刷
ISBN 978-7-208-17188-6/K·3095
定 价 118.00 元